Nadine Bültel

Starmanager

GABLER RESEARCH

Unternehmerisches Personalmanagement

Herausgegeben von
Professor Dr. Karl-Friedrich Ackermann
Universität Stuttgart
und Professor Dr. Dieter Wagner
Universität Potsdam

Unternehmerisches Personalmanagement ist Kernstück eines ganzheitlich angelegten Change Management, das durch diese Schriftenreihe neue Impulse erfahren soll.

Die Reihe bietet ein Forum für theoriegeleitete, praxisorientierte Arbeiten, die der Weiterentwicklung des Personalmanagements im globalen Wettbewerb dienen und zur Lösung von Implementierungsproblemen in Industrie- und Dienstleistungsunternehmen beitragen. Entscheidend ist, dass das Potenzial des Personalmanagements zur Sicherung dauerhafter Wettbewerbsvorteile und damit zum Erhalt von Arbeitsplätzen erkannt und in Abstimmung mit anderen Teilbereichen der Unternehmensführung optimal genutzt wird. Dabei fällt der Personalabteilung eine entscheidende Rolle als Change Agent und internes Kompetenzzentrum zu.

Nadine Bültel

Starmanager

Medienprominenz, Reputation
und Vergütung von Top-Managern

Mit einem Geleitwort von Prof. Dr. Dieter Wagner

GABLER

RESEARCH

Bibliografische Information der Deutschen Nationalbibliothek
Die Deutsche Nationalbibliothek verzeichnet diese Publikation in der
Deutschen Nationalbibliografie; detaillierte bibliografische Daten sind im Internet über
<http://dnb.d-nb.de> abrufbar.

Dissertation Universität Potsdam, 2010

1. Auflage 2011

Alle Rechte vorbehalten
© Gabler Verlag | Springer Fachmedien Wiesbaden GmbH 2011

Lektorat: Stefanie Brich | Britta Göhrisch-Radmacher

Gabler Verlag ist eine Marke von Springer Fachmedien.
Springer Fachmedien ist Teil der Fachverlagsgruppe Springer Science+Business Media.
www.gabler.de

Umschlaggestaltung: KünkelLopka Medienentwicklung, Heidelberg

ISBN 978-3-8349-2821-4

Meiner Familie gewidmet.

Geleitwort

Frau Bültel greift ohne Zweifel ein hochaktuelles Thema auf, das aus mehreren Gründen neugierig macht; nicht nur wegen der Finanzkrisen in der letzten Zeit, den Firmenpleiten und den spektakulären Vergütungen im Top-Management. Sowohl aus betriebswirtschaftlicher, aber auch aus medienwissenschaftlicher und aus volkswirtschaftlicher Sicht hat das Thema viele interessante Facetten, die es zu untersuchen lohnt. Deshalb interessiert auch die theoretische und die methodische Perspektive, die ein Überschreiten der Grenzbereiche zwischen den Wirtschafts- und Sozialwissenschaften und insbesondere z.b. den Medienwissenschaften erforderlich macht.

Um es vorwegzusagen: die gesamte Darstellung ist als ausgesprochen informativ, illustrativ und wissenschaftlich spannend zu bezeichnen. Ferner ist die inhaltsanalytische Aufbereitung von Medienprominenz von US-Managern ebenso hervorzuheben wie die theoretisch fundierten Ausführungen zum Agenda-Setting, zum Entstehen von Images und Attributionen und die Synopse der bisherigen Forschung zur Medienprominenz.

Hinsichtlich der Vergütung von Top-Managern wird bei Beleuchtung der ökonomischen Perspektive der Stand der internationalen Forschung anschaulich und eingängig rezipiert und aktualisiert. Soweit möglich, werden aber auch empirische Ergebnisse auch aus der politischen Perspektive referiert, wobei zusätzlich und folgerichtig auch die neuere, sozialpsychologische Perspektive aufgegriffen wird.

Ebenfalls ein Genuss zu lesen sind die Ausführungen über die Antezedenzien und Konsequenzen der Reputation von Top-Managern. Zunächst wird die Entstehung personenbezogener Reputation als kommunikatives Problem und als „Imagebegriff" dargestellt. Sodann werden die wichtigsten Einflussfaktoren wie die Unternehmensperformance, die Anzahl der Aufsichtsratsmandate, die Unternehmensreputation, aber eben auch die Medienberichterstattung und das Impression Management behandelt. Insgesamt wird nachvollziehbar, dass der Einfluss auf die Managementvergütung auf mehreren Säulen beruht. Sicherlich spielt die Beurteilung der Managerleistungen eine wichtige Rolle, die ebenfalls diskutiert wird, wie der mögliche, attributionstheoretische Zusammenhang incl. denkbarer Attributionsverzerrungen und anderer, fundamentaler Attributionsfehler.

Nicht zuletzt nimmt die Autorin zwei aufwendige empirische Untersuchungen vor: Zunächst erfolgt eine Inhaltsanalyse der Presseberichterstattung über Top-Manager. An diese Untersuchung schließt an eine explorative Analyse zum Zusammenhang von Starreputation und Vergütung. Hier wird die Zusammensetzung der Vorstandsvergütung als abhängige Variable betrachtet. Leider konnten aus datentechnischen Gründen nur Vorstandsvorsitzende in die Betrachtung einbezogen werden. Aber ansonsten ist der Verfasserin zu bescheinigen, dass sie dennoch mit Hilfe von multiplen Regressionsanalysen interessante Ergebnisse zum Zusammenhang zwischen der Starreputation einerseits, der Gesamtvergütung, der Vergütungsdifferenz und der anteiligen Zusammensetzung der Vergütung andererseits gewinnen konnte.

Die Autorin legt eine überaus beeindruckende Arbeit vor. Dies gilt sowohl für die theoretische Basis als auch für die methodische Fundierung. Hinzu kommen qualitative und quantitative empirische Erhebungen, die mit einer immensen Fleißarbeit verbunden waren und auch hier von der bewundernswerten Gründlichkeit von Frau Bültel zeugen.

Es bedarf keiner besonderen Fantasie, um zu betonen, dass die vorliegende Arbeit im Bereich der Managementvergütung eine große Beachtung finden wird. Dies gilt auch für die interdisziplinäre Vorgehensweise und damit für das Überschreiten traditioneller Grenzlinien, wodurch neue Erkenntnisse häufig erst möglich werden. Deshalb wünsche ich dieser Arbeit eine weite Verbreitung. Sie hat es wirklich verdient.

Potsdam, im November 2010   Dieter Wagner

Vorwort

Die vorliegende Arbeit wurde im April 2010 an der Wirtschafts- und Sozialwissenschaftlichen Fakultät der Universität Potsdam als Dissertation eingereicht. Sie entstand während meiner Tätigkeit als wissenschaftliche Mitarbeiterin an der Professur für Betriebswirtschaftslehre mit dem Schwerpunkt Organisation und Personalwesen. Die Realisierung meines Dissertationsprojekts ist nicht zuletzt auf die Unterstützung einiger mir nahestehender Personen zurückzuführen, denen ich an dieser Stelle herzlich danken möchte.

Mein größter Dank gilt meinem Doktorvater, Herrn Prof. Dr. Dieter Wagner, der mich über viele Jahre hinweg gefördert hat und von dem ich nicht nur in fachlicher, sondern auch in persönlicher Hinsicht sehr viel gelernt habe. Ich danke ihm vor allem für seine interdisziplinäre Offenheit, seine fachlichen Ratschläge, seine Hilfsbereitschaft und für das Vertrauen, das er mir entgegenbrachte. Durch seine liebenswerte Art hat er eine positive Arbeitsatmosphäre am Lehrstuhl geschaffen und uns Mitarbeiter mit seinem Humor, spontanen Gedankenblitzen und kreativen Einfällen regelmäßig verblüfft.

Bedanken möchte ich mich auch bei Herrn Prof. Dr. Thomas Edeling für die Anfertigung des Zweitgutachtens und die vielen wertvollen Anregungen.

Das freundschaftlich-kollegiale Klima am Lehrstuhl hat entscheidend zum Gelingen der Arbeit beigetragen. Allen voran danke ich meinem Kollegen und guten Freund Enrico Sass für die zahlreichen Gespräche und wohltuenden Aufmunterungen. Mein Dank gebührt ferner Frau Ingrid Hillebrand, die mir insbesondere in der Abschlussphase den Rücken freigehalten hat, sowie Julia Schoenberner für ihre tatkräftige Unterstützung bei der Durchführung der Inhaltsanalyse. Bedanken möchte ich mich schließlich auch bei meinen netten Kollegen Dr. Sascha Armutat, Lena Anlauf, Susanne Herlt und Magdalena Chmielewska.

Am Ende möchte ich mich ganz herzlich bei meiner Familie bedanken. Meinem Bruder, Dr. Stephan Bültel, danke ich vor allem für die fachlichen Diskussionen und das kompetente sowie konstruktive Feedback in den verschiedenen Phasen der Dissertation. Bei Grit Jachow möchte ich mich vor allem für ihre unermüdliche Geduld und den emotionalen Rückhalt bedanken. Ein ganz besonderer Dank gebührt meinen Eltern, Marianne und Rudolf Bültel, die mir meine akademische Ausbildung ermöglicht haben und mir stets unterstützend zur Seite standen. Ohne sie wäre diese Arbeit nicht geschrieben worden.

Nadine Bültel

Inhaltsverzeichnis

Abbildungsverzeichnis

Tabellenverzeichnis

Abkürzungsverzeichnis

Abb.	Abbildung
AG	Aktiengesellschaft
AktG	Aktiengesetz
Anm. d. Verf.	Anmerkung der Verfasserin
AR	Aufsichtsrat
Aufl.	Auflage
BaFin	Bundesanstalt für Finanzdienstleistungsaufsicht
Bd.	Band
BGH	Bundesgerichtshof
bzgl.	bezüglich
bzw.	beziehungsweise
ca.	circa
CalPERS	California Public Employees' Retirement System.
CEO	Chief Executive Officer
D&O	Directors & Officers Liability Insurance
d.h.	das heißt
DAX	Deutscher Aktienindex
DCGK	Deutscher Corporate Governance Kodex
et al.	et altera
etc.	et cetera
F&E	Forschung und Entwicklung
FAZ	Frankfurter Allgemeine Zeitung
f.	folgende (Seite)
ff.	fortfolgende (Seiten)
Fn.	Fußnote
ggf.	gegebenenfalls
HB	Handelsblatt
HGB	Handelsgesetzbuch
HRM	Human Resource Management
Hrsg.	Herausgeber
i.A.	in Anlehnung
i.d.R.	in der Regel
IFRS	International Financial Reporting Standards
Jg.	Jahrgang
KonTraG	Gesetz zur Kontrolle und Transparenz im Unternehmensbereich
LTI	Long-Term-Incentive
M&A	Mergers and Acquisitions

m.w.N.	mit weiteren Nachweisen
MitbestG	Mitbestimmungsgesetz
MontanMitbestG	Montan-Mitbestimmungsgesetz
NYSE	New York Stock Exchange
Rn.	Randnummer
ROA	Return on Assets
ROE	Return on Equity
S&P 500	Standard and Poor's Index 500
SAR	Stock Appreciation Rights
SEC	U.S. Securities Exchange Commission
S.	Seite(n)
Sp.	Spalte(n)
SZ	Süddeutsche Zeitung
Tab.	Tabelle
TransPuG	Transparenz- und Publizitätsgesetz
TSR	Total Shareholder Return
Tz.	Textziffer
u.a.	unter anderem
US[A]	United States [of America]
US-GAAP	United States Generally Accepted Accounting Principles
usw.	und so weiter
vgl.	vergleiche
VorstOG	Vorstandsvergütungs-Offenlegungsgesetz
VorstAG	Gesetz zur Angemessenheit der Vorstandsvergütung
WpHG	Wertpapierhandelsgesetz
z.B.	zum Beispiel
z.T.	zum Teil
zit.	zitiert

A. Einleitung

I. Problemstellung

Top-Manager großer Unternehmen stehen seit einigen Jahren verstärkt im Visier der Medien.[1] Neben dem größeren Umfang der Berichterstattung über Top-Manager hat sich aber auch die Art und Weise gewandelt, wie über die Personengruppe an der Spitze eines Unternehmens berichtet wird. Der Begriff „Personalisierung" kennzeichnet den allgemein zu beobachtenden Trend, sachbezogene Themen zunehmend über Personen zu vermitteln.[2] „Hard news" über Aktienkursentwicklungen, große Investitionsvorhaben oder Quartalszahlen werden immer häufiger im Kontext weicher Informationen über die Führungselite deutscher Konzerne präsentiert. Neben kurzweiligen Beiträgen über individuelle Karrieren von Managern erfährt die allgemeine Öffentlichkeit, wie sie Konzerne lenken: Sie sind Strategen oder Taktiker, sanfte oder harte Sanierer, Geburtshelfer oder auch Sportler. Sie „gehen auf Einkaufstour", „räumen Konzerne auf", „erobern neue Märkte" und „trimmen Unternehmen auf Effizienz"[3]. Die Art der Berichterstattung erweckt nicht selten den Eindruck, dass die Geschicke eines Unternehmens allein von den Fähigkeiten und Handlungen eines einzelnen Akteurs bestimmt werden.

Seit einigen Jahren beschäftigt sich auch die Managementforschung mit den Ursachen und Konsequenzen der zunehmenden medialen Präsenz von Top-Managern. Ebenso schillernd wie die Attribute, mit denen die Wirtschaftspresse Spitzenführungskräfte belegt, sind die Bezeichnungen, mit denen Forscher das Phänomen umschreiben. Die Rede ist von „Managerstar"[4], „superstar CEO"[5], „CEO star"[6] oder „celebrity CEO"[7]. Studien, die sich mit dieser

---

[1]   Vgl. HAMILTON/ZECKHAUSER (2004); KHURANA (2002a), S. 75; PARK/BERGER (2004), S. 109.

[2]   Vgl. BRETTSCHNEIDER/VOLLBRACHT (2010), S. 155 f.; BROSIUS/KOSCHEL (2007), S. 541; EISENEGGER/ IMHOF (2004), S. 248 f.; HEINRICH/MOSS (2006), S. 125; HÖHNE/RUSS-MOHL (2004), S. 93; MAST (1999), S. 34; MAST (2003), S. 135; MAST/SPACHMANN (2005), S. 55, S. 66; NESSMANN (2007), S. 834; SCHÄFER (2004), S. 6; ZERFAß/SANDHU (2006), S. 55.

[3]   Siehe exemplarisch Financial Time Deutschland (28.09.2007), Süddeutsche Zeitung (24.01.2009), Die Welt (21.08.2001), Der Spiegel (28.01.2008), Frankfurter Allgemeine Zeitung (24.11.2001), Die Zeit (05.07.2007), Manager Magazin (01.11.2003), Wirtschaftswoche (07.12.2009), Handelsblatt (02.08.2004).

[4]   Vgl. GAITANIDES (2004), S. 181 ff.

[5]   Vgl. KHURANA (2002b), S. 60 ff.; MALMENDIER/TATE (2009).

[6]   Vgl. KHURANA (2002a), S. 51; WADE ET AL. (1997), S. 103 ff.

[7]   Vgl. ELSON (2003), S. 74; GRAFFIN ET AL. (2008), S. 462; GUTHEY/JACKSON (2005), S. 1079; HAMILTON/ZECKHAUSER (2004), S. 25 f.; HAYWARD/RINDOVA/POLLOCK (2004), S. 637 ff.; JACKSON/ GUTHEY (2007), S. 168 ff.; MEINDL/PASTOR/MAYO (2004), S. 1350; PARK/BERGER (2004), S. 96 f.; RANFT ET AL. (2006), S. 283; RANFT/FERRIS/PERRYMAN (2007), S. 676; WADE ET AL. (2006), S. 643 ff.

Thematik beschäftigen, basieren auf der grundlegenden Annahme, dass Top-Manager durch die mediale Aufmerksamkeit eine Prominenz erlangen, die sich mit dem Bekanntheitsgrad von Filmstars, Popstars oder Sportstars vergleichen lässt.

Das Interesse der Forschung richtet sich in jüngster Zeit vor allem auf die Auswirkungen der medialen Prominenz von Top-Managern. Argumentiert wird beispielsweise, dass das durch die Medien konstruierte Image eines Managers einen maßgeblichen Einfluss auf das Image des gesamten Unternehmens hat.[8] Ferner wird in der Managementforschung die Frage disku-tiert, ob Top-Manager in Folge positiver medialer Darstellungen möglicherweise eine Hybris entwickeln,[9] oder ob es Starmanagern einfacher gelingt, Ressourcen für das Unternehmen zu mobilisieren und auf diese Weise die Unternehmensperformance zu steigern.[10] Vermutet wird darüber hinaus, dass sich der Prominentenstatus vorteilhaft auf die Höhe der Vergütung aus-wirkt.[11] So sprechen HAYWARD/RINDOVA/POLLOCK (2004) von „enormous financial rewards that come from being a superstar."[12] Auch andere Autoren weisen darauf hin, dass die Wirt-schaftspresse Reputationssignale produziert, die es einem Starmanager ermöglichen, aus dem positiven Ansehen finanzielles Kapital zu schlagen.[13]

Im Folgenden soll die in der Literatur aufgestellte Hypothese, dass Starmanager eine höhere Vergütung erhalten, aufgegriffen und einer eingehenden theoretischen Analyse unterzogen werden. Darüber hinaus wird das Ziel verfolgt, die zu dieser Ausgangshypothese bereits vor-liegenden empirischen Befunde um die Ergebnisse einer eigenen empirischen Untersuchung zu erweitern.[14]

II.   Gang der Untersuchung

Die Untersuchung gliedert sich in insgesamt sechs Kapitel. Im Anschluss an das erste einlei-tende Kapitel (*Kapitel A*) erfolgt eine Auswertung des Forschungsstands zur medialen Dar-stellung und Medienprominenz von Top-Managern. Die Auswertung beschränkt sich dabei keineswegs nur auf wissenschaftliche Beiträge aus der Managementforschung. Berücksichtigt

---

8   Vgl. PARK/BERGER (2004), S. 96 m.w.N.

9   Vgl. HAYWARD/RINDOVA/POLLOCK (2004), S. 645; HAYWARD/HAMBRICK (1997), S. 108.

10   Vgl. GAITANIDES (2004), S. 191; WADE ET AL. (2006), S. 645.

11   Vgl. GAITANIDES (2004), S. 201; MALMENDIER/TATE (2009), S. 1594; RANFT ET AL. (2006), S. 285; WADE ET AL. (1997), S. 105; WADE ET AL. (2006), S. 646.

12   HAYWARD/RINDOVA/POLLOCK (2004), S. 645.

13   Vgl. WADE ET AL. (1997), S. 105. Siehe auch MALMENDIER/TATE (2009), S. 1594 und WADE ET AL. (2006), S. 644.

14   Siehe die Studien von GRAFFIN ET AL. (2008); MALMENDIER/TATE (2009); WADE ET AL. (1997); WADE ET AL. (2006).

werden auch theoretische und empirische Erkenntnisse aus der Journalismus- und Medien-wirkungsforschung.

Kapitel B) Top-Manager in den Medien: Stand der Forschung

Im Mittelpunkt der Betrachtung stehen zunächst die Inhalte, Formen und Quellen der Wirt-schaftsberichterstattung. In diesem Zusammenhang wird auf den bereits oben angedeuteten Personalisierungstrend sowie auf die in der Literatur diskutierten Gründe für die Zunahme einer personenbezogenen Berichterstattung vertieft eingegangen. Im Mittelpunkt der sich hie-ran anschließenden Ausführungen steht die Beziehung zwischen Wirtschaftsjournalismus und Public Relations. In der Literatur wird oftmals darauf hingewiesen, dass die Public-Relations-Abteilungen von Unternehmen darauf Einfluss haben, welche Themen auf der Tagesordnung der Medien stehen. Sodann werden die Ergebnisse verschiedener inhaltsanalytischer Studien zur Medienberichterstattung über Top-Manager vorgestellt.

Seit vielen Jahren befasst sich die Medienwirkungsforschung mit der Frage, welche Wirkun-gen Medienbotschaften auf Rezipienten haben. Einzelne Forschungszweige untersuchen auch explizit die Wirkung von Personendarstellungen. Vor allem die Forschungsergebnisse des Agenda-Setting-Ansatzes (und den verschiedenen theoretischen Erweiterungen) sind auf-schlussreich und für die Argumentation dieser Arbeit von grundlegender Bedeutung. Untersu-chungen zu den Wirkungen von Medienbotschaften über Personen des öffentlichen Lebens (wie z.B. Politiker) zeigen, dass die Medienberichterstattung nicht nur Vorstellungsbilder, sondern unter bestimmten Umständen auch Einstellungen beeinflussen kann.

Im Anschluss hieran erfolgt eine Auswertung theoretischer und empirischer Studien aus der Führungs- und Managementforschung, die sich mit den Ursachen und Konsequenzen der Me-dienberichterstattung über Manager sowie mit dem Phänomen des ‚Starmanagers' beschäfti-gen. Vorweg sei darauf hingewiesen, dass sich der gegenwärtige Forschungsstand durch eine große Heterogenität auszeichnet. Die Thematik wird aus ganz unterschiedlichen theoretischen Blickwinkeln beleuchtet. So fokussieren einige Forscher auf die medialen Konstruktionen von Manager-Images und stellen die Bedeutung so genannter impliziter Führungs- und Organisa-tionstheorien heraus. Hierzu zählen vor allem wissenschaftliche Arbeiten von Vertretern des so genannten Romance-of-Leadership Ansatzes. Mit dem Phänomen des ‚Starmanagers' ha-ben sich CHEN/MEINDL (1991) bereits zu Beginn der 1990er Jahre beschäftigt und auf die Be-deutung von in den Medien vorgenommenen Kausalattributionen bei der Entstehung eines Star-Images aufmerksam gemacht.[15] In jüngster Zeit wurden diese Forschungsergebnisse von verschiedenen Autoren aufgegriffen und durch weitere theoretische Überlegungen sowie em-

---

[15] Vgl. CHEN/MEINDL (1991).

pirische Untersuchungen ergänzt. Mit der Bedeutung der Massenmedien bei der Entstehung von Images beschäftigen sich aber auch Forscher, die sich schwerpunktmäßig mit dem Charismaphänomen beschäftigen. Diese beleuchten u.a. die Frage, ob die Medien durch die Zuschreibung von Charisma Manager glorifizieren.[16]

Aus der oben dargelegten Fragestellung wurde deutlich, dass im Mittelpunkt dieser Arbeit ‚Starmanager' stehen und entsprechend richtet sich das Augenmerk primär auf positive Mediendarstellungen. In der Managementwissenschaft beschäftigen sich aber auch einige Forscher mit der Frage, welche Rolle die Medien im Prozess der Stigmatisierung und öffentlichen Diffamierung von Spitzenführungskräften spielen. Auch die hierzu vorliegenden Erkenntnisse sind von Interesse, denn sie geben darüber Aufschluss, welche Dynamiken dazu beitragen, dass ein vormals gefeierter Managerstar zum „Sündenbock" wird und innerhalb eines kurzen Zeitraums sein Ansehen in der Öffentlichkeit verliert.

Kapitel C) Determinanten von Top-Managergehältern

Vor dem Hintergrund, dass in der hier vorliegenden Arbeit analysiert werden soll, ob Starmanager im Gegensatz zu ihren weniger prominenten Kollegen eine höhere Vergütung erhalten, wird in Kapitel C der Frage nachgegangen, welche theoretischen und empirischen Erkenntnisse zur Vergütung von Top-Managern bereits vorliegen. Auf der Grundlage einer Auswertung der Literatur sollen jene Faktoren und Determinanten ermittelt werden, von denen nach langjähriger Forschung bekannt ist, dass sie Einfluss auf die Höhe sowie Zusammensetzung der Vergütung von Managern haben.

Die Vergütung von Top-Managern stellt – zumindest im angloamerikanischen Raum – seit vielen Jahren ein beliebtes Thema in der Forschung dar. Der derzeitige Forschungsstand kann als äußerst umfangreich bezeichnet werden. In unzähligen empirischen Studien wurde der Einfluss verschiedener Faktoren (Unternehmensgröße, Unternehmensperformance, Risiko, Eigentümerstruktur, Humankapital, Macht usw.) auf die Vergütung von Managern untersucht. Dominiert wird dieser Forschungszweig von ökonomischen Ansätzen. Die überwiegende Mehrzahl der Untersuchungen betrachtet die Managervergütung aus einer agencytheoretischen Perspektive.[17]

Trotz intensiver und langjähriger Forschungsaktivitäten gelangen verschiedene Autoren zu dem Resümee, dass die bislang gewonnenen Erkenntnisse weit davon entfernt sind, die Thematik erschöpfend erklären zu können. „The literature on executive pay is rather extensive

---

[16]   Vgl. KHURANA (2002a); PARK/BERGER (2004), S. 96.

[17]   Vgl. FINKELSTEIN/HAMBRICK/CANNELLA (2009), S. 297.

(…) it is amazing how little we know about executive pay in spite of the massive volume of empirical work available on this topic."[18] Ein Grund hierfür sehen verschiedene Forscher darin, dass der Prozess der Festlegung der Vergütung durch die Mitglieder des Kontrollorgans bzw. des Vergütungsausschusses (*compensation committee*) in aller Regel als ‚Black Box' betrachtet wird. Zu den wenigen Ausnahmen zählen Untersuchungen, die explizit beleuchten, welche psychologischen oder auch politischen Faktoren den Festlegungsprozess beeinflussen. Aufbauend auf diesen Untersuchungsergebnissen soll im anschließenden Kapitel gezeigt werden, wie sich der Zusammenhang zwischen Starreputation und Managervergütung theoretisch erklären lässt.

Im Kern werden mit den Ausführungen in Kapitel C folgende Ziele verfolgt: Es soll ein umfassender Überblick über den derzeitigen Stand der Forschung gegeben werden, wobei auch die Ergebnisse von Studien beleuchtet werden, die im deutschsprachigen Raum bislang kaum Beachtung gefunden haben. Hierzu zählen vor allem Untersuchungen, die in ihren Forschungsbeiträgen zur Vergütung von Managern auf sozial-psychologische oder machttheoretische Ansätze rekurrieren.

Neben der (kritischen) Auswertung der bisherigen Forschung wird des Weiteren das Ziel verfolgt, auf die Möglichkeiten und Grenzen der Übertragbarkeit der aus dem angloamerikanischen Raum stammenden Erkenntnisse auf den deutschen Kontext hinzuweisen. Mit Blick auf Deutschland ist zu konstatieren, dass bislang nur wenige empirische Studien vorliegen. Aufgrund der unterschiedlichen Corporate Governance-Systeme sind die Ergebnisse sowie Forschungsdesigns angloamerikanischer Untersuchungen jedoch nur bedingt übertragbar.

Kapitel D) Antezedenzien und Konsequenzen der Reputation von Top-Managern

In Kapitel D erfolgt sodann eine Zusammenführung der aus Kapitel B und Kapitel C gewonnenen Erkenntnisse. Im Kern wird argumentiert, dass die Medienberichterstattung Einfluss auf die Reputation von Managern hat und die manageriale Reputation wiederum eine Rolle bei der Festlegung der Vergütung spielt.

Dass nur die Medien durch ihre Berichterstattung die Reputation von Managern beeinflussen, wäre vor dem Hintergrund bisheriger Forschung eine nicht haltbare Annahme. Vielmehr ist davon auszugehen, dass verschiedene Faktoren Einfluss auf die Reputation von Managern haben, wobei mit Blick auf Top-Manager großer Unternehmen, auch die Medien einen Beitrag leisten.

---

[18]   Tosi/Gomez-Mejia (1994), S. 199. In diesem Sinne auch Finkelstein/Hambrick/Cannella (2009), S. 328; Fiss (2006), S. 1013; Geletkanycz/Boyd/Finkelstein (2001), S. 889; Tosi/Katz/Gomez-Mejia (2000), S. 305.

Seit vielen Jahren beschäftigt sich die Managementforschung mit der Reputation von Managern. Die hierzu entwickelten theoretischen Überlegungen und Erkenntnisse sind bislang noch
nicht gezielt zusammengeführt worden. Die Integration bisher verstreuter empirischer und
theoretischer Befunde ist ein wesentliches Kernanliegen von Kapitel D. Eingehend beleuchtet
werden vor allem jene Faktoren, von denen aufgrund vorliegender Forschungsergebnisse angenommen werden kann, dass sie Einfluss auf die Reputation von Top-Managern haben.
Nachdem die einzelnen Reputationsfaktoren vorgestellt und die hierzu vorliegenden Erkenntnisse ausgewertet wurden, wird in der sich hieran anschließenden Zusammenfassung diskutiert, ob zwischen den identifizierten Faktoren wechselseitige Beziehungen bestehen.

Es sei darauf hingewiesen, dass die in Kapitel D entwickelten Überlegungen und Ausführungen keineswegs den Anspruch erheben, das äußerst vielschichtige und schwer greifbare Phänomen ‚manageriale Reputation' vollständig erfassen zu können. Weitere Forschung zu diesem Phänomen erscheint unbedingt erforderlich. Entsprechende Hinweise und Anregungen
werden gegeben.

In der einschlägigen Literatur werden im Wesentlichen zwei Argumente genannt, warum
Starmanager eine höhere Vergütung erhalten als weniger reputierte Manager: Auf der einen
Seite wird darauf aufmerksam gemacht, dass Managerstars über eine größere Verhandlungsmacht (*bargaining power*) verfügen und entsprechend in die Lage sind, ihre Gehaltsvorstel-
lungen gegenüber dem Unternehmen durchzusetzen.[19] Auf der anderen Seite wird argumentiert, dass ein Manager, der über eine Starreputation verfügt, für unternehmerische Erfolge
verantwortlich gemacht wird. Diese Zuschreibungen finden nicht zuletzt auch deshalb statt,
weil sich die Beurteilung der Leistungen und Fähigkeiten eines Top-Managers durch einen
hohen Grad an Komplexität und Ambiguität auszeichnet.[20] Einzelne Reputationssignale erfüllen gewissermaßen die Funktion der Reduktion von Unsicherheit und Komplexität.

In der hier vorliegenden Arbeit wird letzteres Argument aufgegriffen und durch weitere theoretische Überlegungen ergänzt. Dabei wird zunächst auf die Frage eingegangen, warum die
Evaluation der Leistungen der Mitglieder des Top-Managements mit zu den schwierigsten
Aufgaben des Aufsichtsrats gehört. Vorab wird hierbei auf eine seit vielen Jahren in der Organisationsforschung geführte Debatte zur Wirksamkeit von Managern (‚Do-Managers-
Matter'?) eingegangen. Aus dieser wird deutlich, dass zahlreiche interne und externe Faktoren
die Unternehmensperformance beeinflussen und in der Literatur mitunter die Position vertre-
ten wird, dass über das Schicksal von Unternehmen nicht die Mitglieder des Top-
Managements, sondern externe Faktoren entscheiden. Anschließend wird beleuchtet, mittels

---

[19] Vgl. GRAFFIN ET AL. (2008), S. 460; WADE ET AL. (2006), S. 467; WADE ET AL. (1997), S. 105.

[20] Vgl. MARCH (1984), S. 56; PFEFFER (1977), S. 106.

welcher Verfahren die Leistungen von Top-Managern in der Praxis beurteilt werden und welche Restriktionen bestehen. Sodann wird aus Sicht der Attributionstheorie der Frage nachgegangen, warum Starmanager für unternehmerische Erfolge verantwortlich gemacht werden. Im Kern wird argumentiert, dass die Urteils- und Entscheidungsprozesse in Vergütungsausschüssen den Bedingungen begrenzter Rationalität unterliegen, und Prozesse der Informationsaufnahme und -verarbeitung durch verschiedene Verzerrungen gekennzeichnet sind.[21]

Kapitel E) Empirische Untersuchung

Der empirische Teil der Arbeit setzt sich aus insgesamt zwei Untersuchungen zusammen. Zunächst erfolgt eine Inhaltsanalyse der Medienberichterstattung über Vorstandsvorsitzende deutscher Aktiengesellschaften. Da das Starphänomen bislang nur im US-amerikanischen Raum untersucht wurde, soll aus der Analyse u.a. hervorgehen, ob auch die deutsche Presse ‚Stars' hervorbringt. So wird in der Literatur von verschiedenen Autoren die Vermutung aufgestellt, dass die Medienprominenz von Top-Managern sowie die Tendenzen zur Glorifizierung ein genuin US-amerikanisches Phänomen darstellt.[22]

Die Untersuchung umfasst einen Zeitraum von sieben Jahren (2000-2006) und konzentriert sich auf die Darstellung von Vorstandsvorsitzenden in drei Tageszeitungen (Süddeutsche Zeitung, Frankfurter Allgemeine Zeitung und Handelsblatt), die im Bereich der Wirtschaftsberichterstattung als Meinungsführermedien gelten. Mit der Inhaltsanalyse wird das Ziel verfolgt, die Presseberichterstattung über deutsche Vorstände zu beschreiben und ‚Starmanager' zu identifizieren. Im Anschluss daran erfolgt eine explorativ quantitative Studie. Untersucht wird der Zusammenhang zwischen verschiedenen Faktoren (u.a. Medienprominenz, Mitgliedschaften in konzernfremden Aufsichtsräten, Manager-Awards, Unternehmensgröße, Unternehmenserfolg, Branche, Amtsdauer usw.) und der Höhe sowie Zusammensetzung der Vergütung von Vorstandsvorsitzenden deutscher Aktiengesellschaften. Insgesamt wurden Daten von 99 Aktiengesellschaften ermittelt, die zum Stichtag 31.12.2006 im Dax, MDax, TecDax oder SDax notiert waren. Ziel ist es, die in Kapitel D aufgestellten Hypothesen zu überprüfen.

---

[21]   Vgl. NISBETT/ROSS (1980), S. 90.

[22]   Vgl. FINKELSTEIN/HAMBRICK/CANNELLA (2009), S. 40; GRAFFIN ET AL. (2008), S. 472. Siehe auch HAYWARD/RINDOVA/POLLOCK (2004), S. 647.

B. Top-Manager in den Medien: Stand der Forschung

I. Wirtschaftsberichterstattung und Wirkung von Medienbotschaften

1. Inhalte, Darstellungsformen und Quellen der Wirtschaftsberichterstattung

Die Medienberichterstattung über Wirtschaft hat in den vergangenen Jahren einen deutlichen Aufschwung erfahren.[23] Tageszeitungen haben ihre Wirtschaftsteile ausgeweitet,[24] neue spezialisierte Magazine wurden gegründet und Wirtschafts-, Finanz-, und Börsenzeitschriften haben ihre Auflagen erhöht. Aber nicht nur in den Printmedien, sondern auch im Rundfunk sowie im Online-Bereich ist es zu einer Ausweitung der Wirtschaftsberichterstattung gekommen.[25]

Der Mitte der 1990er Jahre einsetzende Börsenboom wird explizit als Ursache für die gestiegene Nachfrage nach Aktien- und Wirtschaftsnachrichten genannt.[26] Entsprechend erlitt der Sektor der Wirtschaftsmedien mit der Krise an den Finanzmärkten nach der Jahrtausendwende einen erheblichen Einbruch und es setzte eine Phase der Konsolidierung ein.[27] In der Literatur wird hervorgehoben, dass der Markt für Wirtschaftsmedien heute dennoch größer ist als Mitte der 1990er Jahre.[28]

Die Berichterstattung über Wirtschaft hat nicht nur in quantitativer Hinsicht zugenommen, auch die Inhalte und die Art der Vermittlung haben sich in den letzten Jahren verändert.[29] Informationen werden verständlicher aufbereitet und die Interessen der Rezipienten stärker berücksichtigt. Diskutiert werden in der Literatur insbesondere zwei Trends: Einerseits ist der Anteil an Informationen gestiegen, die für den Leser einen Nutzwert darstellen. Andererseits wird darauf hingewiesen, dass Sachthemen zunehmend über Personen transportiert werden.[30]

Nachfolgend soll ein Überblick über den Markt für Wirtschaftsmedien gegeben werden. Die Ausführungen werden sich auf die Presse beschränken, da sie als Hauptfeld der Wirtschafts-

---

[23]   Vgl. BROSIUS/KOSCHEL (2007), S. 538 f.; SCHNETTLER (2006), S. 194.

[24]   Vgl. MAST (2003), S. 74. Hierzu im Detail HEINRICH/MOSS (2006), S. 23 f.

[25]   Vgl. BROSIUS/KOSCHEL (2007), S. 537 f.

[26]   Vgl. GERUM ET AL. (2002), S. 376; HÖHNE/RUSS-MOHL (2004), S. 90; SCHUSTER (2004), S. 3.

[27]   Vgl. MAST (2003), S. 11; SCHUSTER (2004), S. 3; SCHNETTLER (2006), S. 195.

[28]   Vgl. MAST (2003), S. 11.

[29]   Vgl. BROSIUS/KOSCHEL (2007), S. 540; MAST (2003), S. 12.

[30]   Vgl. MAST/SPACHMANN (2005), S. 66.

berichterstattung gilt.[31] Die Inhalte und Darstellungsformen verschiedener Medien (z.B. Tageszeitungen, Wirtschaftszeitungen, Nachrichten- und Wirtschaftsmagazine) werden skizziert. Darüber hinaus werden die gegenwärtig zu beobachtenden Trends in der Wirtschaftsberichterstattung beleuchtet. Der Schwerpunkt wird auf den in der Literatur viel diskutierten und bereits angesprochenen Trend der zunehmenden Personalisierung der Wirtschaftsberichterstattung gelegt.

1.1   Wirtschaftsberichterstattung der Presse

1.1.1   Tagespresse und Zeitschriften

Der Markt für Wirtschafts- und Finanzinformationen gilt als äußerst heterogen. Über wirtschaftliche Themen (Unternehmen, Branchen, Finanzen, Wirtschaftspolitik, Management, Börse, Arbeitsmarkt, Kapitalmarkt usw.) berichten sowohl Tages- und Wochenzeitungen als auch eine Fülle verschiedener Magazine.[32] Mit Blick auf die Tagespresse lassen sich überregionale Titel und Regionalzeitungen unterscheiden, wobei der Wirtschaftsteil lokaler Abonnentenzeitungen oftmals einen starken regionalen Bezug aufweist.[33] Neben den überregionalen Tageszeitungen (z.B. ‚Süddeutsche Zeitung', ‚Frankfurter Allgemeine Zeitung', ‚Frankfurter Rundschau', ‚Die Welt'), die ihren Wirtschaftsteil in den vergangenen Jahren erheblich erweitert haben,[34] existieren auch täglich erscheinende Zeitungen, die aufgrund ihres Schwerpunkts auf wirtschaftliche Themen (z.B. ‚Handelsblatt' und ‚Financial Times Deutschland') nur bedingt zu den Tageszeitungen mit einer General-Interest-Ausrichtung gezählt werden können.[35] Untersuchungen zeigen, dass in Tageszeitungen die Unternehmensberichterstattung – gefolgt von dem Thema Wirtschaftspolitik – einen großen Stellenwert einnimmt.[36] Thematische Schwerpunkte bilden hierbei die Unternehmensstrategie, die finanzielle Lage sowie Aktienkursentwicklungen. Dominiert wird die Unternehmensberichterstattung von großen Kapitalgesellschaften. Der deutsche Mittelstand spielt in der Berichterstattung nur eine untergeordnete Rolle.[37] Während sich überregionale Tageszeitungen und Wirtschaftszeitungen an ein fachlich interessiertes Publikum richten, zählen eher Laien zur Zielgruppe regionaler Tages-

---

[31]   Vgl. HEINRICH/MOSS (2006), S. 19.

[32]   In Deutschland existieren 167 Tageszeitungen und 36 Wochenzeitungen mit einem Wirtschaftsteil [vgl. HEINRICH/MOSS (2006), S. 19 und S. 20].

[33]   Vgl. HEINRICH/MOSS (2006), S. 19.

[34]   Vgl. MAST (2003), S. 289 f.

[35]   Vgl. SPACHMANN (2005), S. 222 f.

[36]   Siehe im Detail SPACHMANN (2005), S. 245 ff.

[37]   Vgl. SPACHMANN (2005), S. 252.

zeitungen und Boulevardzeitungen.[38] Die Quantität und Qualität der Wirtschaftsteile regionaler Tageszeitungen wird in der Literatur als heterogen bezeichnet.[39] Auffällig ist, dass in der Berichterstattung über Wirtschaft häufig Agentur-Meldungen dominieren.[40] Zudem orientieren sich regionale Blätter häufig an den so genannten Leitmedien. Im Bereich der Wirtschaftsberichterstattung zählen hierzu das ,Handelsblatt', ,Financial Times Deutschland', die ,Börsen-Zeitung', ,Frankfurter Allgemeine Zeitung' und ,Süddeutsche Zeitung'.[41] Die Orientierung von Journalisten an Leitmedien trägt mithin dazu bei, dass in verschiedenen Zeitungen über die gleichen Themen berichtet wird. In der Forschung wird dieser Prozess auch als „Intermedia Agenda-Setting" bezeichnet.[42]

In Tageszeitungen wird über wirtschaftliche Themen nicht nur im klassischen Wirtschaftsteil berichtet. Wirtschaft ist ein Querschnittsthema und entsprechend finden sich auch Beiträge auf der Titelseite, im Lokalteil oder im Politikteil.[43]

Wirtschaftliche Themen nehmen nicht nur in überregionalen Tageszeitungen, sondern auch in Nachrichtenmagazinen (z.B. ,Der Spiegel', ,Focus') einen hohen Stellenwert ein. Daneben gibt es eine Reihe spezialisierter Magazine.[44] Die Berichterstattung von Finanztiteln, wie z.B. Anleger- und Geldmagazine, konzentriert sich stark auf Finanzprodukte.[45] Reine Anlegermagazine (z.B. ,Börse Online', ,Wertpapier', ,Euro am Sonntag') legen ihren Schwerpunkt auf Geld- und Vermögensfragen, wohingegen Geldmagazine (,Focus Money', ,Finanzen') ein breiteres redaktionelles Konzept aufweisen und auch Steuer- und Rechtsfragen sowie Konsum- und Freizeitthemen ansprechen.[46]

Allgemeine Wirtschaftstitel (z.B. ,Geldidee', ,DM/Euro', ,Impulse', ,Manager Magazin', ,Wirtschaftswoche' oder ,Capital') zeichnen sich im Vergleich zu Finanztiteln dadurch aus, dass sie ein insgesamt breiteres Themenspektrum ansprechen.[47] Eine von SCHENK/RÖSSLER

---

[38]   Vgl. MAST (2003), S. 94.

[39]   Vgl. SCHENK/RÖSSLER (1996), S. 33.

[40]   Vgl. SCHENK/RÖSSLER (1996), S. 33.

[41]   Vgl. HEINRICH/MOSS (2006), S. 19.

[42]   Vgl. MCCOMBS (2004), S. 113 ff.

[43]   Vgl. HEINRICH/MOSS (2006), S. 31; SPACHMANN (2005), S. 239 f.

[44]   Vgl. SPACHMANN (2005), S. 182 ff. SPACHMANN (2005) rekurriert auf eine von KEPPLINGER/EHMIG (2002) durchgeführte Inhaltsanalyse von Publikumszeitschriften aus dem Segment der Wirtschaftspresse. Analysiert wurden fünf Ausgaben von elf Wirtschaftszeitschriften der Monate März bis Juli 2002. Die Untersuchung „Content Guide Wirtschaftsmagazine" wird seit 1999 durchgeführt. Siehe KEPPLINGER/EHMIG (2002).

[45]   Vgl. SPACHMANN (2005), S. 184.

[46]   Vgl. SPACHMANN (2005), S. 184.

[47]   Vgl. SPACHMANN (2005), S. 185.

(1996) durchgeführte Inhaltsanalyse der Berichterstattung in Wirtschafts- und Nachrichten-
magazinen zeigt hinsichtlich des behandelten Themenkanons eine gewisse Homogenität.[48] Im
Vordergrund der Berichterstattung stehen Unternehmen, Persönlichkeiten aus Wirtschaft und
Politik, Geldanlagen, Steuern, modernes Leben sowie wirtschaftliche Rahmenbedingungen.[49]
Allerdings setzen die Magazine unterschiedliche Schwerpunkte. Ein charakteristisches
Merkmal des Manager Magazins ist die Fokussierung auf einzelne Personen des Wirtschafts-
lebens.[50] Die Berichterstattung zeichnet sich durch eine starke Personalisierung aus. Die
Nachrichtenmagazine ‚Focus' und ‚Der Spiegel' sowie die ‚Wirtschaftswoche' legen ein grö-
ßeres Gewicht auf die Berichterstattung über Unternehmen, Branchen und ökonomische
Rahmenbedingungen, wobei der ‚Focus' eine stärkere Nutzwertorientierung aufweist. Die
Magazine ‚Capital' und ‚DM/Euro' rücken den Geldmarkt in den Vordergrund.[51] ‚Impulse'
gilt unter den Wirtschaftsmagazinen als traditioneller Nischenanbieter und richtet sich an
Selbständige und Entscheidungsträger aus dem Mittelstand.[52]

Die Ausführungen haben deutlich gemacht, dass sich der Markt für Wirtschaftsinformationen
durch ein vielfältiges Angebot auszeichnet und sich an unterschiedliche Zielgruppen richtet.[53]
Die Auswahl der Themen und verwendeten Vermittlungsstrategien sind stark abhängig von
der jeweiligen Mediengattung (Tageszeitung, Wirtschaftsmagazin). SCHRÖTER (1991) zeigt in
seiner inhaltsanalytischen Untersuchung der Unternehmensberichterstattung verschiedener
Zeitungen und Magazine, dass Tageszeitungen stärker auf die berichtende Form zurückgreifen, während Wirtschaftsmagazine stärker interpretieren (siehe die folgende Grafik).[54]

---

[48] Vgl. SCHENK/RÖSSLER (1996), S. 118. Untersucht wurden die monatlich erscheinenden Wirtschaftsmaga-
      zine ‚Capital', ‚DM', ‚Impulse' und ‚Manager Magazin' sowie die wöchentlich erscheinenden Nachrich-
      tenmagazine ‚Der Spiegel' und ‚Focus' sowie das Wirtschaftsmagazin ‚Wirtschaftswoche'. Die Inhalts-
      analyse wurde für den Zeitraum Oktober 1994 bis März 1995 durchgeführt [vgl. SCHENK/RÖSSLER (1996),
      S. 67].

[49] Vgl. SCHENK/RÖSSLER (1996), S. 118.

[50] Vgl. KADEN (2003), S. 202.

[51] Vgl. SCHENK/RÖSSLER (1996), S. 119.

[52] Vgl. GERUM ET AL. (2002), S. 381.

[53] Vgl. MAST/SPACHMANN (2005), S. 55.

[54] Untersucht wurden die Inhalte folgender überregionaler Zeitungen in einem Zeitraum von drei Monaten:
      ‚Süddeutsche Zeitung', ‚Frankfurter Allgemeine Zeitung', ‚Frankfurter Rundschau', ‚Die Welt' sowie die
      Wirtschaftszeitung ‚Handelsblatt'. Folgende Wirtschaftsmagazine wurden über einen Zeitraum von sechs
      Monaten analysiert: ‚Capital', ‚Manager Magazin', ‚Industriemagazin' und ‚Wirtschaftswoche' [vgl.
      SCHRÖTER (1991), S. 109]

Abb. 1:   Vermittlungsformen in der Unternehmensberichterstattung[55]

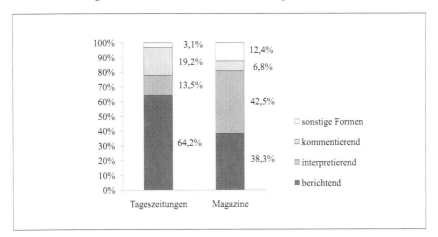

Die berichtende Vermittlungsform zeichnet sich im Gegensatz zur kommentierenden Form dadurch aus, dass der Journalist auf Wertungen weitgehend verzichtet und Informationen neutral präsentiert.[56] Die interpretierende Vermittlungsform ist dagegen eine Mischform aus berichtend und kommentierend. Sie beinhaltet also auch eigenvermittelte Meinungen und Wertungen der Journalisten.

Mit Blick auf den Einsatz visueller Gestaltungsmittel bestehen ebenfalls Unterschiede zwischen den beiden Mediengattungen. Die Visualisierung mit Fotos und Bildern besitzt in Magazinen und Publikumszeitschriften eine herausragende Bedeutung.[57] MAST (2003) stellt in diesem Zusammenhang allerdings fest, dass sich über alle Marksegmente hinweg der Trend zu einer stärkeren Visualisierung von Informationen (z.B. in Form von Fotos oder Informationsgrafiken) beobachten lässt.[58] Vor allem Fotos von Personen dienen als Blickfang für den Leser und erwecken Aufmerksamkeit.[59]

---

[55]   I. A. SCHRÖTER (1991), S. 84.

[56]   Vgl. SCHRÖTER (1991), S. 83.

[57]   Vgl. MAST (2003), S. 37.

[58]   Vgl. MAST (2003), S. 37.

[59]   Vgl. MAST (2003), S. 36.

1.1.2 Personalisierung als aktueller Trend in der Berichterstattung

Unabhängig von der Mediengattung lassen sich im Wirtschaftsjournalismus derzeit zwei Trends beobachten: Zum einen hat sich der Anteil an Nachrichten erhöht, die einen Nutzwert für den Leser darstellen. Die so genannten „news to use" umfassen beispielsweise Anlagetipps oder Prognosen zu Aktienkursentwicklungen.[60] Zum anderen wird die zunehmende Personalisierung in der Literatur übereinstimmend als weiterer Trend in der Wirtschaftsberichterstattung genannt.[61] Während die Fokussierung auf zentrale Akteure der Wirtschaft im Magazinjournalismus schon immer weit verbreitet war, gehen seit einigen Jahren auch Tageszeitungen dazu über, verstärkt Personen in den Mittelpunkt ihrer Berichterstattung zu stellen.[62] Zudem finden sich häufiger Interviews, Portraits oder Reportagen über Entscheidungsträger aus der Wirtschaft.[63] Nach MAST (2003) ist Personalisierung eine gefühlsbetonte Strategie der Leseransprache,[64] denn Personen und die Betonung menschlicher Aspekte sind Instrumente zur emotionalen Akzentuierung von Botschaften.[65]

Mit Blick auf politische Akteure wird die zunehmende Personalisierung der Medienberichterstattung bzw. Wahlkampfberichterstattung in der sozialwissenschaftlichen Literatur bereits seit einigen Jahren (mithin kontrovers) diskutiert.[66] Ein Blick in die Literatur zeigt, dass der Begriff Personalisierung keineswegs einheitlich definiert wird. Personalisierung kann einerseits bedeuten, dass einzelne politische Akteure in den Vordergrund der Berichterstattung gerückt werden, während politische Sachthemen oder inhaltliche Fragen in den Hintergrund rücken.[67] Personalisierung kann aber auch bedeuten, dass sich die Berichterstattung „auf intime, private Merkmale eines Politikers, die mit seiner Berufsrolle nichts zu tun haben"[68], konzentriert.

---

[60] Vgl. EBEL/HOFER (2003), S. 17; SCHUSTER (2004), S. 3 ff.

[61] Vgl. BRETTSCHNEIDER/VOLLBRACHT (2010), S. 155 f.; BROSIUS/KOSCHEL (2007), S. 541; EISENEGGER/IMHOF (2004), S. 248 f.; HEINRICH/MOSS (2006), S. 125; HÖHNE/RUSS-MOHL (2004), S. 66; MAST (1999), S. 34; MAST (2003), S. 135; MAST/SPACHMANN (2005), S. 55, S. 66; NESSMANN (2007), S. 834; SCHÄFER (2004), S. 6; ZERFAß/SANDHU (2006), S. 55. Siehe auch den Media Tenor Forschungsbericht Nr. 154, 2. Quartal 2006.

[62] Vgl. MAST (2003), S. 100.

[63] Vgl. MAST (1999), S. 35.

[64] Vgl. MAST (2003), S. 140. MAST unterscheidet zwischen drei Strategien der Leseransprache: 1) Eine ereignisorientierte Darstellung von Themen, 2) eine gefühlsbetonte Strategie der Leseransprache und 3) eine handlungsorientierte Strategie [vgl. MAST (2003), S. 128 ff.].

[65] Vgl. MAST (2003), S. 132.

[66] Vgl. BRETTSCHNEIDER (2002), S. 20 ff.; HOFFMANN/RAUPP (2006), S. 456 ff.; SCHULZ/ZEH (2003), S. 57 ff.; WILKE/REINEMANN (2000).

[67] Vgl. RUCINSKI (1992), S. 91.

[68] BECKMANN (2006), S. 173. Siehe auch RUCINSKI (1992), S. 93 f.

Auf die Bedeutung von Personalisierung in der Berichterstattung macht auch die Nachrichtenwerttheorie – ein theoretischer Ansatz, der sich mit journalistischen Selektionsprozessen beschäftigt – aufmerksam. Da die Medien aufgrund beschränkter Kapazitäten nur über einen kleinen Ausschnitt der Realität berichten können und unzählige Meldungen und Berichte täglich in den Redaktionen eingehen, müssen Journalisten eine Auswahl von Nachrichten vornehmen und entscheiden, welche Meldungen berichtenswert sind. Die Inhaltsentscheidungen von Journalisten werden durch verschiedene Faktoren (wie z.b. persönliche Erfahrungen und Erwartungen von Journalisten, die „redaktionelle Linie" oder organisatorische und technische Zwänge von Redaktion und Verlag)[69] beeinflusst, wobei auch der Nachrichtenwert bei der Selektion von Informationen eine bedeutende Rolle spielt. Dieser kann nach SCHULZ (1990) als eine journalistische Hilfskonstruktion zur Erleichterung der notwendigen Selektionsentscheidungen verstanden werden.[70] „Je größer ihr Nachrichtenwert, desto größer die Chance, daß die Meldung – unter einer Vielzahl von Alternativen und bei grundsätzlich begrenzter Aufmerksamkeit der Medien – berücksichtigt und veröffentlicht wird."[71] Ohne im Detail auf die Nachrichtenwerttheorie eingehen zu wollen, soll nur so viel gesagt werden, dass in den verschiedenen entwickelten Katalogen von Nachrichtenfaktoren „Personalisierung" sowie „Elite-Person" (bzw. „Prominenz") als wichtige Kriterien der Selektion und Verarbeitung von Nachrichten auftauchen.[72] Bereits GALTUNG/RUGE (1965) nennen in ihrem klassischen Aufsatz „Elite-Personen" und „Personalisierung" explizit als kulturabhängige Nachrichtenfaktoren.[73] Je mehr Nachrichtenfaktoren auf ein Ereignis zutreffen und je stärker die Ausprägung dieser Faktoren ist, desto höher ist der Nachrichtenwert und desto wahrscheinlicher ist es, dass über dieses Ereignis in den Medien berichtet wird (Additivitätshypothese).[74] Dass die Medien auf Elite-Personen fokussieren ist GALTUNG/RUGE zufolge wenig überraschend, da ihre Handlungen weitreichende Konsequenzen nach sich ziehen können. Zudem bieten sie

---

[69]   Vgl. SCHULZ (1990), S. 11 f.

[70]   Vgl. SCHULZ (1990), S. 11.

[71]   SCHULZ (1990), S. 30.

[72]   Vgl. EILDERS (1997), S. 25, S. 35, S. 38 f. WIPPERSBERG (2007) beleuchtet umfassend den Zusammenhang von Elite und Prominenz. Der Autorin zufolge kann der Elitestatus förderlich sein, um einen Prominentenstatus zu erlangen [vgl. WIPPERSBERG (2007), S. 105]. Zu den Unterschieden von Elite und Prominenz siehe WIPPERSBERG (2007), S. 104 ff.

[73]   Vgl. GALTUNG/RUGE (1965), S. 68. GALTUNG/RUGE differenzieren in ihrer Konzeptualisierung zwischen acht kulturunabhängigen und vier kulturabhängigen Nachrichtenfaktoren. Letztere sind Selektionskriterien, die den Autoren zufolge vor allem in westlichen Industrieländern eine Rolle spielen. Zu den kulturunabhängigen Nachrichtenfaktoren zählen: Frequenz, Schwellenfaktor (absolute Intensität, Intensitätszunahme), Eindeutigkeit, Bedeutsamkeit (kulturelle Nähe, Relevanz), Konsonanz (Erwartung, Wünschbarkeit), Kontinuität, Überraschung (Unvorhersehbarkeit, Seltenheit) und Variation. Zu den kulturabhängigen Faktoren zählen Bezug auf Elite-Nationen, Bezug auf Elite-Personen, Personalisierung und Negativismus [von SCHULZ (1990) ins Deutsche übersetzt, siehe SCHULZ (1990), S. 16 ff.].

[74]   GALTUNG/RUGE (1965), S. 71.

eine Projektionsfläche zur Identifikation.[75] Darüber hinaus sind nach GALTUNG/RUGE Ereignisse berichtenswert, wenn man sie als Ergebnis der Handlungen einzelner Akteure oder einer kleinen Gruppe von Akteuren darstellen kann.[76] Für die Personalisierungstendenz nennen die Autoren verschiedene Gründe. Die Neigung, Ereignisse als Ergebnisse handelnder Subjekte darzustellen, ist das Resultat eines kulturellen Idealismus „(…) according to which man is the master of his own destiny and events can be seen as the outcome of an act of free will."[77] Ferner vermuten die Autoren, dass Medienrezipienten Identifikationsbedürfnisse haben und sich Personen aufgrund von Projektion und Empathie eher dazu eignen, dem Publikum als Objekte zur positiven oder negativen Identifikation zu dienen.[78] Des Weiteren geht die Personalisierung eher mit den modernen Techniken der Nachrichtenpräsentation konform. Im Gegensatz zu abstrakten Sachverhalten können Personen fotografiert und interviewt werden.[79] Bei einer personenorientierten Berichterstattung reicht zudem ein einzelnes Interview, während bei der Berichterstattung über ein abstraktes und strukturelles Geschehen mehrere Personen befragt und eine Vielzahl von Informationen gesammelt werden müssen.[80] Ökonomisch gesehen, lassen sich durch eine personalisierte Berichterstattung somit viel Zeit und Recherchekapazitäten einsparen.[81]

Zusammengefasst lässt sich demnach feststellen, dass nach der Nachrichtenwerttheorie Ereignisse berichtenswerter sind, wenn sie sich als Ergebnisse der Handlungen von Personen darstellen lassen und wenn an ihnen einflussreiche und prominente Personen (Elite-Personen, ‚big names') beteiligt sind. Vor diesem Hintergrund lässt sich schlussfolgern, dass Meldungen über Top-Manager einen hohen Nachrichtenwert besitzen, da Manager großer Unternehmen Angehörige der Wirtschaftselite sind und sich Unternehmensergebnisse als Konsequenzen managerialer Entscheidungen darstellen lassen. Fraglich ist allerdings, warum der Trend zur Personalisierung der Wirtschaftsberichterstattung erst seit einigen Jahren festgestellt wird. Eine mögliche Erklärung hierfür könnte sein, dass sich die journalistischen Selektionskriterien im Laufe der letzten Jahre verändert haben. So argumentiert auch EISENEGGER (2010), dass sich ein grundlegender Wandel der Selektions- und Darstellungsmechanismen öffentlicher

---

[75] GALTUNG/RUGE (1965), S. 68.

[76] Vgl. SCHULZ (1990), S. 18.

[77] GALTUNG/RUGE (1965), S. 68.

[78] Vgl. GALTUNG/RUGE (1965), S. 69.

[79] Vgl. GALTUNG/RUGE (1965), S. 69. GALTUNG/RUGE machen jedoch darauf aufmerksam, dass ihrem Argument ein „Henne-Ei-Problem" zugrundeliegt. So ist es den Autoren zufolge auch möglich, dass sich die Techniken der Nachrichtenpräsentation erst in Folge der Neigung zur Personalisierung herausgebildet haben.

[80] Vgl. GALTUNG/RUGE (1965), S. 69.

[81] Siehe hierzu auch RUCINSKI (1992), S. 97.

Kommunikation, der in einer stärkeren Orientierung an den Aufmerksamkeits- und Unterhaltungsbedürfnissen der Medienkonsumenten Ausdruck findet, vollzogen hat.[82]

In wissenschaftlichen Beiträgen, die sich explizit mit dem Personalisierungstrend im Wirtschaftsjournalismus beschäftigen, werden zumeist ökonomische Motive als Ursache für den zu beobachtenden Trend genannt. Argumentiert wird, dass durch eine personalisierte Berichterstattung die Komplexität reduziert wird und die zentralen Botschaften dadurch für den Leser verständlicher werden.[83] Durch personalisierte Darstellungen steigen zudem die Aufmerksamkeit und der Unterhaltungswert.[84] Mit einer personalisierten Berichterstattung kann somit ein breiteres Zielpublikum angesprochen werden.[85] Nach MAST (2003) können vor allem Tageszeitungen durch eine stärkere Emotionalisierung und Personalisierung die Attraktivität ihrer Wirtschaftsteile erhöhen.[86]

Mit Blick auf die Auswirkungen lässt sich feststellen, dass eine personenbezogene Berichterstattung zu einer Erhöhung der Prominenz einzelner Top-Manager beiträgt.[87] Wie bereits an anderer Stelle dargelegt, wird diesem Phänomen – das mitunter auch als CEO celebrity, superstar CEO oder Managerstar bezeichnet wird[88] – in der Managementforschung seit einigen Jahren verstärkt Aufmerksamkeit geschenkt. Es wurde die Beobachtung gemacht, dass Manager immer häufiger von den Medien zu „Stars" stilisiert werden.

Wissenschaftliche Arbeiten, die sich mit dem Thema „Prominenz" oder „Stars" beschäftigen,[89] fokussieren zumeist auf prominente Persönlichkeiten aus den Bereichen Sport, Musik, Film oder Politik.[90] Die hier gewonnenen Erkenntnisse lassen sich nur bedingt auf Prominente

---

[82]   Vgl. EISENEGGER (2010), S. 22.

[83]   Vgl. EISENEGGER (2010), S. 23; HÖHNE/RUSS-MOHL (2004), S. 93; MAST (2003), S. 144 f.

[84]   Vgl. BECKMANN (2006), S. 174.

[85]   Vgl. MAST (2003), S. 132.

[86]   Vgl. MAST (2003), S. 146.

[87]   Zum Zusammenhang von Personalisierung und Prominenz siehe PETERS (1996), S. 110.

[88]   Vgl. GAITANIDES (2004); HAYWARD/RINDOVA/POLLOCK (2004); KHURANA (2002a), S. 51 ff.; MALMENDIER/TATE (2009); PARK/BERGER (2004), S. 96; WADE ET AL. (1997); WADE ET AL. (2006).

[89]   In der Literatur wird der „Star" als die Spitze von Prominenz verstanden. Demnach sind alle Stars prominent, aber nicht alle Prominente sind Stars [vgl. WIPPERSBERG (2007), S. 35]. Zum Starbegriff siehe umfassend WIPPERSBERG (2007), S. 30 ff.

[90]   Das Starphänomen wird aus unterschiedlichen theoretischen Perspektiven – z.B. ökonomische, kulturwissenschaftliche, (medien-)soziologische oder kommunikationswissenschaftliche – beleuchtet. Personen des Wirtschaftslebens bilden eher selten Gegenstand von Untersuchungen. Einen Überblick über die Geschichte, Rezeption und Bedeutung von Stars gibt das Herausgeberwerk von FAULSTICH/KORTE (1997). In diesem findet sich auch ein Beitrag von AVENARIUS zum Starimage aus der Sicht der Wirtschaft [vgl. AVENARIUS (1997), S. 146 ff.]. WENZEL (2000) fasst in seinem Aufsatz die soziologische Forschung zum Thema Prominenz zusammen [vgl. WENZEL (2000), S. 452 ff.]. PETERS (1996) analysiert in ihrer Monographie die Entstehung und Wirkung von Prominenz aus soziologischer Sicht [vgl. PETERS (1996)]. Auch

aus der Wirtschaft übertragen. Generell übertragbar erscheinen die von SCHIERL (2007) entwickelten Überlegungen zur Entstehung von Prominenz in Folge der medialen Berichterstattung. SCHIERL definiert Prominenz in Anlehnung an BOORSTIN als Bekanntheit der Bekanntheit.[91] Dem Autor zufolge entsteht Prominenz anfangs unintendiert als externer Effekt der
Nachrichtenproduktion.[92] Bestimmte Eigenschaften oder Qualitäten einer Person (z.b. Extrovertiertheit, Weltgewandtheit, Charme etc.) sind zwar keine notwendigen Voraussetzungen
für die Entstehung von Prominenz, können die Prominenzierung allerdings auch fördern.[93]
Rezipienten, die aufgrund der Medienberichterstattung eine Person als relevant oder interes-
sant einstufen, entwickeln für diese Person eine erhöhte Aufmerksamkeit.[94] Mit dem Erreichen einer bestimmten kritischen Masse von Rezipienten, denen die Bekanntheit der Person
bekannt ist, wird Prominenz zu einem sich selbst erhaltenden Prozess.[95] Mit anderen Worten:
Die Medien berichten bevorzugt über prominente Persönlichkeiten, was wiederum dazu führt,
dass die Prominenz dieser Personen weiter steigt. Dass Bekanntheit aus Bekanntheit erwächst
wird in der Literatur auch als „Matthäus-Effekt" bezeichnet.[96]

SCHIERL nennt verschiedene Gründe, warum Rezipienten ein Interesse an der Beobachtung
von prominenten Persönlichkeiten haben. So bieten sie Orientierung, stellen Identifikationsfi-
guren dar, bieten Unterhaltung und ermöglichen Anschlusskommunikation.[97] Mit Blick auf
Top-Manager hat GAITANIDES (2004) interessante Überlegungen angestellt. Rekurrierend auf
ADLER, ein Vertreter der ‚Ökonomie der Superstars',[98] diskutiert er die Möglichkeit, dass
Managerstars zu „Konsumgütern" werden.[99] Konsumkapital wird durch das Studium speziali-

---

WIPPERSBERG (2007) beschäftigt sich umfassend mit dem Prominenz-Phänomen und reflektiert eingehend
die Rolle der Massenmedien bei der Entstehung von Prominenz [vgl. WIPPERSBERG (2007), S. 226 ff.].

[91]   Vgl. SCHIERL (2007a), S. 12. Die Definition von BOORSTIN (1992) lautet: „The celebrity is a person who
is known for his well-knowness." [BOORSTIN (1992), S. 57 (Kursivierung im Original)].

[92]   Vgl. SCHIERL (2007b), S. 99.

[93]   Vgl. SCHIERL (2007a), S. 12. Auch WIPPERSBERG (2007) diskutiert, dass bestimmte Persönlichkeitsmerkmale vorliegen müssen, damit sich eine Person zum Prominenten eignet [siehe hierzu umfassend
WIPPERSBERG (2007), S. 165 ff].

[94]   Vgl. SCHIERL (2007a), S. 15.

[95]   Vgl. SCHIERL (2007a), S. 16.

[96]   Vgl. WENZEL (2000), S. 452. Die Bezeichnung „Matthäus-Effekt" geht auf ROBERT K. MERTON (The
Matthew Effect in Science) zurück.

[97]   Vgl. SCHIERL (2007a), S. 17 ff.

[98]   Die ‚Ökonomie der Superstars' wurde von ROSEN Anfang der 1980er Jahre begründet und ist von verschiedenen Autoren (z.B. von ADLER (1985), FRANCK (2001) oder FRANK/COOK (1997)) in den darauf
folgenden Jahren weiterentwickelt worden. Sie wird vor allem herangezogen, um die enormen Einkommensunterschiede von Schauspielern, Sportlern oder Künstlern zu erklären.

[99]   Nach der Konsumkapitaltheorie steigt mit zunehmendem Wissen die Wertschätzung an einem Gut und der
Konsument gewinnt einen zusätzlichen Nutzen aus der Interaktion mit anderen [vgl. ADLER (1985),
S. 208; FRANCK (2001), S. 45]. Je bekannter ein Künstler oder Sportler, desto einfacher wird es, passende

sierter Wirtschaftspresse – wie z.B. Wirtschaftsmagazine, die sich durch eine stark personalisierte Berichterstattung auszeichnen – aufgebaut.[100] Starmanager ziehen die Aufmerksamkeit der Medien auf sich und wie Filmstars liefern sie genügend Gesprächsstoff. Insofern sichert das über die Massenmedien erworbene Wissen gesellschaftlich integrierende Anschlusskommunikation.[101] Zudem erscheint es, dass auch der Faktor Unterhaltung eine Rolle spielt. Das Bedürfnis nach Unterhaltung erklärt zumindest, warum die Berichterstattung über Top-Manager nicht allein auf den professionellen Tätigkeitsbereich fokussiert, sondern auch Nachrichten mit „human touch" sowie Informationen über das Privatleben (z.B. biografischer Hintergrund, Familienverhältnisse oder Freizeitaktivitäten) beinhaltet.[102]

Abschließend ist festzuhalten, dass in der Literatur darauf aufmerksam gemacht wird, dass die Medien durch die Berichterstattung nicht nur an der Produktion der Prominenz einzelner Akteure beteiligt sind,[103] sondern auch von der Existenz von Stars oder Superstars profitieren, da sie sich positiv auf die Nachfrage auswirkt.[104] So hat bereits GITLIN (1980) auf die ökonomische Bedeutung personalisierter Berichterstattung über Führungspersönlichkeiten hingewiesen: „In the mass mediated version of reality, organizations, bureaucracies, movements – in fact, all larger and more enduring social formation – are reduced to personifications (…). In the age of mass commercial readership, "human interest" attracts audiences and delivers their attention to advertisers."[105]

Über welche Themen und Inhalte in den Medien berichtet wird, ist nicht zuletzt davon abhängig, welche Informationsquellen und -materialen Journalisten nutzen. Studien zeigen, dass das in der Berichterstattung verwendete Nachrichtenmaterial oftmals aus institutionellen Kanälen – wie z.B. Pressemitteilungen und -konferenzen, konstruierte Pseudoereignisse oder offiziellen Bekanntmachungen – stammt.[106] Im nachfolgenden Abschnitt wird das Verhältnis zwischen Public Relations und Wirtschaftsjournalismus beleuchtet. In der Literatur wird darauf

---

Gesprächspartner zu finden oder mehr über die Person aus den verschiedenen Massenmedien (Zeitung, Magazinen, Fernsehen etc.) zu erfahren [vgl. ADLER (2006), S. 898].

[100]   Vgl. GAITANIDES (2004), S. 195.

[101]   Vgl. SCHIERL (2007a), S. 19.

[102]   Dass *soft news* in der Berichterstattung über Top-Manager eine zentrale Rolle spielen. zeigen die Ergebnisse inhaltsanalytischer Untersuchungen der Berichterstattung über US-amerikanische Manager, auf die an späterer Stelle noch einmal ausführlicher eingegangen werden soll [vgl. HAMILTON/ZECKHAUSER (2004), S. 4; HANNAH/ZATZICK (2008), S. 369; PARK/BERGER (2004), S. 107].

[103]   Zu Rolle der Massenmedien bei der Entstehung von Prominenz siehe umfassend WIPPERSBERG (2007), S. 226 ff.

[104]   Vgl. KRUSE (2001), S. 71 f. Zur medienökonomischen Bedeutung von Prominenz siehe SCHIERL (2007b), S. 101 ff.

[105]   GITLIN (2003) (erstmals 1980 erschienen), S. 146 f.

[106]   Vgl. RÖSSLER (1997), S. 38.

aufmerksam gemacht, dass Public Relations-Abteilungen bis zu einem gewissen Grad mitbestimmen, welche Themen auf der Tagesordnung der Medien stehen.[107]

1.2   Wirtschaftsjournalismus und Public Relations

Public Relations-Abteilungen von Unternehmen zählen neben Nachrichtenagenturen zu den
wichtigsten Informationsquellen von Wirtschaftsjournalisten.[108] Vor allem in großen Unternehmen ist die Öffentlichkeitsarbeit häufig als eigenständiger Arbeitsbereich (z.B. Public Re-
lations-Abteilung oder Abteilung für Presse- und Öffentlichkeitsarbeit) organisiert. Zumeist
ist er der Geschäftsführung direkt zugeordnet.[109]

Wechselseitige Abhängigkeit kennzeichnet das Verhältnis von Journalismus und Public Relations.[110] Zur Verbreitung von Botschaften benötigen Public Relations die Massenmedien.[111]
Daher zählt die Medienarbeit zu den Kernaufgaben. Zum Einsatz kommen hierbei eine Vielzahl verschiedener Kommunikationsinstrumente (z.B. Pressinformationen, Pressekonferenzen, Geschäftsberichte usw.) und -verfahren (z.B. Issues-Management[112], Krisen-PR, Event-
PR usw.).[113] Aber auch die Medien sind auf die von Public Relations-Abteilungen bereitge-
stellten Informationen für die Produktion von Nachrichten angewiesen.[114]

Hinsichtlich des Einflusses von PR auf die Inhalte der Medien dominierte in der Forschung
bis in die 1990er Jahre die so genannte „Determinationshypothese".[115] Nach dieser hat die
Öffentlichkeitsarbeit von Wirtschaftsunternehmen und Organisationen (z.B. staatliche Ein-
richtungen, Verbände usw.) einen beachtlichen Einfluss auf die Inhalte der Massenmedien.
Empirische Untersuchungen konnten diese einfache Kausalbeziehung allerdings nicht bestätigen.[116] Studien zeigen, dass Übernahmequoten beachtlich schwanken, und dass die Verwendung von PR-Material durch Journalisten von einer Reihe von Faktoren abhängig ist. Hierzu

---

[107]   Vgl. BROSIUS/KOSCHEL (2007), S. 542.

[108]   Vgl. BROSIUS/KOSCHEL (2007), S. 542. Siehe auch die Ergebnisse der von FLEITER (2008) durchgeführten
         Analyse der Beziehung zwischen PR und Wirtschaftsjournalismus [vgl. FLEITER (2008), S. 280 ff].

[109]   Vgl. SCHULZ (2004), S. 521.

[110]   Vgl. BENTELE/LIEBERT/SEELING (1997), S. 240; PINCUS ET AL. (1993), S. 28; SCHULZ (2004), S. 530.

[111]   Vgl. SCHULZ (2004), S. 530.

[112]   Nach einer Definition von RÖTTGER (2005) ist Issues Management „ein systematisches und strukturiertes
         Verfahren der Identifikation, Analyse und strategischen Beeinflussung von öffentlich relevanten Themen
         bzw. Erwartungen von Stakeholdern. Ziel ist die Früherkennung von möglichen Gefahren – aber auch
         Chancen – und die Einflussnahme auf Entwicklungen dieser Issues." [RÖTTGER (2005), S. 139].

[113]   Vgl. BENTELE (2003), S. 56.

[114]   Vgl. PINCUS ET AL. (1993), S. 29; SCHULZ (2004), S. 530.

[115]   Vgl. ALTMEPPEN/RÖTTGER/BENTELE (2004), S. 9.

[116]   Vgl. SCHANTEL (2000), S. 73 ff.

zählen etwa der Nachrichtenwert des Themas, mediengerechte Aufbereitung von PR-Material, der Status der PR-Betreiber oder die politische Einstellung von Journalisten.[117] Auch der Anlass ist entscheidend. In Krisenzeiten bevorzugen Journalisten eigenständige Recherchen und die Botschaften von PR-Abteilungen stoßen auf geringe Medienresonanz.[118] Andererseits steigen die Durchsetzungschancen von Öffentlichkeitsarbeit (z.b. die vollständige Übernahme von Pressemitteilungen), wenn die Medien organisatorischen Zwängen unterliegen, wie z.b. erhöhter Zeitdruck oder Personalknappheit.[119] In der Literatur wird herausgestellt, dass in den letzten Jahren der PR-Sektor erheblich gewachsen ist und sich professionalisiert hat.[120] HÖHNE/RUSS-MOHL (2004) halten es für möglich, dass diese Entwicklung „den Rückbau der Redaktionen und damit die Abrüstung journalistischer Recherche-Kapazität mit ausgelöst [hat]."[121]

In der Forschung wird die Beziehung zwischen Journalismus und PR inzwischen umfassender betrachtet. In der Kommunikationswissenschaft hat das von BENTELE/LIEBERT/SEELING (1997) entwickelte Intereffikationsmodell in den vergangenen Jahren verstärkt Aufmerksamkeit erfahren.[122] Das Modell geht davon aus, dass sich PR und Journalismus wechselseitig beeinflussen, Abhängigkeiten zwischen den beiden Systemen bestehen und gegenseitige Anpassungsleistungen vorgenommen werden (siehe die folgende Abbildung).[123]

Mit dem Begriff ‚Induktionen' sind intendierte, gerichtete Kommunikationsanregungen und Kommunikationseinflüsse gemeint.[124] Hierzu zählt zum Beispiel die Aufnahme von Themen in Zeitungen, die von PR-Materialien angeregt wurden. Journalistische Induktionsleistungen bestehen vor allem in der Auswahl aus Themen- und Textangeboten, in ihrer Veränderung (Verkürzung, Nachrecherche) und der Entscheidung über Platzierung und Gewichtung.[125] Unter ‚Adaptionen' verstehen die Autoren kommunikatives und organisatorisches Anpassungshandeln.[126] Seitens des PR-Systems gehören hierzu beispielsweise die Anpassungen an zeitli-

---

[117] Vgl. LÖFFELHOLZ (2003), S. 38; SCHANTEL (2000), S. 83; SCHULZ (2004), S. 531.

[118] Vgl. SCHULZ (2004), S. 532.

[119] Vgl. LÖFFELHOLZ (2003), S. 45; SCHANTEL (2000), S. 83. Siehe hierzu auch die Ergebnisse der Studie von FLEITER (2008), S. 216 f.

[120] Vgl. HÖHNE/RUSS-MOHL (2004), S. 92.

[121] HÖHNE/RUSS-MOHL (2004), S. 92.

[122] Vgl. BENTELE/NOTHAFT (2004), S. 69.

[123] Vgl. BENTELE/LIEBERT/SEELING (1997), S. 240.

[124] Vgl. BENTELE/LIEBERT/SEELING (1997), S. 241.

[125] Vgl. BENTELE/LIEBERT/SEELING (1997), S. 243; BENTELE/NOTHAFT (2004), S. 73.

[126] Vgl. BENTELE/LIEBERT/SEELING (1997), S. 241.

che, sachliche und soziale Regeln oder Routinen des Journalismus.[127] Themen werden u.a. so aufbereitet, dass sie möglichst viele Nachrichtenfaktoren beinhalten und somit als berichtenswert gelten.[128]

Abb. 2:   Das Intereffikationsmodell[129]

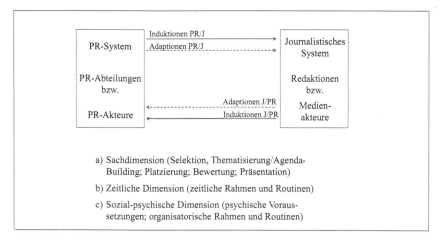

a) Sachdimension (Selektion, Thematisierung/Agenda-
   Building; Platzierung; Bewertung; Präsentation)

b) Zeitliche Dimension (zeitliche Rahmen und Routinen)

c) Sozial-psychische Dimension (psychische Voraussetzungen; organisatorische Rahmen und Routinen)

Nachdem die Beziehung zwischen Journalismus und PR beleuchtet wurde, soll abschließend auf einen Trend aufmerksam gemacht werden, der möglicherweise dazu beiträgt, dass im Wirtschaftsjournalismus die personenbezogene Berichterstattung zugenommen hat. Vor allem in jüngster Zeit beschäftigen sich verschiedene (tendenziell eher praxisorientierte) Beiträge mit den Vorteilen von Kommunikationskonzepten, die einzelne Top-Manager in den Mittelpunkt von PR-Aktivitäten rücken.[130] Instrumente der so genannten „Personal Public Relations" oder „CEO Kommunikation" zielen darauf ab, den Bekanntheitsgrad der wichtigsten Unternehmensvertreter zu erhöhen und eine positive Reputation in den Medien aufzubauen. In die Literatur werden vielfältige Maßnahmen genannt. Neben klassischen Instrumenten der Pressearbeit (z.B. Pressemeldungen, Pressekonferenzen, Interviews, Reportagen) zählen hierzu die Namenspositionierung von Managern in den Medien, Inszenierung und Mediatisierung

---

[127]   Vgl. BENTELE/LIEBERT/SEELING (1997), S. 242 f.

[128]   Vgl. BENTELE/LIEBERT/SEELING (1997), S. 245.

[129]   Siehe BENTELE/NOTHAFT (2004), S. 68.

[130]   Vgl. NESSMANN (2007), S. 836 ff.; PARK/BERGER (2004), S. 97 m.w.N.; ZERFAß/SANDHU (2006), S. 52 m.w.N.

öffentlicher Auftritte (Talkshows, Nachrichtensendungen, Bilanzpressekonferenzen usw.)[131] oder die Gestaltung von Internetseiten (z.b. Websites mit persönlichen Hintergrundinformationen von Top-Managern, professionell gestaltete Portraitfotos).[132] Vor dem Hintergrund der Erkenntnisse der Nachrichtenfaktorenforschung dürfte erwartet werden, dass PR-Materialien, die einzelne Top-Manager in den Mittelpunkt stellen und eine personalisierte Darstellung von Ereignissen wählen, auf eine größere Medienresonanz stoßen. Allerdings wurden diese Effekte noch nicht explizit untersucht.[133] Insgesamt bleibt festzuhalten, dass mit Blick auf die Ursachen und Folgen personenorientierter PR-Aktivitäten (CEO-Kommunikation) noch erheblicher empirischer Forschungsbedarf besteht.[134]

Im Folgenden werden die Ergebnisse verschiedener inhaltsanalytischer Untersuchungen der Berichterstattung über Top-Manager in der US-amerikanischen Presse vorgestellt. Im Mittelpunkt der Ausführungen steht die von PARK/BERGER (2004) durchgeführte Untersuchung der Berichterstattung über CEOs.

1.3   Ergebnisse inhaltsanalytischer Untersuchungen der Berichterstattung über US-amerikanische Top-Manager

Die Medienberichterstattung über Top-Manager ist bisher nur vereinzelt empirisch untersucht worden.[135] Nach PARK/BERGER überrascht dieses Forschungsdefizit, da in der Literatur vielfach darauf hingewiesen wird, dass dem CEO eine herausragende Bedeutung in der Unternehmenskommunikation zukommt.[136] Ferner sei zu beobachten, dass CEOs zunehmend im Fokus der Medien stehen, und dass einige Top-Manager vor allem seit den 1990er Jahren von den Medien wie Stars gefeiert wurden.[137] PARK/BERGER untersuchen die Berichterstattung

---

[131]   Erwähnenswert ist in diesem Zusammenhang eine Untersuchung von BIEHL (2007). Aus theaterwissenschaftlicher Sicht hat sie den Inszenierungscharakter von Hauptversammlungen und Bilanzpressekonferenzen untersucht [siehe hierzu im Detail S. 306].

[132]   Vgl. NESSMANN (2007), S. 840 ff.

[133]   HAMILTON/ZECKHAUSER (2004) haben Pressemitteilungen analysiert, in denen der CEO explizit genannt wurde. Die Analyse zeigt unter anderem, dass CEOs vor allem dann in Pressemitteilungen erwähnt werden, wenn das Unternehmen eine gute Performance gezeigt hat [vgl. HAMILTON/ZECKHAUSER (2004), S. 8].

[134]   Eine der wenigen empirischen Studien stammt von SANDHU/ZIELMANN (2010). In dieser wurden Kommunikationsverantwortliche zur Bedeutung der CEO-Kommunikation befragt. Siehe hierzu im Einzelnen SANDHU/ZIELMANN (2010), S. 218 ff.

[135]   Im Folgenden werden die Ergebnisse der quantitativen Inhaltsanalysen von PARK/BERGER (2004) sowie HAMILTON/ZECKHAUSER (2004) vorgestellt.

[136]   Vgl. PARK/BERGER (2004), S. 93.

[137]   Vgl. PARK/BERGER (2004), S. 96.

über CEOs in vier Tageszeitungen in einem Zeitraum von elf Jahren (1990-2000).[138] Die untersuchten Blätter gehören zu den führenden Zeitungen in den USA, unterscheiden sich allerdings im Hinblick auf die Leserschaft sowie im Hinblick auf ihre politische Orientierung.[139]

1.3.1 Anlässe und Themen

Zunächst sind PARK/BERGER in ihrer Studie der Frage nachgegangen, in welchen Kontexten oder zu welchen Anlässen über CEOs berichtet wird.[140] Die Analyse gelangt zu dem Schluss, dass vor allem bei einem Wechsel der obersten Führungskraft, die Berichterstattung auf den CEO fokussiert (siehe die nachfolgende Tabelle).[141] Dieses Ergebnis ist wenig überraschend, zumal ein personeller Wechsel an der Unternehmensspitze ein bedeutsames Ereignis darstellt und für das betroffene Unternehmen einschneidende Veränderungen bedeuten kann.[142] Zudem treffen bei einem Führungswechsel verschiedene Nachrichtenfaktoren aufeinander.[143]

Des Weiteren gelangt die Studie zu dem Ergebnis, dass die Presse oftmals über ‚Persönliches' berichtet, wie z.B. über die biografischen Hintergründe oder den Lebenswandel von CEOs. Auch HAMILTON/ZECKHAUSER haben untersucht, welche Rolle so genannte *soft news* in der Berichterstattung über CEOs spielen. Unter *soft news* verstehen die Autoren solche Informationen, die in keinem unmittelbaren Zusammenhang mit der beruflichen Tätigkeit des CEOs stehen. Hierzu zählen etwa Informationen über das Privatleben oder die Persönlichkeit des Top-Managers. Auch sie gelangen zu dem Schluss, dass *soft news* einen nicht unerheblichen Stellenwert in der Berichterstattung über CEOs in Tageszeitungen (*New York Times*, *Washington Post* und *USA Today*) einnehmen.[144]

PARK/BERGER sind des Weiteren der Frage nachgegangen, welche Themen von CEOs selbst angesprochen werden. Zu diesem Zweck haben sie sowohl indirekte als auch direkte Zitate

---

138 Zu den Zeitungen zählten *The Wall Street Journal*, *USA Today*, *The New York Times* und *Houston Chronicle*. Untersucht wurden alle Artikel, die im Titel bestimmte Schlüsselbegriffe (z.B. CEO, chief executive, chief executive officer) enthielten. Insgesamt wurden 4289 Artikel identifiziert, von denen 650 als Textstichproben mittels der geschichteten Zufallsauswahl (*stratified sample*) für die weitere Inhaltsanalyse ausgewählt wurden.

139 Vgl. PARK/BERGER (2004), S. 103.

140 Die folgenden Ausführungen stützen sich auf PARK/BERGER (2004), S. 106 f.

141 Hinsichtlich der Frage, welche weiteren Akteure in der Berichterstattung über CEOs auftauchen, kamen die Autoren zu dem folgenden Ergebnis: Am häufigsten wurden Finanzanalysten zitiert (28,73 %), danach folgten andere Führungskräfte der Wirtschaft (17,18 %), Branchenexperten (13,80 %), Unternehmenssprecher (9,01 %) und weitere Mitglieder des Boards (7,89 %) [vgl. PARK/BERGER (2004), S. 108].

142 Vgl. FINKELSTEIN/HAMBRICK/CANNELLA (2009), S. 198 ff.

143 Z.B. die Nachrichtenfaktoren Bedeutsamkeit, Bezug auf Elite Personen, Personalisierung und gegebenenfalls Überraschung.

144 Vgl. HAMILTON/ZECKHAUSER (2004), S. 4.

von CEOs analysiert. Die Ergebnisse sind in Tabelle 1 zusammengefasst und den Ergebnissen der Themenanalyse gegenübergestellt. Am häufigsten sprachen CEOs über ‚strategische Pläne', ‚Unternehmensperformance' sowie ‚Persönliches'.

Tab. 1:   Themenschwerpunkte in der Berichterstattung über CEOs[145]

Themen	Themen in der Berichterstattung über CEOs in %	Von CEOs angesprochene Themen in %
CEO Wechsel	53,1 %	-
Persönliche Informationen	12,2 %	10,9 %
Unternehmensperformance	7,5 %	17,1 %
Strategische Pläne	6,8 %	39,5 %
CEO Vergütung	6,8 %	-
Aktienkurs	0,6 %	1,1 %
Restrukturierung	4,2 %	8,7 %
Rechtliche Angelegenheiten	4,0 %	-
Branche	2,0 %	8,7 %
Mitarbeiter	1,7 %	7,0 %
Marke	0,6 %	3,1 %
Managementphilosophie	-	2,2 %
Kunden	-	1,1 %
Andere	0,6 %	0,6 %

Wie aus Tabelle 1 deutlich wird, ist auch die Managervergütung ein beliebtes Thema in der Presse. Zu dieser Feststellung gelangen auch CORE/GUAY/LARCKER (2008). Die Autoren haben in ihrer Untersuchung die Berichterstattung über die Vergütung von CEOs in führenden US-amerikanischen Tageszeitungen und Wirtschaftsmagazinen analysiert. Die Ergebnisse der Untersuchung zeigen deutlich, dass die Berichterstattung über CEO-Gehälter zwischen 1994 und 2002 deutlich zugenommen hat.[146] CORE/GUAY/LARCKER zufolge evoziert – mit Ausnahme von Bilanzfälschungen – kein anderes Thema derartige Reaktionen in der Presse.[147]

CORE/GUAY/LARCKER haben in ihrer Studie aber nicht nur die Bedeutungszunahme des Themas in der Presse, sondern auch die Folgen der medialen Fokussierung auf Managergehälter untersucht. Im Kern gehen sie der Frage nach, ob die negative Berichterstattung über die Vergütungssysteme von CEOs dazu führt, dass Unternehmen auf die massive Kritik (z.B. in Form von Gehaltssenkungen oder Entlassungen) reagieren.[148] Vor dem Hintergrund, dass eine anhaltende negative Berichterstattung einen Reputationsverlust zur Folge haben kann, ist nach

---

[145]   Vgl. PARK/BERGER (2004), S. 107. Untersucht wurde eine Stichprobe von insgesamt 650 Zeitungsartikeln. Zur angewandten Methodik siehe PARK/BERGER (2004), S. 103.

[146]   Vgl. CORE/GUY/LARCKER (2008), S. 9.

[147]   Vgl. CORE/GUAY/LARCKER (2008), S. 1.

[148]   Vgl. CORE/GUY/LARCKER (2008), S. 5.

CORE/GUAY/LARCKER eine Reaktion seitens des Unternehmens bzw. des Boards zu erwarten.[149]

Die Autoren gelangen in ihrer Studie, in der sie über 11.000 Artikel untersucht haben, zu dem Resultat, dass die Presse vor allem über CEOs berichtet, deren Gehälter als „exzessiv" bzw. „überhöht" bezeichnet werden können. „These results (…) suggest that the press makes at least some adjustments for a normal level of pay when deciding on which CEOs to focus negative attention."[150] Zugleich gelangt die Studie aber auch zu dem Ergebnis, dass Effekthascherei in der Berichterstattung über CEO-Gehälter eine Rolle spielt. In die Schlagzeilen gelangen Top-Manager ebenfalls, wenn sie durch die Ausübung von Aktienoptionen hohe Einkünfte erzielen.[151] Wenn die Presse zwischen der „Gewährung" und „Ausübung" von Optionen nicht differenziert, zielt sie CORE/GUAY/LARCKER zufolge ganz offensichtlich darauf ab, zu sensationalisieren.[152]

Hinsichtlich der Frage, ob die negative Berichterstattung über die Vergütungssysteme von CEOs Konsequenzen nach sich zieht, gelangen CORE/GUAY/LARCKER zu einem eher unerwarteten Ergebnis. Die Untersuchungsergebnisse legen nahe, dass die negative Medienberichterstattung keine Auswirkungen auf die Vergütungssysteme von CEOs bzw. auf Entscheidungen der Mitglieder des Verwaltungsrats hat.[153]

1.3.2   Zunahme in der Berichterstattung

Die quantitative Inhaltsanalyse von PARK/BERGER zeigt, dass die Berichterstattung über CEOs im Laufe des Untersuchungszeitraums erheblich zugenommen hat.[154] Allerdings trifft diese Entwicklung nicht auf alle Tageszeitungen gleichermaßen zu. Vor allem beim *Wall Street Journal* ist dieser Trend deutlich erkennbar. Lediglich bei der *New York Times* ist eine derartige Steigerung der Berichterstattung über CEOs nicht feststellbar.[155]

---

[149]   Vgl. CORE/GUY/LARCKER (2008), S. 5.

[150]   CORE/GUY/LARCKER (2008), S. 15.

[151]   Vgl. CORE/GUY/LARCKER (2008), S. 17.

[152]   Vgl. CORE/GUY/LARCKER (2008), S. 17 f.

[153]   Vgl. CORE/GUY/LARCKER (2008), S. 23.

[154]   Vgl. auch KHURANA (2002a), der mit seiner Untersuchung der Titelseiten der Business Week diesen Trend bestätigt [vgl. KHURANA (2002a), S. 75].

[155]   Zu einem ähnlichen Ergebnis gelangen auch HAMILTON/ZECKHAUSER (2004). Sie analysieren in ihrer Studie die Berichterstattung über CEOs in der *New York Times* im Zeitraum von 1970 bis 1999. Im Gegensatz zu PARK/BERGER fokussieren sie allerdings auf die 80 umsatzstärksten Unternehmen. Sie bestätigen das Ergebnis der Studie von PARK/BERGER insofern, als auch sie keine generelle Zunahme der Berichterstattung über CEOs in der *New York Times* feststellen können. Allerdings sind erhebliche Schwankungen erkennbar. So lag die durchschnittliche Anzahl der Artikel je CEO im Jahr 1978 bei unter zehn,

Die von PARK/BERGER aufgestellte Hypothese, dass über CEOs großer Unternehmen (*Fortune 500*) häufiger berichtet wird, ließ sich nicht bestätigen.[156] Zu bemängeln ist allerdings, dass bei der Inhaltsanalyse die Länge der Artikel nicht berücksichtigt wurde.[157]

Als Grund für die Tendenz, dass mehr über CEOs kleinerer Unternehmen berichtet wurde, nennen PARK/BERGER den Gründungsboom in der Technologiebranche sowie in der New Economy in der zweiten Hälfte der 1990er Jahre.[158] Dies spiegelt sich partiell auch in der Analyse der Branchen wider. Im Jahr 1997 wurde am häufigsten über CEOs aus der Technologiebranche berichtet. Für den gesamten Zeitraum der Studie ergibt sich jedoch ein anderes Bild. So wurde am häufigsten über CEOs aus der zyklischen Konsumgüterbranche[159] (28,5 %), gefolgt von der Technologiebranche (19,4 %), der nicht-zyklischen Konsumgüterbranche[160] (13,7 %) und der Finanzbranche (11,2%) berichtet.[161]

Auch HAMILTON/ZECKHAUSER beschäftigen sich in ihrer Studie mit dem Ausmaß der Berichterstattung. Die Autoren sind der Frage nachgegangen, ob die Presse bestimmten CEOs mehr Aufmerksamkeit schenkt als anderen. Sie gelangen zu dem bemerkenswerten Ergebnis, dass sich der Großteil der Berichterstattung auf nur wenige CEOs konzentriert.[162] Fast 48% der Berichterstattung fokussierte 1995 auf nur fünf CEOs. Ähnlich sind die Ergebnisse auch für die Jahre 1996 und 1997 (siehe die folgende Tabelle).

Tab. 2: **Konzentration der Presseberichterstattung über CEOs im Jahr 1995**[163]

	Berichterstattung über CEOs	Negative Berichterstattung über CEOs	Positive Berichterstattung über CEOs	Soft News Artikel über CEOs
Top 5	47,8 %	50,0 %	47,3 %	52,6 %
Top 20	68,8 %	75,3 %	68,4 %	75,3 %
Top 40	80,4 %	87,0 %	79,9 %	86, 1%

---

stieg aber 1979 auf 14,7. Ein ähnliches Bild zeigt sich in den 1990er Jahren. Im Jahr 1992 wurde mit durchschnittlich 15,5 Artikel je CEO der Höhepunkt erreicht [vgl. HAMILTON/ZECKHAUSER (2004), S. 10].

[156] Hier sei angemerkt, dass die Forscher keine Informationen darüber hatten, über welche Unternehmen bzw. über welche CEOs die Presse *nicht* berichtet hat.

[157] In der Regel ist es bei einer Inhaltsanalyse üblich Informationen über den Umfang sowie die Platzierung der Artikel in die Bewertung mit einfließen zu lassen. Dadurch fallen längere Artikel stärker ins Gewicht als kürzere Meldungen. Aus dem Codebogen ist nicht ersichtlich, ob Umfang und Platzierung berücksichtigt wurden.

[158] Vgl. PARK/BERGER (2004), S. 110.

[159] Hierzu zählen u.a. Automobilhersteller, Fluggesellschaften oder die Textilindustrie.

[160] Hierzu zählen u.a. Kosmetikhersteller, Lebensmittelhersteller oder Hersteller von Haushaltswaren.

[161] Vgl. PARK/BERGER (2004), S. 111.

[162] Vgl. HAMILTON/ZECKHAUSER (2004), S. 21.

[163] I.A. HAMILTON/ZECKHAUSER (2004) (Table 4).

HAMILTON/ZECKHAUSER bezeichnen CEOs, über die die Medien positiv und besonders intensiv berichten, treffend als ‚Celebrity CEOs'.[164]

1.3.3 Imagedimensionen

Ein weiterer Schwerpunkt der Studie von PARK/BERGER bildete die Analyse der Images von CEOs. Zu diesem Zweck haben die Autoren auf das aus der politischen Kommunikation stammende Konzept von MILLER ET AL. (1986) zurückgegriffen. Mittels einer Faktorenanalyse haben MILLER ET AL. empirisch ermittelt, mit welchen Kategorien oder Imagedimensionen Wähler politische Kandidaten beschreiben.[165] Die Autoren gehen davon aus, dass Individuen aus Gründen der Vereinfachung so genannte Prototypen oder Schemata von Personen entwickeln, auf die sie in Bewertungsprozessen zurückgreifen. Insgesamt konnten sie fünf generische Kategorien ausfindig machen: 1) Kompetenz, 2) Integrität (im Sinne von ehrlich und vertrauenswürdig), 3) Zuverlässigkeit (im Sinne von durchsetzungsstark und arbeitsam), 4) Charisma und 5) Persönliches (Erscheinungsbild, Alter oder Werdegang).[166]

Diese fünf Dimensionen haben PARK/BERGER auf ihren Untersuchungsgegenstand übertragen und weiter spezifiziert. Die Analyse hat ergeben, dass das Attribut ‚Kompetenz' mit 49,78 % am häufigsten zur Beschreibung von CEOs herangezogen wurde. Danach folgen die Dimensionen ‚Persönliches' (22,29 %), ‚Charisma' (13,17 %), ‚Zuverlässigkeit' (9,55 %) und ‚Integrität' (5,21 %). Neben einer einfachen Frequenzanalyse haben die Autoren zusätzlich eine Valenzanalyse durchgeführt (siehe die folgende Abbildung). Insgesamt gelangen PARK/BERGER zu dem Schluss, dass die medialen Darstellungen von CEOs tendenziell positiv ausfallen. Eine dezidierte Erklärung für dieses Phänomen liefern sie allerdings nicht. Die Hypothese, dass in ökonomisch guten Zeiten positiver über CEOs berichtet wird, konnte nicht bestätigt werden.[167]

Aus Abbildung 3 wird deutlich, dass die Imagedimension ‚Kompetenz' eine zentrale Rolle spielt. Sie taucht ebenso häufig in positiven wie auch in negativen Presseberichten auf. ‚Persönliches' und ‚Charisma' sind hingegen wichtige Dimensionen, wenn die Berichterstattung über CEOs positiv ausfällt. So taucht die Dimension ‚Persönliches' siebenmal, die Dimension ‚Charisma' fünfmal häufiger in positiven Darstellungen auf.[168] Insofern konnten die Autoren

---

[164]   Vgl. HAMILTON/ZECKHAUSER (2004), S. 23.

[165]   Vgl. MILLER/WATTENBERG/MALANCHUK (1986), S. 527.

[166]   Vgl. MILLER/WATTENBERG/MALANCHUK (1986), S. 528.

[167]   Vgl. PARK/BERGER (2004), S. 112.

[168]   Vgl. PARK/BERGER (2004), S. 112.

tendenziell ihre Hypothese bestätigen, dass im Zusammenhang mit einer positiven Berichterstattung, die Presse mehr auf die Charakterzüge sowie auf persönliche Merkmale eingeht.[169]

Abb. 3: Die relative Bedeutung einzelner Imagedimensionen[170]

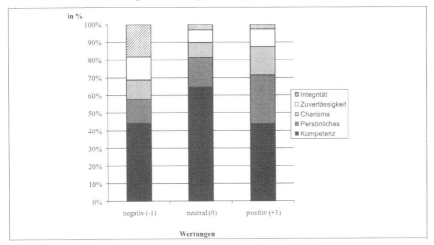

Insgesamt gelangen PARK/BERGER in der Analyse ihrer Ergebnisse zu dem Schluss, dass eine Tendenz zur Personalisierung der Berichterstattung besteht.[171] Dies zeigt sich zum einen anhand der deutlichen Zunahme der Berichterstattung über CEOs im Zeitverlauf und zum anderen anhand der Bedeutung der Imagedimensionen ‚Persönliches‘ und ‚Charisma‘. PARK/BERGER sehen durch die Ergebnisse der Inhaltsanalyse ihre Vermutung bestätigt, dass bei einer positiven Berichterstattung die Tendenz besteht, CEOs als Helden oder Stars darzustellen.[172]

Im nachfolgenden Abschnitt soll beleuchtet werden, ob die Medienberichterstattung über Top-Manager Wirkungen auf Rezipienten von Medienbotschaften hinterlässt. Zu diesem Zweck werden Forschungsergebnisse aus der Medienwirkungsforschung vorgestellt. Im Mittelpunkt stehen vor allem Ansätze, die sich u.a. mit den Auswirkungen der Berichterstattung über Personen beschäftigen.

---

[169]   Vgl. PARK/BERGER (2004), S. 102.
[170]   Vgl. PARK/BERGER (2004), S. 115.
[171]   Vgl. PARK/BERGER (2004), S. 115.
[172]   Vgl. PARK/BERGER (2004), S. 102.

2.   Wirkungen der Massenmedien

2.1   Überblick über die Medienwirkungsforschung

Dass die Medien eine Wirkung auf Mediennutzer haben, ist zunächst eine profane Feststellung. Bereits die Zuwendung zu einem Medium kann als eine Wirkung auf das Verhalten verstanden werden. Schwieriger nachzuweisen ist allerdings, ob die Inhalte der Medien die Rezipienten zu einem bestimmten Verhalten bewegen oder Einstellungen ändern können. Dies zu überprüfen ist Gegenstand der Medienwirkungsforschung, die auf eine lange und interdisziplinäre Forschungstradition zurückblickt.[173]

Grundsätzlich lassen sich im Hinblick auf die Medienwirkung verschiedene Dimensionen (Arten, Bereiche und Erscheinungsformen) unterscheiden. Die Wirkung einer einmaligen Rezeptionssituation wird als minimal eingestuft. Ein einmaliger Impuls durch die Medien reicht nicht aus, um eine Wissens-, Einstellungs- oder Verhaltensänderung zu bewirken.[174] Im Gegensatz dazu werden der kumulativen Berichterstattung – in den Medien werden immer wieder die gleichen Argumente und Botschaften zu einem bestimmten Thema gebracht – eine stärkere und langfristige Wirkung zugeschrieben.[175] Davon sind im besonderen Maße Inhalte betroffen, die die Rezipienten ausschließlich über die Medien erfahren.

Zusammengefasst lässt sich feststellen, dass zu verschiedenen Zeiten unterschiedliche Wirkungsdimensionen bzw. Effektebenen untersucht wurden. Insofern lässt sich die Geschichte der Medienwirkungsforschung grob in drei Phasen unterteilen (siehe die folgende Tabelle).[176]

Tab. 3:   Die drei Phasen der Medienwirkungsforschung[177]

Dimensionen	1. Phase: 1930er Jahre	2. Phase: 1950er/1960erJahre	3. Phase: ab 1970
Gesellschaftskonzeption und Menschenbild	Masse von isolierten Menschen	Kleingruppen mit Konformitätsdruck	differenzierte Bedürfnis befriedigende aktive Individuen
Effektebene	Verhalten	Einstellungen	Motive und Kognitionen
Wirkungsprozesse	Manipulation Imitation	negative Selektion Konsonanz	positive Selektion Konstruktion
Medienwirkung	groß homogen	kleine Verstärkung	mittel bis groß differenzierend

---

[173]   Vgl. SCHENK (2007), S. 3 und 57 ff.

[174]   Vgl. BROSIUS (2003), S. 129.

[175]   Vgl. BROSIUS (2003), S. 142.

[176]   Vgl. BONFADELLI (2004a), S. 27; KEPPLINGER/NOELLE-NEUMANN (2004), S. 598.

[177]   I.A. BONFADELLI (2004a), S. 27.

Ohne im Detail auf die drei Phasen eingehen zu wollen, soll nur so viel gesagt werden, dass die in der ersten Phase vertretene These der starken Medienwirkung[178] nach der Veröffentlichung der legendären Studie *The People's Choice* (1944)[179] von LAZARSFELD/BERELSONS/ GAUDETS stark relativiert wurde. Insofern dominierte bis in die siebziger Jahre hinein die so genannte Minimal-Effekt-These.[180] Im Anschluss hieran setzte ein Paradigmawechsel ein, der bis heute andauert.[181] Der Medienwirkung wird wieder eine größere Bedeutung zugeschrieben. Auslöser für die Revision der Minimal-Effekt-These war u.a. die Studie *Agenda-Setting Function of Mass Media* (1972) von MCCOMBS und SHAW. Des Weiteren führte der Einsatz neuer empirischer Methoden zu exakteren Forschungsergebnissen. Nach KEPPLINGER/ NOELLE-NEUMANN (2004) besitzen die Ergebnisse der ersten und zweiten Phase insofern noch eine gewisse Gültigkeit, da sich die Variation in der Wirkung von Medien mit der Bedeutung eines Ereignisses erklären lässt. Bei herausragenden Ereignissen wird die Wirkung sehr stark eingestuft und entspricht etwa den Ergebnissen der klassischen Studien der ersten Phase. Bei Routineereignissen entspricht die Medienwirkung den Ergebnissen der zweiten Phase.[182]

Wie oben deutlich wurde, hat die interdisziplinäre Medienwirkungsforschung eine beträchtliche Anzahl von theoretischen Ansätzen und Perspektiven hervorgebracht (siehe Tabelle 4).

Im Folgenden werden sich die Ausführungen auf den nach herrschender Meinung empirisch gut abgesicherten Agenda-Setting-Ansatz konzentrieren, da dieser gute Einblicke in die Wirkung der Printmedien liefert. Darüber hinaus hat sich der Ansatz gerade in den letzten Jahren erheblich weiterentwickelt und zu seinen zentralen Gegenständen gehört inzwischen auch die Erforschung der Wirkung von Personendarstellungen.

---

[178] Ein Grund, warum davon ausgegangen wurde, dass die Medien einen bedeutenden Einfluss auf Rezipienten ausüben, war u.a. der Erfolg der Propaganda des totalitären Nazi-Regimes [vgl. BONFADELLI (2004b), S. 14]. Aber auch spektakuläre Einzelereignisse, wie beispielsweise eine Massenpanik, die von dem Radio-Hörspiel „Invasion from Mars", welches unter der Regie von Orson Welles 1938 ausgestrahlt wurde, untermauerten die These der starken Medienwirkung [vgl. BROSIUS (2003), S. 132]. Eine theoretische Erklärung lieferte das aus der Physik entlehnte Stimulus-Response-Modell [vgl. SCHENK (2000), S. 71]. In Bezeichnungen wie *Hypodermic Needle-Modell* oder *Magic Bullet-Theorie* manifestiert sich das zu jener Zeit vorherrschende Wirkungsverständnis des unmittelbaren und prompten Effekts.

[179] Die Studie widmete sich dem Präsidentschaftswahlkampf von 1940 und untersuchte den Einfluss von Medien auf Wähler. Sie kam zu dem Ergebnis, dass bei Wahlentscheidungen die Rolle der Massenmedien relativ gering ist. Wähler orientieren sich vielmehr an Meinungen aus dem sozialen Umfeld. Die Medien haben eher zu einer Verstärkung bereits bestehender Meinungen als zu einer Konversion geführt. Dies wurde u.a. darauf zurückgeführt, dass sich Mediennutzer nur selektiv den Medien zuwenden [vgl. BROSIUS (2003), S. 132; eine ausführliche Darstellung der Studie findet sich bei LOWERY/DEFLEUR (1995), S. 69 ff.].

[180] Vgl. KEPPLINGER/NOELLE-NEUMANN (2004), S. 599.

[181] Vgl. BONFADELLI (2004a), S. 31.

[182] Vgl. KEPPLINGER/NOELLE-NEUMANN (2004), S. 601 f.

Tab. 4:   Typologie theoretischer Ansätze nach Phasen im Kommunikationsprozess[183]

Phase	Phänomene und Fragestellungen	Theoretische Perspektiven
vor der Kommunikation	- Umfang der Mediennutzung - Motive der Medienzuwendung	- Leserschafts-/Publikumsforschung - Uses-and-Gratifications-Approach
während der Kommunikation	- Aufmerksamkeit und Verstehen - Affekte: Spannung bzw. Erregung vs. Entspannung	- Kognitive Theorien, Schema-Theorie - Aktivierungstheorie, Mood-Management, parasoziale Interaktion
nach der Kommunikation	- Themensetzung - Informationsaufnahme - Realitätsvorstellungen, Stereotype - Bestätigung, Verstärkung, Abschwächung, Änderung, von Einstellungen, Meinungen und Verhaltensweisen	- Agenda-Setting-Theorie - Knowledge-Gap-Perspektive - Kultivierungs-Analyse - Sozial-kognitive Lerntheorie - Konsistenz- und Reaktanztheorien bzw. ELM-Modell - Theorie der Schweigespirale

2.2   Agenda-Setting-Ansatz

Der Agenda-Setting-Approach, häufig übersetzt als Thematisierungs-Ansatz, gehört zu den wichtigsten neueren Ansätzen der Medienwirkungsforschung.[184] Ausgangspunkt bildet die von COHEN (1963) formulierte These, dass die Presse: „(...) may not be successful much of the time in telling the people what to think, but it is stunningly successful in telling its readers what to think about."[185] Insofern entfernt sich der Agenda-Setting-Approach von der traditionellen Persuasionsforschung und der ihr zugrunde liegenden Idee der Einstellungsänderung durch die Medien.[186] Nach diesem Ansatz beeinflussen die Medien die Relevanzvorstellungen der Öffentlichkeit. Folglich stehen kognitive Effekte im Mittelpunkt der Betrachtung.[187] Der Kerngedanke des Agenda-Setting-Ansatzes ist recht einfach: Die Medien priorisieren aus ei-

---

[183]   I.A. BONFADELLI (2004b), S. 18.

[184]   Vgl. BONFADELLI (2004a), S. 237; SCHEUFELE/TEWKSBURY (2007), S. 11; TIELE/SCHERER (2004), S 440.

[185]   COHEN (1963), S. 13 (Kursivierung im Original).

[186]   Die aus der der Sozialpsychologie stammende Persuasionsforschung beschäftigt sich mit Einstellungsänderungen als Folge von Informationsverarbeitungsprozessen. Aufgrund der widersprüchlichen und unbefriedigenden Ergebnisse wurde in der Forschung allerdings Abstand von der Idee der direkten Einstellungsänderung durch die Informationen der Medien genommen. Man ist dazu übergegangen, subtilere Formen der Einflussnahme zu untersuchen [vgl. BONFADELLI (2004A), S. 235; RÖSSLER (1997), S. 17; SCHENK (2007), S. 433].

[187]   Vgl. RÖSSLER (1997), S. 17; SCHENK (2007), S. 435.

nem großen Themenspektrum ganz bestimmte Themen und setzen diese auf ihre ‚Agenda'[188]. Dies hat zur Folge, dass auch die Bevölkerung diese Themen für besonders wichtig erachtet.

2.2.1 Kerngedanken und Forschungsmethoden

MCCOMBS/SHAW (1972) haben die These von COHEN aufgegriffen und in der legendär gewordenen *Chapel Hill-Studie* empirisch untersucht.[189] Im Mittelpunkt der Untersuchung stand die Überprüfung der folgenden Hypothese: „While the mass media may have little influence on the direction or intensity of attitudes, it is hypothesized that *the mass media set the agenda for each political campaign, influencing the salience of attitudes toward the political issue.*"[190] Zwischen den Themen, die von den Medien besondere Aufmerksamkeit erfahren haben und die Beurteilung der Wähler, welche Themen sie als besonders relevant empfinden, konnte ein Zusammenhang nachgewiesen werden.[191] Vor dem Hintergrund, dass auch die Medien aus einem Informationsangebot nur einen Bruchteil der Informationen auswählen und präsentieren,[192] schlussfolgern die Autoren, dass die Darstellung der (politischen) Realität nur unvollkommen sein kann.[193] Oder anders gewendet: Der Einfluss der Medien auf Rezipienten ergibt sich 1) aus der Tatsache, dass Medien bestimmten Informationen in quantitativer (z.b. die Häufigkeit) und/oder qualitativer Hinsicht (z.b. durch Platzierung) eine größere Gewichtung geben und 2) aus der Tatsache, dass die Medien für viele die wichtigste Informationsquelle darstellen.[194] Insofern haben Massenmedien einen zentralen Einfluss auf die Wirklichkeitsvorstellungen von Medienrezipienten.[195]

Die *Chapel Hill-Studie* gilt als Pionierstudie, die ein neues Forschungsparadigma begründete.[196] Mittlerweile liegen über 400 weltweit durchgeführte Untersuchungen zur Agenda-

---

[188]   Der Agenda-Begriff bringt zum Ausdruck, dass die Themen sowohl auf Seiten der Medien und der Bevölkerung in eine Rangfolge bezüglich ihrer Relevanz gebracht werden können [vgl. JÄCKEL (2008), S. 171]. Allerdings beschränkt sich die Analyse der Agenden nicht nur auf die Themenstrukturen der Medien und der Bevölkerung, auch andere Agenden (wie z.B. die Politik-Agenda) können Gegenstand von Untersuchungen sein [vgl. MCCOMBS (2004), S. 20].

[189]   Vgl. MCCOMBS/SHAW (1972), S. 177. In der Chapel Hill Studie stand der Präsidentschaftswahlkampf von 1968 im Mittelpunkt der Betrachtung.

[190]   MCCOMBS/SHAW (1972), S. 177 (Kursivierung im Original).

[191]   Vgl. MCCOMBS/SHAW (1972), S. 181.

[192]   Zeitungen beispielsweise verwenden nur ca. 15% ihres Informationsmaterials [vgl. MCCOMBS/SHAW (1972), S. 184].

[193]   Vgl. MCCOMBS/SHAW (1972), S. 184.

[194]   Vgl. MCCOMBS/SHAW (1972), S. 185; CARROLL/MCCOMBS (2003), S. 37. Siehe auch LOWERY/DEFLEUR (1995), S. 265 f.

[195]   Vgl. MCCOMBS (2000), S. 123.

[196]   Vgl. ROGERS/HART/DEARING (1997), S. 226.

Setting-Funktion der Medien vor. Dabei wurden am häufigsten Tageszeitungen und überregionale Nachrichtensendungen untersucht.[197] Die zentrale These des Agenda-Setting-Ansatzes ist mehrfach empirisch bestätigt worden.[198]

Wie aus den Ausführungen deutlich wurde, wird davon ausgegangen, dass die Medienagenda einen erheblichen Einfluss auf die Publikumsagenda ausübt.[199] Folglich bildet ein Vergleich der beiden Agenden einen wesentlichen Bestandteil der Forschung.[200] Die Themen-Agenda der Medien wird mit Hilfe von Inhaltsanalysen erhoben. Der Begriff ‚Thema' (‚issue', ‚object' ‚topic' oder ‚news item') ist recht weit gefasst.[201] So kann unter Thema ein ganz konkretes Problem (z.B. die gesetzliche Verankerung der Gleichberechtigung), eine bestimmte Person (z.B. ein politischer Kandidat) oder aber eher weit gefasste Themenbereiche (wie z.B. Außenpolitik oder Wirtschaft) verstanden werden.[202] In jüngeren Studien wird zumeist der Begriff ‚Objekt' (*object*) an Stelle des Begriffs ‚Thema' (*issue*) verwendet.[203]

Die Publikumsagenda wird zeitversetzt durch Befragungen erhoben.[204] Dabei kommen verschiedenen Befragungstechniken[205] zum Einsatz, um die Wichtigkeit (*salience*[206]) zu erheben.

---

[197]   Vgl. MCCOMBS (2004), S. 36. Die Popularität dieses Ansatzes zeigt sich nicht zuletzt in der wachsenden Anzahl empirischer Studien. So sprach MCCOMBS (2000) noch von 200 veröffentlichten Studien, nur vier Jahre später hat sich die Anzahl verdoppelt MCCOMBS (2000), S. 124].

[198]   Vgl. KEPPLINGER/NOELLE-NEUMANN (2004), S. 615; TIELE/SCHERER (2004), S. 440.

[199]   Dabei werden drei Wirkungsmodelle unterschieden: 1) Das *Awareness-Modell* geht davon aus, dass die Öffentlichkeit auf bestimmte Themen, die in den Medien Beachtung finden, aufmerksam wird. 2) Das *Salience-Modell* unterstellt hingegen, dass je mehr über ein Thema in den Medien Beachtung findet, desto wichtiger wird dieses Thema in der Einschätzung der Rezipienten. 3) Das *Priority-Modell* berücksichtigt darüber hinaus die Rangfolge der Themen in den Medien, welche sich in der Publikumsagenda widerspiegelt [vgl. EICHHORN (1995), S. 22; SCHENK (2007), S. 447 ff.].

[200]   Empirische Agenda-Setting-Studien lassen sich hinsichtlich der methodischen Vorgehensweise in Querschnitt- oder Längsschnittanalysen, Analysen auf Basis aggregierter oder individueller Daten und Cross-Lagged-Korrelationen unterscheiden [vgl. BONFADELLI (2004a), S. 239; JÄCKEL (2008), S. 177 ff.].

[201]   Vgl. EICHHORN (1995), S. 17. Kritisch z.B. EHLERS (1989), S. 107.

[202]   Vgl. EHLERS (1989), S. 107.

[203]   Vgl. KIOUSIS/POPESCU/MITROOK (2007), S. 149.

[204]   Die Kausalitätsrichtung, d.h. ob die Medienagenda die Bevölkerungsagenda bestimmt und nicht umgekehrt, kann allerdings erst nach einer mehrmaligen Messung bestimmt werden [vgl. BONFADELLI (2004a), S. 239].

[205]   1) Bei der *Individual Issue Salience* werden Einzelpersonen nach ihrer persönlichen Einschätzung der Themen befragt, 2) Die *Community Issue Salience* zielt darauf ab, zu erfahren, welche Gesprächthemen im Familien- oder Freundeskreis dominieren, 3) Bei der *Perceived Issue Salience* werden Personen danach gefragt, welche Themenprioritäten sie bei anderen Personen festzustellen glauben [vgl. MERTEN (1999), S. 367].

[206]   Zum *Salience*-Begriff und die unterschiedlichen Auffassungen siehe KIOUSIS (2004), S. 72 ff.

Es vergeht eine gewisse Zeit bis Themen der Medienagenda zu Themen der Publikumsagenda werden.[207]

Die Agenda-Setting-Forschung hat sich seit der Chapel Hill-Pionierstudie sowohl in methodischer, als auch in theoretischer Hinsicht erheblich weiterentwickelt.[208] MCCOMBS (2004) unterscheidet vier Entwicklungsphasen (siehe die folgende Tabelle). Für die vorliegende Arbeit sind vor allem die Forschungsergebnisse aus der dritten Phase zum *Attribute Agenda-Setting* von Interesse. Im Rahmen dieses Forschungsansatzes wurde auch die Wirkung der Berichterstattung über Personen untersucht.

Tab. 5: Entwicklung der Agenda-Setting-Forschung[209]

1. Phase	2. Phase	3. Phase	4. Phase
Basic Agenda-Setting	*Contingent Conditions*	*Attribute Agenda-Setting*	*Media Agenda-Setting*
Zeit: Ende 1960er Jahre	Zeit: 1970er Jahre	Zeit: 1990er Jahre	Zeit: 1990er Jahre
Schwerpunkte: Beziehung zwischen Medienagenda und Publikumsagenda Agenda-Setting-Effekte	Schwerpunkte: Einfluss intervenierender Variablen Orientierungsbedürfnisse von Rezipienten Verstärkung bzw. Einschränkung von Agenda-Setting-Effekten	Schwerpunkte: Transfer der Wichtigkeit von Attributen der Medienagenda auf die Publikumsagenda	Schwerpunkte: Entstehung der Medienagenda (Medienagenda als abhängige Variable) Einfluss von Meinungsführer-Medien, Nachrichtenagenturen und Public Relations auf Agenda der Medien

2.2.2 Erweiterungen des Agenda-Setting-Modells

2.2.2.1 Attribute Agenda-Setting

Seit Mitte der 1990er Jahre wird innerhalb der Agenda-Setting-Forschung nicht nur der Transfer von Relevanz (*salience*) von Themen der Medienagenda auf die Publikumsagenda untersucht, sondern auch der Transfer von ‚Attributen', die die Medien zur Beschreibung bestimmter Themen oder Personen in den Vordergrund stellen. „Wenn die Massenmedien oder die Individuen über ein Objekt (Thema oder Person, Anm. d. Verf.) sprechen, werden bestimmte Charakteristika hervorgehoben. Andere Charakteristika werden von Zeit zu Zeit er-

---

[207]   In der Forschung besteht bezüglich der zeitlichen Differenz allerdings keine Einigkeit [vgl. JÄCKEL (2008), S. 178]. Kritisch zu der Variationsbreite der Zeitrahmen äußert sich EHLERS (1989), S. 119.

[208]   Siehe ROGERS/HART/DEARING (1997), S. 225 ff.

[209]   Basierend auf MCCOMBS (2004), S. 118 und passim.

wähnt, und wieder andere Charakteristika werden nur gelegentlich erwähnt."[210] Dieser selektive Blick hat zur Folge, dass Rezipienten die Eigenschaften, die die Medien bestimmten Themen oder Personen zuschreiben, ebenfalls für relevant halten.[211] Dieser Forschungszweig firmiert auch unter dem Etikett *Attribute Agenda-Setting* bzw. *Second-Level-Agenda-Setting*. Er stellt eine Erweiterung des Ansatzes dar, denn er will nicht nur zeigen, dass die Medien Einfluss darauf haben „was" gedacht wird (*what to think about*), sondern auch „wie" über bestimmte Sachverhalte oder auch Personen gedacht wird (*how to think about*).[212] Die nachfolgende Abbildung visualisiert die Annahmen des traditionellen Agenda-Setting-Ansatzes sowie die Erweiterung.

Abb. 4: Attribute Agenda-Setting[213]

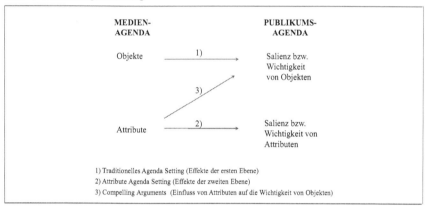

```
        MEDIEN-                    PUBLIKUMS-
        AGENDA                     AGENDA


        Objekte    ____1)____→     Salienz bzw.
                                   Wichtigkeit
                                   von Objekten
                      3)

        Attribute  ....2)....→     Salienz bzw.
                                   Wichtigkeit von
                                   Attributen


    1) Traditionelles Agenda Setting (Effekte der ersten Ebene)
    2) Attribute Agenda Setting (Effekte der zweiten Ebene)
    3) Compelling Arguments (Einfluss von Attributen auf die Wichtigkeit von Objekten)
```

Objekte können sowohl Themen (*public issues*) als auch Personen sein.[214] Aus der Abbildung wird deutlich, dass es nicht nur eine Agenda der Objekte, sondern auch eine Agenda der Attribute für jedes Objekt gibt, und dass sowohl die Objekte als auch die Objektattribute hinsichtlich ihrer Salienz variieren.[215] Die so genannte ‚Compelling Argument'-Hypothese postu-

---

[210] MCCOMBS (2000), S. 125.

[211] Vgl. SCHENK (2007), S. 436.

[212] Vgl. MCCOMBS (2000), S. 123. Siehe das Zitat von COHEN (1961) Fn. 185.

[213] I.A. MCCOMBS (2004), S. 92.

[214] Vgl. MCCOMBS (2004), S. 69.

[215] Vgl. MCCOMBS/ESTRADA (1997), S. 239.

liert, dass durch die Hervorhebung bestimmter Attribute eines Objekts in den Medien auch die Wichtigkeit dieses Objekts beeinflusst werden kann.[216]

MCCOMBS (2000) sieht im Attribute Agenda-Ansatz eine Art Rückkehr zu der bereits als überholt geglaubten Einstellungs- und Meinungsforschung, denn Attribute beeinflussen die Einstellungen der Rezipienten gegenüber bestimmten Themen oder Personen.[217]

Mittlerweile liegen zahlreiche empirische Untersuchungen vor, in denen Attribute-Setting Effekte nachgewiesen wurden.[218] Hierbei handelt es sich um Studien, in denen entweder der Transfer der Salienz von Attributen von Themen (z.B. politische Reformen, Wirtschaft, Umweltverschmutzung, politische Konflikte usw.) oder von Personen bzw. politischen Kandidaten untersucht wurde.[219] Mit Blick auf Letztere konnte mehrfach nachgewiesen werden, dass Wähler bei der Beschreibung politischer Kandidaten jene Attribute (z.B. Persönlichkeitsmerkmale, Fähigkeiten, Integrität) hervorheben, die auch in der Berichterstattung hervorgehoben wurde.[220] Mit anderen Worten: Das Image, das Rezipienten von einem Kandidaten hatten, korrespondierte mit der Agenda von Attributen in der Berichterstattung.

Zur Beschreibung der Auswirkungen von Attribute-Setting rekurriert MCCOMBS in verschiedenen Veröffentlichungen explizit auf WALTER LIPPMANN (1922) und die von ihm entwickelten Überlegungen zum Einfluss der Massenmedien auf Vorstellungsbilder oder Images.[221] Bereits zu Beginn des letzten Jahrhunderts hat sich LIPPMANN in seinem mittlerweile zum Klassiker avancierten Buch „Public Opinion" mit dem Image-Phänomen beschäftigt. LIPPMANN spricht von inneren und geistigen Vorstellungen[222], Fiktionen[223], Symbolvorstellungen[224] und Stereotypen[225]. Mit diesen Bezeichnungen umschreibt er das Phänomen, dass sich Individuen mentale Bilder von der Welt machen, die wiederum das Handeln beeinflus-

---

[216] Vgl. KIOUSIS (2005), S. 5.

[217] Vgl. MCCOMBS (2000), S. 133.

[218] Vgl. MCCOMBS/LOPEZ-ESCOBAR/LLAMAS (2000); KIOUSIS/BANTIMADOUDIS/BAN (1999); KIOUSIS/ MCCOMBS (2004); KIOUSIS (2005). Siehe die Auswertung verschiedener Studien bei WEAVER/MCCOMBS/SHAW (1998), S. 192 ff. sowie WEAVER/MCCOMBS/SHAW (2004), S. 259 ff.

[219] Vgl. MCCOMBS (2004), S. 72 ff.

[220] KIOUSIS (2005), S. 4.

[221] Vgl. MCCOMBS/ESTRADA (1997), S. 237; MCCOMBS/LOPEZ-ESCOBAR/LLAMAS (2000), S. 78; MCCOMBS (2004), S. 68 ff.

[222] Das erste Kapitel lautet in der deutschen Übersetzung „Äußere Welt und innere Vorstellung" [vgl. LIPPMANN (1990), S. 9 ff.]. Im Original heißt es treffender „The world outside and the pictures in our heads." Siehe auch LIPPMANN (1990), S. 16. Im Original spricht Lippmann von *„mental images"*.

[223] Vgl. LIPPMANN (1990), S. 18.

[224] Vgl. LIPPMANN (1990), S. 14.

[225] Vgl. LIPPMANN (1990), S. 28 sowie Kapitel 3.

sen.[226] Die Bilder in den Köpfen – die für den Einzelnen zur Wirklichkeit werden – können nach LIPPMANN allerdings nur Vereinfachungen der Realität darstellen, da die Welt zu komplex ist, um direkt erfasst werden zu können.[227] Ferner greifen Menschen zur Bildung dieser Vorstellungen auf Sekundärerfahrungen zurück. Über die Massenmedien gelangen sie auch an solche Erfahrungen, die außerhalb ihrer persönlichen Reichweite liegen.[228]

Wenngleich LIPPMANN noch keine explizite Definition des ‚Imagebegriffs' vorgelegt hat, so hat er die Grundgedanken des Image-Konzepts eindrucksvoll beschrieben.[229] Einer gängigen Definition zufolge, kann ein Image verstanden werden als „die Gesamtheit der Vorstellungen, Einstellungen, Gefühle usw., die eine Person oder Gruppe im Hinblick auf etwas Spezielles (z.b. einen Markenartikel, einen Parteiführer, ein Nachbarvolk, die eigene Person oder Gruppe) besitzt."[230] Ein Image ist somit ein komplexes Vorstellungsbild über ein Objekt (Person, Organisation, Produkt, Idee usw.), das sich aus vielen Einzelinformationen – die aus persönlichen Erfahrungen, aus interpersoneller Kommunikation oder aus den Medien gewonnen werden können – zusammensetzt.[231] Im Prozess der Imagebildung kommt es zu einer Vereinfachung der Realität.[232] Insofern handelt es sich bei einem Image nicht um eine kongruente Abbildung der Wirklichkeit. Aufgrund dieser Diskrepanz zwischen subjektiver und objektiver Wirklichkeit enthält der Imagebegriff nach FAULSTICH (1992) auch eine philosophische, erkenntnistheoretische Komponente.[233] In der Wissenschaft ist der Imagebegriff aufgrund seiner Vieldeutigkeit und unscharfen Abgrenzung zu verwandten Konstrukten (wie z.b. Reputation, Einstellung, Stereotyp etc.) nicht unumstritten.[234] RÜHL (1993) bezeichnet Image als multidisziplinären Omnibusbegriff und stellt fest, dass ‚Bild' für Image eine Art Kernmetapher darstellt, und dass die vielfältigen und in unterschiedlichen Disziplinen entwickelten Konzepte (wie z.b. Archetypen, kognitive Schemata, Reputation, Fremdbild, Klischee, Stereotyp usw.) um diese Kernmetapher kreisen.[235] Einigkeit besteht in der Forschung dahingehend, dass bei der Bildung von Images die Massenmedien eine wichtige Rolle spielen.[236]

---

[226]   Vgl. LIPPMANN (1990), S. 16 ff.

[227]   Vgl. LIPPMANN (1990), S. 18.

[228]   Vgl. LIPPMANN (1990), S. 27 f.

[229]   Vgl. BENTELE (1992), S. 155.

[230]   KLIMA (1978), S. 330.

[231]   Vgl. MERTEN (1999), S. 249.

[232]   Vgl. BENTELE (1992), S. 154.

[233]   Vgl. FAULSTICH (1992), S. 7.

[234]   Vgl. GRUNIG (1993), S. 263 ff.

[235]   Vgl. dazu RÜHL (1993), S. 56.

[236]   Vgl. BENTELE (1992), S. 157 ff; MERTEN (1999), S. 249; PARK/BERGER (2004), S. 97.

Auch Vertreter des Second Level Agenda-Setting-Ansatzes verwenden in ihren Untersuchungen den Imagebegriff.[237] WEAVER ET AL. (1981) argumentieren in ihrer Pionierstudie zum US-amerikanischen Präsidentschaftswahlkampf im Jahr 1976: „By concentrating on certain attributes of a candidate and downplaying or ignoring other attributes, the mass media play an important agenda-setting role with regard to that candidates's image. In other words, the media provide an agenda of attributes from which voters' images of the candidates are formed."[238] In ihrer empirischen Untersuchung zur Entstehung der Kandidatenimages gelangen sie zu dem Resultat, dass die Printmedien durch die Hervorhebung bestimmter Attribute und Ausblendung anderer Attribute eine wichtige ‚Image Agenda-Setting' Rolle spielen.[239] Zugleich machen sie aber auch darauf aufmerksam, dass bei der Image-Bildung auch andere Faktoren (wie z.B. interpersonale Kommunikation, Bildung und Einstellungen der Wähler) von Bedeutung sind.[240]

In jüngeren Studien zum Agenda-Setting von Attributen wird oftmals zwischen zwei Klassen von Attributen differenziert: Untersucht wird einerseits der Agenda-Transfer von substanziellen bzw. kognitiven Attributen (wie z.B. ideologische Position, biographiebezogene Informationen, wahrgenommene Qualifikationen oder Persönlichkeitsmerkmale, wie z.B. Intelligenz, Charisma oder Integrität), andererseits wird auch eine affektive Dimension berücksichtigt.[241] Analysiert wird die Tonalität der Berichterstattung (positive, neutrale oder negative Beschreibungen) und somit die in den Medienbeiträgen enthaltenen Bewertungen von politischen Kandidaten.[242] Studien gelangen zu dem Schluss, dass die Attribute Agenda-Setting-Effekte der Printmedien stärker ausgeprägt sind als die des Fernsehens.[243] Ferner legen Forschungsergebnisse nahe, dass die Medien vor allem einen Einfluss auf die Bewertung der Kandidaten haben, denn Effekte affektiver Attribute sind durchschlagskräftiger als Effekte substanzieller Attribute.[244]

Zusammengefasst lässt sich somit feststellen, dass empirische Studien zu dem Resultat gelangen, dass sich die in der Medienberichterstattung betonten Attribute von Präsidentschaftskan-

---

[237] Vgl. CARROLL/MCCOMBS (2003); KIOUSIS/BANTIMADOUDIS/BAN (1999); KIOUSIS (2005); KIOUSIS ET AL. (2006), S. 269; MCCOMBS/LOPEZ-ESCOBAR/LLAMAS (2000), S. 80; MCCOMBS/ESTRADA (1997), S. 241; WEAVER ET AL. (1981), S. 161 ff.

[238] WEAVER ET AL. (1981), S. 161 f.

[239] Vgl. WEAVER ET AL. (1981), S. 190.

[240] Vgl. WEAVER ET AL. (1981), S. 190.

[241] Vgl. KIOUSIS ET AL. (2006), S. 270.

[242] Vgl. SHEAFER (2007), S. 23.

[243] Vgl. SCHENK (2007), S. 520.

[244] Vgl. SCHENK (2007), S. 520 f.

didaten in den Kandidatenimages der Rezipienten wiederfinden. Dass Attribute Agenda-Setting-Effekte vor allem im Zusammenhang mit der Wahrnehmung öffentlicher Personen auftauchen ist insofern nicht verwunderlich, als Medienwirkungen vor allem dann zu erwarten sind, wenn die Medien die wichtigste Informationsquelle darstellen und Primärerfahrungen fehlen.[245] So ließe sich argumentieren, dass auch im Hinblick auf die Berichterstattung über Top-Managern Attribute Agenda-Setting-Effekte zu erwarten sind, da die Mehrheit der Rezipienten keinen persönlichen Kontakt zu Managern hat und die Öffentlichkeit Informationen über diese Personen (wie z.b. Persönlichkeitsmerkmale, biografischer Hintergrund, Fähigkeiten usw.) vornehmlich aus der Berichterstattung erhält. LANG/LANG haben bereits Mitte der 1960er Jahre festgestellt: „The mass media force attention to certain issues. They build up public images of public figures. They are constantly presenting objects suggesting what individuals in the mass should think about, know about, have feelings about."[246]

Nachfolgend soll ein kurzer Blick auf zwei weitere Ansätze der Medienwirkungsforschung geworfen werden, die sich ebenfalls mit kognitiven Effekten der Medienberichterstattung beschäftigen. Der Priming- und Framing-Ansatz werden in der Literatur als (mögliche) Erweiterungen des Agenda-Setting-Ansatzes betrachtet.[247] Vertreter des Agenda-Setting-Ansatzes greifen zur Untermauerung der Transfer-These von Attributen oftmals auf das Framing-Konzept zurück.[248] Priming wird indes nicht als Bestandteil von Agenda-Setting, sondern als Konsequenz von Agenda-Setting betrachtet.[249] Da die Verknüpfung des Thematisierungsansatzes mit dem Priming-Ansatz in der Forschung weitgehend als unproblematisch gesehen wird – im Gegensatz zur Integration des Agenda-Setting-Ansatzes mit dem Framing-Ansatz – werden zunächst die so genannten Priming-Effekte im Mittelpunkt der Betrachtung stehen.

2.2.2.2   Agenda-Setting und Priming

Priming ist ein aus der Kognitionspsychologie stammendes Konzept, welches – vereinfacht gesagt – davon ausgeht, dass durch einen Reiz (Prime) ein Konstrukt im Gedächtnis aktiviert und vorübergehend zugänglich gemacht wird.[250] Durch die Aktivierung eines Konstrukts werden andere assoziierte Konstrukte ebenfalls aktiviert und geraten in einen Zustand größe-

---

[245]   Vgl. BROSIUS (2003), S. 137; EISENEGGER (2005), S. 23; McCOMBS/SHAW (1972), S. 176.

[246]   LANG/LANG (1966), S. 468.

[247]   Vgl. WEAVER/McCOMBS/SHAW (1998), S. 190; WEAVER/McCOMBS/SHAW (2004), S. 258; McCOMBS/LOPEZ-ESCOBAR/LLAMAS (2000), S. 78 f.; McCOMBS (2004), S. 87 und S. 122; McCOMBS (2005), S. 546.

[248]   Vgl. KIOUSIS/BANTIMADOUDIS/BAN (1999), S. 415; McCOMBS/LOPEZ-ESCOBAR/LLAMAS (2000), S. 79; WEAVER/McCOMBS/SHAW (1998), S. 192.

[249]   Vgl. McCOMBS/LOPEZ-ESCOBAR/LLAMAS (2000), S. 80; McCOMBS (2004), S. 124. Zu den Gemeinsamkeiten und Unterschieden der drei Konzepte siehe SCHEUFELE (2000), S. 297.

[250]   Vgl. PENDRY (2007), S. 117.

rer Zugänglichkeit („accessibility").[251] Diese temporär zugänglichen Wissenseinheiten werden wiederum bei der Beurteilung nachfolgender Ereignisse verwendet.[252] Untersuchungen zeigen, dass Versuchsteilnehmer, die stereotypenhaften Primes ausgesetzt worden waren, die Zielperson in einer ihnen nachfolgend dargebotenen Geschichte signifikant negativer beurteilten.[253]

In der Kommunikationswissenschaft haben vor allem IYENGAR/KINDER (1987) das Priming-Konzept fruchtbar gemacht. Sie analysieren, welche Rolle die Hervorhebung bestimmter Themen in der Berichterstattung bei der *Bewertung* von Personen spielt. Sie stellen die These auf, dass die Medien Standards beeinflussen, anhand derer politische Akteure bewertet werden.[254] Dominiert beispielsweise in der Berichterstattung das Thema „Wirtschaftspolitik und wirtschaftlicher Aufschwung" und nicht das Thema „Arbeitslosigkeit und deren Bekämpfung" hat dies zur Folge, dass bei der Beurteilung eines Politikers als Maßstab „Wirtschaftspolitik" und nicht „Arbeitslosigkeit" relevant ist.[255]

Ausgangspunkt der theoretischen Überlegungen von IYENGAR/KINDER bildet die Feststellung, dass Menschen nur über begrenzte kognitive Kapazitäten verfügen und demnach nicht alle Stimuli aus der Umwelt verarbeiten können.[256] Rekurrierend auf HERBERT SIMON argumentieren sie, dass die Aufmerksamkeit hochgradig selektiv ist und im Prozess der Eindrucksbildung nur wenige zentrale Themen Beachtung finden.[257] Ferner legen sie dar, dass bei der Urteilsbildung keine erschöpfenden Analysen durchgeführt werden, sondern dass Menschen auf Heuristiken und intuitive Abkürzungen zurückgreifen.[258] Dabei werden vor allem Informationen herangezogen, die leicht zugänglich sind und schnell erinnert werden können. Die Verfügbarkeit von Informationen kann durch die Berichterstattung der Medien beeinflusst werden.[259]

IYENGAR/KINDER zeigen anhand verschiedener Experimente,[260] dass durch die Fokussierung der Medien auf bestimmte Themen Bewertungsmaßstäbe gesetzt werden.[261] Rezipienten beur-

---

[251] Vgl. PENDRY (2007), S. 117.

[252] Vgl. SCHENK (2007), S. 305.

[253] Vgl. PENDRY (2007), S. 117.

[254] Vgl. IYENGAR/KINDER (1987), S. 63.

[255] Vgl. BONFADELLI (2004A), S. 243.

[256] Vgl. IYENGAR/KINDER (1987), S. 65 f.

[257] Zum Konzept der begrenzten Rationalität siehe Fn. 588.

[258] Vgl. IYENGAR/KINDER (1987), S. 64.

[259] Vgl. JÄCKEL (2008), S. 185.

[260] Vgl. IYENGAR/KINDER (1987), S. 65 ff.

[261] Vgl. BONFADELLI (2004A), S. 243.

teilen die Gesamtleistung (*overall performance*) eines Politikers anhand von Themen, die in den Medien hochgespielt wurden bzw. mit denen sie „geprimt" wurden. Diese hervorgehobenen Themen aktivieren beim Rezipienten Gedanken und Vorstellungen und erhalten bei der Gesamtbewertung einer Person eine höhere Gewichtung.[262] Die Themensetzung der Medien hat auch Einfluss auf die Beurteilung des Charakters eines Politikers.[263] Insofern beeinflussen die Medien auf subtile Weise die Urteilsbildung von Medienrezipienten über öffentliche Personen. Erwähnenswert ist in diesem Zusammenhang ein weiteres interessantes Ergebnis der Studie von IYENGAR/KINDER. Sie zeigen, dass der Einfluss der Medien (bzw. des Fernsehens) auf die Beurteilung der Leistung des Präsidenten mitunter von Verantwortungszuschreibungen abhängt. Rekurrierend auf attributionstheoretische Überlegungen vermuten sie, „(...) that *the more television coverage interprets events as though they were the result of the president's actions, the more influential such coverage will be in priming the public's assessment of the president's performance.*" [264] Die von IYENGAR/KINDER durchgeführten Experimente zeigen, dass Priming-Effekte verstärkt werden, wenn die Medien den Präsidenten für nationale Probleme verantwortlich machen.[265] Insofern begünstigen auch Attributionen Priming-Effekte.

Priming-Effekte wurden inzwischen in verschiedenen Studien nachgewiesen. In der Mehrzahl der Untersuchungen zum so genannten politischen Medien-Priming wurden vor allem Bewertungen politischer Kandidaten untersucht.[266] Priming-Effekte wurden aber nicht nur im Bereich der politischen Kommunikation nachgewiesen, sondern auch im Zusammenhang mit anderen Inhalten, wie z.B. der Einfluss stereotyper Mediendarstellungen auf die nachfolgende Wahrnehmung von Personen oder der Einfluss von Gewaltdarstellungen auf aggressive Kognitionen.[267] Folglich können ganz unterschiedliche Medieninhalte als „Primes" fungieren.[268] Ferner zeigen Studien, dass Priming-Effekte stärker sind, je kürzer das Priming zurückliegt (*recent priming*) und je häufiger ein Primen (*frequent priming*) erfolgt ist.[269] Zusammengefasst lässt sich somit feststellen, dass Priming eine Erweiterung des Agenda-Setting-Ansatzes

---

[262] Vgl. SCHENK (2007), S. 307.

[263] Vgl. IYENGAR/KINDER (1987), S. 80.

[264] IYENGAR/KINDER (1987), S. 82 (Kursivierung im Original).

[265] Vgl. IYENGAR/KINDER (1987), S. 87.

[266] Vgl. PETER (2002), S. 27.

[267] Einen guten Überblick über verschiedene Studien gibt SCHENK (2007), S. 307 ff.

[268] Vgl. SCHENK (2007), S. 314.

[269] Vgl. PETER (2002), S. 24.

darstellt. In Studien zum Priming bildet das Agenda-Setting die unabhängige Variable, während Priming-Effekte die abhängige Variable bilden (siehe Abbildung 5).[270]

Abb. 5: Agenda-Setting und Priming[271]

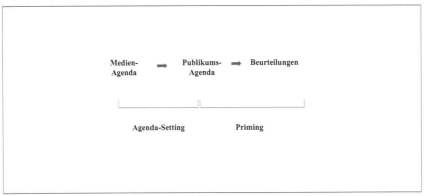

2.2.2.3 Framing-Effekte

Neben dem Priming-Ansatz wird vor allem der Framing-Ansatz als mögliche theoretische Erweiterung des Agenda-Setting-Ansatzes betrachtet. Der Framing-Ansatz hat in den letzten Jahren in der Forschung verstärkt Beachtung gefunden.[272] Die Stärke des Ansatzes liegt „in seiner breiten Anwendbarkeit für alle Phasen des massenmedialen Kommunikationsprozesses.“[273]

Der Framing-Ansatz hat seine theoretischen Wurzeln u.a. in GOFFMANs Rahmen-Analyse (*frame analysis*). Frames sind nach GOFFMAN Prinzipien, nach denen Individuen soziale Ereignisse einordnen.[274] Diese Interpretationsschemata verleihen einem bestimmten singulären Ereignis Sinn und ihre Anwendung ist dem Individuum in aller Regel nicht bewusst.[275] Nach einer viel zitierten Definition von ENTMAN (1993) meint *Framing* „to select some aspects of a perceived reality and make them more salient in a communicating context, in such a way as to promote a particular problem definition, causal interpretation, moral evaluation, and/or treat-

---

[270] Vgl. SCHEUFELE (2000), S. 306.

[271] I.A. SCHEUFELE (2000), S. 302.

[272] Vgl. DAHINDEN (2006), S. 13; WEAVER (2007), S. 144.

[273] DAHINDEN (2006), S. 13.

[274] Vgl. GOFFMAN (1977), S. 19.

[275] Vgl. GOFFMAN (1977), S. 31.

ment recommendation for the item described."[276] Insofern ist Framing ein Vorgang, bei dem bestimmte Aspekte betont bzw. salient gemacht werden, während andere in den Hintergrund treten.[277] Hierdurch werden bestimmte Einordnungen, Attributionen und Bewertungen nahe gelegt.[278] So können beispielsweise Protestbewegungen in ein negatives Licht gestellt werden, indem die Mitglieder der Bewegung mit negativen Charaktereigenschaften oder negativen äußeren Erscheinungsbildern in Verbindung gebracht werden, oder indem triviale Informationen in den Vordergrund gerückt werden, während zentrale Informationen (wie z.b. die Ziele der Bewegung) marginalisiert oder ignoriert werden.

SCHEUFELE (1999) stellt fest, dass sich die Forschung zum Framing durch einen hohen Grad an Heterogenität auszeichnet, und dass der Framing-Begriff keineswegs einheitlich verwendet wird.[279] Er unterscheidet zwischen individuellen Frames und Medien-Frames. Individuelle Frames sind Interpretationsschemata, die es ermöglichen, Informationen einzuordnen und zu verstehen. Medien-Frames werden mithin definiert als „*persistent patterns of cognition, interpretation, and presentation, of selection, emphasis, and exclusion, by which symbol-handlers routinely organize discourse, whether verbal or visual.*"[280] Letztendlich schlagen sich journalistische Frames in den Strukturen der Berichterstattung bzw. in Medien-Frames nieder.[281]

Frames ermöglichen es Journalisten, eine große Anzahl an Informationen schnell zu verarbeiten.[282] Insofern fungieren sie ähnlich wie Schemata. Im Unterschied zum Schema ist der Frame jedoch umfassender und setzt sich aus einem Bündel verschiedener Schemata zusammen.[283] Frames dienen nicht nur Journalisten als Mittel, um Informationen zügig einzuordnen, sondern erleichtern auch dem Rezipienten die Verarbeitung von Medienbotschaften. Frames reduzieren Komplexität, indem Sachverhalte einfacher dargestellt werden und somit für das

---

[276] ENTMAN (1993), S. 52 (Kursivierung im Original).

[277] Vgl. SCHEUFELE (2003), S. 46.

[278] Vgl. SCHEUFELE (2003), S. 46; SCHEUFELE (2004), S. 30

[279] Vgl. SCHEUFELE (1999), S. 103. Ebenso DAHINDEN (2006), S. 21.

[280] GITLIN (2003), S. 7 (Kursivierung im Original).

[281] Vgl. SCHEUFELE (2003), S. 59. Aus den Ausführungen sollte deutlich geworden sein, dass sich Frames auf verschiedenen Ebenen verorten lassen. SCHEUFELE (2003) unterscheidet zwischen drei Ebenen: 1) Kognitive Ebene: Hiernach sind Frames Bündel an Schemata, die einen gemeinsamen Sinnhorizont konstituieren. 2) Diskursive Ebene und 3) Ebene des Diskursproduktes. Mit Blick auf Journalisten sind Diskursprodukte Beiträge [vgl. SCHEUFELE (2003), S. 47f.]. Journalistische Frames lokalisiert SCHEUFELE (2004) auf der kognitiv-diskursiven Ebene, Medien-Frames indes auf der Ebene der Berichterstattung (Diskursprodukte) [vgl. SCHEUFELE (2003), S. 48].

[282] Vgl. GITLIN (2003), S. 7.

[283] Vgl. SCHENK (2007), S. 317; SCHEUFELE (2003), S. 47. Zu den Unterschieden zwischen dem Schema- und Framing-Konzept bestehenden Unterschieden siehe DAHINDEN (2006), S. 92 ff.

Publikum verständlicher werden.[284] Nach SCHENK (2007) kann der Frame als eine zentrale Idee oder Linie einer Geschichte („central organizing idea") verstanden werden. Um den Kern von Nachrichten hervorzuheben werden häufig Metaphern, bestimmte Wortphrasen oder Bilder eingesetzt.[285] Typische Frames, mit denen sich Nachrichten rahmen lassen, sind z.b. der *Human Interest-Frame* – Nachrichten werden personalisiert und oft auch emotionalisiert, um dadurch die menschliche Seite eines Ereignisses in den Vordergrund zu rücken – oder der *Verantwortungs-Frame*, bei dem die Ursache eines Ereignisses bestimmten Individuen oder Gruppen zugeschrieben wird.[286]

Studien zum Framing können des Weiteren danach unterschieden werden, ob sie individuelle Frames oder Medien-Frames als abhängige oder unabhängige Variable untersuchen.[287] Studien, die Medien-Frames als abhängige Variable betrachten, untersuchen verschiedene Faktoren, die auf die Entstehung und Modifikation von Frames Einfluss nehmen.[288] Studien, die Medien-Frames als unabhängige Variable betrachten, interessieren sich vornehmlich für die Wirkung von Medien-Frames auf Einstellungen, Meinungen oder individuelle Frames. So wird beispielsweise angenommen, dass Nachrichten-Frames die öffentliche Meinung beeinflussen, indem sie bestimmte Aspekte in einer Nachrichtenstory hervorheben und dabei bestimmte Gedanken oder Assoziationen beim Publikum aktivieren.[289]

SCHEUFELE (2004) unterscheidet vier Typen von Framing-Effekten:[290] 1) Mediales Framing aktiviert bereits bestehende Vorstellungen oder Schemata von Rezipienten (*Aktivierungs-Effekte*). Kumulatives, gleichförmiges Medien-Framing führt dazu, dass Schemata von Rezipienten wiederholt aktiviert werden und für spätere Urteile (z.B. Urteile über Manager) leichter zugänglich sind (Priming-Effekte). 2) Kumulatives, konsonantes Medien-Framing kann aber auch dazu führen, dass sich die Schemata der Rezipienten in Richtung Medien-Frames verändern (*Transformations-Effekt*). Ein Rezipient, der immer wieder in Zeitungsartikeln über Managementfehler bei einem Unternehmen liest, wird seine Vorstellungen über das Unternehmen diesem Bezugsrahmen anpassen.[291] 3) Die in der Berichterstattung präsentierten Interpretationsrahmen können aber auch dazu führen, dass Rezipienten (Sub-)Schemata erst

[284]   KIM/SCHEUFELE/SHANAHAN (2002), S. 8.

[285]   Vgl. SCHENK (2007), S. 315.

[286]   Vgl. SCHENK (2007), S. 316: Weitere Frames sind Werte-Frames, Konflikt-Frames oder Konsequenzen-Frames [siehe hierzu im Detail SCHENK (2007), S. 315 f.].

[287]   Vgl. SCHEUFELE (1999), S. 109 ff.

[288]   Vgl. SCHEUFELE (1999), S. 107.

[289]   Vgl. MCLEOD/DETENBER (1999), S. 6 f.

[290]   Vgl. SCHEUFELE (2004), S. 40.

[291]   Vgl. SCHEUFELE/HAAS (2008), S. 93.

herausbilden (*Etablierungs-Effekt*). 4) Mediales Framing kann schließlich auch bestehende Einstellungen und Meinungen verändern (*Einstellungs-Effekt*).[292] Wird ein Unternehmen immer wieder von den Medien in den Bezugsrahmen von Managementfehlern gestellt, dann dürfte dieser Aspekt im Bewusstsein der Rezipienten salienter werden.[293] Der Frame „Managementfehler" kann folglich zu einer negativen Einstellung des Rezipienten zum Unternehmen führen.[294]

Die theoretische Verknüpfung des Agenda-Setting-Ansatzes mit dem Framing-Ansatz wird in der Literatur durchaus auch kritisch gesehen.[295] Während sich einige Autoren für eine Konvergenz der beiden Ansätze einsetzen, heben andere die theoretischen Unterschiede hervor und halten eine Zusammenführung für wenig zielführend.[296] So wird darauf aufmerksam gemacht, dass der Framing-Ansatz von anderen theoretischen Annahmen als der Agenda-Setting und Priming-Ansatz ausgeht.[297] Auch mit Blick auf die Auswirkungen bestehen Unterschiede. Während die Forschungsergebnisse zum Priming nahe legen, dass die Medienberichterstattung einen Einfluss darauf hat, wie Rezipienten Personen oder Sachverhalte beurteilen, argumentieren Vertreter des Framing-Ansatzes, dass Medien-Frames einen Einfluss auf Verantwortungszuschreibungen und kausale Interpretationen haben.[298] Erwähnenswert ist in diesem Zusammenhang eine Studie von IYENGAR (1991), der zeigt, dass Frames die Zuschreibung von Verantwortlichkeit (*attribution of responsibility*) beeinflussen. Vorgenommene Attributionen sind u.a. davon abhängig, ob die Medien bei der Präsentation von Themen episodische oder thematische Frames einsetzen. Episodisches Framing – hierunter versteht der Autor die Illustration eines Themas anhand konkreter Ereignisse oder Fallbeispiele (z.B. der Arbeitslose, die alleinerziehende Mutter usw.)[299]– führt mitunter dazu, dass Rezipienten individuumsbezogene Attributionen vornehmen.[300] Wird indes ein thematisches Framing bei der Präsentation von Nachrichten gewählt – hierbei werden Themen und Ereignisse in einen allgemeinen Kontext gestellt und abstrakter über sie berichtet – besteht die Tendenz, die Ursachen für ein Ereignis gesamtgesellschaftlichen Bedingungen zuzuschreiben.[301]

---

[292]   Vgl. SCHEUFELE (2004), S. 40.

[293]   Vgl. SCHEUFELE/HAAS (2008), S. 40.

[294]   Vgl. SCHEUFELE/HAAS (2008), S. 40.

[295]   Vgl. KIM/SCHEUFELE/SHANAHAN (2002), S. 8; SCHEUFELE (2000) , S. 298; SCHEUFELE (2003), S. 222.

[296]   Vgl. KIOUSIS (2005), S. 4.

[297]   Ausführlich hierzu SCHEUFELE (2000), S. 298 ff.

[298]   Vgl. SCHEUFELE (2000), S. 308.

[299]   Vgl. IYENGAR (1991), S. 2.

[300]   Vgl. IYENGAR (1991), S. 128.

[301]   Vgl. IYENGAR (1991), S. 52.

Während Kritiker eine Verknüpfung des Agenda-Setting-Ansatzes mit dem Framing-Ansatz ablehnen, weisen andere Autoren darauf hin, dass vor allem zwischen dem Second-Level-Agenda-Setting-Ansatz und dem Framing-Konzept eine Reihe von Gemeinsamkeiten bestehen.[302] Beide Ansätze fokussieren darauf, wie Themen oder Objekte (Personen, Gruppe, Organisationen, Länder etc.) in den Medien dargestellt werden.[303] Ferner wird in beiden Konzepten davon ausgegangen, dass die Medien durch Selektion, Hervorhebung, Exklusion oder Rahmung die Kognitionen von Rezipienten beeinflussen.

2.2.3 Zwischenfazit

Die Ausführungen haben deutlich gemacht, dass die Agenda-Setting-Forschung ihren Schwerpunkt zwar in der politischen Kommunikation hat – Gegenstand der Untersuchungen bilden oftmals Wahlkämpfe und die Images politischer Kandidaten –, dass sich die theoretischen Ideen und Annahmen aber auch auf andere Felder übertragen lassen.[304] So liegen inzwischen auch verschiedene Studien vor, in denen die Auswirkungen der Wirtschaftsberichterstattung aus einer Agenda-Setting-Perspektive analysiert wurden. In zahlreichen Studien wurde der Einfluss der Medien auf die Reputation von Unternehmen untersucht.[305] CARROLL/MCCOMBS (2003) zeigen beispielsweise, dass die intensive Berichterstattung der Medien über einzelne Unternehmen dazu führt, dass diese in der Öffentlichkeit stärkere Aufmerksamkeit erlangen und somit ein Transfer der Salienz von der Medien- zur Publikumsagenda stattfindet (*first-level-agenda-setting*).[306] Die Art und Weise der Berichterstattung – Unternehmen werden mit unterschiedlichen Attributen belegt und werden in ein positives oder negatives Licht gerückt – beeinflusst die Wahrnehmung der Rezipenten. Attribute oder Reputationsdimensionen, die in den Medien hervorgehoben und salient gemacht werden, finden sich auch in den Beschreibungen der Rezipienten wieder (*second-level-agenda-setting*).[307] Die Medienberichterstattung über Unternehmen beeinflusst letztlich auch Meinungen und Einstellungen von Rezipienten gegenüber Wirtschaftsunternehmen (*priming*).[308]

---

[302] Vgl. WEAVER (2007), S. 145.

[303] Vgl. WEAVER (2007), S. 146.

[304] Vgl. CARROLL/MCCOMBS (2003), S 36; KIOUSIS/POPESCU/MITROOK (2007), S. 161; MCCOMBS (2004), S. 132 f.

[305] Vgl. CARROLL/MCCOMBS (2003); KIOUSIS/POPESCU/MITROOK (2007); MEIJER/KLEINNIJENHUIS (2006). DEEPHOUSE (2000) rekurriert auf den Agenda-Setting-Ansatz. Seine Untersuchung ist allerdings keine originäre Medienwirkungsstudie [vgl. DEEPHOUSE (2000), S. 1095 f.].

[306] Vgl. CARROLL/MCCOMBS (2003), S. 39.

[307] Vgl. CARROLL/MCCOMBS (2003), S. 40.

[308] Vgl. CARROLL/MCCOMBS (2003), S. 41 f.

Auch KIOUSIS/POPESCU/MITROOK (2007) analysieren den Zusammenhang zwischen der Medienberichterstattung und der Wahrnehmung von Unternehmen in der Öffentlichkeit aus einer Agenda-Setting-Perspektive. Ein wichtiger Schwerpunkt der Studie bildet der Einfluss von Public Relations auf die Medienagenda. Wie oben dargelegt wird die Tagesordnung der Medien in Agenda-Setting-Studien auch als abhängige Variable untersucht. Forschungsarbeiten zum so genannten *Agenda-Building* legen nahe, dass Public Relations-Aktivitäten bei der Entstehung von Medienagenden eine herausragende Rolle spielen.[309] KIOUSIS/POPESCU/MITROOK gelangen in ihrer Untersuchung zu dem Ergebnis, dass zwischen der Tonalität der Darstellung von Unternehmen in PR-Materialien (z.B. Pressemitteilungen) und der Berichterstattung über Unternehmen ein positiver Zusammenhang besteht.[310] Ferner zeigt die Studie, dass ein positiver Zusammenhang zwischen der Salienz bestimmter substanzieller Attribute[311] in Pressemitteilungen und der Berichterstattung der Medien besteht. Hierzu zählt u.a. das Attribut „Vision and Leadership".[312] Pressemitteilungen, die auf das Top-Management fokussieren, stoßen demnach auf eine größere Medienresonanz.

Auch HANNAH/ZATZICK (2008) rekurrieren in ihrer Studie auf den Agenda-Setting- sowie Framing Ansatz. Die Autoren untersuchen Veränderungen der Berichterstattung über Führungskräfte in US-amerikanischen Zeitschriften. Da es sich um keine „klassische" Wirkungsanalyse handelt – die Wirkungen von „Frames" oder von „Agenda-Setting" auf Medienrezipienten wurden nicht explizit untersucht[313] –, werden die Ergebnisse dieser Studie erst an späterer Stelle der Arbeit vorgestellt.

Zusammengefasst lässt sich feststellen, dass auch die Wirtschaftsberichterstattung Gegenstand von Agenda-Setting-Studien darstellt. Das Phänomen des „Managerstars" wurde bisher noch nicht explizit untersucht, gleichwohl der Agenda-Setting-Ansatz auch für die Erforschung dieses Phänomens als theoretischer Erklärungsrahmen herangezogen werden kann. Wie aus den Ausführungen deutlich wurde, beeinflusst die Gewichtung eines Objekts in den Medien die Relevanz, die Rezipienten diesem Objekt zuschreiben. Objekte können nicht nur Themen (‚*issues*'), sondern auch Personen sein. Dadurch, dass die Medien auf einzelne Manager fo-

---

[309]   Vgl. KIOUSIS/POPESCU/MITROOK (2007), S. 149; OHL ET AL. (1995), S. 91.

[310]   Vgl. KIOUSIS/POPESCU/MITROOK (2007), S. 161.

[311]   Insgesamt wurden in der Untersuchung sechs Attribute bzw. Reputationsdimensionen herangezogen. Das sind im Einzelnen: „Vision and Leadership", „Social Responsibility", „Emotional Appeal", „Financial Performance", Workplace Environment" und „Product and Services". Die sechs Attribute bzw. Reputationsdimensionen wurden wiederum in Subattribute heruntergebrochen. Siehe hierzu KIOUSIS/POPESCU/ MITROOK (2007), S. 152 ff.

[312]   Das gilt ebenso für die Attribute „Social Responsibility" und „Products and Services" [vgl. KIOUSIS/ POPESCU/MITROOK (2007), S. 158].

[313]   Vgl. HANNAH/ZATZICK (2008), S. 366 f.

kussieren und verstärkt über sie berichten, steigt deren Prominenz. Wie unter Abschnitt 1.2 dargelegt, wird in der Literatur darauf hingewiesen, dass eine Tendenz zur Personalisierung in der Wirtschaftsberichterstattung besteht.[314] Die Aufmerksamkeit der Rezipienten kann aber nicht nur durch textorientierte Darstellungsformen und die Intensität der Berichterstattung, sondern auch durch den Einsatz verschiedener Gestaltungsmittel (wie z.b. Platzierung, Größe von Schlagzeilen oder Bilder) gelenkt werden. Durch Bilder oder Fotos können bestimmte Aspekte eines Themas oder bestimmte Akteure hervorgehoben werden.[315] Mit Blick auf Top-Manager wurde allerdings bisher noch nicht untersucht, ob in der Berichterstattung zunehmend Fotografien eingesetzt werden und dadurch der Trend zur Personalisierung verstärkt wird.

Die Berichterstattung über Manager ließe sich auch aus Sicht des Attribute Agenda-Setting-Ansatzes untersuchen. Auch in der Berichterstattung über Manager werden bestimmte kognitive Attribute (wie z.b. Persönlichkeitsmerkmale, biografischer Hintergrund, wahrgenommene Qualifikationen usw.) hervorgehoben, während andere ausgeblendet werden. Ferner ist zu erwarten, dass die Medien in ihren Darstellungen über Manager Wertungen vornehmen, und demnach auch affektive Attribute in der Berichterstattung zu finden sind. Dies haben PARK/BERGER (2004) in ihrer inhaltsanalytischen Untersuchung der Medien-Images US-amerikanischer CEOs gezeigt. Nicht untersucht haben die Autoren indes den Transfer der Salienz von Attributen von der Medienagenda zur Publikumsagenda. Da die Ergebnisse von Studien zum Attribute Agenda-Setting nahe legen, dass die Medien durch ihre Berichterstattung über politische Kandidaten die Vorstellungsbilder von Rezipienten beeinflussen, ist zu erwarten, dass durch die Hervorhebung bestimmter Attribute auch die Vorstellungsbilder über Manager geprägt werden. Möglicherweise sind die Effekte hinsichtlich der Berichterstattung über Top-Manager sogar noch stärker, da die politische Einstellung der Rezipienten kaum eine Rolle spielen dürfte und demnach auch nicht als Informationsfilter fungiert.

Mit Blick auf die Berichterstattung über Manager ließen sich auch Priming-Effekte untersuchen. Zu vermuten ist, dass die Beurteilung eines Managers mithin von jenen Themen abhängig ist, die in den Medien hochgespielt werden.[316]

Auch der Framing-Ansatz geht davon aus, dass die Medien durch Hervorhebung, Selektion und „Rahmung" von Themen oder Ereignissen bestimmte Einordnungen, Attributionen und Bewertungen nahe legen.[317] Die Wirtschaftsberichterstattung (z.B. Berichterstattung über

---

[314] Vgl. MAST (2003), S. 145.

[315] Vgl. MAST (2003), S. 36.

[316] Siehe nochmals die Untersuchung von IYENGAR/KINDER (1987).

[317] Vgl. SCHEUFELE (2003), S. 46; SCHEUFELE (2004), S. 30

M&A-Aktivitäten, Unternehmensskandale, Managergehälter usw.) ließe sich auch aus der theoretischen Perspektive des Framing-Ansatzes analysieren. Mit Blick auf die Darstellung von Managern wäre eine interessante Fragestellung, welche Rolle prototypische Vorstellungsbilder von Managern bei der Produktion von Medieninhalten spielen. An späterer Stelle werden Ansätze der Führungsforschung vorgestellt, die davon ausgehen, dass Individuen implizite Theorien von Führung und Führern internalisiert haben. In diesem Zusammenhang stellt sich die Frage, ob sich bestimmte prototypische Schemata von Top-Managern (z.b. ‚Der Sanierer', ‚Der Stratege' usw.) in Medien-Frames niederschlagen. Untersuchen ließen sich auch Attributionen. So argumentieren beispielsweise CHEN/MEINDL (1991), dass vor allem die Wirtschaftspresse dazu neigt, Ereignisse auf die Handlungen der Person an der Spitze einer Organisation zurückzuführen und externe Faktoren zu vernachlässigen.[318] Unternehmensergebnisse auf die persönlichen Qualitäten und Handlungen einzelner Top-Manager zu attribuieren, dient den Autoren zufolge nicht nur der Vereinfachung von Komplexität, sondern kann auch als Ausdruck bestehender impliziter Theorien verstanden werden.[319]

Nachdem einige zentrale Erkenntnisse aus der Medienwirkungsforschung dargelegt wurden, stehen im Mittelpunkt des nachfolgenden Abschnitts Ergebnisse aus der Führungs- und Managementforschung. Auch diese beschäftigt sich seit einigen Jahren mit den Ursachen und Konsequenzen der medialen Präsenz von Top-Managern. Mit dem nachfolgenden Abschnitt wird das Ziel verfolgt, einen umfassenden Überblick über den derzeitigen Stand der Forschung zu geben.

II.   Medienprominenz von Top-Managern: Synopse bisheriger Forschung

1.   Einführung und Überblick

Die Führungs- und Managementforschung hat inzwischen eine Reihe von Studien hervorgebracht, die sich explizit mit der medialen Berichterstattung über Manager sowie mit dem Phänomen des ‚Managerstars' beschäftigen. Betrachtet man den derzeitigen Stand der Forschung fällt auf, dass sich die Untersuchungen durch einen hohen Grad an Heterogenität auszeichnen, was eine Zusammenführung der Befunde erheblich erschwert. Während einige Autoren einen empirischen Ansatz wählen und umfangreiche Inhaltsanalysen der Medienberichterstattung über Top-Manager durchführen, beschränken sich andere indes auf eine theoretische Auseinandersetzung mit dem Phänomen des ‚Managerstars'. Wiederum andere legen ihren Fokus auf die Auswirkungen von öffentlichen Auszeichnungen (z.B. „Manager des Jahres"), die von Wirtschaftsmagazinen regelmäßig verliehen werden. Neben der konkreten (1) Zielsetzung

---

[318]   Vgl. CHEN/MEINDL (1991), S. 525.
[319]   Vgl. CHEN/MEINDL (1991), S. 525.

lassen sich die Studien des Weiteren danach unterscheiden, welche (2) Auswirkungen vermutet und analysiert werden, welche (3) Methoden (qualitativ vs. quantitativ) Anwendung finden, und aus welcher (4) theoretischen Perspektive argumentiert wird. Die folgenden Tabellen geben einen Überblick über Studien, die sich theoretisch oder empirisch mit dem Thema „Manager in den Medien" beschäftigen. Grob lassen sich zwei Schwerpunkte identifizieren: Einige Autoren beschäftigen sich mit der Entstehung von Images und beleuchten, welche Rolle die Medien bei der Konstruktion von Images spielen (siehe Tabelle 6). Daneben gibt es Untersuchungen, die explizit das Phänomen des ‚Managerstars' in den Mittelpunkt rücken (siehe Tabelle 7).

Anzumerken ist, dass die Untersuchungen allesamt – mit Ausnahme des theoretischen Beitrags von GAITANIDES (2004) – aus dem US-amerikanischen Raum stammen. Des Weiteren fällt auf, dass die Studien mehrheitlich auf Erkenntnisse der Attributionsforschung rekurrieren und eine sozial-konstruktivistische Perspektive einnehmen. Ausnahmen bilden die Beiträge von MALMENDIER/TATE (2009) sowie GAITANIDES (2004), die auf ökonomische Ansätze zurückgreifen.

Untersuchungen zu den Auswirkungen von Auszeichnungen („Manager des Jahres") und Rankings heben sich insofern von den übrigen der in Tabelle 7 aufgeführten Studien ab, als sie nicht die Berichterstattung der Medien über Top-Manager im engeren Sinne in den Mittelpunkt stellen, sondern auf einzelne Medieninszenierungen und die daraus resultierenden Konsequenzen fokussieren. Da diese Studien explizit die Auswirkungen der von Wirtschaftsmagazinen veröffentlichten Auszeichnungen auf die Vergütung von Top-Managern untersuchen, werden diese erst an späterer Stelle der Arbeit in Kapitel D vorgestellt. [320]

---

[320] Auf die Untersuchungen von WADE ET AL. (1997), WADE ET AL. (2006), GRAFFIN ET AL. (2008) sowie MALMENDIER/TATE (2009) wird in Kapitel D eingegangen (siehe S. 231 ff.).

Tab. 6: Überblick über ausgewählte Studien zu den Ursachen und Konsequenzen der Medienprominenz von Top-Managern (Fokus auf „Images")

Studie	Gegenstand/Zielsetzung	Auswirkungen	Methodisches Vorgehen	Theoretische Perspektive
CHEN/MEINDL (1991)	Konstruktion von Leader-ship-Images in der Presse	Bedeutung der Medien bei der Ent-stehung impliziter Führungstheorien	Inhaltsanalyse von Image-Beschreibungen; Metaphernanalyse	Romance-of-Leadership Ansatz, Attributionstheorie
MEINDL/EHRLICH/ DUKERICH (1985)	Attributionen von Erfolg/ Misserfolg in der Presse	Bedeutung der Medien bei der Ent-stehung impliziter Führungstheorien	Quantitative Inhaltsanalyse	Romance-of-Leadership Ansatz, Attributionstheorie
HOLMBERG/ ÅKERBLOM (2001)	Images herausragender Führung	Medien (re-)produzieren Images von Führern und Führung	Inhaltsanalyse von Zeitungen und Zeitschriften, ethnographisch-semantische Methode	Kulturvergleichende Manage-mentforschung, implizite Führungstheorien
HANNAH/ZATZICK (2008)	Veränderungen in der Berichterstattung über Top-Manager	Veränderungen der Themenagenda der Medien	Inhaltsanalyse von US-amerikanischen Wirtschafts-zeitschriften	Agenda-Setting-Ansatz, Framing-Ansatz
FANELLI/GRASSELLI (2006)	Entstehung charismatischer Images	Entscheidungsverhalten von Investoren	Diskursanalyse	Organisationaler Symbolismus, sozial-konstruktivistische Perspektive
KHURANA (2002a)	Glorifizierung von Top-Managern in den Medien; Arbeitsmarkt für Manager	Rekrutierung charismatischer CEOs	Feldforschung; qualitative Interviews und teilnehmende Beobachtung	Soziologischer Netzwerkan-satz, sozial-konstruktivistische Perspektive
PARK/BERGER (2004)	Darstellung von CEOs in der Presse	Einfluss des CEO-Images auf das Unternehmensimage	Quantitative Inhaltsanalyse der Presseberichterstattung über CEOs; Analyse von Medien-Images	Public-Relations-Forschung

Tab. 7: Überblick über ausgewählte Studien zu den Ursachen und Konsequenzen der Medienprominenz von Top-Managern (Fokus auf „Starmanager")

Studie	Gegenstand/Zielsetzung	Auswirkungen	Methodisches Vorgehen	Theoretische Perspektive
HAYWARD/RINDOVA/ POLLOCK (2004)	Entstehung von ‚CEO Celebrity'	Selbstüberschätzung und daraus resultierende manageriale Fehlentscheidungen	Keine empirische Studie, Entwicklung eines Untersuchungsmodells	Attributionstheorie, Hybris-Hypothese
HAYWARD/ HAMBRICK (1997)	Zusammenhang zwischen positiver Berichterstattung und Übernahmeprämie	Hybris/Selbstüberschätzung von Top-Managern	Quantitative Inhaltsanalyse führender US-amerikanischer Zeitungen	Attributionstheorie, Hybris-Hypothese
GAITANIDES (2004)	Übertragung der Ökonomie der Superstars auf Top-Manager	Vereinfachung der Ressourcenmobilisierung, Anstieg der Vergütung	Keine empirische Studie	Ökonomie der Superstars, institutionenökonomische Perspektive
WADE ET AL. (1997)	Auswirkungen von CEO-Awards	Einfluss von Starreputation auf die Unternehmensperformance und CEO-Vergütung	Regressionsanalyse	Attributionstheorie, sozial-konstruktivistische Perspektive
WADE ET AL. (2006)	Auswirkungen von CEO-Awards	Zusammenhang zwischen CEO Certifications und Unternehmensperformance bzw. CEO-Vergütung	Ereignis-Studie, Regressionsanalyse	Reputationsforschung, Attributionstheorie,
MALMENDIER/TATE (2009)	Auswirkungen von CEO-Awards und Rankings	Zusammenhang zwischen Superstar-Status und Unternehmensperformance bzw. CEO-Vergütung	Regressionsanalyse	Turniertheorie
GRAFFIN ET AL. (2008)	Transfer des Star-Status eines CEOs auf Mitglieder des Top-Management Teams	Zusammenhang zwischen Star-Status des CEOs und Vergütung der Mitglieder des Top-Management Teams	Regressionsanalyse	Statustransfer, Signalling-Theory

Im nachfolgenden Abschnitt wird das Augenmerk zunächst auf theoretische und empirische Studien gelegt, die im Rahmen des so genannten Romance-of-Leadership Ansatzes durchgeführt wurden. Die innerhalb dieses Ansatzes entwickelten Überlegungen zur Entstehung von Manager-Images bzw. Vorstellungsbildern von Führung sind hier von besonderem Interesse. Vertreter des Ansatzes sind in verschiedenen Untersuchungen explizit der Frage nachgegangen, welche Rolle die Massenmedien bei der Entstehung und Diffusion von Manager-Images spielen.[321] MEINDL ET AL. (2004) bemerkten hierzu vor wenigen Jahren:

> „The mass media, particularly the business-oriented press (newspapers such as the Wall Street Journal and magazines such as Fortune and Business Week), produce hard and soft news reports about companies and their ups and downs. In writing about the performance sagas of companies, the popular press often celebrates leadership and helps to produce celebrity leaders (most often CEOs) with images that have widespread cultural appeal."[322]

Nachdem die grundlegenden Annahmen des Romance-of-Leadership Ansatzes sowie die Ergebnisse zentraler empirischer Studien vorgestellt wurden, werden Studien beleuchtet, die sich mit der Zuschreibung von Charisma beschäftigen. Diese machen deutlich, dass die Medien an der Entstehung sowie Verbreitung charismatischer Images von Top-Managern aktiv beteiligt sind.

Im Anschluss daran wird der Fokus auf wissenschaftliche Beiträge gelegt, die sich aus attributionstheoretischer Sicht mit dem Phänomen des ‚Managerstars' beschäftigen. In den vergangenen Jahren sind innerhalb der Managementforschung verschiedene Beiträge erschienen, die sich mit den Ursachen und Konsequenzen der Medienprominenz von Managern beschäftigen. Hierzu zählen auch Untersuchungen zu den Auswirkungen von Manager-Awards („Manager des Jahres"). Es sei darauf hingewiesen, dass sich die Mehrzahl der Studien mit den Konsequenzen einer *positiven* Medienberichterstattung beschäftigen. Gleichwohl auch in der hier vorliegenden Arbeit die Auswirkungen positiver Mediendarstellungen von Managern im Mittelpunkt stehen, sollen die Forschungsarbeiten, die sich mit den Auswirkungen einer negativen Berichterstattung bzw. Skandalberichterstattung beschäftigen, nicht vollständig ausgeklammert werden. Insofern werden zum Ende des Kapitels Arbeiten vorgestellt, die der Frage nachgehen, welche Rolle die Medien bei der Diffamierung und Stigmatisierung von Managern spielen.

---

[321] Vgl. BLIGH/KOHLES/MEINDL (2004), S. 344; JACKSON/GUTHEY (2007), S. 168.

[322] MEINDL/PASTOR/MAYO (2004), S. 1350 (Kursivierung im Original).

2.   Mediale Konstruktionen von Manager-Images

Die Beschäftigung mit Images (bzw. Prototypen, Archetypen, impliziten Theorien, Personen-Schemata, Stereotype[323] etc.) hat innerhalb der Führungsforschung eine lange Tradition. Die intensive Auseinandersetzung mit Vorstellungsbildern wurde insbesondere durch den viel beachteten Aufsatz von CALDER (1977) ausgelöst.[324] Rekurrierend auf attributionstheoretische Arbeiten geht er davon aus, dass Geführte das Verhalten einer potentiellen Führungsperson beobachten und dies mit ihren inneren Vorstellungen bzw. impliziten Theorien von Führung vergleichen. Weist die Person die typischen Eigenschaften einer Führungsperson auf, wird ihr sodann ‚Führung' zugeschrieben.[325] Aufbauend auf diesen Überlegungen wurden in den 1980er Jahren sodann weitere Führungstheorien entwickelt, in denen die Annahmen bzw. Vorstellungen von Geführten über (erfolgreiche) Führung von zentraler Bedeutung sind. Neben der von LORD ET AL. entwickelten Schema- bzw. Kategorisierungs-Theorie der Führung zählt hierzu vor allem der Romance-of-Leadership Ansatz.[326]

2.1   Implizite Führungstheorien und ‚Romantisierung von Führung'

2.1.1   Theoretische Grundlagen

Der Romance-of-Leadership Ansatz wurde Mitte der 1980er Jahre begründet. Seither ist dieser eher unkonventionelle Ansatz der Führungsforschung in zahlreichen Beiträgen weiterent-

---

[323]   In der Literatur werden die Begriffe ‚Image' und ‚Stereotyp' als verwandt bezeichnet. Allerdings wird angenommen, dass es sich bei Stereotypen um eher langfristige und verfestigte Einstellungen handelt [vgl. BENTELE (1992), S. 153].

[324]   Vgl. MITCHELL/AGLE/WOOD (1997), Sp. 848. Ebenfalls in den 1970er Jahren hat sich SCHEIN (1973) mit Manager-Stereotypen beschäftigt [vgl. SCHEIN (1973), S. 95 ff.]. In verschiedenen Untersuchungen ist sie der Frage nachgegangen, welche Rolle geschlechtsspezifische Images bzw. Stereotype bei der Wahrnehmung erfolgreicher Führung spielen. Die Bezeichnung think-manager-think-male-Phänomen fasst die Ergebnisse ihrer Untersuchungen sowie der zahlreicher Folgeuntersuchungen prägnant zusammen [vgl. POWELL/BUTTERFIELD/PARENT (2002), S. 177].

[325]   Hier wird vereinfacht dargestellt. CALDER (1977) unterscheidet insgesamt vier Phasen im Attributionsprozess [vgl. CALDER (1977), S. 197 ff.].

[326]   Die Kategorisierungs-Theorie der Führung beschäftigt sich mit Informationsverarbeitungsprozessen. Informationen können auf der einen Seite kontrolliert, also bewusst verarbeitet werden – dies ist z.B. in neuartigen Problemlösungssituationen der Fall, wenn ein hoher Grad an Aufmerksamkeit erforderlich ist – auf der anderen Seite erfolgen aber auch automatische Verarbeitungsprozesse unter geringer kognitiver Belastung [vgl. LORD/MAHER (1991), S. 15]. Bei automatisch ablaufenden Prozessen werden so genannte Schemata aktiviert. Ein Schema wird definiert als „mental structure that serves to organize knowledge in some systematic fashion, often operating unconsciously." [GIOIA/SIMS (1986), S. 9]. Unterschieden werden vier Arten von Schemata: das Selbstschema, Personen-Schema, Skript und Person-in-Situation-Schema. Für die Wahrnehmung von Führungskräften oder Managern sind Personen-Schemata von besonderer Bedeutung. [vgl. LORD/FOTI (1986), S. 23 ff.].

wickelt worden.[327] Beim Romance-of-Leadership Ansatz handelt es sich um einen Geführten-zentrierten Ansatz, der sozial-konstruktivistische sowie attributionstheoretische Überlegungen vereint.[328] Dass sich das Verständnis von Führung und Führern innerhalb dieses Ansatzes von herkömmlichen Vorstellungen von Führung absetzt, wird nicht zuletzt durch die von MEINDL (1990) aufgeworfene Frage „Of what importance is the *belief* in leadership?"[329] deutlich. Füh-rung wird im Romance-of-Leadership Ansatz als Wahrnehmungsphänomen verstanden.[330] Es ist das Produkt sozialer Konstruktionsprozesse und existiert vor allem in den Köpfen der Ge-führten. Zur theoretischen Untermauerung ihres sozial-konstruktivistischen Verständnisses von Führung rekurrieren die Vertreter insbesondere auf die Wissenssoziologie von BERGER/LUCKMANN (1966) sowie auf attributionstheoretische Arbeiten.[331]

Des Weiteren geht der Romance-of-Leadership Ansatz davon aus, dass eine allgemeine Nei-gung besteht, Führung zu romantisieren. Individuen entwickeln eine Art verklärte Vorstellung darüber, was Führungskräfte bewirken können.[332] So werden beispielsweise Erfolge (bzw. Misserfolge) von Unternehmen, die bekanntlich von zahlreichen internen sowie externen Fak-toren abhängig sind und überaus komplexe Ereignisse darstellen, auf Führungskräfte kausal attribuiert. Von zentraler Bedeutung innerhalb dieses Ansatzes sind implizite Führungs- oder Organisationstheorien. Implizite Führungstheorien können nach einer weit gefassten Definiti-on verstanden werden als „*the image that a person has of a leader in general, or of an effective leader*"[333]. Der Begriff ,implizite Führungstheorie' wurde in den 1970er Jahren von EDEN/LEVIATAN eingeführt.[334] Mittlerweile lassen sich unterschiedliche Strömungen impliziter Führungstheorien unterscheiden,[335] wobei vor allem die Schema- bzw. Kategorisierungs-Theorie von LORD und Mitarbeitern zentrale Meilensteine gelegt hat. Innerhalb dieses kogni-tionspsychologischen Ansatzes wird Führung als Wahrnehmungsphänomen konzeptualisiert, d.h. eine Person wird erst dann zu einem Führer, wenn sie von der Umwelt auf der Grundlage

---

[327]   Vgl. MEINDL/PASTOR/MAYO (2004), S. 1347. Siehe BLIGH/SCHYNS (2007); CHEN/MEINDL (1991); FELFE/PETERSEN (2007); MEINDL/EHRLICH/DUKERICH (1985); MEINDL/EHRLICH (1987); MEINDL (1990); MEINDL (1995).

[328]   Vgl. MEINDL/PASTOR/MAYO (2004), S. 1347.

[329]   MEINDL (1990), S. 161 (Kursivierung im Original).

[330]   Von einem ähnlichen Verständnis geht auch CALDER (1977), Begründer der Attributionstheorie der Füh-rung, aus [vgl. CALDER (1977), S. 198.

[331]   Vgl. MEINDL (1990), S. 161 f.; MEINDL (1995); MEINDL/PASTOR/MAYO (2004).

[332]   Vgl. MEINDL/EHRLICH (1987), S. 92.

[333]   SCHYNS/MEINDL (2005), S. 21 (Kursivierung nicht im Original).

[334]   Vgl. SCHYNS/MEINDL (2005), S. 16.

[335]   Einen guten Überblick über die zahlreichen Strömungen, die sich in der Zwischenzeit herausgebildet ha-ben, geben SCHYNS/MEINDL (2005), S. 17 ff.

bestimmter Merkmale als Führer wahrgenommen wird.[336] Angenommen wird, dass Menschen aufgrund begrenzter kognitiver Kapazitäten dazu neigen, Personen bestimmten Kategorien, wie z.b. den sich gegenseitig ausschließenden Kategorien ‚Führer‘ oder ‚Nicht-Führer‘, zuzuordnen.[337] Die übergeordnete Kategorie ‚Führer‘ setzt sich wiederum aus verschiedenen Führer-Typen (wie z.B. Manager, Regierungschef, Kirchenoberhaupt etc.) zusammen, denen bestimmte Merkmale zugesprochen werden.[338] Sowohl ein Kirchenoberhaupt als auch ein Professor können mit dem Merkmal ‚zerstreut‘ in Verbindung gebracht werden. Der Prototyp hingegen beinhaltet die repräsentativen Merkmale eines bestimmten Typus, die mit anderen übereinstimmen können, sich aber auch gleichzeitig von anderen differenzieren. Als Beispiel für einen prototypischen Top-Manager nennen LORD/MAHER (1991) Lee Iacocca, ehemaliger CEO von Chrysler.[339] Den Autoren zufolge weist er typische Merkmale auf, die intuitiv mit Führung assoziiert werden. Die Berichterstattung der Medien sowie seine zahlreichen öffentlichen Auftritte haben letztlich das Bild des effektiven Führers verstärkt.[340] Personen, die als Führer wahrgenommen werden, profitieren von dieser Zuschreibung in verschiedener Hinsicht.[341]

Auch MEINDL (1990) betont die Bedeutung impliziter Führungstheorien. Allerdings geht er in seinem Verständnis impliziter Theorien noch weiter.[342] Er argumentiert, dass Individuen nicht nur implizite Führungstheorien, sondern auch implizite Organisationstheorien entwickeln, die ihnen eine Vorstellung davon vermitteln, wie eine effiziente und effektive Organisation auszusehen hat.[343] Diese impliziten Theorien stellen kausale Landkarten (*causal maps*) dar – im

---

[336] Vgl. LORD/MAHER (1991), S. 4. In diesem Sinne auch CALDER (1977), S. 195 ff.

[337] Die folgenden Ausführungen stützen sich auf NEUBERGER (2002), S. 249 ff.

[338] Vgl. LORD/FOTI (1986), S. 26. Die Anordnung der Kategorien ist hierarchisch und verläuft vom Allgemeinen zum Speziellen. So lassen sich die basalen Kategorien noch weiter unterteilen, wie z.B. in ‚konservativer Politiker‘ oder ‚liberaler Politiker‘ [vgl. LORD/MAHER (1991), S. 17 f.].

[339] Vgl. LORD/MAHER (1991), S. 6.

[340] Vgl. LORD/MAHER (1991), S. 20.

[341] Vertreter der Kategorisierungs-Theorie gehen davon aus, dass eine Person, die von ihrer Umwelt als Führer wahrgenommen wird, von dieser Einschätzung in verschiedener Hinsicht profitiert: so vergrößert sich beispielsweise ihr Handlungsspielraum, die Allokation von Ressourcen wird einfacher, und es verbessern sich ihre Karrierechancen [vgl. LORD/MAHER (1991), S. 6]. Allerdings werden diese Kategorisierungsprozesse von Forschern, die sich mit dem *think-manager-think male*-Stereotyp beschäftigen auch kritisch hinterfragt, denn Personen – und hierzu zählen insbesondere Frauen und Angehörige von Minderheiten – die nicht die prototypischen Merkmale von Führern aufweisen, wie z.B. Maskulinität, Charisma oder Stärke, werden nicht als Führer wahrgenommen und kommen insofern auch nicht in den Genuss der oben genannten Vorteile [vgl. SCZESNY (2005), S. 159]. LORD/MAHER sehen dies als möglichen Grund für die Unterrepräsentation bestimmter Personengruppen im Top-Management [vgl. LORD/MAHER (1991), S. 95 ff.]. In diesem Sinne auch NEUBERGER (2002), S. 107.

[342] Vgl. MEINDL (1990), S. 162 f.

[343] Vgl. MEINDL (1990), S. 163.

Sinne von Annahmen über Ursache-und-Wirkungs-Zusammenhänge – und ermöglichen es Individuen komplexe Ereignisse sinnbringend zu deuten.[344] Führungspersonen nehmen in diesen impliziten Theorien eine prominente Stellung ein, denn sie werden für Erfolge oder Misserfolge ursächlich verantwortlich gemacht. „Accordingly, when actors are asked to trace backwards from some effect (e.g., a 25% drop in sales), through the chain of causality which is very likely in reality to be long and complex, they may be satisfied with shortened, less complicated versions of reality, stopping the historical account at the point where leadership factors enter the stream of events."[345]

Implizite Theorien über Führung und die Wirksamkeit von Führung entstehen in Folge von Sozialisationsprozessen und direkten Erfahrungen mit Führungspersonen. Aber auch indirekte Erfahrungen – Informationen, die z.B. aus den Medien gewonnen werden oder in Gesprächen mit anderen übermittelt werden – sind von Bedeutung.[346] Mit der Frage, welche Rolle die Massenmedien bei der Entstehung impliziter Theorien bzw. Vorstellungsbilder spielen, haben sich insbesondere die Vertreter des Romance-of-Leadership Ansatzes beschäftigt.[347] Diese gehen davon aus, dass sich Vorstellungsbilder von Führung und Führern nicht nur auf der Ebene des Individuums, sondern auch auf der gesellschaftlichen Ebene finden lassen. Personen, die demselben Kulturkreis angehören – und somit den gleichen kulturellen Einflüssen ausgesetzt sind – haben ähnliche Vorstellungen davon, welche Verhaltensweisen und Eigenschaften ein typischer Führer – wie z.B. ein typischer CEO oder Vorstandsvorsitzender – aufweisen muss.[348]

Festzuhalten ist, dass der Romance-of-Leadership Ansatz hervorhebt, dass auch der kulturelle Kontext – und in diesem Zusammenhang sind es vor allem die Massenmedien (Presse, Bücher

---

[344]   Vgl. MEINDL (1990), S. 166 f.

[345]   MEINDL (1990), S. 167.

[346]   Vgl. LORD/MAHER (1991), S. 54.

[347]   Vgl. MEINDL/PASTOR/MAYO (2004), S. 1347.

[348]   Vgl. BLIGH/MEINDL (2005), S. 12; FELFE (2005), S. 201. Ähnlich argumentieren auch Forscher, die an der so genannten GLOBE-Studie teilgenommen haben. Das GLOBE-Projekt (*Global Leadership and Organizational Behavior Effectiveness Research Program*) wurde in den 1990er Jahren von ROBERT HOUSE ins Leben gerufen. Weltweit haben sich über 170 Wissenschaftler aus 62 Ländern beteiligt. Es handelt sich um eine der umfangreichsten interkulturellen Studien zum Thema Führung [vgl. NEUBERGER (2002), S. 253 ff]. Die GLOBE-Studie baut ebenfalls auf der Kategorisierungstheorie auf, integriert diese allerdings mit Erkenntnissen aus der interkulturellen Vergleichsforschung [vgl. DORFMAN/HANGES/BRODBECK (2004), S. 670]. Die empirischen Studien kommen zu dem Schluss, dass sich implizite Führungstheorien nicht nur auf der Ebene des Individuums, sondern auch auf der kollektiven Ebene identifizieren lassen. Sie sprechen in diesem Zusammenhang von einer *culturally endorsed implicit leadership theory* (CLT) [vgl. DORFMAN/HANGES/BRODBECK (2004), S. 669]. Personen, die demselben Kulturraum angehören, haben somit ähnliche Vorstellungen von Führung.

etc.) – bei der Herausbildung von Vorstellungsbildern eine wichtige Rolle spielen.[349] „The mass media are an important part of the broader cultural milieu, shaping views about *leadership in general* and *leaders in particular.*"[350] Insofern konstruieren die Massenmedien zum einen die Images einzelner Manager. Dies zeigen beispielsweise Studien über die Bildung der Images von Donald Burr, Jack Welch oder Lee Iacocca.[351] Zum anderen tragen die Medien durch ihre Berichterstattung über Führungspersönlichkeiten aber auch dazu bei, dass ganz allgemeine Vorstellungsbilder von Top-Managern bzw. von Führern oder Führung (*leadership*) (re)produziert werden.[352]

Aus den Ausführungen sollte deutlich geworden sein, dass sich die Führungsforschung schon seit geraumer Zeit mit Vorstellungsbildern (bzw. Prototypen, impliziten Theorien, Images oder Personen-Schemata) von Führern bzw. Managern beschäftigt. Wie dargelegt, wurde auch explizit der Frage nachgegangen, welche Rolle die Medien bei der Bildung sowie Reproduktion dieser kulturspezifischen Vorstellungsbilder spielen. Dabei erscheint die Annahme plausibel, dass Journalisten in ihren Darstellungen von Führern oder Managern auf implizite Theorien zurückgreifen, und es im Zuge dessen zu einer Reproduktion kommt.[353] Aufgrund fehlender persönlicher Erfahrungen mit Managern oberster Hierarchieebenen erscheint es ebenfalls plausibel, dass die Medien einen großen Einfluss auf Rezipienten haben und deren Vorstellungsbilder von Top-Managern prägen.

Im Folgenden werden die Ergebnisse empirischer Studien vorgestellt, die sich mit der Rolle der Medien bei der Entstehung sowie Verbreitung von Images von Top-Managern beschäftigen. Als Pionierstudie kann die Untersuchung von CHEN/MEINDL (1991) bezeichnet werden. Im Sinne der Romance-of-Leadership Perspektive untersuchen die Autoren einerseits die Konstruktion des Images eines prominenten amerikanischen CEOs, andererseits beschäftigen sie sich auch mit der Frage, welchen Beitrag die Medien bei der Produktion allgemeiner Vorstellungsbilder von Führung leisten.

2.1.2 Ergebnisse empirischer Studien

CHEN/MEINDL (1991) haben festgestellt, dass sich das medienvermittelte Image eines Managers schrittweise verändert, sobald die Performance des Unternehmens nachlässt. Gegenstand

[349] Vgl. BLIGH/MEINDL (2005), S. 13.
[350] MEINDL/PASTOR/MAYO (2004), S. 1350 (Kursivierung hinzugefügt).
[351] Vgl. CHEN/MEINDL (1991); HEGELE/KIESER (2001); GUTHEY (1997).
[352] Vgl. CHEN/MEINDL (1991), S. 521; HOLMBERG/ÅKERBLOM (2001), S. 68; MEINDL/PASTOR/MAYO (2004), S. 1350; NYE (2005), S. 40.
[353] Vgl. CHEN/MEINDL (1991), S. 524 f.

ihrer Untersuchung bildet das Image von Donald Burr, Gründer und CEO einer einst erfolgreichen US-amerikanischen Fluggesellschaft. Burr gehörte in den 1980er Jahren zu den renommiertesten Managern in den USA. Er wurde aufgrund seiner ungewöhnlichen Visionen und unorthodoxen Managementpraktiken von den Medien als Managerstar gefeiert.[354] Allerdings war der Erfolg der Fluggesellschaft nur von begrenzter Dauer. Nachdem der aggressive Expansionskurs letztlich scheiterte, musste die Gesellschaft verkauft werden.[355]

CHEN/MEINDL stellen fest, dass sich die Presse vorzugsweise auf einzelne Personen des Wirtschaftslebens konzentriert. Den Grund hierfür sehen sie in der spezifischen Denk- und Arbeitsweise von Journalisten. Während es in der Wissenschaft Ansätze gibt, die dem Management aufgrund der Komplexität von Organisationen und den starken Umwelteinflüssen nur einen beschränkten Einflussbereich zugestehen,[356] neigen Journalisten dazu, Erfolge oder Misserfolge von Unternehmen vorrangig als Resultat von Managemententscheidungen zu verstehen. Sie stellen fest „that the press is particularly prone to interpret organizational outcomes in terms of leadership. It is widely recognized by both practitioners and researchers that news focuses on individuals in general and leaders in particular."[357] Sie sprechen in diesem Zusammenhang von impliziten Führungstheorien. Journalisten tendieren dazu, den gesellschaftlichen Fortschritt auf die Handlungen zentraler Akteure zurückzuführen und dabei „anonyme" soziale, ökonomische und politische Kräfte als Erklärung zu vernachlässigen.[358]

Die Tendenz, situative Einflüsse in ihrer Bedeutung zu unterschätzen und Persönlichkeitsfaktoren hinsichtlich ihres Einflusses auf bestimmte Ergebnisse zu überschätzen, wurde bereits von ROSS in den 1970er Jahren erforscht. Der Sozialpsychologe hat in diesem Zusammenhang den Begriff „fundamentaler Attributionsfehler" (*fundamental attribution error*) geprägt.[359] Demnach ist es keineswegs eine typische Eigenart von Journalisten, den Erfolg oder Misserfolg eines Unternehmens auf die Handlungen oder Entscheidungen einzelner Personen zurückzuführen. Allerdings ist zu vermuten, dass die spezifische Arbeitssituation von Journa-

---

[354] Vgl. hierzu auch den Aufsatz von HEGELE/KIESER (2001) über die Manager-Legende Jack Welch.

[355] Vgl. CHEN/MEINDL (1991), S. 529.

[356] Hierzu zählen insbesondere deterministische Organisationstheorien, wie z.B. der Population Ecology Ansatz. Zur Do-Managers-Matter-Debatte siehe Kapitel D Abschnitt III.

[357] CHEN/MEINDL (1991), S. 524 f.

[358] Vgl. CHEN/MEINDL (1991), S. 525. Ähnlich argumentiert auch GITLIN (2003), S. 146 ff.

[359] ROSS (1977), S. 184. Erst kürzlich konnten WEBER ET AL. (2001) diesen Attributionsfehler bestätigen. In einem Laborexperiment haben sie mit Hilfe eines Koordinationsspiels nachweisen können, dass Personen die Bedeutung situativer Faktoren sogar dann unterschätzen, wenn sie unmittelbar involviert sind und die situativen Faktoren direkt beobachten können [vgl. WEBER ET AL. (2001), S. 582 ff.]

listen (wie z.b. hoher Zeitdruck) dazu beiträgt, dass derartige Attributionsverzerrungen auftreten.[360]

Mit Kausalattributionen hat sich MEINDL bereits Mitte der 1980er Jahre beschäftigt.[361] Dem
Autor zufolge findet man im kollektiven Bewusstsein eine Art „romantisierte Vorstellung"
von Führung. Menschen gehen davon aus, dass Spitzenführungskräfte in der Lage sind, die
komplexen Prozesse in Organisationen lenken und kontrollieren zu können. MEINDL ET AL.
sprechen von einer *Illusion of Control*[362]. Hiermit ist gemeint, dass sich Menschen eine Illusion hinsichtlich der Beherrschbarkeit komplexer Vorgänge machen. Demnach findet durch die
Zuschreibung von Verantwortlichkeit eine Art Komplexitätsreduktion statt. Durch die Simplifizierung bekommen Ereignisse einen Sinn, und es wird möglich über sie mit anderen zu
kommunizieren.[363] „The romanticized conception of leadership results from a biased prefer-
ence to understand important but causally indeterminant and ambiguous organizational events
and occurrences in terms of leadership. (…) [T]he romanticized conception of leadership
permits us to be more comfortable in associating leaders – by ascribing to them control and
responsibility – with events and outcomes to which they can be plausibly linked."[364]

Mit Hilfe verschiedener Laborexperimente konnten MEINDL/EHRLICH/DUKERICH (1985) die
Neigung zu einer Romantisierung von Führungskräften – also die Überschätzung der Einflussmöglichkeiten von Führungskräften – nachweisen.[365] Sie haben die Hypothese aufgestellt, dass vor allem bei einer extrem guten oder schlechten Unternehmensperformance die
Tendenz besteht, zwischen der Fähigkeit und Leistung des Managements und dem Unternehmenserfolg einen kausalen Zusammenhang herzustellen. Diese Hypothese wurde anhand verschiedener Teilstudien überprüft.[366] Hierzu zählt auch eine Analyse über die mediale Berichterstattung über Top-Manager.

---

[360] Nach LIPPMANN führt beispielsweise der enorme Zeitdruck dazu, dass Journalisten auf Stereotype zurückgreifen [vgl. LIPPMANN (1990), S. 240].

[361] Vgl. MEINDL/EHRLICH/DUKERICH (1985); MEINDL/EHRLICH (1987).

[362] Nach LANGER (1975) kann Kontroll-Illusion definiert werden „(…) as an expectancy of a personal success
probability inappropriately higher than the objective probability would warrant." [LANGER (1975), S. 313].
Sie konnte in zahlreichen Laborexperimenten zeigen, dass Menschen in Situationen, in denen das Ergebnis
allein vom Zufall abhängig ist, noch große Zuversicht hinsichtlich der Kontrollierbarkeit der Situation und
der Beeinflussbarkeit des Ergebnisses zeigten.

[363] Vgl. MEINDL/EHRLICH (1987), S. 92 f.

[364] MEINDL/EHRLICH/DUKERICH (1985), S. 80.

[365] Vgl. MEINDL/EHRLICH/DUKERICH (1985), S. 88 ff.

[366] Insgesamt wurden sechs umfangreiche Studien durchgeführt. Umfassend hierzu MEINDL/EHRLICH/
DUKERICH (1985), S. 81 ff. SHAMIR (1992) repliziert in seiner Studie den Befund, dass Führungskräften
ein größerer Einfluss zugeschrieben wird, wenn das organisationale Ergebnis besonders hoch ausfällt [vgl.
SHAMIR (1992), S. 398].

In einem Zeitraum von zehn Jahren haben MEINDL/EHRLICH/DUKERICH die Berichterstattung über 34 Unternehmen im *Wall Street Journal* untersucht.[367] Die Untersuchungsergebnisse zeigen, dass die Leistung des Top-Managements eine besondere Akzentuierung in der Berichterstattung erfährt, wenn die Unternehmensperformance besonders gut oder schlecht ausgefallen ist. Hieraus schlussfolgern die Autoren, dass bei Erfolgszuschreibungen Erfolgsausmaße eine Rolle spielen. Insofern sehen sie ihre Vermutung bestätigt, dass bei extremen oder außergewöhnlichen positiven bzw. negativen Unternehmensergebnissen das Management verantwortlich gemacht wird.[368] Im Unterschied zu dieser eher quantitativ ausgerichteten Studie haben CHEN/MEINDL mit ihrer Untersuchung über den Managerstar Donald Burr das Ziel verfolgt, anhand eines konkreten Fallbeispiels zu zeigen, wie das Image eines Managers in den Medien konstruiert und rekonstruiert wird.[369] Die Studie kommt zu dem folgenden Ergebnis: Wie erwartet hat sich die anfänglich positive Darstellung von Burr mit abnehmendem Unternehmenserfolg verändert. Allerdings wurde das Image nicht radikal modifiziert, vielmehr weist die Berichterstattung eine gewisse Kontinuität auf. Einst positive Charaktereigenschaften blieben prinzipiell bestehen, sie wurden jedoch ins Gegenteil verkehrt. „The construction of Burr's image (...) can be portrayed as a process that began with highly positive features but ended not with a denial or replacement of those endowments but with a revised image in which those very same endowments were portrayed as being responsible for his demise."[370] Die Autoren ziehen zur Veranschaulichung den Vergleich zum Aufstieg und Fall des Helden in der klassischen griechischen Tragödie heran.

Zusammenfassend lässt sich feststellen, dass die Untersuchung gezeigt hat, dass die Medien aufgrund der schlechten Unternehmensperformance das Bild vom erfolgreichen Manager Donald Burr, das lange Zeit die Berichterstattung dominierte, nicht länger aufrechterhalten konnten. Um die Glaubwürdigkeit nicht zu verlieren, wurde das Image schrittweise rekonstruiert.

Offen bleibt, ob inhaltsanalytische Untersuchungen über die Berichterstattung anderer Top-Manager zu ähnlichen Ergebnissen gelangen. Donald Burr stellte in den 1980er Jahren eine

---

[367] Es handelte sich dabei um insgesamt 33.248 Artikel [vgl. MEINDL/EHRLICH/DUKERICH (1985), S. 83].

[368] Zur Veranschaulichung siehe auch die grafische Darstellung der Ergebnisse in MEINDL (1990), S. 164. Auch die Ergebnisse der anderen hier nicht vorgestellten Untersuchungen unterstreichen diese Tendenz [vgl. MEINDL/EHRLICH/DUKERICH (1985), S. 85 ff.].

[369] Das Forschungsdesign der Fallstudie kann als äußerst anspruchsvoll bezeichnet werden. So haben die Autoren nicht nur eine einfache Inhaltsanalyse der Berichterstattung über Donald Burr durchgeführt, sondern haben 72 Studenten mit der Berichterstattung konfrontiert, die sodann ihre Eindrücke zu Papier bringen mussten. Diese Kurzportraits wurden dann in einem nächsten Schritt inhaltsanalytisch ausgewertet. Des Weiteren haben die Autoren eine Analyse von Metaphern durchgeführt. Auch hier konnten sie zeigen, dass sie die metaphorischen Beschreibungen von Donald Burr mit abnehmendem Unternehmenserfolg verändert haben [vgl. CHEN/MEINDL (1991), S. 530 ff.].

[370] CHEN/MEINDL (1991), S. 546.

Art Symbol des amerikanischen Unternehmergeistes dar. Dies könnte nach CHEN/MEINDL ein Grund dafür sein, warum die Presse bei der Zerstörung des positiven Images so große Zurückhaltung zeigte.[371] Denkbar wäre, dass Images von angestellten Managern im Vergleich zu Unternehmensgründern radikaler modifiziert werden, wenn die Unternehmensperformance nachlässt.

Plausibel erscheint dennoch die von CHEN/MEINDL geäußerte Vermutung, dass eine Image-Rekonstruktion kein „one-shot" Ereignis darstellt, sondern sich schrittweise in einem Prozess vollzieht. Bei einer zu radikalen und rasanten Image-Modifikation steht die Glaubwürdigkeit von Journalisten auf dem Spiel. So könnten es Medienrezipienten als widersprüchlich empfinden, wenn der ‚Mann an der Spitze' mit besonders positiven Attributen belegt wird, obgleich das Unternehmen rote Zahlen schreibt. CHEN/MEINDL sprechen in diesem Zusammenhang von einem Dilemma: „Attribution makers are therefore pulled in two different directions. One is to update and revise the leader image to fit the drastically different performance information, the other is to affirm the initial leader image to maintain consistency with past attribution. Some kind of compromise will have to be reached."[372]

CHEN/MEINDL haben sich in ihrer qualitativen Studie darauf konzentriert, die Attribute und Metaphern mit denen Donald Burr von der Presse beschrieben wurde, zu untersuchen. Demzufolge handelt es sich um eine Art „dichte Beschreibung" eines Mediendiskurses über eine einzelne Person.[373] Anhand dieses Fallbeispiels wollten die Autoren aufzeigen, wie allgemeine Vorstellungsbilder von Führern von den Medien (re-)produziert werden.[374]

In dieser „Tradition" steht auch die Untersuchung von HOLMBERG/ÅKERBLOM (2001). Die Autoren untersuchen die (Re-)Produktion von Images herausragender Führung in schwedischen Medien.[375] Auch sie gehen davon aus, dass die Medien einen maßgeblichen Einfluss auf die Konstruktion sozialer Phänomene (wie z.B. Führung) haben.[376] Sie nehmen eine

---

[371] Vgl. CHEN/MEINDL (1991), S. 545.

[372] CHEN/MEINDL (1991), S. 525 f.

[373] Siehe auch die Untersuchung von KING/FINE (2000). Sie haben die Veränderungen der Reputation von Henry Ford, der seiner Zeit in der Presse stark präsent war, eingehend analysiert [vgl. KING/FINE (2000), S. 73 ff.]

[374] Vgl. CHEN/MEINDL (1991), S. 521.

[375] Um herauszufinden, ob die Medien in Schweden kulturspezifische Vorstellungsbilder von Führern und Führung (re-)produzieren, führten die Autoren ethnographische Studien durch. Sie untersuchten Artikel aus insgesamt fünf Tageszeitungen und Magazinen. Näheres zur Methode siehe HOLMBERG/ÅKERBLOM (2001), S. 72 ff. Des Weiteren machen HOLMBERG/ÅKERBLOM (2001) darauf aufmerksam, dass nicht nur die Massenmedien Einfluss auf implizite Vorstellungsbilder ausüben und diese reproduzieren, sondern auch andere Akteure, wie z.B. Business Schools, Managementbestseller oder Unternehmerbiografien. Siehe hierzu auch CLARK/SALAMAN (1998), S. 157.

[376] Vgl. HOLMBERG/ÅKERBLOM (2001), S. 68.

sozial-konstruktivistische Perspektive ein und argumentieren: „Thus, while an apparent mission of the media is to mirror reality, e.g. by offering facts and information about leaders and leadership, it is obvious that it is also an important creator of the same reality through its production of a public leadership discourse."[377] Letztlich zeigt die Studie, dass die Medien kulturspezifische Vorstellungsbilder von Führern und herausragender Führung (re-)produzieren. Ferner gelangt die Studie zu dem Resultat, dass sich implizite Führungsmodelle von politischen Führern von impliziten Theorien über Führungspersonen der Wirtschaft unterscheiden.[378]

Zuletzt soll noch auf eine empirische Studie von HANNAH/ZATZICK (2008) eingegangen werden, die zwar nicht explizit eine Romance-of-Leadership-Perspektive einnimmt, aber ebenfalls die Bedeutung von impliziten Theorien herausstellt. Bezug nehmend auf den Agenda-Setting-Ansatz sowie den Framing-Ansatz analysieren HANNAH/ZATZICK die Mediendarstellungen von Managern in der US-amerikanischen Berichterstattung.[379] Sie gehen in ihrer Untersuchung der Frage nach, ob sich die Darstellungen von Managern nach Bekanntwerden der beispiellosen Missstände bei Enron und Worldcom grundlegend verändert haben. Die Autoren argumentieren, dass die Bilanzskandale einen Wendepunkt für die amerikanische Gesellschaft und Wirtschaft markieren. Insofern kann erwartet werden, dass sich seit dem Jahr 2001 auch die Inhalte und Darstellungsformen der Berichterstattung über Manager verändert haben und ethische Aspekte stärker in den Vordergrund gerückt wurden.[380] Die Autoren haben Inhaltsanalysen einer gleichen Anzahl von Artikeln aus führenden US-amerikanischen Zeitschriften durchgeführt,[381] die zeitlich vor und nach den bekannt gewordenen Skandalen veröffentlicht wurden. Anschließend wurden die Ergebnisse der Inhaltsanalysen verglichen, um festzustellen, ob substanzielle Veränderungen in der Berichterstattung über Manager erkennbar sind, z.B. ob der Anteil an ‚soft news', abgenommen hat, neue Themen angesprochen werden, die Unternehmensperformance seltener auf die Handlungen einzelner Manager zurückgeführt wird, oder bestimmte Persönlichkeitsmerkmale in den Beschreibungen an Bedeutung verloren haben.[382]

Die Studie von HANNAH/ZATZICK gelangt zu einem eher überraschenden Resultat. Die Ergebnisse zeigen, dass sich die Medienagenda nach Bekanntwerden der folgeschweren Unter-

---

[377] HOLMBERG/ÅKERBLOM (2001)

[378] Vgl. HOLMBERG/ÅKERBLOM (2001), S. 80.

[379] Vgl. HANNAH/ZATZICK (2008), S. 356 f.

[380] Vgl. HANNAH/ZATZICK (2008), S. 364.

[381] Inhaltsanalytisch untersucht wurden insgesamt 180 Artikel aus den Magazinen Fortune, Forbes und Business Week [vgl. HANNAH/ZATZICK (2008), S. 361].

[382] Siehe umfassend HANNAH/ZATZICK (2008), S. 370.

nehmensskandale nicht verändert hat und entsprechend keine neuen Themen (wie z.B. Unternehmensethik, Integrität) in der Berichterstattung über Manager aufgegriffen wurden.[383] Auch mit Blick auf die Darstellungen von Managern sind die Veränderungen minimal. Informationen über den biografischen Hintergrund, die Familiensituation, Erscheinungsbild sowie bestimmte Charaktereigenschaften (wie z.B. ,driven' und ,tough') spielen in der Berichterstattung sowohl vor als auch nach Bekanntwerden der Skandale eine große Rolle.[384] Allerdings werden Manager in Beiträgen, die vor den Skandalen erschienen sind, häufiger als visionär, innovativ und intelligent portraitiert.[385] Die Autoren führen im Kern zwei Argumente an, warum sich die Medienberichterstattung entgegen ihrer Erwartungen nicht (substanziell) verändert hat. Rekurrierend auf CHEN/MEINDL argumentieren sie, dass die Medien durch eine radikale Veränderung ihrer Inhalte und Darstellungsformen ihre Glaubwürdigkeit riskieren, zumal die von den Bilanzskandalen betroffenen Unternehmen sowie das amtierende Management noch vor Publikwerden der Missstände von den Medien besonders gerühmt wurden.[386] Des Weiteren argumentieren HANNAH/ZATZICK, dass sich die Darstellungen aufgrund impliziter Theorien, die aufgrund ihrer tiefen kulturellen Verwurzelung gegenüber Modifikationen resistent sind, nicht verändert haben.[387] „The implicit model of effective leadership uncovered herein – leaders' backgrounds provide them with certain personal characteristics, which in turn lead them towards certain actions, which have organizational consequences – has been present in the business press for decades. (…) Since this model appears to have persisted this long, one might expect that it will continue to have a substantial influence on future media agenda setting and framing of leadership."[388]

Die Ausführungen haben deutlich gemacht, dass der Romance-of-Leadership Ansatz den Massenmedien bei der Entstehung und Diffusion impliziter Theorien eine große Bedeutung beimisst. Die ,Romantisierung von Führung' kann als eine spezifische implizite Führungs- oder Organisationstheorie verstanden werden, welche die herausragende Rolle von Führungskräften für den Erfolg und Misserfolg von Organisationen betont.[389] Nachfolgend werden Studien vorgestellt, die sich mit ,Charisma' bzw. ,charismatischer Führung' beschäftigen.[390]

---

[383] Vgl. HANNAH/ZATZICK (2008), S. 369.

[384] Vgl. HANNAH/ZATZICK (2008), S. 369.

[385] Vgl. HANNAH/ZATZICK (2008), S. 372.

[386] Vgl. HANNAH/ZATZICK (2008), S. 374.

[387] Vgl. HANNAH/ZATZICK (2008), S. 374.

[388] HANNAH/ZATZICK (2008), S. 374.

[389] Vgl. FELFE/PETERSEN (2007), S. 2.

[390] TURNER (2007) zufolge kann es als überraschend bezeichnet werden, dass der Charismabegriff – der Begriff hatte ursprünglich eine theologische Bedeutung – heute für die Beschreibung von Spitzenpolitikern, Wirtschaftsbossen Schauspielern sowie anderen öffentlichen oder privaten Persönlichkeiten herangezogen

Auch Vertreter des Romance-of-Leadership Ansatzes thematisieren dieses Phänomen in ihren Arbeiten. Nach MEINDL (1990) kann charismatische oder transformationale Führung als „hyper-romanticism"[391] verstanden werden. In einer empirischen Untersuchung zeigt er, dass ein Zusammenhang zwischen dem Ausmaß der ‚Romantisierung von Führung' und Charisma besteht. Mit anderen Worten: Personen, die dazu tendieren, unternehmerische Erfolge auf die oberste Führungskraft zurückzuführen, neigen auch dazu, Führungspersönlichkeiten charismatische Qualitäten zuzuschreiben.[392]

2.2   Glorifizierung von Managern durch die Zuschreibung von Charisma

In verschiedenen Studien wurde festgestellt, dass die Medien sowie andere Informationsintermediäre (wie z.B. Autoren von Unternehmerbiografien oder Managementbestsellern) mithin dazu tendieren, charismatische oder heroische Manager-Images zu produzieren und einzelne Führungskräfte zu glorifizieren.[393] FLYNN/STAW (2004) haben in ihrer Untersuchung 90 CEOs identifiziert, die von den Medien zwischen 1985 und 2000 als charismatisch bezeichnet wurden.[394] Auch die Ergebnisse der von PARK/BERGER (2004) durchgeführten Inhaltsanalyse führender US-amerikanischer Zeitungen hat ergeben, dass bei einer positiven Berichterstattung über CEOs der Image-Dimension ‚Charisma' eine zentrale Bedeutung zukommt.[395] Die Autoren sprechen von der Tendenz, CEOs als Stars oder gar als Helden zu portraitieren.[396]

Nachfolgend werden die Ergebnisse empirischer und theoretischer Beiträge vorgestellt, die sich mit der Bedeutung der Medien bei der Entstehung charismatischer Images bzw. Genese von Charisma beschäftigen. Die Forschung hierzu ist recht heterogen und nicht in allen Studien bildet die Frage, welche Rolle die Massenmedien bei der Entstehung charismatischer Images haben, den eigentlichen Schwerpunkt der Untersuchung. Nachfolgend soll zunächst ein von FANELLI/MISANGYI (2006) entwickelter Bezugsrahmen vorgestellt werden. Dieser gibt einen guten Überblick und bietet eine Orientierung für die Einordnung empirischer Befunde.

---

wird [vgl. TURNER (2007), S. 81]. Zur Geschichte des Charismabegriff in den Sozialwissenschaften siehe umfassend TURNER (2007), S. 82 ff.

[391]   MEINDL (1990), S. 182.

[392]   Vgl. MEINDL (1990), S. 184.

[393]   Siehe FANELLI/GRASSELLI (2006); FANELLI/MISANGYI (2006); FANELLI/MISANGYI (2006); HEGELE/KIESER (2001); HAYWARD/HAMBRICK (1997), S. 108; KHURANA (2002a), S. 71; MEINDL/PASTOR/MAYO (2004), S. 1350; PFEFFER/SUTTON (2006), S. 188.

[394]   Vgl. FLYNN/STAW (2004), S. 313.

[395]   Siehe hierzu nochmals S. 28.

[396]   Vgl. PARK/BERGER (2004), S. 102.

2.2.1 Bezugsrahmen zur Entstehung charismatischer Images

FLYNN/STAW (2004) sowie FANELLI/MISANGYI (2006) haben festgestellt, dass in der Charismaforschung nur vereinzelt der Frage nachgegangen wurde,[397] welchen Einfluss das Charisma der Person an der Spitze einer Organisation auf Individuen, Personengruppen oder Institutionen (z.B. Kunden, Journalisten/Medien, Analysten, Lieferanten etc.) hat, die außerhalb der Grenzen der Organisation liegen.[398] Schwerpunktmäßig hat sich dieser Forschungszweig bislang mit der Frage beschäftigt, welchen Einfluss Charisma-Träger auf Mitglieder der Organisation haben.[399] Den Autoren zufolge überrascht dieses Forschungsdefizit, da die Bedeutung externer Stakeholder für die Bestandssicherung einer Organisation hinlänglich bekannt ist.[400] Zudem dringt der ‚charismatische Ruf' eines Managers ganz offensichtlich auch nach außen. Die Medien berichten in regelmäßigen Abständen von Managern, denen sie eine charismati-

---

[397] Seit den frühen 1980er Jahren hat die Führungsforschung zahlreiche Ansätze und Theorien hervorgebracht, die häufig unter der Bezeichnung ‚New Leadership Approach' zusammengefasst werden [vgl. BRYMAN (1996), S. 280]. Dazu zählen Theorien der visionären Führung, der transformationalen Führung, der charismatischen Führung oder einfach nur Leadership-Theorien. Kritiker sprechen auch von einer Art Renaissance der als überholt geglaubten und für die Neigung zum Personenkult bekannten ‚Great-Man Theorie' [vgl. BRYMAN (1996), S. 277; MEINDL (1990), S. 181; NEUBERGER (2002), S. 142]. Andere betonen hingegen, dass diese Forschungsansätze die Bedeutung von emotionalen und symbolischen Aspekten, die in der Führungsforschung vernachlässigt wurden, herausgestellt haben [vgl. YUKL (2006), S. 248]. Führungskräfte sind demnach nicht nur für die Koordination von Unternehmensaktivitäten zuständig, sondern erfüllen auch die Rolle von „managers of meaning" [BRYMAN (1996), S. 280].

[398] Vgl. FANELLI/MISANGYI (2006), S. 1050; FLYNN/STAW (2004), S. 310.

[399] Siehe hierzu CONGER/KANUNGO (1987), S. 641 sowie WALDMAN ET AL. (2001), S. 268. STEYRER (1995), der sich in seiner Habilitationsschrift mit den verschiedenen Erklärungsansätzen zum Charisma-Phänomen eingehend beschäftigt hat, kommt zu dem Schluss, dass sich die Ansätze charismatischer Führung danach unterscheiden, (1) ob die jeweiligen Autoren Charisma als objektiv-reales Phänomen begreifen (*objektives Wissenschaftsverständnis*) oder Charisma als Produkt sozialer Konstruktionsprozesse verstehen (*subjektives Wissenschaftsverständnis*) [vgl. STEYRER (1995), S. 15 f.], (2) von welcher Analyseebene (Mikro-, Meso- oder Makro-Ebene) ausgegangen wird und (3) in welcher Beziehung die drei Hauptvariablen (Führer, Geführter und sozialer Kontext) stehen bzw. welchen Stellenwert ihnen im jeweiligen Erklärungsmodell eingeräumt wird [vgl. STEYRER (1995), S. 58 f.]. So betrachten einige Autoren beispielsweise eine Krisensituation als notwendige – wenngleich auch nicht hinreichende – situative Bedingung für die Entstehung von Charisma. Letztlich unterscheidet STEYRER (1995) zwischen vier Erklärungsansätzen: (1) Führer-zentrierte, (2) Geführten-zentrierte, (3) Interdependenz-orientierte und (4) Kontext-zentrierte Ansätze [vgl. STEYRER (1995), S. 58 ff. Ähnlich auch NEUBERGER (2002), S. 156 ff.]. Während Führer-zentrierte Ansätze davon ausgehen, dass eine Person aufgrund ihrer besonderen Eigenschaften und Verhaltensweisen zum Charismaträger wird – z.B. kommuniziert charismatische Führer Visionen, haben eine ablehnende Haltung gegenüber dem Status Quo oder verhalten sich unkonventionell [vgl. CONGER/KANUNGO (1987), S. 641] – betonen die Geführten-zentrierten Ansätze, dass die Geführten eine aktive Rolle spielen und eine Person erst durch die Charismazuschreibung der Gefolgschaft zum charismatischen Führer wird. So hebt MEINDL (1990) beispielsweise hervor, dass Charisma eine Art kollektive Illusion darstellt, die in Organisationen durch einen Prozess der sozialen Ansteckung (social contagion process) Verbreitung findet. Ausgelöst wird dieser Verbreitungsprozess z.B. durch eine Krisensituation oder andere im persönlichen Bereich liegende Mangelerscheinungen [vgl. MEINDL (1990), S. 192]. Festzuhalten ist, dass in der Wissenschaft seit vielen Jahren kontrovers diskutiert wird, warum eine Führungsperson zu einem Charismaträger wird bzw. warum Geführte einer Person Charisma zuschreiben.

[400] Vgl. MITCHELL/AGLE/WOOD (1997), S. 853.

sche Ausstrahlung attestieren. Bekannte Beispiele hierfür sind Jack Welch[401], Ted Turner[402] oder Lee Iacocca[403]. Ihnen ist gemeinsam, dass sie die öffentliche und mediale Aufmerksamkeit in einem beträchtlichen Ausmaß während – und im Fall von Welch und Iacocca auch noch nach – ihrer Amtszeit auf sich gezogen haben. Sie gelten als der Inbegriff des ‚charismatischen Managers'.[404]

Vor diesem Hintergrund haben FANELLI/MISANGYI (2006) einen Bezugsrahmen entwickelt (siehe die folgende Abbildung). Dieser bildet den Prozess ab, durch welchen externe Stakeholder und institutionelle Intermediäre (Medien, Analysten) durch das Charisma des CEOs beeinflusst werden. Medien und Analysten werden hier als interessierte Beobachter konzeptualisiert, die an der sozialen Konstruktion des CEO-Images als auch des Unternehmensimages beteiligt sind.[405]

Abb. 6:   Charisma und institutionelle Intermediäre[406]

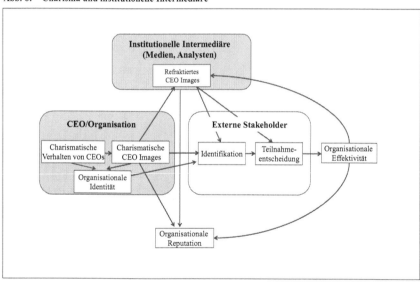

---

[401]   Siehe die Untersuchung von HEGELE/KIESER (2001).

[402]   Siehe die Untersuchungen von GUTHEY (1997); GUTHEY (2001).

[403]   Vgl. KHURANA (2002a), S. 71 f.

[404]   Vgl. CONGER/KANUNGO (1987), S. 637; KHURANA (2002b), S. 60.

[405]   Vgl. FANELLI/MISANGYI (2006), S. 1054.

[406]   I.A. FANELLI/MISANGYI (2006), S. 1054.

FANELLI/MISANGYI gehen in ihrem Bezugsrahmen davon aus, dass Stakeholder, die Medien und Analysten dem CEO nicht aufgrund seiner Verhaltensweisen Charisma zuschreiben – im Gegensatz zu internen Organisationsmitgliedern ist eine direkte Verhaltensbeobachtung nur bedingt möglich – , sondern, dass externe Akteure vom *charismatischen Image* beeinflusst werden. Das Image ist wiederum das Resultat diverser organisationaler Diskurse, wie z.b. Werbung, Firmenlogo, Aktionärsbriefe, Finanzberichte, Pressemeldungen, Public-Relations Aktivitäten etc.[407] Die Autoren argumentieren, dass Analysten zwar hin und wieder in einen direkten Kontakt zum CEO treten – z.b. auf Analystenkonferenzen oder Road Shows – dass die Hauptquellen für die Attributionen allerdings organisationale Diskurse darstellen, in denen der CEO als charismatische Person portraitiert wird, oder in denen die Visionen des CEOs hervorgehoben werden.[408]

Sowohl die organisationale Reputation als auch das refraktierte („gebrochene") Image der institutionellen Intermediäre wird somit durch das Charisma beeinflusst. So ziehen FANELLI/ MISANGYI beispielsweise in Betracht, dass aufgrund der Charisma-Projektion die Aufmerksamkeit der Medien steigt, oder dass Unternehmen besser in Rankings von Wirtschaftsjournalen abschneiden.[409] „Thus, the effects that projections of CEO charisma have on institutional intermediaries and organizational reputations (favorability, coverage, visibility, status) work to increase awareness of organizations, as well as organizations' attractiveness, among external stakeholders, and thus identification."[410] Insofern übt das von den institutionellen Intermediären kreierte und verbreitete Image Einfluss auf externe Stakeholder aus.

Fraglich ist an dieser Stelle, ob nicht auch interne Organisationsmitglieder durch das von den Medien produzierte Image beeinflusst werden. MEINDL (1990) hat bereits festgestellt, dass auch innerhalb einer Organisation, die Verhaltensweisen des charismatischen Führers nur von den wenigsten direkt beobachtet werden kann, und die meisten Organisationsmitglieder keinen direkten Kontakt zu den Mitgliedern des Top-Managements haben.[411] Denkbar wäre somit, dass auch interne Organisationsmitglieder einem Manager erst aufgrund der Medienberichterstattung Charisma zuschreiben.

Zusammenfassend kann festgehalten werden, dass der von FANELLI/MISANGYI (2006) erstellte Bezugsrahmen deutlich macht, dass an der Konstruktion des charismatischen Images ganz unterschiedliche Akteure und Kräfte (organisationale Diskurse, der Unternehmenserfolg, die

---

[407]   Vgl. FANELLI/MISANGYI (2006), S. 1054.
[408]   Vgl. FANELLI/MISANGYI (2006), S. 1055.
[409]   Vgl. FANELLI/MISANGYI (2006), S. 1056.
[410]   FANELLI/MISANGYI (2006), S. 1056.
[411]   Vgl. MEINDL (1990), S. 188.

organisationale Reputation, Analysten-Berichte oder Mediendarstellungen) beteiligt sind. Ferner liegen zahlreiche Wechselwirkungen vor. Denkbar ist z.B., dass erst der Unternehmenserfolg dazu führt, dass Charisma attribuiert wird.[412]

Bislang liegt keine empirische Untersuchung über die in der Abbildung dargestellten wechselseitigen Beziehungen vor. Allerdings gibt es vereinzelte Studien, die zumindest einige der abgebildeten Zusammenhänge untersucht haben.

2.2.2 Ergebnisse empirischer Studien

STEYRER (1995) analysiert die Darstellungen charismatischer Manager in der Wirtschaftsberichterstattung anhand einer von ihm entwickelten Typologie. Er konzeptualisiert Charisma als Wahrnehmungskategorie[413] und greift auf Erkenntnisse aus der bereits oben vorgestellten Schema- bzw. Kategorisierungstheorie der Führung zurück.[414] STEYRER geht davon aus, dass „(...) die Kategorisierung einer Stimulusperson als charismatischer Führer aus der Zuschreibung wertender *Grenzmerkmale* hervorgeht (...)".[415] Damit ist gemeint, dass eine charismatische Person einerseits vom Prototypischen abweicht – denn ihr Verhalten ist exzeptionell und unterscheidet sich vom normalen Führerverhalten. Andererseits darf das abweichende Verhalten keine Extremformen in die eine (Anti-Repräsentativität) oder andere Richtung (Hyper-Repräsentativität) annehmen. Eine zu starke Abweichung läuft Gefahr zum Stigma – also zu einem „unerwünschten" Verhalten – zu werden (siehe die folgende Abbildung).[416]

In der mittleren Spalte der Abbildung finden sich die von der Schema-Theorie empirisch ermittelten prototypischen Merkmale von Führern. Wie oben bereits deutlich gemacht wurde, muss sich die Führungsperson jedoch vom Prototypischen absetzen, um als Charisma-Träger wahrgenommen zu werden. Dies kann sie durch Akte der Selbstinszenierung und -darstellung (Impression Management) erreichen. Die Steigerung prototypischer Führermerkmale erfolgt entweder durch soziale Dramatisierung (Hyper-Repräsentativität) oder durch die soziale Reversion (Anti-Repräsentativität).[417] STEYRER macht deutlich, dass die Führungsperson eine

---

[412]   Dies entspricht der Argumentation von Forschern, die eine attributionstheoretische Perspektive einnehmen und in zahlreichen empirischen Studien gezeigt haben, dass der Erfolg dazu führt, dass einer Person Führungsqualitäten zugesprochen wurde, bzw. dass der Erfolg dazu führt, dass Charisma attribuiert wird [vgl. LORD/MAHER (1991), S. 56; MEINDL/EHRLICH/DUKERICH (1985), S. 94 ff.; STAW (1975), S. 416.

[413]   Es sei darauf hingewiesen, dass aus Platzgründen nicht auf das gesamte Erklärungsmodell von STEYRER (1995) eingegangen werden kann.

[414]   Siehe zur Kategorisierungstheorie nochmals S. 57.

[415]   STEYRER (1995), S. 216 (Kursivierung im Original).

[416]   Umfassend zum Stigma-Begriff STEYRER (1995), S. 217 f.

[417]   Vgl. STEYRER (1999), S. 171 ff.

Art Balanceakt vollziehen muss, denn eine überzogene Inszenierung kann dazu führen, dass Charisma in Stigma umschlägt.[418]

Abb. 7: Charisma als Steigerung prototypischer Führermerkmale[419]

| Stigma | Charisma ◄— | —► Charisma | Stigma |
Anti-Repräsentativität	**Prototypikalität**		Hyper-Repräsentativität
teilnahmslos, passiv	gelassen, tolerant	engagiert	leidenschaftlich	fanatisch
zögernd	besonnen, vorsichtig	entschlossen	hartnäckig	rücksichtslos
unscheinbar, farblos	menschlich, ohne Allüren	sicher	selbstbewusst, potent	überheblich, dünkelhaft
ziellos, leichtsinnig	flexibel, impulsiv	zielorientiert	visionär	dogmatisch, totalitär
ausdruckslos, verbal unfähig	tiefgründig, wie ein stilles Wasser	verbal geschickt	wortgewaltig, expressiv	demagogisch
weiß über nichts konkret Bescheid	hat Überblick über das Ganze	informiert	weiß über jede Einzelheit genau Bescheid	sieht den Wald vor lauter Bäumen nicht
chaotisch	improvisierend	organisiert	hat alles fest im Griff	pedantisch, zwanghaft
überfordernd, alleinlassend	fordernd, loslassend	sorgend	beschützend, Ob-hut vermittelnd	bemutternd, ein-engend lenkend

Aufbauend auf dem Konzept der Archetypen der Führung[420] und kombiniert mit Impressions-Dimensionen – die verstanden werden als Bündelungen prototypischer Führer-Attribute, die sowohl Orientierungspunkte bei der Wahrnehmung von Führung darstellen als auch als soziale Dramatisierungs- bzw. Reversionsoptionen fungieren[421] –, unterscheidet der Autor letztlich zwischen vier Typen von Charisma: *missionarisches, heroisches, paternalistisches* und *majestätisches* Charisma.[422]

Diese Typologie illustriert STEYRER (1995) anhand von journalistischen Reportagen bzw. Portraits über Führungskräfte und Unternehmer. Die untersuchten Textpassagen stammen aus den zwei auflagenstärksten Wirtschaftsmagazinen Österreichs.[423] STEYRER weist explizit da-

---

[418]   Vgl. STEYRER (1995), S. 223.

[419]   STEYRER (1995), S. 223.

[420]   Das Konzept der Archetypen bzw. Urbilder der Führung geht auf NEUBERGER zurück. Siehe hierzu NEUBERGER (1995).

[421]   Vgl. STEYRER (1995), S. 231.

[422]   Vgl. STEYRER (1995), S. 237.

[423]   Ferner greift STEYRER (1995) auf die qualitative Studie von CHEN/MEINDL (1991) zurück, um an dieser das missionarische Charisma zu exemplifizieren.

rauf hin, dass journalistische Stilmittel bei der Darstellung zum Einsatz kommen. „Gerade
dieser Aspekt ist jedoch von Interesse, weil es um die Frage geht, anhand welcher Merkmale
und Metaphern (symbolischen Codes) die „Charismatisierung" einer Person betrieben wird,
bzw. von welchen Führungskräften oder Unternehmern aufgrund welcher zugeschriebener
oder tatsächlich vorhandener Attribute die Medien überhaupt Notiz nehmen. Journalisten
können in diesem Sinn als „professionelle Kategorisierer" bezeichnet werden."[424]

Die Untersuchung der Berichte macht deutlich, dass Journalisten in ihren Portraits von Unter-
nehmensleitern und -gründern auf Metaphern, Attribute und Symbole zurückgreifen, die starke Assoziationen zu einem der vier Charisma-Erscheinungsbilder wecken. Charakterbeschrei-
bungen wie „Hart wie Beton", „Zwanzig Stunden Schlaf pro Woche" oder „Zornausbrüche
wie der Vesuv" dokumentieren beispielsweise soziale Dramatisierung von Härte und Anspan-
nung.[425] Ferner zeigt STEYRER, dass es in den journalistischen Darstellungen häufig zu einer
Legendenbildung kommt, indem der Manager wie der klassische Held portraitiert wird: Aus
einfachen Verhältnissen stammend, müssen sie auf ihrem Weg zum Erfolg zahlreiche Hinder-
nisse überwinden und ihre Gegner von ihren Visionen überzeugen.[426]

Wie aus biografischen Daten Heldengeschichten geschrieben werden, zeigen auch
HEGELE/KIESER (2001) sowie HANSEN (1992) in seiner Untersuchung von Biographien amerikanischer Top-Manager.[427] Erstere konzentrieren sich in ihrer Untersuchung auf die Legendenbildung von Jack Welch, ehemaliger CEO von General Electric. HEGELE/KIESER analysieren unterschiedliche Textformen (Biographien und Artikel) und stellen fest, dass diese hinsichtlich ihrer Struktur große Parallelen zur mittelalterlichen Legende aufweisen. Ferner argumentieren sie, dass „moderne" Legenden ähnliche Funktionen wie im Mittelalter erfüllen.

---

[424]   STEYRER (1995), S. 239.

[425]   Vgl. STEYRER (1995), S. 243.

[426]   Vgl. STEYRER (1995), S. 240, S. 251 sowie S. 260. Zur Stilisierung von Managern zu Helden siehe auch
         BOWLES (1997), S. 795. Mit dem Phänomen des „Heldenmythos" bzw. „Führungsmythos" beschäftigt
         sich auch NEUBERGER (2002). Unter Führungsmythen versteht er „weithin akzeptierte, aber unreflektierte
         Selbstverständlichkeiten" [NEUBERGER (1995), Sp. 1587]. Sie sind Aussagen, die mit Wahrheitsanspruch
         auftreten, allerdings keine Abbildung der Wirklichkeit darstellen, sondern immer bestimmte Sachverhalte
         selektiv beleuchten [vgl. NEUBERGER (2002), S. 101]. Sie bieten Orientierung und führen zu Simplifizie-
         rung sowie Stereotypisierung. Zu Führungsmythen zählt Neuberger u.a. den Rationalitätsmythos (Führung
         ist zweckrational), den Kontrollmythos (Führung hat alles unter Kontrolle) oder den Heldenmythos (Füh-
         rer sind Helden) [vgl. NEUBERGER (1995), Sp. 1586 f.]. Da Führungsmythen in der jeweiligen Kultur tief
         verwurzelte Selbstverständlichkeiten darstellen, ist es äußerst schwierig diese zu entlarven. Dennoch
         macht Neuberger (1995) einige Vorschläge. Hierzu zählen Inhaltsanalysen von Stellenanzeigen für Füh-
         rungskräfte, Untersuchungen zur Figur des „Managers" in der Literatur oder Analysen von Unternehmer-
         biografien [vgl. NEUBERGER (1995), Sp. 1584]. Seine Vorschläge zeigen, dass auch er davon ausgeht, dass
         Führungsmythen durch gesellschaftliche Diskurse produziert werden und in massenmedialen Produkten
         zum Ausdruck kommen.

[427]   Vgl. HANSEN (1992); HEGELE/KIESER (2001).

„The saints and heroes of our times are sport stars, pop stars – or supermanagers. All of these outstanding figures embody a virtue (…) that contemporaries consider *imitable* (…). The celebrities provide reassurance that in principle, everybody can make it, if not the big success then at least the local one."[428]

FANELLI/GRASSELLI (2006) widmen sich ebenfalls dem Phänomen der zunehmenden Verbreitung heroischer CEO-Images. Das Ziel ihrer Untersuchung besteht darin, herauszufinden, inwiefern die Selbstpräsentationen von CEOs dazu beitragen, das Image des charismatischen Führenden zu kreieren und welche Rolle Sellside-Analysten in diesem Prozess spielen. Die Autoren verstehen die Entstehung von Charisma als Resultat verschiedener Diskurse, an dem unterschiedliche Akteure (Unternehmen, Medien und Finanzanalysten) partizipieren. Aber auch die ‚charismatischen Führungstheorien' leisten einen Beitrag.[429] „Yet, with its depiction of charisma, CLT [Charismatic Leadership Theory, Anm. d. Verfasserin] cooperated symbiotically with executives, the business press, and stock market actors in maintaining the belief that charisma leads to higher firm performance. As a result, the 'iconization of CEOs', particularly on the stock market, reached today's relevance."[430]

FANELLI/GRASSELLI konzentrieren sich in ihrer empirischen Analyse auf die Selbstdarstellungen von CEOs (Impression Management) sowie die Beiträge der Analysten. Inhaltsanalytisch untersucht wurden daher Aktionärsbriefe, Nachrichtenberichte, Interviews und Analystenreports. Letztere wurden daraufhin untersucht, ob Analysten auf charismatische Charakterzüge des CEOs eingehen, um beispielsweise Prognosen über die Entwicklung des Unternehmens zu begründen.

Auch andere Autoren haben die Vermutung geäußert, dass Analysten neben den Medien wichtige Informationsintermediäre darstellen und ebenfalls an der Konstruktion von CEO-Images beteiligt sind.[431] Analysten haben insbesondere in den letzten Jahren stark an Bedeutung gewonnen.[432]

Da Analysten durch ihre Prognosen sowie Kauf-, Halte- oder Verkaufsempfehlungen Entscheidungen von Investoren beeinflussen,[433] haben Unternehmen ein großes Interesse an einer positiven Bewertung. Analysten sind zudem heute verstärkt in den Medien vertreten und ihre

---

[428]   HEGELE/KIESER (2001), S. 299 f.

[429]   Vgl. FANELLI/GRASSELLI (2006), S. 814.

[430]   FANELLI/GRASSELLI (2006), S. 814. Siehe auch KHURANA (2002a), S. 214 f.

[431]   Vgl. HAYWARD/RINDOVA/POLLOCK (2004), S. 372; KHURANA (2002a), S. 76 f.

[432]   Vgl. ALBRECHT (2003), S. 96.

[433]   Vgl. ZUCKERMAN (1999), S. 1408. Siehe zu den Produkten von Analysten ZUCKERMAN (1999), S. 1407.

Meinungen und Analysen gelangen mittlerweile an eine breite Öffentlichkeit.[434] So stellen Fernsehauftritte von namhaften Analysten heute keine Seltenheit mehr dar[435] und in den Finanzteilen von Tageszeitungen werden Empfehlungen abgedruckt oder besonders interessante Analystenreports zitiert.[436] Studien zeigen, dass die Anzahl von Analysten-Zitaten in der Wirtschaftsberichterstattung deutscher Tageszeitungen und Wochenblättern in den letzten Jahren gestiegen ist,[437] und dass Finanzanalysten zu wichtigen Informationsquellen von Journalisten geworden sind.[438]

Vor diesem Hintergrund gehen FANELLI/GRASSELLI (2006) nun davon aus, dass Analysten aktiv an der Konstruktion charismatischer CEO-Images beteiligt sind.[439] Zum einen stellen sie eine wichtige Zielgruppe organisationaler Diskurse über die Person des CEOs und seine charismatischen Eigenschaften dar. Zum anderen fungieren sie als Multiplikatoren, indem sie in Analystenreports auf die Eigenschaften des Unternehmensführers eingehen und damit zur Verbreitung beitragen.

FANELLI/GRASSELLI gelangen in ihrer Studie zu den folgenden Ergebnissen:[440] Die Selbstdarstellungen der CEOs sind gespickt mit Attributen, die starke Assoziationen zu charismatischen Führern hervorrufen. Begriffe wie Inspiration, Dynamik, Engagement oder andere für charismatische Führer prototypische Eigenschaften durchziehen die Diskurse.[441] Die Rhetorik

---

[434]   Vgl. ALBRECHT (2003), S. 96.

[435]   Vgl. KHURANA (2002A), S. 77. Zu den wichtigsten Medien-Plattformen gehören die Fernsehsender CNBC (*Consumer News and Business Channel*) und Bloomberg TV, die schwerpunktmäßig über Wirtschafts- und Finanzthemen berichten.

[436]   Vgl. LUBER (2003), S. 133.

[437]   Vgl. SPACHMANN (2005), S. 200. SPACHMANN (2005) rekurriert auf Studien, die der Medien Tenor durchgeführt hat. Siehe hierzu im Einzelnen SPACHMANN (2005), S. 200.

[438]   Vgl. HÖHNE/RUSS-MOHL (2004), S. 92; SPACHMANN (2005), S. 199, S. 201.

[439]   In diesem Sinne auch HAYWARD/RINDOVA/POLLOCK (2004), S. 638.

[440]   Um die Konstruktion von CEO-Charisma aufzuzeigen, wählten FANELLI/GRASSELLI den Wechsel im Top-Management Team als kritisches Ereignis. Die Autoren konzentrieren sich in ihrer Untersuchung auf die sechs Monate nach der Ernennung von zwei amerikanischen CEOs [vgl. FANELLI/MISANGYI (2006), S. 816]. Die Auswahl erfolgte durch theoretisches Sampling. Um die Wahrscheinlichkeit zu erhöhen, dass die ausgewählten CEOs tatsächlich als charismatisch wahrgenommen und dargestellt werden, haben sich die Autoren u.a. an folgenden Kriterien orientiert: 1) Es handelte sich um öffentlich gehandelte Unternehmen, 2) die Nachfolge hat öffentliche Aufmerksamkeit erregt, 3) das Unternehmen steckte zum Zeitpunkt der Ernennung in einer Krise und 4) der CEO war ein externer Kandidat [vgl. FANELLI/MISANGYI (2006), S. 816]. Codiert wurden alle Abschnitte, die entweder die Person des CEOs (*persona discourse*) thematisierten, z.B. wenn über seine besonderen Leistungen oder Kompetenzen berichtet wurde, oder wenn seine Visionen (*vision discourse*) im Mittelpunkt standen.

[441]   Vgl. FANELLI/GRASSELLI (2006), S. 817. Auch nach NEUBERGER (2002) ist die religiöse Idiomatik (Vision, Mission bzw. Sendungsauftrag, Credo, Inspiration, Enthusiasmus oder Obsession) im Zusammenhang mit Charisma typisch. Sie bringt zum Ausdruck, dass Charisma nicht technisch oder sachlich zu begründen oder zu kritisieren ist [vgl. NEUBERGER (2002), S. 144].

ist emotional und lenkt die Aufmerksamkeit auf bestimmte außergewöhnliche Taten der CEOs.[442] Eine weitere interessante Entdeckung hat die Studie hinsichtlich der Analystenreports gemacht. Die Autoren haben zeigen können, dass die Berichte keineswegs nur „rationale" Argumente enthalten, sondern auch Erfolgs- bzw. Misserfolgsprognosen, die sich auf Persönlichkeitsbeschreibungen sowie das Charisma des CEOs stützen.

KHURANA (2002a) kommt in seiner Untersuchung zu einem ähnlichen Ergebnis. Auch er stellt fest, dass Finanzanalysten zunehmend auf die Person des CEOs fokussieren und komplexe Sachverhalte zunehmend stark simplifiziert werden.[443] Allerdings sieht er eine stärkere Wechselbeziehung zwischen den Medien und Analysten. Ihm zufolge konkurrieren Finanzanalysten mittlerweile um die Aufmerksamkeit der einflussreichsten Finanz- und Wirtschaftsmedien, um den eigenen Bekanntheitsgrad zu erhöhen und das eigenen Renommee zu verbessern.[444] Dadurch kommt es zu einer Art Anpassung an die Kommunikationsformen der Medien, d.h. technische Analysen werden durch unterhaltsamere Formen der Informationsvermittlung ersetzt.[445] Des Weiteren macht KHURANA (2002a) stärker die Medien für die Verbreitung charismatischer Images und die damit einhergehende Simplifizierung ökonomischer Prozesse verantwortlich.[446] „The pages of *Business Week, Fortune,* and *Harvard Business Review* are now filled with stories about heroic leadership, the habits of successful people, and the personal characteristics displayed by leaders. (…) With an eye to the national audience, the business media focus not on the complexities of organizations or on rapid changes in the business environment, but rather on the actor involved. (…) The press has thereby turned CEOs (…) into a new category of American celebrity."[447]

KHURANA (2002a) untersucht in seiner Studie die Auswirkungen der Starreputation von CEOs. Er macht deutlich, dass sich die Mitglieder des Board of Directors bei der Auswahl eines externen CEOs von Charisma leiten lassen.[448] Wie deutlich wurde, ist Charisma ihm zufolge das Produkt eines sozialen Konstruktionsprozesses an dem unterschiedliche Akteure, wie z.B. die Medien oder Analysten, beteiligt sind. In seiner umfangreichen Feldstudie untersucht er den gesamten Auswahlprozess externer CEOs und gelangt zu dem Schluss, dass das öffentliche Ansehen und Prestige eine äußerst wichtige Rolle bei der Auswahl externer Kan-

---

[442] Vgl. FANELLI/GRASSELLI (2006), S. 825.

[443] Vgl. KHURANA (2002a), S. 77.

[444] Siehe hierzu auch BUSSE/GREEN (2002), S. 418.

[445] Vgl. KHURANA (2002a), S. 77.

[446] Vgl. KHURANA (2005), S. 131. In diesem Sinne auch HAYWARD/RINDOVA/POLLOCK (2004), S. 647.

[447] KHURANA (2002a), S. 71 und S. 74 (Kursivierung im Original).

[448] Vgl. KHURANA (2002a), S. 153 ff.

didaten spielen.[449] Anschließend diskutiert KHURANA die Gefahren und Probleme, die aus einem am Charisma des CEOs orientierten Auswahlprozess resultieren können.[450] Dazu zählen vor allem die Fehlbesetzung aufgrund unzureichender Informationen über externe Kandidaten im Gegensatz zu internen Kandidaten,[451] als auch die Steigerung der Bezüge als Konsequenz externer Selektionspraktiken.[452]

Zusammenfassend lässt sich feststellen, dass die Forschungsarbeiten zur Entstehung charismatischer Manager-Images darauf aufmerksam gemacht haben, dass ein Image das Resultat eines äußerst vielschichtigen Prozesses darstellt, an dem zahlreiche Akteure beteiligt sind. Neben den Medien oder der Presse zählen hierzu organisationale Diskurse (wie z.b. Werbung, Firmenlogo, Aktionärsbriefe, Finanzberichte, Pressemeldungen, Public-Relations Aktivitäten etc.), Finanzanalysten, weitere (massenmediale) Publikationen (wie z.b. Manager-Biografien, Autobiografien oder auch Managementbestseller) oder das Unternehmensimage.

Des Weiteren wurde aus den Ausführungen deutlich, dass auch das Selbstdarstellungsverhalten von Managern (z.b. Selbstpräsentation in Aktionärsbriefen, Pressemitteilungen oder öffentliche Auftritte etc.) die Zuschreibung von Charisma beeinflusst. In der Konzeptualisierung von STEYRER (1995) müssen sich Führungskräfte vom Prototypischen absetzen, um als Charisma-Träger wahrgenommen zu werden. Auch GARDNER/AVOLIO (1998) machen darauf aufmerksam, dass charismatische Führer bestimmte Selbstdarstellungstechniken einsetzen, um ein bestimmtes Image, das sich aus verschiedenen Attributen zusammensetzt (wie z.b. ‚vertrauenswürdig‘, ‚glaubwürdig‘, ‚innovativ‘, ‚moralisch ehrenwert‘, oder ‚mächtig‘), bei anderen zu erzeugen.[453] In der Literatur wird in diesem Zusammenhang auch vom ‚Impression Management‘ gesprochen. Hiermit ist gemeint, dass Individuen Techniken einsetzen, um einen bestimmten Eindruck bei anderen hervorzurufen. „Through self-presentations, people attempt to construct and maintain particular images of themselves that they project to real an imagined audiences."[454] Da Impression Management eine wichtige Rolle bei der Entstehung von Images und Reputation spielt, wird diese Thematik an späterer Stellen der Arbeit noch einmal ausführlich behandelt.[455]

---

[449] Vgl. KHURANA (2002a), 3. Kapitel. Siehe hierzu auch die von PELTZER (1993) angesprochene Problematik, Vorstandskandidaten nach dem Titel „Manager des Jahres" auszuwählen [vgl. PELTZER (1993), S. 272].

[450] Vgl. KHURANA (2002a), S. 188.

[451] Vgl. KHURANA (2002a), S. 189. Konkrete Beispiele siehe KHURANA (2005), S. 132.

[452] Vgl. KHURANA (2002a), S. 190 ff. In diesem Sinne auch FRANK/COOK (1996), S. 70.

[453] Vgl. GARDNER/AVOLIO (1998), S. 32.

[454] SCHLENKER (1980), S. 45.

[455] Siehe Kapitel D.

Die nachfolgenden Ausführungen beleuchten verschiedene Studien aus der Managementfor-schung, die sich mit der Frage beschäftigen, wie Manager zu „Superstars" werden und welche Konsequenzen der Star-Status eines Managers mit sich bringt.

3.   Manager als Superstars: Ursachen und Konsequenzen medialer Attributionen

In Übereinstimmung mit der bereits oben vorgestellten Studie von CHEN/MEINDL (1991) stel-len auch HAYWARD/RINDOVA/POLLOCK (2004) fest, dass die Medien Erfolge oder Misserfol-ge von Unternehmen häufig auf den CEO attribuieren. Ferner argumentieren sie, dass die Me-dien die wichtigsten Akteure bei der Konstruktion sowie Verbreitung von CEO-Images dar-stellen. HAYWARD/RINDOVA/POLLOCK haben ein anspruchsvolles Untersuchungsmodell zu den Ursachen und Konsequenzen medialer Popularität von CEOs entwickelt (siehe die fol-gende Abbildung).

Von zentraler Bedeutung für die Argumentation von HAYWARD/RINDOVA/POLLOCK ist das von den Autoren entwickelte Konstrukt des ‚CEO celebrity': „Celebrity arises when journalists broadcast the attribution that a firm's positive performance has been caused by its CEO's actions. In this definition, celebrity has three core components. First, journalists broadcast such attributions through the print and electronic mass media. (...) Second, the at-tribution involves the causes of a firm's actions that lead to its positive performance. Third, firm actions (and by implication, performance) are attributed to the CEO's volition." [456] Dem-nach erwirbt ein Top-Manager einen Star-Status, wenn die Medien in ihren Botschaften un-ternehmerische Erfolge auf die Handlungen des CEOs zurückführen.

In Übereinstimmung mit HAYWARD/RINDOVA/POLLOCK verwenden auch andere Autoren den Begriff des Stars oder Superstars in ihren Beiträgen.[457] Dieser bringt zum Ausdruck, dass die Medien über bestimmte Top-Manager bevorzugt berichten und sie dadurch eine Prominenz erlangen, die sich in gewisser Weise mit der Prominenz von Film- oder Sportstars vergleichen lässt. Im Unterschied hierzu betonen HAYWARD/RINDOVA/POLLOCK jedoch, dass ein CEO den Star-Status erst erlangt, wenn die Medien den CEO bzw. seine Persönlichkeit, seine Charak-tereigenschaften, seine Präferenzen und Handlungen für den Erfolg eines Unternehmens ur-sächlich verantwortlich machen.

---

[456]   HAYWARD/RINDOVA/POLLOCK (2004), S. 639.

[457]   Vgl. GAITANIDES (2004); HAMILTON/ZECKHAUSER (2004), S. 23; MALMENDIER/TATE (2009); WADE ET AL. (1997); WADE ET AL. (2006).

Abb. 8:   **Ursachen und Konsequenzen von ‚CEO celebrity'**[458]

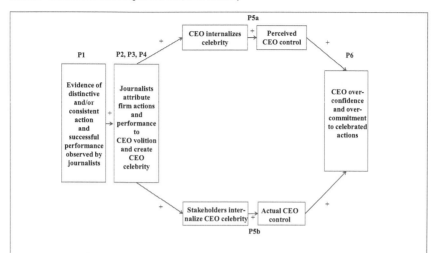

Proposition 1:   The likelihood that distinctive organizational actions will lead to CEO celebrity is increased to the degree that the CEO is associated with similar organizational actions across multiple situations.

Proposition 2:   Journalists will attribute a firm's strategic action to the firm's CEO if the action is either distinctive or consistent, by attending to the strongest evidence among consistency and distinctiveness criteria and selectively pursuing and presenting information that supports other criterion.

Proposition 3:   The greater the availability of information about a CEO's idiosyncratic personal behaviors, the greater the likelihood that journalists will attribute a firm's strategic action(s) to its CEO.

Proposition 4:   Attributions of strategic actions of a firm to its CEO are positively associated with attributions of the firm's performance to the CEO.

Proposition 5a: The greater a CEO's celebrity, the greater the CEO's perceived control over the present and future actions and performance of the firm.

Proposition 5b: The greater a CEO's celebrity, the greater stakeholders' perceptions of the CEO's control over the present actions and performance of the firm, and the greater the CEO's actual control over the future actions of the firm.

Proposition 6:   The greater a CEO's celebrity, the more a CEO will commit to continuing the actions that are associated with the celebrity and the greater the strategic inertia of the firm.

3.1   Attributionsverhalten von Journalisten

Im Kern wollen HAYWARD/RINDOVA/POLLOCK in ihrer Untersuchung die Frage beantworten, warum Journalisten Unternehmenserfolge auf den CEO attribuieren. Zu diesem Zweck grei-

---

[458]   I. A. HAYWARD/RINDOVA/POLLOCK (2004), S. 648.

fen sie auf das von KELLEY (1967) – einer der prominentesten Vertreter der Attributionstheorie – entwickelte Kovariationsprinzip zurück.[459] Hiernach suchen Individuen die Ursachen für das Auftreten bestimmter Ereignisse und greifen dabei auf drei Ursachenklassen zurück: die Person, der Stimulus oder die Umstände. Welche Ursachenklasse nun verantwortlich gemacht wird, ist abhängig von weiteren Arten von Informationen, die auch als Konsensus-Information (über Personen), Konsistenz-Information (über Umstände oder Zeitpunkte) und Distinktheit-Information (über Stimuli) bezeichnet werden. Sie treten entweder in der Ausprägung „hoch" oder „niedrig" auf. Wird ein Effekt auf die Person als Ursache zurückgeführt, so ist der Konsensus (Effekt tritt bei anderen Personen nicht auf) und die Distinktheit (Effekt tritt bei verschiedenen Stimuli auf) niedrig. Gleichzeitig ist die Konsistenz (Effekt tritt auch zu verschiedenen Zeitpunkten auf) hoch. Liegt dieses Informationsmuster vor, werden die Besonderheiten der Person als Ursache verantwortlich gemacht. Die Hauptaussage des Kovariationsprinzips lautet folglich, dass der Faktor als Ursache eines Effekts verantwortlich gemacht wird, der mit dem Effekt kovariiert.[460]

Dieses attributionstheoretische Modell übertragen HAYWARD/RINDOVA/POLLOCK in leicht abgewandelter Form auf die Situation von Journalisten. Sie entwickeln Hypothesen, unter welchen Umständen und bei welcher Informationslage Journalisten den Erfolg eines Unternehmens dem CEO zuschreiben (siehe nochmals Abbildung 8).

HAYWARD/RINDOVA/POLLOCK konzentrieren sich in ihrem Aufsatz auf die Faktoren ‚Distinktheit' und ‚Konsistenz'. Im Hinblick auf Distinktheit ziehen sie zwei Situationen in Erwägung, wann die Wahrscheinlichkeit hoch ist, dass Journalisten die Unternehmensperformance auf die Dispositionen des CEOs zurückführen: 1) Das Unternehmen setzt sich von anderen Unternehmen derselben Branche ab. Es agiert anders und erregt dadurch Aufmerksamkeit. 2) Das Unternehmen weicht von der bislang verfolgten Unternehmensstrategie ab, ohne dass Veränderungen in der Umwelt erkennbar wären. Der neue CEO ändert die strategische Ausrichtung und hebt sich dadurch von seinen Vorgängern ab.[461]

Daneben – so argumentieren die Autoren – werden Journalisten noch zusätzliche Informationen, die die Konsistenz betreffen, in Betracht ziehen. Von Bedeutung ist hier die Information, ob das Verhalten des CEOs eine gewisse Beständigkeit aufweist. Hat der CEO in der Vergangenheit über verschiedene Situationen hinweg ein ähnliches Verhalten gezeigt (z.B. ähnliche strategische Handlungen auch bei anderen Unternehmen ergriffen), so steigt nach

---

[459] Vgl. FINCHAM/HEWSTONE (2003), S. 218 ff.

[460] Vgl. FINCHAM/HEWSTONE (2003), S. 219.

[461] Vgl. HAYWARD/RINDOVA/POLLOCK (2004), S. 640.

HAYWARD/RINDOVA/POLLOCK die Wahrscheinlichkeit, dass Journalisten den Erfolg auf den CEO zurückführen.[462]

Vor dem Hintergrund, dass Journalisten unter erheblichem Zeitdruck stehen, werden sie nach HAYWARD/RINDOVA/POLLOCK auf einfache und ihnen vertraute Erklärungen für die Performance eines Unternehmens zurückgreifen.[463] Aus diesem Grund werden sie verstärkt nach Informationen suchen, die eine dispositionale Attribution stützen. Journalisten, die beispielsweise festgestellt haben, dass das Verhalten des CEOs eine gewisse Konsistenz aufweist, suchen verstärkt nach Anhaltspunkten oder Informationen, die zeigen, dass sich das Unternehmen von anderen Unternehmen derselben Branche abhebt, also distinktes Verhalten zeigt.[464]

Ein weiterer Grund, warum es nach HAYWARD/RINDOVA/POLLOCK wahrscheinlich ist, dass die Medien in ihrer Berichterstattung dazu tendieren, die Unternehmensperformance auf den CEO zu attribuieren, ist die Tatsache, dass sich Journalisten auch an der Nachfrage der Leserschaft orientieren müssen und Zeitungsleser einfache gegenüber komplexen und ausführlichen Erklärungen bevorzugen.[465] Ergänzend hierzu lässt sich feststellen, dass der Nachrichtenforscher ÖSTGAARD (1965) bereits in den 1960er Jahren darauf hingewiesen hat, dass ‚Vereinfachung‘ (simplification) ein Nachrichtenfaktor darstellt.[466] Die Vereinfachung ist eine Regel, die sowohl bei der Selektion (einfache Nachrichten werden komplexeren vorgezogen), als auch bei der redaktionellen Verarbeitung (komplexe Sachverhalte werden auf eine vereinfachte Struktur reduziert) Anwendung findet.[467] Dass die Medien in ihrer Berichterstattung über Unternehmen und CEOs zu einer Simplifizierung tendieren, veranschaulichen HAYWARD/RINDOVA/POLLOCK anhand einiger konkreter Beispiele. Diese zeigen, dass die Medien CEOs mitunter auch glorifizieren oder aber, dass unternehmerische Erfolge auf die Charaktereigenschaften von CEOs zurückgeführt werden.[468]

3.2   Konsequenzen von Erfolgszuschreibungen

Ein weiteres zentrales Anliegen von HAYWARD/RINDOVA/POLLOCK ist das Aufzeigen möglicher Konsequenzen, die aus der medialen Popularität von CEOs resultieren können. So argumentieren sie, dass der Star-Status finanzielle Vorteile für den CEO mit sich bringt, und er

---

[462]   Vgl. HAYWARD/RINDOVA/POLLOCK (2004), S. 641.

[463]   Vgl. HAYWARD/RINDOVA/POLLOCK (2004), S. 641.

[464]   Vgl. HAYWARD/RINDOVA/POLLOCK (2004), S. 642.

[465]   Vgl. HAYWARD/RINDOVA/POLLOCK (2004), S. 642.

[466]   Vgl. ÖSTGAARD (1965), S. 45.

[467]   Vgl. ÖSTGAARD (1965), S. 45; SCHULZ (1990), S. 13.

[468]   Vgl. HAYWARD/RINDOVA/POLLOCK (2004), S. 643.

demnach ein Interesse daran hat, wie ein Star gefeiert zu werden.[469] „A celebrated CEO has reason and incentive to embrace her celebrity because of the enormous financial rewards that come from being a superstar. A celebrity CEO can expect higher compensation relative to non-celebrity CEOs or other executives in the firm, reinforcing the notion that the CEO is responsible for firm performance."[470] Neben der Steigerung der Bezüge diskutieren HAYWARD/RINDOVA/POLLOCK allerdings noch zwei weitere Konsequenzen, die aus der medialen Popularität des CEOs resultieren können. Sie zeigen in ihrem Modell (siehe nochmals Abbildung 8), wie ‚CEO celebrity' zum einen die Wahrnehmung und Erwartungen von Stakeholdern verändern kann. Zum anderen ziehen sie die Möglichkeit in Betracht, dass die positiven Medienberichte auf das Selbstkonzept des CEOs Einfluss haben.

Mit Blick auf die Wahrnehmung der Stakeholder argumentieren sie, dass diese die Informationen über Unternehmen hauptsächlich aus den Medien beziehen, und die Möglichkeit besteht, dass sie die Sicht der Journalisten bezüglich des Einflusses des CEOs auf das Unternehmen übernehmen. Es kommt zu einer Art *Self-fulfilling Prophecy*, denn der Glaube an die Wirksamkeit des CEOs führt dazu, dass Stakeholder (Kunden, Mitarbeiter, Lieferanten usw.) bereit sind, dem CEO Ressourcen zur Verfügung zu stellen. Eine Folge hiervon ist, dass sich sein Handlungsspielraum vergrößert.[471] Ähnlich argumentiert auch GAITANIDES (2004). Ihm zufolge vereinfacht der Star-Status die Allokation von Ressourcen aufgrund des Vertrauens, den renommierte Top-Manager bei verschiedenen Stakeholdern genießen. „Hat sich ein „Sanierungsstar" für ein Projekt entschieden, dann bereitet der Vertrauensvorschuss auf den Kapital-, Arbeits- und Gütermärkten den Boden für die Lösung eines Großteils der anstehenden Fundamentalprobleme."[472] Oder anders gewendet: Managerstars werden Ressourcen zur Verfügung gestellt, die sie wiederum einsetzen können, um sich zu profilieren und ihre Reputation u.a. durch weitere mediale Erfolgszuweisungen auszubauen.[473] FRANK/COOK verwenden für dieses Phänomen die Bezeichnung *„success breeds sucess".*[474]

---

[469] An späterer Stelle (Kapitel C) werden die Ergebnisse verschiedenen empirischer Untersuchungen vorgestellt, die zeigen, dass Star-CEOs im Vergleich zu nicht-Star-CEOs eine höhere Vergütung erhalten. Ebenso wird eine Studie vorgestellt, die zu dem Ergebnis gelangt, dass der Star-Status auch eine Belastung darstellen kann, da die Erwartungen an Star-CEOs im Allgemeinen größer sind.

[470] HAYWARD/RINDOVA/POLLOCK (2004), S. 645.

[471] Zum Konzept des managerialen Handlungsspielraums siehe S. 318 f.

[472] Vgl. GAITANIDES (2004), S. 191.

[473] Vgl. GAITANIDES (2004), S. 185 sowie S. 201.

[474] Vgl. FRANK/COOK (1996), S. 19 sowie 92 ff. Diskutiert wird in der Literatur zur ‚Ökonomie der Superstars' die Möglichkeit, dass die Popularität durch verschiedene Strategien bewusst beeinflusst werden kann. So kann ein Autor beispielsweise in großen Mengen sein eigenes Buch kaufen, um auf die Bestsellerliste zu gelangen [vgl. ADLER (2006), S. 899]. Durch eine Platzierung auf der Bestsellerliste steigt die Bekanntheit, die wiederum zu einer erhöhten Nachfrage führt [vgl. FRANK/COOK (1996), S. 62 ff.].

Auf der anderen Seite ziehen HAYWARD/RINDOVA/POLLOCK die Möglichkeit in Betracht, dass auch der CEO selbst die Sicht der Presse übernimmt und die herausragende Bedeutung seiner Person, die ihm von der Presse attestiert wurde, internalisiert.[475] Er verinnerlicht gewissermaßen die von den Medien produzierte Darstellung, dass er derjenige sei, der die Unternehmensaktivitäten lenke und für den Unternehmenserfolg verantwortlich sei. Mit anderen Worten: er glaubt der Berichterstattung über die eigene Person („believing one's own press)".[476] Nach HAYWARD/RINDOVA/POLLOCK könnte hieraus ‚Overconfidence' resultieren, d.h. der CEO gelangt zu einer zu optimistischen Beurteilung seiner eigenen Fähigkeiten.[477] Das übermäßige Selbstvertrauen kann wiederum zu Fehleinschätzungen führen: Wettbewerber und Umweltdynamiken werden unterschätzt, wohingegen die eigenen Fähigkeiten überschätzt werden.[478]

Das Phänomen der übertriebenen Selbstsicherheit oder Selbstüberschätzung (hubris oder overconfidence) wurde in der Vergangenheit vor allem im Zusammenhang mit Unternehmensübernahmen untersucht.[479] ROLL (1986) formulierte die so genannte Hybris-Hypothese[480] als mögliche Erklärung für Akquisitionen.[481] Erwähnenswert ist in diesem Zusammenhang eine von HAYWARD/HAMBRICK (1997) durchgeführte Untersuchung. Die Autoren gehen der Frage nach, warum Unternehmen Akquisitionen durchführen, obgleich empirische Studien zeigen, dass die Aktionäre des übernehmenden Unternehmens nur selten von Übernahmen profitieren.[482] Die Autoren greifen auf das Hybris-Phänomen als mögliche Erklärung zurück. Sie gehen davon aus, dass Manager ihre eigenen Fähigkeiten, Wertsteigerungspotentiale zu erschließen, überschätzen. Daher ist ihre Bereitschaft groß, (zu) hohe Prämien für Übernahmen zu zahlen.

Nach HAYWARD/HAMBRICK gibt es drei Ursachen für die Entstehung von Hybris: 1) Die erste Ursache ist der Unternehmenserfolg. Dadurch, dass Organisationsmitglieder den CEO für den Erfolg verantwortlich machen, wird das Selbstbewusstsein des CEOs gestärkt. 2) Auch die

---

[475]   Die Autoren begründen dieses Phänomen mit Erkenntnissen aus der Attributionstheorie. Aber auch Untersuchungen der Medienwirkungsforschung haben gezeigt, dass der Einfluss der Medienberichte auf Personen, die zugleich den Gegenstand der Beiträge bilden, besonders groß ist. In diesem Zusammenhang wird von ‚reziproken Effekten' gesprochen [vgl. KEPPLINGER (2007)].

[476]   Vgl. HAYWARD/RINDOVA/POLLOCK (2004), S. 645; HAYWARD/HAMBRICK (1997), S. 108.

[477]   Vgl. HAYWARD/RINDOVA/POLLOCK (2004), S. 645.

[478]   Vgl. HAYWARD/RINDOVA/POLLOCK (2004), S. 646.

[479]   Einen Überblick geben HILLER/HAMBRICK (2005).

[480]   Der Hybris-Begriff kann übersetzt werden mit Selbstüberschätzung oder Übermut. Er stammt aus der griechischen Mythologie. Die Hybris ist verantwortlich für den Fall des Helden, der für seine Überheblichkeit von den Göttern bestraft wird [vgl. HAYWARD/HAMBRICK (1997), S. 106].

[481]   Vgl. ROLL (1986), S. 212.

[482]   Vgl. HAYWARD/HAMBRICK (1997), S. 103.

positive Berichterstattung der Medien sehen sie als Ursache für die Entstehung von Hybris. So stellen sie fest: „Romantic CEO media portrayals in turn may influence the CEO's self-image, fostering the impression that the CEO is in control, efficacious, perhaps even a miracle worker. (...) Favorable attributions to the CEO are particularly salient because (...) they diffuse the CEO's prestige across wider audiences."[483] Die Verbreitung von Prestige führt wiederum dazu, dass sich seine Machtposition in der Organisation verfestigt.[484] 3) Zuletzt nennen HAYWARD/HAMBRICK das Phänomen der *self-importance*, welches sich darin niederschlägt, dass CEOs zahlreiche Ämter und Posten einnehmen, dass die Macht stark zentralisiert ist, oder dass sich ihre Vergütung vom zweithöchst bezahlten Executive erheblich absetzt.[485]

Der Zusammenhang zwischen Übernahmeprämie und Hybris wurde von HAYWARD/ HAMBRICK empirisch untersucht und die drei Ursachen von Hybris operationalisiert. Mit Blick auf die Medienberichterstattung führten sie eine Inhaltsanalyse von insgesamt sieben Zeitungen in einem Zeitraum von drei Jahren durch.[486]

Die Ergebnisse der Studie legen nahe, dass Hybris bei Akquisitionen eine Rolle spielt. Die Autoren haben festgestellt, dass ein Zusammenhang zwischen den drei unabhängigen Variablen (Ursachen von Hybris) und der Höhe der Übernahmeprämie besteht. In Bezug auf die Medienberichterstattung gelangen HAYWARD/HAMBRICK zu dem Schluss: „The greater the recent media praise for the CEO, the larger the premium paid for an acquisition."[487]

Aus den Ausführungen dürfte deutlich geworden sein, dass der Zusammenhang von Medienberichterstattung über CEOs und dem Phänomen der Selbstüberschätzung bereits in der Vergangenheit untersucht wurde. Ähnlich wie HAYWARD/HAMBRICK gehen auch HAYWARD/ RINDOVA/POLLOCK davon aus, dass die Medienpräsenz Einfluss auf das Selbstvertrauen des

---

[483] HAYWARD/HAMBRICK (1997), S. 108.

[484] Vgl. HAYWARD/HAMBRICK (1997), S. 108.

[485] Vgl. HAYWARD/HAMBRICK (1997), S. 108 f.

[486] Zu den untersuchten Zeitungen zählen Atlanta Constitution, Boston Globe, Chicago Tribune, Los Angeles Times, New York Times, Washington Post und Wall Street Journal. Die zu untersuchenden Artikel wurden danach ausgewählt, ob in dem jeweiligen Beitrag der Unternehmenserfolg auf den CEO zurückgeführt wird. Insgesamt wurden 138 Artikel identifiziert. Anschließend wurden Einschätzungen von zwei Codierern vorgenommen, ob die CEOs eher vorteilhaft oder unvorteilhaft in den jeweiligen Beiträgen dargestellt werden. Ermittelt wurden außerdem die Anzahl und Länge der Artikel sowie das Prestige der jeweiligen Zeitung. Mit Hilfe einer Skala wurde die Vorteilhaftigkeit schließlich rechnerisch ermittelt. Die Skala reichte von plus 3 bis minus 2. Den Wert 3 erhielten alle Beiträge, die den CEO eindeutig positiv darstellten. Den Wert 2 erhielten Beiträge, wenn sie tendenziell positiv waren, aber kritische Anspielungen enthielten. Artikel, die weder positiv noch negativ über den CEO berichteten, erhielten den Wert 1. Der Wert -1 wurde allen Beiträgen mit einer Tendenz zu einer negativen Darstellung, die jedoch auch positive Anspielungen beinhalteten, zugeordnet. Den Wert -2 erhielten alle Beiträge, die den CEO eindeutig negativ darstellten [vgl. HAYWARD/HAMBRICK (1997), S. 113].

[487] HAYWARD/HAMBRICK (1997), S. 120.

CEOs hat. Sie sehen die Gefahr, dass aufgrund des übertriebenen Selbstvertrauens strategische Fehlentscheidungen getroffen werden. Insbesondere diskutieren sie die Möglichkeit, dass der CEO an seinem bisherigen Verhalten, das zu seiner Popularität führte, festhält.[488] Sie sprechen von der Gefahr einer ‚strategischen Trägheit‘ (strategic inertia).

Wie bereits angedeutet, handelt es sich bei der Studie von HAYWARD/RINDOVA/POLLOCK nicht um eine empirische Untersuchung, sondern um die Entwicklung eines Untersuchungsmodells. Schlussendlich leiten die Autoren noch einige Implikationen für die zukünftige Forschung ab. Im Hinblick auf die Operationalisierung einzelner Variablen und Konstrukte schlagen sie vor, dass ‚CEO celebrity‘ als stetige Variable operationalisiert werden sollte, die kovariiert mit: 1) Dem Ausmaß der Berichterstattung, die den Erfolg auf die Person des CEOs zurückführt, 2) der Anteil der Berichterstattung, der nur dem CEO gewidmet ist und 3) in welchem Ausmaß in den Medien über die Dispositionen des CEOs berichtet wird.[489]

Vor dem Hintergrund, dass auch andere Informationsintermediäre (wie z.B. Public-Relations Mitarbeiter oder Analysten) das Image von CEOs beeinflussen,[490] schlagen sie vor, in zukünftigen Untersuchungen auch die Beiträge dieser Akteure zu analysieren.[491]

HAYWARD/RINDOVA/POLLOCK haben eine theoretisch fundierte Erklärung dafür geliefert, warum Journalisten den CEO als Ursache für den Unternehmenserfolg verantwortlich machen und welche Konsequenzen ‚CEO celebrity‘ mit sich bringen kann. Nicht berücksichtigt haben die Forscher in ihrem Modell, dass Manager die Erfolgszuschreibungen von Journalisten beeinflussen können. Vor allem die Impression Management Forschung beschäftigt sich mit dem Phänomen, dass Personen mittels verschiedener Techniken der Selbstdarstellung versuchen, den Eindruck den andere Personen von ihnen haben, zu steuern oder zu manipulieren.[492] Erwähnenswert sind in diesem Zusammenhang insbesondere Studien, die sich mit selbstwertstützenden Attributionen (self-serving attribution) in Aktionärsbriefen beschäftigen.[493] SALANCIK/MEINDL (1984) zeigen in ihrer Analyse von Geschäftsberichten, wie Manager versuchen, durch Attributionen ein „image of control"[494] zu kreieren. In Übereinstimmung mit den Ergebnissen anderer Studien gelangen sie zu dem Schluss, dass das Management Erfolge

---

[488]   Vgl. HAYWARD/RINDOVA/POLLOCK (2004), S. 646.

[489]   Vgl. HAYWARD/RINDOVA/POLLOCK (2004), S. 647.

[490]   Vgl. HAYWARD/RINDOVA/POLLOCK (2004), S. 638.

[491]   Siehe hierzu nochmals die Ergebnisse von Untersuchungen zur Bedeutung von Analysten bei der Entstehung charismatischer Images.

[492]   Vgl. MUMMENDEY (1995), S. 111.

[493]   Vgl. BETTMAN/WEITZ (1983); BOWMAN (1976); CLAPHAM/SCHWENK (1991); SALANCIK/MEINDL (1984); STAW/MCKECHNIE/PUFFER (1983).

[494]   SALANCIK/MEINDL (1984), S. 238.

auf die eigenen Handlungen und Fähigkeiten zurückführt (interne Attribution), wohingegen für Misserfolge Umweltfaktoren verantwortlich gemacht werden (externale Attribution).[495] Sie schlussfolgern, dass Manager Aktionärsbriefe als eine Art Impression Management Instrument einsetzen, um einen bestimmten Eindruck von sich und ihrer Leistung zu erzeugen.[496] Zusammenfassend lässt sich sagen, dass die Untersuchungen von Aktionärsbriefen gezeigt haben, dass Manager darum bemüht sind, ein positives Image aufzubauen. Indem sie ihre eigene Leistung für Erfolge verantwortlich machen, signalisieren sie Kompetenz und Expertise.

Das von HAYWARD/RINDOVA/POLLOCK entwickelte Modell umfasst lediglich CEOs, über die die Medien positiv berichten. Als Grund für die Fokussierung auf Managerstars und die Ausblendung von Misserfolgsattributionen kann darin gesehen werden, dass Attributionsprozesse in Abhängigkeit von der Ergebnisrichtung (positiv versus negativ) unterschiedlich verlaufen.[497] Im Folgenden wird der Fokus auf Studien gelegt, die explizit der Frage nachgehen, ob Top-Manager auch für Misserfolge verantwortlich gemacht werden, und welche Rolle die Medien hierbei spielen.

4.   Stigmatisierung von Managern und die Rolle der Medien

In wissenschaftlichen Beiträgen, die sich mit Attributionen von Misserfolg beschäftigen, wird oftmals darauf hingewiesen, dass nach Bekanntwerden einer schlechten Performance oder einem anderen negativen Vorfall, der die Aufmerksamkeit der Öffentlichkeit auf sich zieht, Stigmatisierungsprozesse in Gang gesetzt werden.[498] So zeigen SUTTON/CALLAHAN (1987), dass Top-Manager von in Insolvenz gegangenen Unternehmen einen erheblichen Image-Schaden davontragen und an ihnen das Stigma der Inkompetenz haftet, unabhängig davon,

---

[495]   Vgl. SALANCIK/MEINDL (1984), S. 251. In diesem Sinne auch BETTMAN/WEITZ (1983), S. 166 ff.; STAW/MCKECHNIE/PUFFER (1983), S. 594.

[496]   Vgl. SALANCIK/MEINDL (1984), S. 252. Allerdings besteht hinsichtlich der Wirkung dieses Impression Management Instruments in der Literatur keine einhellige Meinung. So konnten CLAPHAM/SCHENK (1991) zwar die Ergebnisse älterer Studien hinsichtlich der Attributionstendenzen in Aktionärsbriefen bestätigen, allerdings haben sie im Gegensatz zu SALANCIK/MEINDL (1984) keinen positiven Zusammenhang zwischen der Selbstzuschreibung eines guten Ergebnisses und der zukünftigen Unternehmensperformance feststellen können [vgl. CLAPHAM/SCHENK (1991), S. 225 f.]. Während SALANCIK/MEINDL (1984) also davon ausgehen, dass die Wahrnehmung der Aktionäre durch Kommunikation manipulierbar ist, diskutieren CLAPHAM/SCHENK (1991) die Möglichkeit, dass Shareholder den Manipulationsversuch durchschauen (bzw. einen solchen vermuten) und dies zu Reaktanz führt. In Folge dessen sinkt das Vertrauen in das Management [vgl. CLAPHAM/SCHENK (1991), S. 227 f.].

[497]   Siehe auch GOFFMAN (1996), S. 233.

[498]   Vgl. D'AVENI (1990), S. 126; HAMORI (2007), S. 496 ff. POZNER (2008), S. 144 ff.; SEMADENI ET AL. (2008), S. 557; SUTTON/CALLAHAN (1987), S. 406; WIESENFELD/WURTHMANN/HAMBRICK (2008), S. 231.

wie viel Mitschuld sie tatsächlich an der Schieflage des Unternehmens getragen haben.[499] Die Probleme des Unternehmens werden auf die persönlichen Eigenschaften einzelner Top-Manager zurückgeführt.[500]

Bemerkenswert ist jedoch, dass nicht jeder Top-Manager nach einem Misserfolg eine Degradierung seiner Person erfährt. Während einige der Stigmatisierung entkommen können, werden andere für den finanziellen Misserfolg verantwortlich und mithin zu „Sündenböcken"[501] gemacht.[502] Eine Erklärung hierfür liefern WIESENFELD/WURTHMANN/HAMBRICK (2008). Sie haben das bislang umfangreichste Modell zur Stigmatisierung von Top-Managern vorgelegt.[503] Unter Stigmatisierung verstehen sie einen sozialen Prozess „(...) by which a person with an offending attribute – in this case, association with a failed company – is denigrated."[504] In ihrem Modell zeigen sie den Verlauf eines Stigmatisierungsprozesses und beleuchten die Rolle verschiedener Akteure sowie verschiedener Mechanismen, die diesen Prozess beschleunigen bzw. abfedern. Die Medien nehmen innerhalb dieses Modells einen zentralen Stellenwert ein.

4.1   Prozessmodell zur Stigmatisierung

Nach WIESENFELD/WURTHMANN/HAMBRICK wird der Stigmatisierungsprozess durch ein ‚Corporate Failure' (z.B. erhebliche Umsatzeinbußen, ein verlängerter Streik der Arbeitnehmer, ein Konsumentenboykott oder ein eklatanter Verstoß gegen bestehende Normen) ausgelöst.[505] Eine solche missliche Situation, die sowohl abrupt auftauchen, als sich auch schrittweise entwickeln kann, löst im Umfeld des Unternehmens einen komplexen Sensemaking-Prozess aus. Es wird nach Ursachen für die inferiore Performance gesucht. WIESENFELD/WURTHMANN/HAMBRICK unterscheiden drei Gruppen von gesellschaftlichen Akteuren (*society's arbiters*), denen die Aufgabe obliegt, Informationen auszuwerten und eine Interpretation der desolaten Situation abzugeben. Die Akteure stammen aus drei verschiedenen gesellschaftlichen Bereichen (siehe die folgende Abbildung). Neben Staatsanwälten, Vertretern der Börsenaufsicht, Analysten, Mitgliedern der Wirtschaftselite (z.B. Vorstände oder

---

[499]   Vgl. SUTTON/CALLAHAN (1987), S. 407. Nach GOFFMAN (1996) wird der Terminus Stigma in Bezug auf eine Eigenschaft gebraucht, die zutiefst diskreditierend ist [vgl. GOFFMAN (1996), S. 11].

[500]   Vgl. SUTTON/CALLAHAN (1987), S. 420.

[501]   Hierzu auch BOEKER (1992); KHANNA/POULSEN (1995).

[502]   Vgl. WIESENFELD/WURTHMANN/HAMBRICK (2008), S. 231.

[503]   WIESENFELD/WURTHMANN/HAMBRICK verstehen ihr Modell als einen Beitrag zur Romance-of-Leadership Forschung [vgl. WIESENFELD/WURTHMANN/HAMBRICK (2008). S. 246].

[504]   WIESENFELD/WURTHMANN/HAMBRICK (2008), S. 232.

[505]   Vgl. WIESENFELD/WURTHMANN/HAMBRICK (2008), S. 233.

Aufsichtsräte) und Wissenschaftlern nennen WIESENFELD/WURTHMANN/HAMBRICK auch explizit Vertreter der Medien.[506] Die Autoren gehen davon aus, dass die drei Gruppen nicht isoliert voneinander agieren, sondern sich gegenseitig beeinflussen bzw. sich gegenseitig mobilisieren. Ein negativer Artikel über einen Top-Manager in einer Tageszeitung kann beispielsweise der Auslöser dafür sein, dass die Staatsanwaltschaft ein Ermittlungsverfahren einleitet.[507]

Abb. 9: Prozessmodell zur Stigmatisierung von Top-Managern[508]

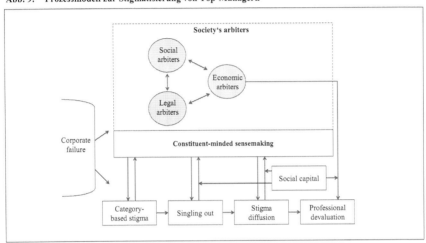

Da sich unternehmerische Misserfolge durch einen hohen Grad an Komplexität auszeichnen, ist der Deutungsprozess – insbesondere die Frage, wer für die Schieflage des Unternehmens ursächlich verantwortlich ist – durch Ambiguität gekennzeichnet. Aufgrund der begrenzten Rationalität der Akteure gehen WIESENFELD/WURTHMANN/HAMBRICK davon aus, dass es bei der Interpretation der Ereignisse zu Verzerrungen kommt. Dabei gehen die Autoren explizit auf drei Formen der Befangenheit ein, die den Deutungsprozess beeinflussen: Den kognitiven Bias, den affektiven Bias sowie die Attributionsverzerrung („attributional bias").[509] Aber auch Erwartungen der Umwelt, die von den Intermediären antizipiert werden, beeinflussen die

---

[506] Vgl. WIESENFELD/WURTHMANN/HAMBRICK (2008), S. 234. Auch POZNER (2008) weist in seinem Aufsatz, indem er sich mit dem Phänomen der Stigmatisierung von Managern beschäftigt, auf die Bedeutung der Medien hin [vgl. POZNER (2008), S. 146].

[507] Vgl. WIESENFELD/WURTHMANN/HAMBRICK (2008), S. 235.

[508] I.A. WIESENFELD/WURTHMANN/HAMBRICK (2008), S. 233.

[509] Vgl. WIESENFELD/WURTHMANN/HAMBRICK (2008), S. 235.

Deutungen. Wird beispielsweise erwartet, dass ein zu harsches Urteil von der Öffentlichkeit als unfair empfunden werden könnte, wird sich der Akteur in seiner Kritik entsprechend zurückhalten.[510] Ein erfolgreiches Antizipieren wirkt sich positiv auf den weiteren Verlauf der Karriere aus. Ein Journalist beispielsweise, der mit seiner Interpretation des Ereignisses in einem Leitartikel den „Nerv der Zeit" getroffen hat, bekommt die Möglichkeit, seine Interpretationen z.B. in Talkshows, Büchern oder weiteren Artikeln weiter zu verbreiten.[511]

Dass der Deutungsprozess durch Verzerrungen gekennzeichnet ist, wird vor allem in der zweiten Phase („singling out') des Stigmatisierungsprozesses deutlich, nachdem zunächst ein negativer Vorfall aufgedeckt wurde und eine bestimmte Personengruppe oder aber alle Personen, die mit dem Unternehmen in Verbindung stehen,[512] unter eine Art Generalverdacht gestellt wurden („category-based stigma'). Aufgrund des fundamentalen Attributionsfehlers und der Neigung zur Romantisierung von Führung werden einzelne Führungskräfte sodann ausgewählt und für die Ereignisse verantwortlich gemacht.[513] Da der CEO das Unternehmen nach außen repräsentiert und angenommen wird, dass er über den größten Einfluss verfügt sowie Zugang zu allen relevanten Informationen hat,[514] ist es nach WIESENFELD/WURTHMANN/HAMBRICK in aller Regel der CEO, auf den der Misserfolg des Unternehmens attribuiert wird.[515] Allerdings machen die Autoren darauf aufmerksam, dass neben dem fundamentalen Attributionsfehler auch die bereits erwähnten kognitiven und affektiven Faktoren eine Rolle spielen. Bei der Selektion von Informationen werden beispielsweise Informationen bevorzugt, die leicht zugänglich sind und nicht in Widerspruch mit der eigenen Interpretation des Sachverhalts stehen. Eine besonders bedeutende Rolle spielen in dieser Phase des Stigmatisierungsprozesses aber auch Emotionen. Große Aufmerksamkeit schenken die Autoren vor allem dem Gefühl der „Schadenfreude"[516] die verstärkt gegenüber Top-Managern empfunden wird, von denen bekannt ist, dass sie ihren eigenen Erfolg auf Kosten anderer vorangetrieben haben, oder jene, die in jüngster Vergangenheit gegen Normen oder Tabus verstoßen haben.[517] Die

---

[510]   Vgl. WIESENFELD/WURTHMANN/HAMBRICK (2008), S. 236.

[511]   Vgl. WIESENFELD/WURTHMANN/HAMBRICK (2008), S. 236.

[512]   Als Beispiel nennen die Autoren die Mitarbeiter von Enron [vgl. WIESENFELD/WURTHMANN/HAMBRICK (2008), S. 237].

[513]   Vgl. WIESENFELD/WURTHMANN/HAMBRICK (2008), S. 235.

[514]   Vgl. WIESENFELD/WURTHMANN/HAMBRICK (2008), S. 237.

[515]   Vgl. WIESENFELD/WURTHMANN/HAMBRICK (2008), S. 238. Siehe auch HAMORI (2007), S. 497; SUTTON/CALLAHAN (1987), S. 413.

[516]   Vgl. WIESENFELD/WURTHMANN/HAMBRICK (2008), S. 239.

[517]   Vgl. WIESENFELD/WURTHMANN/HAMBRICK (2008), S. 239. Der ehemalige Vorstandsvorsitzende der Deutschen Post könnte hier als Beispiel herangezogen werden. Aufgrund des Verdachts der Steuerhinterziehung wurde der Top-Manager vor laufenden Kameras aus seinem privaten Wohnhaus von der Staatsanwaltschaft abgeholt. Wochen zuvor ist er in die Schlagzeilen geraten, da er seine Aktienoptionen zeitnah

Wiederherstellung von Gerechtigkeit stellt den Autoren zufolge ein weiteres starkes Motiv für die Partizipation an den Deutungsprozessen sowie der Fokussierung auf einzelne Top-Manager dar.[518]

Wie oben angedeutet, erfahren allerdings nicht alle Top-Manager eine öffentliche Stigmatisierung. Nach WIESENFELD/WURTHMANN/HAMBRICK schützt das soziale Kapital (wie z.B. Mitgliedschaften in prestigeträchtigen Boards bzw. Aufsichtsräten sowie ein Netzwerk von Kontakten zu einflussreichen Personen) einen Manager vor Schuldzuweisungen und öffentlicher Degradierung (siehe hierzu nochmals Abbildung 9).[519] „Individuals who have high levels of social capital, prestige, and status may be buffered from personal stigma because their social capital alters the ways that observers react to them."[520] Des Weiteren besteht gegenüber renommierten Managern eine größere Fehlertoleranz. In Anlehnung an HOLLANDER (1958) sprechen sie von einem hohen Idiosynkrasie-Kredit, den namhafte Manager erworben haben.[521] Ähnlich argumentiert auch D'AVENI (1990). Ihm zufolge kann das erworbene Prestige vor Schuldzuschreibungen schützen.[522]

In der dritten Phasen (‚stigma diffusion') kommt es zu einer Verbreitung des negativen Images. Hier spielen die Medien eine zentrale Rolle, da sie weitere Informationen über den Top-Manager in Umlauf bringen. Während zu Beginn des Stigmatisierungsprozesses möglicherweise nur die strategischen Entscheidungen des CEOs kritisiert wurden, werden in späteren Berichten weitere Fehler und Verfehlungen sowie Inkompetenzen des CEOs aufgedeckt. Zunehmend wichtiger werden dabei auch Informationen über Persönlichkeitsmerkmale sowie den Lebenswandel des Managers.[523] Dass die Flut an Informationen über den CEO nicht abbricht, liegt nach WIESENFELD/WURTHMANN/HAMBRICK nicht zuletzt auch daran, dass Personen zu Informanten werden (z.B. Mitarbeiter oder Führungskräfte), die in diesem Stadium der

---

nach der Einführung des Post-Mindestlohns eingelöst hat, der einen steigenden Aktienkurs zur Folge hatte. [http://www.sueddeutsche.de/wirtschaft/artikel/332/157910/ [Datum des Zugriffs: 23.05.2008]].

[518] Vgl. WIESENFELD/WURTHMANN/HAMBRICK (2008), S. 238.

[519] Vgl. WIESENFELD/WURTHMANN/HAMBRICK (2008), S. 240.

[520] WIESENFELD/WURTHMANN/HAMBRICK (2008), S. 240.

[521] Vgl. WIESENFELD/WURTHMANN/HAMBRICK (2008), S. 240. Der Idiosynkrasie-Kredit ist eine Art Index für den Status eines Individuums. Er stellt eine Akkumulation positiver Eindrücke dar, die eine Person innerhalb einer Gruppe erworben hat. Hiernach können Individuen bis zu einem bestimmten Ausmaß von Erwartungen einer Gruppe abweichen, ohne Sanktionen befürchten zu müssen [vgl. HOLLANDER (1958), S. 120].

[522] Vgl. D'AVENI (1990), S. 124.

[523] Vgl. WIESENFELD/WURTHMANN/HAMBRICK (2008), S. 241.

Stigmatisierung keine Repressalien mehr zu befürchten haben und daher offen über unternehmensinterne Missstände und Vorfälle berichten.[524]

In der wissenschaftlichen Literatur zum Phänomen des Skandals – die dort beschriebenen Dynamiken und Mechanismen von Skandalen weisen erstaunliche Ähnlichkeiten mit dem von WIESENFELD/WURTHMANN/HAMBRICK beschriebenen Stigmatisierungsprozess auf[525] – wird ebenfalls die herausragende Rolle der medialen Berichterstattung betont. BURKHARDT (2006) bezeichnet einen Skandal treffend als mediales Ritual der modernen Mediengesellschaft zur Aktualisierung von Moral.[526] Produzenten von Skandalen sind oftmals Journalisten, die ein Interesse daran haben, dass sich ein aufgedeckter Skandal weiter ausbreitet.[527] KEPPLINGER/EHMIG/HARTUNG (2002) unterscheiden zwischen verschiedenen Rollen, die Journalisten im Prozess der Skandalisierung einnehmen. Als Wortführer bezeichnen sie jene, die intensiv an der Geschichte recherchieren und den Missstand anprangern. Wortführer sind darauf angewiesen, dass Mitläufer (d.h. Journalisten, die keine eigenen Recherchen durchführen und „bekannte Behauptungen mit marginalen Details und passenden Spekulationen"[528] anreichern) und Chronisten (d.h. Journalisten, die die Argumente anderer Akteure neutral wiedergeben) ihre Geschichte aufgreifen und diese einem breiten Publikum zugänglich machen.[529] Erst dann entwickelt sich ein angeprangerter Missstand zu einem Skandal, der eine Eigendynamik entwickelt und große Präsenz in der Medienöffentlichkeit erlangt.

GUTHEY/JACKSON (2007), die sich mit der Skandalisierung von Top-Managern beschäftigen, betonen ebenfalls die herausragende Bedeutung der Massenmedien und weisen darauf hin, dass in einem Skandal visuellen Darstellungen von Top-Managern eine bedeutsame Rolle zukommt. Sie untersuchen, wie die Images einst renommierter Manager (wie z.B. Kenneth Lay oder Jeffrey Skilling) durch Bilder oder Fotografien radikal dekonstruiert wurden.[530] Den Autoren zufolge gibt es Darstellungsformen, die in den Massenmedien bei nahezu jedem größeren Skandal kursieren, wie z.B. vorher-nachher Bilder, Fotografien, die zeigen, dass sich Manager im Gerichtssaal reumütig geben, oder Fotografien von Managern, die in Handschel-

---

[524]   Vgl. WIESENFELD/WURTHMANN/HAMBRICK (2008), S. 241.

[525]   Siehe zum Verlauf eines Medienskandals das Phasenmodell von BURKHARDT (2006), S. 179 ff.

[526]   Vgl. BURKHARDT (2006), S. 369.

[527]   Vgl. BURKHARDT (2006), S. 139 f.

[528]   KEPPLINGER/EHMIG/HARTUNG (2002), S. 122.

[529]   Vgl. KEPPLINGER/EHMIG/HARTUNG (2002), S. 122 f.

[530]   Vgl. JACKSON/GUTHEY (2007), S. 179.

len abgeführt werden.[531] Die Autoren sprechen in diesem Zusammenhang von einem Ritual, da bestimmte visuelle Elemente immer wieder auftauchen.

In dem von WIESENFELD/WURTHMANN/HAMBRICK entwickelten Stigmatisierungsmodell kommt es in der letzten Phase zu einer ‚professional devaluation'. In dieser Phase erfahren stigmatisierte Manager einen Rückzug von Personen aus ihrer Umwelt.[532] Ehemalige Geschäftspartner oder aber andere Mitglieder der Wirtschaftselite (Vorstände und Aufsichtsräte) meiden fortan den Kontakt und gehen auf sichtbare Distanz.[533] Ob der Stigmatisierungsprozess zu einer endgültigen Entwertung des Humankapitals des Managers führt – ob der Manager also auch in Zukunft keine Chance erhält, erneut eine leitende Position zu bekleiden – ist wiederum abhängig von der Höhe des sozialen Kapitals, über das er verfügt.

Zusammenfassend lässt sich feststellen, dass Top-Manager auch für Misserfolge verantwortlich gemacht werden. Als Konsequenzen des Reputationsverlustes in Folge einer Stigmatisierung werden in der Literatur u.a. das unfreiwillige Ende der Karriere,[534] massive (zukünftige) Gehaltseinbußen,[535] Verluste von Mitgliedschaften in Kontrollgremien (Aufsichtsräte, Boards)[536] sowie der Verlust des Selbstwertgefühls[537] genannt. Des Weiteren wurde aus den Ausführungen deutlich, dass die Medien eine wesentliche Rolle im Prozess der Stigmatisierung spielen. Auch die Ergebnisse der empirischen Untersuchung von WIESENFELD (1993) unterstreichen, dass der Prestigeverlust von Managern durch die Visibilität in den Medien und die negative Berichterstattung der Presse forciert wird.[538]

4.2 Taktiken und Strategien zur Vermeidung öffentlicher Stigmatisierung

Wie oben deutlich wurde, schützt in dem Prozessmodell von WIESENFELD/WURTHMANN/ HAMBRICK vor allem das soziale Kapital Manager vor einer Stigmatisierung und den damit verbundenen negativen Konsequenzen. In der Literatur werden jedoch noch zwei weitere Möglichkeiten diskutiert, wie Manager einer Entwertung ihres Humankapitals aus dem Weg gehen können.

---

[531] Vgl. JACKSON/GUTHEY (2007), S. 180.

[532] Vgl. POZNER (2008), S. 144; WIESENFELD/WURTHMANN/HAMBRICK (2008), S. 242.

[533] Hierzu ausführlich SUTTON/CALLAHAN (1987), S. 416.

[534] Vgl. WIESENFELD/WURTHMANN/HAMBRICK (2008), S. 242. Siehe auch HAMORI (2007), S. 497 m.w.N.

[535] Vgl. WIESENFELD (1993); s. 227; WIESENFELD/WURTHMANN/HAMBRICK (2008), S. 242.

[536] Vgl. POZNER (2008), S. 146; WIESENFELD/WURTHMANN/HAMBRICK (2008), S. 242.

[537] Vgl. SUTTON/CALLAHAN (1987), S. 407.

[538] Vgl. WIESENFELD (1993), S. 230.

1) So machen SEMADENI ET AL. (2008) darauf aufmerksam, dass es Spitzenführungskräften oftmals möglich ist, eine Stigmatisierung zu antizipieren, da sie die (zukünftige) wirtschaftliche Lage des Unternehmens in aller Regel besser einschätzen können und über Insiderinformationen verfügen.[539] Führungskräfte, die sich frühzeitig von der Schieflage des Unternehmen distanzieren, indem sie noch vor Bekanntgabe der finanziellen Krise das Unternehmen verlassen, erleiden im Gegensatz zu jenen Managern, die sich der Verantwortung stellen und im Unternehmen verbleiben, keine karriereschädigenden Konsequenzen.[540] Demnach lässt sich feststellen, dass Top-Manager Misserfolgsattributionen umgehen können, indem sie proaktiv auf eine sich anbahnende Schieflage reagieren und die Exit-Option wählen.

2) Eine andere Möglichkeit, die bereits im vorangegangenen Abschnitt kurz angesprochen wurde, ist der Einsatz von Impression Management. Durch geschicktes Selbstdarstellungsverhalten kann der Verlust des Images bzw. der Reputation abgewehrt werden.[541] Ein hierzu interessantes Modell haben GINZEL/KRAMER/SUTTON (1992) entwickelt. Sie beschäftigen sich mit der Frage, mit welchen Impression Management Techniken Top-Manager auf negative, imagegefährdende Ereignisse reagieren.[542] Die Autoren verstehen Impression Management als reziproken Einflussprozess, indem das Top-Management einer Organisation in Verhandlungsprozesse mit verschiedenen Akteuren in der Umwelt der Organisation (organisationale Publika) tritt.[543] Insofern wird Impression Management in diesem Modell nicht als einseitige Einflussnahme verstanden, sondern als komplexer interaktiver Prozess. Unter Top-Management verstehen die Autoren alle Individuen, die die Organisation nach außen hin repräsentieren und denen die Aufgabe der „guardians and promotors of the organizations's image"[544] zukommt. Die Public Relations Abteilung wird dabei als verlängerter Arm des Top-Managements verstanden (siehe die folgende Abbildung).

---

[539]   Vgl. SEMADENI ET AL. (2008), S. 557.

[540]   Vgl. SEMADENI ET AL. (2008), S. 557.

[541]   Siehe hierzu SUTTON/CALLAHAN (1987) sowie POZNER (2008), S. 146.

[542]   Vgl. GINZEL/KRAMER/SUTTON (1992), S. 227 ff.

[543]   Vgl. GINZEL/KRAMER/SUTTON (1992), S. 227.

[544]   GINZEL/KRAMER/SUTTON (1992), S. 234.

Abb. 10: Drei Phasen des Impression-Management Prozesses[545]

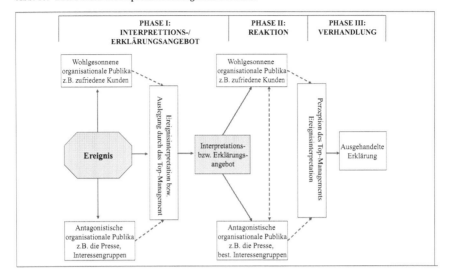

Im Wesentlichen zeigen GINZEL/KRAMER/SUTTON in ihrem aus drei Phasen bestehenden Modell, dass Top-Manager unter Rückgriff auf verschiedene Impression Management Techniken verhindern können, dass ein öffentlich bekannt gewordener Missstand (*identity-threatening event*)[546] ihre Reputation sowie das Image der Organisation gravierend schädigen kann. Bei einer ersten Stellungnahme (wie z.B. bei einer Pressekonferenz) werden den Autoren zufolge vor allem defensive Techniken der Selbstdarstellung eingesetzt, wie z.B. 1) Abstreiten von Verantwortlichkeit (*excuses*), 2) Schuld dementieren sowie andere Akteure verantwortlich machen (*refusals*), 3) Verantwortlichkeit übernehmen und plausible Begründungen liefern (*justifications*), 4) Bedauern ausdrücken und Entschädigungen für Betroffene anbieten (*concessions* oder *apologies*) oder 5) Ereignis nicht unmittelbar kommentieren, um den Eindruck zu erwecken, dass das Problem einer gewissenhaften Analyse unterzogen wird.[547] Die

---

[545] I. A. GINZEL/KRAMER/SUTTON (1992), S. 238 ff.

[546] Beispiele für Ereignisse, die das von der Organisation bevorzugte Image sowie die Reputation der Top-Manager gefährden sind: manageriale Fehlentscheidungen, ethisch fragwürdiges Handeln oder fehlerhafte bzw. gesundheitsschädigende Produkte. Daneben gibt es aber auch Ereignisse, die das Image der Organisation sowie die Reputation der Manager positiv beeinflussen (*identity-enhancing events*). Hierzu zählen etwa ein überdurchschnittlich gutes Jahresergebnis oder das Sponsoring eines medienwirksamen Sportereignisses [vgl. GINZEL/KRAMER/SUTTON (1992), S. 230].

[547] Vgl. GINZEL/KRAMER/SUTTON (1992), S. 236 f. Zu den defensiven oder negativen Techniken des Impression Management siehe auch MUMMENDEY (1999), S. 157 ff.

vom Top-Management vorgebrachten Erklärungen können jedoch unterschiedliche Reaktionen auslösen. Entweder teilen die Stakeholder (wie z.B. Interessengruppen, Aktionäre, Medien, Kunden usw.) die von der Unternehmensleitung bereitgestellte Interpretation der Ereignisse, oder aber es kommt zu einem Konflikt (*interpretive conflict*), d.h. die Wahrnehmungen bezüglich des Vorfalls gehen auseinander und die offizielle Stellungnahme des Managements wird als unzureichend empfunden.[548] Nach GINZEL/KRAMER/SUTTON weist ein solcher Interpretationskonflikt daraufhin, dass das Top-Management die an sie gerichteten Erwartungen nicht erfüllt hat. „Leaders are expected to be in control of their organizations (...); such control includes providing rational interpretations or explanations of events that are persuasive to organizational audiences. Interpretive conflicts thus indicates a failure that potentially calls leader's competence into question"[549]

GINZEL/KRAMER/SUTTON machen letztendlich deutlich, dass es von verschiedenen Faktoren abhängig ist, ob ein negatives Ereignis zum Verlust der managerialen Reputation führt. Den Autoren zufolge muss das Management zunächst die Brisanz der Situation erkennen. Ferner ist es für den Erfolg entscheidend, ob Top-Manager antizipieren können, welche Erwartungen in der Umwelt bestehen bzw. welche alternativen Interpretationen des Ereignisses möglich wären. Wie oben dargelegt stößt nicht jedes Erklärungsangebot – und somit jede Impression Management Technik, die eingesetzt wird – auf Akzeptanz. So zeigt auch ELSBACH (1994) in ihrer Studie, dass es für ein Top-Management mitunter vorteilhafter sein kann, Verantwortung für ein Ereignis zu übernehmen, als diese abzustreiten.[550]

Zum Schluss diskutieren GINZEL/KRAMER/SUTTON, dass aufgrund verschiedener organisationaler und psychologischer Faktoren Top-Manager zumeist inadäquat auf imagegefährdende Ereignisse reagieren. Aufgrund eines „*egocentric bias*" ziehen sie beispielsweise nicht die Möglichkeit in Betracht, dass hinsichtlich eines bestimmten Ereignisses auch alternative Deutungen möglich wären.[551] Ferner überschätzen Manager oftmals ihre eigene Reputation (*positive self-evaluation*) sowie die Fähigkeit, Prozesse und Handlungsfolgen kontrollieren zu können (*illusion of control*).[552] Neben diesen psychologischen Faktoren nennen GINZEL/

---

[548]   Vgl. GINZEL/KRAMER/SUTTON (1992), S. 240.

[549]   GINZEL/KRAMER/SUTTON (1992), S. 244.

[550]   ELSBACH (1994) beschäftigt sich ebenfalls mit der Frage, welche Impression Management Techniken zum Einsatz kommen, wenn die organisationale Legitimität gefährdet ist. Dabei untersucht die Autorin auch die Effektivität verschiedener Formen der öffentlichen Stellungnahme. Sie zeigt, dass es unter bestimmten Umständen für ein Unternehmen sinnvoller ist, ein negatives Ereignis anzuerkennen als ein solches abzustreiten [vgl. ELSBACH (1994), S. 72 ff.]. Zudem stoßen verbale Erklärungen bei Stakeholdern auf größere Akzeptanz, wenn das Top-Management ein negatives Ereignis nicht nur anerkennt, sondern auf institutionalisierte Praktiken verweist [vgl. ELSBACH (1994), S. 74 ff.].

[551]   Vgl. GINZEL/KRAMER/SUTTON (1992), S. 250.

[552]   Vgl. GINZEL/KRAMER/SUTTON (1992), S. 251 f.

KRAMER/SUTTON auch organisationale Faktoren, wie z.b. das Fehlen organisationaler Routinen und Prozeduren, die für den Krisenfall entwickelt wurden.[553]

Abschließend lässt sich somit feststellen, dass nicht nur das vom Top-Manager aufgebaute soziale Kapital vor einer Stigmatisierung und Entwertung des Humankapitals schützen kann, sondern dass Top-Managern auch andere Reaktionsmöglichkeiten – wie z.b. das frühzeitige Verlassen des Unternehmens oder geschicktes Impression Management – zur Verfügung stehen, die ebenfalls einen Reputationsverlust abwehren können.

III.   Zwischenergebnis

Das vorangegangene Kapitel hat gezeigt, dass die Massenmedien bei der Entstehung und Verbreitung von Vorstellungsbildern oder Images öffentlicher Personen (wie z.b. von Top-Managern) eine zentrale Rolle spielen. Zu diesem Resultat gelangt sowohl die Medienwirkungsforschung als auch die Führungs- und Managementforschung. Obgleich sich die Forschungsgebiete stark unterscheiden, lassen sich dennoch einige Parallelen feststellen. Mit Blick auf die Führungsforschung heben vor allem Vertreter des Romance-of-Leadership Ansatzes hervor, dass Journalisten über implizite Führungs- und Organisationstheorien verfügen, und dass diese impliziten Theorien oder Vorstellungsbilder wiederum durch die Berichterstattung über Führungspersönlichkeiten reproduziert werden. Ähnlich argumentieren auch Vertreter der Medienwirkungsforschung bzw. des Framing-Ansatzes. Auch diese weisen darauf hin, dass Journalisten über kognitive Schemata für verschiedene Objektklassen (z.b. Ereignisse, Akteure, Interaktionen, Probleme, Ursachen und Folgen) verfügen, und dass sich diese journalistischen Frames wiederum in Medien-Frames niederschlagen.[554]

Zusammengefasst lässt sich demnach feststellen, dass Journalisten bei der Nachrichtenproduktion auf Vorstellungsbilder, implizite Theorien oder Schemata zurückgreifen, die sie u.a. durch Sozialisationsprozesse erworben haben.[555] Somit spiegelt die Berichterstattung auch die in einer Gesellschaft vorherrschenden Vorstellungsbilder über Führung und Führungskräfte wider. Auch MARCH (1984) weist darauf hin, dass in einer Gesellschaft Konzepte darüber bestehen, durch welche Merkmale sich ‚gute' Führungskräfte bzw. ‚gute' Manager auszeich-

---

[553]   Vgl. GINZEL/KRAMER/SUTTON (1992), S. 254.

[554]   Vgl. SCHEUFELE (2003), S. 105

[555]   Dass Journalisten in ihren Darstellungen von Top-Managern auf implizite Theorien oder Schemata zurückgreifen – z.b. über romantisierte Vorstellungen von Führung oder prototypischen Vorstellungsbildern verfügen – wurde bislang nur indirekt anhand der Analyse von Medieninhalten erfasst. Eine direkte Befragung von Wirtschaftsjournalisten wäre hier sicherlich sehr aufschlussreich. Ob Journalisten dazu neigen, Führung zu romantisieren, d.h. Führungskräfte in ihren Einflussmöglichkeiten zu überschätzen, ließe sich möglicherweise anhand der so genannten ‚Romance of Leadership Scale' (RLS) feststellen.

nen. Diese Konzepte liefern wiederum die Kriterien, anhand derer die Fähigkeiten und Leistungen von Managern beurteilt werden.

> „But what should a good manager do? What styles of behavior, what attitudes, what forms of dress and of organization are characteristic of good management? We establish what a good manager should do by a social process in which managers and others talk to one another and try to develop conceptions of quality in management. These conceptions change over time. Management associations, business schools, consultants, and the managerial media contribute to ideas about the kinds of procedures and actions that are symptoms of good management. We develop a language for describing good managers, and bad ones; and individuals learn the social norms of management."[556]

Auf die in diesem Kapitel dargelegten Erkenntnisse aus der Kommunikations-, Führungs- und Managementforschung wird an späterer Stelle der Arbeit in Kapitel D erneut zurückgegriffen. Es wird argumentiert, dass die Medien durch ihre Berichterstattung die Reputation von Top-Managern beeinflussen. Anhand eines entwickelten Modells wird der Zusammenhang zwischen Medienprominenz, Reputation und Vergütung von Top-Managern dargelegt. In diesem Zusammenhang wird auch auf die herausragende Bedeutung von ‚Attributionen', auf die sowohl Vertreter der Medienwirkungsforschung als auch Vertreter der Führungs- und Managementforschung hingewiesen haben, vertieft eingegangen. Im Fokus des nun nachfolgenden Kapitels steht jedoch zunächst das Thema Managervergütung. Ziel ist es darzulegen, welche Faktoren Einfluss auf die Höhe und Zusammensetzung der Vergütung von Top-Managern haben. Es wird ein umfassender Überblick über die zahlreichen theoretischen Ansätze sowie empirischen Untersuchungen zur Vergütung von Top-Managern gegeben. Dabei werden auch Ansätze beleuchtet, die im deutschsprachigen Raum bisher wenig Aufmerksamkeit seitens der Forschung erhalten haben. Hierzu zählen insbesondere Arbeiten, die eine politische oder sozial-psychologische Perspektive einnehmen.

---

[556]   MARCH (1984), S. 58.

C. Determinanten der Vergütung von Top-Managern

I. Grundlegung und Überblick

Die Vergütung von Top-Managern zählt zu den beliebtesten, aber auch strittigsten Themen der Managementforschung.[557] Das Forschungsfeld zeichnet sich insgesamt durch einen hohen Grad an Interdisziplinparität aus.[558] Den Grund für die Popularität des Vergütungsthemas auf Top-Management Ebene sehen viele Autoren in der herausragenden Bedeutung, die der Vergütung als Anreizmechanismus in der Unternehmung beigemessen wird. So wird davon ausgegangen, dass sich die Vergütung positiv auf die Motivation von Top-Managern auswirkt, das Entscheidungsverhalten beeinflusst und somit indirekt zum Unternehmenserfolg beiträgt.[559]

Ein weiterer Grund für die Beliebtheit der Auseinandersetzung mit Managergehältern wird in der politischen Brisanz dieses Themas gesehen. In den USA stehen die exzessiven Managergehälter seit vielen Jahren auf der Agenda der Medien. Jährlich wiederkehrend werden die Gehälter namhafter Top-Manager veröffentlicht und kontrovers diskutiert. Auch in Deutschland setzte vor einigen Jahren die Gehaltsdebatte ein. Seither wird in den Medien sowie in der Öffentlichkeit ein kritischer bisweilen auch hochgradig emotionaler Diskurs über die Angemessenheit der Höhe von Managergehältern geführt.

Während amerikanische Forscher schon seit geraumer Zeit die Vergütung ihrer Top-Manager empirisch untersuchen, gibt es im deutschsprachigen Raum nur vergleichsweise wenige Studien.[560] Verantwortlich für die defizitäre Forschungssituation in Deutschland ist nicht zuletzt

---

[557] Vgl. FINKELSTEIN/HAMBRICK (1996), S. 263; PETTIGREW (1992), S. 164. Insbesondere in den 1990er Jahren hat das Forschungsinteresse stark zugenommen [vgl. hierzu MURPHY (1999), S. 2487].

[558] Zu den beteiligten Disziplinen zählen u.a. das Rechnungswesen, Finanzwirtschaft, Managementforschung, Organisationstheorie, das Strategische Management, die Rechtswissenschaft, Psychologie und die Soziologie [vgl. DEVERS ET AL. (2007), S. 1017; MURPHY (1999), S. 2487]. Kritisiert wird, dass die verschiedenen Disziplinen weitgehend isoliert nebeneinander forschen und nur selten Versuche unternommen werden, die gewonnenen Erkenntnisse zusammenzuführen [vgl. DEVERS ET AL. (2007), S. 1039].

[559] Vgl. DEVERS ET AL. (2007), S. 1025; FINKELSTEIN/BOYD (1998), S. 191. JENSEN/MURPHY (1990a) bezeichnen die Vergütungspolitik als einen der wichtigsten Erfolgsfaktoren. Einerseits beeinflusst die Vergütung das Verhalten von Entscheidungsträgern, andererseits trägt eine gute Vergütungspolitik zur Rekrutierung talentierter Manager bei [vgl. JENSEN/MURPHY (1990a), S. 139].

[560] Vgl. SCHWALBACH (1999b), S. 592 f. Zu den wenigen empirischen Studien, die sich mit der Vergütung von Vorständen in Deutschland beschäftigen, zählen: BOHNE/KNOLL (1999); CONYON/SCHWALBACH (2000a); CONYON/SCHWALBACH (2000b); ELSTON/GOLDBERG (2003); FISS (2006); FITZROY/SCHWALBACH (1990); KRAFT/NIEDERPRÜM (1999); SCHMID (1997); SCHMIDT/SCHWALBACH (2007); SCHWALBACH/GRAßHOFF (1997); SCHWALBACH (1999b); SCHWALBACH/BRENNER (2001) sowie WINTER (2000).

der schwierige Zugang zu den empirischen Daten,[561] da im Gegensatz zu den USA,[562] die individualisierte Offenlegung der Vorstandsgehälter bis August 2005 gesetzlich nicht vorgeschrieben war. Insofern muss an dieser Stelle konstatiert werden, dass die meisten unten vorgestellten (empirischen) Studien aus dem angloamerikanischen Raum stammen. Aufgrund der unterschiedlichen Corporate Governance-Systeme sind die Ergebnisse jedoch nur bedingt übertragbar. Auf die spezifische Situation in Deutschland und auf die Grenzen der Übertragbarkeit wird an gegebener Stelle im jeweiligen Abschnitt hingewiesen. Das vorliegende Kapitel will einen möglichst umfassenden Überblick über die theoretische sowie empirische Forschung zur Vergütung von Top-Managern geben. Das Ziel besteht darin, jene Determinanten zu identifizieren, von denen nach langjähriger Forschung bekannt ist, dass sie einen Einfluss sowohl auf die Zusammensetzung als auch auf die Höhe der Vergütung von Managern haben.

Nach FINKELSTEIN/HAMBRICK (1997) lassen sich grundsätzlich zwei Forschungsrichtungen unterscheiden, die sich mit der Entlohnung von Top-Managern beschäftigen.[563] Die eine Richtung betrachtet das Entgelt als *unabhängige* Variable und fokussiert folglich auf die Frage, welchen Einfluss die Vergütung auf das Verhalten von Top-Managern hat. In diesem Zusammenhang wird beispielsweise der Frage nachgegangen, ob von Vergütungspaketen eine motivierende Wirkung ausgeht, und ob sich mit Hilfe von Anreizsystemen das Verhalten von Managern steuern lässt.[564] Die andere Richtung betrachtet die Vergütung als *abhängige* Variable.[565] Somit legt sie den Fokus auf die Identifikation von Faktoren (wie z.B. Unternehmensgröße, Unternehmenserfolg, Aktionärsstruktur, Machtasymmetrien etc.), die die Höhe sowie die Zusammensetzung von Managergehältern determinieren.[566]

---

[561]   Vgl. KRAFT/NIEDERPRÜM (1999), S. 803.

[562]   Die U.S. Securities and Exchange Commission (SEC) erweiterte die Regelung zur Offenlegung der Gehälter bereits 1992. Im so genannten *Summary Compensation Table* müssen die Unternehmen die Gehälter aller *Named Executive Officers*, d.h. des CEOs und der vier höchst dotierten Officers getrennt nach dem Jahresgehalt (d.h. Grundgehalt, Bonus und andere Vergütungskomponenten) und Komponenten mit langfristiger Anreizwirkung und Risikocharakter (wie z.B. Stock Options) offen legen. In einer Tabelle ist die Vergütung der fünf Top-Manager der letzten drei Jahre aufzulisten. Ferner müssen die Unternehmen in einem *Performance Graph* die Entwicklung der Performance im Vergleich zu den Wettbewerbern und zum Markt darlegen [siehe hierzu http://www.sec.gov/investor/pubs/execomp0803.htm#boardreport Datum des Zugriffs: 15.04.2006].

[563]   Vgl. FINKELSTEIN/HAMBRICK (1996), S. 264.

[564]   Einen guten Überblick über dieses Forschungsfeld geben BONNER/SPRINKLE (2002); DEVERS ET AL. (2007); FINKELSTEIN/HAMBRICK (1996), S. 282 ff.; FINKELSTEIN/HAMBRICK/CANNELLA (2009), S. 291 ff.; GOMEZ-MEJIA/WISEMAN (1997); PRENDERGAST (1999), S. 16 ff.

[565]   Vgl. FINKELSTEIN/HAMBRICK (1996), S. 264.

[566]   Des Weiteren lassen sich empirische Studien hinsichtlich der gewählten Analyseeinheit unterscheiden. Die zu untersuchende Einheit bildet entweder die Vergütung einzelner Personen (wie z.B. des CEOs), oder aber das gesamte Top-Management Team [vgl. FINKELSTEIN/HAMBRICK (1996), S. 265].

An dieser Stelle sei darauf hingewiesen, dass in dieser Arbeit vornehmlich wissenschaftliche Untersuchungen im Mittelpunkt stehen, die die Vergütung von Top-Managern als *abhängige* Variable betrachten. Fragen der Auswirkungen – wie z.b. die gesamte Diskussion um die Anreizwirkung von Managergehältern – werden lediglich am Rande thematisiert.

Aufgrund der nahezu unüberschaubaren Anzahl an theoretischen sowie empirischen Studien zur Vergütung von Top-Managern soll auf die Einteilung von FINKELSTEIN/HAMBRICK nach drei theoretischen Perspektiven zur Gliederung dieses Kapitels zurückgegriffen werden. Die Autoren unterscheiden grob zwischen einer *ökonomischen*, einer *politischen* und einer *sozialpsychologischen* Perspektive.[567] Die folgende Tabelle gibt einen Überblick über die verschiedenen Determinanten von Managergehältern, die bislang sowohl theoretisch als auch empirisch untersucht wurden und auf die im weiteren Verlauf der Arbeit explizit eingegangen werden soll.

Tab. 8:   **Einflussfaktoren auf die Vergütung von Top-Managern**

ÖKONOMISCHE PERSPEKTIVE	
DETERMINANTEN	**STUDIEN**
Unternehmenserfolg	AGGARWAL/SAMWICK (1999); ANTLE/SMITH (1986); BOHNE/KNOLL (1999); GAREN (1994); GIBBONS/ MURPHY (1990); HALL/LIEBMAN (1998); JENSEN/MURPHY (1990b); KRAFT/NIEDERPRÜM (1999); MURPHY (1985); MURPHY (1999); SCHWALBACH (1999); SCHMIDT/SCHWALBACH (2007); TOSI ET AL. (2000)
Risiko	BEATTY/ZAJAC (1994); BLOOM/MILKOVICH (1998); GRAY/CANNELLA (1997); MILLER/WISEMAN/GOMEZ-MEJIA (2002); PRENDERGAST (2002)
Institutionelle Investoren	DAVID/KOCHHAR/LEVITAS (1998); HARTZELL/STARKS (2003); KHAN/DHARWADKAR/BRANDES (2005)
Eigentümerstruktur	ELSTON/GOLDBERG (2003); GOMEZ-MEJIA/TOSI/HINKIN (1987); HAMBRICK/FINKELSTEIN (1995); SCHMID (1997)
Arbeitsmarkt für Top-Manager	BENZ/STUTZER (2003); CISCEL/CARROLL (1980); FAMA (1980); FINKELSTEIN/HAMBRICK (1988); FRANK/COOK (1996); GIBBONS/ MURPHY (1992); KHURANA (2002a); LAMBERT/ LARCKER (1987); MURPHY/ZÁBOJNIK (2003); ZAJAC (1990)
Unternehmensgröße	AGGARWAL (1981); BAUMOL (1959); CISCEL/CARROLL (1980); KERR/BETTIS (1987); KROLL/SIMMONS/WRIGHT (1990); GOMEZ-MEJIA/TOSI/HINKIN (1987); ROBERTS (1956); SIMON (1957); TOSI ET AL. (2000)
Humankapital	HARRIS/HELFAT (1997); MURPHY/ZÁBOJNÍK (2004)

---

[567]   Vgl. FINKELSTEIN/HAMBRICK (1996), S. 264 f. Ebenso FINKELSTEIN/HAMBRICK/CANNELLA (2009), S. 294.

Tab. 8 (Fortsetzung): Einflussfaktoren auf die Vergütung von Top-Managern

ÖKONOMISCHE PERSPEKTIVE

DETERMINANTEN	STUDIEN
Personelle Zusammensetzung des Boards/ Vergütungsausschusses	ANDERSON/BIZJAK (2003); BOYD (1994); CONYON/PECK (1998); CONYON/KUCHINSKAS (2006); CORE/ HOLTHAUSEN/LARCKER (1999); DAILY ET AL. (1998); HALLOCK (1997)
Aufgabenkomplexität	AGGARWAL (1981); HENDERSON/FREDRICKSON (1996)

POLITISCHE PERSPEKTIVE

DETERMINANTEN	STUDIEN
Politik	UNGSON/STEERS (1984)
Macht	
Amtsdauer	BARKEMA/PENNINGS (1998); ELHARGRASEY/HARRISON/ BUCHHOLZ (1999); FINKELSTEIN/HAMBRICK (1989); HILL/PHAN (1991)
Einflusspotenzial des Kontrollgremiums	BEBCHUK/FRIED (2004); LAMBERT/LARCKER/WEIGELT (1993)
Personalunion (CEO Duality)	BEBCHUK/FRIED (2004); MAIN/O'REILLY/WADE (1995); O'REILLY/MAIN (2007); POLLOCK/ FISCHER/WADE (2002); CYERT/KANG/KUMAR (2002)
Aktienbesitz des Managements	ALLEN (1981); BARKEMA/PENNINGS (1998); FINKELSTEIN/HAMBRICK (1989); KHAN/DHARWADKAR/BRANDES (2005)
Mitgliedschaften in Kontrollgremien	BELLIVEAU/O'REILLY/WADE (1996); WADE/O'REILLY/CHANDRAT (1990)
Rankings/Auszeichnungen	GRAFFIN ET AL. (2008); MALMENDIER/TATE (2009); WADE ET AL. (1997); WADE ET AL. (2006)

SOZIAL-PSYCHOLOGISCHE PERSPEKTIVE

DETERMINANTEN	STUDIEN
Soziale Ähnlichkeit	BELLIVEAU/O'REILLY/WADE (1996); FISS (2006); MAIN/O'REILLY/WADE (1995); WESTPHAL/ZAJAC (1995)
Sozialer Vergleich	MAIN/O'REILLY/WADE (1995); O'REILLY/MAIN/CHRYSTAL (1988)
Status	BELLIVEAU/O'REILLY/WADE (1996)
Norm der Reziprozität	FISS (2006); MAIN/O'REILLY/WADE (1995); O'REILLY/MAIN (2005); O'REILLY/MAIN (2007)
Legitimität	BENDER (2004); MCGUIRE (1997); POINT/TYSON (2006); SANDERS/TUSCHKE (2007); WADE/PORAC/POLLOCK (1997); WESTPHAL/ZAJAC (1994); ZAJAC/WESTPHAL (1995); ZAJAC/WESTPHAL (1998)

II. Ökonomische Perspektive

Die klassische Studie von BERLE/MEANS (1932), in der zum ersten Mal die Trennung von Eigentum und Verfügungsmacht in der ‚modern corporation' (Aktiengesellschaft im Publikumsbesitz) problematisiert wurde,[568] bildet oftmals den Ausgangspunkt von Studien, die aus einer ökonomischen Perspektive die Vergütung von Top-Managern erforschen.[569] Im Gegensatz zur klassischen Unternehmer-Unternehmung delegieren die Eigentümer in der ‚modern corporation' Entscheidungsbefugnisse an ein professionelles Management.[570] Die Übertragung der Leitungsfunktion bringt für die Eigentümer zahlreiche Vorteile mit sich. Hierzu zählen etwa die Aneignung des Expertenwissens der Manager sowie die Reduktion von Koordinationsproblemen, die bei einer gemeinschaftlichen Führung des Unternehmens durch die Eigentümer entstehen würden.[571] Darüber hinaus weist die Aktiengesellschaft Vorteile im Hinblick auf die Kapitalbeschaffung sowie im Hinblick auf die Möglichkeit der Diversifikation des Risikos der Eigentümer (bzw. der Halter von Residualansprüchen) auf.[572]

Neben diesen Vorteilen, bringt die Trennung von Verfügungsmacht und Eigentum allerdings auch etliche Nachteile mit sich. Da angestellte Manager nicht in vollem Umfang die (negativen als auch positiven) Konsequenzen ihrer Entscheidungen tragen, haben sie im Gegensatz zum Unternehmer keinen Anreiz die Ressourcen möglichst effizient einzusetzen.[573] BERLE/MEANS heben hervor: „The separation of ownership from control produces a condition where the interests of owner and of ultimate manager may, and often do, diverge, and where many of the checks which formerly operated to limit the use of power disappear."[574] Aus der Übertragung des Koordinationsrechts entsteht für das Management ein diskretionärer Handlungsspielraum, den es nutzen kann, um die eigenen Ziele, die nicht notwendigerweise mit den Zielen der Eigentümer übereinstimmen müssen, zu verwirklichen.[575] Nach WILLIAMSON (1964) zählen hierzu beispielsweise das Streben nach Macht, Prestige, einem höheren Ein-

---

[568] Vgl. BERLE/MEANS (1982) (1932), S. 69 ff.

[569] Vgl. FAMA/JENSEN (1983), S. 307 ff.

[570] Vgl. FRANCK (2002), S. 214; PICOT/MICHAELIS (1984), S. 256.

[571] Vgl. KRÄKEL (2007), S. 263; PICOT/MICHAELIS (1984), S. 256.

[572] Vgl. CANNELLA/MONROE (1997), S. 215. Aktionäre werden als Halter von Residualansprüchen bezeichnet, da sie ihre Ansprüche erst dann geltend machen können, wenn alle anderen Stakeholder (z.B. Arbeitnehmer, Lieferanten, Kreditgeber etc.) ausgezahlt wurden [vgl. BLAIR (1995), S. 20].

[573] Vgl. EBERS/GOTSCH (2006), S. 255; JENSEN/MURPHY/WRUCK (2004), S. 21; TOSI/KATZ/GOMEZ-MEJIA (2000), S. 302. Siehe ebenso PICOT/MICHAELIS (1984), S. 252 ff.

[574] BERLE/MEANS (1982) (1932), S. 6. Siehe auch BURNHAM (1951), der die Analyse BERLE/MEANS weiterführt und weitere Quellen möglicher und tatsächlicher Konflikte diskutiert [vgl. BURNHAM (1951), S. 111 ff.].

[575] Vgl. PICOT/MICHAELIS (1984), S. 257.

kommen oder einer Reduzierung des Arbeitsplatzrisikos.[576] Aktiengesellschaften, die sich im breiten Streubesitz befinden, zeichnen sich des Weiteren dadurch aus, dass die Aktionäre aufgrund des geringen Nutzens keinen Anreiz haben, in Kontrollaktivitäten zu investieren, was zur Folge haben kann, dass Manager ihre persönlichen Ziele zu Lasten der Eigentümer verwirklichen.

Von diesen Überlegungen ausgehend beschäftigen sich die Managerialismustheorie (*mangerialism theory*) und die Agencytheorie (*agency theory*) mit der Vergütung von Top-Managern. Obgleich beide von ähnlichen Annahmen ausgehen, konzentrieren sie sich doch auf verschiedene Forschungsschwerpunkte und gelangen zu unterschiedlichen Schlussfolgerungen. So argumentieren Vertreter der Managerialismustheorie, dass Manager ein Interesse daran haben, die Unternehmensgröße zu maximieren, denn Führungskräfte von großen Unternehmen genießen i.d.R. ein höheres Prestige, haben größere Einflusspotenziale und erhalten ein höheres Einkommen.[577] Die Managerialismustheorie geht folglich davon aus, dass die Unternehmensgröße eine bedeutende Determinante der Vergütung von Top-Managern darstellt.[578] Im Gegensatz hierzu untersuchen Studien auf der Grundlage der Agencytheorie vor allem, welche Rolle der Unternehmenserfolg als Determinante der Managerentlohnung spielt. In der Kopplung der Managerbezüge an den Erfolg sehen Vertreter der Agencytheorie die Möglichkeit zur Lösung des oben geschilderten Anreizproblems. Insofern stehen bei der Agencytheorie tendenziell eher die Mechanismen im Mittelpunkt,[579] die die negativen Konsequenzen, die aus der Trennung von Eigentum und Kontrolle resultieren, entschärfen.[580]

Im Folgenden werden die zentralen Forschungsergebnisse der Agencytheorie und der Managerialismustheorie zur Entlohnung von Top-Managern vorgestellt. Es ist unstrittig, dass die meisten Studien, die sich mit der Vergütung von Top-Managern beschäftigen, einen agency-theoretischen Bezugsrahmen einnehmen.[581]

---

[576]   Vgl. WILLIAMSON (1964), S. 32 ff.

[577]   Vgl. TOSI/KATZ/GOMEZ-MEJIA (2000), S. 303.

[578]   Vgl. FINKELSTEIN/HAMBRICK (1996), S. 267 f.; TOSI/KATZ/GOMEZ-MEJIA (2000), S. 302.

[579]   Vgl. GOMEZ-MEJIA/WISEMAN (1997), S. 294.

[580]   Vgl. TOSI/KATZ/GOMEZ-MEJIA (2000), S. 304; WALSH/SEWARD (1990), S. 422.

[581]   Vgl. BARKEMA/PENNINGS (1998), S. 976; DEVERS ET AL. (2007), S. 1020; FINKELSTEIN/HAMBRICK/ CANNELLA (2009), S. 297; GELETKANYCZ/BOYD/FINKELSTEIN (2001), S. 889; GRAY/CANNELLA (1997), S. 517; O'REILLY/MAIN (2007), S. 8; TOSI/KATZ/GOMEZ-MEJIA (2000), S. 302; SCHWALBACH (1999a), S. 593.

1. Agencytheorie

1.1 Grundannahmen und Hauptaussagen

Die Agencytheorie zählt zu den Ansätzen der Neuen Institutionenökonomie[582] und betrachtet die Beziehung zwischen einem Auftraggeber (*Prinzipal*) und einem Auftragnehmer (*Agent*).[583] Auf der Grundlage eines Vertrages delegiert der Prinzipal Aufgaben an einen Agenten,[584] der für die Aufgabenerfüllung eine entsprechende Entlohnung erhält.[585] Zu den zentralen Annahmen der Theorie zählen, dass der Agent ein Nutzenmaximierer ist, der zur Durchsetzung seiner eigenen Ziele, die oftmals in Konflikt mit den Zielen des Prinzipals stehen, auch von List und Tücke Gebrauch macht („self-interest seeking with guile"[586]). Insofern schreckt der Agent auch nicht davor zurück, dem Prinzipal bewusst einen Schaden zuzufügen.[587] Neben der Opportunismusannahme gehören die begrenzte Rationalität (*bounded rationality*)[588] sowie die unterschiedliche Risikoneigung der Akteure zu den weiteren Grund-

---

[582] Neben der Agencytheorie zählen zur Neuen Institutionenökonomie die Theorie der Verfügungsrechte (*Property Rights Theory*) und der Transaktionskostenansatz (*Transaction Cost Economics*) [vgl. PICOT/DIETL/FRANCK (2008), S. 46]. Institutionen werden verstanden als Systeme „miteinander verknüpfter, formgebundener (formaler) und formungebundener (informaler) Regeln (Normen) einschließlich der Vorkehrungen zu deren Durchsetzung." [RICHTER/FURUBOTN (2003), S. 7]. Institutionen sind demnach exogene Regeln, Rechte oder Vorschriften, die die Handlungen eigennütziger Akteure steuern [vgl. EDELING (1999), S. 9].

[583] Die Agencytheorie soll hier lediglich in ihren Grundzügen vorgestellt werden. Für einen umfassenderen Überblick siehe DALTON ET AL. (2007); EBERS/GOTSCH (2006); EISENHARDT (1989); LEVINTHAL (1988); KRÄKEL (2007); MILGROM/ROBERTS (1992); NEUS (1989); RICHTER/FURUBOTN (2003) oder PICOT/DIETL/FRANCK (2008).

[584] Vgl. JENSEN/MECKLING (1976), S. 308.

[585] Vgl. EBERS/GOTSCH (2006), S. 258; EISENHARDT (1989), S. 58; GOMEZ-MEJIA/WISEMAN (1997), S. 295.

[586] WILLIAMSON (1986), S. 140.

[587] Vgl. PICOT/DIETL/FRANCK (2008), S. 32. Zum Akteursbild im ökonomischen Institutionalismus siehe auch EDELING (2002), S. 220 ff.

[588] Vgl. EISENHARDT (1989), S. 59; WILLIAMSON (1988), S. 569 f. Das Konzept der begrenzten Rationalität (*bounded rationality*) geht auf SIMON zurück. Hiernach handeln Individuen zwar intentional rational, allerdings können Entscheidungsträger keine objektiv rationalen Entscheidungen treffen, da sie aufgrund begrenzter kognitiver Fähigkeiten nicht alle Informationen erfassen und verarbeiten können [vgl. SIMON (1987), S. 266]. Der rationale Entscheidungsträger der klassischen Ökonomie („economic man') und statistische Entscheidungstheorie zeichnet sich dadurch aus, dass 1) er alle Entscheidungsalternativen kennt, 2) ihm alle Konsequenzen, die aus den Entscheidungen resultieren, bekannt sind, 3) er über eine klar definierte Nutzenfunktion oder Präferenzordnung verfügt, und 4) er mit Blick auf seine Präferenzen jene Alternative auswählt, die den größten Nutzen erwarten lässt [vgl. SIMON (1997), S. 93; MARCH/SIMON (1958), S. 137]. Das Konzept der begrenzten Rationalität trägt der Idee, dass in der Realität getroffenen Entscheidungen diesem Idealbild in aller Regel nicht entsprechen. So ist das Wissen über die Konsequenzen von Entscheidungsalternativen in aller Regel nicht vollständig, sondern fragmentarisch, und Entscheidungsträger können nicht alle möglichen Entscheidungsalternativen in Betracht ziehen [vgl. SIMON (1997), S. 93 f.]. Wie bereits erwähnt, trägt die Agencytheorie der begrenzten Rationalität aus. RICHTER/FURUBOTN (2003) heben jedoch hervor, dass Modelle der normativen Prinzipal-Agenten Theorie mitunter auch von vollkommener Rationalität ausgehen [vgl. RICHTER/FURUBOTN (2003), S. 238]. Ferner weist WILLIAMSON (1988) darauf hin, dass nicht alle Arbeiten, die sich der positiven Agencytheorie zu-

annahmen dieser Theorie. Bezüglich der Risikoneigung wird zumeist angenommen, dass der Prinzipal risikoneutral, der Agent hingegen risikoavers ist.[589]

Da die Agencytheorie die Organisation als einen Nexus impliziter und expliziter Verträge betrachtet,[590] lassen sich Prinzipal-Agent-Beziehungen auf verschiedenen Ebenen der Organisation identifizieren. Der klassische und zugleich auch beliebteste Anwendungsfall bildet die Analyse der Beziehung zwischen Eigentümern (Prinzipal) und dem Management (Agent).

Nach EISENHARDT (1989) will die Agencytheorie insbesondere zwei Probleme lösen: 1) Das erste Problem, das so genannte Agenturproblem (*agency problem*) resultiert aus der Tatsache, dass der Agent und der Prinzipal unterschiedliche Ziele verfolgen, und dass gleichzeitig eine Informationsasymmetrie vorliegt, die sich nachteilig für den Prinzipal erweisen kann.[591] Der Abbau des Informationsdefizits, d.h. das Einholen von Informationen über die Absichten sowie das Verhalten des Agenten, ist mit Kosten verbunden. Agenturprobleme werden weiter unterteilt in *Moral Hazard* und *Adverse Selection*. Der Ausdruck *Moral Hazard* umschreibt das Problem, dass der eigennützig und strategisch handelnde Agent das Informationsdefizit des Prinzipals zu seinem eigenen Vorteil ausnutzt. Da der Prinzipal annahmegemäß den tatsächlichen Arbeitseinsatz des Agenten nicht beobachten kann, besteht z.B. die Gefahr der „Drückebergerei" (*shirking*) oder aber die des privaten Konsums auf Kosten des Prinzipals (*consumption on the job*).[592] Adverse Selection bezieht sich auf das Problem, dass der Agent vor Vertragsabschluss dem Prinzipal ein falsches Bild von seiner Qualifikation und Leistungsbereitschaft vermittelt.[593]

2) Das zweite Problem, das so genannte Problem der Risikoteilung (*problem of risk sharing*) ergibt sich aus der unterschiedlichen Risikoneigung der Akteure. So besteht die Gefahr, dass der Agent aufgrund seiner Risikoaversion eine Handlung ergreift, die vom Prinzipal nicht präferiert wird.[594] Ein Beispiel, das häufig angeführt wird, um die Problematik der Risikoaversi-

---

ordnen lassen, von der Annahme begrenzter Rationalität ausgehen. Er bezieht sich hierbei auf den „ex post settling-up-Mechanismus des Arbeitsmarktes für Manager. „Fama's argument that managerial discretion is effectively held in check by „ex post settling-up" is closer in spirit to the unbounded-rationality tradition." [WILLIAMSON (1988), Fn. 5]. Zum „ex post settling-up-Mechanismus siehe S. 172.

[589] Vgl. EISENHARDT (1989), S. 58.

[590] Vgl. FAMA (1980), S. 293; FAMA/JENSEN (1983), S. 302.

[591] Es werden drei Grundtypen von Informationsasymmetrien unterschieden: Hidden Action, Hidden Information und Hidden Characteristics. Die Informationsasymmetrie Hidden Characteristics taucht vor dem Vertragsabschluss auf und aus ihr resultiert das Agenturproblem Adverse Selection. Hidden Action und Hidden Information sind hingegen nachvertragliche Informationsasymmetrien, die das Risiko des Moral Hazards in sich bergen [vgl. JOST (2001), S. 25 ff.].

[592] Vgl. ELSCHEN (1991), S. 1005; GOMEZ-MEJIA/WISEMAN (1997), S. 296; LEVINTHAL (1988), S. 156.

[593] Vgl. EISENHARDT (1989), S. 61.

[594] Vgl. EISENHARDT (1989), S. 58.

on zu verdeutlichen, ist die Verfolgung einer Diversifikationsstrategie, die aufgrund des Effekts der Risikostreuung zwar im Interesse des Top-Managements, aber nicht notwendigerweise im Interesse der Shareholder liegt.[595]

Die Lösung dieser Probleme sieht die Agencytheorie in einer möglichst optimalen Gestaltung der Vertragsbeziehung zwischen Prinzipal und Agent. Das institutionelle Arrangement gilt als besonders vorteilhaft, je weniger Agenturkosten – d.h. Kontrollkosten des Prinzipals (*monitoring expenditures*), Signalisierungskosten des Agenten (*bonding expenditures*) sowie Residualkosten (*residual loss*)[596] – anfallen.[597]

Neben der Möglichkeit der Parallelisierung der Interessen von Anteilseignern (Prinzipal) und Management (Agent) mittels der Etablierung eines Anreizsystems, werden in der Literatur noch weitere Mechanismen zur Disziplinierung des Managements diskutiert.[598] Beliebt ist dabei die Unterscheidung zwischen internen und externen Kontrollmechanismen.[599] So stellen der Board of Directors (bzw. Aufsichtsrat) sowie eine konzentrierte Eigentümerstruktur weitere interne Kontrollmechanismen dar, die sicherstellen sollen, dass das Management im Sinne der Aktionäre handelt.[600] Unter externen Kontrollinstitutionen werden dagegen marktliche Mechanismen, wie z.B. der Kapitalmarkt, der Arbeitsmarkt für Manager (*Managerial Labor Market*), der Markt für Unternehmenskontrolle (*Market for Corporate Control*) oder der Produktmarkt verstanden, die zum Abbau des Prinzipal-Agenten-Problems beitragen.

Wie bereits erwähnt, nimmt die Mehrzahl der Untersuchungen zur Vergütung von Top-Managern einen agencytheoretischen Bezugsrahmen ein. Um den derzeitigen Forschungsstand – und dieser hat sich insbesondere in den letzten Jahren aufgrund der weltweit geführten Corporate Governance-Debatte beträchtlich erweitert – möglichst präzise und übersichtlich wiederzugeben, erscheint es sinnvoll, zur Strukturierung des Kapitels auf die oben präsentierte Unterscheidung zwischen internen und externen Kontrollmechanismen zurückzugreifen. Des Weiteren wird der Klassifikation interner Kontrollinstitutionen nach GOMEZ-MEJIA/WISEMAN (1997) gefolgt, die in ihrem Bezugsrahmen zur Einordnung und Bewertung agencytheoretischer Arbeiten zur Vergütung von Managern grob zwischen zwei Mechanis-

---

[595] Vgl. AMIHUD/LEV (1981), S. 615.

[596] Vgl. JENSEN/MECKLING (1976), S. 308.

[597] Vgl. EBERS/GOTSCH (2006), S. 263; PICOT/DIETL/FRANCK (2008), S. 73. Agenturkosten bilden die Differenz zwischen der *First Best Solution* (Tausch bei vollständiger Information) und der *Second Best Solution* (Tausch bei unvollständiger Information).

[598] Vgl. FAMA/JENSEN (1983), S. 312 f.

[599] Vgl. BOYD (1994), S. 336; DAILY/DALTON/CANNELLA (2003), S. 372; FRANCK (2002), S. 215; JENSEN/MURPHY (1990b), S. 252; KRÄKEL (2007), S. 285; OSTERLOH/FREY (2005), S. 337; REDIKER/SETH (1995), S. 85 ff; ROBERTS/MCNULTY/STILES (2005), S. S7; WALSH/SEWARD (1990), S. 423 ff.

[600] Vgl. DAILY/DALTON/CANNELLA (2003), S. 372.

men unterscheiden: Unter ,*contractual mechanism*' subsumieren sie alle Forschungsbeiträge, die sich unmittelbar mit dem Vergütungsvertrag beschäftigen. Insbesondere Vertreter der normativen Agencytheorie haben sich intensiv mit der Frage beschäftigt, wie mittels eines Vertrages eine Interessenangleichung von Managern und Anteilseignern herbeigeführt werden kann. Arbeiten, die über den Vertrag hinausgehen und sich der Frage widmen, welchen Einfluss andere Kontrollinstitutionen auf die Vergütung von Managern haben, fassen sie unter ,*supervisory mechanism*' zusammen. GOMEZ-MEJIA/WISEMAN zufolge haben vor allem Vertreter der positiven Agencytheorie „looked beyond the contract to issues of direct supervision."[601] Mit Blick auf die aus einer direkten Überwachung resultierenden Disziplinierung sind einige Forscher zum Beispiel der Frage nachgegangen, ob zwischen der Zusammensetzung des Kontrollgremiums (Board of Directors, Aufsichtsrat) und der Vergütung von Managern ein Zusammenhang besteht. Andere haben indes untersucht, ob Großaktionäre – wie z.B. institutionelle Investoren – dafür sorgen, dass Vergütungsverträge von CEOs stärker an den Unternehmenserfolg gekoppelt werden.[602] Die folgende Abbildung fasst die Struktur des Kapitels noch einmal graphisch zusammen.

Abb. 11: Disziplinierung des Managements durch interne und externe Kontrollmechanismen[603]

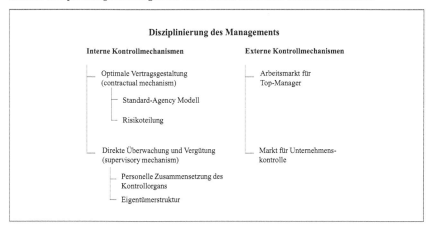

Im Mittelpunkt der folgenden Ausführungen steht zunächst die optimale Vertragsgestaltung als interner Kontrollmechanismus. Der Fokus wird dabei auf die von EISENHARDT identifi-

---

[601] GOMEZ-MEJIA/WISEMAN (1997), S. 300.

[602] Vgl. GOMEZ-MEJIA/WISEMAN (1997), S. 303 ff.

[603] Eigene Darstellung.

zierten Kernprobleme gelegt: dem *Standard-Agency-Problem* sowie dem *Problem der Risikoteilung*. Vor allem der normative Zweig der Agencytheorie – der häufig vom positiven Zweig abgegrenzt wird[604] – hat sich intensiv mit Fragen der optimalen Gestaltung von (monetären) Anreizsystemen sowie mit der Problematik der optimalen Risikoallokation beschäftigt.[605]

Es sei darauf hingewiesen, dass das Standard-Agency-Modell lediglich in seinen Grundzügen vorgestellt wird. Von Relevanz für die hier vorliegende Arbeit ist weniger die Frage, wie Vergütungsverträge für Manager ausgestaltet werden sollten, sondern die Frage, ob agencytheoretische Überlegungen zur Vergütung von Top-Managern in der Praxis tatsächlich eine Rolle spielen. Insofern bildet die Vorstellung verschiedener empirischer Studien zur Vergütung von Top-Managern (Abschnitt 1.2.1.3) den Schwerpunkt des Kapitels.

Im Anschluss an Abschnitt 1.2.1 wird der Fokus auf Studien gelegt, die den Einfluss weiterer interner Kontrollinstitutionen auf die Vergütungssysteme von Managern empirisch untersucht haben. Mit Blick auf die externen Kontrollmechanismen, die nach WALSH/SEWARD (1990)

---

[604] Es lassen sich innerhalb der Agencytheorie zwei Strömungen unterscheiden [vgl. JENSEN/MECKLING (1976), S. 87; JENSEN (1983), S. 319 ff.]: Der normative Theoriezweig (auch als Principal-Agent-Theory bekannt) versucht mit Hilfe von abstrakten formallogischen Darstellungen die Beziehung zwischen Agent und Prinzipal abzubilden [siehe MÜLLER (1995), S. 62 ff.]. Es werden mitunter äußerst komplexe mathematische Modelle entwickelt, um die Effizienz alternativer Vertragsformen zu ermitteln. Die stärker empirisch ausgerichtete positive Agencytheorie versucht hingegen überwiegend in verbaler Form Zielkonflikte zu identifizieren und Governance-Mechanismen zu beschreiben, die in der Lage sind, die Nachteile, die aus dem eigennützigen Verhalten des Agenten resultieren, zu minimieren [vgl. EISENHARDT (1989), S. 59 ff.]. Unterschieden dabei Output-orientierte Governance-Mechanismen – wie z.B. erfolgsabhängige Vergütungssysteme – und Input-orientierte Instrumente, wie beispielsweise Informationssysteme, die das Verhalten des Agenten beobachten und die Möglichkeit zum opportunistischen Verhalten reduzieren [vgl. EISENHARDT (1989), S. 60]. Wenngleich beide Strömungen zahlreiche Gemeinsamkeiten aufweisen (z.B. die oben beschriebenen Verhaltensannahmen), unterscheiden sie sich doch in einigen wesentlichen Punkten: Die erste Unterscheidung betrifft die mathematische Strenge und Präzision der normativen Agencytheorie und ihre Konzentration auf den Vertrag als primärer Lösungsansatz für die Agenturprobleme sowie auf die Frage der optimalen Risikoteilung [vgl. JENSEN (1983), S. 334]. Während die normative Theorie vor allem Empfehlungen über die Gestaltung von Verträgen abgeben will, will die positive Agencytheorie die in der Realität vorzufindenden institutionellen Regelungen beschreiben und deren Existenz erklären [vgl. ELSCHEN (1991), S. 1006; JENSEN (1983), S. 320]. NEUS (1989) spricht davon, dass die positive Agencytheorie zum Teil einen tautologischen Charakter hat. Er verdeutlicht dies anhand der Diskussion um Effizienz und Überleben bestimmter Unternehmensformen. „In einem Wettbewerbsmarkt kann eine bestimmte Organisationsform nur überleben, wenn sie effizient ist, d.h. mindestens in bezug auf ein Merkmal Vorteile gegenüber anderen Formen aufweist. Somit wird schon das Überleben zu einem Effizienzkriterium. Also wird nach Argumenten gesucht, die geeignet sind, das Überleben dieser Formen zu begründen." [NEUS (1989), S. 13]. Die Publikumsgesellschaft, die sich durch eine Trennung von Eigentum und Kontrolle sowie durch eine breite Streuung des Aktienbesitzes auszeichnet, ist eine Organisationsform, die besonders viel Aufmerksamkeit von der positiven Agencytheorie erhalten hat. Trotz der dargelegten Unterschiede sieht EISENHARDT die beiden Strömungen der Agencytheorie als komplementär. So schlussfolgert sie: „Positivist theory identifies various contract alternatives, and principal-agent theory indicates which contract is the most efficient under varying levels of outcome uncertainty, risk aversion, information, and other variables (…)." [EISENHARDT (1989), S. 60. Ähnlich argumentiert auch NEUS (1989), S. 14].

[605] Vgl. EISENHARDT (1989), S. 61.

immer dann aktiviert werden, wenn interne Kontrollinstrumente versagen,[606] soll der Schwerpunkt auf den Arbeitsmarkt für Manager sowie auf den Markt für Unternehmenskontrolle gelegt werden. Nach einhelliger Meinung sind beide Kontrollmechanismen im Hinblick auf die Vergütung von Managern von zentraler Bedeutung.

1.2   Interne Kontrollmechanismen

1.2.1   Erfolgsabhängige Vergütungsverträge

1.2.1.1   Theoretische Grundlegung

Der normative Theoriezweig fokussiert im Wesentlichen auf die Ermittlung eines optimalen Vertrages zwischen einem Auftraggeber und einem Auftragnehmer. Durch logische Deduktion aus Prämissen und mit Hilfe der mathematischen Beweisführung werden Gestaltungsempfehlungen entwickelt.[607] Im Gegensatz zur neoklassischen Mikroökonomie, die den Ausgangspunkt der Prinzipal-Agent Theorie bildet,[608] verfügen die Akteure in den entscheidungslogischen Modellen nicht über vollkommene Informationen. Annahmegemäß ist der Auftraggeber im so genannten *Hidden-Action* Modell – auch als *Standard-Agency-Model* bekannt – mit dem Problem konfrontiert, dass ihm die Handlungen des Auftragnehmers verborgen bleiben. Andere Modellelemente, wie z.B. der Reservationsnutzen des Agenten, seine Präferenzen, die Produktionsfunktion (d.h. der Zusammenhang zwischen Arbeitseinsatz und Arbeitsergebnis) sowie Eintrittswahrscheinlichkeiten verschiedener Umweltzustände, sind ihm allerdings bekannt.[609] Im Kern geht es also um die ex ante Ermittlung eines optimalen Vertrages bzw. Anreizsystems für den Agenten unter Berücksichtigung der vorliegenden Informationsstruktur sowie der Risikoneigung der Akteure. Im Vertrag wird das Entlohnungssystem spezifiziert, d.h. es werden die fixen und variablen Vergütungsbestandteile festgelegt.[610]

1.2.1.1.1   Standard-Agency Modell

Das einfache Grundmodell der Agencytheorie geht davon aus, dass zwischen Prinzipal und Agent Zielkonflikte bestehen, dass die Akteure eigennützig handeln, und dass der Output der Kooperationsbeziehung bestimmbar ist.[611] In den meisten Modellierungen wird zudem ange-

---

[606]   Vgl. WALSH/SEWARD (1990), S. 434. Zur ex ante Wirkung des *Market für Corporate Control* siehe auch DALTON ET AL. (2007), S. 27.

[607]   Vgl. ELSCHEN (1991), S. 1006.

[608]   Siehe hierzu ausführlich PICOT/DIETL/FRANCK (2008), S. 35 ff.

[609]   Vgl. MEINHÖVEL (1999), S. 23; RICHTER/FURUBOTN (2003), S. 238.

[610]   Vgl. JOST (2001), S. 13.

[611]   Vgl. EISENHARDT (1989), S. 60. Siehe zu den mehrperiodigen Modellen LAMBERT/LARCKER (1987a), S. 90 f. sowie WINTER (2001), S. 496 ff.

nommen, dass der Agent risikoavers, wohingegen der Prinzipal risikoneutral ist.[612] Es lassen sich mit Blick auf die Informationsverteilung nun zwei Fälle unterscheiden:[613] 1) Im ersten Fall verfügt der Prinzipal über vollständige Informationen bezüglich des Anstrengungsniveaus des Agenten bei der Bearbeitung seiner ihm zugeteilten Aufgaben. In diesem Fall wäre die Gestaltung eines Vertrages relativ einfach, denn der Agent erhält genau dann eine Belohnung, wenn er die Aufgabe im Sinne des Prinzipals erfüllt hat.[614] Die effizienteste Lösung wäre also ein Vertrag, der das Leistungsverhalten des Agenten zum Gegenstand macht (*behavior based contract*).[615]

2) Im zweiten Fall – der so genannte *Hidden-Action-Fall* – liegt eine Informationsasymmetrie vor.[616] Das Verhalten des Agenten entzieht sich der Beobachtbarkeit durch den Prinzipal. Der Agent hat folglich einen diskretionären Handlungsspielraum, den er zur Durchsetzung seiner eigenen Interessen und zum Nachteil des Prinzipals ausnutzen kann. Dem Prinzipal bleibt letztlich nur die Möglichkeit, das (beobachtbare) Arbeitsergebnis als Grundlage für den Vertrag heranzuziehen.[617] Problematisch ist allerdings in diesem Zusammenhang, dass der Prinzipal vom Arbeitsergebnis nicht unbedingt auf den Arbeitseinsatz schließen kann.[618] Dies würde voraussetzen, dass das Arbeitsergebnis ausschließlich vom Verhalten des Agenten abhängig ist und keinerlei exogener Einflüsse unterliegt. Übertragen auf das Top-Management würde dies bedeuten, dass das Arbeitsergebnis – wie z.B. der Gewinn oder der Unternehmenserfolg – nur vom Handeln der Mitglieder des Top-Managements abhängig ist. Eine solche Annahme ist wenig realistisch. So ist hinlänglich bekannt, dass der Unternehmenserfolg von zahlreichen Faktoren – wie z.B. Konjunkturschwankungen oder Wettbewerbsintensität – beeinflusst wird.[619] Diese externen Einflüsse werden im Modell aufgenommen, indem der

---

[612]   Erweiterungen dieses Grundmodells setzen unter anderem an der Annahme der Risikoneigung der Akteure an. So kann der Agent auch als weniger risikoavers modelliert werden, wenn dieser beispielsweise vermögend ist. [vgl. EISENHARDT (1989), S. 62].

[613]   Siehe hierzu GOMEZ-MEJIA/WISEMAN (1997), S. 296.

[614]   Vgl. JOST (2001), S. 20.

[615]   Siehe hierzu weiterführend EISENHARDT (1988), die darauf aufmerksam macht, dass es mit steigender Komplexität einer Tätigkeit zunehmend schwieriger wird, das Verhalten des Leistungsträgers zu evaluieren [vgl. EISENHARDT (1988), S. 493].

[616]   Aus dem Hidden-Action-Fall resultiert das Agenturproblem des moralischen Risikos (*Moral Hazard*). Zwei weitere Fälle einer Vertragsbeziehung mit asymmetrischer Information sind Hidden Information und der Hidden Characteristics [hierzu ausführlich DEMOUGIN/JOST (2001), S. 45 ff.]

[617]   In diesem Fall wird auch von einer ,*second best solution*' gesprochen.

[618]   Vgl. LEVINTHAL (1988), S. 156; MÜLLER (1995), S. 62; SPREMANN (1990), S. 573.

[619]   Vgl. EISENHARDT (1988), S. 490.

Output als eine Funktion des Verhaltens des Agenten, d.h. seine persönlichen Anstrengungen, sowie exogene Zufallsereignisse definiert werden.[620]

Die Schwierigkeit des Prinzipals bei der Gestaltung des Vertrages besteht insbesondere darin, den optimalen Arbeitseinsatz des Agenten bei der Aufgabendurchführung zu antizipieren und die Entlohnung in Abhängigkeit vom Ergebnis und unter Berücksichtigung des Reservationsnutzens[621] zu spezifizieren.[622] Ziel des Prinzipals ist die Maximierung des (monetären) Gewinns, d.h. er strebt einen maximalen Einsatz des Agenten bei der Durchführung der Aufgabe bei gleichzeitig geringer Entlohnung des Agenten an.

Nachdem der Vertrag zustande gekommen ist, wählt der Agent seine Arbeitsleistung. Es wird davon ausgegangen, dass der Output mit einer Zunahme der Arbeitsanstrengung steigt.[623] Gleichzeitig nimmt aber auch das Arbeitsleid des Agenten zu. Ohne eine adäquate Kompensation wird der Agent aber bestrebt sein, zusätzliches Engagement zu vermeiden. Insofern muss der Prinzipal ein Vergütungssystem entwickeln, welches den Agenten zu einer höheren Arbeitsleistung motiviert. Im Hinblick auf das Top-Management würde dies bedeuten, dass der Board (bzw. Aufsichtsrat) dem leitenden Management durch das Vergütungssystem einen Anreiz setzt, im Interesse der Anteilseigner den Wert des Unternehmens zu steigern.

1.2.1.1.2 Risikoteilung

Aus einer erfolgsabhängigen Vergütung resultiert zum einen eine Angleichung der Interessen von Prinzipal und Agent, denn der Agent wird sich im Sinne des Prinzipals nun stärker bemühen, den Output zu steigern, um höher entlohnt zu werden. Zum anderen verändert sich aber auch die Risikoverteilung. Annahmegemäß ist der Agent risikoavers und der Prinzipal risikoneutral. Von diesem Standpunkt aus betrachtet, sollte der Prinzipal aufgrund der zusätzlichen Kosten, die für den Agenten bei einer Risikoübertragung entstehen würden, das gesamte Risiko übernehmen und ein fixes Entlohnungssystem für seinen Agenten wählen.[624] Allerdings geht von dieser Vergütungsform kein Motivationseffekt aus. Es liegt folglich ein Trade-Off zwischen optimaler Risikoallokation und optimaler Anreizgestaltung vor.[625] GOMEZ-MEJIA/WISEMAN (1997) fassen die Problematik wie folgt zusammen „Thus, the central issue

---

[620]   Vgl. LAMBERT/LARCKER (1987a), S. 87.

[621]   Bedingung für eine Zusage seitens des Agenten ist, dass der Vertrag seinen Mindest- bzw. Reservationsnutzen berücksichtigt. Der Reservationsnutzen des Agenten, den der Prinzipal annahmegemäß kennt [vgl. MÜLLER (1995), S. 66], ist mindestens so hoch wie der Nutzen, den er aus einer alternativen Kooperationsbeziehung erzielen könnte [vgl. JOST (2001), S. 19].

[622]   Vgl. DEMOUGIN/JOST (2001), S. 47.

[623]   Vgl. ARROW (1986), S. 1184.

[624]   Vgl. JOST (2001), S. 22 f.; HOLMSTROM (1979), S. 74; TOSI/KATZ/GOMEZ-MEJIA (2000), S. 305.

[625]   Vgl. BLOOM/MILKOVICH (1998), S. 285; PRENDERGAST (2000).

in the optimal contracting problem is the trade-off between the cost measuring agent behavior and the cost of transferring risk to the agent, that is, balancing the insurance and incentive properties of compensation design."[626]

Die Risikoübertragung auf den Agenten wird von der Prinzipal-Agenten-Theorie eingehend problematisiert.[627] Vor dem Hintergrund, dass Manager risikoavers sind, besteht z.B. die Gefahr, dass eine zu starke Verkopplung von Erfolg und Vergütung suboptimales Verhalten induziert. Denkbar wäre beispielsweise, dass Manager jegliche Investitionen mit Risiko scheuen.[628] Oder aber, dass Manager Strategien verfolgen, die nicht im Interesse der Aktionäre liegen. AMIHUD/LEV (1981) konnten in ihrem viel beachteten Aufsatz die Hypothese bestätigen, dass Manager bestrebt sind, Konglomerate aufzubauen, um ihr Risiko zu diversifizieren.[629] Da Anteilseigner aber die Möglichkeit haben, durch eine geschickte Zusammenstellung ihres Wertpapier-Portfolios ihr Risiko selbst und nach eigenen Vorstellungen zu streuen, profitieren sie nur wenig von einer durch eine Unternehmensdiversifikation herbeigeführte Risikoreduktion.[630]

Im Hinblick auf das Problem der Fehlsteuerung als Folge einer zu großen Risikoübertragung auf den Agenten wurde in vielen Untersuchungen der Frage nachgegangen, ob Aktienoptionen aufgrund ihrer Hebelwirkung im Gegensatz zu einer Aktienüberlassung besser geeignet sind,[631] das Verhalten von Entscheidungsträgern in gewünschter Weise zu steuern.[632] Vielfach ist man zu dem Schluss gekommen, dass Aktien zu einer Verstärkung des risikoaversen Verhaltens führen, wohingegen Aktienoptionen dem Manager einen Anreiz geben, auch in risikoreiche Projekte zu investieren.[633]

---

[626]   GOMEZ-MEJIA/WISEMAN (1997), S. 296.

[627]   Vgl. BEATTY/ZAJAC (1994), S. 313.

[628]   Vgl. GRAY/CANNELLA (1997), S. 521.

[629]   Vgl. AMIHUD/LEV (1981), S. 615.

[630]   Vgl. AMIHUD/LEV (1981), S. 605. Kritisch hierzu LANE/CANNELLA/LUBATKIN (1998).

[631]   Das Risiko des Verlustes ist durch die asymmetrische Auszahlungsstruktur auf den Verfall der Aktienoptionen reduziert [vgl. WINTER (2000), S. 49]. Sinkt der Kurs der Aktie unter den Bezugskurs so wird die Option nicht ausgeübt und verfällt am Ende der Laufzeit [vgl. SANDERS (2001), S. 479]. Dass der Manager faktisch nicht am Risiko eines Kursverlustes beteiligt wird, wird häufig als Kritik gegen Aktienoptionen als Vergütungsinstrument angeführt [vgl. BERNHARDT/WITT (1997), S. 90; O'CONNOR ET AL. (2006), S. 485]. Insbesondere wenn Aktienoptionen ‚on top' gewährt werden, also additiv zur variablen Vergütung hinzukommen – wie es in Deutschland bei der Einführung von Aktienoptionsprogrammen häufig der Fall war [vgl. HÖPNER (2003), S. 140; PELTZER (2005), S. 154. Ebenso in den USA JENSEN/MURPHY/WRUCK (2004), S. 58] – erleidet der Manager bei einer schlechten Unternehmensentwicklung keine spürbaren Verluste [siehe die Gegenargumente bei HALL (2000), S. 124 ff.].

[632]   Siehe hierzu die Untersuchung von SANDERS (2001), S. 477 ff.

[633]   Vgl. KNOLL (2005), S. 256; SANDERS (2001), S. 479; WINTER (2000), S. 48. Siehe hierzu den Literaturüberblick bei ARNOLD/GILLENKIRCH (2007), S. 78 ff.

Eine weitere in der Literatur diskutierte Folge ist die Steigerung der Bezüge als Resultat einer Risikoübertragung.[634] Aufgrund seiner Risikoscheu bevorzugt der Manager Barmittel, da er diese nutzen kann, um sein Portefeuille an Wertpapieren zu diversifizieren.[635] Wird der Manager durch das Vergütungssystem indes gezwungen, lediglich in Aktien seines „eigenen" Unternehmens zu investieren,[636] entgeht ihm die Möglichkeit sein Risiko zu streuen, wofür ihn der Prinzipal entsprechend entschädigen muss.[637] Die so genannte Risikoprämie wird aber auch schon deshalb fällig, weil der Agent überzeugt werden muss, in einen für ihn mit Risiko verbundenen Vertrag einzuwilligen.[638] Insofern dient die Risikoprämie auch dazu, die talentiertesten Manager für das Unternehmen zu gewinnen bzw. zu halten. In der Literatur wird gelegentlich darauf hingewiesen, dass Unternehmen, die in einer Krise stecken, Schwierigkeiten haben, talentierte Top-Manager zu rekrutieren, da sie aufgrund der finanziellen Schieflage nicht in der Lage sind, eine Risikoprämie zu zahlen.[639]

Wie oben bereits verdeutlicht wurde, kann der Prinzipal nur das Arbeitsergebnis und nicht den Arbeitseinsatz als Ausgangspunkt für die Entlohnung heranziehen.[640] Die soeben geschilderten externen Einflüsse – die sich von keinem der beteiligten Kooperationspartner kontrollieren lassen[641], und die das Ergebnis sowohl positiv als auch negativ beeinflussen können –

---

[634]   Vgl. BEATTY/ZAJAC (1994), S. 316.

[635]   Vgl. CANNELLA/MONROE (1997), S. 215.

[636]   Aktienpläne sehen i.d.R. eine Verkaufssperre von mehreren Jahren vor. Im Hinblick auf Aktienoptionen ist der Handel untersagt.

[637]   Vgl. SCHOLES (1992), S. 123 zitiert nach BEATTY/ZAJAC (1994), S. 315.

[638]   Vgl. MILGROM/ROBERTS (1992), S. 187.

[639]   Vgl. D'AVENI (1990), S. 126.

[640]   Vgl. MILGROM/ROBERTS (1992), S. 187.

[641]   Vgl. ROSEN (1999), S. 315; SPREMANN (1987a), S. 581. Neben der oben beschrieben Problematik der externen Einflussfaktoren auf den Marktwert, wird in der Literatur vielfach darauf aufmerksam gemacht, dass der Wert eines Unternehmens nicht allein von den (Top-)Managern, sondern streng genommen vom Handeln aller Mitarbeiter des Unternehmens beeinflusst wird [vgl. WINTER (2001), S. 503]. Allerdings wird diesem Argument entgegengesetzt, dass Top-Manager aufgrund ihrer Stellung – sie sind weisungsbefugt und beeinflussen mit ihrem Handeln der nachgelagerten Hierarchieebenen – auf der Tragweite ihrer Entscheidungen unter allen Organisationsmitgliedern zumindest den größten Einfluss auf den Wert eines Unternehmens haben [vgl. GEDENK (1998), S. 27; WINTER (2001), S. 504]. Ungelöst bleibt dennoch das Problem der individuellen Leistungszurechnung. In praktischer Hinsicht ist es nur bedingt möglich, den individuellen Beitrag jedes einzelnen Mitglieds des Top-Management Teams nachzuvollziehen [vgl. WINTER (2000), S. 42]. Werden allerdings die Leistungen aller Mitglieder gleichermaßen am Marktwert des Unternehmens bemessen und erhalten z.B. die gleiche Anzahl von Aktienoptionen, so kann ein Free Rider Problem entstehen [vgl. BAKER/JENSEN/MURPHY (1988), S. 606 sowie WINTER (2000), S. 42]. Hiermit ist gemeint, dass es für den einzelnen Manager rational sein kann, sein bisheriges Leistungsniveau zu senken [vgl. WINTER (2001), S. 503], denn „[a]ußergewöhnliche Leitungen und Erfolge werden nicht individuell belohnt, Versagen wird nicht individuell geahndet." [BAUMS (1997), S. 12]. Als Lösung dieses Problems wird die Herstellung eines engeren individuellen Bezugs vorgeschlagen. Im Hinblick auf Aktienoptionen wäre es beispielsweise möglich, dass die Mitglieder des Top-Managements ihrer Leistung entsprechend eine unterschiedliche Anzahl an Optionen erhalten [vgl. WINTER (2000), S. 49]. Dies würde al-

sind aus Sicht beider Akteure problematisch. Aus der Perspektive des Prinzipals besteht z.B. die Gefahr, dass dieser den Agenten nicht für seine Leistung bezahlt, sondern für den Umstand, dass ein glücklicher Zufall das gute Arbeitsergebnis herbeigeführt hat. Um den Arbeitseinsatz von externen Einflüssen zu isolieren, kann der Prinzipal zusätzliche Informationen heranziehen. So kann er beispielsweise auf Vergleichsdaten von Unternehmen derselben Branche zurückgreifen (*relative Leistungsbewertung*), um festzustellen, welche Rolle Umwelteinflüsse bei dem Zustandekommen des Ergebnisses gespielt haben.[642]

Externe Umwelteinflüsse stellen aber auch für den Agenten ein Risiko dar, denn sie können das Arbeitsergebnis negativ beeinflussen. Trotz höchster Arbeitsanstrengung besteht die Gefahr, dass Erfolge ausbleiben.[643] Eine Situation, in der „Fleiß und Pech das gleiche bewirken können wie Müßiggang in Verbindung mit Glück"[644], ist auch aus motivationstheoretischer Sicht bedenklich.[645] Zu den robustesten empirischen Ergebnissen der Motivationstheorie zählt, dass eine extrinsische Belohnung nur dann motiviert, wenn sie konsequent mit der Leistung verkoppelt ist.[646]

Mit Blick auf erfolgsabhängige Vergütungssysteme wurde innerhalb der Agencytheorie eine breite und kontroverse Diskussion darüber geführt, welche Vor- und Nachteile sowie Manipulationsgefahren verschiedene Bemessungsgrundlagen mit sich bringen.[647] Im Kern geht es bei dieser Diskussion um die Frage, ob als Erfolgsmaß der Marktwert des Unternehmens oder aber Größen des Rechnungswesens herangezogen werden sollten. Ohne auf diese Diskussion im Detail einzugehen, soll nur so viel gesagt werden, dass beide Erfolgsmaße mit einigen Schwächen behaftet sind.[648] Im Hinblick auf den für die Aktionäre vermögensrelevanten

---

lerdings voraussetzen, dass die Mitglieder des Kontrollorgans über relativ präzise Kenntnisse darüber verfügen, welcher Leistungsbeitrag vom einzelnen Manager zu erwarten ist. Die vergangene Leistung (z.B. der Erfolg des vom einzelnen Vorstand geführten Unternehmensbereichs) könnte dabei als Indikator herangezogen werden. Problematisch wird es allerdings, wenn keine genauen Kenntnisse über die individuelle Leistung vorliegen, wie z.B. bei neuen (vor allem extern rekrutierten) Vorstandsmitgliedern oder aber bei Vorständen, die für ein Ressort verantwortlich sind, dessen Beitrag zum Gesamtunternehmenserfolg nur schwer quantifizierbar ist. Des Weiteren sollte in Betracht gezogen werden, dass Entscheidungen, die einen besonders großen Einfluss auf den Unternehmenswert haben – wie z.B. größere Investitionsvorhaben oder Akquisitionen – in Deutschland grundsätzlich gemeinschaftlich vom Gesamtvorstand zu treffen sind.

[642]   Vgl. PORAC/WADE/POLLOCK (1999), S. 112 ff. Siehe zu den Vor- und Nachteilen der relativen Leistungsbewertung den Beitrag von WINTER (1996).

[643]   Vgl. BLOOM/MILKOVICH (1998), S. 285.

[644]   SPREMANN (1990), S. 581.

[645]   Vgl. GRAY/CANNELLA (1997), S. 523. Umfassender LAWLER (1977).

[646]   Vgl. LAWLER (1977), S. 162.

[647]   Vgl. WINTER (2001), S. 503.

[648]   Umfassend WINTER (2001), S. 503.

Marktwert wird vor allem kritisiert, dass dieser eben nicht allein von der Leistung des Managements abhängig ist,[649] sondern durch verschiedene externe und vom Management nicht kontrollierbare Faktoren beeinflusst wird.[650] Gegen die Verwendung rechnungswesenbasierter Erfolgsmaße sprechen insbesondere zwei Gründe: Zum einen wird hervorgehoben, dass traditionelle Erfolgsmaße des Rechnungswesens (wie z.b. Rentabilitätskennzahlen) häufig rein vergangenheitsorientiert sind.[651] Der Aktienkurs spiegelt hingegen die Erwartungen der Aktionäre über die Gewinnträchtigkeit eines Unternehmens und ist daher zukunftsorientiert.[652] Zum anderen wird argumentiert, dass aufgrund der bestehenden Ansatz- und Bewertungswahlrechte Unternehmen versuchen, ihre Gewinnsituation in ein besonders positives Licht zu stellen. Daten des Rechnungswesens lassen sich einfacher manipulieren.[653] Aber auch der Aktienkurs lässt sich – wenngleich auch in eingeschränkter Form – gezielt durch das Management beeinflussen. Diskutiert wird in der Literatur die Beeinflussung des Aktienkurses durch eine veränderte Dividendenpolitik oder durch Kapitalherabsetzungen bzw. -erhöhungen.[654]

Die Ausführungen sollten deutlich gemacht haben, dass sich die normative Agencytheorie intensiv mit der Frage der Ausgestaltung optimaler Verträge sowie mit der Problematik des Risikotransfers beschäftigt. Die normative Agencytheorie ist nicht ohne Kritik geblieben. So wird ihr vor allem eine fehlende Realitätsnähe vorgeworfen. Auch das ihr zugrunde liegende Menschenbild stand mehrfach im Kreuzfeuer der Kritik. So stellt LEVINTHAL (1988) fest: „(…) agency theory can be criticized from a behavioral perspective for its narrow view of rationality and its assumptions regarding economics agents' cognitive ability (…). Despite its generality, agency models fail to capture many important aspects of behaviour within organizations."[655] Auch die stark vereinfachten Annahmen über die menschliche Motivation werden oftmals kritisiert.[656] Zahlreiche Autoren bezweifeln, dass durch monetäre Anreize eine Steigerung der Arbeitsleistung von Top-Managern bewirkt werden kann. So ist hinlänglich bekannt,

---

[649]   Vgl. O'CONNOR ET AL. (2006), S. 485; ROSEN (1999), S. 318; WENGER/KNOLL (1999), S. 573; WINTER (2000), S. 43 f.

[650]   Einfluss auf den Aktienkurs nehmen beispielsweise die Konjunkturentwicklung, Wechselkursschwankungen oder Zinsentwicklungen [vgl. BAUMS (1997), S. 12]. Angeführt wird häufig das Problem eines Bullenmarktes (Hausse), der dazu führen kann, dass sich das Vermögen der Manager auch ohne Leistung vermehrt [vgl. HALL/MURPHY (2003), S. 62 ff.]. Zum systematischen und unsystematischen Risiko siehe Fn. 749.

[651]   Vgl. WINTER (2001), S. 505.

[652]   Vgl. BÜHNER (1990), S. 9; HALL (2000), S. 126.

[653]   Vgl. HOLTHAUSEN/LARCKER/SLOAN (1995), S. 39. Siehe hierzu ausführlich MURPHY (1999), S. 2521 f.

[654]   Vgl. KRAMARSCH (2004), S. 206 f. sowie WENGER/KNOLL (1999), S. 574. In Deutschland ist der Erwerb eigener Aktien zur Kurspflege gemäß § 71 AktG kaum möglich [vgl. WINTER (1996), S. 918].

[655]   Vgl. LEVINTHAL (1988), S. 154.

[656]   Vgl. FREY/OSTERLOH (2005), S. 101; FINKELSTEIN/HAMBRICK (1996), S. 284.

dass Personen in Führungspositionen tendenziell dazu neigen, überdurchschnittlich *viel* zu arbeiten.[657] Sie zählen eher zur Gruppe der „Workaholics" als zur Gruppe der „Drückeberger",[658] und insofern ist der Aussage von FINKELSTEIN/HAMBRICK (1988) zuzustimmen, dass „the idea that added incentives will make them work harder seems seriously flawed."[659] Des Weiteren ist anzumerken, dass in Bezug auf die Tätigkeit eines Managers nicht die Intensität der Anstrengung[660] – im Sinne von Fleiß oder längeren Arbeitszeiten – sondern die Qualität von Entscheidungen von Bedeutung ist.[661]

Eine weitere Kritik stammt von Vertretern des positiven Zweigs der Agencytheorie. GOMEZ-MEJIA/WISEMAN (1997) werfen der normativen Richtung vor, dass die Konzentration auf die Gestaltung eines optimalen Arbeitsvertrages zu kurzsichtig sei.[662] Die deterministisch anmutenden mathematischen Modelle würden an der Realität vorbeigehen.[663] Zudem bezweifeln sie, dass ein einmal abgeschlossener Arbeitsvertrag ausreicht, um das Verhalten des Managements im Sinne der Anteilseigner über den Zeitraum der Vertragsdauer zu steuern.[664] Aber auch die Reaktionen von Managern auf gesetzte Anreize lassen sich in der Realität im Gegensatz zur Modellwelt nicht exakt voraussagen.[665] So können Aktienoptionsprogramme einerseits den gewünschten Effekt erzielen und Manager dazu bewegen, weniger risikoavers und im Sinne der Unternehmenseigner zu agieren, andererseits zeigen Studien aber auch, dass Aktienoptionen Fehlsteuerungen induzieren können.[666] FREY (2000) spricht davon, dass die Aufmerksamkeit der Manager durch Anreize auf unproduktive Tätigkeiten (z.B. Kursmanipu-

---

[657] Vgl. MINTZBERG (1983), S. 25; ROSEN (1999), S. 306.

[658] In diesem Sinne argumentieren FINKELSTEIN/HAMBRICK (1988), S. 552 sowie GEDENK (1998), S. 25.

[659] FINKELSTEIN/HAMBRICK (1988), S. 552. GIBBONS/MURPHY (1990) setzen dieser Kritik jedoch entgegen: „Managerial effort in this context refers not to how *hard* an executive works but rather whether or not he takes actions or makes decisions that increase shareholder wealth." [GIBBONS/MURPHY (1990), S. 35 (Hervorhebung im Original)].

[660] Dass die von Managern erbrachten Anstrengungen oder Leistungen nicht immer auf den ersten Blick erkennbar ist, verdeutlicht FAMA (1991): „When a manager (or professor) stares intently out of the window, it is difficult to tell if he is thinking about tasks or checking the weather." [FAMA (1991), S. 28 f].

[661] Vgl. LEVINTHAL (1988), S. 182; NILAKANT/RAO (1994), S. 649. Ebenso GOLLNICK (1997), S. 42 und MÜLLER (1995), S. 70.

[662] Vgl. GOMEZ-MEJIA/WISEMAN (1997), S. 300.

[663] Vgl. GOMEZ-MEJIA/WISEMAN (1997), S. 300; MÜLLER (1995), S. 61. In seiner vernichtenden Fundamentalkritik wirft MÜLLER (1995) der normativen Agencytheorie zudem vor, nicht empirisch überprüfbar zu sein. Rekurrierend auf HANS ALBERT spricht er von einem ‚Modell-Platonismus' [vgl. MÜLLER (1995), S. 72].

[664] Vgl. GOMEZ-MEJIA/WISEMAN (1997), S. 300.

[665] Vgl. FREY (2000), S. 73.

[666] Vgl. PRENDERGAST (1999), S. 8.

lationen) gelenkt wird.[667] Andere Autoren gelangen in ihren Untersuchungen zudem zu dem Resultat, dass Aktienoptionen unter bestimmten Umständen betrügerisches Verhalten fördern können.[668] So sprechen DENIS/HANOUNA/SARIN (2006) von einer „dark side to incentive compensation".[669]

1.2.1.2 Empirische Befunde

Im Gegensatz zur normativen Agencytheorie ist die positive Agencytheorie stärker empirisch orientiert. Sie will erklären, warum bestimmte Vertragsgestaltungen in der Realität zustande kommen.[670] Zweifelsohne stellt auch der Vertrag in der positiven Agencytheorie ein zentrales Steuerungsinstrument dar.[671] Es wird ebenfalls davon ausgegangen, dass erfolgsabhängige Vergütungssysteme für Top-Manager die Agenturprobleme lösen können, denn durch die Kopplung der Vergütung an den Unternehmenserfolg steigt für den Manager der Anreiz, Entscheidungen zu treffen, die zu einer Vermehrung des Vermögens der Anteilseigner führen.[672] GOMEZ-MEJIA/WISEMAN (1997) fassen die zentrale Annahme der Agencytheorie prägnant zusammen: „(...) if contracts efficiently and effectively constrain agents to act in the principal's interests, then executive pay and firm performance should be strongly linked."[673] Vor diesem Hintergrund ist zu erwarten, dass zwischen der Managementvergütung und dem Unternehmenserfolg ein positiver Zusammenhang besteht. Dieser wurde in zahlreichen empirischen Studien untersucht. Allerdings sind die Ergebnisse – wie noch ausführlicher zu zeigen sein wird – keineswegs eindeutig (siehe hierzu Abschnitt 1.2.1.3.1.).[674]

Des Weiteren wurde aus den Ausführungen oben deutlich, dass aus agencytheoretischer Sicht zahlreiche Gründe dafür sprechen, die Vergütung von Managern nicht an den absoluten, sondern an den relativen Unternehmenserfolg zu koppeln. Auch hierzu liegen inzwischen zahlreiche empirische Untersuchungen vor. Diese konzentrieren sich im Wesentlichen auf die Frage, welche Rolle die relative Leistungsbewertung (relative performance evaluation) in der Vergütungspraxis tatsächlich spielt (siehe hierzu Abschnitt 1.2.1.3.2.).

Abschließend werden Studien vorgestellt, die die Risikoproblematik in den Mittelpunkt stellen. Deutlich wurde aus den vorangegangenen Ausführungen, dass ein optimaler Vergütungs-

---

[667]   Vgl. FREY (2000), S. 71.

[668]   Vgl. DENIS/HANOUNA/SARIN (2006); HARRIS/BROMILEY (2007); O'CONNOR ET AL. (2006).

[669]   DENIS/HANOUNA/SARIN (2006), S. 486.

[670]   Vgl. ELSCHEN (1991), S. 1006.

[671]   Vgl. JENSEN/MECKLING (1976), S. 308.

[672]   Vgl. JENSEN/MURPHY (1990b), S. 226.

[673]   Vgl. GOMEZ-MEJIA/WISEMAN (1997), S. 296.

[674]   Vgl. TOSI/KATZ/GOMEZ-MEJIA (2000), S. 305.

vertrag auch die Risikoaversion des Agenten berücksichtigen muss. Annahmegemäß müssten mit zunehmendem Risikos auch die Bezüge von Managern steigen. Des Weiteren wird angenommen, dass sich mit steigendem Risiko auch die Zusammensetzung der Vergütungssysteme verändern muss, denn es besteht die Gefahr, dass Vergütungskomponenten mit hohem Risikocharakter (wie z.b. Restricted Stocks) das risikoaverse Verhalten des Agenten fördern und somit kontraproduktiv wirken. Unter Abschnitt 1.2.1.3.3. werden folglich die Ergebnisse empirischer Studien vorgestellt, die sowohl den Einfluss von Risiko auf die Höhe der Vergütung als auch auf die Zusammensetzung der Vergütungspakete von Top-Managern untersucht haben.

1.2.1.2.1 Unternehmenserfolg und Vergütung

Die Mehrzahl empirischen Studien zur Vergütung von Top-Managern stammt zweifelsohne aus den USA. Bereits vor zehn Jahren stellten BARKEMA/GOMEZ-MEJIA (1998) fest, dass über 300 Studien zur Vergütung von Top-Managern vorliegen. Große Aufmerksamkeit wurde vor allem der Frage gewidmet, ob die Bezüge von CEOs von der Unternehmensperformance abhängig sind.[675] Auch die wenigen empirischen Studien aus Deutschland fokussieren überwiegend auf die Frage, ob und wie stark die Gehälter von Vorständen an Unternehmenserfolge gekoppelt sind.

Betrachtet man den derzeitigen Forschungsstand zur Abhängigkeit der Managementvergütung vom Unternehmenserfolg, so wird deutlich, dass sich die gewonnenen empirischen Befunde aufgrund der Heterogenität der Untersuchungsdesigns nur schwer miteinander vergleichen lassen. Neben den unterschiedlichen Untersuchungszeiträumen, den unterschiedlichen Größen der Stichproben sowie den unterschiedlichen statistischen Verfahren, die zur Anwendung kommen, unterscheiden sich die Studien vor allem in Bezug auf die Operationalisierung der abhängigen und unabhängigen Variable.

1) Mit Blick auf die Operationalisierung der *abhängigen Variable* lassen sich Untersuchungen danach unterscheiden, welche Vergütungskomponenten berücksichtigt werden. Während in einigen Studien die Barvergütung (*cash compensation*) untersucht wird, bildet in anderen Untersuchungen die Gesamtvergütung (*total compensation*) die abhängige Variable. In anderen Studien wird wiederum die (prozentuale oder absolute) Veränderung der Vergütung (*pay change*) innerhalb eines bestimmten Zeitraumes untersucht.[676]

---

[675] Vgl. BARKEMA/GOMEZ-MEJIA (1998), S. 135; DEVERS ET AL. (2007), S. 1017.

[676] Zur Operationalisierung Variable ‚pay change' siehe HAMBRICK/FINKELSTEIN (1995), S. 183 sowie KERR/BETTIS (1987), S. 653.

In älteren Studien wurde aufgrund der rechnerischen Schwierigkeiten auf die Wertermittlung von Aktienoptionen oftmals verzichtet. Da Aktienoptionsprogramme aber gerade in den letzten Jahren in der Praxis zunehmende Verbreitung gefunden haben, wählen die meisten jüngeren Studien die Gesamtvergütung. Ferner fällt auf, dass Pensionszusagen, obgleich sie wichtige Vergütungsbestandteile darstellen, überwiegend außer Acht gelassen werden, da ihre Ermittlung zu große Probleme aufwirft.

2) Auch hinsichtlich der Operationalisierung der *unabhängigen Variable* weisen die Studien zum Teil beachtliche Unterschiede auf.[677] Untersucht wurde sowohl die Abhängigkeit der Vergütung vom *absoluten*, als auch vom *relativen* Unternehmenserfolg. Des Weiteren lassen sich empirische Studien danach unterscheiden, ob sie auf marktwertorientierte oder rechnungswesenorientierte Erfolgsmaße zurückgreifen.[678] Um die jeweiligen Schwächen der Erfolgsgrößen auszugleichen, werden auch häufig mehrere Erfolgsmaße gleichzeitig herangezogen.[679]

Vor dem Hintergrund, dass buchstäblich über hundert empirische Studien zum Zusammenhang von Unternehmenserfolg und Managervergütung durchgeführt wurden, sollen im Folgenden die Ergebnisse einiger ausgewählter (vornehmlich US-amerikanischer) Untersuchungen vorgestellt werden, die in der *Scientific Community* besonders große Aufmerksamkeit erfahren haben. Dabei wird das Augenmerk zunächst auf Studien gelegt, in denen der Zusammenhang zwischen Vergütung und dem *absoluten* Unternehmenserfolg untersucht wurde. Im Mittelpunkt stehen u.a. die Ergebnisse von Studien, in denen analysiert wurde, wie stark Vergütungssysteme von Top-Managern an den Unternehmenserfolg gekoppelt sind.[680] Anschließend wird der Fokus auf Untersuchungen gelegt, in denen die Bedeutung des *relativen* Unternehmenserfolgs analysiert wurde.

---

[677]   Siehe zu den verwendeten Erfolgsgrößen (wie z.B. Total Shareholder Return, Return on Assets, Return on Equity oder Earnings Per Share) TOSI/KATZ/GOMEZ-MEJIA (2000), S. 307 f.

[678]   WINTER (2001) weist darauf hin, dass kurz- und mittelfristige Vergütungskomponenten (wie z.B. Tantieme) häufig in Beziehung mit rechnungswesenorientierten Kennzahlen gesetzt werden, während Aktien oder Aktienoptionen typischerweise mit Marktwertveränderungen verknüpft werden. „Dahinter steckt die Vermutung, dass der Aktien- und Optionsbesitz direkt auf die Förderung des Marktwertes abzielt, während erfolgsabhängige Barvergütungskomponenten in Form von Boni bzw. Tantieme meist auch vertraglich direkt an Kennzahlen des Rechnungswesens gebunden sind." [WINTER (2001), S. 511]

[679]   Vgl. GOMEZ-MEJIA/TOSI/HINKIN (1987), S. 58; KERR/KREN (1992), S. 381.

[680]   Um den Grad der Erfolgsabhängigkeit der Managervergütung zu bestimmen, wird entweder die Sensitivität, oder aber die Elastizität der Vergütung ermittelt. Siehe zu den jeweiligen Vor- und Nachteilen MURPHY (1999), S. 31 sowie WINTER (2001), S. 510.

Absoluter Unternehmenserfolg

Die Untersuchung von MURPHY aus dem Jahr 1985 zählt zu den am häufigsten zitierten Studien zur Abhängigkeit der Vergütung von der Unternehmensperformance.[681] Im Unterschied zu früheren Untersuchungen hat MURPHY nicht nur den Zusammenhang zwischen dem Unternehmenserfolg und der Barvergütung, sondern zwischen Erfolg und verschiedenen Vergütungskomponenten (Festgehalt, Bonus, Aktienoptionen, Deferred Compensation usw.) untersucht.[682] Die Aktienrendite (*Shareholder Return*) bildet in der Untersuchung die unabhängige Variable.[683]

MURPHY gelangt in seiner Studie zu den folgenden Ergebnissen: Zwischen dem Unternehmenserfolg und der Vergütung von Managern besteht ein statistisch signifikanter Zusammenhang.[684] Allerdings werden die unterschiedlichen Vergütungskomponenten auch unterschiedlich vom Unternehmenserfolg beeinflusst. Im Hinblick auf die Vergütungskomponenten Fixum und Bonus zeigt die Studie, dass die Vergütung von CEOs bei einer Rendite von -30% um 1,2% sinkt, bei einer Rendite von +30% steigt die Vergütung indes um 8,7%.[685] Ferner gelangt MURPHY zu dem Resultat, dass auch das Umsatzwachstum einen nicht unerheblichen Einfluss auf die Vergütung von Top-Managern hat.[686]

Eine weitere viel zitierte Untersuchung zur Vergütung US-amerikanischer CEOs stammt von JENSEN/MURPHY (1990b). Gegenstand ihrer breit angelegten empirischen Studie bildet die Pay-Performance Sensitivität (*b*), die sie definieren als „the dollar change in the CEO's wealth associated with a dollar change in the wealth of shareholders. We interpret higher *b*'s as indicating a closer alignment of interests between the CEO and his shareholders"[687]

Auf der Grundlage der Agencytheorie argumentieren JENSEN/MURPHY, dass Aktionäre weder das Verhalten des Top-Managements, noch die Investitionsmöglichkeiten vollständig beobachten können. Darüber hinaus fehlt ihnen häufig das Wissen darüber, welche Entscheidungen zu einer Steigerung des Unternehmenswertes führen.[688] Durch verschiedene Anreize können die Anteilseigner den CEO dazu bewegen, in ihrem Interesse zu handeln. Neben dem

---

[681] Vgl. WINTER (2001), S. 513. WINTER (2001) gibt einen hervorragenden Überblick über Studien zum Zusammenhang von Unternehmenserfolg und Managervergütung [vgl. WINTER (2001), S. 512 ff.].

[682] Untersucht wurde die Vergütung von 461 Managern aus 72 Publikumsgesellschaften [vgl. MURPHY (1985), S. 16].

[683] Vgl. WINTER (2001), S. 513.

[684] Vgl. MURPHY (1985), S. 40.

[685] Vgl. MURPHY (1985), S. 26.

[686] Vgl. MURPHY (1985), S. 40.

[687] JENSEN/MURPHY (1990b), S. 227 (Hervorhebung im Original).

[688] Vgl. JENSEN/MURPHY (1990b), S. 226.

viel diskutierten erfolgsabhängigen Entlohnungssystem untersuchen die Autoren noch zwei weitere Mechanismen: Zum einen handelt es sich um die Möglichkeit, den CEO bei einer schlechten Unternehmensperformance zu entlassen. Ein CEO, der unfreiwillig aus einem Unternehmen ausscheidet, wird den Autoren zufolge enorme Schwierigkeiten haben, in Zukunft eine vergleichbar gut bezahlte Anstellung wieder zu finden.[689] Eine Entlassung die öffentlich gemacht wird, ist zudem im höchsten Maße rufschädigend. Insofern übt die Androhung der Beendigung des Beschäftigungsverhältnisses Druck auf CEOs aus, Entscheidungen zu treffen, die mit den Interessen der Anteilseigner übereinstimmen.

Zum zweiten diskutieren JENSEN/MURPHY, dass CEOs, die größere Aktienpakete am Unternehmen halten, unmittelbar von der Steigerung des Unternehmenswertes profitieren. Aufgrund dieser direkten Kopplung haben Manager einen Anreiz, wertvernichtende Investitionsprojekte zu vermeiden und den Marktwert des Unternehmens zu steigern.[690]

JENSEN/MURPHY untersuchen in ihrer Studie die Pay-Performance Sensitivität der Anreizsysteme von 1.688 CEOs in einem Zeitraum von 12 Jahren (1974-1986).[691] Letztlich zeigt die Studie, dass die Pay-Performance Sensitivität nur schwach ausgeprägt ist: „[O]ur final all-inclusive estimate of the pay-performance sensitivity – including compensation, dismissal, and stockholdings – is about \$3.25 per \$1,000 change in shareholder wealth."[692] Mit Blick auf die 250 größten US-amerikanischen Unternehmen gelangen die Autoren gar zu dem Schluss, dass eine Steigerung des Aktionärsvermögens um 1.000 US\$ mit einem Anstieg des Vermögens eines durchschnittlichen CEOs von lediglich 2,59 US\$ einhergeht.[693]

Die Autoren diskutieren anschließend die Frage, ob die nur schwach ausgeprägte Pay-Performance Sensitivität mit der Agencytheorie noch vereinbar ist, da angenommen werden kann, dass von den in der Praxis vorzufindenden Anreizsystemen nur eine schwache Wirkung ausgeht.[694] Top-Manager, die nur geringfügig vom Vermögenszuwachs der Anteilseigner profitieren, haben weder den Anreiz, effizient mit den unternehmerischen Ressourcen umzugehen, noch entwickeln sie den Ehrgeiz, den Unternehmenswert zu steigern. Die Autoren resümieren: „The lack of strong-pay-for performance incentives for CEOs indicated by our

---

[689]   Vgl. JENSEN/MURPHY (1990a), S. 142. Ebenso WIESENFELD/WURTHMANN/HAMBRICK (2008), S. 231.

[690]   Kritisch hierzu BALLWIESER/SCHMIDT (1981), S. 669 ff.

[691]   Vgl. JENSEN/MURPHY (1990b), S. 228.

[692]   JENSEN/MURPHY (1990b), S. 226 f.

[693]   Vgl. JENSEN/MURPHY (1990a), S. 140.

[694]   Vgl. JENSEN/MURPHY (1990a), S. 140.

evidence is puzzling. We hypothesize that political forces operating both in the public sector and inside organizations limit large payoffs for exceptional performance."[695]

Die von JENSEN/MURPHY (1990a) aufgestellte provokante These, dass amerikanische CEOs letztlich wie Verwaltungsangestellte entlohnt werden,[696] wird von HALL/LIEBMAN (1998) in ihrem Aufsatz „Are CEOs really paid like bureaucrats?" explizit widerlegt. Die Autoren gelangen in ihrer umfangreichen Untersuchung zu dem Resultat, dass die Pay-Performance Sensitivität seit den 1980er Jahren stetig zugenommen hat.[697] „We find that a $1000 increase in firm value increases CEO wealth by about $25 at the mean and $5, 25 at the median."[698] Auch im Hinblick auf die Elastizität der Gesamtvergütung von Top-Managern weicht ihr Befund von früheren Studien ab. So hat sich die Elastizität zwischen 1980 und 1994 beinahe verdreifacht.[699] Die zunehmende Verbreitung aktienbasierter Vergütungsformen (wie z.B. Aktien, Restricted Stocks oder Aktienoptionen) nennen sie als wesentlichen Grund für diese Entwicklung.[700]

MURPHY (1999) gelangt in seiner Untersuchung zu einem ähnlichen Ergebnis (siehe die folgende Abbildung). Gleichwohl stellt er fest, dass die Pay-Performance Sensitivität zwischen verschiedenen Branchen erheblich variiert.[701]

Sowohl MURPHY als auch HALL/LIEBMAN stellen fest, dass Vergütungskomponenten wie Aktien, Restricted Stocks oder Aktienoptionen zu einer stärkeren Pay-Performance Sensitivität geführt haben.[702] Dass zwischen dem Unternehmenserfolg und dem Festgehalt sowie Bonus nur ein schwacher Zusammenhang besteht, erklären sie u.a. damit, dass Board-Mitglieder große Zurückhaltung darin zeigen, eine Kürzung der Top-Managerkompensation bei einer schlechten Unternehmensperformance zu veranlassen.[703] Eine solche Kürzung könne die

---

[695]   JENSEN/MURPHY (1990b), S. 262. Siehe weiterführend die Untersuchung von GAREN (1994). Er greift auf die Studie von JENSEN/MURPHY (1990b) zurück und untersucht die Pay-Performance Sensitivität als abhängige Variable [vgl. GAREN (1994), S. 1175 ff.].

[696]   Vgl. JENSEN/MURPHY (1990a), S. 138.

[697]   Vgl. HALL/LIEBMAN (1998), S. 655 f. Die empirische Untersuchung erstreckt sich über einen Zeitraum von 15 Jahren (1980-1994). Die Stichprobe besteht aus 478 Unternehmen.

[698]   HALL/LIEBMAN (1998), S. 676.

[699]   So lag die Elastizität 1980 bei 1.17, im Jahr 1994 dagegen bei 3.94 [vgl. HALL/LIEBMAN (1998), S. 680].

[700]   Nach MURPHY (1999) wird das Einkommen eines CEOs durch Aktien, Restricted Stocks oder Aktienoptionen explizit an das Aktionärsvermögen gekoppelt [vgl. MURPHY (1999), S. 2527 ff.]. Von einer impliziten Verknüpfung spricht MURPHY in Bezug auf Boni, die sich zumeist an buchhalterischen Größen orientieren, und in Bezug auf das Festgehalt, das ex ante an Erfolge angepasst werden kann [vgl. MURPHY (1999), S. 2522 ff.].

[701]   Vgl. MURPHY (1999), S. 2531.

[702]   Vgl. HALL/LIEBMAN (1998), S. 685 sowie MURPHY (1999), S. 2531.

[703]   Vgl. HALL/LIEBMAN (1998), S. 682.

Aufmerksamkeit der Medien erregen.[704] Im Hinblick auf die aktienbasierte Vergütung – die
HALL/LIEBMAN prinzipiell für geeigneter halten, um eine Angleichung der Interessen zwischen dem Top-Management und den Aktionären herbeizuführen[705] – stellen sie fest, dass
gerade diese Vergütungsformen für den exorbitanten Anstieg von Managergehältern, der seit
den 1980er Jahren beobachtet werden kann, verantwortlich sind.[706]

Abb. 12: Median Pay-Performance Sensitivität für CEOs im S&P 500 notierten Unternehmen[707]

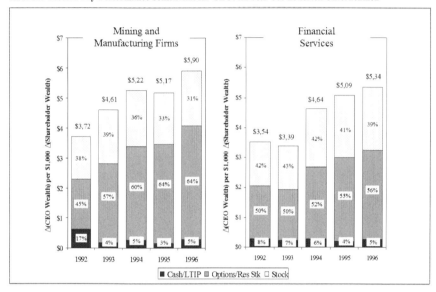

Obgleich der Grad der Erfolgsabhängigkeit der Managemententlohnung seit den 1990er Jahren offensichtlich zugenommen hat, bezweifelt MURPHY eine durch erfolgsorientierte Vergütungssysteme herbeigeführte Interessenangleichung: „Each $10 million of perquisite
consumption (e.g., a new headquarter building, or pet acquisition, or a corporate jet) costs the
CEO only about $60,000 ([...] 1 week's compensation). Similarly, resisting a hostile takeover
attempt promising a $500 million premium to shareholders will personally "cost" the typical
CEO about a year's compensation, which is substantial, but likely small compared to the lost

---

[704] Vgl. HALL/LIEBMAN (1998), S. 682 f.

[705] Vgl. HALL/LIEBMAN (1998), S. 683.

[706] Vgl. HALL/LIEBMAN (1998), S. 655. Ebenso HALL/MURPHY (2003), S. 64.

[707] MURPHY (1999), S. 2529.

power and prestige of running a large corporation."[708] Auch andere Autoren gelangen zu dem Ergebnis, dass die Anreizkompatibilität letztlich zu gering ist, um im Sinne der Agencytheorie optimal zu sein.[709]

Die soeben vorgestellten Studien stammen ausnahmslos aus den USA. Fraglich ist, ob die Managervergütung in Deutschland einen ähnlichen Grad der Erfolgsabhängigkeit aufweist. Bereits an anderer Stelle wurde darauf hingewiesen, dass bisher nur wenige empirische Untersuchungen zur Vergütung deutscher Top-Manager vorliegen.[710] Eine viel zitierte Studie stammt von SCHWALBACH (1999). Er hat die Entwicklung der Vorstandsvergütung im Zeitraum 1987 bis 1996 untersucht. Neben der Frage, wie sich die Vorstandsgehälter im Zeitablauf und im Vergleich zur Vergütung deutscher Arbeiter bzw. Angestellter sowie amerikanischer CEOs entwickelt haben, hat er auch die Anreizkompatibilität, d.h. die Sensitivität und Elastizität, ermittelt.

Die Ergebnisse der Studie können wie folgt zusammengefasst werden: 1) Die Höhe der Bezüge deutscher Vorstände wird durch die Branche sowie die Unternehmensgröße determiniert.[711] 2) In Relation zu den Gehältern von Arbeitern/Angestellten sind die Vorstandsbezüge stärker gestiegen, liegen aber deutlich unter der US-amerikanischen Top-Managementvergütung. 3) Im Hinblick auf die Sensitivität der Vergütung ist eine leichte Zunahme im Zeitablauf erkennbar.[712] Deutlicher ist die Zunahme hinsichtlich der geschätzten Elastizitäten. Trotz dieser Entwicklung schlussfolgert SCHWALBACH, dass die Anreizkompatibilität nur schwach ausgeprägt ist. Für Deutschland seien die geschätzten Elastizitäten (ca. 0,05) zudem niedriger als in den USA (ca. 0,15).[713]

Zu einem ähnlichen Ergebnis gelangen auch KRAFT/NIEDERPRÜM (1999), die einen schwach ausgeprägten Zusammenhang zwischen Eigenkapitalrendite und der Kompensation ermitteln konnten. Die Studie kommt ebenfalls zu dem Schluss, dass die Unternehmensgröße für die Vergütung bedeutsamer ist als der Unternehmenserfolg.[714] Allerdings stellen auch sie eine

---

[708] MURPHY (1999), S. 36.

[709] Vgl. GRAßHOFF/SCHWALBACH (1999), S. 438. Nach SCHWALBACH/GRAßHOFF (1997) ist eine Vergütung anreizkompatibel, „wenn bei asymmetrischer Informationsstruktur und opportunistischem Verhalten des Managements seine Vergütung nur im Zuge der Erhöhung des Unternehmenswertes verbessern kann." [SCHWALBACH/GRAßHOFF (1997), S. 204].

[710] Siehe nochmals Fn. 560.

[711] Vgl. SCHWALBACH (1999a), S. 596.

[712] Vgl. SCHWALBACH (1999a), S. 600.

[713] Vgl. SCHWALBACH (1999b), S. 115.

[714] Vgl. KRAFT/NIEDERPRÜM (1999), S. 799. Siehe auch CONYON/SCHWALBACH (2000a), S. 517.

Tendenz zu einer stärkeren Erfolgsorientierung der Vorstandsbezüge im Zeitablauf fest.[715]
BOHNE/KNOLL (1999) konnten für den Untersuchungszeitraum 1989 bis 1995 keinen statistisch signifikanten Zusammenhang zwischen der Vergütung deutscher Vorstände und dem Unternehmenswert feststellen.[716]

Zusammenfassend lässt sich somit feststellen, dass nur ein schwacher Zusammenhang zwischen der Vergütung von Vorständen und dem Unternehmenserfolg in Deutschland besteht. Allerdings muss hierbei berücksichtigt werden, dass die aktienbasierte Vergütung erst nach 1998 Verbreitung gefunden hat und daher in den oben vorgestellten Studien nicht untersucht wurde.[717]

In einer jüngst durchgeführten empirischen Studie zur Pay-for-Performance der Stoxx50-Unternehmen für das Geschäftsjahr 2005,[718] haben SCHMIDT/SCHWALBACH (2007) geprüft, ob die Vorstandsvergütung pro Kopf und zwei Performancemaßen korrelieren (siehe die folgende Tabelle).[719]

Tab. 9:   Korrelation zwischen Top-Managervergütung pro Kopf im Stoxx50 und Überrenditen des
           Jahres 2005[720]

Überrendite	Gesamtbarvergütung pro Kopf	Gesamtdirektvergütung pro Kopf
Fundamentale Überrendite	-0,103	-0,097
Überrendite an der Börse	-0,064	0,027

Die Autoren kommen zu dem Schluss, dass die Korrelationskoeffizienten in keinem Fall positiv signifikant sind, „vielmehr zeigt sich eine fehlende bzw. leicht negative Korrelation zwischen Vergütung und Überrendite."[721]

---

[715] Vgl. KRAFT/NIEDERPRÜM (1999), S. 802.

[716] Vgl. BOHNE/KNOLL (1999), S. 37.

[717] Die aktienbasierte Managementvergütung war zum Zeitpunkt der Untersuchung in Deutschland kaum
       verbreitet. Daimler Benz sowie die Deutsche Bank gehörten zu den ersten deutschen Aktiengesellschaften,
       die 1996 aktienbasierte Vergütungsmodelle einführten. Verbreitung erfuhr diese Vergütungsform vor al-
       lem nach Inkrafttreten des KonTraG im Jahr 1998.

[718] Der EuroStoxx50 ist ein Aktienindex, der die 50 größten europäischen Unternehmen enthält. Im Jahr 2005
       waren acht deutsche Aktiengesellschaften im Stoxx50 notiert [vgl. SCHMIDT/SCHWALBACH (2007),
       S. 116].

[719] Geprüft wurden die fundamentale Überrendite (Differenz zwischen Eigenkapitalrendite nach Steuern und
       Eigenkapitalkosten) sowie die Überrendite an der Börse (Differenz zwischen Total Shareholder Return
       und Eigenkapitalkosten) [siehe SCHMIDT/SCHWALBACH (2007), S. 117].

[720] SCHMIDT/SCHWALBACH (2007), S. 117.

[721] SCHMIDT/SCHWALBACH (2007) S. 117 (Kursivierung im Original).

Bevor nachfolgend einige ausgewählte Studien zur Abhängigkeit der Vergütung von der relativen Unternehmensperformance vorgestellt werden, soll abschließend auf eine von TOSI ET AL. (2000) durchgeführte Untersuchung eingegangen werden. Es handelt sich hierbei um eine umfassende Meta-Analyse.[722] Ausgewertet wurden die empirischen Daten von insgesamt 137 Studien.[723] Ziel von TOSI ET AL. war die Überprüfung von zwei Hypothesen konkurrierender theoretischer Ansätze. Während die *Agencytheorie* voraussagt, dass die Unternehmensperformance eine wichtige Determinante der CEO-Vergütung darstellt, geht die *Managerialismustheorie* davon aus, dass die Unternehmensgröße der wichtigste Einflussfaktor ist.[724]

Die Ergebnisse der Meta-Analyse zeigen, dass die Unternehmensperformance weniger als 5% der Varianz der CEO-Vergütung, wohingegen die Größe 40% der Varianz der CEO-Vergütung erklärt.[725] Insofern sind die Ergebnisse der Studie konsistent mit der Managerialismustheorie.[726] Auch BARKEMA/GOMEZ-MEJIA (1998) gelangen in ihrer Auswertung empirischer Befunde zu einem ernüchternden Resultat. Sie stellen fest: „(...), after at least six decades of research (...), the failure to identify a robust relationship between top management compensation and firm performance has led scholars into a blind alley. To move this stream of research forward requires that greater efforts to be devoted to examining alternative mechanisms and criteria for how top management compensation is set."[727]

Relativer Unternehmenserfolg

Wie andernorts bereits dargelegt (siehe Abschnitt 1.2.1.2), ist der Erfolg eines Unternehmens nicht nur von dem Arbeitseinsatz des Managements, sondern auch von zahlreichen andere Faktoren abhängig.[728] GIBBONS/MURPHY (1990) bezeichnen diese Faktoren bildhaft als unkontrollierbare Launen der Aktien- und Produktmärkte.[729] Um die Leistung des Agenten richtig beurteilen zu können, müssen externe Einflüsse eliminiert werden. Als Lösung für dieses

---

[722] Mit der Durchführung einer Meta-Analyse wird das Ziel verfolgt, die Ergebnisse verschiedener Untersuchungen mit gemeinsamer Thematik zusammenzufassen, um einen Überblick über den Stand der Forschung zu erlangen. Im Unterschied zum herkömmlichen narrativen Review erfolgt die Auswertung von Forschungsergebnissen nicht auf sprachlicher Ebene, sondern auf der Ebene statistischer Indikatoren [vgl. BORTZ/DÖRING (2003), S. 627]. Durch die Aggregierung von Einzelergebnissen kann überprüft werden, ob ein bestimmter Effekt in der Population vorliegt [vgl. BORTZ/DÖRING (2003), S. 628 f.].

[723] Vgl. TOSI/KATZ/GOMEZ-MEJIA (2000), S. 307.

[724] Vgl. TOSI/KATZ/GOMEZ-MEJIA (2000), S. 306.

[725] Vgl. TOSI/KATZ/GOMEZ-MEJIA (2000), S. 329.

[726] Vgl. TOSI/KATZ/GOMEZ-MEJIA (2000), S. 329.

[727] BARKEMA/GOMEZ-MEJIA (1998), S. 135.

[728] Vgl. GIBBONS/MURPHY (1990), S. 35.

[729] Vgl. GIBBONS/MURPHY (1990), S. 31.

Problem wird eine relative Leistungsbewertung empfohlen.[730] Die Bindung der Vergütung von Top-Managern an den relativen Unternehmenserfolg – wie z.b. in Relation zu einem Index oder in Relation zu Wettbewerbern, die den gleichen oder zumindest vergleichbaren externen Einflüssen ausgesetzt sind – weist zahlreiche Vorteile auf, wie z.b. die Abnahme des Vergütungsrisikos des annahmegemäß risikoaversen Agenten und hiermit einhergehend eine Reduktion der zu zahlenden Risikoprämie.[731] Zudem handelt es sich um eine Maßnahme, die nur wenig Kosten verursacht.[732]

Vor dem Hintergrund, dass die relative Leistungsbewertung zumindest aus theoretischer Sicht zahlreiche Vorteile mit sich bringt, sind einige Forscher der Frage nachgegangen, ob auch die in der Praxis vorzufindenden Vergütungssysteme von CEOs vom relativen Erfolg abhängig sind. Vergleichbar zu den empirischen Ergebnissen zum Zusammenhang des absoluten Unternehmenserfolgs und der Managementvergütung lässt sich auch hier feststellen, dass die empirischen Befunde kein eindeutiges Bild liefern. ANTLE/SMITH (1986) gelangen in ihrer viel beachteten Studie, in der sie die Daten von 39 Unternehmen aus drei verschiedenen Branchen über einen Zeitraum von rund 30 Jahren gesammelt und analysiert haben, zu einem eher ernüchterndem Resultat.[733] Bei nur 16 Unternehmen konnten die Autoren einen Zusammenhang zwischen der CEO-Vergütung und der relativen Performance entdecken. Allerdings konnte dieser nur im Hinblick auf das rechnungswesenbasierte Erfolgsmaß festgestellt werden. Die relative Marktwertentwicklung, die zweite unabhängige Variable,[734] brachte hingegen keine vergleichbaren Ergebnisse.[735] Auch GAREN (1994) sowie AGGARWAL/SAMMWICK (1999) gelangen in ihren Untersuchungen zu dem Resultat, dass die relative Leistungsbewer-

---

[730]   Vgl. PRENDERGAST (1999), S. 14. Im Hinblick auf aktienbasierte Vergütungsformen wird in der Literatur vielfach eine Indexbindung als Lösung vorgeschlagen [vgl. KNOLL (2005), S. 255; WINTER (2000), S. 44 sowie S. 49]. Allerdings ist auch diese relative Leistungsbewertung nicht unproblematisch wie PORAC ET AL. (1999) in ihrer Studie zeigen konnten. Auch BAUMS (1997) bezweifelt, dass Benchmarking ein Allheilmittel darstellt, denn bei diversifizierten und international tätigen Unternehmen scheidet ein branchenbezogenes Benchmarking aus [vgl. BAUMS (1997), S. 13]. Zudem können durch eine Indexierung allenfalls exogene Faktoren, aber keine endogenen Faktoren (wie z.b. ein Übernahmeangebot) eliminiert werden [vgl. BAUMS (1997), S. 13]. Auch WINTER (1996) diskutiert verschiedene Probleme, die auftauchen, wenn als Vergleichsmaßstab die Branche herangezogen wird. Durch eine Relativierung auf Branchenbasis geht der Anreiz verloren die Profitabilität der gesamten Branche zu erhöhen. Wird die externe Relativierung indes in einem breiteren Maßstab vorgenommen, nehmen auch die Vorteile der externen Relativierung ab [vgl. WINTER (1996), S. 917]. Allerdings stellt WINTER zugleich heraus, dass über Branchen hinweg starke gemeinsame Einflüsse wirksam sein müssen, weshalb der Einwand gegen einen breiteren Vergleichsmaßstab nicht allzu schwer wiegen kann [vgl. WINTER (1996), S. 917].

[731]   Vgl. WINTER (2001), S. 500 ff. S. 916 f.

[732]   Vgl. GIBBONS/MURPHY (1990), S. 31.

[733]   Vgl. ANTLE/SMITH (1986), S. 9.

[734]   ANTLE/SMITH (1986) verwenden in ihrer Studie zwei Erfolgsmaße: Return on Asstes (ROA) und Return on Common Stocks (RET) [vgl. ANTLE/SMITH (1986), S. 6].

[735]   Vgl. ANTLE/SMITH (1986), S. 32.

tung in der Praxis kaum eine Rolle spielt.[736] Nach einer Auswertung des ExecuComp Datenset der Jahre 1992 bis 1996 ziehen AGGARWAL/SAMMWICK das folgende Fazit:[737] „These results suggest that relative performance evaluation considerations are not incorporated into executive compensation contracts."[738]

Zu einem nahezu entgegengesetzten Resultat gelangen indes GIBBONS/MURPHY (1990), die in ihrer Studie den Zusammenhang zwischen der Barvergütung von 1.668 CEOs und der relativen Marktwertentwicklung (auf der Grundlage der „Gesamtmarktentwicklung", d.h. alle Unternehmen der Compustat-Stichprobe sowie der Entwicklung der jeweiligen Branche) über einen Zeitraum von 13 Jahren (1974-1986) untersucht haben.[739] Die Forscher konnten in ihrer Studie die Hypothese bestätigen, dass CEOs auf Basis des relativen Unternehmenserfolgs entlohnt werden.[740] Eine Replikation der Untersuchung, in der Daten aus den Jahren 1970 bis 1996 analysiert wurden, gelangt zu ganz ähnlichen Ergebnissen. Auch sie zeigt, dass Marktrisiken durch eine Relativierung teilweise aus den Vergütungsverträgen von CEOs herausgefiltert werden.[741] Darüber hinaus wird aus den Untersuchungsergebnissen deutlich, dass die relative Leistungsbewertung in bestimmten Branchen (wie z.B. im Finanzdienstleistungssektor) an Bedeutung gewonnen hat.[742]

In seiner umfassenden Auswertung verschiedener empirischer Studien zur Abhängigkeit der Vergütung von Top-Managern vom relativen Unternehmenserfolg kommt WINTER (2001) zu dem Ergebnis, dass zwar die Mehrheit der Studien zeigt, dass die relative Leistungsbewertung in Vergütungssystemen von Managern eine Rolle spielt,[743] dass der relative Unternehmenserfolg allerdings nur wenig der Varianz der Vergütung von Managern erklärt.[744]

---

[736] Vgl. GAREN (1994), S. 1198.

[737] Der ExecuComp Datenset enthält Daten über die Gesamtvergütung der ersten fünf Executives von Unternehmen, die im S&P 500, S&P Midcap 400 und SmallCap 600 notiert sind. Neben der Gesamtvergütung von CEOs enthält die Datenbank auch Informationen über die Gehälter anderer Mitglieder des Top-Management Teams [vgl. AGGARWAL/SAMWICK (1999), S. 70 f.].

[738] Vgl. AGGARWAL/SAMWICK (1999), S. 104.

[739] Vgl. GIBBONS/MURPHY (1990), S. 36. Siehe auch die Ergebnisse der Untersuchungen von COUGHLAN/SCHMIDT (1985), S. 65 f sowie MURPHY (1985), S. 38.

[740] Vgl. GIBBONS/MURPHY (1990), S. 49.

[741] Vgl. MURPHY (1999), S. 2535.

[742] Vgl. MURPHY (1999), S. 2537.

[743] Vgl. WINTER (2001), S. 521.

[744] Vgl. WINTER (2001), S. 521. Siehe ebenso die Auswertung der empirischen Forschung zur relativen Leistungsbeurteilung von RAJGOPAL/SHEVLIN/ZAMORA (2006), S. 1816 ff.

1.2.1.2.2   Risiko und Vergütung

Der Trade-Off zwischen Risiko und Anreiz wurde von der normativen Agencytheorie eingehend beleuchtet.[745] Zu den wichtigsten Erkenntnissen gehört, dass ein optimales Anreizsystem neben der Arbeitsscheu des Agenten auch seine Risikoscheu in Betracht ziehen muss. Wie oben dargelegt, hat die normative Agencytheorie verschiedene Modellierungen hervorgebracht, die diesen Trade-Off zwischen Risiko und Anreiz zum Gegenstand haben. Innerhalb des positiven Theoriezweigs wurde die Problematik der Risikoübertragung bis Mitte der 1990er Jahre weitgehend ausgeklammert.[746] Es liegen daher nur wenige empirische Studien vor.[747] Die Ergebnisse sind allerdings zum Teil widersprüchlich und stimmen nicht immer mit den Voraussagen der Agencytheorie überein.

Nach GRAY/CANNELLA (1997) kann Risiko ganz allgemein definiert werden als „the extent to which there is uncertainty about outcomes."[748] Der risikoaverse Agent kann prinzipiell mit verschiedenen Risikoformen konfrontiert sein: 1) Willigt der Agent in einen erfolgsabhängigen Vergütungsvertrag ein, so geht er ein Entlohnungsrisiko (*compensation risk*) ein, denn aufgrund der variablen Vergütungskomponenten variiert seine Entlohnung mit dem Unternehmenserfolg. Je höher der variable Anteil, desto höher die Unsicherheit über das zukünftige Entlohnungsniveau. 2) Aber auch Unternehmen unterscheiden sich hinsichtlich ihres Risikos (*firm risk* oder *business risk*[749]). Risikoreiche Unternehmen zeichnen sich durch eine höhere Variabilität hinsichtlich des Unternehmensgewinns aus. Zudem ist ihre Existenz stärker bedroht.[750] Auch hier gilt: Je höher das Unternehmensrisiko, desto höher ist das Risiko, welches

---

[745]   Siehe beispielsweise GILLENKIRCH/VELTHUIS (1997); PRENDERGAST (2002) m.w.N.; SHAVELL (1979).

[746]   Vgl. BEATTY/ZAJAC (1994), S. 313; BLOOM/MILKOVICH (1998), S. 283.

[747]   Vgl. BLOOM/MILKOVICH (1998), S. 283.

[748]   GRAY/CANNELLA (1997), S. 518.

[749]   In den hier vorgestellten empirischen Studien von BLOOM/MILKOVICH (1998), GRAY/CANNELLA (1997) sowie MILLER/WISEMAN/GOMEZ-MEJIA (2002) wurde das Unternehmens- bzw. Geschäftsrisiko u.a. als systematisches und unsystematisches Risiko operationalisiert [vgl. BLOOM/MILKOVICH (1998), S. 287; GRAY/CANNELLA (1997), S. 528; MILLER/WISEMAN/GOMEZ-MEJIA (2002), S. 749]. Die Unterscheidung in systematisches und unsystematisches Risiko geht auf das aus der Kapitaltheorie stammende *Capital Asset Pricing Model* (CAPM) zurück. Im CAPM stellt das systematische Risiko ein marktbezogenes Risiko dar, welches nicht durch eine Diversifizierung des Wertpapierportfolios reduziert werden kann, da es sich um allgemeine makroökonomische oder politische Einflüsse handelt. Das unsystematische Risiko stellt indes ein unternehmensspezifisches oder anlagespezifisches Risiko dar. Nach GILLENKIRCH/VELTHUIS (1997) ist für den Anteilseigner lediglich das systematische Risiko relevant. Für den risikoaversen Manager sind jedoch beide Risikoarten von Bedeutung [vgl. GILLENKIRCH/VELTHUIS (1997), S. 122]. LANE ET AL. (1998) sehen die agencytheoretische Annahme, dass Manager im Gegensatz zu Shareholdern stärker an der Reduzierung des unsystematischen Risikos interessiert sind, mit einer gewissen Skepsis. Ihnen zufolge interessieren sich nicht nur Mitglieder des Managements, sondern auch Großanleger für das unsystematische Risiko [vgl. LANE/CANNELLA/LUBATKIN (1998), S. 558].

[750]   Vgl. BLOOM/MILKOVICH (1998), S. 285.

der Agent eingeht. Es besteht z.B. die Gefahr, dass das Unternehmen seinen zukünftige Zahlungsverpflichtungen an den Agenten nicht mehr nachkommen kann.[751] 3) Zudem steht die Sicherheit des Arbeitsplatzes bei einem hohen Unternehmensrisiko verstärkt auf dem Spiel (*employment risk*).[752] Etliche Studien konnten zeigen, dass sich eine Entlassung insgesamt negativ auf den weiteren Karriereverlauf auswirkt.[753] Insofern gehen Manager bei einem Beschäftigungsverhältnis mit einem Unternehmen einer volatilen Branche insgesamt ein höheres Risiko ein.

Im Fall eines hohen unternehmensspezifischen Risikos würde eine enge Verkopplung von Unternehmenserfolg und Vergütung – also eine mit Risiko verbundene Entlohnung – somit zusätzliches Risiko auf den Agenten übertragen. Der Transfer dieses „doppelten" Risikos – also des Entlohnungs- sowie Unternehmensrisikos – auf den Agenten, könnte nach BLOOM/ MILKOVICH (1998) entgegen der Intention des Prinzipals zu einem suboptimalen Verhalten des Agenten führen, sich also kontraproduktiv auswirken.[754]

Ähnlich wie BLOOM/MILKOVICH argumentieren auch GRAY/CANNELLA. Den Autoren zufolge können Manager im Gegensatz zu den Anteilseignern das Risiko nicht diversifizieren, denn sie haben nur die eine Stelle, in die sie ihr gesamtes Humankapital investieren.[755] Da sie im hohen Maße von ihrer Stelle abhängig sind und ihre Leistung vor dem Hintergrund des Unternehmenserfolgs bewertet wird, ist es äußerst unwahrscheinlich, dass sie sich risikoneutral verhalten.[756] Je höher das unternehmensbezogene Risiko, desto größer ist die Gefahr eines schlechten Unternehmensergebnisses und damit einhergehend das Risiko, dass die Vergütung geringer ausfällt – oder im schlimmsten Fall, dass sie entlassen werden. Zudem riskieren sie bei einem solchen Beschäftigungsverhältnis in einem erhöhten Maße ihren guten Ruf. Hieraus leiten die Autoren – in Übereinstimmung mit den Erkenntnissen der normativen Agencytheorie – die Hypothese ab, dass in risikoreichen Unternehmen Manager eine höhere Gesamtvergütung erhalten, d.h. sie erhalten eine Art Prämie als Entschädigung für das Risiko. Die Ergebnisse der Untersuchung von GRAY/CANNELLA konnten diese Hypothese allerdings nicht bestätigen.[757] Stattdessen zeigen die Ergebnisse, dass risikoreiche Unternehmen ihre Manager sogar tendenziell geringer entlohnen. Eine ähnliche Hypothese haben auch BLOOM/ MILKOVICH aufgestellt. Sie konzentrieren sich allerdings auf das Grundgehalt und kommen in

---

751 Vgl. BLOOM/MILKOVICH (1998), S. 285.
752 Vgl. BLOOM/MILKOVICH (1998), S. 285. Siehe auch AMIHUD/LEV (1981), S. 605.
753 Vgl. GRAY/CANNELLA (1997), S. 519 m.w.N.
754 Vgl. BLOOM/MILKOVICH (1998), S. 285.
755 Vgl. GRAY/CANNELLA (1997), S. 519.
756 Vgl. GRAY/CANNELLA (1997), S. 518.
757 Vgl. GRAY/CANNELLA (1997), S. 532.

ihrer empirischen Studie zu dem Ergebnis, dass in risikoreichen Unternehmen das Festgehalt höher ist.[758] Zudem zeigt die Studie, dass tendenziell ein negativer Zusammenhang zwischen dem Unternehmensrisiko und dem Einsatz einer Anreizvergütung besteht.[759]

Auch BEATTY/ZAJAC (1994) widmen sich in ihrer Untersuchung der Rolle des Risikos in Vergütungsverträgen. Sie gehen davon aus, dass das Risikoausmaß in einem Sample von IPO-Unternehmen (*Initial Public Offering Firms*) größer ausfällt, als bei großen und bereits etablierten Unternehmen.[760] Die Ergebnisse legen nahe, dass Entlohnungssysteme mit riskanten Vergütungskomponenten beim Management keine Akzeptanz finden, wenn das unternehmensbezogene Risiko als hoch eingestuft wird. So enthalten Vergütungspakete von Managern risikoreicher Unternehmen seltener Aktienoptionen.[761] BEATTY/ZAJAC resümieren mit Blick auf den Trade-Off zwischen Risiko und Anreiz: „The results (...) show an inverse relationship between levels of firm risk and the degree to which incentive compensation for top managers is used."[762]

Im Gegensatz zu den oben vorgestellten Studien, gehen MILLER/WISEMAN/GOMEZ-MEJIA (2002) in ihrer Untersuchung davon aus, dass das Verhältnis zwischen Unternehmensrisiko und erfolgsabhängigen Vergütungskomponenten nicht negativ monoton, sondern durch eine konkave Beziehung gekennzeichnet ist.[763] Folgerichtig vermuten sie, dass insbesondere Unternehmen, die einem mittleren Risiko ausgesetzt sind, stärker auf erfolgsabhängige Vergütungskomponenten setzen. Des Weiteren nehmen sie an, dass die Beziehung zwischen der Höhe der Vergütung von CEOs und dem Unternehmensrisiko kurvilinear ist.[764] Während GRAY/CANNELLA die Hypothese aufgestellt haben, dass mit zunehmendem Risiko auch die Vergütung eines CEOs steigen muss, gehen MILLER/WISEMAN/GOMEZ-MEJIA demnach davon

---

[758] Vgl. BLOOM/MILKOVICH (1998), S. 292.

[759] Vgl. BLOOM/MILKOVICH (1998), S. 290. Die Anreizvergütung wurde in dieser Studie operationalisiert als Verhältnis zwischen Bonus und Festgehalt, d.h. der Jahresbonus eines Managers dividiert durch sein Jahresgehalt (*bonus-to-base ratio*) [vgl. BLOOM/MILKOVICH (1998), S. 288]. Einschränkend muss zu diesen Ergebnissen gesagt werden, dass nicht alle herangezogenen Hypothesen bestätigen konnten. So konnte mit dem Risikomaß *Unsystematic Stock Market Risk* die Hypothese, dass ein negativer Zusammenhang zwischen dem Unternehmensrisiko und dem Einsatz einer Anreizvergütung besteht, nicht bestätigt werden. Ebenso ist das *Systematic Income Stream Risk* nicht signifikant. Auch die Hypothese, dass die Höhe des Grundgehalts mit zunehmendem Risiko steigt, konnte nicht von allen verwendeten Risikomaßen bestätigt werden [vgl. BLOOM/MILKOVICH (1998), S. 290 sowie S. 291].

[760] Vgl. BEATTY/ZAJAC (1994), S. 315. Die Studie von BEATTY/ZAJAC (1994) unterscheidet sich hinsichtlich ihres Untersuchungsdesigns zu den zuvor vorgestellten Studien, da sie in ihrer Stichprobe nur IPO-Unternehmen aufgenommen haben, also Unternehmen, die erstmalig ihre Aktien an einer Börse platzieren.

[761] Vgl. BEATTY/ZAJAC (1994), S. 325.

[762] BEATTY/ZAJAC (1994), S. 329.

[763] MILLER/WISEMAN/GOMEZ-MEJIA (2002), S. 745.

[764] Vgl. MILLER/WISEMAN/GOMEZ-MEJIA (2002), S. 748.

aus, dass die Vergütung von CEOs von Unternehmen mit einem mittleren Risiko höher ist als von CEOs, deren Unternehmen einem niedrigen bzw. einem hohen Risiko ausgesetzt sind.[765] Wie die oben vorgestellten Studien, differenzieren auch MILLER/WISEMAN/GOMEZ-MEJIA zwischen systematischem und unsystematischem Risiko.[766]

Die Untersuchung gelangt zu den folgenden Ergebnissen: Hinsichtlich des unsystematischen Risikos konnte die Vermutung bestätigt werden, dass die Vergütungspakete von CEOs von Unternehmen mit einem mittleren Risiko einen größeren variablen Anteil aufweisen.[767] Ebenso konnte die Hypothese bestätigt werden, dass CEOs von Unternehmen mit einem mittleren Risiko eine höhere Gesamtvergütung erhalten.[768] Insofern legen die Ergebnisse nahe, dass zumindest das unternehmensspezifische Risiko von Bedeutung ist.

Dass die empirische Forschung bislang keine eindeutigen Ergebnisse hinsichtlich des Trade-Off zwischen Risiko und Anreiz liefern konnte, stellt auch PRENDERGAST (2002) fest.[769] In seiner Auswertung verschiedener empirischer Untersuchungen kommt er zu dem Schluss, dass sowohl positive als auch negative Korrelationen zwischen Risiko und Anreiz festgestellt wurden. Zudem seien die entdeckten Zusammenhänge nicht immer signifikant.[770] Er liefert ein alternatives Modell, um die Inkonsistenz der Ergebnisse zu erklären. Ihm zufolge werden Agenten erfolgsabhängig vergütet, wenn die Unsicherheit über die auszuführende Tätigkeit bzw. ihre Komplexität groß ist.[771] In stabilen Umwelten kann sich der Prinzipal eine Vorstellung davon machen, welche Tätigkeiten der Agent auszuführen hat und mit welchem Zeitaufwand diese verbunden sind.[772] Mit steigender Unsicherheit nimmt das Wissen des Prinzipals hierüber ab. „In effect, output-based pay is used because in uncertain environments, there are no other good measures by which to align incentives. Thus incentive pay and uncertainty are positively correlated, in contrast to the standard model of trading off risk and incentives."[773]

---

[765] Vgl. MILLER/WISEMAN/GOMEZ-MEJIA (2002), S. 748.

[766] Siehe hierzu nochmals Fn. 749.

[767] Vgl. MILLER/WISEMAN/GOMEZ-MEJIA (2002), S. 750.

[768] Vgl. MILLER/WISEMAN/GOMEZ-MEJIA (2002), S. 750.

[769] Vgl. PRENDERGAST (2002), S. 1071.

[770] Vgl. PRENDERGAST (2002), S. 1076.

[771] Vgl. PRENDERGAST (2002), S. 1072.

[772] Vgl. PRENDERGAST (2000), S. 421.

[773] Vgl. PRENDERGAST (2002), S. 1073.

Zusammengefasst lässt sich feststellen, dass die empirischen Studien zum Einfluss von Risiko auf die Höhe und Zusammensetzung der Vergütung von CEOs zu gemischten Resultaten gelangen. Einige aus der Agencytheorie abgeleitete Hypothesen wurden explizit widerlegt.

Im Hinblick auf das agencytheoretische Verständnis von Risiko sowie die angenommenen Auswirkungen von Risiko auf das Entscheidungsverhalten von Managern finden sich in der Literatur auch kritische Stimmen. Die aus modelltheoretischer Sicht notwendige Vereinfachung blendet – so die Kritiker – wichtige verhaltenswissenschaftliche Erkenntnisse aus. Nach WISEMAN/GOMEZ-MEJIA (1998) stellen die agencytheoretischen Annahmen eine zu starke Vereinfachung der Wirklichkeit dar, denn die Akteure werden entweder als risikoneutral oder als risikoavers modelliert.[774] Denkbar wäre jedoch auch, dass Akteure in bestimmten Situationen Risiko suchen, oder aber, dass Akteure Risiko unterschiedlich wahrnehmen. So zeigen CARPENTER ET AL. (2003), dass sich mit zunehmender Berufserfahrung auch die Wahrnehmung von Risiko verändert.[775]

Ferner stellen WISEMAN/GOMEZ-MEJIA fest, dass die agencytheoretische Annahme der Stabilität von Risikopräferenzen im Widerspruch zu Erkenntnissen aus der verhaltenswissenschaftlichen Entscheidungstheorie bzw. Erwartungstheorie (*Prospect Theory*) steht.[776] Hiernach verändert sich die Einstellung eines Akteurs gegenüber Risiko, je nachdem wie er die zukünftigen Aussichten auf Gewinne bzw. mögliche Verluste einschätzt. Erwartet der Akteur Gewinne, so wird er sich risikoavers verhalten, denn es stehen die antizipierten Gewinne auf dem Spiel, wenn er sich falsch verhält.[777] Umgekehrt handeln Akteure im Verlustbereich risikofreudiger. Dieser Theorie zufolge sind Akteure nicht risikoscheu, sondern haben eine Verlustaversion. Um Verluste zu vermeiden, gehen sie auch Risiken ein.[778] In Bezug auf die Vergütung stellt die Umwandlung fixer Vergütungskomponenten in variable Komponenten zunächst einen Verlust für den Manager dar. Die Umwandlung führt allerdings nicht dazu, dass der Manager Risiko vermeidet, sondern dass er Risiken (wie z.B. Investitionsrisiken) eingeht.[779]

---

[774] Vgl. WISEMAN/GOMEZ-MEJIA (1998), S. 133. Ebenso DEVERS ET AL. (2007), S. 1040.

[775] Vgl. CARPENTER/POLLOCK/LARY (2003), S. 805 f.

[776] Vgl WISEMAN/GOMEZ-MEJIA (1998), S. 134. Die Erwartungstheorie geht auf KAHNEMAN/TVERSKY (1979) zurück.

[777] Vgl. WISEMAN/GOMEZ-MEJIA (1998), S. 137.

[778] Vgl. WISEMAN/GOMEZ-MEJIA (1998), S. 135.

[779] Vgl. MILLER/WISEMAN/GOMEZ-MEJIA (2002), S. 141.

1.2.2 Direkte Überwachung und Managementvergütung

In einer Reihe von Studien wird der Einfluss weiterer interner Kontrollmechanismen (wie z.B. der Board of Directors oder die Eigentümerstruktur) auf die Vergütung von Top-Managern analysiert. Mit der Frage „Are contracts enough?" bringen GOMEZ-MEJIA/WISEMAN (1997) in ihrem Aufsatz ihre Skepsis gegenüber der Annahme zum Ausdruck, dass sich die Interessendivergenzen zwischen Management und Aktionären durch einen Vertrag vollständig beheben lassen.[780] Im Kern geht es bei dieser Diskussion um die Frage, ob ein Vertrag als Kontrollmechanismus ausreicht und in welchem Verhältnis der (erfolgsabhängige) Vergütungsvertrag und andere input-basierte Kontrollinstrumente (wie z.B. der Board of Directors) stehen.[781] Prinzipiell denkbar wären zwei Konstellationen: „(...) whether contracts complement other forms of governance or are substitutes for other corporate governance forms."[782]

Nachfolgend werden die Ergebnisse von Studien vorgestellt, die den Einfluss weiterer interner Kontrollmechanismen auf die Managementvergütung untersucht haben. Die Forschungsaktivitäten hierzu lassen sich grob in zwei Themenfelder unterteilen:[783] 1) Der Zusammenhang zwischen der personelle Zusammensetzung des Kontrollorgans und der CEO-Vergütung, 2) der Einfluss der Eigentümerstruktur auf die Vergütung von Managern.[784] Mit Blick auf Letzteres wird beispielsweise der Frage nachgegangen, ob Großaktionäre das Top-Management intensiver kontrollieren (können) als weit verstreute Kleinanleger.[785]

1.2.2.1 Zusammensetzung des Kontrollorgans

Der Board of Directors (bzw. Aufsichtsrat) ist das zentrale und vom Gesetzgeber vorgeschriebene Organ in der Unternehmung, das die Aufgabe hat „(...) to hire, fire, and compensate the top-level decision managers and to ratify and monitor important decisions."[786] Innerhalb der

---

[780] Vgl. GOMEZ-MEJIA/WISEMAN (1997), S. 300. Siehe auch SHLEIFER/VISHNY (1997), S. 745.

[781] Vgl. GOMEZ-MEJIA/WISEMAN (1997), S. 300.

[782] GOMEZ-MEJIA/WISEMAN (1997), S. 300. FINKELSTEIN/HAMBRICK (1996) gehen davon aus, dass sich Kontrollmechanismen (wie z.B. der Board of Directors, Vergütungsverträge oder der Markt für Unternehmenskontrolle) gegenseitig substituieren [vgl. FINKELSTEIN/HAMBRICK (1996), S. 259]. PRENDERGAST (2002) macht das Verhältnis sowie die Effizienz der beiden Steuerungsinstrumente von der jeweiligen Umweltsituation bzw. der Unsicherheit über die vom Agenten auszuführende Tätigkeit abhängig [vgl. PRENDERGAST (2002), S. 1072 ff.]. BEATTY/ZAJAC (1994) weisen darauf hin, dass ein intensiveres Monitoring durch den Board of Directors dann erforderlich ist, wenn die Managervergütung nur lose an den Unternehmenserfolg gekoppelt ist [vgl. BEATTY/ZAJAC (1994), S. 327]. Zum Substitutionseffekt alternativer Governance-Mechanismen siehe REDIKER/SETH (1995), S. 85 ff.

[783] Vgl. GOMEZ-MEJIA/WISEMAN (1997), S. 304.

[784] Vgl. TOSI/GOMEZ-MEJIA (1989).

[785] Vgl. BEATTY/ZAJAC (1994), S. 318.

[786] FAMA/JENSEN (1983), S. 311.

Agencytheorie wird dem Board – den FAMA/JENSEN (1983) als „apex of the decision control system"[787] bezeichnen – eine bedeutende Rolle zugeschrieben.[788] Ihm obliegen die Funktionen des Monitorings[789] und der Disziplinierung des Top-Managements.[790]

Die Trennung von Geschäftsführung und Überwachung sowie die Zuweisung der beiden Aufgaben an zwei voneinander getrennte Organe (Vorstand und Aufsichtsrat) zählt zu den charakteristischen Merkmalen des deutschen Corporate Governance-Systems.[791] Während der Vorstand die Geschicke des Unternehmens lenkt und leitet,[792] obliegt dem Aufsichtsrat die Kontrolle. Diese umfasst u.a. die Wahrnehmung der Personalkompetenz, d.h. die Auswahl, Bestellung und Abberufung des Vorstands sowie die eigenständige Überwachung der Geschäftsführung.[793]

Die Mitglieder des Aufsichtsrats werden von der Hauptversammlung gewählt. In mitbestimmten Gesellschaften gehören dem Aufsichtsrat auch Arbeitnehmervertreter an.[794] Die Mitbestimmung gilt als typische Eigenart deutscher Corporate Governance.[795]

---

[787]   FAMA/JENSEN (1983), S. 311.

[788]   Vgl. FINKELSTEIN/HAMBRICK (1996), S. 210.

[789]   Nach TOSI/GOMEZ-MEJIA (1989) kann Monitoring definiert werden „(...) as the direct and indirect observation of the agent's effort, or behavior, over some period of time (...)." [TOSI/GOMEZ-MEJIA (1989), S. 171].

[790]   Vgl. FINKELSTEIN/HAMBRICK (1996), S. 210.

[791]   Vgl. BLEICHER/LEBERL/PAUL (1988), S. 44; BLEICHER/WAGNER (1993), S. 7.

[792]   Vgl. SEMLER (1996), S. 9.

[793]   § 111 Abs. 1 AktG. Die Überwachung hat sich auf die Rechtmäßigkeit, Ordnungsmäßigkeit, Zweckmäßigkeit und Wirtschaftlichkeit der Geschäftsführung zu beziehen [vgl. LUTTER/KRIEGER (2002), S. 27 ff.]. Grundlage dieser Überwachung bilden die vom Vorstand erstatteten Regelberichte (wie z.B. Vierteljahres-, Jahres- und Rentabilitätsberichte) sowie Sonderberichte, die bei bestimmten Anlässen vom Vorstand erstellt werden müssen [vgl. SEMLER (2004a), S. 23 ff.]. Letztlich soll sich der Aufsichtsrat ein fundiertes Urteil über die Lage der Gesellschaft bilden können. Bestehen begründbare Zweifel im Hinblick auf die wirtschaftliche Situation, kann der Aufsichtsrat von verschiedenen Eingriffsrechten Gebrauch machen [vgl. SEMLER (2004a), S. 40 f.]. Des Weiteren sieht der Gesetzgeber vor, dass bestimmte Geschäfte nur mit der Zustimmung des Aufsichtsrats umgesetzt werden können [siehe § 111 Abs. 4 AktG]. Hierzu zählen etwa die Veränderung der strategischen Ausrichtung, Akquisitionen von Unternehmen oder Veräußerungen [vgl. WITT 2003b, S. 249].

[794]   Folgende Gesetze regeln die Repräsentanz von Arbeitnehmervertretern im Aufsichtsrat: 1) Anwendung findet das Montanmitbestimmungsgesetz (MontanMitbestG von 1951) auf Unternehmen der Montanindustrie, die mehr als 1000 Arbeitnehmer beschäftigen. Je nach Größe der Gesellschaft besteht der Aufsichtsrat aus 11, 15 oder 21 Mitgliedern. Der Aufsichtsrat ist paritätisch besetzt. Zudem einigen sich die Arbeitnehmer und Anteilseigner auf ein neutrales Mitglied, dem die Funktion zukommt, Pattsituationen aufzulösen [vgl. MACHARZINA/WOLF (2005), S. 157 ff.]. 2) Das Drittelbeteiligungsgesetz (DrittelbG von 2004) gilt für Unternehmen in der Rechtsform der AG, KGaA, GmbH sowie für Versicherungsvereine auf Gegenseitigkeit und Genossenschaften, die mehr als 500 Mitarbeiter beschäftigen. Nach dem DrittelbG setzt sich der Aufsichtsrat zu einem Drittel aus Arbeitnehmern zusammen, wobei sich die Größe des Aufsichtsrats am Grundkapital orientiert [vgl. MACHARZINA/WOLF (2005), S. 159 f]. 3) AGs, KGaAs sowie GmbHs mit mehr als 2000 Arbeitnehmern unterliegen dem Mitbestimmungsgesetz (MitbestG von 1976). Je nach Größe des Unternehmens besteht der Aufsichtsrat aus zwölf bis zwanzig Mitgliedern. Der Auf-

Im Gegensatz zum deutschen Corporate Governance-System ist ein charakteristisches Merkmal des angloamerikanischen Modells, dass Überwachungs- und Führungsfunktionen von nur einem Spitzenorgan, dem Board of Directors, wahrgenommen werden.[796] Ferner zeichnet sich das Vereinigungsmodell dadurch aus, dass sich die „exekutive Macht im Rahmen des Boards direktorial beim Chief Executive Officer (CEO) [konzentriert].“[797] Auch wenn das Board-Modell keine formale Trennung von Geschäftsführung und Kontrolle vorsieht, übernehmen in praxi die Inside Directors (bzw. Executive Directors) häufig die Geschäftsführung,[798] während den Outside Directors die Funktion der Überwachung obliegt.[799] Outside Directors sind oftmals Führungskräfte anderer Unternehmen.[800] Sie können aber auch Aktionäre, Akademiker, Unternehmensberater oder Bankenvertreter sein.

Aufgrund des Bestrebens eine positive Reputation als „experts in decision control“[801] aufzubauen, haben Outside Directors nach FAMA/JENSEN (1983) einen großen Anreiz im Interesse der Aktionäre zu handeln und das Management effektiv zu kontrollieren.[802] Ein Versagen bei der Kontrolle führt zu einer Entwertung ihres Humankapitals. Diese Entwertung kann sich wiederum negativ auf den weiteren Karriereverlauf auswirken.[803]

Der Board of Director steht im Mittelpunkt zahlreicher Studien. DALTON ET AL. (1998) haben in ihrer Meta-Analyse allein 54 Studien identifiziert, in denen die Auswirkungen der personellen Zusammensetzung des Boards auf den Unternehmenserfolg untersucht wurden.[804] Analysiert wurde darüber hinaus in verschiedenen Studien, ob ein Zusammenhang zwischen der

---

sichtsratsvorsitzende wird de facto von der Arbeitgeberseite bestimmt. In einer Stichwahl kommt dem Aufsichtsratsvorsitzenden ein doppeltes Stimmrecht zu [vgl. MACHARZINA/WOLF (2005), S. 161]. Neben dem Aufsichtsrat nehmen die Arbeitnehmer in Deutschland zudem Einfluss auf die Besetzung des Vorstands. Sowohl das MitbestG als auch das MontanMitbestG sehen vor, dass dem Vorstand ein gleichberechtigter Arbeitsdirektor angehört [siehe zur Position und den Funktionen des Arbeitsdirektors WAGNER (1994), S. 146 ff.].

[795]   Vgl. GERUM (2007), S. 108; PELTZER (2003), S. 225.

[796]   Vgl. BLEICHER/WAGNER (1993), S. 7.

[797]   BLEICHER/LEBERL/PAUL (1988), S. 31.

[798]   Executive Officers, die gleichzeitig im Board sitzen, werden als Inside Directors bezeichnet. Im Gegensatz zu Outside Directors stehen sie in einem Beschäftigungsverhältnis mit der Corporation.

[799]   Vgl. BLEICHER/LEBERL/PAUL (1988), S. 47; BLEICHER/WAGNER (1993), S. 10.

[800]   Vgl. BLEICHER/LEBERL/PAUL (1988), S. 210 ff.; SALZBERGER (2004), Sp. 192.

[801]   FAMA/JENSEN (1983), S. 315.

[802]   Kritisch hierzu WESTPHAL/STERN (2007). Die Ergebnisse ihrer Untersuchung legen keineswegs nahe, dass Board-Mitglieder dafür belohnt werden (z.B. indem sie aufgrund ihrer erworbenen Reputation weitere Mandate angeboten bekommen), wenn sie das amtierende Management effektiv kontrollieren [vgl. WESTPHAL/STERN (2007), S. 284].

[803]   Vgl. FAMA/JENSEN (1983), S. 315.

[804]   Vgl. DALTON ET AL. (1998), S. 276. Einen umfassenden Überblick über die empirische Forschung geben HERMALIN/WEISBACH (2003), S. 7 ff.

Board-Besetzung und CEO-Vergütung besteht. Diesen Studien liegt die Annahme zugrunde, dass ein Board, der sich aus unabhängigen Mitgliedern zusammensetzt, dem nach einer maximalen Entlohnung strebenden CEO keine übermäßigen Kompensationen gewährt. In der Literatur wird in diesem Zusammenhang häufig der Begriff der *Board Vigilance* verwendet.[805] Ein „wachsamer" Board trägt dafür Sorge, dass bei unternehmerischen Entscheidungen stets die Interessen der Anteilseigner berücksichtigt werden und den Aktionären keine finanziellen Nachteile (wie z.B. durch exzessive Vergütungen des Top-Management Teams) entstehen.

Im Folgenden werden die Ergebnisse verschiedener empirischer Studien vorgestellt, die den Zusammenhang zwischen der personellen Zusammensetzung des Board of Directors und der Vergütung von Top-Managern untersucht haben. Anschließend soll der Frage nachgegangen werden, ob sich die aus angloamerikanischen Studien gewonnenen Erkenntnisse auf den deutschen Kontext übertragen lassen.

1.2.2.1.1 Empirische Befunde

Eine der ersten Studien, die sich mit der Vergütung von CEOs und der personellen Zusammensetzung des Boards beschäftigt, stammt von BOYD (1994). Er analysiert den Zusammenhang zwischen der Intensität der Board-Überwachung und der Höhe der Vergütung von CEOs. BOYD argumentiert, dass der CEO seine Kompensation maximieren kann, wenn es ihm gelingt, die Kontrollintensität des Board of Directors zu verringern.[806] Er stellt die Hypothese auf, dass zwischen der Vergütung von CEOs und der Kontrolle des Boards (*board control*) eine inverse Beziehung besteht. Das Konstrukt der „Board Kontrolle" operationalisiert er mittels verschiedener Indikatoren (siehe die folgende Abbildung), auf die nachfolgend eingegangen werden soll.

---

[805] Siehe hierzu HAMBRICK/FINKELSTEIN (1987), S. 221 ff.
[806] Vgl. BOYD (1994), S. 337.

Abb. 13: Zusammenhang zwischen der Board-Kontrolle und CEO-Vergütung[807]

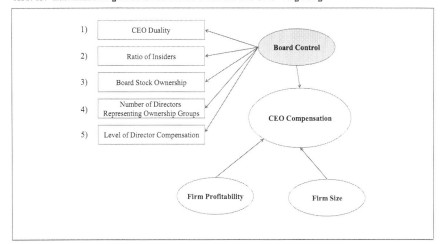

1) Von ‚CEO Duality' wird gesprochen, wenn das Amt des CEOs und des Chairmans of the Board in ein und derselben Person vereint ist. Aus agencytheoretischer Sicht ist eine solche Personalunion abzulehnen.[808] So kann ‚CEO Duality' zum Beispiel dazu führen, dass der CEO die Agenda von Board-Sitzungen bestimmt und Informationsflüsse kontrolliert.[809] Zudem entsteht ein Interessenkonflikt, denn der CEO ist gleichzeitig für die Implementierung von Strategien als auch für die Evaluation dieser zuständig.[810] Studien, die eine politische Perspektive einnehmen, argumentieren häufig, dass CEOs durch die Übernahme des Chairs ihren Einflussbereich ausbauen. Insofern wird ‚CEO Duality' in empirischen Studien oftmals als Indikator für die Machtfülle eines CEOs herangezogen.[811] Auch BOYD argumentiert in seiner Studie machttheoretisch. Ihm zufolge führt ‚CEO Duality' zu einer Abnahme der Board-Kontrolle.[812]

---

[807] I.A. BOYD (1994), S. 341.

[808] Vgl. FINKELSTEIN/D'AVENI (1994), S. 1079 ff.

[809] Der Chairman of the Board bestimmt die Tagesordnung und den Ablauf von Board-Meetings [vgl. WITT (2003c), S. 70]. Studien zeigen, dass in 90% der US-amerikanischen Gesellschaften keine Trennung der Position des CEOs und des Vorsitzenden des Boards vorliegt. In Großbritannien ist dies bei nur einem Drittel der Gesellschaften der Fall [vgl. SALZBERGER (2004), Sp. 103].

[810] FINKELSTEIN/D'AVENI (1994), S. 10829.

[811] Siehe hierzu Kapitel III.

[812] BOYD (1994), S. 338.

2) In Übereinstimmung mit anderen Autoren, argumentiert BOYD, dass je mehr Inside Directors dem Board angehören, die Intensität der Überwachung nachlässt.[813] Angenommen wird, dass im Vergleich zu Outside Directors Inside Directors gegenüber dem CEO ein größeres Loyalitätsempfinden haben und ihnen somit die notwendige Unabhängigkeit fehlt.

3) Des Weiteren geht BOYD davon aus, dass Board-Mitglieder, die im Besitz von Aktien des Unternehmens sind, ihre Kontrollfunktion aufgrund der Verkopplung ihres Vermögens mit der wirtschaftlichen Lage des Unternehmens gewissenhafter wahrnehmen. Insofern erwartet er zwischen dem Aktienbesitz von Mitgliedern des Boards und der Board-Kontrolle eine positive Beziehung.[814]

4) Ferner wird die Board-Kontrolle gestärkt, wenn im Board Repräsentanten von Anteilseignergruppen vertreten sind. Es wird erwartet, dass sie mit besonders großer Sorgfalt ihre Kontrollfunktion wahrnehmen, da sie in besonderer Weise an einem effizienten Umgang mit Unternehmensressourcen interessiert sind.[815]

5) Zuletzt diskutiert BOYD, welche Auswirkung die Vergütung von Board-Mitgliedern hat. Er vermutet, dass Board-Mitglieder, die für ihre Tätigkeit eine besonders hohe Vergütung erhalten, dies mit dem Verlust ihrer Unabhängigkeit bezahlen.[816]

Wie aus Abbildung 13 deutlich wird, untersucht BOYD in seiner empirischen Studie den Zusammenhang zwischen der CEO-Vergütung und der Board-Kontrolle. Als weitere unabhängige Variable zieht er die Unternehmensgröße sowie die Eigenkapitalrendite heran. Die Hypothese steigender Vergütung bei abnehmender Board-Kontrolle überprüft er anhand einer Gesamtstichprobe von 193 Unternehmen. Der Forscher gelangt zu dem Ergebnis, dass: „(...) board control had the largest effect on compensation -0.85. Firm size had the next largest effect (0.12), followed by profitability (0.08)."[817] Auch wenn die Untersuchung hinsichtlich der Rolle von Inside Directors zu einem Resultat gelangt, welches den Erwartungen des Autors widerspricht, sieht BOYD die Hypothese seiner Untersuchung als bestätigt.

CORE/HOLTHAUSEN/LARCKER (1999) untersuchen in ihrer Studie ebenfalls den Einfluss der Board-Zusammensetzung auf die Höhe der CEO-Vergütung.[818] Um die Monitoring-

---

[813]   Vgl. BOYD (1994), S. 338.

[814]   Vgl. BOYD (1994), S. 338.

[815]   Vgl. BOYD (1994), S. 339.

[816]   Vgl. BOYD (1994), S. 339.

[817]   BOYD (1994), S. 341.

[818]   Die Untersuchung von CORE/HOLTHAUSEN/LARCKER erstreckt sich über einen Zeitraum von drei Jahren (1982-1984). Gesammelt wurden die Daten von insgesamt 205 börsennotierten Unternehmen aus 14 verschiedenen Branchen [vgl. CORE/HOLTHAUSEN/LARCKER (1999), S. 377].

Effektivität des Board of Directors zu messen, ziehen sie insgesamt acht Proxy-Variablen heran.[819] Ähnlich wie Boyd argumentieren auch sie, dass 1) CEO Duality sowie ein 2) hoher prozentualer Anteil von Inside Directors dazu führen, dass der Einfluss des CEOs auf Entscheidungen, die seine Vergütung betreffen, zunimmt. Daneben ziehen sie weitere Merkmale heran. Das sind: 3) Die Größe des Boards, 4) das Alter von Board-Mitgliedern sowie 5) die Anzahl der Board-Mandate von Outside Directors. CORE/HOLTHAUSEN/LARCKER argumentieren, dass „busy outside directors" – Personen, die in drei oder mehr Boards vertreten sind – ihre Aufgaben als Directors nicht mehr effektiv wahrnehmen können.[820] Des Weiteren stellen sie fest, dass nicht nur Inside Directors, sondern auch Outside Directors unter bestimmten Umständen nicht unabhängig sind. Das betrifft insbesondere Board-Mitglieder, die 6) direkt vom CEO ernannt wurden oder 7) Outside Directors, die in irgendeiner geschäftlichen Beziehung mit dem Unternehmen stehen („grey outside directors').[821] 8) Auch durch personelle Verflechtungen – insbesondere wenn ein Inside Director im Board eines Outside Directors sitzt – kann die Unabhängigkeit von Outside Directors beeinträchtigt werden.[822]

Die Ergebnisse der multiplen Regressionsanalyse zeigen, dass zwischen den acht Variablen zur Zusammensetzung des Board of Directors und der Vergütung von CEOs signifikante Zusammenhänge bestehen. Ein Manager, der beispielsweise gleichzeitig CEO und Chairman of the Board ist,[823] erhält eine zusätzliche Kompensation von jährlich US $ 152.577.[824]

Des Weiteren gelangt die Studie von CORE/HOLTHAUSEN/LARCKER zu dem Schluss, dass auch mit zunehmender Größe des Boards die Vergütung von CEOs steigt.[825] Eindeutig sind die Ergebnisse auch mit Blick auf die drei Variablen zur Unabhängigkeit von Outside Directors sowie die Variable zur ‚Überlastung' von Board-Mitgliedern. Auch mit zunehmendem Alter der Board-Mitglieder steigt die Gesamtvergütung des CEOs.[826] Überraschend ist das

---

[819] Vgl. CORE/HOLTHAUSEN/LARCKER (1999), S. 382.

[820] FERRIS/JAGANNATHAN/PRITCHARD (2003) konnten in ihrer Studie nicht bestätigen, dass Mehrfachmandate dazu führen, dass Board-Mitglieder ihre Aufgaben nicht mehr effektiv wahrnehmen können [vgl. FERRIS/JAGANNATHAN/PRITCHARD (2003), S. 1110].

[821] Vgl. CORE/HOLTHAUSEN/LARCKER (1999), S. 382.

[822] Vgl. CORE/HOLTHAUSEN/LARCKER (1999), S. 382 f.

[823] CONYON/PECK (1998), die die Auswirkungen von ‚CEO Duality' in britischen Unternehmen untersucht haben, können dieses Ergebnis nicht bestätigen [vgl. CONYON/PECK (1998), S. 153].

[824] Vgl. CORE/HOLTHAUSEN/LARCKER (1999), S. 358.

[825] CYERT/KANG/KUMAR (2002) gelangen in ihrer Studie zu dem Ergebnis, dass der Zusammenhang zwischen der Vergütung und der Größe des Boards indirekt darauf hinweist, dass zwischen der Unternehmensgröße und der Vergütung ein starker Zusammenhang besteht, denn mit zunehmender Größe eines Unternehmens, steigt bekanntlich auch die Zahl der Mitglieder im Board [vgl. CYERT/KANG/KUMAR (2002), S. 466].

[826] Die Autoren vermuten, dass Board-Mitglieder, die 69 und älter sind, ihrer Aufgabe nicht mehr im gleichen Umfang gerecht werden können [vgl. CORE/HOLTHAUSEN/LARCKER (1999), S. 383]. Diese Annahme er-

Ergebnis allerdings im Hinblick auf die Variable 'Inside Directors'. Die Vermutung, dass ein höherer Anteil von Inside Directors im Board zu einer höheren Vergütung des CEOs führt, konnte nicht bestätigt werden.[827]

Mit der Problematik der personellen Verflechtung beschäftigt sich auch HALLOCK (1997). Er konzentriert sich in seiner Studie im Wesentlichen auf das Phänomen der wechselseitigen Personalverflechtung[828] und analysiert die folgenden Auswirkungen: „If two CEOs, or their subordinates, serve on each other's boards (they are reciprocally interlocked), then these CEOs may have both the incentive and the opportunity to raise each other's pay."[829]

Sein Datensatz aus dem Jahr 1992 enthält Informationen über 7.519 Directors von 773 Unternehmen. Letztlich gelangt HALLOCK zu dem Ergebnis, dass in 8% der Fälle eine reziproke CEO-Verflechtung vorliegt. Ferner legen die Ergebnisse nahe, dass CEOs, die jeweils im Board eines anderen sitzen, eine höhere Vergütung erhalten.[830]

Ausgangspunkt der Studie von DAILY ET AL. (1998) bildet die Feststellung, dass für die Festlegung der Vergütung nicht der Gesamt-Board zuständig ist, sondern, dass diese Aufgabe in aller Regel an einen Ausschuss delegiert wird. Studien zeigen, dass seit den 1990er Jahren, die so genannten Compensation Committees sowohl in den USA als auch in Großbritannien zunehmende Verbreitung gefunden haben.[831] Mittlerweile sollen mehr als 90% der US-amerikanischen börsennotierten Gesellschaften einen solchen Vergütungsausschuss, der zumeist mit Outside Directors besetzt wird,[832] eingerichtet haben.[833] Häufig setzt sich dieser Ausschuss aus nur drei Mitgliedern zusammen.[834] Ein Grund für diese Entwicklung ist mithin

---

scheint jedoch etwas fragwürdig. Es könnte genauso gut argumentiert werden, dass ältere Personen, die über langjährige Erfahrungen verfügen, für die Wahrnehmung der Aufgaben im Board besonders gut geeignet sind.

[827] Vgl. CORE/HOLTHAUSEN/LARCKER (1999), S. 385. Siehe auch die Ergebnisse von KERR/KREN (1992), S. 384.

[828] Wenn der CEO von Unternehmen A einen Sitz im Board von Unternehmen B hat, während der CEO von Unternehmen B zugleich Mitglied im Board von Unternehmen A ist, dann bezeichnet HALLOCK diese Verflechtungsstruktur als eine reziproke CEO-Verflechtung [vgl. HALLOCK (1997), S. 331].

[829] HALLOCK (1997), S. 332.

[830] Vgl. HALLOCK (1997), S. 342.

[831] Vgl. CONYON/KUCHINSKAS (2006), S. 154

[832] Vgl. CONYON/KUCHINSKAS (2006), S. 152; GOLLNICK (1997), S. 157. Siehe auch ANDERSON/BIZJAK (2003), S. 1325. BELLIVEAU/O'REILLY/WADE (1996) weisen in ihrer Studie darauf hin, dass bereits 1984 nahezu 90% der Fortune 500 Unternehmen einen solchen Vergütungsausschuss eingerichtet haben [vgl. BELLIVEAU/O'REILLY/WADE (1996), S. 1570].

[833] Vgl. GOLLNICK (1997), S. 157; WITT (2003c), S. 70.

[834] CONYON/KUCHINSKAS (2006) haben die Größe von Compensation Committees untersucht. Im Jahr 2003 hatten von 1.472 US-amerikanischen Unternehmen 41,8% einen Compensation Committee mit drei Mit-

darin zu sehen, dass zahlreiche Corporate Governance Kodizes die Einrichtung von Compensation Committees sowie die Besetzung dieses Ausschusses mit Outside Directors empfehlen.[835] Auch Börsenordnungen – wie z.b. die Corporate Governance Rules der NYSE[836] – enthalten im Hinblick auf die Einrichtung von Ausschüssen sowie deren Besetzung mitunter verbindliche Vorschriften.

Auch in Deutschland ist für die Festlegung der Vergütung – zumindest in großen Aktiengesellschaften – ein Ausschuss (d.h. Personal- oder Präsidialausschuss) zuständig.[837] Der Ausschuss ist kein eigenständiges Gesellschaftsorgan, sondern eine organisationsrechtliche Untergliederung des Aufsichtsrats.[838] Der Aufsichtsrat ist nicht verpflichtet, Ausschüsse so zu besetzen, dass sie die Zusammensetzung des Plenums widerspiegeln.[839] Neben den verschiedenen Vorteilen, die die Arbeit in Ausschüssen mit sich bringt – z.B. lassen sich komplexe Sachverhalte effizienter in einem kleinen Kreis diskutieren und behandeln[840] – wird in der

---

[835] gliedern. In 25,8% der Fälle setzte sich der Ausschuss aus vier Mitgliedern und in 12,8% der Fälle aus zwei Mitgliedern zusammen [umfassend hierzu CONYON/KUCHINSKAS (2006), S. 160].

[835] Im Cadbury Report von 1992 heißt es in Tz. 4.42: „We also recommend that boards should appoint remuneration committees, consisting wholly or mainly of non-executive directors and chaired by a non-executive director, to recommend to the board the remuneration of the executive directors in all its forms, drawing on outside advice as necessary. Executive directors should play no part in decisions on their own remuneration. Membership of the remuneration committee should appear in the Directors' Report." [siehe http://www.ecgi.org/ codes/documents/cadbury.pdf [Datum des Zugriffs 09.04.2007]]. Ähnlich auch der britische Combinded Code of Corporate Governance (2006) unter Remuneration in B. 2.1. Die vom Business Roundtable herausgegebenen Principles of Corporate Governance sehen vor: „Every publicly owned corporation should have a committee comprised solely of independent directors that addresses compensation issues." [siehe http://www.ecgi.org/codes/documents/brt_may2002.pdf [Datum des Zugriffs 09.04.2007]].

[836] Die Corporate Governance Rules der New York Stock Exchange sehen in Sec. 303A.05 vor, dass „Listed companies must have a compensation committee composed entirely of independent directors." [vgl. die Final NYSE Corporate Governance Rules 2003 unter http://www.nyse.com/pdfs/finalcorpgovrules.pdf [Datum des Zugriffs 04.04.2008]].

[837] Vgl. HOFFMANN-BECKING (2005), S. 155; POTTHOFF/TRESCHER (2003), S. 278. Neben dem Personalausschuss wird die Aufgabe der Regelung von Vorstandsangelegenheiten auch gelegentlich an den Präsidialausschuss (bzw. Präsidium) übertragen. Das Präsidium ist ein Ausschuss von besonderer Art, denn es fungiert als Bindeglied zwischen Vorstand und Aufsichtsrat. Zu seinen zentralen Aufgaben zählen die Vorbereitung von Aufsichtsratssitzungen, die Aufrechterhaltung der Kommunikation zum Vorstand zwischen den Sitzungen sowie die beratende Unterstützung des Aufsichtsrats bei der Wahrnehmung seiner repräsentativen Aufgaben [vgl. BLEICHER/LEBERL/PAUL (1988), S. 86; POTTHOFF/TRESCHER (2003), S. 276]. Mitglieder des Präsidiums sind i.d.R. der Aufsichtsratsvorsitzende, sein Stellvertreter und ein weiteres Mitglied [vgl. BLEICHER/LEBERL/PAUL (1988), S. 86].

[838] Vgl. SIEBEL (2004), S. 245.

[839] Vgl. VOGEL (1980), S. 190. Allerdings besteht ein Diskriminierungsverbot und so dürfen Arbeitnehmervertreter von Ausschüssen für Vorstandsangelegenheiten nicht grundsätzlich ausgeschlossen werden [vgl. POTTHOFF/TRESCHER (2003), S. 282]. Mit Ausnahme des Diskriminierungsverbots macht der Gesetzgeber keine Vorschriften hinsichtlich der Besetzung von Ausschüssen. Der Gesamtaufsichtsrat beschließt die personelle Zusammensetzung mit einfacher Mehrheit der abgegebenen Stimmen [vgl. SIEBEL (2004), S. 252].

[840] Siehe DCGK Tz. 5.3.1; SIEBEL (2004), S. 247; VOGEL (1980), S. 192.

Literatur auch oftmals auf die Nachteile aufmerksam gemacht,[841] wie z.B. die Gefahr der Informationsexklusivität gegenüber den Nicht-Ausschussmitgliedern.

Die Bildung von Aufsichtsratsausschüssen ist nicht zwingend vorgeschrieben.[842] Hinsichtlich bestimmter Aufgaben verbietet der Gesetzgeber explizit eine Beschlussfassung in den Ausschüssen.[843] Hierzu zählt z.b. die Bestellung und Abberufung des Vorstands[844] oder die Kündigung des Anstellungsvertrags[845]. Seit Inkrafttreten des Gesetzes zur Angemessenheit der Vorstandsvergütung (VorstAG) im Jahr 2009 gehört hierzu auch die Entscheidung über die Vergütung von Vorstandsmitgliedern.[846] Vor der Gesetzesänderung konnten Ausschüsse bindende Beschlüsse hinsichtlich der Höhe und Struktur der Vergütung von Vorständen fassen.

Weit verbreitet ist in der Literatur die Differenzierung von Aufsichtsratsausschüssen in *vorbereitende* und *beschließende* Ausschüsse.[847] Während vorbereitende Ausschüsse dem Aufsichtsrat fundierte Informationen liefern sollen, damit das Plenum qualifizierte Entscheidungen treffen kann, besitzen beschließende Ausschüsse Entscheidungskompetenzen.[848] Trotz des bestehenden Delegationsverbots hinsichtlich der Bestellung von Vorstandsmitgliedern an einen Ausschuss, haben die Ausschussmitglieder in praxi einen nicht unerheblichen Einfluss auf die Besetzung der Vorstandsposten.[849]

---

[841]   Vgl. BLEICHER/LEBERL/PAUL (1988), S. 84. Zu den Vor- und Nachteilen von Aufsichtsratsausschüssen siehe DECKERT (1996), S. 987.

[842]   Eine Ausnahme bildet der Vermittlungsausschuss in mitbestimmten Gesellschaften [siehe § 27 III MitbestG]. Die Zusammensetzung des Vermittlungsausschusses ist gesetzlich geregelt [vgl. POTTHOFF/TRESCHER (2003), S. 281]

[843]   Siehe § 107 Abs. 3 Satz 2.

[844]   Siehe § 84 Abs. 1 Satz 1.

[845]   Siehe § 84 Abs. 3 Satz 1. Weitere sind u.a. die wiederholte Bestellung oder Verlängerung der Amtszeit eines Vorstandsmitglieds (§ 84 Abs. 1 Satz 3), die Ernennung zum Vorstandsvorsitzenden (§ 84 Abs. 2) oder die Wahl des Aufsichtsratsvorsitzenden und seiner Stellvertreter (§ 107 Abs. 1 Satz 1).

[846]   Das VorstAG wurde im Juni 2009 vom Deutschen Bundestag verabschiedet. Siehe hierzu: http://www.bmj.bund.de/files/-/3836/gesetz_vorstandsverguetung_VorstAG.pdf

[847]   Vgl. POTTHOFF/TRESCHER (2003), S. 278 f.

[848]   Vgl. POTTHOFF/TRESCHER (2003), S. 279.

[849]   Aufgabe des Ausschusses ist die Vorauswahl von Kandidaten, d.h. das Sichten der Bewerbungsunterlagen und das Führen von Auswahlgesprächen. Der Ausschuss präsentiert dem Plenum im Anschluss daran die Kandidaten, die für die vakante Position in Frage kommen. Offen bleibt, ob aus Gründen der Diskretion das Plenum detaillierte Informationen über ausgeschiedene Bewerber verlangen kann [vgl. LUTTER (1984), S. 118]. Die Wahrung der Vertraulichkeit spielt vor allem bei externen Kandidaten eine große Rolle, da sie nicht selten zum Zeitpunkt der Gespräche mit Mitgliedern des Personalausschusses in einem Anstellungsverhältnis stehen. Vielfach wird davon ausgegangen, dass aufgrund der Größe des Gesamtaufsichtsrats, eine Wahrung der Vertraulichkeit nur schwer möglich ist [vgl. PELTZER (1993), S. 269]. Letztlich zeigt sich in der Praxis, dass der Vorschlag des Ausschusses zur Auswahl eines bestimmten Kandidaten meist angenommen wird [vgl. SIEBEL (2004), S. 250]. Selten sind nach PELTZER Fälle, in denen der gesamte Aufsichtsrat an der Auswahlentscheidung teilnimmt [vgl. PELTZER (1993), S. 266].

Vor dem Hintergrund, dass Ausschüsse oder Committees in der Praxis eine bedeutsame Rolle spielen und die Mitglieder von Ausschüssen oftmals über die Vergütung der Mitglieder des Top-Managements entscheiden, ist dem Einwand von DAILY ET AL. (1998), dass sich die Forschung stärker auf die Zusammensetzung von Ausschüssen und weniger auf den Gesamt-Board konzentrieren sollte, beizupflichten.[850] Vergleichbar mit den oben dargestellten Studien, greifen DAILY ET AL. in ihrer Untersuchung auf verschiedene Merkmale zurück, die die Unabhängigkeit der Ausschussarbeit beeinträchtigen. So stellen sie die Hypothese auf, dass bei einem hohen Anteil so genannter *Affiliated Directors* im Ausschuss – hierunter versteht man Personen, die zwar nicht dem Management angehören, aber persönliche Beziehungen zum CEO pflegen und/oder in geschäftlicher Verbindung zum Unternehmen stehen (z.B. Kunden, Lieferanten oder Unternehmensberater)[851] – zu einer Erhöhung der Vergütung des CEOs führt. Des Weiteren vermuten sie, dass ein Ausschuss, der von Affiliated Directors dominiert wird, auch Auswirkungen auf die Struktur der Vergütung hat: Da fixe Komponenten mit keinem Einkommensrisiko verbunden sind, erwarten sie, dass die Vergütungsverträge einen prozentual niedrigeren Anteil erfolgsabhängiger Vergütungsbestandteile aufweisen.[852]

Die aus der Agencytheorie abgeleiteten Hypothesen konnten allerdings nicht bestätigt werden.[853] Auch die von den Autoren aufgestellte Vermutung, dass die Präsenz von CEOs anderer Unternehmen im Compensation Committee Auswirkungen auf die Höhe bzw. auf die Zusammensetzung der Vergütung hat, fand keine Bestätigung. Den einzigen, wenngleich auch nur schwachen Zusammenhang konnten DAILY ET AL. im Hinblick auf den Zeitpunkt der Berufung von Ausschussmitgliedern entdecken. So deuten die Ergebnisse darauf hin, dass ein höherer Anteil von Personen, die während der Amtszeit des CEOs in den Board berufen wurden, zu einem Anstieg der CEO-Vergütung führt.

In Übereinstimmung mit den Ergebnissen von DAILY ET AL., konnten auch CONYON/ KUCHINSKAS (2006) in ihrer jüngst durchgeführten Studie keinen eindeutigen Zusammenhang zwischen einem hohen Anteil von Affiliated Directors im Vergütungsausschuss und den Bezügen von CEOs feststellen.[854] In einer älteren Studie zur Vergütung von britischen CEOs zeigen CONYON/PECK (1998) indes, dass die Zusammensetzung des Vergütungsausschusses Einfluss auf die Pay-for-Performance hat. Sind die Mitglieder des Compensation Committees

---

[850] Vgl. DAILY ET AL. (1998), S. 210 m.w.N. Ebenso DALTON ET AL. (1998), S. 284.

[851] Siehe hierzu eingehend BLEICHER/LEBERL/PAUL (1988), S. 210 f.

[852] Vgl. DAILY ET AL. (1998), S. 210 f.

[853] Vgl. DAILY ET AL. (1998), S. 214.

[854] Vgl. CONYON/KUCHINSKAS (2006), S. 164.

keine Angehörigen des Managements, so ist die CEO-Vergütung stärker an den Unternehmenserfolg gekoppelt.[855]

Auch ANDERSON/BIZJAK (2003) konnten in ihrer Untersuchung keinen Zusammenhang zwischen der Unabhängigkeit der Mitglieder des Compensation Committees und der Zusammensetzung der Vergütung, dem Grad der Erfolgsabhängigkeit sowie der Höhe der Vergütung des CEOs feststellen.[856] Die empirischen Ergebnisse konnten darüber hinaus auch nicht die Vermutung erhärten, dass sich die Mitgliedschaft des CEOs im Compensation Committee auf das Entlohnungsniveau auswirkt.[857]

Zusammenfassend lässt sich feststellen, dass die empirischen Studien zu gemischten Resultaten gelangen. Lediglich im Hinblick auf den Einfluss von Inside Directors (bzw. Affiliated Directors) scheinen die Ergebnisse in eine Richtung zu deuten: Ein Zusammenhang zwischen einem höheren Anteil von Inside Directors im Board (bzw. Ausschuss) und der Höhe der CEO-Vergütung konnte in der Mehrzahl der Studien nicht festgestellt werden. Auch die von DEUTSCH (2005) durchgeführte Meta-Analyse unterstreicht diesen Befund.[858] So gelangt DEUTSCH zu dem Ergebnis, dass zwischen der personellen Zusammensetzung des Boards und der Höhe der Vergütung kein systematischer Zusammenhang besteht.[859] Des Weiteren konnte er die Hypothese widerlegen, dass zwischen dem Anteil von Outside Directors im Board und dem Anteil der variablen Vergütung an der Gesamtvergütung von CEOs ein positiver Zusammenhang besteht.[860] Aus agencytheoretischer Sicht sind diese Ergebnisse überraschend. Eine alternative Erklärung für diese Befunde liefern indes BAYSINGER/HOSKISSON (1990). Sie argumentieren, dass aufgrund der unmittelbaren Mitwirkung an unternehmerischen Entscheidungsprozessen und der größeren Vertrautheit mit den einzelnen Aufgabenbereichen, Inside Directors die Leistung des CEOs besser beurteilen können.[861]

1.2.2.1.2 Zur Übertragbarkeit der Befunde auf den deutschen Kontext

Die oben vorgestellten Studien stammen allesamt aus dem US-amerikanischen Raum. Deutsche Studien, die den Zusammenhang zwischen der Vorstandsvergütung und der Zusammen-

---

[855] Vgl. CONYON/PECK (1998), S. 153.

[856] Vgl. ANDERSON/BIZJAK (2003), S. 1346.

[857] Vgl. ANDERSON/BIZJAK (2003), S. 1347. Auch CEOs können dem Compensation Committee angehören. In der Praxis verlässt der CEO den Raum (bzw. ist nicht anwesend), wenn über seine Vergütung verhandelt wird.

[858] Vgl. DEUTSCH (2005), S. 433.

[859] Vgl. DEUTSCH (2005), S. 427.

[860] Vgl. DEUTSCH (2005), S. 433.

[861] Vgl. BAYSINGER/HOSKISSON (1990), S. 77 sowie KERR/KREN (1992), S. 393.

setzung von Aufsichtsräten bzw. deren Ausschüsse untersucht haben, liegen bislang nicht vor. Aufgrund der unterschiedlichen Corporate Governance-Systeme sind die Erkenntnisse anglo-amerikanischer Studien auf den deutschen Kontext nicht ohne weiteres übertragbar. So besitzen die Diskussionen um die Auswirkungen von ‚CEO Duality' sowie die gesamte Debatte um die Nachteile der Board-Besetzung mit Inside Directors im deutschen Kontext keine Relevanz. Es könnte allenfalls diskutiert werden, ob zwischen einzelnen Aufsichtsratsmitgliedern und dem Vorstand (bzw. Vorstandsvorsitzenden) ein größeres Abhängigkeitsverhältnis (z.B. aufgrund bestehender Geschäftsbeziehungen) besteht.

In zahlreichen der oben vorgestellten US-amerikanischen Studien wurde untersucht, inwiefern zwischen dem Zeitpunkt der Bestellung von Board-Mitgliedern und der Vergütung von CEOs ein Zusammenhang besteht. Seit vielen Jahren wird in der US-amerikanischen Corporate Governance-Literatur diskutiert, dass faktisch der CEO aufgrund seiner Machtfülle die Mitglieder des Boards bestimmt.[862] Auch in Deutschland vermuten einige Autoren, dass der Vorstand bzw. Vorstandsvorsitzende einen nicht unerheblichen Einfluss auf die Auswahl der Aktionärsvertreter im Aufsichtsrat hat.[863] So weist SEMLER (2000) darauf hin, dass in großen deutschen Aktiengesellschaften die Initiative zur Auswahl der Aufsichtsratsmitglieder zumeist beim Vorstand liegt.[864] Auch ROTH/WÖRLE (2004) machen darauf aufmerksam, dass der Vorstand gemeinsam mit dem Aufsichtsratsvorsitzenden eine Kandidatenliste erarbeitet.[865] Vor diesem Hintergrund ließe sich auch im deutschen Kontext die Frage untersuchen, ob Mitglieder des Aufsichtsrats, deren Erstbestellung in die Amtszeit des Vorstandsvorsitzenden fällt, dem Vorsitzenden eine größere Loyalität entgegenbringen und sie sich in Folge dessen für eine höhere Vergütung einsetzen.

Da die Tätigkeit im Aufsichtsrat mit der Tätigkeit eines (Outside) Directors vergleichbar ist,[866] ließe sich auch in Deutschland untersuchen, ob Mehrfachmandate dazu führen, dass Aufsichtsratsmitglieder ihre Aufgaben nicht mehr effektiv wahrnehmen.[867] Nach geltendem

---

[862]   Vgl. BEBCHUK/FRIED (2003), S. 74; WADE/O'REILLY/CHANDRATAT (1990), S. 589; WITT (2003c), S. 69. Siehe hierzu die Ergebnisse der empirischen Studie von SHIVDASANI/YERMACK (1999).

[863]   Vgl. ROTH/WÖRLE (2004), S. 578; SCHREYÖGG/STEINMANN (1981), S. 535; SEMLER (2000), S. 725. Siehe hierzu auch die Ausführungen von BASSEN (2002a) [vgl. BASSEN (2002a), S. 140] sowie LUTTER (1995), der zwischen zwei Spielarten der Auswahl der Anteilseigner-Vertreter unterscheidet, wobei der Vorstand (bzw. Vorstandsvorsitzende) in beiden eine bedeutsame Rolle spielt [vgl. LUTTER (1995), S. 301].

[864]   Vgl. SEMLER (2000), S. 725.

[865]   Vgl. ROTH/WÖRLE (2004), S. 578. Bei der Wahl wird über die Kandidatenliste zumeist en bloc abgestimmt [vgl. ROTH/WÖRLE (2004), S. 576].

[866]   Siehe nochmals S. 135.

[867]   Diese Problematik wird bereits seit geraumer Zeit diskutiert [vgl. BERNHARDT (1995), S. 316; PFANNSCHMIDT (1993), S. 277; ROTH/WÖRLE (2004), S. 570; WITT (2003c), S. 88]. Kritisch hierzu und zu einer Begrenzung der Mandate FERRIS/JAGANNATHAN/PRITCHARD (2003), S. 1109 f.

Recht darf eine Person höchstens zehn Aufsichtsratsmandate (zuzüglich fünf Konzernmandate) innehaben.[868] Vorsitzmandate werden aufgrund der größeren Arbeitsbelastung doppelt gezählt.[869] Nicht gezählt werden hingegen vergleichbare Mandate in ausländischen Unternehmen.[870]

Abschließend soll noch diskutiert werden, welche Rolle wechselseitige Personenverflechtungen, deren Auswirkungen explizit von HALLOCK (1997) untersucht wurden, in deutschen Aktiengesellschaften spielen. Vorweg sei darauf hingewiesen, dass der Verflechtungsproblematik in Deutschland eine besondere Bedeutung zukommt.[871] Mit dem Schlagwort „Deutschland AG" hat ADAMS (1994) vor mehr als zehn Jahren darauf aufmerksam gemacht, dass sich in Deutschland ein System von Kapitalbeteiligungen in Form von Ring- und Überkreuzverflechtungen[872] zwischen den wichtigsten Industrie- und Finanzunternehmen etabliert hat.[873] Studien zeigen, dass Kapitalverflechtungen oftmals mit Personenverflechtungen[874] einhergehen.[875]

Vor dem Hintergrund der oben zitierten Studie von HALLOCK, die gezeigt hat, dass CEOs, die wechselseitig im Board des anderen sitzen eine höhere Vergütung erhalten, ist nun zu fragen, inwiefern sich diese Untersuchungsfrage auch auf Deutschland übertragen ließe. Die von HALLOCK beschriebene reziproke CEO-Verflechtung würde in Deutschland einer Überkreuz-

---

[868] Der DCGK empfiehlt, dass Vorstände von börsennotierten Gesellschaften nicht mehr als drei Aufsichtsratsmandate in konzernexternen börsennotierten Gesellschaften wahrnehmen sollen. Siehe Tz. 5.4.5 DCGK.

[869] Siehe hierzu § 100 Abs. 2 AktG.

[870] Vgl. ROTH/WÖRLE (2004), S. 591.

[871] Siehe hierzu ausführlich BEYER (1998); BEYER (2006a); HEINZE (2002); HÖPNER (2003), S. 133 ff.

[872] Eine Überkreuzverflechtung stellt eine wechselseitige Beteiligung von Unternehmen dar (z.B. Gesellschaft A ist an Gesellschaft B mit 25% beteiligt und umgekehrt). Von einer Ringbeteiligung wird gesprochen, wenn an wechselseitigen Beteiligungen mehr als zwei Gesellschaften beteiligt sind [vgl. ADAMS (1994), S. 149].

[873] Vgl. ADAMS (1994), S. 149; HEINZE (2002), S. 393.

[874] Nach PFANNSCHMIDT (1993) lassen sich grob drei Verbindungsarten unterscheiden [vgl. PFANNSCHMIDT (1993), S. 66 ff.]: 1) Bei einer Aufsichtsrat-Aufsichtsrat-Verflechtung werden zwei Unternehmen über eine Person miteinander verbunden, die sowohl in Unternehmen A als auch in Unternehmen B ein Mandat im Aufsichtsrat bekleidet. 2) Bei einer Vorstand-Aufsichtsrat-Verflechtung hat ein Vorstandsmitglied von Unternehmen A ein Mandat im Aufsichtsrat von Unternehmen B. Insbesondere Finanzunternehmen zeichneten sich in der Vergangenheit dadurch aus, dass ihre Vorstände in Aufsichtsräten anderer Nicht-Finanzunternehmen große Präsenz zeigten. Allerdings wird seit wenigen Jahren ein rückläufiger Trend dieser gerichteten Verflechtungsbeziehung festgestellt [vgl. BEYER (2006a), S. 183]. 3) Ist eine Person in zwei verschiedenen Unternehmen Mitglied des Vorstands, so liegt eine Vorstand-Vorstand-Verflechtung vor. Zu den drei Verflechtungsarten im Konzern siehe PFANNSCHMIDT (1993), S. 142 ff. Autoren, die sich mit der Verflechtungsproblematik beschäftigen untersuchen neben diesen einfachen Beziehungen vor allem Netzwerk- oder Mehrfachverflechtungen.

[875] Vgl. BEYER/WINDOLF (1995), S. 24; PFANNSCHMIDT (1993), S. 146 ff. Zu den personellen Verflechtungen der hundert größten Unternehmen in Deutschland siehe auch den 16. Hauptbericht der Monopolkommission [vgl. MONOPOLKOMMISSION (2006), S. 227 ff.].

verflechtung[876] gleichkommen. Diese Form der Mehrfachverflechtung ist nach geltendem Recht allerdings nicht zulässig.[877] Denkbar wäre jedoch, dass in Untersuchungen zum Einfluss personeller Verflechtungen auf die Vorstandsvergütung „indirekte" Beziehungen bzw. komplexere Verflechtungskonfigurationen (wie z.b. Kreisverflechtungen oder Cliquen) berücksichtigt werden. BEYER (1998) weist explizit darauf hin, dass die Kreisverflechtung „als funktionales Äquivalent für die in Deutschland untersagte direkte Überkreuzverflechtung angesehen werden [kann]."[878]

Zusammengefasst lässt sich feststellen, dass sich aufgrund der unterschiedlichen Corporate Governance-Systeme die Fragestellungen und Forschungsdesigns US-amerikanischer Studien zum Zusammenhang der Board-Besetzung und der Managervergütung nicht eins zu eins auf den deutschen Kontext übertragen lassen. In den vorangegangenen Ausführungen wurde auf einige zentrale Probleme hingewiesen. Nahezu unbeleuchtet blieb bislang die Frage, welche Rolle die Vertreter der Arbeitnehmerseite bei der Festlegung der Vorstandsvergütung spielen. Erste Studien deuten darauf hin, dass die Präsenz der Arbeitnehmervertreter (wie z.B. hauptamtliche Gewerkschafter im Aufsichtsrat) einen dämpfenden Effekt auf die Höhe der Vorstandsvergütung hat.[879] Allerdings sind weitere Studien erforderlich, um einen eindeutigen Einfluss nachzuweisen. Darüber hinaus erscheint es sinnvoll, in wissenschaftlichen Untersuchungen zum Einfluss der Zusammensetzung des Aufsichtsrats auf die Vergütung von Vorständen das Augenmerk verstärkt auf den Aufsichtsratsvorsitzenden zu legen. Diesem kommt im deutschen Corporate Governance-System eine zentrale Rolle zu.[880] Zu seinen wesentlichen Aufgaben zählen die Koordination der Aktivitäten im Kontrollorgan und die Einberufung sowie Leitung der Aufsichtsratssitzungen.[881] Ferner fungiert er als Repräsentant des Aufsichts-

---

[876] Eine Überkreuzverflechtung würde beispielsweise vorliegen, wenn der Vorstand A von Gesellschaft X Mitglied des Aufsichtsrats von Gesellschaft Y wäre, und der Vorstand B von Gesellschaft Y ein Sitz im Aufsichtsrat von Gesellschaft X hätte. In einem solchen Fall würde eine Person von einer anderen Person überwacht werden, die zugleich von der Person überwacht wird.

[877] Siehe hierzu § 100 Abs. 2 Nr. 3 AktG. Wörtlich heißt es: „Mitglied des Aufsichtsrats kann nicht sein, wer gesetzlicher Vertreter einer anderen Kapitalgesellschaft ist, deren Aufsichtsrat ein Vorstandsmitglied der Gesellschaft angehört." Siehe ebenso § 100 Abs. 2 Nr. 2 AktG: „Mitglied des Aufsichtsrats kann nicht sein, wer gesetzlicher Vertreter eines von der Gesellschaft abhängigen Unternehmens ist."

[878] BEYER (1998), S. 90. Eine Personenverflechtung in Form eines Kreises liegt dann vor, wenn „ein Vorstand eines Unternehmens im Aufsichtsrat eines anderen Unternehmens sitzt, und dieses Unternehmen einen Vorstand in ein weiteres Unternehmen entsendet, das wiederum mit dem Ausgangsunternehmen personell verflochten ist." [BEYER (1998), S. 90].

[879] Vgl. HÖPNER (2003), S. 146; SCHMID (1997), S. 78.

[880] Das deutsche Aktienrecht sieht vor, dass der Aufsichtsrat aus seiner Mitte einen Vorsitzenden wählt. Siehe § 107 Abs. 1 Satz 1.

[881] Vgl. SARRAZIN (1995), S. 128.

rats gegenüber dem Vorstand und der Hauptversammlung.[882] Vielfach nimmt er eine Mittlerrolle zwischen dem Aufsichtsratsplenum und dem Vorstand ein.[883]

In der Praxis ist der Aufsichtsratsvorsitzende auch häufig Vorsitzender des Ausschusses für Vorstandsangelegenheiten.[884] Einem Ausschussvorsitzenden obliegen die gleichen Rechte und Pflichten wie dem Vorsitzenden des Plenums.[885] Hierzu zählen insbesondere die Vorbereitung, Einberufung und Leitung von Sitzungen. Ferner kann dem Vorsitzenden das Recht des Stichentscheids eingeräumt werden.[886]

Nicht selten wird in der Literatur darauf hingewiesen, dass der Aufsichtsratsvorsitzende über ein erhebliches Einflusspotenzial verfügt.[887] So kommt ihm bei der Bestellung neuer Vorstandsmitglieder eine bedeutsame Rolle zu,[888] denn in aller Regel koordiniert der Aufsichtsratsvorsitzende den gesamten Auswahlprozess, er ist derjenige, der einen engen Kontakt mit dem eingeschalteten Personalberater hält[889] und im Vorfeld einer Neueinstellung häufig Gespräche mit dem Vorstandsvorsitzenden über geeignete Kandidaten führt.[890] Ferner wird im Schrifttum diskutiert, dass der Aufsichtsratsvorsitzende auch bei der Wiederbestellung von Vorstandsmitgliedern,[891] dem Abschluss des Anstellungsvertrags[892] sowie bei der Festlegung

---

[882]   Vgl. LUTTER/KRIEGER (2002), S. 214.

[883]   Vgl. WAGNER (1994), S. 182.

[884]   Diese Praxis wird vom DCGK in Tz. 5.2 explizit empfohlen.

[885]   Vgl. SEMLER (2004b), S. 163.

[886]   Vgl. SEMLER (2004b), S. 161.

[887]   Siehe zur Rolle des Aufsichtsratsvorsitzenden auch die Ergebnisse der empirischen Untersuchung von WAGNER (1994), S. 181.

[888]   Vgl. PELTZER (2005), S. 110.

[889]   Vgl. PELTZER (2005), S. 110 f.

[890]   Der Literatur zufolge ist es in Großunternehmen übliche Praxis, dass zwischen dem Aufsichtsratsvorsitzenden und dem Vorstandsvorsitzenden Gespräche über geeignete Kandidaten stattfinden [vgl. FONK (2004), S. 503; MARTENS (1988), S. 204; PELTZER (2003), S. 238; SEMLER (2000), S. 723]. Nach PELTZER (2003) werden „bei derartigen Unterhaltungen Personalentscheidungen des Aufsichtsrats vorschattiert [..], die der Aufsichtsratsvorsitzende dann mit einigen Meinungsführern im Aufsichtsrat vorbespricht und dann letztlich im Regelfall auch durchsetzen kann und durchsetzt." [PELTZER (2003), S. 238].

[891]   Nach SEMLER (2000) gibt der Vorstandsvorsitzende bei Gesprächen mit dem Aufsichtsratsvorsitzenden „laufend Beurteilungen über die anderen Vorstandsmitglieder ab." [SEMLER (2000), S. 728]. Ist er mit der Leistung unzufrieden, so empfiehlt er gegebenenfalls auch das (frühzeitige) Ausscheiden des Vorstandsmitglieds [vgl. SEMLER (2000), S. 728]. Problematisch an dieser Praxis ist, dass der Vorsitzende des Aufsichtsrats die Vorstandsmitglieder „durch die Brille des Vorstandsvorsitzenden sieht" [PELTZER (2005), S. 117], obgleich es sich bei der Beurteilung um eine nicht delegierbare Aufgabe handelt [vgl. PELTZER (2005), S. 117].

[892]   Die Beschlussfassung über den Anstellungsvertrag mit einem Vorstandsmitglied kann an einen Ausschuss – allerdings nur an einzelne Mitglieder des Aufsichtsrats – delegiert werden [vgl. BEINER (2005), S. 92]. Anders verhält es sich mit dem unmittelbaren Abschluss des Vertrages [vgl. BEINER (2005), S. 97]. Die Geschäftsordnung des Aufsichtsrates kann beispielsweise vorsehen, dass der Aufsichtsratsvorsitzende (selten ein anderes Mitglied) den Vertrag mit dem designierten Vorstandsmitglied abschließt. Zwar darf

der Höhe und Struktur der Vorstandsgehälter[893] eine gewichtige Rolle spielt. Gleichwohl auf die hervorgehobene Bedeutung des Aufsichtsratsvorsitzenden oftmals hingewiesen wird, liegt bislang nur eine empirische Untersuchung vor – auf die Studie von FISS (2007) wird an späterer Stelle der Arbeit eingegangen –, in welcher der Einfluss des Vorsitzenden auf die Vorstandsvergütung analysiert wurde. Demnach lässt sich feststellen, dass mit Blick auf die Bedeutung des Aufsichtsratsvorsitzenden empirischer Forschungsbedarf besteht. Untersuchen ließe sich beispielsweise, ob zwischen dem Zeitpunkt der Erstbestellung des Aufsichtsratsvorsitzenden und der Vergütung des Vorstandsvorsitzenden, oder ob zwischen der Herkunft des Aufsichtsratsvorsitzenden und der Vergütung des Vorstandsvorsitzenden Zusammenhänge bestehen. Fraglich ist beispielsweise, ob Altvorstände dazu tendieren, dem amtierenden Vorstandsvorsitzenden höhere Bezüge zu gewähren. Seit einigen Jahren wird in der Literatur sowie Wirtschaftspresse auf die Nachteile der Übernahme des Vorsitzes durch ein früheres Vorstandsmitglied – insbesondere durch den Vorstandsvorsitzenden – hingewiesen.[894] Ob sich die oftmals festgestellte mangelnde Unabhängigkeit auch auf die Festlegung der Vergütung auswirkt, ist eine Frage, die noch empirisch zu untersuchen wäre.

Aus den Ausführungen sollte deutlich geworden sein, dass bezüglich der personellen Zusammensetzung des Aufsichtsrats (bzw. Aufsichtsratsausschusses) und der Vergütung von Vorständen noch erheblicher Forschungsbedarf besteht. Im nachfolgenden Abschnitt soll die Frage beleuchtet werden, ob die Eigentümerstruktur Einfluss auf die Höhe und Zusammensetzung von Managergehältern hat. Diese Fragestellung steht im Mittelpunkt zahlreicher Untersuchungen aus dem angloamerikanischen Raum. Da nur wenige Studien aus Deutschland zu dieser Thematik vorliegen, kann erneut festgestellt werden, dass der Forschungsstand rudimentär ist.[895]

---

der Aufsichtsratsvorsitzende die vom Aufsichtsrat oder Ausschuss festgelegten Eckdaten zum Anstellungsvertrag nicht grundsätzlich verändern, jedoch obliegt ihm die Befugnis zur Regelung vertraglicher Einzelheiten [vgl. FONK (2004), S. 516]. Insofern beschäftigt sich der Ausschuss bzw. Gesamtaufsichtsrat nicht mit sämtlichen Details. Nach FONK (2004) können in der Praxis allerdings Probleme auftauchen. So kann es mitunter schwierig sein, wesentliche Vertragsinhalte von vertraglichen Details abzugrenzen [vgl. FONK (2004), S. 516].

[893]   Siehe hierzu SEMLER (2000), S. 729.

[894]   Besonders weit verbreitet ist die Praxis der Vorsitzkontinuität unter den Dax 30 Unternehmen. So stellen BRESSER/VALLE THIELE (2008) in ihrer Studie fest, dass zwischen 1995 und 2004 in 51,3% der Fälle der Vorsitzende des Vorstands das Amt des Aufsichtsratsvorsitzenden übernommen hat [vgl. BRESSER/VALLE THIELE (2008), S. 186]. In Aktiengesellschaften, die nicht im Dax gelistet sind, ist die Praxis allerdings weniger stark verbreitet. Zur Herkunft des Aufsichtsratsvorsitzenden siehe die Untersuchung von GERUM (2007), S. 229 f. sowie S. 233. In Bezug auf Banken GERKE/MAGER (2003), S. 553.

[895]   Z.B. ELSTON/GOLDBERG (2003), FITZROY/SCHWALBACH (1990) sowie SCHMID (1997).

1.2.2.2 Eigentümerstruktur

In Untersuchungen zur Bedeutung der Eigentümerstruktur für die Unternehmenskontrolle fehlt selten der Hinweis auf die legendäre Arbeit von BERLE/MEANS aus den 30er Jahren des letzten Jahrhunderts.[896] Die Autoren haben sich erstmals mit den Voraussetzungen für die Etablierung einer „Managerherrschaft" in Publikumsgesellschaften beschäftigt. Sie argumentieren, dass aufgrund der Streuung des Anteilsbesitzes in modernen Kapitalgesellschaften (*modern corporation*), die Eigentümer das Management nicht mehr hinreichend kontrollieren (können).[897] Da die Ausübung von Kontrolle für Aktionäre mit prohibitiv hohen Kosten verbunden ist – wie z.B. Kosten der Informationsbeschaffung und -verarbeitung – besteht für den Kleinaktionär kein Anreiz zur Kontrollausübung.[898] Der zu erwartende Nutzen ist in Relation zu den Kosten so gering, dass sich Kleinaktionäre passiv verhalten. Treffend wird in diesem Zusammenhang auch von einer „rationalen Apathie" gesprochen.[899] Diese Apathie macht sich beispielsweise darin bemerkbar, dass Kleinanleger Hauptversammlungen zumeist fern bleiben bzw., dass sie ihr Stimmrecht einem Kreditinstitut überlassen.[900]

Die Kontrollsituation ändert sich allerdings dann, wenn einzelne Investoren größere Anteile am Unternehmen halten. Angenommen wird, dass Großaktionäre ein starkes Interesse an der Überwachung des Managements haben.[901] Auch ihre Möglichkeiten der Einflussnahme auf die Unternehmenspolitik sind ungleich besser, denn die Aktionärsrechte sowie die entsprechenden Einflusspotenziale leiten sich aus der Größe des Anteilbesitzes ab.[902] Vielfach wird

---

[896] Von THONET (1977) bereits vor über 30 Jahren festgestellt [vgl. THONET (1977), S. 6].

[897] Siehe hierzu ausführlich die Auswertung „klassischer" Arbeiten zur Managerherrschaftsthese von BEYER (1998), S. 28 ff.

[898] Vgl. BOTT (2002), S. 22.

[899] Vgl. ADAMS (1994), S. 152; BOTT (2002), S. 22 f.; NICOLAI/THOMAS (2004), S. 20; PRIGGE/STEENBOCK (2002), S. 780. Siehe zur Apathie von Kleinaktionären bereits BERLE/MEANS (1982) (erstmals 1932 erschienen), S. 81 f. Siehe auch BURNHAM (1951) (erstmals 1941 erschienen), S. 106.

[900] Vgl. RUHWEDEL (2003), S. 39.

[901] Vgl. BEYER (2006a), S. 185; IBER (1985), S. 1102; SHLEIFER/VISHNY (1997), S. 754.

[902] Vgl. IBER (1985), S. 1103. Die relevanten Schwellenwerte sind 5% (Kleinbeteiligung), 10%, 25% (Minderheitsbeteiligung), 50% (einfache Mehrheit) und 75% (qualifizierte Mehrheit) [vgl. IBER (1985), S. 1103]. Folgende Rechte eröffnen sich u.a. bei einer Minderheitsbeteiligung von 5%: Einberufung der Hauptversammlung nach § 122 AktG, Anfechtung des Beschlusses über die Verwendung des Bilanzgewinns nach § 254 AktG sowie Bestellung von Sonderprüfern nach § 258 AktG. Hält ein Aktionär mindestens 10% so stehen ihm u.a. die folgenden Rechte zu: Antrag auf Abberufung von Aufsichtsratsmitgliedern bei wichtigem Grund nach § 103 AktG, gesonderte Abstimmung über die Entlastung eines einzelnen Mitglieds der Verwaltung nach § 120 AktG oder Abstimmung über die Wahlvorschläge von Aktionären zur Wahl von Aufsichtsratsmitgliedern nach § 137 AktG. Mit einem Anteil von 25% des stimmberechtigten Kapitals können bestimmte Beschlüsse verhindert werden. Hierzu zählen u.a.: Satzungsänderung und Änderung des Gegenstandes des Unternehmens nach § 179 Abs. 2 AktG, Umwandlungen nach § 162 AktG, Auflösung § 262 AktG, Beschluss über die bedingte Kapitalerhöhung nach § 193 Abs. 1 AktG sowie Beschluss über das genehmigte Kapital nach § 202 Abs. 2 AktG [siehe zu den Rechten

auch argumentiert, dass dem Großaktionär letztlich nur „Voice" (Widerspruch) als Handlungsoption zur Verfügung steht,[903] denn der Verkauf eines größeren Aktienpakets („Exit") hätte einen sinkenden Aktienkurs und somit (schwere) finanzielle Nachteile zur Folge.[904] Letztlich resümieren SHLEIFER/VISHNY (1997): „Large shareholders thus address the agency problem in that they both have a general interest in profit maximation, and enough control over the assets of the firm to have their interests respected."[905]

Aus agencytheoretischer Sicht bringt die Konzentration des Eigentums zunächst einmal zahlreiche Vorteile mit sich, denn durch die Kontrollausübung eines Großaktionärs werden die Agenturkosten vermindert und das Free-Rider Problem abgeschwächt.[906] Allerdings werden in der Literatur auch die negativen Folgen diskutiert. Es besteht die Gefahr, dass Großaktionäre Interessen verfolgen, die sich nicht mit den Interessen der anderen Aktionäre decken.[907] So kann sich zwischen dem Großaktionär und dem leitenden Management eine Interessenkoalition entwickeln.[908] Illustriert wird diese Problematik häufig am Beispiel der Universalbanken, die zum Schutze ihrer Kredite und entgegen den Interessen der anderen Aktionäre eine Strategie der Risikominimierung verfolgen und infolgedessen, eine auf Diversifikation ausgerichtete Unternehmenspolitik unterstützen.[909]

1.2.2.2.1 Empirische Befunde

In zahlreichen Studien wurde analysiert, ob zwischen der Eigentümerstruktur von Unternehmen und den Managerbezügen Zusammenhänge bestehen. In US-amerikanischen Untersuchungen wird oftmals eine Differenzierung zwischen ‚eigentümerkontrollierten' (*ownership-controlled*) und ‚managerkontrollierten' (*manager-controlled*) Unternehmen vorgenommen.

---

in Abhängigkeit vom Anteil am Grundkapital KLEINSCHNITTGER (1993), S. 17 ff. sowie RUHWEDEL (2003), S. 35 f.]. Gleichwohl die Sperrminderheitsbeteiligung i.d.R. keinen beherrschenden Einfluss ermöglicht, so kann eine geringere Beteiligungsquote als 50% zur Mehrheit führen, wenn der Anteilsbesitz breit gestreut ist und ein Teil der Aktionäre an der Hauptversammlung nicht teilnimmt [vgl. KLEINSCHNITTGER (1993), S. 18 f.]. Umfassend zu den Aktionärsrechten in Deutschland RUHWEDEL (2003), S. 21 ff.

[903] Das Begriffspaar ‚Exit' und ‚Voice' geht zurück auf HIRSCHMAN. Nach diesem Konzept können Menschen auf unbefriedigende Zustände mit Abwanderung (Exit) oder mit Widerspruch (Voice) reagieren. Das von HIRSCHMAN entwickelte analytische Instrumentarium lässt sich auf ganz verschiedene Situationen und Personengruppen (wie z.B. Mitarbeiter, Kunden oder Staatsbürger) anwenden [vgl. HIRSCHMAN (1970), S. 4].

[904] Vgl. BOYD (1994), S. 452; DAILY/DALTON/RAJAGOPALAN (2003), S. 153; NICOLAI/THOMAS (2004), S. 22. Siehe hierzu auch das HAUPTGUTACHTEN DER MONOPOLKOMMISSION (2006), S. 223 f.

[905] SHLEIFER/VISHNY (1997), S. 754.

[906] Vgl. RUHWEDEL (2003), S. 89.

[907] Umfassend hierzu SHLEIFER/VISHNY (1997), S. 758 ff.

[908] Vgl. BEYER (2006a), S. 185.

[909] Vgl. BEYER (2006a), S. 185; WITT (2003c), S. 81 m.w.N.

Als ‚eigentümerkontrolliert' werden jene börsennotierten Gesellschaften bezeichnet, bei denen eine natürliche oder juristische Person mindestens 5 % der Aktien hält.[910]

Da per definitionem in eigentümerkontrollierten Unternehmen einzelne Anteilseigner größere Aktienblöcke halten und somit einen Anreiz zur Kontrollausübung haben, werden die Paketaktionäre den theoretischen Überlegungen zufolge besonders darauf achten, dass die Vergütung des CEOs in einem angemessenen Verhältnis zu seiner Leistung steht. Insofern wird vermutet, dass Großaktionäre exzessive Gehaltssteigerungen unterbinden und die Vergütung stärker vom Erfolg abhängig machen. Die Festlegung der Höhe und Struktur der CEO-Vergütung wird sich demnach stärker an ökonomischen Faktoren orientieren.[911]

Im Hinblick auf managerkontrollierte Unternehmen wird indes davon ausgegangen, dass Manager ihren diskretionären Handlungsspielraum dazu nutzen, die Höhe ihrer Vergütung zu maximieren und sich vor Gehaltsrisiken abzusichern.[912]

In zahlreichen empirischen Studien konnte ein Einfluss der Eigentümerstruktur auf die Zusammensetzung sowie die Höhe der Vergütung von CEOs nachgewiesen werden. GOMEZ-MEJIA/TOSI/HINKIN (1987) zeigen beispielsweise, dass sich in eigentümerkontrollierten Unternehmen die Vergütung stärker an der Unternehmensperformance orientiert als in managerkontrollierten Unternehmen.[913] TOSI/GOMEZ-MEJIA (1989) gelangen zu dem Resultat, dass CEOs von eigentümerkontrollierten Unternehmen im Gegensatz zu CEOs von managerkontrollierten Unternehmen einem größeren Gehaltsrisiko ausgesetzt sind.[914]

Zu ähnlichen Ergebnissen gelangen auch HAMBRICK/FINKELSTEIN (1995). Sie zeigen, dass in eigentümerkontrollierten Unternehmen die Vergütung von CEOs stärker an den Unternehmenserfolg gekoppelt ist als in managerkontrollierten Unternehmen.[915] Ferner gelangen sie zu dem Resultat, dass sich in Managerunternehmen ein Rückgang des Unternehmenserfolgs weniger drastisch auf die Vergütungshöhe niederschlägt.[916] Hieraus schlussfolgern sie, dass die Vergütungspläne von CEOs aus managerkontrollierten Unternehmen asymmetrisch ausgestal-

---

[910] Vgl. GOMEZ-MEJIA/TOSI/HINKIN (1987), S. 56; HAMBRICK/FINKELSTEIN (1995), S. 183; TOSI/GOMEZ-MEJIA (1989), S. 170.

[911] Vgl. HAMBRICK/FINKELSTEIN (1995), S. 177 f.

[912] Vgl. HAMBRICK/FINKELSTEIN (1995), S. 178.

[913] Vgl. GOMEZ-MEJIA/TOSI/HINKIN (1987), S. 62. Nicht bestätigt werden konnte hingegen die Hypothese, dass in eigentümerkontrollierten Unternehmen die Vergütungspakte von CEOs einen höheren variablen Anteil aufweisen [vgl. GOMEZ-MEJIA/TOSI/HINKIN (1987), S. 62].

[914] Vgl. TOSI/GOMEZ-MEJIA (1989), S. 177.

[915] Vgl. HAMBRICK/FINKELSTEIN (1995), S. 186.

[916] Vgl. HAMBRICK/FINKELSTEIN (1995), S. 186.

tet sind. Demnach werden CEOs von Managerunternehmen zwar für Unternehmenserfolge belohnt, für Verluste jedoch nicht bestraft.[917]

In jüngster Zeit wurde in zahlreichen Forschungsarbeiten der Einfluss bestimmter Typen von Großaktionären (Familien, Banken, Pensionsfonds usw.) auf die Vergütungssysteme von Managern untersucht. Besonders häufig wurde der Einfluss von so genannten institutionellen Investoren analysiert.[918] Unter institutionelle Investoren versteht man Anleger, „die über große Vermögensbestände disponieren und professionelle Techniken nutzen."[919] Üblicherweise werden Versicherungen, Investmentgesellschaften, Beteiligungsgesellschaften sowie Pensionsfonds zu dieser Gruppe gezählt.[920] In einem weiteren Verständnis werden unter dem Begriff auch Kreditinstitute und Industrieunternehmen subsumiert.[921]

Studien zeigen, dass institutionellen Investoren mittlerweile eine einflussreiche Rolle auf den internationalen Kapitalmärkten zukommt.[922] Allerdings bestehen hinsichtlich der Bedeutung einzelner Typen von institutionellen Anlegern länderspezifische Unterschiede. So nehmen Pensionsfonds zwar in den USA, aber (noch) nicht in Deutschland einen großen Stellenwert ein.[923] Umgekehrt spielen in Deutschland im Gegensatz zu den USA Banken eine gewichtige Rolle.[924] Deutsche Banken unterliegen keinen gesetzlichen Restriktionen hinsichtlich des Erwerbs von Anteilen an Nicht-Finanzunternehmen.[925]

---

[917]   Vgl. HAMBRICK/FINKELSTEIN (1995), S. 186.

[918]   Vgl. DAILY/DALTON/RAJAGOPALAN (2003), S. 151; DAVIS/THOMPSON (1994), S. 154; KHAN/DHARWAD-KAR/BRANDES (2005), S. 1078 f. Einen komprimierten Überblick über die Forschung zum Einfluss institutioneller Investoren geben DALTON ET AL. (2007), S. 20 ff.

[919]   DEUTSCHE BUNDESBANK (1998), S. 56.

[920]   Vgl. DEUTSCHE BUNDESBANK (1998), S. 56.

[921]   Vgl. DEUTSCHE BUNDESBANK (1998), S. 56. Siehe auch BASSEN (2002a), S. 15.

[922]   Vgl. DAILY/DALTON/RAJAGOPALAN (2003), S.153; NICOLAI/THOMAS (2004), S. 20; USEEM (1996), S. 25 ff. Der Einfluss institutioneller Investoren wird in den USA durch verschiedene Gesetze eingeschränkt [vgl. WITT (2003c), S. 64 f.]

[923]   Vgl. NICOLAI/THOMAS (2004), S. 20; PRIGGE/STEENBOCK (2002), S. 778; WITT (2003c), S. 80. Einige Autoren rechnen aufgrund diverser Reformprozesse in der Alterssicherung mit einem Bedeutungszuwachs von Pensionsfonds in Deutschland in naher Zukunft [vgl. NICOLAI/THOMAS (2004), S. 24]. HÖPNER (2003) nennt zudem die zunehmende Internationalisierung amerikanischer Pensionsfonds als weiteren Grund für den Bedeutungszuwachs [vgl. HÖPNER (2003). Kritisch hinterfragt wird diese Entwicklung von PRIGGE/STEENBOCK (2002)].

[924]   Vgl. WITT (2003c), S. 80. Typisch für Deutschland sind die Universalbanken, während in den USA bis Ende der 1990er Jahre das Trennbankensystem, das eine Trennung von Geschäfts- und Investmentbanken vorsieht, vorherrschend war. Mit der Verabschiedung des Financial Services Modernization Act (‚Gramm-Leach-Bliley Act') wurde das Trennbankensystem in den USA im Jahr 1999 abgeschafft.

[925]   Der Bank Holding Company Act von 1956 verbietet, dass US-amerikanische Banken mehr als fünf Prozent der Anteile an Nicht-Banken halten [vgl. WITT (2003c), S. 64].

In Bezug auf institutionelle Investoren wird seit den 1980er Jahren ein zunehmender Investorenaktivismus (*shareholder activism*) beobachtet.[926] Durch verschiedene Instrumente können institutionelle Anleger auf die Unternehmenspolitik einwirken. So können sie dem Top-Management mit dem Verkauf der Anteile drohen, ihre Aktionärsrechte wahrnehmen, aktive Präsenz auf Hauptversammlungen zeigen, Öffentlichkeitsarbeit betreiben[927], durch Aufsichtsratsmandate Einfluss ausüben sowie informelle Kontakte[928] zum obersten Management pflegen.[929]

Ein bekanntes Beispiel für einen institutionellen Investor, der als führend auf dem Gebiet des Aktionärsaktivismus gilt, ist der US-amerikanische CalPERS-Pensionsfonds.[930] Öffentlich kritisierte er in der Vergangenheit die Arbeit von Boards großer US-amerikanischer Unternehmen.[931] Auch die exorbitanten Managergehälter stellten oftmals Zielscheibe massiver Kritik dar.[932] CalPERS setzte sich in der Vergangenheit mehrfach für die Umgestaltung bestehender Vergütungssysteme für Top-Manager ein.[933]

Gleichwohl institutionelle Anleger die wichtigsten Akteure von Investorenaktivismus darstellen,[934] weisen DAVID/KOCHHAR/LEVITAS (1998) in ihrer Studie, in der sie den Einfluss institutioneller Investoren auf die Vergütung von Top-Managern analysieren, darauf hin, dass es sich bei institutionellen Anlegern keineswegs um eine homogene Gruppe handelt.[935] Die Akteure unterscheiden sich hinsichtlich des tatsächlichen Einflusspotenzials sowie im Hinblick auf ihre Motivation der aktiven Einflussnahme.[936] Insofern gehen DAVID/KOCHHAR/LEVITAS davon aus, dass nicht alle institutionellen Investoren gleichermaßen einen intervenierenden

---

[926] Vgl. DAVIS/THOMPSON (1994), S. 153 ff.; NICOLAI/THOMAS (2004), S. 20; SMITH (1994), S. 227; USEEM (1996), S. 15 ff.

[927] Hierzu zählen etwa die Veröffentlichung negativer Ranglisten (‚schwarze Listen'), Forderungskataloge sowie Zeitungsartikel [vgl. BASSEN (2002a), S. 128 f.].

[928] Vor allem den informellen Beziehungen, wie z.B. persönliche Gespräche und Telefonate zwischen den Investoren und einzelnen Vorstandsmitgliedern bzw. der Investor-Relations-Abteilung, wird eine große Bedeutung beigemessen [vgl. BASSEN (2002a), S. 134 f.]. Auch PELTZER (2005) macht auf den großen Einfluss des Großaktionärs (bzw. dessen Vertreter) im Hinblick auf die Bestellung eines Nachfolgers für den Vorstandsvorsitzenden aufmerksam [vgl. PELTZER (2005), S. 109].

[929] Vgl. BASSEN (2002b), S. 431 f.; KHAN/DHARWADKAR/BRANDES (2005), S. 1079.

[930] Vgl. SMITH (1994), S. 230 ff. CalPERS (*California Public Employees' Retirement System*) zählt zu den größten US-amerikanischen Pensionsfonds.

[931] Siehe BUCHTER (2004); USEEM (1996), S. 64 ff. und passim.

[932] Vgl. BUCHTER (2004); DAVIS/THOMPSON (1994), S. 168.

[933] Vgl. SMITH (1994), S. 234. Ausführlicher DAVIS/THOMPSON (1994), S. 168.

[934] Vgl. NICOLAI/THOMAS (2004), S. 21. Zu den Gründen für den Aktivismus von institutionellen Anlegern siehe PRIGGE/STEENBOCK (2002), S. 781 f.

[935] Vgl. DAVID/KOCHHAR/LEVITAS (1998), S. 202.

[936] Vgl. DAVID/KOCHHAR/LEVITAS (1998), S. 202.

Einfluss auf die Vergütungssysteme von Top-Managern ausüben. Wenn institutionelle Investoren beispielsweise in einer (potentiellen) geschäftlichen Beziehung mit dem Unternehmen stehen – dies ist bei Banken und Versicherungen beispielsweise denkbar – ist zu vermuten, dass sie eher Zurückhaltung zeigen und sich in den Prozess der Festlegung der Managementvergütung nicht einmischen.[937] DAVID/KOCHHAR/LEVITAS bezeichnen diese als „*Pressure-Sensitive Institutions*". Bestehen jedoch keinerlei Abhängigkeiten, so erwarten die Autoren, dass institutionelle Investoren (sog. „*Pressure-Resistant Institutions*") Einfluss auf die Höhe und Zusammensetzung der Vergütung von CEOs nehmen.

Die empirische Studie von DAVID/KOCHHAR/LEVITAS gelangt zu den folgenden Ergebnissen: Die Präsenz von institutionellen Investoren, die keine geschäftlichen Beziehungen zu dem Unternehmen pflegen, führt zu einer Reduktion der Vergütungshöhe und zu einer Zunahme des Anteils langfristiger Vergütungsbestandteile mit Risikocharakter.[938] Mit Blick auf die Pressure-Sensitive Institutions stellen sie hingegen fest, dass deren Präsenz eher zu einer Zunahme der Gehälter von CEOs führt. Ein Einfluss auf die Zusammensetzung der Vergütung konnte allerdings nicht festgestellt werden. Den Autoren zufolge macht der festgestellte Zusammenhang zwischen der Präsenz von Pressure-Sensitive Institutions und der Höhe der Vergütung deutlich, dass mikropolitische Prozesse bei der Festlegung der Vergütung eine zentrale Rolle spielen.[939]

Mit dem Einfluss institutioneller Investoren auf die Struktur und Höhe der Vergütung von Top-Managern haben sich auch HARTZELL/STARKS (2003) beschäftigt.[940] Untersucht wurden nicht nur die Vergütungspakete von CEOs, sondern die Vergütungssysteme der obersten fünf Top-Manager der größten US-amerikanischen Unternehmen.[941] Insgesamt kommen die Autoren auf die bemerkenswerte Zahl von 36.352 Beobachtungen.[942] Der Einfluss institutioneller Investoren wurde anhand der Konzentration des Eigentums gemessen.

Im Kern gelangen die Autoren zu den folgenden Ergebnissen: 1) Die Konzentration institutioneller Investoren führt dazu, dass die Managervergütung (d.h. sowohl die Bar- als auch die Gesamtvergütung) eine höhere Pay-Performance Sensitivität aufweist.[943] 2) Des Weiteren

---

[937]   Vgl. DAVID/KOCHHAR/LEVITAS (1998), S. 202.

[938]   Vgl. DAVID/KOCHHAR/LEVITAS (1998), S. 206.

[939]   Vgl. DAVID/KOCHHAR/LEVITAS (1998), S. 205.

[940]   Die Untersuchung erstreckt sich über einen Zeitraum von sechs Jahren (1992-1997).

[941]   Vgl. HARTZELL/STARKS (2003), S. 2354.

[942]   Vgl. HARTZELL/STARKS (2003), S. 2355.

[943]   Vgl. HARTZELL/STARKS (2003), S. 2358 ff. Die Untersuchung von KHAN/DHARWADKAR/BRANDES (2005) kann dieses Ergebnis hinsichtlich der Pay-Performance Sensitivität von Aktienoptionen allerdings nicht bestätigen [vgl. KHAN/DHARWADKAR/BRANDES (2005), S. 1082].

gelangt die Untersuchung zu dem Ergebnis, dass zwischen der Konzentration institutioneller Anleger und der Höhe der Vergütung (d.h. Grundgehalt, Barvergütung sowie Gesamtvergütung) ein negativer Zusammenhang besteht.[944] Die Autoren resümieren: „Our result imply that institutional investor monitoring, on average, tends to be used in concert with incentive compensation in mitigating the agency problems between shareholders and manager."[945]

Im Gegensatz zur Gruppe der institutionellen Investoren wurde der Einfluss vom Großaktionärstyp ‚Familie' auf die Vergütung von Top-Managergehältern bislang nur selten untersucht.[946] Dies überrascht aus zweierlei Gründen: So kann davon ausgegangen werden, dass Familien einen großen Kontrollanreiz haben. Des Weiteren zeigen Untersuchungen, dass in vielen Ländern – und hierzu zählt auch Deutschland[947] – Familien als Eigentümer von großer Bedeutung sind.[948]

Zu den wenigen Untersuchungen, die sich mit den Determinanten von Managergehältern in Familien-kontrollierten Unternehmen (family-controlled public firms) beschäftigt haben, zählt die Studie von GOMEZ-MEJIA/LARRAZA-KINTANA/MAKRI (2003). Allerdings umfasst das Sample der Studie ausschließlich Familien-kontrollierte Unternehmen[949]. Die Ergebnisse deuten daraufhin, dass Familienmitglieder, die das Amt des CEOs bekleiden, eine geringere Entlohnung erhalten als angestellte Top-Manager.[950] Allerdings sind angestellte Manager im Vergleich zu Familienmitgliedern einem höheren Risiko ausgesetzt.[951]

Nachfolgend wird beleuchtet, welche Rolle die Eigentümerstruktur im Hinblick auf die Vergütung von Top-Managern deutscher Aktiengesellschaften spielt. Bevor jedoch die Resultate der wenigen hierzu vorliegenden Untersuchungen vorgestellt werden, soll zunächst ein komprimierter Überblick über die Eigentümer- und Stimmrechtsstrukturen in Deutschland gegeben werden. Diese weisen eine Reihe von Besonderheiten auf.

---

[944]   Auch die Studie von KHAN/DHARWADKAR/BRANDES (2005) gelangt zu dem Resultat, dass zwischen der Konzentration institutioneller Investoren und der Höhe der Vergütung (festes Gehalt sowie Gesamtvergütung) von CEOs ein negativer Zusammenhang besteht [vgl. KHAN/DHARWADKAR/BRANDES (2005), S. 1082].

[945]   HARTZELL/STARKS (2003), S. 2372.

[946]   Siehe hierzu auch die Untersuchung von ALLEN (1981).

[947]   Dem Bericht der Monopolkommission (2006) zufolge, haben sich im Jahr 2004 immerhin 22 Unternehmen der „100 Größten" mehrheitlich im Besitz von Familien, Einzelpersonen oder Familienstiftungen befunden [vgl. MONOPOLKOMMISSION (2006), S. 214]. Siehe auch die Untersuchungsergebnisse von RUHWEDEL (2003), S. 207].

[948]   Vgl. FACCIO/LANG (2002), S. 379 ff.; FINKELSTEIN/HAMBRICK/CANNELLA (2009), S. 300.

[949]   Unter einem Familien-kontrollierten Unternehmen verstehen die Autoren Gesellschaften, in denen eine Familie mindestens 5% des Kapitalanteils hält.

[950]   Vgl. GOMEZ-MEJIA/LARRAZA-KINTANA/MAKRI (2003), S. 234.

[951]   Vgl. GOMEZ-MEJIA/LARRAZA-KINTANA/MAKRI (2003), S. 234.

1.2.2.2.2 Eigentümerstrukturen in Deutschland

In einer Fülle von Untersuchungen wurden die Aktionärs- sowie Stimmrechtsstrukturen bör-
sennotierter Unternehmen in verschiedenen Ländern erhoben und miteinander verglichen.[952]
Aus den komparativen Studien wird deutlich, dass der Konzentrationsgrad des Eigentums von
Land zu Land erheblich variiert. Typisch für Länder wie Großbritannien und USA ist der
Streubesitz. So halten nahezu 50% aller Anteilseigner weniger als 5% des Grundkapitals.[953]
Lediglich 10% der Unternehmen befinden sich im Mehrheitsbesitz.[954] In anderen Ländern,
und hierzu zählt vor allem auch Deutschland, sieht die Situation anders aus. So zeichnet sich
Deutschland durch eine hohe Eigentümerkonzentration aus.[955] Gesellschaften im Streubesitz
bilden in Deutschland eher eine Ausnahme.[956] Auch mit Blick auf die Stimmrechtsstruktur
lässt sich in Deutschland eine hohe Konzentration feststellen. BECHT/BÖHMER (2003) zeigen,
dass bei 82% der 430 börsennotierten Aktiengesellschaften ein Aktionär präsent ist, der über
25% der Stimmrechte hält.[957] Durch die Emission bestimmter Aktiengattungen können der
Kapital- und der Stimmrechtsanteil (z.T. erheblich) auseinanderfallen.[958] Eine Abweichung
vom Grundsatz „One-Share-One-Vote" kommt vor allem durch die Ausgabe von stimmrechtslosen Vorzugsaktien zustande.[959] RUHWEDEL (2003) nennt zudem die pyramidenartigen
Konzernstrukturen als weiteren Grund für eine Divergenz von Kapital- und Stimmrechtsanteil.[960]

---

[952] Siehe hierzu die vielzitierte Studie von LA PORTA/LOPEZ-DE SILANES/SHLEIFER (1999) sowie die Untersuchungen von BECHT/RÖELL (1999) und FACCIO/LANG (2002).

[953] Vgl. BEYER/WINDOLF (1995), S. 7.

[954] Vgl. WEIMER/PAPE (1999), S. 158.

[955] RUHWEDEL (2003) zeigt, dass von 238 börsennotierten Aktiengesellschaften lediglich 1,7% der Gesellschaften keinen Aktionär mit einem Besitz von über 5% aufweisen [vgl. RUHWEDEL (2003), S. 206]. Nahezu 51% der Gesellschaften befanden sich zum Untersuchungszeitpunkt im Mehrheitsbesitz [vgl.
RUHWEDEL (2003), S. 206. Siehe auch die Ergebnisse von GERUM (2007), S. 343].

[956] Siehe hierzu RUHWEDEL (2003), S. 43 ff. Ebenso FRANKS/MAYER (2001), S. 944.

[957] Vgl. BECHT/BÖHMER (2003), S. 1. Siehe auch die Ergebnisse von RUHWEDEL (2003), S. 211.

[958] Neben Vorzugsaktien zählen hierzu Aktien mit Höchst- und Mehrfachstimmrechten. Bei Mehrfachstimmrechten besitzt jede Aktie mehr als nur eine Stimme. Bei Höchststimmrechten wird in der Satzung festgelegt, dass ein Aktionär seine Stimmrechte nur bis zu einem bestimmten Anteil ausüben darf [vgl.
RUHWEDEL (2003), S. 112]. Seit Inkrafttreten des KonTraG sind Mehrfach- und Höchststimmrechte für
börsennotierte Aktiengesellschaften nicht mehr zulässig. Übergangsregelungen sind im Jahr 2000 (bei
Höchststimmrechten) und im Jahr 2003 (bei Mehrfachstimmrechten) abgelaufen [vgl. BASSEN (2002a),
S. 62]. Siehe ebenso BECHT/BÖHMER (2001), S. 134.

[959] Vgl. BASSEN (2002a), S. 61 f.; RUHWEDEL (2003), S. 107 ff.

[960] Vgl. RUHWEDEL (2003), S. 109. Bei einer so genannten Eigenkapitalpyramide ist es möglich, dass das an
der obersten Spitze des Konzerns stehende Unternehmen über zahlreiche Unternehmen innerhalb der Pyra-
mide Einfluss ausüben kann, gleichwohl dieses nicht direkt an jedem einzelnen Unternehmen beteiligt ist
[vgl. RUHWEDEL (2003), S. 109 f.]. Hält beispielsweise Unternehmen A 80% an Unternehmen B, das wiederum 80% der Anteile an Unternehmen C besitzt, so kann davon ausgegangen werden, dass A aufgrund

Das umstrittene Volkswagen-Gesetz von 1960 stellt ein prominentes Beispiel für eine solche Divergenz dar. Ein anderes Beispiel, das eine Abweichung vom „One-Share-One-Vote"- Prinzip gut illustriert, ist die Emission von Vorzugsaktien in traditionsreichen Familiengesellschaften. Um den kontrollierenden Einfluss der Familie zu erhalten, können neben Stammaktien bis zur Hälfte des Grundkapitals Vorzugsaktien ohne Stimmrecht emittiert werden.[961] Selbst wenn die Familie lediglich 37,5% des Grundkapitals in Form von Stammaktien hält, verfügt sie in der Hauptversammlung über eine Stimmenmehrheit, die sie nutzen kann, um z.B. die Mitglieder des Aufsichtsrats zu bestellen oder Satzungsänderungen zu beschließen.[962]

Neben der hohen Eigentümer- und Stimmrechtskonzentration ist ein weiteres charakteristisches Merkmal des deutschen Corporate Governance-Systems, dass sich ein hoher Anteil des Aktienbesitzes in den Händen von anderen Unternehmen sowie Finanzunternehmen befindet.[963]

Die Bezeichnung „Deutschland AG" wird oftmals verwendet, um den hohen Konzernierungs- sowie Verflechtungsgrad[964] zu illustrieren. Andere Autoren sprechen indes vom ‚kooperativen Kapitalismus'[965] oder in Abgrenzung zum US-amerikanischen marktorientierten Corporate Governance-System vom ‚netzwerkorientierten deutschen System der Unternehmenskontrolle'[966]. In der Literatur wird seit einigen Jahren kontrovers diskutiert, ob sich Deutschland in einem Transformationsprozess befindet,[967] da sich die Verflechtungsstrukturen zunehmend aufzulösen scheinen.[968] Als Gründe für die fortschreitende Entflechtung der „Deutschland AG" nennt die Monopolkommission in ihrem 16. Hauptgutachten institutionelle Veränderungen. So bietet die im Jahr 2001 in Kraft getretene Steuerfreiheit für Gewinne aus Beteiligungsveräußerungen Unternehmen einen Anreiz zum Verkauf von Unternehmensanteilen. Die zunehmende Globalisierung führt dazu, dass sich Finanzdienstleistungsunternehmen zu-

---

seiner hohen Beteiligung an B, einen großen Einfluss auf C ausübt. Es verfügt über 80% der Stimmrechte [siehe BOTT (2002), S. 77 f.].

[961] Siehe hierzu § 139 Abs. 2 AktG.

[962] Vgl. SIGLE (2000), S. 309.

[963] Vgl. BEYER (1998), S. 63; BEYER/WINDOLF (1995), S. 9; DEUTSCHES AKTIENINSTITUT E.V. (Hrsg.) (2006), DAI-Factbook 2006, Blatt 08.6-4; RUHWEDEL (2003), S. 207. Siehe hierzu Fn. 925.

[964] Vgl. GERUM (2007), S. 88.

[965] Vgl. BEYER/WINDOLF (1995).

[966] Vgl. BEYER (2006a), S. 178; WEIMER/PAPE (1999), S. 154.

[967] Vgl. BEYER (2006a), S. 178; HEINZE (2001); HEINZE (2002).

[968] Vgl. BEYER (2006a), S. 183; HEINZE (2002), S. 403 ff.; HÖPNER (2003), S. 136 f.; HAUPTGUTACHTEN DER MONOPOLKOMMISSION (2006), S. 222.

nehmend von Industriebeteiligungen trennen, um sich stärker auf ihre Kerngeschäfte zu konzentrieren.[969]

Mit Blick auf die hier identifizierten Besonderheiten des deutschen Corporate Governance-Systems – d.h. die hohe Eigentümerkonzentration sowie die im Vergleich zu Großbritannien und USA nach wie vor große Bedeutung von Unternehmen und Finanzunternehmen als Anteilseigner – ist zu fragen, welche Rolle die Eigentümerstruktur hinsichtlich der Vergütung deutscher Top-Manager spielt. Da sich im Gegensatz zu den USA nur eine geringe Anzahl der Aktiengesellschaften im Streubesitz befinden, ist zu diskutieren, welche Relevanz die von BERLE/MEANS aufgestellte Hypothese der Etablierung einer Managerherrschaft als Folge einer breiten Streuung im deutschen Kontext tatsächlich hat.[970]

Die im vorangegangenen Abschnitt vorgestellten US-amerikanischen Studien zum Zusammenhang von Eigentümerstruktur und CEO-Vergütung sind davon ausgegangen, dass die Präsenz eines Großaktionärs dazu führt, dass Top-Manager intensiver kontrolliert und exzessive Vergütungen verhindert werden. Obgleich in Deutschland in vielen Gesellschaften das Eigentum konzentriert ist, bezweifeln allerdings zahlreiche Autoren, dass eine wirksame Kontrolle in deutschen Aktiengesellschaften tatsächlich stattfindet. Vielmehr argumentieren sie, dass Manager mit Hilfe von Kapital- und den damit häufig einhergehenden Personalverflechtungen ihre Machtposition sichern.[971] Nach dieser Lesart entsteht eine Managerherrschaft nicht aufgrund von Streubesitz, sondern aufgrund von Unternehmensverflechtungen.[972] Nach ADAMS (1994) sind es vor allem die so genannten Überkreuz- und Ringverflechtungen, die es ermöglichen, dass sich die Managerelite in Deutschland vom Wettbewerb um Führungspositionen abschotten kann.[973] Ein aktiver Markt für Unternehmenskontrolle wird in Deutschland durch die etablierten Verflechtungsstrukturen außer Kraft gesetzt.[974]

Zusammenfassend lässt sich feststellen, dass mit Blick auf die Eigentümer- und Stimmrechtsstrukturen beträchtliche Unterschiede zwischen Deutschland und USA bestehen. Deutlich wurde aus den Ausführungen, dass die Mehrzahl der US-amerikanischen Untersuchungen zu dem Schluss gelangt, dass CEOs von managerkontrollierten Unternehmen signifikant mehr verdienen und einem geringeren Gehaltsrisiko ausgesetzt sind als CEOs aus eigentümerkon-

---

[969] Vgl. HAUPTGUTACHTEN DER MONOPOLKOMMISSION (2006), S. 222 f. Siehe auch DEUTSCHES AKTIENINSTITUT E.V. (HRSG.) (2006), DAI-Factbook 2006, Blatt 08.1-3.

[970] Siehe hierzu ausführlich BEYER (1998), S. 57 ff.

[971] Vgl. BEYER (1998), S. 15.

[972] Vgl. BEYER (1998), S. 15.

[973] Vgl. ADAMS (1994), S. 151. BEYER (1998) zeigt allerdings in seiner Untersuchung, dass Ring- und Überkreuzverflechtungen eher selten sind [vgl. BEYER (1998), S. 94].

[974] Vgl. ADAMS (1994), S. 151. Siehe zum Markt für Unternehmenskontrolle Abschnitt 1.3.2.

trollierten Unternehmen. Mit Blick auf Deutschland lässt sich feststellen, dass bereits die Zuordnung Probleme aufwirft. Auffällig ist, dass deutsche Autoren, die ebenfalls auf die Differenzierung eigentümer- vs. managerkontrollierte Unternehmen zurückgreifen, ein von den amerikanischen Studien abweichendes System zur Kategorisierung dieser beiden Typen entwickelt haben. THONET (1977) beispielsweise bezeichnet Unternehmen als managerkontrolliert, wenn 75% (oder mehr) des Aktienkapitals gestreut ist.[975] Als eigentümerkontrolliert bezeichnet er hingegen Unternehmen, bei denen eine Person oder Personengruppe (Familie) über 25% der Aktien hält *und* kein weiteres Paket in Höhe von 25% (oder mehr) existiert, das nicht in den Händen einer Person oder Personengruppe liegt.[976] Somit werden in der Klassifikation nach THONET Unternehmen ausgeschlossen, die an anderen Aktiengesellschaften Anteile in Höhe einer Sperrminorität halten. Diese Vorgehensweise ist insofern fragwürdig, als eine große Anzahl von Aktiengesellschaften – in der Untersuchung von THONET waren es immerhin knapp über 50% [977] – keiner der beiden Kategorien zugeordnet werden kann.

Auch SCHREYÖGG/STEINMANN (1981) haben eine an der Untersuchung von BERLE/MEANS angelehnte Systematik entwickelt, die es ermöglichen soll, zwischen eigentümer- und managerkontrollierte Unternehmen zu differenzieren.[978] Grundlage für die Operationalisierung der Kontrollkategorien bildeten die Regelungen im Aktienrecht.[979] Das zweistufige Analyseverfahren von SCHREYÖGG/STEINMANN sieht vor,[980] dass nach einer ersten Zuordnung der Gesellschaften zu den Kategorien „Eigentümer-" und „Managerkontrolle", eine zweite Überprüfung folgt. Hierbei stehen abhängige Gesellschaften im Mittelpunkt der Analyse. Die Kontrollsituation des kontrollierenden Unternehmens wird auf die abhängige Gesellschaft übertra-

---

[975]   Vgl. THONET (1977), S. 151.

[976]   Vgl. THONET (1977), S. 151.

[977]   Siehe hierzu THONET (1977), S. 169.

[978]   Zu den fünf Kontrolltypen siehe BERLE/MEANS (1982) (erstmals 1932 erschienen), S. 70 ff.

[979]   Vgl. SCHREYÖGG/STEINMANN (1981), S. 540.

[980]   Im ersten Schritt der Analyse werden alle Gesellschaften vier Kontrollkategorien zugeordnet. Das sind:
         1) „Reine Eigentümerkontrolle", d.h. x ≥ 75% des Grundkapitals 2) „Kontrolle durch einen Mehrheitsbesitzer", d.h. 50% < x < 75% oder 25% < x ≤ 50%, wobei der Rest gestreut sein muss 3) „Kontrolle durch mehrere Minderheiten", d.h. eine nicht zu hohe Zahl an Minderheiten, die zusammenarbeiten können und deren gehaltene Anteile in der Summe 50% übersteigen. Wenn sich Aktien im totalen Streubesitz befinden, dann reichen 25%. 4) „Managerkontrolle", d.h. niemand besitzt mehr als 1% der Aktien (reine Managerkontrolle) oder eine und mehrere private bzw. juristische Personen besitzen größere Aktienpakete, die zusammen aber nicht die Sperrminorität erreichen (bedingte Managerkontrolle) [vgl. SCHREYÖGG/STEINMANN (1981), S. 540 ff.; STEINMANN/SCHREYÖGG/DÜTTHORN (1983), S. 7]. Im zweiten Schritt der Analyse werden alle Gesellschaften als managerkontrolliert eingestuft, 1) Bereits bei der ersten Analyse der Kategorie 4 zugeordnet wurden, 2) Unternehmen der Kontrollkategorien 1 und 2, wenn sie von Gesellschaften kontrolliert werden, die Publikumsgesellschaften, Genossenschaften oder Unternehmen der öffentlichen Hand sind 3) alle Unternehmen der Kontrollkategorie 3, wenn sich die Mehrheit der Minderheitenanteile als managerkontrolliert erweist [vgl. SCHREYÖGG/STEINMANN (1981), S. 542].

gen.[981] Auf der Grundlage der von SCHREYÖGG/STEINMANN entwickelten Systematik, gelangt GERUM (2007) in seiner Analyse der Eigentümerstrukturen in Deutschland zu den folgenden Ergebnissen.

Tab. 10:   Eigentümer- vs. managerkontrollierte Unternehmen in Deutschland[982]

Eigentümerstrukturen	2004 Gesamt (N = 342)	2004 MitbestG (N = 285)	1979 MitbestG (N = 210)
Private Aktiengesellschaften	324 (100%)	285 (100%)	210 (100%)
davon:			
Eigentümerunternehmen	102 (31%)	83 (29%)	81 (39%)
Managerunternehmen	222 (69%)	202 (71%)	129 (61%)

Auch wenn nach dieser Systematik alle Aktiengesellschaften prinzipiell klassifizierbar sind – im Gegensatz zum Klassifikationsschema nach THONET (1977) –, blieb das von SCHREYÖGG/STEINMANN entwickelte zweistufige Verfahren nicht ohne Kritik. So halten PICOT/MICHAELIS (1984) insbesondere die Zuordnungsvorschriften der zweiten Analysestufe für äußerst problematisch. Sie machen darauf aufmerksam, dass der Handlungsspielraum des Managements von Tochterunternehmen häufig sehr stark eingeschränkt ist, und dass nicht pauschal ausgeschlossen werden kann, dass sich das Management der Obergesellschaft wie ein Eigentümer verhält.[983] In einem solchen Fall wäre zwar das herrschende Unternehmen managerkontrolliert, das abhängige Unternehmen müsste allerdings als eigentümerkontrolliert klassifiziert werden.[984]

Auch die von BEYER (1998) vorgestellten Ergebnisse nach der Anwendung des Klassifikationsschemas nach SCHREYÖGG/STEINMANN zeigen, dass das Zweistufen-Verfahren zu extremen Verschiebungen führen kann. Von den 700 Unternehmen der Stichprobe können ledig-

---

[981]   Vgl. SCHREYÖGG/STEINMANN (1981), S. 542. Die Konsequenzen der zweiten Analysestufe wird am folgenden Beispiel konkretisiert: „25,01% des Grund- oder Stammkapitals befinden sich in der Hand einer Obergesellschaft, die [nach der ersten Analysestufe, Anm. d. Verf.] als Managerunternehmung einzustufen ist. Der Rest des Kapitals befindet sich im Streubesitz. Dann wird auch die Tochtergesellschaft als managerbeherrscht klassifiziert." [STEINMANN/FEES/GERUM (1985), S. 1008].

[982]   GERUM (2007), S. 92.

[983]   Vgl. PICOT/MICHAELIS (1984), S. 258. Auch nach KRÄKEL (2007) wäre es denkbar, dass Top-Manager von aktienhaltenden Unternehmen einen großen Anreiz haben, das Management der Tochtergesellschaft zu kontrollieren. Dem Autor zufolge steigt durch eine wirkungsvolle Kontrolle der Gewinn und somit auch die finanziellen Ressourcen, die dem Management der Obergesellschaften für opportunistische Zwecke zur Verfügung stehen [vgl. KRÄKEL (2007), S. 297]. Nach KRÄKEL können sich somit aufgrund von Agency-Problemen „kurioserweise" zusätzliche Kontrollanreize für das Management der Obergesellschaft ergeben [vgl. KRÄKEL (2007), S. 297].

[984]   Siehe die Gegenargumente bei STEINMANN/SCHREYÖGG (1984), S. 274 f. sowie STEINMANN/FEES/GERUM (1985), S. 994.

lich 4,6% der Unternehmen nach der Anwendung der ersten Analysestufe als managerkontrolliert eingestuft werden.[985] Nach der Anwendung der zweiten Analysestufe steigt der Anteil jedoch auf 71,8%.[986]

Die radikale Verschiebung nach dem zweiten Analyseschritt macht nach BEYER in ganz besonderer Weise deutlich, dass Unternehmen in Deutschland häufig im Besitz von anderen Unternehmen sind, also „besonders häufig über Kapitalbeteiligungen mit anderen Unternehmen *verflochten* [sind]."[987] In vergleichbaren US-amerikanischen Studien bleibt der Anteil managerkontrollierter Unternehmen nach Anwendung der ersten und zweiten Analysestufe in etwa gleich.[988]

Festzuhalten ist demnach, dass die Zuordnung deutscher Unternehmen zu den beiden Kategorien Manager- vs. Eigentümerkontrolle mit erheblichen Schwierigkeiten verbunden ist. Nach wie vor ungelöst ist die Frage, wie Tochtergesellschaften klassifiziert werden sollen.[989] Ebenso problematisch erscheint es, öffentliche Unternehmen pauschal als ‚managerkontrolliert' einzustufen.[990] Demnach ist fraglich, ob die Anwendung dieses einfachen Klassifikationssystems zielführend ist. Mit Blick auf Deutschland erscheint es sinnvoller, mehrere Kontrollkategorien, mit denen der Kapitalanteil in Prozent sowie die Identität des größten Anteilseigners bestimmt werden kann, zu bilden.[991]

Im deutschen Kontext ergibt sich bei der Analyse von Eigentümerstrukturen ein weiteres Problem, das bislang nur am Rande erwähnt wurde. Wie oben dargestellt, kann durch die Emission von Vorzugsaktien der Kapital- und Stimmrechtsanteil auseinanderfallen. In empirischen Untersuchungen erscheint es daher wenig zielführend, nur die Aktionärsstruktur zu erheben, ohne zu berücksichtigen, dass einzelne Aktionäre aufgrund der Ausgabe von Aktien ohne Stimmrecht über ein de facto größeres Einflusspotenzial verfügen als auf den ersten Blick aus der Aktionärsstruktur ersichtlich wird.

---

[985]   Vgl. BEYER (1998), S. 61.

[986]   Vgl. BEYER (1998), S. 62. Siehe auch die Untersuchungsergebnisse von SCHREYÖGG/STEINMANN (1981), S. 544 ff. sowie STEINMANN/SCHREYÖGG/DÜTTHORN (1983), S. 8 ff.

[987]   BEYER (1998), S. 62 (Kursivierung im Original).

[988]   Vgl. BEYER (1998), S. 62.

[989]   Diesbezüglich lassen sich in der Literatur zwei konträre Positionen identifizieren. Siehe die Kritik an der Übertragung der Kontrollkategorie von der Mutter- auf die Tochtergesellschaft PICOT/MICHAELIS (1984), S. 258 f. sowie die Antwort auf diese Kritik von STEINMANN/SCHREYÖGG (1984), S. 275.

[990]   Siehe Fn. 980.

[991]   Diese Vorgehensweise wurde beispielsweise von FRANKS/MAYER (2001) gewählt.

Wie bereits oben angedeutet, liegen nur wenige Studien vor, die den Zusammenhang von Eigentümerstruktur und Vorstandsvergütung empirisch untersucht haben.[992] Eine vor wenigen Jahren veröffentlichte Studie stammt von ELSTON/GOLDBERG (2003).[993] Die Autoren verfolgen in ihrer Untersuchung im Wesentlichen zwei Ziele: Zum einen wollen sie ermitteln, ob auch in Deutschland ein Zusammenhang zwischen Eigentümerstruktur und Vergütung von Vorständen vorzufinden ist. Zum anderen wollen sie prüfen, ob Banken eine disziplinierende Wirkung auf die Höhe der Vorstandsbezüge ausüben.

Insbesondere die zweite Frage, der Einfluss der Banken, ist für Deutschland von besonderem Interesse. Oben wurde bereits erwähnt, dass im Gegensatz zu den USA Banken in Deutschland eine gewichtige Bedeutung zukommt, so dass Deutschland lange Zeit als Prototyp eines bankorientierten Corporate Governance-Systems galt.[994] Das hohe Einflusspotenzial deutscher Banken nährt sich aus verschiedenen Quellen: So üben Banken stellvertretend das Stimmrecht ihrer Depotkunden auf Hauptversammlungen aus,[995] sie sind Kreditgeber von Unternehmen[996] und in einem relativ großen Umfang an anderen Unternehmen beteiligt.[997] Durch die Entsendung von Vertretern in Aufsichtsräte können Banken ebenfalls einen großen Einfluss ausüben.[998] Ältere Studien zur Personalverflechtung der Großbanken in Deutschland zeigen zudem, dass Banken tendenziell als Entsender und weniger als Empfänger fungieren.[999]

Seit geraumer Zeit werden die Vor- und Nachteile der so genannten „Bankenmacht" im deutschen insiderorientierten Unternehmenskontroll-System diskutiert.[1000] Argumentiert wird bei-

---

[992] Zu den wenigen Studien zählen ELSTON/GOLDBERG (2003); FITZROY/SCHWALBACH (1990) sowie SCHMID (1997).

[993] Die Studie erstreckt sich über einen Zeitraum von 17 Jahren und umfasst die Daten von 91 Unternehmen.

[994] Vgl. GERKE/MAGER (2003), S. 564; LA PORTA/LOPEZ-DE SILANES/SHLEIFER (1999) S. 474 sowie S. 508. Siehe zu den Merkmalen eines bankorientierten Systems GERUM (2007), S. 27.

[995] Vgl. GERKE/MAGER (2003), S. 553 f.; WITT (2003c), S. 81.

[996] Vgl. GERKE/MAGER (2003), S. 556. Hierzu näher SHLEIFER/VISHNY (1997), S. 757 f.

[997] Siehe hierzu GERKE/MAGER (2003), S. 552. Der Beteiligungsbesitz ist tendenziell rückläufig. Zu den Gründen dieser Entwicklung siehe auch den 16. Hauptbericht der Monopolkommission [vgl. MONOPOL-KOMMISSION (2006), S. 222 f.].

[998] Im Hinblick auf das Engagement von Banken in Aufsichtsräten wurde ebenfalls ein rückläufiger Trend festgestellt [vgl. BEYER (2006a), S. 190; HEINZE (2002), S. 404]. Begründet wird diese Entwicklung mit der Hinwendung deutscher Banken zum Investmentbanking [vgl. BEYER (2006a), S. 186 f.; HÖPNER (2003), S. 109 sowie 135 f.].

[999] Vgl. BEYER (1998), S. 134. BEYER (1998) zeigt beispielsweise in seiner Studie, dass die Deutsche Bank durch die Entsendung ihrer Vorstände 69 Unternehmen erreichen konnte. Umgekehrt saßen allerdings nur drei Vorstände aus den Unternehmen der Grundgesamtheit im Aufsichtsrat der Deutschen Bank [vgl. BEYER (1998), S. 134 f.].

[1000] Zu den Vor- und Nachteilen siehe GERKE/MAGER (2003), S. 557 ff.

spielsweise, dass die Kontrolle durch Banken der Kontrolle durch Märkte überlegen ist.[1001] Kritiker der Bankenmacht räumen indes ein, dass vor allem die Großbanken lange Zeit die Entstehung eines aktiven Marktes für Unternehmenskontrolle blockiert haben.[1002]

Mit Blick auf die Vergütung des Top-Managements lässt sich feststellen, dass die Rolle der Banken nicht eindeutig ist. Einerseits kann argumentiert werden, dass Banken, die große Aktienblöcke an Industriegesellschaften halten, ein besonderes Interesse daran haben, dass die Vergütungssysteme der Vorstandsmitglieder erfolgsabhängig ausgestaltet und übermäßige Kompensationen vermieden werden. Andererseits wird argumentiert, dass eine Bank in einen Interessenkonflikt geraten kann, wenn sie zugleich Großaktionär und Kreditgeber ist. So ziehen DAVID/KOCHHAR/LEVITAS (1998) die Möglichkeit in Betracht, dass institutionelle Investoren den Forderungen des Top-Managements nach höheren Gehältern nachgeben, um ihre geschäftlichen Beziehungen weiter zu festigen.[1003]

Wie oben erwähnt, untersuchen ELSTON/GOLDBERG in ihrer Studie u.a. den Einfluss der Banken auf die Höhe der Vergütung von Vorstandsmitgliedern. Den Bankeneinfluss operationalisieren sie mittels einer Dummy-Variable.[1004] Die Konzentration des Eigentums wurde anhand von fünf Kategorien gemessen[1005], und die Identität des größten Anteilseigners bestimmt.[1006] Als managerkontrolliert wurden alle Unternehmen eingestuft, in denen keine natürliche oder juristische Person einen Anteil von 25% hält.[1007]

Die Studie von ELSTON/GOLDBERG gelangt zu den folgenden Ergebnissen: Sowohl die Unternehmensgröße als auch der Unternehmenserfolg haben einen positiv signifikanten Einfluss auf die Höhe der Vergütung von Vorstandsmitgliedern.[1008] Des Weiteren zeigen die Autoren,

---

[1001] Zu den Vor- und Nachteilen siehe BECHT/BÖHMER (2003), S. 2

[1002] Vgl. ADAMS (1994), S. 153. Bislang gab es in der Geschichte der Bundesrepublik Deutschland nur wenige feindliche Übernahmen, wovon die Mehrzahl allerdings nicht zuletzt aufgrund der beschützenden Rolle der Hausbanken gescheitert ist. Hierzu ausführlich FRANKS/MAYER (2001), S. 946 ff.; HÖPNER (2003), S. 108; WITT (2003c), S. 82 f.

[1003] Vgl. DAVID/KOCHHAR/LEVITAS (1998), S. 203.

[1004] Die Dummy-Variable nimmt den Wert eins an, wenn angenommen werden kann, dass das Einflusspotenzial der Bank hoch ist, d.h. wenn die Bank mehr als 25% der Aktienanteile hält, wenn der Stimmrechtsanteil (u.a. aufgrund der Depotstimmen) größer als 50% ist, oder wenn der Stimmrechtsanteil zwischen 25% und 50% liegt und zugleich ein Bankenvertreter den Vorsitz des Aufsichtsrats innehat [vgl. ELSTON/GOLDBERG (2003), S. 1400].

[1005] Die folgenden Kategorien wurden gebildet: 1 = < 50%, 2 = zwei bzw. drei Aktionäre halten zusammen > 50%, 3 = > 50%, 4 = zwei bzw. drei Aktionäre halten zusammen > 75 und 5 = > 75% [vgl. ELSTON/GOLDBERG (2003), S. 1401].

[1006] Folgende Eigentümerklassen wurden gebildet: ‚Unternehmen', ‚Ausländer', ‚Bank', ‚Familie', ‚öffentliche Hand' und ‚Gemischt'.

[1007] Vgl. ELSTON/GOLDBERG (2003), S. 1401.

[1008] Vgl. ELSTON/GOLDBERG (2003), S. 1402.

dass Unternehmen mit einer hohen Eigentümerkonzentration Mitglieder des Vorstands tendenziell geringer entlohnen.[1009] Mit Blick auf die Rolle der Banken legen die Ergebnisse der Studie nahe, dass ein hoher Bankeneinfluss insgesamt zu einer Reduktion der Vorstandsvergütung führt.[1010] Banken haben demnach einen disziplinierenden Einfluss auf die Managementvergütung. Zu einem ähnlichen Resultat, allerdings auf der Grundlage einer vergleichsweisen kleinen Stichprobe von 40 Unternehmen, kommt auch HÖPNER (2003) in seiner Untersuchung.[1011] Er stellt fest, dass die Vorstandsvergütung niedriger ausfällt, wenn ein Bankenvertreter den Vorsitz des Aufsichtsrats innehat.[1012] Er spricht von einem „deutlich dämpfende[n] Effekt des Monitoring durch Banken auf die Höhe der Vorstandsvergütung."[1013]

ELSTON/GOLDBERG stellen abschließend fest, dass sich die Ergebnisse kaum von Befunden vergleichbarer US-amerikanischer Studien zu dieser Thematik unterscheiden. Im Hinblick auf die Frage der Relevanz der Managerherrschafts-Hypothese schlussfolgern sie: „The agency problem caused by the separation of ownership and control appears to exist in Germany as well as elsewhere."[1014]

SCHMID (1997) widmet sich in seiner Studie – eine Querschnittsanalyse, die auf einem Sample von 110 börsennotierten Aktiengesellschaften basiert – ebenfalls dem Einfluss der Aktionärsstruktur auf die Vergütung von Vorständen. Ähnlich wie ELSTON/GOLDBERG gelangt auch SCHMID zu dem Ergebnis, dass die Unternehmensperformance sowie die Aktionärsstruktur einen Einfluss auf die Vorstandsvergütung haben. Die Hypothese, dass die Pro-Kopf-Bezüge des Vorstands mit abnehmender Konzentration des stimmberechtigten Kapitals steigen, konnte bestätigt werden.[1015] Im Gegensatz zu ELSTON/GOLDBERG hat SCHMID allerdings festgestellt, dass die Pro-Kopf-Bezüge des Vorstands mit dem Anteil des von Banken gehaltenen stimmberechtigten Kapitals zunehmen.[1016]

Abschließend lässt sich somit feststellen, dass der derzeitige Forschungsstand kein abschließendes Urteil hinsichtlich des Einflusses der Eigentümerstruktur auf die Höhe und Zusam-

---

[1009] Vgl. ELSTON/GOLDBERG (2003), S. 1402.

[1010] Vgl. ELSTON/GOLDBERG (2003), S. 1402.

[1011] Die Studie basiert auf einem Sample von 40 Unternehmen und untersucht die Entwicklung der Managergehälter zwischen 1996 und 1999.

[1012] Vgl. HÖPNER (2003), S. 144.

[1013] HÖPNER (2003), S. 141.

[1014] ELSTON/GOLDBERG (2003), S. 1407.

[1015] Vgl. SCHMID (1997), S. 73 sowie S. 77.

[1016] Vgl. SCHMID (1997), S. 73 sowie S. 77.

mensetzung der Vergütung deutscher Vorstände zulässt.[1017] Des Weiteren ist deutlich geworden, dass sich die Forschungsergebnisse aus Großbritannien und USA aufgrund der unterschiedlichen Rahmenbedingungen nicht ohne weiteres auf den deutschen Kontext übertragen lassen.[1018] Dass sich Deutschland aber auch andere Länder vom angloamerikanischen Modell unterscheiden, stellen auch LA PORTA/LOPEZ-DE-SILANES/SHLEIFER (1999) in ihrer viel beachteten Untersuchung fest. Tatsächlich bezweifeln die Autoren im Anschluss an ihre umfangreiche Analyse zu den Eigentümerstrukturen der größten Unternehmen aus 27 Industrieländern, dass das von BERLE/MEANS gezeichnete Bild von der sich im Streubesitz befindlichen börsennotierten Unternehmung als dominante Organisationsform tatsächlich weltweite Gültigkeit besitzt.[1019] Sie resümieren:

„Our results present a different picture of the ownership structure of a modern corporation than that suggested by Berle and Means and widely accepted in finance literature. The Berle and Means widely held corporation is only a common form for large firms in the richest common law countries, one of which, the United States, Berle and Means actually had in mind."[1020]

Zugleich dürfte aus den Ausführungen aber auch deutlich geworden sein, dass der Großaktionär zwar in Deutschland im Gegensatz zu den USA keine Ausnahmeerscheinung darstellt, aber dennoch nicht davon ausgegangen werden kann, dass die Interessen des Großaktionärs stets mit den Interessen der übrigen Aktionäre übereinstimmen. Diskutiert wird die Möglich-

---

[1017] Wie deutlich gemacht wurde, liegen bislang nur wenige Studien aus Deutschland zum Einfluss der Aktionärsstruktur auf die Vergütung von Managern vor. Aber auch in anderen Studien, in denen der Einfluss der Aktionärsstruktur auf die Corporate Governance oder den Unternehmenserfolg deutscher Aktiengesellschaften untersucht wurde, sind die Ergebnisse nicht eindeutig [einen guten Überblick über die empirische Forschung gibt BOTT (2002), S. 94 ff.]. Besonders erwähnenswert ist hier die Studie von FRANKS/MAYER (2001). Die Autoren sind der Frage nachgegangen sind, ob die Konzentration des Eigentums einen disziplinierenden Effekt auf das amtierende Management ausübt. FRANKS/MAYER stellen die Hypothese auf, dass in Unternehmen, deren Anteilsbesitz konzentriert ist, ein engerer Zusammenhang zwischen einer inferioren Unternehmensperformance und der Entlassung des Top-Managements besteht, als in Unternehmen, die sich im Streubesitz befinden [vgl. FRANKS/MAYER (2001), S. 957]. Demzufolge gehen sie davon aus, dass ein Großaktionär seinen Einfluss geltend macht und bei einer schlechten Unternehmensperformance darauf hinwirkt, dass die Unternehmensführung ausgewechselt wird. Darüber hinaus vermuten sie, dass Aktionäre, die als Prinzipale klassifiziert werden können (hierzu zählen z.B. Familien), einen größeren Anreiz haben, das Management zu disziplinieren als Anteilseigner, die selbst als Agenten fungieren (hierzu zählen z.B. Banken oder Versicherungsunternehmen) [vgl. FRANKS/MAYER (2001), S. 958]. Die Studie gelangt zu dem Schluss, dass kein Zusammenhang zwischen der Eigentümerstruktur und dem Wechsel im Top-Management besteht. Auch die Identität des Aktionärs spielt keine Rolle [vgl. FRANKS/MAYER (2001), S. 961].

[1018] Wie z.B. die hohe Eigentümerkonzentration, hohe Konzernierungsgrad, großer Einfluss der Banken sowie die rechtlichen Rahmenbedingungen. In den angelsächsischen Ländern findet das *Common Law* Anwendung. In den USA besteht ein hoher rechtlicher Schutz für Minderheitsaktionäre [vgl. LA PORTA/LOPEZ-DE SILANES/SHLEIFER (1999), S. 511].

[1019] Vgl. LA PORTA/LOPEZ-DE SILANES/SHLEIFER (1999), S. 475 sowie S. 511.

[1020] LA PORTA/LOPEZ-DE SILANES/SHLEIFER (1999), S. 511.

keit, dass Großaktionäre ihre Ziele zu Lasten anderer Aktionäre verfolgen.[1021] So ist denkbar, dass ein Großaktionär einer exzessiven Vorstandsvergütung zustimmt, um die guten geschäftlichen Beziehungen nicht zu gefährden.[1022]

Vor diesem Hintergrund erscheint es sinnvoll, in zukünftigen Untersuchungen zum Zusammenhang von Eigentümerstruktur und Vorstandsvergütung in den jeweiligen Forschungsdesigns die Besonderheiten des deutschen Corporate Governance-Systems stärker zu berücksichtigen. Exemplarisch zu nennen seien hier die folgenden Aspekte: 1) Wie oben dargelegt, können Stimmrechts- und Kapitalanteil aufgrund der Emission von Vorzugsaktien auseinanderfallen. Um den tatsächlichen Einfluss einzelner Aktionäre abzubilden, bietet es sich an, auf Daten zu den Stimmrechtsstrukturen zurückzugreifen.[1023] 2) Im Hinblick auf den Einfluss von Banken erscheint es sinnvoll, auch die Depotstimmen zu berücksichtigen. So zeigen BAUMS/FRAUNE (1995) beispielsweise, dass das Depotstimmrecht vor allem in Gesellschaften, die sich im Streubesitz befinden, seine größte Wirkung entfaltet.[1024] 3) Oben wurde herausgestellt, dass Familien als Großaktionäre in Deutschland eine gewichtige Rolle spielen. Inwiefern Familien Einfluss auf die Vorstandsvergütung nehmen, wäre eine interessante Forschungsfrage. Einen ersten Anhaltspunkt geben SCHMIDT/SCHWALBACH (2007). Sie haben festgestellt, dass Familien-kontrollierte Aktiengesellschaften häufig über keine langfristigen Vergütungskomponenten (wie z.B. Aktienoptionen, Wertsteigerungsrechte etc.) verfügen.[1025]

Darüber hinaus erscheint es sinnvoll, noch einmal zu hinterfragen, wie Großaktionäre in Deutschland tatsächlich die Vergütungssysteme von Vorstandsmitgliedern beeinflussen können. An anderer Stelle wurde bereits darauf aufmerksam gemacht, dass Großaktionären verschiedene Instrumente zur Verfügung stehen, um auf die Corporate Governance und die Un-

---

[1021] Ausführlich hierzu RUHWEDEL (2003), S. 102 f.

[1022] Siehe hierzu beispielsweise DAVID/KOCHHAR/LEVITAS (1998), S. 202.

[1023] Siehe hierzu das oben präsentierte Beispiel über eine Familie, die zwar nur 37,5% des Grundkapitals in Form von Stammaktien hält, aber aufgrund der Emission von stimmrechtslosen Aktien in der Hauptversammlung über eine Stimmenmehrheit verfügt [siehe nochmals S. 158]. Auch BECHT/BÖMER (2003) haben in ihrer Studie auf die Vorzüge der Verwendung von Daten über Stimmrechtsstrukturen gegenüber Daten von Eigentümerstrukturen in empirischen Analysen aufmerksam gemacht [vgl. BECHT/BÖHMER (2003), S. 6]. Informationen zu Stimmrechtsanteilen inländischer Gesellschaften lassen sich der online zugänglichen Datenbank der Bundesanstalt für Finanzdienstleistungsaufsicht (BaFin) entnehmen. Das Wertpapierhandelsgesetz (WpHG), das im Sommer 1994 Inkraft getreten ist, sieht vor, dass juristische oder natürliche Personen verpflichtet sind, eine öffentliche Mitteilung zu machen, wenn ihr Stimmrechtsanteil 3% an einer Gesellschaft übersteigt. Ferner sind sie verpflichtet, diese Information an die BaFin weiterzuleiten. Siehe http://www.bafin.de/cgi-bin/bafin.pl?verz=0201040000&sprache=0& filter= &ntick=0 [Datum des Zugriffs: 03.11.2007].

[1024] Vgl. BAUMS/FRAUNE (1995), S. 103.

[1025] Vgl. SCHMIDT/SCHWALBACH (2007), S. 116. Die Beobachtung bezieht sich auf Dax und MDax-Unternehmen.

ternehmensführung einzuwirken.[1026] Hinsichtlich der Vergütung können Großaktionäre entweder über die Hauptversammlung oder aber über den Aufsichtsrat ihren Einfluss ausüben. Zwar verfügt die Hauptversammlung mit Blick auf die Vorstandsvergütung nach geltendem Recht über keine Beschlusskompetenz,[1027] es bedarf jedoch der Zustimmung der Hauptversammlung, wenn im Zusammenhang mit der Vergütung die Schaffung neuen Kapitals notwendig wird.[1028] Dies ist beispielsweise bei der Gewährung von Aktienoptionen der Fall.[1029] Da der Beschluss über die bedingte Kapitalerhöhung einer Dreiviertelmehrheit bedarf,[1030] kann ein Aktionär, der 25% des stimmberechtigten Kapitals hält, die Implementierung eines Aktienoptionsprogramms zwar verhindern, ohne die Zustimmung anderer Aktionäre aber nicht durchsetzen. Auch wenn das im Jahr 1998 in Kraft getretene Gesetz zur Kontrolle und Transparenz im Unternehmensbereich (KonTraG) insgesamt die Rechte der Hauptversammlung gestärkt hat[1031] – der Gesetzgeber verlangt bei einer bedingten Kapitalerhöhung zum Zwecke der Bedienung von Aktienoptionen, dass die Hauptversammlung auch wichtige Eckdaten des Optionsprogramms (wie z.B. den Kreis der Bezugsberechtigten, Ausgabebetrag, Erfolgsziele, Erwerbs- und oder Ausübungszeiträume sowie Haltezeit)[1032] beschließt – ist der Einfluss, den der Großaktionär über die Hauptversammlung auf die Vorstandsvergütung ausüben kann, eher eingeschränkt. Nach der Entscheidung über die Gewährung solcher Programme ist in aller Regel der Aufsichtsrat für die nähere Ausgestaltung und Zuteilung der

---

[1026]   Hierzu im Einzelnen BASSEN (2002b), S. 433 f.

[1027]   Vgl. MARTENS (2005), S. 148.

[1028]   Vgl. SCHÜLLER (2002), S. 167. In § 192 Abs. 2 AktG werden drei Zwecke genannt, nach denen eine bedingte Kapitalerhöhung von der Hauptversammlung beschlossen werden kann. Zu diesen zählt auch die Gewährung von Bezugsrechten an Arbeitnehmer und Mitglieder der Geschäftsführung der Gesellschaft oder verbundener Unternehmen. Die bedingte Kapitalerhöhung zum Zwecke der Gewährung von Bezugsrechten darf allerdings 10% des Grundkapitals nicht übersteigen. KRAMARSCH (2004) nennt als einen wesentlichen Grund den Schutz der Altaktionäre gegen mögliche Verwässerungseffekte [vgl. KRAMARSCH (2004)].

[1029]   Zur Bedienung von Aktienoptionen zur Vergütung von Mitgliedern des Vorstands stehen dem Unternehmen verschiedene Wege zur Verfügung, wie z.B. die bedingte Kapitalerhöhung oder der Rückkauf eigener Aktien. In beiden Fällen bedarf es der Zustimmung der Hauptversammlung [vgl. BINZ/SORG (2002), S. 1275]. Theoretisch möglich wäre auch die Schaffung von Aktien für ein Aktienoptionsprogramm über genehmigtes Kapital gemäß §§ 202 ff. AktG. Jedoch sprechen erhebliche praktische Gründe (wie z.B. die fünfjährige Ermächtigungsfrist, Eintragung im Handelsregister, Vorstand entscheidet mit Zustimmung des Aufsichtsrats selbst über Bedingungen der Ausgabe) dagegen, weshalb dieser Weg im Grunde ausscheidet [vgl. BAUMS (1997), S. 35; SCHRÖER (1999), S. 574; SCHÜLLER (2002), S. 178 f.]. Siehe auch die Ergebnisse der empirischen Studie von WINTER (2003a) über die übliche Bedienungsform von Optionsprogrammen in Deutschland [vgl. WINTER (2003a), S. 349].

[1030]   § 193 AktG Absatz 1 Satz 1.

[1031]   Vgl. SCHÜLLER (2002), S. 197. Ebenso HOFFMANN-BECKING (1998a), S. 121. Vor der Gesetzesänderung war eine aktienbasierte Vergütung für Vorstandsmitglieder lediglich über den Umweg der Wandelschuldverschreibung möglich [vgl. KRAMARSCH (2004), S. 48 und S. 54].

[1032]   Vgl. SCHRÖER (1999), S. 569 ff sowie HOFFMANN-BECKING (1998a), S. 122 ff.

Aktienoptionen zuständig.[1033] Demnach ist festzuhalten, dass Großaktionäre vor allem über den Aufsichtsrat bzw. den Ausschuss für Vorstandsangelegenheiten die Vorstandsvergütung beeinflussen können. In Untersuchungen über den Einfluss der Aktionärsstruktur auf die Vergütung müsste demnach berücksichtigt werden, ob der größte Anteilseigner einen Sitz im Gesamtaufsichtsrat bzw. im Vergütungsausschuss hat, und ob er gegebenenfalls den Aufsichtsratsvorsitzenden stellt.[1034]

1.3 Externe Kontrollmechanismen

Vertreter der Agencytheorie gehen davon aus, dass nicht nur interne, sondern auch externe Kontrollinstitutionen bei der Disziplinierung von Top-Managern eine bedeutende Rolle spielen. Angenommen wird, dass Märkte – wie z.B. der Arbeitsmarkt für Manager (*Managerial Labor Market*), der Markt für Unternehmenskontrolle (*Market for Corporate Control*), der Kapital- sowie Produktmarkt – zu einer Angleichung der Interessen von Aktionären und Managern beitragen.[1035] Da im Zusammenhang mit der Vergütung von Top-Managern der Arbeitsmarkt sowie der Markt für Unternehmenskontrolle von besonderer Relevanz sind, werden sich die folgenden Ausführungen auf diese konzentrieren.

1.3.1 Arbeitsmarkt für Manager

Das Konzept des Arbeitsmarktes für Manager geht auf FAMA (1980) zurück.[1036] Wie jeder andere Markt unterliegt auch dieser den Gesetzmäßigkeiten von Angebot und Nachfrage. Manager stehen sich als Konkurrenten auf dem Arbeitsmarkt gegenüber und für die Beurteilung ihrer Leistung wird der Erfolg des von ihnen geführten Unternehmens herangezogen.[1037] Wird ein erfolgreicher Manager nicht seiner Leistung entsprechend honoriert, d.h. unter seinem Marktwert vergütet, besteht die Gefahr, dass er von der Konkurrenz abgeworben wird.[1038] „The outside managerial labor market exerts many direct pressures on the firm to sort and compensate managers according to performance. (...) Moreover, given a competitive managerial labor market, when the firm's reward system is not responsive to performance the firm loses managers, and the best are the first to leave."[1039] Der Arbeitsmarkt determiniert demzu-

---

[1033] Vgl. SCHÜLLER (2002), S. 198.

[1034] Zur Herkunft des Aufsichtsratsvorsitzenden siehe GERUM (2007), S. 233.

[1035] Vgl. BEBCHUK/FRIED (2004), S. 53.

[1036] Da es in diesem Abschnitt primär um externe Kontrollmechanismen geht, wird der Fokus auf den externen Arbeitsmarkt gelegt. Zur disziplinierenden Wirkung des internen Arbeitsmarktes siehe FAMA (1980), S. 293.

[1037] Vgl. EBERS/GOTSCH (2006), S. 270; FAMA (1980), S. 292; HARRIS (1986), S. 24 f.

[1038] Vgl. EZZAMEL/WATSON (1998), S. 223.

[1039] FAMA (1980), S. 292.

folge die Höhe der Vergütung von Top-Managern. Insbesondere legt er die Untergrenze für die Grundvergütung fest.[1040]

Der Anstieg von Managergehältern, der seit einigen Jahren weltweit zu beobachten ist, wird aus dieser Perspektive mit Veränderungen auf dem Arbeitsmarkt für Manager erklärt.[1041] Angenommen wird, dass aufgrund der Globalisierung und der Intensivierung des Wettbewerbs, die Anforderungen an Manager in den letzten Jahren zugenommen haben, wobei nur noch wenige über die notwendigen Qualifikationen verfügen.[1042] Insofern besteht ein Mangel an talentierten Spitzenführungskräften.[1043] Eine Folge dieses „War for Talents" – dem sich Unternehmen, die ihre Überlebensfähigkeit sichern wollen, auch nicht entziehen können – ist letztlich der Anstieg der Gehälter.[1044] Auch FRANK/COOK (1996) führen die Steigerung der Managergehälter auf eine Intensivierung des Wettbewerbs um talentierte Top-Manager zurück. Den Markt für Manager konzeptualisieren sie als ‚winner-take-all market'.[1045] Im Ge-

---

[1040]   Vgl. CISCEL/CARROLL (1980), S. 13.

[1041]   Vgl. CONYON (2006), S. 33.

[1042]   Vgl. BENZ/STUTZER (2003), S. 9.

[1043]   KHURANA (2002a) betrachtet dieses Argument mit großer Skepsis. Ihm zufolge ist der wahrgenommene Mangel an qualifizierten Top-Managern eher eine soziale Fiktion als empirische Realität [umfassend hierzu KHURANA (2002a), S. 29 ff.].

[1044]   Vgl. BENZ/STUTZER (2003), S. 9. Auch MURPHY/ZÁBOJNÍK (2006) sehen eine Veränderung hinsichtlich der Anforderungen an Top-Manager. Sie nehmen an, dass eine Verschiebung hinsichtlich der relativen Bedeutung von generellen (*general managerial capital*) und spezifischen Fähigkeiten (*firm-specific managerial capital*) in den letzten Jahren stattgefunden hat [vgl. MURPHY/ZÁBOJNÍK (2006), S. 2].

[1045]   Mit dem Konzept des ‚winner-take-all markets' haben FRANK/COOK Mitte der 1990er Jahre einen zentralen Beitrag zur ‚Ökonomie der Superstars' geleistet. Spitzeneinkommen, wie z.B. von Sport- oder Filmstars, von renommierten Anwälten, Top-Managern, Bestseller-Autoren, Musikern oder Wissenschaftlern, erklären sie mit der Existenz von winner-take-all Märkten. „We call them winner-take-all markets because the value of what gets produced in them often depends on the efforts of only a small number of top performers, who are paid accordingly." [FRANK/COOK (1996), S. 2]. Insbesondere zwei Merkmale kennzeichnen winner-take-all Märkte: 1) Die Entlohnung der Akteure richtet sich nicht an ihrer absoluten Leistung, sondern in Relation zur Leistung anderer Akteure. 2) Die Belohnung wird auf nur wenige Top-Akteure verteilt. Nur marginale Talent- oder Leistungsunterschiede führen zu enormen Einkommensunterschieden [vgl. FRANK/COOK (1996), S. 24]. „So erhält der Sieger des Tennisturniers in Wimbledon ein exakt doppelt so hohes Preisgeld wie sein unterlegener Finalgegner." [FRANCK/MÜLLER (2000), S. 6]. Weiter unterscheiden FRANK/COOK zwei Arten von winner-take-all Märkten: 1) Zum einen kommen hohe Einkommensunterschiede zustande, da eine große Zahl von Personen bereit ist, für die Leistung eines bestimmten Akteurs mehr zu zahlen. Die so genannten *mass winner-take-all markets* entstehen aufgrund bestimmter Bedingungen auf der Angebotsseite, wie z.B. die Möglichkeit der Vervielfältigung ohne große Zusatzkosten, oder auf der Nachfrageseite, wie z.B. Netzwerkexternalitäten [vgl. FRANK/COOK (1996), S. 32 ff.]]. 2) Zum anderen existieren die so genannten *deep-pocket* Märkte. Eine kleine Gruppe von Käufern ist an der Leistung eines Top-Akteurs (wie z.B. einem renommierten Rechtsanwalt) stark interessiert. Aus diesem Grund sind sie bereit einen hohen Preis zu zahlen [vgl. FRANK/COOK (1996), S. 26]. Da die Höhe des Einkommens stark davon abhängt, welche Position ein Akteur in Relation zu anderen Akteuren einnimmt und enorme Einkommenssprünge zwischen benachbarten Positionen bestehen, herrscht nach FRANK/COOK ein starker Wettbewerb um Spitzenpositionen. Als Beispiele nennen sie Wettbewerbe im Sport, wie z.B. um Platzierungen in Weltranglisten oder Autoren, die um Platzierungen in Bestsellerlisten konkurrieren [vgl. FRANK/COOK (1996), S. 34 und S. 65]. Charakteristisch an Ranglisten ist, dass die Lis-

gensatz zu einem herkömmlichen Markt zeichnet sich dieser dadurch aus, dass marginale Leistungsunterschiede zu enormen Einkommensunterschieden führen, und dass sich die Entlohnung von Akteuren an ihrem jeweiligen Rang orientiert. FRANK/COOK argumentieren, dass seit den 1980er Jahren der CEO zunehmend als kritischer Faktor für den Unternehmenserfolg betrachtet wird. Aus diesem Grund sind Unternehmen dazu übergegangen, auch auf dem externen Arbeitsmarkt nach talentierten CEOs Ausschau zu halten.[1046] Der Bedeutungsanstieg der externen Rekrutierung führt wiederum zu einer Verschärfung des Wettbewerbs um die besten Führungskräfte. So müssen Unternehmen, die erfolgreiche Manager beschäftigen, zunehmend darum fürchten, dass diese von anderen Unternehmen abgeworben werden. Um talentierte Manager zu halten, werden die Gehälter entsprechend angehoben. Diese Vergütungspakete dienen anderen Unternehmen wiederum als ‚Benchmark'.[1047] Gleichwohl FRANK/COOK diese Entwicklung durchaus kritisch betrachten, führen sie den zu beobachtenden Anstieg der Managerbezüge nicht auf die Unvollkommenheit des Marktes für Top-Manager zurück, sondern auf die zunehmende Intensivierung des Wettbewerbs auf diesem Markt.[1048]

Neben der Funktion, die Höhe der Managerbezüge festzulegen, wird dem Arbeitsmarkt für Manager aber auch eine disziplinierende Wirkung zugeschrieben. Manager sind sich durchaus bewusst, dass der Unternehmenserfolg ihren „Marktpreis" determiniert, und so werden sie bestrebt sein, ihre Leistung zu steigern, um das Unternehmen erfolgreich und im Sinne der Anteilseigner zu führen.[1049] Während Erfolge vom Markt als positive Signale hinsichtlich des Talents eines Managers bewertet werden und durch verbesserte Karriereaussichten sowie einer vorteilhaften Entwicklung der zukünftigen Vergütung belohnt werden,[1050] müssen Manager, die mit Misserfolgen assoziiert werden, mit verschiedenen Sanktionen rechnen. FAMA (1980) spricht in diesem Zusammenhang von einem „ex post settling up"-Mechanismus des

---

tenplätze begrenzt sind, und dass ein Akteur nur aufsteigen kann, wenn ein anderer Akteur absteigt (Nullsummenspiel) [vgl. FRANK/COOK (1996), S. 9 f.]. In der einschlägigen Forschungsliteratur werden diese Positionsrennen mitunter auch als Turniere oder *contests* bezeichnet [vgl. FRANCK/MÜLLER (2000), S. 5]. Sie beschreiben eine Situation, in der ökonomisch handelnde Akteure um unteilbare und knappe Positionen konkurrieren [vgl. FRANCK/MÜLLER (2000), S. 4; GAITANIDES (2004), S. 181]. So kann nur ein Rennteilnehmer Oscar-Preisträger, Klassenbester, Vorstandsvorsitzender oder Weltmeister werden [vgl. GAITANIDES (2004), S. 181 f.]. Weiter zeichnen sich Positionsrennen dadurch aus, dass die Entlohnung vom ordinalen Rang abhängig ist und zwischen den Rängen enorme Belohnungssprünge bestehen [vgl. FRANCK/MÜLLER (2000), S. 5 f.].

[1046]   Vgl. FRANK/COOK (1996), S. 70.

[1047]   Vgl. FRANK/COOK (1996), S. 72.

[1048]   Vgl. FRANK/COOK (1996), S. 69.

[1049]   Vgl. FAMA (1980), S. 293; HEINZE (2001), S. 645; PICOT/MICHAELIS (1984), S. 261. Diese Annahme konnte ZAJAC (1990) in seiner empirischen Untersuchung nicht bestätigen [vgl. ZAJAC (1990), S. 227].

[1050]   Vgl. WINTER (2001), S. 498.

Arbeitsmarktes.[1051] Eine schlechte Unternehmensperformance wirkt sich negativ auf die zukünftige Karriere sowie Entlohnung aus.[1052] Zudem wird in der Literatur darauf hingewiesen, dass sich die Erfolglosigkeit auch auf andere Aktivitätsfelder des Managers auswirkt. Hierzu zählt beispielsweise der Verlust von Sitzen in Kontrollgremien anderer Unternehmen.[1053] Im Extremfall kommt es gar zu einer Stigmatisierung.[1054]

Demnach kann festgehalten werden, dass Karriereüberlegungen ('career concerns') – die in der Literatur auch als implizite Anreize bezeichnet werden[1055] – dazu führen, dass Top-Manager die Interessen der Anteilseigner berücksichtigen. Manager befürchten um den Verlust ihrer Reputation und die damit einhergehenden zukünftigen Einkommenszuwächse, wenn bekannt wird, dass sie nicht im Aktionärsinteresse gehandelt haben. Die Reputation eines Managers kann als eine Art Einschätzung der managerialen Fähigkeiten durch den Arbeitsmarkt verstanden werden. Durch Beobachtungen der Performance macht sich der Markt ein Bild über die Fähigkeiten eines Managers.[1056] Demnach ist der Arbeitsmarkt „lernfähig":[1057]

[1051]   Vgl. FAMA (1980), S. 297.

[1052]   In einer Fülle von Studien wurde der Frage nachgegangen, ob eine schlechte Unternehmensperformance dazu führt, dass Manager entlassen werden. Die überwiegende Mehrheit der Studien gelangt zu dem Schluss, dass einer Entlassung eine schlechte Unternehmensperformance vorausgeht [vgl. FINKELSTEIN/HAMBRICK (1996), S. 168; in Bezug auf Deutschland siehe KAPLAN (1995)]. Fraglich ist jedoch, ob mit diesen Ergebnissen die Effizienz des Arbeitsmarktes nachgewiesen wurde. So weisen KHANNA/POULSEN (1995) darauf hin, dass in den meisten Studien die Frage ausgeklammert wird, ob für den Misserfolg des Unternehmens das Management oder aber externe Faktoren verantwortlich waren [vgl. KHANNA/POULSEN (1995), S. 922]. Möglich ist, dass einzelne Manager zu Unrecht für die finanzielle Schieflage verantwortlich gemacht werden (sog. „Sündenbock"-Hypothese) [siehe hierzu auch SCHRADER (1995), S. 186]. Dass Manager entlassen werden, auch wenn sie für den inferioren Erfolg nicht ursächlich verantwortlich sind, zeigen beispielsweise die Ergebnisse der Studie von KHANNA/POULSEN.

[1053]   Vgl. POZNER (2008); SEMADENI ET AL. (2008); SUTTON/CALLAHAN (1987); WIESENFELD/WURTHMANN/ HAMBRICK (2008).

[1054]   Siehe hierzu nochmals das in Kapitel B vorgestellte Stigmatisierungsmodell von WIESENFELD/WURTHMANN/HAMBRICK (2008) (S. 87 f.)

[1055]   Vgl. GIBBONS/MURPHY (1992), S. 469.

[1056]   Vgl. HARRIS (1986), S. 24; HOLMSTRÖM (1999), S. 169; JOHNSON/YOUNG/WELKER (1993), S. 307. SENBONGI/HARRINGTON (1995) heben hervor, dass der Arbeitsmarkt zur Einschätzung der Fähigkeiten eines Managers nicht die absolute, sondern relative Unternehmensperformance heranzieht [vgl. SENBONGI/HARRINGTON (1995), S. 97]. Anderen Autoren zufolge beobachtet der Arbeitsmarkt das Investitionsverhalten von Managern, um zu einer Einschätzung managerialer Fähigkeiten zu gelangen [vgl. HIRSHLEIFER (1993); SCHARFSTEIN/STEIN (1990)].

[1057]   Vgl. JOHNSON/YOUNG/WELKER (1993), S. 308. Das von SCHARFSTEIN/STEIN (1990) entwickelte Lernmodell des Arbeitsmarktes geht davon aus, dass vor Vertragsabschluss weder der Arbeitsmarkt, noch die Manager selbst wissen, ob sie zur Gruppe der fähigen Manager ('smart managers') oder zur Gruppe der unfähigen Manager ('dumb managers') zählen. Dies wird erst deutlich, nachdem Investitionsentscheidungen getätigt wurden. „However, after the managers have made an investment decision, the labor market can update its beliefs, based on two pieces of evidence: 1) whether the manager made a profitable investment; 2) whether the manager's behavior was similar to or different from that of other managers." [SCHARFSTEIN/STEIN (1990), S. 466]

„(…) individual managers acquire reputations as their distinctive abilities are revealed over time to outsiders who observe employment histories and firm performance."[1058] Die Reputation, die sich aus Informationen über die (vergangene) Leistung zusammensetzt, kann wiederum herangezogen werden, um das zukünftige Verhalten vorauszusagen.[1059] Da opportunistisches Verhalten einen Reputationsverlust zur Folge haben kann und Manager mit einer hohen Reputation sowohl kurz- als auch langfristig viel zu verlieren haben,[1060] werden sie von einem nutzenmaximierenden Verhalten Abstand nehmen und im Interesse der Aktionäre handeln.[1061] Fraglich ist jedoch, ob marktliche Kräfte ausreichen, um das Moral Hazard Problem zu lösen. Das von FAMA angeführte Argument, dass durch implizite Anreize (Karriereinteressen) effizientes Verhalten induziert wird und explizite Anreize (erfolgsabhängige Vergütungsverträge) demnach nicht mehr erforderlich sind,[1062] wurde in verschiedenen Beiträgen, die sich der so genannten ‚career concerns'-Debatte zuordnen lassen,[1063] in Frage gestellt. So weisen beispielsweise GIBBONS/MURPHY (1992) darauf hin, dass die Wirkung impliziter Karriereanreize nicht zuletzt auch davon abhängig ist, ob ein Manager am Anfang oder aber am Ende seiner Karriere steht. Sie stellen fest: „(…) in the absence of contracts, managers typically work too hard in early years (while the market is still assessing the manager's ability) and not hard enough in later years."[1064] So kann angenommen werden, dass vor allem junge Manager an dem Aufbau einer positiven Reputation interessiert sind, denn diese ermöglicht es ihnen, den Barwert ihrer zukünftigen Vergütungen zu erhöhen.[1065] Stehen Führungskräfte indes kurz vor dem Ruhestand, dann haben sie aufgrund der kürzeren Restverweildauer auf dem Arbeitsmarkt nicht den gleichen Anreiz, ihr Leistungsniveau zu steigern und durch eine Erhöhung des Outputs die Bewertung des Marktes über ihre Fähigkeiten zu beeinflussen.[1066] Aus agencytheoretischer Sicht sollten die Vergütungsverträge von Managern, die kurz vor dem Ruhestand stehen, demnach eine höhere Pay-Performance Sensitivität aufweisen.[1067]

[1058] Vgl. JOHNSON/YOUNG/WELKER (1993), S. 308.

[1059] Vgl. BORLAND (1992), S. 252.

[1060] Vgl. HIRSHLEIFER (1993), S. 146.

[1061] Vgl. FRANCIS ET AL. (2008), S. 110.

[1062] Vgl. GIBBONS/MURPHY (1992), S. 469; HOLMSTRÖM (1999), S. 170.

[1063] Einen guten Überblick über dieses Forschungsfeld gibt BORLAND (1992) sowie der Beitrag von KRÄKEL/SCHAUENBERG (1998), S. 96 ff.

[1064] GIBBONS/MURPHY (1992), S. 469.

[1065] Vgl. WINTER (2001), S. 499.

[1066] Vgl. GIBBONS/MURPHY (1992), S. 469; WINTER (2001), S. 499.

[1067] Vgl. HARRIS (1986), S. 6; HIRSHLEIFER (1993), S. 148; WINTER (2001), S. 499. Empirische Evidenz hierfür liefert die Studie von GIBBONS/MURPHY, die sich explizit mit der optimalen Gestaltung von Vergütungsverträgen vor dem Hintergrund der ‚career concerns'-Problematik beschäftigt haben [vgl. GIBBONS/MURPHY (1992), S. 478 ff.].

Des Weiteren hat die ‚career concerns'-Debatte aber auch auf die kontraproduktiven Wirkungen des Arbeitsmarktes bzw. effizienzmindernden Wirkungen impliziter Karriereanreize aufmerksam gemacht.[1068] In verschiedenen modelltheoretischen Beiträgen wurde gezeigt, dass Manager zur Verbesserung oder Bewahrung ihrer Reputation Handlungen ergreifen, die nicht im Interesse der Anteilseigner liegen.[1069] Problematisch ist beispielsweise, wenn sich Manager aufgrund der Befürchtung, dass sich ein Misserfolg negativ auf ihre Reputation auswirken könnte, zu konservativ verhalten und vielversprechende, mit Risiko verbundene Investitionsprojekte meiden.[1070] Auf ein anderes Problem machen KANODIA/BUSHMAN/DICKHAUT (1989) aufmerksam.[1071] Anhand eines Hidden Information Modells zeigen sie,[1072] dass rational handelnde Manager an einer Entscheidung (z.B. an einer neu eingeführten Technologie) festhalten, gleichwohl neue Informationen nahe legen, dass eine Abkehr von der ursprünglich getroffenen Entscheidung vorteilhafter wäre (‚sunk cost effect').[1073] Die Autoren argumentieren, dass ein Manager mit der Revision seiner Entscheidung zugleich Informationen preisgeben würde, die seiner Reputation als talentierter Entscheidungsträger schaden könnten.[1074] Auch SCHARFSTEIN/STEIN (1990) zeigen in ihrem mehrperiodigen Modell die negativen Auswirkungen impliziter Anreize. Sie beschäftigen sich mit dem Phänomen des Herdenverhaltens und argumentieren, dass es aus Sicht einer Führungskraft rational sein kann, das Investitionsverhalten anderer Manager zu imitieren und Informationen über vielversprechende Investitionsprojekte zu unterdrücken.[1075] Nach SCHARFSTEIN/STEIN befürchten Manager, dass sich ein von der Mehrheit abweichendes und unkonventionelles Investitionsverhalten negativ auf den weiteren Karriereverlauf auswirkt, wenn sich dieses im Nachhinein als Fehlentscheidung herausstellt.[1076] Treffen indes alle oder zumindest die Mehrheit der Manager eine unprofitable Investitionsentscheidung, hält sich der Reputationsverlust in Grenzen (‚sharing-the-blame effect').[1077]

Die hier nur kurz skizzierten Ergebnisse aus der ‚career concerns'-Forschung haben gezeigt, dass der Arbeitsmarkt auch unerwünschtes Verhalten induzieren kann. Im Folgenden wird das

---

[1068]   Siehe zur ‚career concerns'-Problematik KRÄKEL (2007), S. 192 ff.

[1069]   Vgl. BORLAND (1992), S. 252.

[1070]   Vgl. KRÄKEL (2007), S. 201.

[1071]   Vgl. KRÄKEL/SCHAUENBERG (1998), S. 97.

[1072]   Vgl. KRÄKEL/SCHAUENBERG (1998), S. 97.

[1073]   Vgl. KANODIA/BUSHMAN/DICKHAUT (1989), S. 59.

[1074]   Vgl. KANODIA/BUSHMAN/DICKHAUT (1989), S. 60.

[1075]   Vgl. SCHARFSTEIN/STEIN (1990), S. 466.

[1076]   Vgl. SCHARFSTEIN/STEIN (1990), S. 465.

[1077]   Vgl. SCHARFSTEIN/STEIN (1990), S. 466.

Augenmerk auf Beiträge gelegt, die ebenfalls auf verschiedene Probleme hinweisen. Sie nehmen tendenziell eine kritische Position gegenüber dem Arbeitsmarktkonzept ein.[1078] Zumeist wird darauf hingewiesen, dass der Managermarkt aufgrund verschiedener Faktoren unvollkommen ist. Darüber hinaus wird argumentiert, dass sich der Einfluss des Arbeitsmarktes auf die Vergütung von Top-Managern empirisch nur schwer überprüfen lässt.[1079]

FINKELSTEIN/HAMBRICK (1988) führen insbesondere drei Argumente an, die die effiziente Wirkung des Arbeitsmarktes für Manager in Frage stellen: 1) Die Intransparenz des Arbeitsmarktes, 2) die Segmentierung des Marktes (interner vs. externer Arbeitsmarkt) sowie 3) die Problematik der Bestimmung der Grenzproduktivität von Top-Managern.[1080] Diese drei Themenbereiche stehen im Mittelpunkt der nachfolgenden Ausführungen.

1.3.1.1 Transparenz

Damit der Arbeitsmarkt für Manager seine Kontrollwirkung entfalten kann, müssen Informationen über Manager sowie über ihre Leistungsfähigkeit sichtbar bzw. zugänglich sein. Transparenz stellt somit eine notwendige, wenngleich auch nicht hinreichende Bedingung für die Funktionsfähigkeit des Marktes dar.[1081] Allerdings bezweifeln FINKELSTEIN/HAMBRICK (1988) sowie auch andere Autoren, dass der Arbeitsmarkt für Top-Manager tatsächlich die notwendige Transparenz aufweist.[1082] Ihnen zufolge besteht große Unklarheit darüber, wer zum CEO Talent-Pool eigentlich zu zählen ist. Sie stellen fest: „(...) because being a CEO does not require licensure, a prescribed course of education, or even specific experiences, it is never clear how many "eligible" candidates exist for available positions. Some of the most suitable candidates may be completely non-obvious."[1083]

[1078] Vgl. BALLWIESER/SCHMIDT (1981), S. 673; BENZ/STUTZER (2003); FINKELSTEIN/HAMBRICK (1988), S. 546 f.; WINTER (2003a), S. 351. Kritisch zum Managermarkt auch KRÄKEL (2007), S. 303.

[1079] Nach DEVERS ET AL. (2007) wurden Einflüsse des Arbeitsmarktes auf die Managervergütung nur selten untersucht [vgl. DEVERS ET AL. (2007), S. 1020]. Den Grund für den Mangel empirischer Forschungsarbeiten sehen FINKELSTEIN/HAMBRICK in der Schwierigkeit, die Grenzen des Marktes zu bestimmen. [vgl. FINKELSTEIN/HAMBRICK (1996), S. 274; FINKELSTEIN/HAMBRICK/CANNELLA (2009), S. 309]. Siehe die Studie von CISCEL/CARROLL (1980). Die Autoren zeigen, dass Angebot und Nachfrage auf dem Managermarkt Einfluss auf die Höhe der Vergütung von Managern haben [vgl. CISCEL/CARROLL (1980), S. 13]. Weitere empirische Forschungsarbeiten zum Markt für Manager stammen von LAMBERT/LARCKER (1987b) sowie ZAJAC (1990).

[1080] Vgl. FINKELSTEIN/HAMBRICK (1988), S. 546 f.

[1081] Vgl. BENZ/STUTZER (2003), S. 16; GERUM/SCHÄFER (2000a), S. 3.

[1082] Vgl. BENZ/STUTZER (2003), S. 16; FINKELSTEIN/HAMBRICK (1988); GERUM/SCHÄFER (2000a), S. 3; WITT (2003c), S. 84.

[1083] FINKELSTEIN/HAMBRICK (1988), S. 546. Siehe auch FINKELSTEIN/HAMBRICK/CANNELLA (2009), S. 309.

Eine Konsequenz dieser Intransparenz ist nach GERUM/SCHÄFER (2000a), dass bei der Suche nach externen Kandidaten Marktintermediäre eingeschaltet werden müssen.[1084] In der Praxis ist es üblich, dass bei der Auswahl eines externen Vorstandsmitglieds auf die Dienstleistungen von Personalberatern (bzw. Headhuntern) zurückgegriffen wird.[1085]

Mit Blick auf die zunehmende Internationalisierung der Wirtschaft wurde gelegentlich in der Literatur die Frage aufgeworfen, ob Unternehmen mittlerweile international nach den besten Führungskräften Ausschau halten. Oder anders gewendet, ob es einen globalen Markt für Managerleistungen gibt. KRAMARSCH (2005) bezweifelt dies. Er argumentiert, dass aufgrund der großzügigen Managergehälter in den USA, mehr deutsche Führungskräfte auswandern müssten.[1086] Eine solche Mobilität sei allerdings nicht erkennbar. Dass nationale Rekrutierungsmuster nach wie vor vorherrschend sind, stellt auch HARTMANN (2002) fest. Nur selten bekleiden in großen Unternehmen mit Sitz in Deutschland, USA, Großbritannien oder Frankreich Ausländer Top-Positionen im Management.[1087] Als Grund für den geringen Grad an Internationalität auf der obersten Managementebene sieht er „(...) die starke Dominanz der jeweiligen nationalen Aufstiegspfade in Spitzenpositionen der Wirtschaft. Dies gilt für die Bedeutung bestimmter Bildungsabschlüsse ebenso wie für den typischen Verlauf der beruflichen Karriere."[1088] In Frankreich, Großbritannien oder USA öffnet beispielsweise der Besuch und erfolgreiche Abschluss an einer Eliteuniversität Tür und Tor für eine Spitzenkarriere in der Wirtschaft.[1089] In Deutschland hingegen verfügen Top-Manager zwar i.d.R. ebenfalls über einen Hochschulabschluss, jedoch ist das Studium an einer elitären Bildungsinstitution (bislang) keine zwingende Voraussetzung für eine Vorstandskarriere.[1090]

Bezüglich der Frage, wie transparent der Managermarkt in Deutschland ist, wurde in der Vergangenheit vielfach darauf aufmerksam gemacht, dass es dem Markt aufgrund der fehlenden Pflicht zur individualisierten Offenlegung der Vergütung an Transparenz mangele.[1091] Dieses Defizit wurde mit der Verabschiedung des VorstOG im Jahr 2005 aufgehoben. Nach FALLGATTER (2006) ist es jedoch denkbar, dass die mit dem Gesetz intendierten Wirkungen (wie z.B. eine Verbesserung des Anlegerschutzes oder Drosselung der Managergehälter durch

---

[1084] Vgl. GERUM/SCHÄFER (2000a), S. 14.

[1085] Vgl. HARTMANN (1996), S. 84 ff.; PELTZER (1993), S. 270. Umfassend zur Rolle von Headhuntern im Prozess der Auswahl externer Top-Manager siehe KHURANA (2002a), S. 118 ff.

[1086] Vgl. KRAMARSCH (2005), S. 117.

[1087] Vgl. HARTMANN (2002), S. 187.

[1088] HARTMANN (2002), S. 191.

[1089] Vgl. HARTMANN (2002), S. 192. Siehe hierzu auch FRANK/COOK (1996), S. 152.

[1090] Vgl. HARTMANN (1996), S. 67.

[1091] Vgl. BENZ/STUTZER (2003), S. 16; WITT (2003c), S. 84.

den öffentlichen Druck)[1092] nicht erzielt werden. Er vermutet gar, dass die Gehälter von Vorständen nach Inkrafttreten des VorstOG weiter nach oben korrigiert werden, da eine Vergütung unter dem Median dem Kapitalmarkt signalisieren würde, dass es dem Aufsichtsrat nicht gelang, „ähnlich »gute« Topmanager wie die Konkurrenz oder wie Vergleichsunternehmen zu gewinnen."[1093] Unternehmen geraten somit in eine Art Dilemma, da eine zu moderate Entlohnung ihrer Top-Manager dem Eingeständnis gleichkommen würde, dass sie nur mittelmäßig talentierte Manager beschäftigen.[1094] Ähnlich argumentieren auch BENZ/STUTZER (2003), die davon ausgehen, dass Transparenz einen sich selbst verstärkenden Prozess der Referenzgruppenentlohnung auslösen kann, so wie es in den USA nach 1992 zu beobachten war.[1095] Andere Autoren, die sich mit der Aufwärtsspirale als Folge einer Referenzgruppenentlohnung beschäftigt haben,[1096] betonen, dass dieser Prozess durch die Inanspruchnahme von Beratungsdienstleistungen bei der Festlegung von Managerbezügen verstärkt wird.[1097] Festzuhalten ist demnach, dass eine größere Transparenz im Hinblick auf die Vergütung nicht notwendigerweise die Effizienz des Arbeitsmarktes erhöht.

1.3.1.2 Marktsegmentierung

Die Tatsache, dass in der Praxis der interne Arbeitsmarkt dem externen Arbeitsmarkt oft Vorzug gegeben wird, führen FINKELSTEIN/HAMBRICK als zweites Argument gegen die Existenz eines wirkungsvollen Arbeitsmarktes an.[1098] Den Autoren zufolge begrenzt die Fokussierung auf unternehmensinterne Kandidaten artifiziell die Zahl freier Stellen auf dem externen Ar-

---

[1092] Die Disziplinierungswirkung ist nach FALLGATTER (2006) ein implizites Ziel des VorstOG [vgl. FALLGATTER (2006), S. 208].

[1093] FALLGATTER (2006), S. 209. Ähnlich BENDER/MOIR (2006), S. 80.

[1094] PORAC ET AL. (1999) weisen darauf hin: „Managerial advocates argue that CEO pay is justified when tied to the creation of shareholder value (e.g. Jensen and Murphy, 1990). This logic holds that high CEO pay should be an indicator that the company is doing well and contributing to the wealth of its owners" [PORAC/WADE/POLLOCK (1999), S. 120].

[1095] Vgl. BENZ/STUTZER (2003), S. 14. Die SEC erweiterte die Regelung zur Offenlegung der Gehälter bereits 1992. Siehe hierzu Fn. 562.

[1096] GÖX/HELLER (2008) thematisieren in ihrem Beitrag ebenfalls die unerwünschten Nebenwirkungen des sog. Competitiven Benchmarkings. Im Rahmen eines formalen Agency-Modells zeigen sie, dass die Vergütung von Managern über die Zeit ansteigt, wenn sich Unternehmen bei der Festlegung der Vergütung am oder über dem Median einer Referenzgruppe orientieren [vgl. GÖX/HELLER (2008), S. 98 ff.]. Die Offenlegungspflicht von Vorstandsgehältern in Kombination mit der Praxis des Competitiven Benchmarkings birgt demnach die Gefahr in sich, „(...) dass eine Vergütungsspirale in Gang gesetzt wird, ohne dass dadurch zusätzliche Werte für die Unternehmenseigner geschaffen werden." [GÖX/HELLER (2008), S. 112].

[1097] Vgl. EZZAMEL/WATSON (1998), S. 222; KNOLL (2005), S. 254. Auch nach BENDER/MOIR (2006) ist der enorme Gehaltsanstieg britischer Top-Manager eine Folge der Offenlegungspflicht [vgl. BENDER/MOIR (2006), S. 80].

[1098] Siehe hierzu auch WINTER (2003a), S. 351.

beitsmarkt.[1099] So zeigen empirische Studien, dass in den USA Nachfolger von CEOs zumeist unternehmensintern rekrutiert werden.[1100] Auch in Deutschland ist diese Rekrutierungspraxis bei einem Routinewechsel vorherrschend.[1101] Externe Kandidaten werden dagegen vor allem in Krisensituationen bevorzugt eingestellt.[1102] Erklärt wird dieses Phänomen wie folgt: Neben Fach- und Branchenkenntnissen erfordert die Vorstandstätigkeit auch profunde Kenntnisse über das Unternehmen (z.B. Kenntnisse über die strategische Ausrichtung des Unternehmens, Produkte, Kunden etc.). Die Aneignung unternehmensspezifischen Wissens benötigt eine gewisse Zeit,[1103] weshalb externe Kandidaten gegenüber internen Kandidaten zunächst einmal benachteiligt sind.[1104] Ferner kann argumentiert werden, dass dem Board oder Aufsichtsrat in aller Regel mehr Informationen über die Fähigkeiten interner Kandidaten vorliegen.[1105] Das Risiko der Fehlbesetzung (*adverse selection*) ist bei einer internen Stellenbesetzung somit geringer.[1106]

Der tendenzielle Vorzug von externen Kandidaten in Krisensituationen kann ebenso plausibel begründet werden. Um das Vertrauen des Kapitalmarktes zurückzugewinnen, signalisiert der Aufsichtsrat mit der Berufung eines externen Kandidaten, dass in naher Zukunft Veränderungen anstehen, um die Ertragslage zu verbessern.[1107] Die Ernennung eines externen Kandidaten ist daher von großer symbolischer Bedeutung.[1108] Im Hinblick auf die Frage, ob extern rekrutierte Top-Manager letztlich einen positiven Einfluss auf den Unternehmenserfolg bzw. auf die weitere Unternehmensentwicklung haben, gelangt die empirische Forschung allerdings zu gemischten Resultaten.[1109]

[1099]   Vgl. FINKELSTEIN/HAMBRICK (1988), S. 547.

[1100]   Vgl. BEBCHUK/FRIED (2004), S. 54.

[1101]   Vgl. HARTMANN (1996), S. 71; GERUM (2007), S. 144; GERUM/SCHÄFER (2000a), S. 15.

[1102]   Vgl. BRESSER ET AL. (2005), S. 1171 m.w.N.; FINKELSTEIN/HAMBRICK (1996), S. 180 ff.; HARRIS/HELFAT (1997), S. 899; HARTMANN (1996), S. 73.

[1103]   Vgl. HAMBRICK/FUKUTOMI (1991), S. 725.

[1104]   Vgl. KARAEVLI (2007), S. 687.

[1105]   Vgl. ALLGOOD/FARRELL (2000), S. 375; HARRIS/HELFAT (1997), S. 901; HARTMANN (1996), S. 86; KARAEVLI (2007), S. 688; SHEN/CANNELLA (2002), S. 721. In diesem Sinne auch KHURANA (2005), S. 124.

[1106]   Vgl. SHEN/CANNELLA (2002), S. 721; ZAJAC (1990), S. 220.

[1107]   Vgl. BRESSER ET AL. (2005), S. 1171; FINKELSTEIN/HAMBRICK (1996), S. 180; KARAEVLI (2007), S. 681 f.

[1108]   Vgl. FINKELSTEIN/HAMBRICK (1996), S. 183; HARRIS/HELFAT (1997), S. 899; KHURANA (2002a), S. 61 ff. Zur symbolischen Bedeutung von Nachfolgeentscheidungen siehe auch PFEFFER (1981), S. 216 f. sowie S. 254 f.

[1109]   Vgl. SHEN/CANNELLA (2002), S. 717. SHEN/CANNELLA (2002) nennen verschiedene Gründe, warum Outsiders die Unternehmensperformance nicht substantiell steigern können. Den Autoren zufolge fehlt extern rekrutierten CEOs nicht nur firmenspezifisches Wissen, sondern auch die Unterstützung anderer Manager im Unternehmen. Einem extern rekrutierten CEO wird oftmals mit Argwohn begegnet [vgl.

Mit Blick auf die externe Rekrutierung erscheint noch die folgende empirische Beobachtung erwähnenswert: Studien zeigen, dass die Einstiegsgehälter von extern rekrutierten Managern höher sind als die Einstiegsgehälter von internen Nachfolgekandidaten.[1110] HARRIS/HELFAT (1997) zeigen beispielsweise, dass die durchschnittliche Vergütung extern rekrutierter CEOs um ca. 200.000 US \$ höher liegt als von intern rekrutierten CEOs.[1111] Auch die Ergebnisse der Untersuchung von FINKELSTEIN/HAMBRICK (1995) legen nahe, dass extern rekrutierte Top-Manager eine höhere Vergütung erhalten. Sie zeigen, dass extern rekrutierte CEOs deutlich mehr verdienen als ihre Amtsvorgänger.[1112]

MURPHY/ZÁBOJNÍK (2004) haben festgestellt, dass die Praxis der externen Rekrutierung innerhalb der letzten dreißig Jahre zugenommen hat und sich die an Outsider gezahlte Prämie erheblich gesteigert hat.[1113] Während in den 1970er und 1980er Jahren rund 15% bzw. 17% der CEOs extern rekrutiert wurden, ist der Anteil in den 1990er Jahren auf 26% gestiegen.[1114] Nach MURPHY/ZÁBOJNÍK deutet diese Entwicklung darauf hin, dass in den letzten drei Jahrzehnten marktliche Mechanismen bei der Bestimmung der Vergütung von CEOs an Bedeutung gewonnen haben.[1115]

In der Literatur finden sich verschiedene Erklärungen, warum die externe Rekrutierung in den vergangenen Jahren zugenommen hat und extern rekrutierte CEOs eine höhere Vergütung erhalten. So argumentieren HARRIS/HELFAT (1997), dass aufgrund fehlender unternehmensspezifischer Kenntnisse (*firm-specific skills*) CEOs ein größeres Risiko bei einem Beschäftigungsverhältnis mit einem ihnen nicht vertrauten Unternehmen eingehen. Erfüllt der Manager nicht die an ihn gestellten Erwartungen und ist nicht in der Lage, den Unternehmenswert zu steigern, so muss er mit Einkommenseinbußen rechnen, wenn seine Vergütung mit dem Unternehmenserfolg verkoppelt ist. Ferner steht die im Laufe seiner Karriere erworbene Reputa-

---

SHEN/CANNELLA (2002), S. 721]. Siehe auch die Auswertung zahlreicher empirischer Studien bei KARAEVLI (2007), S. 683 ff.

[1110] Vgl. DECKOP (1988); GOMEZ-MEJIA/TOSI/HINKIN (1987); HAMBRICK/FINKELSTEIN (1995); HARRIS/HELFAT (1997); MURPHY/ZÁBOJNÍK (2006).

[1111] Vgl. HARRIS/HELFAT (1997), S. 915. Zu ähnlichen Resultaten gelangt auch DECKOP (1988), S. 224.

[1112] Vgl. HAMBRICK/FINKELSTEIN (1995), S. 187. In eigentümerkontrollierten Unternehmen lag die Prämie sogar bei durchschnittlich 120%.

[1113] Vgl. MURPHY/ZÁBOJNÍK (2004), S. 192. Eine solche Tendenz hat HÖPNER (2003) für die 40 größten Unternehmen in Deutschland in den 1990er Jahren festgestellt [vgl. HÖPNER (2003), S. 129].

[1114] Vgl. MURPHY/ZÁBOJNÍK (2004), S. 193.

[1115] Vgl. MURPHY/ZÁBOJNÍK (2004), S. 193.

tion auf dem Spiel. Studien zeigen, dass Manager, die unfreiwillig ausscheiden, Schwierigkeiten haben, eine (vergleichbar) gut bezahlte Position wiederzuerlangen.[1116]

Stammt das anwerbende Unternehmen darüber hinaus aus einer ihm fremden Branche, d.h. dem Manager mangelt es an Branchenkenntnissen (*industry-specific skills*), dann wäre das Risiko, das er bei einem Wechsel eingehen würde, sogar noch größer.[1117] Aus dieser Perspektive betrachtet und vor dem Hintergrund der Annahme der Risikoaversion, wird ein Top-Manager das Angebot nur annehmen, wenn er durch eine Risikoprämie entsprechend entschädigt wird.[1118] Zusätzlich erhält er eine Prämie für den Verlust zukünftiger Einnahmen, die er aus seinem firmenspezifischen Wissen generieren könnte.[1119] Ebenso ist anzunehmen, dass das anwerbende Unternehmen den Top-Manager für seine möglicherweise noch ausstehenden Aktienoptionen entschädigen muss.[1120]

Abschließend kann demnach festgehalten werden, dass sich ein Wechsel für einen Manager nur dann lohnt, wenn er mit einem Gehaltsanstieg verbunden ist. Aus Sicht des Unternehmens stellt sich bei einer naiven Betrachtung natürlich die Frage, warum es sich für einen Nachfolger entscheiden sollte, der über kein firmenspezifisches Wissen und möglicherweise auch über keine Branchenkenntnisse verfügt. Einige Gründe, wie z.B. die Bevorzugung „externen Sachverstands" in Krisenzeiten oder die Entscheidung der Anteilseigner (bzw. des Kontrollorgans) „frischen Wind" ins Unternehmen zu bringen,[1121] wurden bereits oben genannt. Diese punktuellen Beobachtungen liefern allerdings noch keine Erklärung für die generelle Bedeutungszunahme der externen Rekrutierung. Eine Erklärung für dieses Phänomen haben MURPHY/ZÁBOJNÍK (2006) entwickelt. Sie argumentieren, dass die wachsende Bedeutung der externen Rekrutierungspraxis darauf zurückzuführen ist, dass Manager, die über generelle Fähigkeiten (*generic skills*) verfügen seit einigen Jahren stärker gefragt sind.[1122] Den Bedeutungsverlust unternehmensspezifischer Fähigkeiten führen sie u.a. auf technologische Erneuerungen, insbesondere im Bereich der Computertechnologie zurück, die es ermöglichen, dass firmenspezifische Informationen (wie z.B. Informationen über Produktmärkte, Lieferanten,

---

[1116]   Vgl. CANNELLA/FRASER/LEE (1995), S. 209; GRAY/CANNELLA (1997), S. 519 m.w.N. Für Deutschland siehe die schon etwas ältere Studie von POENSGEN/LUKAS (1982).

[1117]   Vgl. HARRIS/HELFAT (1997), S. 899.

[1118]   Vgl. HARRIS/HELFAT (1997), S. 899.

[1119]   Vgl. HARRIS/HELFAT (1997), S. 897.

[1120]   Dies kann entweder durch Antrittsgelder („golden hellos"), oder aber durch eine höhere Gesamtvergütung geschehen.

[1121]   Vgl. HARTMANN (1996), S. 73.

[1122]   Vgl. MURPHY/ZÁBOJNÍK (2006), S. 28.

Kunden etc.) schneller und leichter zugänglich geworden sind.[1123] „Computers allow for easy access, sorting, and analysis of specific information; it may therefore be less important that a present day CEO candidate spends an extended period of time in the company acquiring firm-specific knowledge."[1124]

Obgleich das Argument, dass generelle Managerfähigkeiten wichtiger geworden sind und sich unternehmensspezifische Fähigkeiten durch neue Technologien einfacher und schneller aneignen lassen auf den ersten Blick durchaus plausibel erscheint, kommen bei einer näheren Betrachtung jedoch Zweifel auf: Zunächst einmal lässt sich argumentieren, dass Unternehmen im Hinblick auf die Fähigkeiten interner Kandidaten im Gegensatz zu externen Kandidaten auf umfassendere Informationen zurückgreifen können (z.B. aus über Jahre hinweg durchgeführte und dokumentierte Leistungsbeurteilungen),[1125] und der externen Rekrutierung daher eine größere Unsicherheit anhaftet. Darüber hinaus müsste dem Unternehmen bekannt sein, ob ein erfolgreicher CEO eines anderen Unternehmens, den Erfolg seinen Schlüsselkompetenzen (*generic skills*), oder aber seinem unternehmensspezifischen Wissen zu verdanken hat. Fraglich ist, ob Executive Search Firms Informationen dieser Art zur Verfügung stellen (können). Schließlich erscheint es, dass MURPHY/ZÁBOJNÍK unternehmensspezifischen Fähigkeiten eine insgesamt zu geringe Bedeutung beimessen. Versteht man unter unternehmensspezifischem Wissen vor allem explizites, d.h. artikulierbar und kodifizierbares Wissen, so kann der Argumentation von MURPHY/ZÁBOJNÍK problemlos gefolgt werden. Allerdings könnte ebenso gut argumentiert werden, dass firmenspezifische Fähigkeiten auch Wissensbestandteile umfassen, die sich nicht kodifizieren lassen, wie z.B. Wissen über vorherrschende Werte und Normen (Unternehmenskultur), Kenntnisse über einflussreiche Akteure in der Organisation sowie ein etabliertes Netzwerk wertvoller Kontakte innerhalb des Unternehmens.[1126]

Eine nicht-ökonomische Erklärung für den Bedeutungszuwachs der externen Rekrutierungspraxis sowie der damit einhergehenden Steigerung der Bezüge von Top-Managern liefert KHURANA (2002a). In seinem Buch *Searching for a Corporate Savior – The Irrational Quest for Charismatic CEOs* stellt er die Existenz eines von den neoklassischen Ökonomen skizzierten Marktes für Top-Manager und die effiziente Wirkung dieses Marktes radikal in Frage.[1127]

[1123] Vgl. MURPHY/ZÁBOJNÍK (2006), S. 2.

[1124] MURPHY/ZÁBOJNÍK (2006), S. 3.

[1125] Vgl. HARTMANN (1996), S. 86; HARRIS/HELFAT (1997), S. 901; KARAEVLI (2007), S. 688. In diesem Sinne auch KHURANA (2005), S. 124.

[1126] Vgl. HAMBRICK/FUKUTOMI (1991), S. 725. Zum Aufbau von Netzwerken und deren Bedeutung für die Tätigkeit eines Top-Managers siehe MINTZBERG (1973), S. 44 ff. Zur Bedeutung von Wissen über die Verteilung von Macht innerhalb einer Organisation siehe PFEFFER (1981), S. 132.

[1127] Vgl. KHURANA (2002a), S. 41 ff.

Ihm zufolge unterscheidet sich der externe Markt für CEOs erheblich von „herkömmlichen" Märkten und ist daher einzigartig.[1128] KHURANA betrachtet den externen Markt für CEOs als eine sozial-konstruierte Institution.[1129] Diese Institution – d.h. die dort vorherrschenden Normen, Regeln und nicht hinterfragten Verfahrensweisen und Rationalitätsstandards – beeinflusst zahlreiche Akteure, wie z.b. Investoren, Analysten, die Medien, Board of Directors sowie Personal- und Unternehmensberatungen.[1130] KHURANA analysiert in seiner Untersuchung detailliert den gesamten Prozess der Auswahl eines externen CEOs.[1131] Dabei gelangt er zu dem Schluss, dass der Selektionsprozess keineswegs immer rational verläuft. Vielmehr spielen bei der Auswahl von Kandidaten auch Kriterien wie Prestige oder Charisma eine herausragende Rolle. Obwohl diese Kriterien wenig über die Eignung eines CEOs aussagen, leisten sie KHURANA zufolge einen Beitrag zur Reduktion von Unsicherheit.[1132] Der Autor identifiziert in seinem Buch eine Tendenz zum Personenkult bei der Auswahl von externen CEOs. „The entire search process is orchestrated to produce a corporate "savior," to find a new CEO whom investors and the business media regard as a star. The standard profile of this savior is of an individual who has served as a CEO or president at a high-performing and well-regarded company."[1133] Die in den letzten Jahren feststellbare rasante Steigerung der Bezüge von US-amerikanischen CEOs ist nach KHURANA eine Folge der Tendenz zur Heroisierung von Managern.[1134]

1.3.1.3   Grenzproduktivität von Top-Managern

Der letzte hier vorgestellt Kritikpunkt von FINKELSTEIN/HAMBRICK (1988) betrifft das Konzept der Grenzproduktivität.[1135] Nach dem neoklassischen Ideal des Arbeitsmarktes für Manager entspricht die Managervergütung der Grenzproduktivität von Managerleistungen.[1136] FINKELSTEIN/HAMBRICK (1988) definieren das Grenzprodukt „(...) as the amount by which the firm's production would decline if the workers were no longer employed by the firm. The

---

[1128]   Vgl. KHURANA (2002a), S. 27. KHURANA diskutiert in seinem Buch insbesondere drei Merkmale, durch den sich der Markt für CEOs auszeichnet: 1) eine geringe Anzahl von Marktteilnehmern, 2) großes Risiko für die Beteiligten sowie 3) die große Bedeutung von Legitimität [vgl. KHURANA (2002a), S. 27].

[1129]   Unter einer Institution versteht KHURANA „(...) a pattern of practices, relationships, and obligations that are so taken for granted that they assume the status of rules governing both thought and action." KHURANA (2002a), S. 43.

[1130]   Vgl. KHURANA (2002a), S. 44.

[1131]   Vgl. KHURANA (2002a), S. 81 ff. Zum Überblick KHURANA (2005).

[1132]   Vgl. KHURANA (2002a), S. 111 sowie S. 132.

[1133]   KHURANA (2002a), S. 20.

[1134]   Vgl. KHURANA (2002a), S. 190 ff. Ebenso FRANK/COOK (1996), S. 69 ff.

[1135]   Vgl. BENZ/STUTZER (2003), S. 8; WINTER (2003a), S. 351.

[1136]   Vgl. BENZ/STUTZER (2003), S. 8; FINKELSTEIN/HAMBRICK (1988), S. 547; WINTER (2003a), S. 351.

basic argument is that firms are unstable whenever workers are not paid the values of their marginal products (...), since competing firms will be willing to pay at those levels."[1137]

Eine Entlohnung gemäß des Grenzproduktes setzt zunächst voraus, dass dieses in irgendeiner Form messbar ist.[1138] Diese Messbarkeit wird jedoch von verschiedenen Seiten in Frage gestellt.[1139] Es wird darauf aufmerksam gemacht, dass zwischen der Leistung eines einzelnen Top-Managers und dem Unternehmenserfolg kein eindeutiger Ursache-Wirkungs-Zusammenhang hergestellt werden kann.[1140] Hinlänglich bekannt ist, dass der Unternehmenserfolg von zahlreichen internen sowie externen Faktoren abhängig ist.[1141] So ließe sich zwar argumentieren, dass Top-Manager aufgrund der Reichweite ihrer Entscheidungen zumindest von allen Organisationsmitgliedern den größten Einfluss auf den Unternehmenserfolg haben[1142] – möglicherweise ließe sich dies auch ex post anhand einzelner strategischer Entscheidungen rekonstruieren – dennoch lässt sich nicht ermitteln, welchen Beitrag jeder *einzelne* Manager innerhalb des Top-Management Teams zum Unternehmenserfolg geleistet hat.[1143] In Deutschland kommt hinzu, dass der Vorstand ein Kollegialorgan darstellt, und dass Entscheidungen, die einen besonders großen Einfluss auf den Unternehmenserfolg haben, grundsätzlich gemeinschaftlich vom Gesamtvorstand zu treffen sind.[1144]

FINKELSTEIN/HAMBRICK diskutieren drei Konsequenzen, die die Unsicherheit im Hinblick auf die Leistungsbeiträge einzelner Top-Manager nach sich zieht:[1145]

1) Manager werden ihre Aufmerksamkeit verstärkt auf Aktivitäten verlagern, die zu einer Verbesserung ihrer Reputation beitragen. In Anlehnung an MARCH (1984) sprechen sie von „managing ‚accounts and reputations'"[1146].

Gleichwohl von FINKELSTEIN/HAMBRICK nicht explizit thematisiert, ist in diesem Zusammenhang erwähnenswert, dass Manager nicht nur durch ein „creative accounting" ihre Reputation

---

1137 FINKELSTEIN/HAMBRICK (1988), S. 547. Nach ROBERTS (1956) ist die Grenzproduktivität eines Managers „(...) the excess of the firm's total profit under his direction over what it would be under the direction of the best alternative executive plus the amount which would have to be paid in order to secure the latter's services." [ROBERTS (1956), S. 290]

1138 Vgl. WINTER (2003a), S. 351.

1139 Vgl. FINKELSTEIN/HAMBRICK (1988), S. 547; WINTER (2003a), S. 351.

1140 Vgl. FINKELSTEIN/HAMBRICK (1988), S. 547; WINTER (2003a), S. 351.

1141 WINTER (2003a), S. 351.

1142 Vgl. PFEFFER (1977), S. 108.

1143 Vgl. GOLLNICK (1997), S. 39; WINTER (2000), S. 42.

1144 § 77 Abs. 1 AktG. Zum Kollegialprinzip siehe auch Fn. 1382.

1145 Vgl. FINKELSTEIN/HAMBRICK (1988), S. 547 f.

1146 FINKELSTEIN/HAMBRICK (1988), S. 547.

beeinflussen können, sondern auch durch den Einsatz von Impression Management.[1147] In dem oben vorgestellten Konzept des Managermarktes wird davon ausgegangen, dass Manager im Laufe der Jahre eine Reputation aufbauen, für die sie eine entsprechende Entlohnung verlangen können. Dabei wird angenommen, dass sich die Reputation aus der vergangenen Leistung, die am Unternehmenserfolg gemessen wird, aufbaut. Sind die Leistungsbeiträge einzelner Manager nicht exakt erkennbar – hierfür liefern FINKELSTEIN/HAMBRICK triftige Argumente – dann eröffnet sich für den Manager die Möglichkeit, die eigene Reputation positiv zu beeinflussen.[1148] Theoretisch lässt sich dies mit Erkenntnissen aus der Impression Management Forschung begründen. Aus dieser ist hinlänglich bekannt, dass die eigene Leistung durch den Einsatz bestimmter Techniken der Selbstpräsentation in ein besseres Licht gerückt werden kann.[1149]

2) Aufgrund fehlender Informationen über die Leistungen einzelner Manager, wird der Board of Directors bei der Festlegung der Vergütung auf Benchmarking-Studien zurückgreifen, um eine „marktgerechte" Entlohnung sicherzustellen. Dies wiederum führt zu einer Homogenisierung der Managervergütung bzw. zu einem allgemeinen Anstieg der Managergehälter aufgrund einer Referenzgruppenentlohnung.

3) Schließlich schlussfolgern FINKELSTEIN/HAMBRICK, dass die Vergütung von Top-Managern zumeist entweder *über* oder *unter* ihrer Grenzproduktivität liegt.

Zusammenfassend lässt sich also feststellen, dass die Wirksamkeit des externen Arbeitsmarktes für Top-Manager in Frage gestellt werden kann. Neben den oben vorgestellten (kritischen) Einwänden, könnte des Weiteren diskutiert werden, ob die Mobilität von Managern, welche eine Voraussetzung für das Funktionieren des Marktes darstellt, tatsächlich immer gegeben ist. So weist GOLLNICK (1997) darauf hin, dass sich das nachvertragliche Wettbewerbsverbot einschränkend auf die Mobilität auswirkt.[1150] Darüber hinaus ist denkbar, dass Manager auf-

---

[1147]   Siehe hierzu CANNELLA/MONROE (1997), S. 216.

[1148]   Vgl. CANNELLA/MONROE (1997), S. 216.

[1149]   Vgl. GOMEZ-MEJIA/WISEMAN (1997), S. 309; MUMMENDEY (2004); SALANCIK/MEINDL (1984); SCHLENKER (1980). Ähnlich argumentieren auch Autoren, die sich mit dem Stigmatisierungsphänomen beschäftigen. Unter Rückgriff auf verschiedene Impression Management Techniken können sich Manager von Misserfolgen distanzieren und damit verhindern, dass sie für die Schieflage des Unternehmens verantwortlich gemacht werden. Siehe zum Thema Misserfolgsattributionen und Stigmatisierung erneut die Ausführungen in Kapitel B.

[1150]   Vgl. GOLLNICK (1997), S. 41. Das nachvertragliche Wettbewerbsverbot kann durch eine Klausel im Anstellungsvertrag Geltung erlangen [vgl. BEINER (2005), S. 200]. Bei einer Anwendung kann beispielsweise dem ausscheidenden Vorstandsmitglied untersagt werden, zwei Jahre nach Beendigung des Anstellungsverhältnisses für ein Konkurrenzunternehmen tätig zu werden. Für diesen Zeitraum erhält das Vorstandsmitglied i.d.R. eine Karenzentschädigung [vgl. BEINER (2005), S. 205. Kritisch zum nachvertraglichen Wettbewerbsverbot PELTZER (2005), S. 148 f.].

grund nicht-finanzieller Faktoren (wie z.B. Loyalität zum Arbeitgeber) einen Wechsel zur Konkurrenz oder einem branchenfremden Unternehmen ablehnen.

1.3.2   Markt für Unternehmenskontrolle

Neben dem Arbeitsmarkt für Manager wird auch dem Markt für Unternehmenskontrolle eine disziplinierende Wirkung zugesprochen.[1151] Nach JENSEN/RUBACK (1983) kann der Markt für Unternehmenskontrolle als eine wichtige Komponente des Arbeitsmarktes verstanden werden.[1152]

Der Begriff *Market for Corporate Control* wurde erstmalig von MANNE (1965) im Zusammenhang mit M&A-Aktivitäten Mitte der 1960er Jahre verwendet.[1153] Später haben auch andere Autoren das Konzept des Marktes für Unternehmenskontrolle – der mitunter auch als Übernahmemarkt bekannt ist – aufgegriffen und weiterentwickelt.[1154] Nach einer Definition von JENSEN/RUBACK (1983) werden unter *corporate control* die Rechte verstanden „(...) to determine the management of corporate resources – that is, the rights to hire, fire and set the compensation of top-level managers."[1155] Dieser Markt ist somit eine Art Arena in der verschiedene Management-Teams um die Kontrollrechte an Unternehmensressourcen konkurrieren.[1156] Unternehmensübernahmen werden damit erklärt, dass das bessere Management-Team den Wettbewerb gewinnt und sich die Rechte an den Ressourcen eines fremden Unternehmens aneignet. Vorausgesetzt wird hierbei eine hohe positive Korrelation zwischen der Leistung eines Management-Teams und dem Aktienkurs des jeweiligen Unternehmens.[1157] Ist die Performance eines Management-Teams suboptimal, so sinkt der Marktpreis der Aktie relativ zum Aktienkurs anderer Unternehmen derselben Branche und ein anderes leistungsstärkeres Management-Team ergreift die Chance, übernimmt die Rechte und führt das Unternehmen effizienter weiter.[1158] Insofern kann der Markt für Unternehmenskontrolle als eine Art verlän-

---

[1151]   Vgl. WALSH/KOSNIK (1993), S. 672.

[1152]   Vgl. JENSEN/RUBACK (1983), S. 6.

[1153]   MANNE (19965) unterscheidet drei Übernahme-Aktivitäten: 1) Der Erwerb von Stimmrechten (*proxy fight*), 2) Aufkauf von Anteilen über den Markt oder durch eine Offerte (*tender offer*) und 3) der Merger, der häufig über einen Aktientausch erfolgt [vgl. MANNE (1965), S. 114 ff.].

[1154]   JENSEN/RUBACK (1983); JENSEN (1988).

[1155]   JENSEN/RUBACK (1983), S. 5.

[1156]   Vgl. JENSEN/RUBACK (1983), S. 6.

[1157]   Vgl. MANNE (1965), S. 112.

[1158]   Vgl. MANNE (1965), S. 112. Kritisch hierzu BALLWIESER/SCHMIDT (1981), S. 673 sowie WALSH/KOSNIK (1993), S. 691 ff. HAYWARD/HAMBRICK (1997) kritisieren am Konzept des Marktes für Unternehmenskontrolle, dass die Motive der Entscheidungsträger keine Rolle spielen. Sie ziehen die Möglichkeit in Betracht, dass es vielfach zu Übernahmen kommt, weil das Management des übernehmenden Unternehmens seine eignen Fähigkeiten überschätzt (Hybris-Hypothese) [vgl. HAYWARD/HAMBRICK (1997), S. 105].

gerter Arm der internen Kontrollmechanismen gesehen werden.[1159] Versäumt oder verweigert der Aufsichtsrat bzw. Board of Directors den leistungsschwachen Vorstand bzw. die Executives zu entlassen, wird das Unternehmen von externen Investoren aufgekauft und das Management-Team ausgewechselt.[1160]

Letztlich ist es die Angst vor einer (feindlichen) Übernahme, die dazu führt, dass exzessive Managergehälter vermieden werden,[1161] denn die permanente Bedrohung, die Anstellung durch eine Übernahme zu verlieren, übt Druck auf Mitglieder des Management-Teams aus, effizienter mit den ihnen zur Verfügung gestellten Ressourcen umzugehen.[1162]

Bereits an anderer Stelle der Arbeit wurde darauf hingewiesen, dass der Markt für Unternehmenskontrolle in Deutschland aufgrund institutioneller Rahmenbedingungen kaum eine Rolle spielt.[1163] Feindliche Übernahmen stellen in Deutschland im Gegensatz zu den USA Ausnahmeerscheinungen dar.[1164] In der Literatur werden hierfür verschiedene Gründe genannt: Die hohe Konzentration des Aktienbesitzes, kapitalmäßige und personelle Verflechtungen von Unternehmen („Deutschland AG"), die Macht der Großbanken (Kreditgeber, Aktienhalter und Verwalter von Depotstimmen), die Mitbestimmung von Arbeitnehmern im Aufsichtsrat und staatliche Regulierungen.[1165]

[1159]   Vgl. WALSH/KOSNIK (1993), S. 675.

[1160]   Vgl. CANNELLA/MONROE (1997), S. 217.

[1161]   Vgl. AGRAWAL/KNOEBER (1998), S. 219; BEBCHUK/FRIED (2004), S. 55; HUBBARD/PALIA (1995), S. 110; OVIATT (1988), S. 221.

[1162]   Nach AGRAWAL/KNOEBER (1998) kann die Bedrohung durch eine Übernahme zwei entgegengesetzte Effekte haben: 1) Manager von Unternehmen, die besonders stark durch eine Übernahme bedroht sind, erhalten eine geringere Entlohnung. Die Autoren sprechen von einem *competition effect*. 2) Auf der anderen Seite ziehen die Forscher die Möglichkeit in Betracht, dass Manager von Unternehmen, die besonders stark durch eine Übernahme bedroht sind, eine höhere Vergütung erhalten, da sie einem größeren Risiko ausgesetzt sind, ihr firmenspezifisches Humankapital zu verlieren (*risk effect*). [vgl. AGRAWAL/KNOEBER (1998), S. 220].

[1163]   Vgl. HEINZE (2001), S. 647 ff. HÖPNER/JACKSON (2001), S. 547 f. Zur Tradition der Unternehmensverflechtung in Deutschland siehe BEYER (2006b), S. 54 f. Die empirische Studie von SCHRADER/LÜTHJE (1995) zum Ausscheiden von Vorstandsvorsitzenden zeigt, dass Abgänge aufgrund von Fusionen oder Übernahmen selten vorkommen. In fast 50% der Fälle sind Abgänge von Vorstandsvorsitzenden unabwendbar (z.B. gesundheitliche Gründe, Pensionierung) und in weiteren 26% freiwillig. In nur 25% der Fälle sind Abgänge erzwungen (hiervon wiederum 43% aufgrund mangelnden Erfolgs; 43% aufgrund von Unstimmigkeit über die Strategie; 14% aufgrund einer Fusion oder Übernahme) [vgl. SCHRADER/LÜTHJE (1995), S. 481].

[1164]   Vgl. WITT (2003c), S. 82. In den USA haben (feindliche) Übernahmen vor allem in den 1980er Jahren an Bedeutung gewonnen. Zwischen 1980 und 1990 haben immerhin 29% der 500 größten US-amerikanischen Unternehmen mindestens einmal ein Übernahmeangebot erhalten, oder waren von einem Übernahmeversuch bedroht. In der Mehrzahl der Fälle waren die Übernahmeversuche „feindlicher" Art [vgl. DAVIS/STOUT (1992), S. 605].

[1165]   Vgl. ADAMS (1994), S. 151; BEYER (1998), S. 84 f.; HÖPNER/JACKSON (2001), S. 548 f.

Aber auch im angloamerikanischen Raum kann die Disziplinierungswirkung des Marktes für Unternehmenskontrolle durch den Einsatz so genannter *Entrenchment Practices* (Abwehrtechniken) vereitelt werden.[1166] Manager des Zielunternehmens können beispielsweise selbst aktiv werden und gezielt andere Unternehmen aufkaufen[1167], um Liquiditätsreserven abzubauen. Ein anderer Defensivmechanismus beinhaltet den Verkauf von Vermögensteilen („Verkauf der Kronjuwelen"), um sich als Übernahmeobjekt uninteressant zu machen. Weitere Immunisierungsstrategien sind *Poison Pills* oder *Greenmail*.[1168] Eine spezielle „Giftpille" stellt der Goldene Fallschirm (*Golden Parachutes*) dar, der hohe Ablösungsabfindungen für das Top-Management im Falle eines Kontrollwechsels vorsieht. Dieses Instrumentarium kann zwei entgegengesetzte Effekte erzielen: Einerseits kann es im Sinne der Agencytheorie eine Harmonisierung der Interessen von Management und Anteilseignern herbeiführen, denn der Goldene Fallschirm verhindert, dass sich Manager vehement gegen Übernahmen wehren, die im Interesse der Anteilseigner liegen.[1169] Andererseits kann der Goldene Fallschirm aber auch zum Abwehrmechanismus werden, wenn die vertraglich festgelegten Ablösesummen für die Mitglieder des Managements extreme Ausmaße annehmen.[1170]

Abschließend lässt sich somit feststellen, dass der Markt für Unternehmenskontrolle in Deutschland nur eine geringe Relevanz besitzt und demzufolge auch kein Einfluss auf die Vorstandsvergütung zu erwarten ist. Allerdings wird in jüngster Zeit diskutiert, dass aufgrund der zunehmenden Kapitalmarktorientierung sowie der fortschreitenden Entflechtung der „Deutschland AG" der Markt für Unternehmenskontrolle in Zukunft von größerer Bedeutung sein wird.[1171]

1.4 Kritische Würdigung

Zweifelsohne stellt die Agencytheorie im Hinblick auf die Erforschung von Managergehältern die dominante theoretische Perspektive dar.[1172] Insbesondere seit den 1990er Jahren hat die Anzahl von Forschungsbeiträgen aus agencytheoretischer Sicht zum Thema Managementver-

---

[1166] Vgl. WALSH/SEWARD (1990), S. 437 ff.

[1167] Bei der so genannten *Pac-Man* Strategie wird der potentielle Übernehmer selbst aufgekauft.

[1168] *Poison Pills* bzw. Giftpillen machen die Übernahme unattraktiv, indem beispielsweise neue Aktien an die Mitarbeiter ausgegeben werden oder Patentrechte verkauft werden. Unter *Greenmail* wird der Rückkauf von Aktien verstanden [vgl. KOSNIK (1987), S. 164].

[1169] Vgl. JENSEN (1988), S. 39 f.; WADE/O'REILLY/CHANDRATAT (1990), S. 587.

[1170] Vgl. BEBCHUK/FRIED (2003), S. 74. Umfassend hierzu WADE/O'REILLY/CHANDRATAT (1990).

[1171] Vgl. HÖPNER/JACKSON (2001), S. 556 ff. Zu den seit den 1990er Jahre zu beobachtenden Veränderungen des deutschen Corporate Governance Regimes siehe ausführlich BEYER (2006b), S. 7 ff. Die spektakuläre Übernahme von Mannesmann durch Vodafone wird häufig als ein Indiz für die Transformation des deutschen Unternehmenskontrollsystems gewertet.

[1172] Vgl. FINKELSTEIN/HAMBRICK/CANNELLA (2009), S. 297.

gütung beachtlich zugenommen. Für die Beliebtheit der Agencytheorie lassen sich verschiedene Gründe anführen. DAILY/DALTON/CANNELLA (2003) nennen als Gründe beispielsweise die Einfachheit der Theorie – große Unternehmen werden auf zwei Akteure mit eindeutigen und konsistenten Interessen reduziert – sowie die der Agencytheorie zugrunde liegenden und seit jeher weit verbreiteten Vorstellung, dass Individuen vorrangig ihre Eigeninteressen verfolgen.[1173] Ein weiterer Grund für den hohen Stellenwert der Agencytheorie in der Corporate Governance-Forschung,[1174] ist möglicherweise darin zu sehen, dass insgesamt das Interesse an Fragen effizienter Unternehmensführung und -kontrolle aufgrund diverser bekannt gewordener Fälle von Missmanagement in den vergangenen Jahren zugenommen hat.[1175] Die Agencytheorie liefert nicht nur einen analytischen Erklärungsrahmen, sondern es lassen sich aus ihr auch konkrete Lösungen für die in der Praxis anzutreffenden Probleme ableiten.[1176] Zu nennen seien hier exemplarisch die Besetzung des Boards mit unabhängigen Outside Directors, um die Überwachungseffizienz zu steigern, oder aber die Trennung der beiden wichtigsten Ämter, CEO und Chairman, um Machtkonzentrationen im Board zu verhindern.[1177] Eine viel diskutierte Lösung zur Überwindung der Interessendivergenzen von Managern und Anteilseignern wird – wie oben ausführlich gezeigt wurde – in der Schaffung von Anreizsystemen gesehen. Ein Vergütungssystem, das eine hohe Pay-Performance Sensitivität aufweist, soll verhindern, dass Manager Ziele verfolgen, die nicht mit den Zielen der Anteilseigner übereinstimmen. JENSEN/MURPHY (1990a) fassen die Kernaussage der Agencytheorie im Titel ihres viel beachteten Aufsatzes prägnant zusammen: „CEO incentives. It's not how much you pay, but how"[1178]. Ein Schwerpunkt der empirischen Forschung bildet demzufolge die Überprüfung der Erfolgsabhängigkeit der Top-Managervergütung. Mit dem Kapitel wurde das Ziel verfolgt, einen Überblick über die empirischen Forschungsergebnisse zu geben. Es muss allerdings eingeräumt werden, dass aufgrund der Fülle von Publikationen nur ein Bruchteil der Befunde tatsächlich vorgestellt werden konnte. Fasst man die Ergebnisse der empirischen

---

[1173] Vgl. DAILY/DALTON/CANNELLA (2003), S. 373.

[1174] Von der Agencytheorie als dominierender Ansatz in der Corporate Governance-Forschung sprechen beispielsweise DAILY/DALTON/CANNELLA (2003), S. 371; DALTON ET AL. (2007), S. 2; DAVIS/SCHOORMAN/DONALDSON (1997), S. 20; DEUTSCH (2005), S. 425; GOSHAL (2005), S. 81; O'REILLY/MAIN (2007), S. 9; OSTERLOH/FREY (2005), S. 337; PERKINS/HENDRY (2005), S. 1446; ROBERTS/MCNULTY/STILES (2005), S. 7; ZAJAC/WESTPHAL (2004), S. 451.

[1175] Die zahlreichen Fälle von Missmanagement (z.B. Enron, Worldcom oder Holzmann) nennt V. WERDER (2005) als Treiber der Governancebewegung [vgl. V. WERDER (2005), S. 36].

[1176] Siehe beispielsweise SHLEIFER/VISHNY (1997), S. 738.

[1177] Vgl. DAILY/DALTON/CANNELLA (2003), S. 373; DALTON ET AL. (1998), S. 269; FINKELSTEIN/D'AVENI (1994), S. 1982; SALZBERGER (2004), Sp. 103.

[1178] Vgl. JENSEN/MURPHY (1990a).

Studien zum Zusammenhang von Unternehmenserfolg und Top-Managervergütung zusammen, dann ergibt sich das folgende Bild.

1.4.1 Zusammenhang von Unternehmenserfolg und Vergütung

Die empirische Forschung ist gekennzeichnet durch eine große Variation in den Ergebnissen. Während die Resultate einiger Studien nahe legen, dass der Unternehmenserfolg einen nicht unerheblichen Einfluss auf die Managementvergütung hat, gelangen andere Studien zu dem Resultat, dass der Unternehmenserfolg keine oder nur eine geringfügige Rolle spielt.[1179] Die verschiedenen Operationalisierungen der abhängigen und unabhängigen Variablen sehen einige Autoren als Grund für diese Ergebnisvielfalt.[1180] Des Weiteren lässt sich feststellen, dass jene Studien, die einen Zusammenhang zwischen Erfolg und Vergütung empirisch nachweisen konnten, oftmals zu dem Resultat gelangen, dass der Grad der Erfolgsabhängigkeit der Vergütung nicht sonderlich stark ausgeprägt ist. Nicht selten wird hieraus die Schlussfolgerung gezogen, dass sich die in der Praxis anzutreffenden Vergütungssysteme durch Ineffizienzen auszeichnen. Im Anschluss an eine Auswertung des derzeitigen Forschungsstands resümieren FINKELSTEIN/HAMBRICK/CANNELLA (2009): „Countless articles have attempted to test the relationship between pay and performance, with inconclusive results. Indeed, one of the most perplexing problems in agency theory is why the association between pay and performance is not more robust (...)."[1181]

Dass die Vergütung von Top-Managern in der Praxis weniger vom (relativen) Erfolg abhängig ist als von vielen Agencytheoretikern erwartet, wird vielfach als „puzzling" bezeichnet.[1182] Vor dem Hintergrund der Annahme, dass der Board of Directors im Interesse der Anteilseigner handelt – dies kann insofern erwartet werden, als die Mitglieder des Boards bestrebt sind, eine positive Reputation aufzubauen,[1183] – würde man erwarten, dass Vergütungssysteme so konzipiert werden, dass Manager, die im Sinne der Anteilseigner das Unternehmen erfolgreich leiten, für ihre Leistungen belohnt, erfolglose Manager indes „bestraft" werden.

Kritiker der Agencytheorie sehen sich durch die inkonsistenten Ergebnisse hingegen bestätigt. Sie argumentieren, dass die Agencytheorie von wirklichkeitsfremden Annahmen, wie z.B. das

---

[1179] Vgl. TOSI/KATZ/GOMEZ-MEJIA (2000), S. 305.

[1180] Vgl. TOSI/KATZ/GOMEZ-MEJIA (2000), S. 305; WINTER (2001), S. 511.

[1181] FINKELSTEIN/HAMBRICK/CANNELLA (2009), S. 328. Ähnlich auch der Kommentar von O'REILLY/MAIN (2007), S. 1.

[1182] Vgl. GAREN (1994), S. 1198; JENSEN/MURPHY (1990b), S. 262; NILAKANT/RAO (1994), S. 659.

[1183] Siehe hierzu nochmals S. 135.

„untersozialisierte" Menschenbild und die stark vereinfachte Vorstellung von der menschlichen Motivation ausgehe,[1184] und sie daher keine große Erklärungskraft besitzen könne. Fraglich ist jedoch, ob die empirische Beobachtung, dass Vergütungsverträge in der Praxis nicht im Sinne der Theorie optimal ausgestaltet sind, die Schlussfolgerung zulässt, dass die Agencytheorie widerlegt wurde.[1185] GOMEZ-MEJIA/WISEMAN/DYKES (2005) bezweifeln dies: „(…) analysing performance-pay relations may tell little about confirmation or disconfirmation of agency theory."[1186] Stattdessen machen sie darauf aufmerksam, dass die Agencytheorie sogar unter bestimmten Umständen eine zu enge Bindung der Vergütung an den Unternehmenserfolg ablehnt.[1187]

Des Weiteren machen Kritiker der Agencytheorie darauf aufmerksam, dass empirische Studien zu den Auswirkungen variabler Anreizsysteme ebenfalls zu keinen eindeutigen Resultaten gelangen.[1188] Wie oben dargelegt, geht die Agencytheorie davon aus, dass die erfolgsabhängige Vergütung Top-Manager dazu motiviert, das Vermögen der Anteilseigner zu vermehren. Insofern wirkt sich ein fehlendes Anreizsystem und eine fehlende Kopplung der Interessen über kurz oder lang negativ auf den Unternehmenserfolg aus. Abgesehen von der Frage, ob monetäre Anreize tatsächlich die vorausgesagte motivationale Wirkung auf Top-Manager haben,[1189] müsste die erfolgsabhängige Vergütung als unabhängige Variable untersucht werden.[1190] Allerdings tauchen hierbei verschiedene methodische Probleme auf, denn der Unter-

---

[1184] Vgl. DONALDSON (1995), S. 172 ff.; FINKELSTEIN/HAMBRICK (1996), S. 284 f.; GEDENK (1998), S. 34; GOSHAL (2005), S. 82 f.; NILAKANT/RAO (1994), S. 655. Die Agencytheorie fokussiert ausschließlich auf die extrinsische Motivation [vgl. DAVIS/SCHOORMAN/DONALDSON (1997), S. 27].

[1185] So schlussfolgern JENSEN/MUPHY (1987) „(…) actual executive compensation contracts look very different from those predicted by economic theory. The failure of the theory to explain actual compensation arrangements suggests that the theory is wrong." [JENSEN/MURPHY (1987) zitiert nach WADE/O'REILLY/CHANDRATAT (1990), S. 589].

[1186] GOMEZ-MEJIA/WISEMAN/DYKES (2005), S. 1510.

[1187] Vgl. GOMEZ-MEJIA/WISEMAN/DYKES (2005), S. 1510. Ausführlich hierzu die Diskussion zur Übertragung von Risiko auf den Agenten unter Abschnitt 1.2.1.2.

[1188] Einen hervorragenden Überblick über die untersuchten Auswirkungen geben DEVERS ET AL. (2007), S. 1025 ff. sowie FINKELSTEIN/HAMBRICK/CANNELLA (2009), S. 330 ff.

[1189] Siehe hierzu FREY (2002), S. 77 ff. Einen guten Überblick über dieses Forschungsfeld geben BONNER/SPRINKLE (2002). In Bezug auf Top-Manager wird von zahlreichen Autoren der starke motivationale Effekt monetärer Anreize in Frage gestellt. So wird angenommen, dass die Vergütung für Top-Manager eine eher untergeordnete Rolle spielt, und dass andere Faktoren (wie z.B. die mit dem Amt verbundene Macht, die persönlichen Herausforderungen oder Prestige) einen wesentlich stärkeren Verhaltensantrieb auslösen [vgl. FINKELSTEIN/HAMBRICK (1988), S. 543. Siehe ebenso die Gegenargumente bei JENSEN/MURPHY (1990a), S. 149].

[1190] Wenngleich auch diese Forschungsrichtung aus agencytheoretischer Sicht von zentraler Bedeutung ist, ist sie weniger intensiv erforscht worden [vgl. WINTER (2001), S. 522]. Als Grund werden u.a. forschungsmethodische Probleme genannt. Siehe die Auswertung der empirischen Befunde bei WINTER (2001), S. 528 ff. sowie die Meta-Analyse von DALTON ET AL. (2003).

nehmenserfolg ist nicht allein über die Managementvergütung zu erklären.[1191] Trotz jahrelanger Forschungsbemühungen hat die Managementwissenschaft die Faktoren, die für den unternehmerischen Erfolg letztlich ausschlaggebend sind, nicht identifizieren können.[1192] Sind aber die Faktoren nicht bekannt, so ist der Effekt der Vergütung auf den Unternehmenserfolg nur schwer nachzuweisen.[1193] Vor diesem Hintergrund überrascht es nicht, dass die empirische Forschung zum Einfluss von Vergütungssystemen auf den Unternehmenserfolg bislang zu keinen eindeutigen Ergebnissen gelangt ist.[1194] So stellt MURPHY (1999), ein prominenter Vertreter der Agencytheorie, fest: „(...) there is surprisingly little direct evidence that higher pay-performance sensitivities lead to higher stock-price performance."[1195]

Abschließend lässt sich somit feststellen, dass die Agencytheorie „empirisch keine Erfolgsgeschichte"[1196] darstellt.[1197] Dies gilt nicht nur für Untersuchungen, in denen die Abhängigkeit der Vergütung vom Erfolg analysiert wurde, sondern auch für Studien, in denen andere Einflussfaktoren (wie z.B. Risiko oder die personelle Zusammensetzung des Kontrollorgans) untersucht wurden. Wie an anderer Stelle dargelegt, sind die Resultate zum Einfluss von Risiko auf die Höhe und Zusammensetzung der Vergütung von Top-Managern nicht konsistent.[1198] Im Hinblick auf die personelle Zusammensetzung des Boards überrascht aus agencytheoretischer Sicht vor allem der fehlende Zusammenhang zwischen dem Anteil der im Board vertretenen Inside Directors und der Höhe der Vergütung von CEOs. DEUTSCH (2005) gelangt in seiner Meta-Analyse, in der er den Zusammenhang zwischen der personellen Zusammenset-

---

[1191] Vgl. WINTER (2001), S. 522. Zur Komplexität des Unternehmenserfolgs sowie die Probleme, die in Untersuchungen auftauchen, wenn der Unternehmenserfolg als abhängige Variable untersucht wird, siehe MARCH/SUTTON (1997), S. 699 ff.

[1192] Ausführlich hierzu NICOLAI/KIESER (2002), S. 579 ff.

[1193] Vgl. WINTER (2001), S. 522. Darüber hinaus machen einige Autoren auf das Problem aufmerksam, dass sich (vor allem in Querschnittsanalysen) die Richtung der Kausalwirkung oftmals schwer bestimmen lässt [vgl. GEDENK (1998), S. 24; BENZ/STUTZER (2003), S. 17]. Bezug nehmend auf aktienbasierte Anreizsysteme führen CORE/GUAY/LARCKER (2003) aus: „A limitation of this research is that the causal direction of the relation between equity incentives and performance is unclear (...). Rather than higher equity incentives producing better future firm performance, it may be the case that firms expecting better performance grant more equity (...)." [CORE/GUAY/LARCKER (2003), S. 34].

[1194] Vgl. BENZ/KUCHER/STUTZER (2002), S. 115; DALTON ET AL. (2007), S. 17 ff.; DEVERS ET AL. (2007), S. 1021; WINTER (2001), S. 535. Siehe auch die Ergebnisse der Meta-Analyse von DALTON ET AL. (2003) zum Zusammenhang von Aktienbesitz und Unternehmenserfolg sowie die Auswertung verschiedener Studien zum Zusammenhang von Aktienoptionen/Aktienbesitz und Unternehmenserfolg von CORE/GUAY/ LARCKER (2003), S. 34 f.

[1195] MURPHY (1999), S. 2539.

[1196] OSTERLOH/FREY (2005), S. 340.

[1197] Vgl. BRUCE/BUCK/MAIN (2005), S. 1492; DAILY/DALTON/CANNELLA (2003), S. 373. Siehe auch die Ergebnisse verschiedener Meta-Analysen DALTON ET AL. (1998); DALTON/JOHNSON/ELLSTRAND (1999); DALTON ET AL. (2003); DEUTSCH (2005); TOSI/KATZ/GOMEZ-MEJIA (2000).

[1198] Siehe hierzu nochmals S. 129 ff.

zung des Boards und verschiedenen kritischen Entscheidungen überprüft hat, die einen potentiellen Interessenkonflikt zwischen Management und Anteilseignern in sich bergen (wie z.B.
CEO-Vergütung, F&E-Ausgaben, unverbundene Diversifikation, Entlassung von CEOs etc.),
zu dem folgenden Resultat: „Surprisingly, despite the predominance of positive agency
theorists in research on board composition, the prediction of systematic relationships unveiled
here provides little support to agency theory predictions."[1199]

Eindeutiger sind die empirischen Ergebnisse angloamerikanischer Studien zur Bedeutung der
Eigentümerstruktur. Bestätigt werden konnte in zahlreichen Studien die Hypothese, dass
CEOs von managerkontrollierten Unternehmen im Gegensatz zu CEOs aus eigentümerkontrollierten Unternehmen eine höhere Vergütung erhalten. Allerdings wurde oben dargelegt,
dass Untersuchungen aus Deutschland nicht notwendigerweise zu den gleichen Resultaten
gelangen müssen. Aufgrund bestehender Unterschiede zwischen dem deutschen und US-
amerikanischen Corporate Governance-System – wie z.B. der Konzentrationsgrad des Eigentums, Konzernierungsgrad, Bedeutung von Finanzunternehmen usw. – wurde oben geschluss-
folgert, dass sich US-amerikanische Forschungsdesigns und -ergebnisse nicht ohne weiteres
auf den deutschen Kontext übertragen lassen. Problematisch erscheint vor allem die Differenzierung zwischen „managerkontrollierten" und „eigentümerkontrollierten" Unternehmen auf
der Grundlage einer Kapitalbeteiligung von 5%.

1.4.2   Implikationen für weitere Forschung

In der Literatur lassen sich im Hinblick auf die Frage, welche Implikationen sich aus dem
derzeitigen Forschungsstand für die zukünftige Forschung ergeben, grob drei Positionen unterscheiden: Eine Gruppe von Forschern kommt zu dem Schluss, dass die empirische Forschung zwar nicht durchweg zufriedenstellende Resultate hervorgebracht hat, allerdings stellen sie die Agencytheorie als theoretischen Bezugsrahmen für die Erforschung der Managervergütung nicht generell in Frage. Stattdessen fordern sie entweder die Überarbeitung bisheriger Untersuchungsdesigns[1200], oder die Berücksichtigung weiterer, in empirischen Studien
bislang vernachlässigter Faktoren. Zu dieser Gruppe von Forschern zählen letztlich auch
BEBCHUK/FRIED, deren Arbeiten in jüngster Zeit in der wissenschaftlichen Debatte über Managergehälter viel Aufmerksamkeit erlangt haben.[1201] Sie kritisieren am so genannten ‚Optimal Contracting Approach', dass dieser den Board als verlängerten Arm der Anteilseigner

---

[1199]   DEUTSCH (2005), S. 438.

[1200]   Nach TOSI ET AL. (2000) legen die Resultate der Studie die Existenz von Moderatorvariablen nahe. Sie
          vermuten, dass insbesondere die ‚Eigentümerstruktur' eine zentrale Einflussgröße darstellt.

[1201]   Siehe BEBCHUK/FRIED (2003); BEBCHUK/FRIED (2004); BEBCHUK/GRINSTEIN (2005); BEBCHUK/FRIED
          (2006).

betrachte, und insofern irrtümlicherweise davon ausgehe, dass Board-Mitglieder stets Kompensationssysteme implementieren, die Managern einen Anreiz geben, im Interesse der Anteilseigner zu handeln.[1202] In ihrem so genannten ‚Managerial Power Approach' stellen sie diese Annahme in Frage.[1203] Stattdessen machen sie darauf aufmerksam, dass zwischen den Mitgliedern des Boards und den Anteilseignern ebenfalls eine Agencybeziehung vorliegt. Sie argumentieren, dass in der Praxis letztlich das Management bzw. der CEO und eben nicht die Aktionäre die Mitglieder des Boards bestimmen.[1204] Während also FAMA/JENSEN (1983) davon ausgehen, dass Board-Mitglieder, die ihre Kontrollfunktion nicht gewissenhaft wahrnehmen, ihren guten Ruf verlieren können,[1205] sehen BEBCHUK/FRIED in der bestehende Agencybeziehung zwischen Board und Aktionären die Ursache für die fehlende Verkopplung der Vergütung von Top-Managern mit dem Unternehmenserfolg.

Gleichwohl BEBCHUK/FRIED in ihrem Ansatz auf bisher vernachlässigte Einflussfaktoren aufmerksam machen, wie z.B. die Bedeutung von Compensation Consultants als „Handlanger" des CEOs oder Intransparenz von Gehältern durch Verschleierungsstrategien mit dem Ziel, Empörungen der Öffentlichkeit zu verhindern, kann aus folgenden Gründen keineswegs davon gesprochen werden, dass der Managerial Power Approach eine radikale Abkehr vom agencytheoretischen Bezugsrahmen darstellt:

1) In Übereinstimmung mit Vertretern der Agencytheorie argumentieren BEBCHUK/FRIED, dass eine Interessenangleichung zwischen Management und Aktionären durch die Etablierung eines erfolgsabhängigen Vergütungssystems herbeigeführt werden kann (bzw. sollte). Insofern kritisieren sie nicht grundsätzlich die Vergütung von Managern mittels Aktienoptionen, sondern sehen lediglich enorme Defizite in den bestehenden (aktienbasierten) Vergütungssystemen.[1206] Auch die Annahme, dass Manager mittels monetärer Anreize motiviert werden können, wird vom Managerial Power Approach nicht in Frage gestellt.[1207]

2) In Übereinstimmung mit der Agencytheorie stellen im machttheoretischen Ansatz nach BEBCHUK/FRIED die Aktionäre ebenfalls die wichtigste Anspruchsgruppe dar, und die Maximierung des Shareholder-Values wird ebenfalls als zentrales Unternehmensziel betrachtet.[1208]

[1202] Vgl. BEBCHUK/FRIED (2003), S. 72.

[1203] Dass Mitglieder des Boards keine ‚perfect agents' der Anteilseigner darstellen, haben auch JENSEN/
MURPHY/WRUCK festgestellt [vgl. JENSEN/MURPHY/WRUCK (2004), S. 22].

[1204] Vgl. BEBCHUK/FRIED (2003), S. 73 f.

[1205] Vgl. FAMA/JENSEN (1983), S. 315.

[1206] Diese Defizite werden auch von Agencytheoretikern thematisiert. Siehe exemplarisch JENSEN/MURPHY/
WRUCK (2004), S. 57 ff.

[1207] Vgl. BEBCHUK/FRIED (2004), S. 8.

[1208] Vgl. BEBCHUK/FRIED (2004), S. 8.

3) Gleichwohl BEBCHUK/FRIED auf die Grenzen von marktlichen Kräften – Kapitalmarkt, Arbeitsmarkt für Manager und Markt für Unternehmenskontrolle – hinweisen, schließen sie nicht generell aus, dass Märkte auf die Managervergütung Einfluss nehmen und diese begrenzen.[1209]

4) Der Managerial Power Approach sagt voraus, dass Manager, die über mehr Macht und Einfluss verfügen, eine höhere Vergütung erhalten, und dass ihre Vergütungssysteme nur eine schwache Pay-Performance Sensitivität aufweisen.[1210] Die Macht von Managern steigt, wenn der Board schwach ist (z.b. wenn CEO Duality vorliegt oder Outside Directors während der Amtszeit des CEOs in den Board berufen wurden) oder keine an einer stärkeren Überwachung interessierte Anteilseigner (wie z.b. Großaktionäre oder institutionelle Investoren) präsent sind.[1211] Wie oben gezeigt, sind auch diese Überlegungen nicht neu und wurden innerhalb des agencytheoretischen Bezugsrahmens bereits mehrfach empirisch überprüft, wobei die Resultate nicht durchweg eindeutig sind. Abschließend lässt sich somit feststellen, dass der Managerial Power Approach zwar nicht in jeder Hinsicht mit der Agencytheorie übereinstimmt, dieser jedoch keineswegs einen alternativen Erklärungsansatz zur Agencytheorie darstellt.

Neben Forschern, die letztlich dafür eintreten, die Problematik der Managervergütung weiterhin aus der Perspektive der Agencytheorie zu betrachten, finden sich in der Literatur auch kritische Stimmen. Eine Minderheit von Autoren sieht aufgrund der fehlenden empirischen Evidenz die Notwendigkeit, andere theoretische Ansätze heranzuziehen, die (möglicherweise) bessere Erklärungen für die Höhe und Zusammensetzung der Vergütung von Top-Managern liefern.[1212] Tatsächlich äußern einige Autoren auch Verwunderung darüber, dass trotz der „Misserfolge" der Agencytheorie, weiterhin an diesem Ansatz festgehalten wird.[1213]

Die dritte Gruppe von Forschern setzt sich für eine Öffnung des agencytheoretischen Bezugsrahmens ein. Nach BARKEMA/GOMEZ-MEJIA (1998) könnte eine multidisziplinäre Herangehensweise zu einem besseren Verständnis der Vergütungsthematik beitragen.[1214] „Disciplines such as social comparison theory, social exchange theory, and institutional theory can help to enhance understanding in this respect. Likewise, insights from strategic management and industrial organization can further help scholars to identify the full set of the determinants of

---

[1209]   Vgl. BEBCHUK/FRIED (2003), S. 74.

[1210]   Vgl. BEBCHUK/FRIED (2003), S. 77.

[1211]   Vgl. BEBCHUK/FRIED (2003), S. 77 f.

[1212]   Vgl. DAILY ET AL. (1998), S. 209. Im Hinblick auf die Corporate Governance-Forschung OSTERLOH/FREY (2005), S. 340; DAILY/DALTON/CANNELLA (2003), S. 375.

[1213]   Vgl. GOSHAL (2005), S. 81.

[1214]   BARKEMA/GOMEZ-MEJIA (1998), S. 135.

executive pay."[1215] In der Literatur finden sich bereits Vorschläge, wie sich die Agencytheorie um eine verhaltenswissenschaftliche oder machttheoretische Perspektive erweitern ließe.[1216] Kritiker weisen indes darauf hin, dass sich theoretische Ansätze, die auf ganz unterschiedlichen Grundannahmen fußen, nicht ohne weiteres verknüpfen lassen.[1217]

1.4.3 Zur These der ‚sich selbst erfüllenden Prophezeiung'

Aus der Auswertung der empirischen Befunde zum Zusammenhang von Vergütung und Unternehmenserfolg wurde deutlich, dass die Pay-Performance Sensitivität im Laufe der Jahre zugenommen hat. Hierfür verantwortlich gemacht werden insbesondere Vergütungskomponenten wie Aktienpläne oder Aktienoptionen. Zugleich haben aber auch gerade diese Vergütungskomponenten dazu beigetragen, dass die Gehälter von Top-Managern weltweit enorm gestiegen sind.[1218]

Insbesondere in Deutschland lässt sich die rasante Verbreitung aktienbasierter Vergütungssysteme für Vorstände seit Ende der 1990er Jahre gut beobachten. Aber auch in den USA, wo Aktienoptionen nicht erst seit den 1990er Jahren als Vergütungskomponente eingesetzt werden, lässt sich ein enormer Bedeutungszuwachs innerhalb der letzten zehn Jahre feststellen.[1219] In der Literatur finden sich verschiedene Erklärungen für dieses Phänomen. Hierzu zählen die zunehmende Shareholder-Value Orientierung, steuerliche Vorteile von Aktienoptionen gegenüber anderen Vergütungsformen,[1220] die implizite Annahme von Gestaltern variabler Vergütungssysteme, dass Aktienoptionen kostenlos sind,[1221] Popularisierung aktienba-

---

[1215]   Vgl. BARKEMA/GOMEZ-MEJIA (1998), S. 142.

[1216]   Siehe zur Verknüpfung agencytheoretischer Argumente mit machttheoretischen oder verhaltenswissenschaftlichen Überlegungen die Beiträge von GRABKE-RUNDELL/GOMEZ-MEJIA (2002) und WISEMAN/GOMEZ-MEJIA (1998). Im Hinblick auf die Frage, ob machttheoretische Ansätze eine Alternative zur dominanten Agencytheorie darstellen oder agencytheoretische Überlegungen ergänzen, finden sich in der Literatur unterschiedliche Standpunkte. So argumentieren einige Autoren, dass Themen wie Macht und Mikropolitik in agencytheoretischen Arbeiten weitgehend unberücksichtigt bleiben [vgl. BARKEMA/PENNINGS (1998), S. 976]. Auf der anderen Seite wird die Position vertreten, dass die Agencytheorie Interessenunterschiede und Machtasymmetrien thematisiert [vgl. PETTIGREW (1998), S. 200], woraus FINKELSTEIN/HAMBRICK (1996) schlussfolgern „(...) agency theory is a theory about power." [FINKELSTEIN/HAMBRICK (1996), S. 224].

[1217]   Siehe zur Verknüpfung institutionenökonomischer und neo-institutionalistischer Argumente sowie die hierbei auftretenden Probleme WALGENBACH (2006), S. 153 ff.

[1218]   Vgl. JENSEN/MURPHY/WRUCK (2004), S. 24.

[1219]   Während in den USA beinahe jedes der 500 größten Unternehmen ihren Top-Managern variable Langfristvergütungen anbietet, sind es in Deutschland ca. 75% der HDax notierten Unternehmen [vgl. KRAMARSCH (2004), S. 6].

[1220]   Vgl. BENZ/KUCHER/STUTZER (2002), S. 118.

[1221]   Vgl. JENSEN/MURPHY/WRUCK (2004), S. 37 ff.

sierter Vergütungsformen durch Shareholder-Aktivisten sowie durch Empfehlungen von Corporate Governance Kodizes oder Best Practice Guidelines.[1222]

Eine andere Erklärung für die Beliebtheit von Aktienoptionen sehen einige in dem Einfluss, den die Managementwissenschaft (insbesondere die Agencytheorie) auf die Praxis hat. HALL/LIEBMAN (1998) vermuten, dass sich Aktienoptionen als Vergütungskomponente innerhalb weniger Jahre so rasant verbreitet haben, weil Mitglieder des Boards u.a. durch Wissenschaftler beeinflusst wurden, welche die Vorteile einer Angleichung der Interessen von Managern und Aktionären mittels eines Vergütungssystems herausgestellt haben.[1223] Andere Autoren stellen fest, dass sich Reformvorschläge zur Verbesserung von Corporate Governance-Systemen häufig an agencytheoretischen Überlegungen orientieren.[1224] OSTERLOH/FREY (2005) weisen beispielsweise darauf hin, dass der Sarbanes-Oxley-Act von den Ideen des Prinzipal-Agenten-Ansatzes geprägt sei.[1225] Auch die Implementierung erfolgsabhängiger Vergütungssysteme für Top-Manager – insbesondere Vergütungskomponenten wie Aktienoptionen – führen sie auf die Popularität des agencytheoretischen Ansatzes zurück.[1226]

Die Ergebnisse der Studien von ZAJAC/WESTPHAL (1995, 1998, 2004) untermauern weitestgehend die Vermutung, dass die Agencytheorie auch in der „Praxis" an Relevanz gewonnen hat. Sie zeigen, dass sich die agencytheoretische Logik, d.h. die Annahme, dass mittels eines erfolgsabhängigen Vergütungssystems die Interessendivergenz zwischen Management und Eigentümern abgeschwächt werden kann, im Laufe der Jahre zunehmend institutionalisiert hat.[1227] So greifen Unternehmen auf Argumente der Agencytheorie zurück, um die Einfüh-

---

[1222] Vgl. BENDER (2004), S. 521; CHEFFINS (2003), S. 18 f.; MURPHY (1999), S. 2539.

[1223] Vgl. HALL/LIEBMAN (1998), S. 684. Siehe auch JENSEN/MURPHY/WRUCK (2004), S. 35.

[1224] Vgl. DALTON ET AL. (2007), S. 10; DAILY/DALTON/CANNELLA (2003), S. 373; GOSHAL (2005), S. 81; ROBERTS/MCNULTY/STILES (2005), S. S6. Inzwischen kritisieren einige Autoren, dass sich Reformen zur Zusammensetzung des Boards (z.B. die Stärkung der Unabhängigkeit von Boards durch Outside Directors) zu stark an agencytheoretischen Überlegungen orientieren. Die Autoren befürchten, dass die Reformen nicht zu einer Zunahme, sondern zu einer Abnahme der Effektivität von Kontrollgremien führt [vgl. DEUTSCH (2005), S. 440; ROBERTS/MCNULTY/STILES (2005), S. S6 und S. S19]. Dabei wird vor allem darauf hingewiesen, dass die empirische Forschung hinsichtlich der Zusammensetzung von Boards und dem Unternehmenserfolg keineswegs eindeutige Ergebnisse hervorgebracht hat [vgl. DEUTSCH (2005), S. 439]. Ferner weisen einige Autoren darauf hin, dass letztlich zu wenig bekannt sei über die tatsächlichen Arbeitsprozesse in Kontrollgremien [vgl. ROBERTS/MCNULTY/STILES (2005), S. S5].

[1225] Vgl. OSTERLOH/FREY (2005), S. 338. Auch ZATTONI/CUOMO (2008) argumentieren, dass sich agencytheoretische Überlegungen oftmals in Corporate Governance Kodizes wiederfinden lassen [vgl. ZATTONI/CUOMO (2008), S. 4].

[1226] OSTERLOH/FREY (2005) sprechen davon, dass die Agencytheorie den stärksten Einfluss auf die Entwicklung der Management-Kompensation ausgeübt hat [vgl. OSTERLOH/FREY (2005), S. 338]. Zu den „Ausstrahlungseffekten" der Agencytheorie siehe ebenso V. WERDER (2005), S. 39.

[1227] Vgl. ZAJAC/WESTPHAL (1995), S. 287; WESTPHAL/ZAJAC (1998), S. 132; ZAJAC/WESTPHAL (2004), S. 451.

rung langfristiger Vergütungspläne öffentlich zu rechtfertigen.[1228] Zudem reagiert der Kapitalmarkt besonders positiv auf die Einführung eines langfristigen Vergütungsplans, wenn das jeweilige Unternehmen diesen mit Argumenten der Agencytheorie begründet.[1229]

Vor wenigen Jahren hat GOSHAL (2005) die provokante These aufgestellt, dass die Agencytheorie, die er im Hinblick auf ihre empirische Evidenz sowie Erklärungs- und Voraussagekraft für wenig erfolgreich hält,[1230] zu einer sich selbsterfüllenden Prophezeiung wird (*self-fulfilling prophecy*).[1231] Im Kern geht es bei dieser durch den Beitrag von GOSHAL ausgelösten hitzigen Debatte um die Frage,[1232] welchen Einfluss wissenschaftliche Theorien auf die Praxis haben. Gegenstand der Auseinandersetzung bilden dabei sozialwissenschaftliche Theorien, die im Gegensatz zu naturwissenschaftlichen Theorien, durch ihre Existenz und Verbreitung das Handeln sozialer Akteure, das sie erklären wollen, beeinflussen (können).[1233] Aus diesem Einfluss kann eine sich selbsterfüllende Prophezeiung werden. Mit anderen Worten: Die Theorie schafft eine Realität, die sie sodann voraussagt.[1234] GOSHAL verdeutlicht dies anhand der Opportunismusannahme: „A theory that assumes that people can behave opportunistically and draws its conclusions for managing people based on that assumption can induce managerial actions that are likely to enhance opportunistic behavior among people."[1235] Ein anderes Beispiel für eine sich selbsterfüllende Prophezeiung liefern BENZ/STUTZER/KUCHER (2002). Sie machen darauf aufmerksam, dass Finanzanalysten in ihren Analysen die Entlohnungsform berücksichtigen und Aktienoptionspläne positiv in ihren Empfehlungen bewerten.[1236] „Das Verhalten der Anleger führt auch zu einem positiven Zusammenhang zwischen Entschädigungshöhe und Unternehmenswert, wenn die Einführung eines Optionsplanes als positives Signal gewertet wird, das vom Management erkannte günstige Aussichten widerspiegelt."[1237] Auch andere Autoren weisen darauf hin, dass der Kapitalmarkt positiv auf die Einführung von Aktienoptionen oder anderen langfristigen Vergütungsplänen reagiert.[1238] Die

---

[1228]   Vgl. ZAJAC/WESTPHAL (1995), S. 301.

[1229]   Vgl. WESTPHAL/ZAJAC (1998), S. 147.

[1230]   Vgl. GOSHAL (2005), S. 80 f.

[1231]   Vgl. GOSHAL (2005), S. 77. Siehe auch KIESER (2007), S. 684.

[1232]   Siehe die verschiedenen Diskussionsbeiträge und Kommentare in der *Academy of Management Learning & Education* (Vol. 4, Nr. 1).

[1233]   Vgl. GOSHAL (2005), S. 77; GOSHAL/MORAN (1996), S. 39.

[1234]   Siehe auch KIESER (2007), S. 684.

[1235]   GOSHAL (2005), S. 77.

[1236]   Vgl. BENZ/KUCHER/STUTZER (2002), S. 116.

[1237]   BENZ/KUCHER/STUTZER (2002), S. 116.

[1238]   Vgl. WESTPHAL/ZAJAC (1998), S. 142.

Reaktionen des Kapitalmarktes führen wiederum zu einer Bestätigung agencytheoretischer Annahmen.

FERRARO/PFEFFER/SUTTON (2005) diskutieren in ihrem Beitrag ebenfalls verschiedene Mechanismen, durch welche Theorien zu einer sich selbsterfüllenden Prophezeiung werden können. Zum Beispiel indem organisationale Arrangements – wie z.b. Organisationsstrukturen, Anreizsysteme oder Auswahlprozesse – die impliziten oder expliziten Theorien der Gestalter reflektieren, oder wenn Theorien unabhängig von ihrer anfänglichen Eignung, menschliches Verhalten voraussagen und erklären zu können, zu einer von der Allgemeinheit anerkannten Wahrheit werden.[1239]

Wie groß der Einfluss der Agencytheorie auf die Praxis ist, und ob sich beispielsweise die Verbreitung von Aktienoptionen – die einerseits zu einer rasanten Erhöhung der Top-Managervergütung, andererseits aber auch zu einer erhöhten und von Agencytheoretikern empfohlenen Pay-Performance Sensitivität von Vergütungssystemen geführt hat – auf die Bedeutungszunahme der Agencytheorie zurückführen lässt, kann hier nicht abschließend beurteilt werden.[1240] Anzunehmen ist jedoch, dass für die Verbreitung bestimmter Vergütungspraktiken und -moden verschiedene Faktoren zusammentreffen. Insbesondere Studien, die die Managementvergütung aus einer neo-institutionalistischen Sicht betrachten, liefern hierfür aufschlussreiche Erklärungen.[1241]

2.   Managerialismustheorie

2.1   Annahmen und Erklärungsmuster

Die Managerialismustheorie (*managerialism theory*) thematisiert wie die Agencytheorie die Probleme, die aus der Trennung von Eigentum und Kontrolle resultieren.[1242] Die theoretischen Wurzeln der Managerialismustheorie liegen ebenfalls in dem einflussreichen, gleichwohl nicht unumstrittenen Werk von BERLE/MEANS. Folglich geht auch die Managerialismustheorie davon aus, dass sich die Interessen von angestellten Managern nicht notwendigerweise mit denen der Eigentümer decken müssen, und dass aufgrund der breiten Streuung des Eigentums Manager nur unzureichend von den Anteilseignern kontrolliert werden können.[1243] Im Unterschied zur Agencytheorie beschäftigt sich die Managerialismustheorie, die oftmals als

---

[1239]   Vgl. FERRARO/PFEFFER/SUTTON (2005), S. 9. Zur Rolle der wissenschaftlichen Sprache FERRARO/PFEFFER/SUTTON (2005), S. 10 ff. Ebenso KIESER (2007), S. 678 ff.

[1240]   FERRARO/PFEFFER/SUTTON sehen noch erheblichen Forschungsbedarf [vgl. FERRARO/PFEFFER/SUTTON (2005), S. 20 f.].

[1241]   Siehe hierzu im Einzelnen Abschnitt I.2.

[1242]   Vgl. BERLE/MEANS (1982) (1932), S. 6.

[1243]   Vgl. THONET (1977), S. 9.

alternativer Erklärungsansatz zur dominanten Agencytheorie betrachtet wird,[1244] allerdings weniger mit der Frage, welche Kontrollmechanismen zu einer Entschärfung der beschriebenen Problematik führen.[1245] Des Weiteren wird in der Literatur betont, dass die Agencytheorie stärker die aus der Managerherrschaft resultierenden ökonomischen Folgen analysiert.[1246]

Zu den zentralen Vertretern der Managerialismustheorie zählen u.a. BAUMOL (1959), MARRIS (1964) sowie WILLIAMSON (1964).[1247] Auch wenn sich die von den Autoren entwickelten Modelle im Einzelnen unterscheiden,[1248] besteht eine wesentliche Gemeinsamkeit darin, dass sie die Maximierung des Unternehmensgewinns nicht als primäres Ziel von angestellten Managern betrachten.[1249] Stattdessen argumentieren sie, dass Manager vorrangig an einer Umsatz- oder Wachstumsmaximierung interessiert sind.[1250]

Die Vergütung von Top-Managern spielt eine wichtige Rolle in manageriellen Arbeiten. Entweder ist die Vergütung Bestandteil der Nutzenfunktion – so verfolgen Manager nach WILLIAMSON neben nicht-monetären Zielen wie Sicherheit, Status, Macht oder Prestige auch eine hohe Entlohnung[1251] – oder der Manager verfolgt mittels einer Umsatz- oder Wachstumsmaximierung auch eine Steigerung seines Einkommens.[1252] So hat ROBERTS bereits Mitte der 1950er Jahre festgestellt, dass die Unternehmensgröße die Vergütung von Managern determiniert.[1253] Folglich haben Manager einen Anreiz, Einfluss auf die Unternehmensgröße zu

---

[1244] Vgl. BACKES-GELLNER/GEIL (1997), S. 469; SCHMIDT/SCHWALBACH (2007), S. 113; TOSI/KATZ/GOMEZ-MEJIA (2000).

[1245] Vgl. TOSI/KATZ/GOMEZ-MEJIA (2000), S. 304.

[1246] Vgl. BEYER (1998), S. 43; GERUM (2007), S. 90.

[1247] Zu den zentralen Beiträgen zählen u.a. „Business Behavior, Value and Growth" von BAUMOL (1959), „The Economic Theory of 'Managerial' Capitalism" von MARRIS (1964), „The Economics of Discretionary Behavior: Managerial Objectives in a Theory of the Firm" von WILLIAMSON (1964). Siehe die Zusammenfassung der Managerialismustheorie bei TRAUTWEIN (1990), S. 287.

[1248] Siehe zum Modell der Umsatzmaximierung nach BAUMOL (1959), zum Modell der Wachstumsmaximierung nach MARRIS sowie zum Modell der Maximierung präferierter Ausgaben nach WILLIAMSON (1964) THONET (1977), S. 37 ff. Einen prägnanten Überblick über die Managermodelle gibt KRÄKEL (2007), S. 267 ff.

[1249] Vgl. THONET (1977), S. 34.

[1250] Die Modelle der Managerialisten unterscheiden sich im Hinblick auf die zugrunde gelegte Nutzenfunktion von Managern. BAUMOL geht davon aus, dass Manager vorrangig das Ziel der Umsatzmaximierung verfolgen, während MARRIS von einer Maximierung der Wachstumsrate des Unternehmens spricht [siehe hierzu BEYER (1998), S. 42].

[1251] Vgl. WILLIAMSON (1964), S. 30 ff.

[1252] Vgl. THONET (1977), S. 70.

[1253] Vgl. ROBERTS (1956), S. 271.

nehmen. Neben der Vergütung steigen mit zunehmender Unternehmensgröße zudem der Bekanntheitsgrad und das Prestige eines Managers.[1254]

Des Weiteren gehen Managerialisten davon aus, dass Spitzenführungskräfte daran interessiert sind, dass ihre Vergütung von der Unternehmensgröße und nicht vom Unternehmenserfolg abhängig gemacht wird.[1255] Sie argumentieren, dass sich die Größe eines Unternehmens leichter kontrollieren lässt als der Gewinn. Zudem sind Manager bei einer Bindung ihrer Vergütung an die Unternehmensgröße keinen größeren Einkommensrisiken ausgesetzt.[1256]

Zusammenfassend lässt sich somit feststellen, dass managerialistische Studien zur Vergütung von Top-Managern auf die Unternehmensgröße als zentrale Determinante der Vergütung fokussieren.[1257] Die Untersuchung der Abhängigkeit der Managervergütung von der Unternehmensgröße hat eine lange Tradition.[1258] Insbesondere in älteren empirischen Studien wurde häufig der Frage nachgegangen, ob die Größe (bzw. Umsatz) oder aber der Erfolg einen Einfluss auf die Höhe der Vergütung hat.[1259] Da es wenig zielführend erscheint, die Fülle an Studien, die hierzu vorliegen, im Einzelnen vorzustellen – zumal bereits Publikationen existieren, die einen hervorragenden Überblick über die zahlreichen Studien geben[1260] – werden im Folgenden lediglich einige ausgewählte Untersuchungen zum Zusammenhang von Unternehmensgröße und Managervergütung vorgestellt. Obendrein werden die Ergebnisse von Studien präsentiert, die sich mit der Frage beschäftigen, ob die Gehälter von Managern in Folge von M&A-Aktivitäten steigen. So stellte JENSEN bereits Ende der 1980er Jahre fest: „[M]anagers have many incentives to expand company size beyond that which maximizes shareholder wealth. Compensation is one of the most important incentives."[1261]

2.2 Unternehmensgröße als Determinante der Managervergütung

In der Literatur werden verschiedene Gründe genannt, warum die Unternehmensgröße und nicht der Unternehmenserfolg die Vergütung von Managern determiniert. So wird beispielsweise argumentiert, dass Mitglieder von Kontrollorganen von einer Verknüpfung der Mana-

---

[1254] Vgl. FINKELSTEIN/HAMBRICK (1996), S. 267.

[1255] Vgl. COMBS/SKILL (2003), S. 64.

[1256] Vgl. COMBS/SKILL (2003), S. 64; GOMEZ-MEJIA/TOSI/HINKIN (1987), S. 55; TOSI/KATZ/GOMEZ-MEJIA (2000), S. 303.

[1257] Vgl. COMBS/SKILL (2003), S. 64.

[1258] Vgl. BAUMOL (1959), S. 46; CISCEL/CARROLL (1980); PAVLIK/BELKAOUI (1991), S. 9; ROBERTS (1956), S. 270 ff.

[1259] Vgl. ALLEN (1981), S. 1113; KERR/BETTIS (1987), S. 646. Einen prägnanten Überblick geben KERR/BETTIS (1987), S. 646 ff. sowie TOSI/KATZ/GOMEZ-MEJIA (2000), S. 305.

[1260] Siehe beispielsweise PAVLIK/BELKAOUI (1991) sowie TOSI/KATZ/GOMEZ-MEJIA (2000), S. 305.

[1261] JENSEN (1989), S. 66.

gergehälter mit der Unternehmensgröße profitieren, da sich ihre Gehälter in aller Regel an der CEO-Vergütung orientieren.[1262] Zudem können Board-Mitglieder die an das Management ausgezahlten hohen Gehälter mit dem Verweis auf die Größe des Unternehmens einfacher rechtfertigen.[1263] Die breite Streuung des Anteilsbesitzes wird als weiteres Argument angeführt, warum eine Entkopplung der Gehälter vom Unternehmenserfolg möglich ist. Aufgrund der rationalen Apathie der Kleinaktionäre und der hiermit einhergehenden fehlenden Kontrolle können Manager ihre Vergütungssysteme so beeinflussen, dass sie sich mit ihren Präferenzen decken. Vor diesem Hintergrund und rekurrierend auf die Arbeiten von BAUMOL untersuchen GOMEZ-MEJIA/TOSI/HINKIN (1987), ob die Gehälter von CEOs von managerkontrollierten Unternehmen stärker von der Größe als von der Unternehmensperformance abhängig sind als die Bezüge von CEOs, die an der Spitze von eigentümerkontrollierten Unternehmen stehen.[1264] Dieser Untersuchungsfrage liegt die Annahme zugrunde, dass aufgrund der fehlenden Kontrolle von im breiten Streubesitz befindlichen Unternehmen Top-Manager ihre persönlichen Ziele besser durchsetzen können. Wie im vorangegangenen Abschnitt dargelegt, geht die Managerialismustheorie davon aus, dass CEOs eine Kopplung ihrer Vergütung mit der Unternehmensgröße gegenüber einer Bindung ihres Einkommens an unternehmerischen Erfolgsgrößen favorisieren.

Die Studie gelangt zu den folgenden Ergebnissen: Die Vergütung von CEOs von eigentümerkontrollierten Unternehmen orientiert sich an der Performance, während die Vergütung von CEOs von managerkontrollierten Unternehmen stärker durch die Unternehmensgröße determiniert wird. Mit Blick auf die Höhe des Festgehalts konnten die Autoren feststellen, dass die Unternehmensgröße der einzige Prädiktor ist.[1265] Keine Unterschiede konnten die Autoren allerdings im Hinblick auf die anteilige Zusammensetzung der Vergütungssysteme feststellen.[1266]

An anderer Stelle der Arbeit wurde bereits auf die von TOSI ET AL. (2000) durchgeführte Meta-Analyse, in der zahlreiche Studien zum Einfluss der Unternehmensgröße sowie zum Einfluss des Unternehmenserfolgs auf die Vergütung von CEOs statistisch ausgewertet wurden, aufmerksam gemacht.[1267] Die Analyse gelangt zu dem Ergebnis, dass der Unternehmensgröße als Gehaltsdeterminante eine wesentlich größere Bedeutung zukommt als dem Unterneh-

---

[1262] Vgl. TOSI/KATZ/GOMEZ-MEJIA (2000), S. 303.

[1263] Vgl. GOMEZ-MEJIA/TOSI/HINKIN (1987), S. 54; TOSI/KATZ/GOMEZ-MEJIA (2000), S. 303.

[1264] Vgl. GOMEZ-MEJIA/TOSI/HINKIN (1987), S. 54.

[1265] Vgl. GOMEZ-MEJIA/TOSI/HINKIN (1987), S. 62.

[1266] Vgl. GOMEZ-MEJIA/TOSI/HINKIN (1987), S. 62.

[1267] Siehe nochmals S. 125 f.

menserfolg. TOSI ET AL. resümieren: „(...) indicators of firm size (...) explain almost nine times the amount of the variance in total CEO pay than the most highly correlated performance measure."[1268]

Studien zur Vergütung deutscher Vorstände bestätigen den Befund von TOSI ET AL., dass die Unternehmensgröße einen starken Einfluss auf die Vergütung ausübt. Zu diesem Resultat gelangt sowohl die Studie von SCHWALBACH/GRAßHOFF (1997) als auch die erst jüngst veröffentlichte Studie von SCHMIDT/SCHWALBACH (2007).[1269]

Ein weiterer Forschungsschwerpunkt der Managerialismustheorie, der eng mit der Vergütungsthematik zusammenhängt, bilden Unternehmensübernahmen. Vertreter der Managerialismustheorie gehen davon aus, dass Manager aus persönlichen Motiven, wie z.B. Streben nach mehr Macht, Verbesserung von Karrierechancen oder eine Steigerung ihrer Vergütung, Akquisitionen durchführen.[1270] Subsumiert werden diese Forschungsbeiträge bisweilen auch unter der schillernden Bezeichnung „Empire Building Theory".[1271]

Eine viel beachtete Studie zu den Auswirkungen einer Steigerung der Unternehmensgröße auf die Höhe von Managergehältern stammt von KROLL/SIMMONS/WRIGHT (1990). Die Autoren verfolgen mit ihrer Untersuchung das Ziel, die von der Managerialismustheorie postulierte Gehaltssteigerung als Folge von Fusions- und Akquisitionsaktivitäten empirisch zu überprüfen.[1272]

Die Ergebnisse der Studie können wie folgt zusammengefasst werden: Die Autoren konnten einen signifikanten Gehaltsanstieg in dem Jahr nach einer Übernahme feststellen. Vor allem CEOs von managerkontrollierten Unternehmen profitieren von Akquisitionen, unabhängig von der weiteren Entwicklung der Unternehmensperformance. CEOs von eigentümerkontrollierten Unternehmen konnten der Studie zufolge nur dann finanzielle Vorteile erzielen, wenn die durchgeführten Unternehmensübernahmen auch für die Aktionäre gewinnbringend waren.[1273]

[1268]   TOSI/KATZ/GOMEZ-MEJIA (2000), S. 329.

[1269]   Vgl. SCHMIDT/SCHWALBACH (2007), S. 116; SCHWALBACH/GRAßHOFF (1997), S. 211.

[1270]   Kritisch hierzu TRAUTWEIN (1990), S. 288.

[1271]   Vgl. TRAUTWEIN (1990), S. 287 ff. Die Bezeichnung Empire Building bezieht sich auf die Bildung von Konglomeraten. Hierzu liegen einige prominente Studien vor, die zeigen, dass Manager von managerkontrollierten Unternehmen häufig die Strategie der unverbundenen Diversifikation (unrelated diversification) verfolgen, obgleich die Aktionäre von dieser Form der Wachstumsstrategie nicht profitieren. Siehe z.B. die Studien von AMIHUD/LEV (1981) sowie SHLEIFER/VISHNY (1986).

[1272]   Vgl. KROLL/SIMMONS/WRIGHT (1990), S. 350.

[1273]   Vgl. KROLL/SIMMONS/WRIGHT (1990), S. 363.

In Übereinstimmung mit KROLL/SIMMONS/WRIGHT zeigen auch SCHMIDT/FOWLER (1990), dass Akquisitionen zu einem signifikanten Gehaltsanstieg führen.[1274] LAMBERT/LARCKER (1987b) gelangen indes zu dem Resultat, dass nur solche Akquisitionen zu einem deutlichen Anstieg der Top-Managervergütung führen, wenn diese zu einer Vermögensvermehrung der Anteilseigner beitragen.[1275] Sie vermuten, dass marktliche Kräfte (z.B. der Arbeitsmarkt für Manager oder der Markt für Unternehmenskontrolle) regulierend wirken.[1276]

Dass die Unternehmensgröße eine zentrale Determinante der Managervergütung darstellt, wird aufgrund der eindeutigen Forschungsergebnisse kaum noch in Frage gestellt. Kritiker der Managerialismustheorie weisen jedoch darauf hin, dass sich zwar ein empirischer Zusammenhang zwischen der Vergütung und der Unternehmensgröße nachweisen lässt, dass sich neben der „Managerial Entrenchment"-Hypothese aber noch andere plausible Erklärungen anführen lassen, warum Manager von großen Unternehmen eine höhere Vergütung erhalten als Manager von kleinen Unternehmen. Nachfolgend werden einige theoretische Erklärungen, die in der Literatur diskutiert werden, vorgestellt.

2.3 Alternative Erklärungsansätze für die empirischen Befunde

SIMON hat bereits Ende der 1950er Jahre darauf aufmerksam gemacht, dass in der Praxis die Norm vorherrscht, dass sich das Vergütungsniveau von Managern der untersten Hierarchieebene nur marginal unterscheidet, und dass mit zunehmender Hierarchieebene das Gehalt von Managern steigt.[1277] Da große Unternehmen i.d.R. eine größere Anzahl an Leitungsebenen aufweisen, erhalten Mitglieder des Top-Managements demzufolge auch eine höhere Entlohnung.[1278] Dass die Vergütung von der hierarchischen Position im Unternehmen abhängig ist, stellen auch LAZEAR/ROSEN (1981), Begründer der Turniertheorie (*tournament theory*), fest.[1279] Die Turniertheorie liefert eine Erklärung dafür, warum das Gehalt eines Vizepräsidenten um das Dreifache steigt, sobald dieser die Position des Präsidenten übernimmt.[1280] LAZEAR/ROSEN zufolge kann nicht angenommen werden, dass sich im Zuge der Übernahme eine in der Hierarchie höher liegende Position auch die Fähigkeiten eines Managers verdreifa-

---

[1274] Vgl. SCHMIDT/FOWLER (1990), S. 567.

[1275] Vgl. LAMBERT/LARCKER (1987b), S. 240.

[1276] Vgl. LAMBERT/LARCKER (1987b), S. 232.

[1277] Vgl. SIMON (1957), S. 32.

[1278] Kritisch hierzu AGARWAL (1981), S. 37.

[1279] Vgl. LAZEAR/ROSEN (1981).

[1280] Vgl. LAZEAR/ROSEN (1981), S. 847.

chen. Betrachtet man die nominierte Person indes als Gewinner eines Turniers, dann lässt sich der massive Gehaltssprung erklären.[1281]

Wie die Agencytheorie betrachtet auch die Turniertheorie die Vergütung von Managern aus einer anreiztheoretischen Perspektive.[1282] Die Turniertheorie richtet ihren Blick auf die Anreizeffekte von Wettbewerben und die relative Leistung der Teilnehmer an einem Turnier.[1283] Argumentiert wird, dass eine Kopplung der Gehälter an Hierarchiestufen ökonomisch sinnvoll ist, denn eine solche Gehaltsstruktur schafft einen Anreiz zur Steigerung des Leistungsniveaus.[1284] Da jeder Mitarbeiter bestrebt ist, den Wettbewerb um eine höher liegende und besser dotierte Position zu gewinnen, steigt die Produktivität des Gesamtunternehmens.

Aus der Turniertheorie können bezüglich der Vergütungshöhe folgende Implikationen abgeleitet werden: Es wird erwartet, dass mit zunehmender Hierarchiestufe die Einkommensspreizung zwischen der ranghöheren und rangniedrigeren Position größer wird.[1285] Ferner wird erwartet, dass der Turnierpreis höher sein muss, je mehr Wettbewerber am Turnier teilnehmen.[1286] In Bezug auf Unternehmen wäre das Einkommen des CEOs (oder des Vorstandsvorsitzenden)[1287] die vorher festgelegte Siegprämie, auf welche die Manager des Unternehmens hinarbeiten.[1288]

Die Annahmen der Turniertheorie wurden mit Blick auf die Vergütungssysteme von Top-Managern bislang nur selten empirisch überprüft.[1289] Zu gemischten Resultaten gelangen die Untersuchungen vor allem hinsichtlich der Frage, ob Gehaltsunterschiede innerhalb des Top-Management Teams den Unternehmenserfolg positiv beeinflussen. Kritiker der Turniertheorie weisen vor allem darauf hin, dass Wettbewerbe unkooperatives Verhalten sowie Sabotage fördern.[1290] Negative Auswirkungen werden insbesondere dann erwartet, wenn eine Zusam-

---

[1281]   Vgl. LAZEAR/ROSEN (1981), S. 847.

[1282]   Vgl. BACKES-GELLNER/GEIL (1997), S. 472.

[1283]   Wie bei einem Tennisturnier zählt nicht die absolute Leistung eines Spielers, sondern die relative Leistung. Es gewinnt nur derjenige, der den Gegner im Finale geschlagen hat. Keine Rolle spielt dabei, ob der Turniergewinner, der die Siegprämie erhält, das Spiel eindeutig oder nur knapp gewonnen hat.

[1284]   Vgl. WEIBEL/BERNARD (2006), S. 76.

[1285]   Vgl. BACKES-GELLNER/GEIL (1997), S. 473.

[1286]   Vgl. BACKES-GELLNER/GEIL (1997), S. 473; CONYON (2001), S. 807; WEIBEL/BERNARD (2006), S. 75 f.

[1287]   Im Unterschied zum CEO ist der Vorstandsvorsitzende aufgrund des Kollegialprinzips nicht die ranghöchste Führungskraft. In aller Regel erhält der Vorstandsvorsitzende dennoch ein höheres Einkommen als seine Vorstandskollegen.

[1288]   Vgl. CONYON (2001), S. 806.

[1289]   Die folgenden angloamerikanischen Studien betrachten die Vergütung von Top-Managern aus Sicht der Turniertheorie: CONYON (2001); MAIN/O'REILLY/WADE (1993); O'REILLY/MAIN/CRYSTAL (1988); WRIGHT ET AL. (2005).

[1290]   Vgl. WRIGHT ET AL. (2005), S. 311.

menarbeit aufgrund starker Interdependenzen von Aufgaben unabdingbar ist.[1291] Eine solche Situation trifft insbesondere auch auf Top-Management Teams zu, weshalb verhaltenswissenschaftlich orientierte Beiträge große Gehaltunterschiede innerhalb von Management-Teams eher mit Skepsis betrachten.[1292] Festzuhalten ist, dass die Turniertheorie (in Übereinstimmung mit SIMON) auf die Bedeutung der hierarchischen Position hinsichtlich der Höhe der Managervergütung aufmerksam macht.

Eine humankapitaltheoretische Erklärung für den Zusammenhang von Unternehmensgröße und Managervergütung liefert AGARWAL (1981). Er argumentiert, dass mit zunehmender Größe des Unternehmens die Organisationsstruktur komplexer wird und somit auch die Aufgaben von Managern anspruchsvoller werden. Die Komplexitätshypothese hat AGARWAL empirisch untersucht und konnte einen signifikanten Zusammenhang zwischen der Unternehmensgröße, der Komplexität der managerialen Tätigkeit sowie der Höhe der Vergütung feststellen.[1293] Kritiker dieses Ansatzes stellen indes heraus, dass die Größe allein wenig über die Aufgabenkomplexität aussagt, und dass andere Faktoren (wie z.B. das Ausmaß der Umweltdynamik, Diversifizierungsgrad des Unternehmens oder Wettbewerbsintensität) unter Umständen sogar einen größeren Einfluss auf die Aufgabenkomplexität ausüben.[1294] So spielt die Unternehmensgröße in der Untersuchung von HENDERSON/FREDRICKSON (1996), die ebenfalls die Komplexität managerialer Aufgaben in den Mittelpunkt stellen, nur eine untergeordnete Rolle. Die Autoren untersuchen die Vergütung von CEOs in Abhängigkeit vom Umfang der zu verarbeitenden Informationen. HENDERSON/FREDRICKSON argumentieren, dass CEOs von stark diversifizierten Unternehmen tendenziell mehr Informationen in Entscheidungsprozessen verarbeiten müssen.[1295] Ihre Hypothese, dass mit zunehmender Komplexität der Informationsverarbeitungsprozesse die Vergütung von CEOs steigt, konnte tendenziell bestätigt werden.[1296]

Die letzte Erklärung, warum die Unternehmensgröße eine entscheidende Determinante der Höhe von Managergehältern ist, erscheint auf den ersten Blick vergleichsweise banal.

[1291] Vgl. CONYON (2001), S. 808; WRIGHT ET AL. (2005), S. 312.

[1292] Vgl. SIEGEL/HAMBRICK (2005), S. 261.

[1293] In älteren Studien wurde argumentiert, dass mit der Größe der Leitungsspanne die Komplexität der Aufgabe steigt. AGARWAL (1981) argumentiert, dass die Komplexität einer Aufgabe durch mehrere Faktoren determiniert wird: „These are: *span of control* (the number of persons directly supervised); *functional divisions* (the number of functional divisions over which the executive has direct responsibility); *management levels* (the number of lower management levels which the executive indirectly supervises); and *geographical diversity* (the number of different states in which the executive's organizational unit conducts business operations)." [AGARWAL (1981), S. 38 (Kursivierung im Original)].

[1294] Vgl. BERNHARDT/WITT (1999), S. 833

[1295] Vgl. HENDERSON/FREDRICKSON (1996), S. 576.

[1296] Vgl. HENDERSON/FREDRICKSON (2001), S. 594 ff.

BAKER/JENSEN/MURPHY haben bereits Ende der 1980er Jahre auf das Phänomen aufmerksam gemacht, dass die von Beratungsunternehmen erstellten *Compensation Surveys* eine entscheidende Rolle bei der Festlegung von Managergehältern spielen.[1297] Vergütungsstudien in Form von Entgeltvergleichen oder Vergütungs-Benchmarkings sind in der Praxis beliebte Instrumente zur Bestimmung der Vergütungshöhe.[1298] Sie enthalten Informationen über branchenübliche Vergütungsstandards, insbesondere Informationen über die Höhe von Managergehältern in Relation zur Unternehmensgröße (gemessen am Umsatz oder an der Marktkapitalisierung).[1299] Nach JENSEN/MURPHY (2004) birgt die Orientierung an diesen Vergleichsdaten die Gefahr in sich, dass sich Unternehmen, um eine „marktgerechte" Entlohnung sicherzustellen, am Umsatz und nicht an der Performance orientieren.[1300] „Survey-based compensation systems seem inherently counterproductive. Surveys that report only pay levels encourage the establishment of compensation schemes that are independent of performance."[1301] Letztendlich machen die Autoren für den empirischen Zusammenhang zwischen Vergütung und Unternehmensgröße die weit verbreitete Praxis verantwortlich, bei der Festlegung der Gehälter auf Vergütungsbenchmarkings zurückzugreifen.

Obgleich in der Literatur vielfach darauf hingewiesen wurde, dass Vergütungsberatungen bei der Festlegung der Managervergütung eine zentrale Rolle spielen,[1302] ist der Einfluss von Beratungen bislang nur selten Gegenstand wissenschaftlicher Untersuchungen gewesen. Ausnahmen bilden die empirischen Studien von CONYON/PECK (2004) sowie CONYON/PECK/ SADLER (2009). Erstere gelangt zu dem Schluss, dass CEOs eine um rund 15% höhere Entlohnung erhalten, wenn der Board die Dienstleistungen von Vergütungsberatungen in Anspruch genommen hat.[1303] Nach dem bereits oben vorgestellten ‚Managerial Power Approach' ist dieses Ergebnis wenig überraschend, denn Beratungsunternehmen erhoffen sich lukrative

---

[1297]   Vgl. BAKER/JENSEN/MURPHY (1988), S. 609.

[1298]   Siehe im Detail HAUKE/ESCHMANN (2005), S. 71 ff.

[1299]   Vgl. JENSEN/MURPHY/WRUCK (2004), S. 56. FINKELSTEIN/HAMBRICK (1988) sehen die Bedeutung von Beratungen vor allem in ihrer Funktion, den Board mit wichtigen Informationen, z.B. Untersuchungen zur branchenüblichen Vergütungspraxis oder Detailinformationen über die Vergütungssysteme von Wettbewerbern (Best Practice Ermittlung), zu versorgen [vgl. FINKELSTEIN/HAMBRICK (1988), S. 547].

[1300]   Vgl. JENSEN/MURPHY/WRUCK (2004), S. 56. Nach MURPHY (1999) ist es üblich, dass in den Compensation Surveys Entlohnungsperzentile (z.B. das 25., 50., 75. Perzentil) angegeben werden. Nur wenn die Vergütung zwischen dem 50. und 75. Perzentil liegt, gilt sie als marktgerecht. Ansonsten wird eine entsprechende Anpassung empfohlen [vgl. MURPHY (1999), S. 2497 f.]. Ähnlich argumentieren auch EZZAMEL/ WATSON (1998), S. 222.

[1301]   BAKER/JENSEN/MURPHY (1988), S. 610.

[1302]   Siehe exemplarisch BAKER/JENSEN/MURPHY (1988), S. 609; CONYON/PECK/SADLER (2009), S. 44; FINKELSTEIN/HAMBRICK (1988), S. 547; FINKELSTEIN/HAMBRICK/CANNELLA (2009), S. 311.; JENSEN/ MURPHY/WRUCK (2004), S. 56.

[1303]   Vgl. CONYON/PECK (2004), S. 10.

Folgeaufträge vom Top-Management und werden daher bemüht sein, ihre potentiellen Auftraggeber zufrieden zu stellen.[1304]

Auch CONYON/PECK/SADLER (2009) zeigen, dass zwischen der Höhe der Vergütung von CEOs und der Inanspruchnahme der Dienstleistungen von Beratungen ein Zusammenhang besteht. Darüber hinaus gelangen sie zu dem Ergebnis, dass Unternehmen, die auf die Dienstleistungen von Vergütungsberatungen zurückgreifen, ihren CEOs Vergütungssysteme mit einem höheren Anteil aktienbasierter Vergütungen (z.b. Aktienoptionen) anbieten.[1305]

Anzunehmen ist, dass auch in Deutschland externe Vergütungsberatungen eine bedeutende Rolle spielen.[1306] Dies erscheint schon aus dem einfachen Grunde plausibel, da gerade in den letzten Jahren Vergütungssysteme für Mitglieder des Vorstands äußerst komplexe Formen angenommen haben. Vor dem Hintergrund, dass die Erstellung eines Anreizsystems nicht nur äußerst zeitintensiv ist, sondern vor allem auch spezifisches Fachwissen erfordert, kann davon ausgegangen werden, dass Aufsichtsräte vielfach auf externe Beratungen oder aber auf das Fachwissen der Personalabteilung zurückgreifen.[1307]

3. Zwischenfazit

Die überwiegende Mehrzahl der Studien zur Vergütung von Top-Managern nimmt eine ökonomische Perspektive ein. Zu den populärsten theoretischen Erklärungsansätzen zählen die Agencytheorie sowie die Managerialismustheorie. Ein weiterer ökonomischer Ansatz, der zur Erklärung der Vergütung von Top-Managern herangezogen werden kann, hier aber aufgrund der Fokussierung auf Gehaltsunterschiede innerhalb von Top-Management Teams sowie aufgrund der geringen Zahl empirischer Studien nur gestreift werden konnte, ist die Turniertheorie (*tournament theory*).[1308]

[1304] Vgl. BEBCHUK/FRIED (2004), S. 38.

[1305] Vgl. CONYON/PECK/SADLER (2009), S. 51.

[1306] Vgl. FONK (2004), S. 530. KRAMARSCH (2005) fordert, dass zur Erhöhung der Transparenz neben der individualisierten Offenlegung der Vorstandsbezüge auch die Vergütungsberater öffentlich ausgewiesen werden sollten. In Großbritannien ist es beispielsweise üblich, den Berater, der das *Remuneration Committee* fachkundig unterstützt, namentlich zu nennen [vgl. KRAMARSCH (2005), S. 115]

[1307] Es ist wenig bekannt darüber, welche Rolle die Personalabteilung bei der Festlegung der Vorstandsvergütung spielt. JENSEN/MURPHY (2004) haben zumindest für die USA festgestellt, dass es gängige Praxis ist, dass Mitglieder des Compensation Committees aufgrund fehlender Expertise und Zeit, die Personalabteilung in Zusammenarbeit mit Vergütungsberatungen damit beauftragen, Vergütungssysteme für Mitglieder des Top-Management Teams zu entwickeln, die dann vom Ausschuss akzeptiert werden oder zur Überarbeitung an die Personalabteilung (und/oder Vergütungsberatung) zurück gehen [vgl. JENSEN/MURPHY/WRUCK (2004), S. 50 f.].

[1308] Siehe nochmals S. 203 f.

Mit dem vorangegangenen Kapitel wurde das Ziel verfolgt, einen Überblick über den theoretischen sowie empirischen Forschungsstand zu geben. Zusammenfassend kann festgehalten werden, dass die Vergütung von Top-Managern durch den Unternehmenserfolg, stärker jedoch durch die Unternehmensgröße determiniert wird.[1309] Beide Variablen können allerdings nur einen Teil der Vergütung von Top-Managern erklären.[1310] Demzufolge muss davon ausgegangen werden, dass noch weitere Einflussfaktoren eine Rolle spielen. So haben auch HAMBRICK/FINKELSTEIN (1995) bereits vor einigen Jahren festgestellt: „What is clear at this point is that CEO pay cannot be fully explained by any single variable, or even a few variables."[1311]

Mit Blick auf die Vergütung von Top-Managern weisen einige Autoren in der Literatur darauf hin, dass trotz der regen Forschungsaktivitäten noch Vieles im Dunkeln liegt.[1312] Kritiker sehen einen wesentlichen Grund für dieses Defizit darin, dass in ökonomischen Arbeiten dem Prozess der Festlegung der Managergehälter und den sozialen sowie politischen Einflüssen, die auf diesen einwirken, zu wenig Aufmerksamkeit geschenkt wurde.[1313] Kritisiert wird insbesondere, dass der Prozess der Gehaltsfestlegung in der überwiegenden Mehrzahl der Studien als eine ‚Black Box' betrachtet wird.[1314]

Die im Folgenden vorgestellten Forschungsarbeiten zur Vergütung von Top-Managern, die sich der politischen und sozial-psychologischen Perspektive zuordnen lassen, unterscheiden sich durch ihre Fokussierung auf den Festlegungsprozess von Forschungsbeiträgen, die eine ökonomische Perspektive einnehmen. Im nachfolgenden Kapitel werden zunächst Studien vorgestellt, die die Vergütung von Managern im Lichte machttheoretischer Überlegungen betrachten.[1315] Nicht zuletzt aufgrund der Publikationen von BEBCHUK/FRIED hat dieser Forschungszweig in den letzten Jahren stärkere Beachtung erhalten.[1316]

[1309] Vgl. WINTER (2001), S. 535.

[1310] Vgl. BACKES-GELLNER/GEIL (1997), S. 471; TOSI/KATZ/GOMEZ-MEJIA (2000), S. 331. Wie bereits oben erwähnt, gelangen TOSI ET AL. (2000) in ihrer Meta-Analyse zu dem Schluss, dass der Unternehmenserfolg etwa 5%, die Unternehmensgröße immerhin 40% der Varianz der Gesamtvergütung von CEOs erklären können. Ähnlich das Ergebnis von O'REILLY/MAIN (2007), S. 9.

[1311] HAMBRICK/FINKELSTEIN (1995), S. 176.

[1312] Vgl. BAKER/JENSEN/MURPHY (1988), S. 615; FISS (2006), S. 1013; MAIN/O'REILLY/WADE (1995), S. 294.

[1313] Vgl. CONYON/PECK (1998), S. 146; KERR/BETTIS (1987), S. 661; O'REILLY/MAIN/CRYSTAL (1988), S. 258; PERKINS/HENDRY (2005), S. 1443.

[1314] Vgl. BARKEMA/PENNINGS (1998), S. 977; BRUCE/BUCK/MAIN (2005), S. 1495; O'REILLY/MAIN (2005), S. 4; ROBERTS/MCNULTY/STILES (2005), S. S19; TOSI/GOMEZ-MEJIA (1989), S. 185; TOSI (2008), S. 164.

[1315] Siehe hierzu bereits ALLEN (1981) sowie UNGSON/STEERS (1984).

[1316] Siehe die Arbeiten von BEBCHUK/FRIED (2003, 2004, 2006) sowie GRABKE-RUNDELL/GOMEZ-MEJIA (2002).

III. Politische Perspektive

Theoretische und empirische Forschungsarbeiten zur Vergütung von Top-Managern, die nach der Einteilung von FINKELSTEIN/HAMBRICK (1996) der ‚politischen Perspektive' zugeordnet werden können,[1317] stellen die Macht sozialer Akteure in den Mittelpunkt der Betrachtung. Angenommen wird, dass Top-Manager, die mit viel Macht ausgestattet sind, die Höhe und Zusammensetzung ihrer Vergütungssysteme so beeinflussen können, dass diese mit ihren persönlichen Präferenzen übereinstimmen.[1318] Eine Folge dieser Einflussnahme ist nach einigen Autoren der Grund dafür, dass die Bezüge von Managern nicht in dem Maße vom Erfolg abhängig sind, wie es aus Sicht der Agencytheorie optimal wäre.[1319]

1. Macht im Kontext von Top-Management Teams

1.1 Dimensionen und Indikatoren managerialer Macht

Macht ist ein zentrales, zugleich aber auch ein äußerst umstrittenes Konzept in den Sozialwissenschaften.[1320] Nach einer Definition von PFEFFER (1991) versteht man unter Macht „(…) the capability of one social actor to overcome resistance in achieving a desired objective or result."[1321] Nach diesem Begriffsverständnis ist Macht relational. Akteure in Organisationen sind nicht generell mit Macht ausgestattet bzw. machtlos, sondern die Ausübung von Macht setzt eine soziale Beziehung voraus.[1322] Macht ist demnach keine Eigenschaft einer Person und existiert demzufolge nicht losgelöst vom jeweiligen sozialen Kontext.[1323]

Ein mittlerweile klassisches Schema zu den verschiedenen Quellen von Macht stammt von FRENCH/RAVEN (1959). Die von den Autoren entwickelte Taxonomie hat die Managementwissenschaft sowie zahlreiche Konzeptualisierungen managerialer Macht stark beeinflusst.[1324] FRENCH/RAVEN verstehen unter Macht das Potential der Ausübung von sozialem Einfluss.[1325] Unter sozialem Einfluss verstehen sie wiederum die durch eine Person oder Gruppe ausgelös-

---

[1317] Siehe hierzu nochmals S. 99.

[1318] Vgl. ALLEN (1981), S. 1114; FINKELSTEIN/HAMBRICK (1996), S. 280.

[1319] Vgl. HILL/PHAN (1991), S. 708; JENSEN/MURPHY (1990b), S. 262.

[1320] Vgl. SANDNER/MEYER (2004), Sp. 757.

[1321] PFEFFER (1981), S. 2.

[1322] Vgl. PFEFFER (1981), S. 3. Siehe auch die klassische Machtdefinition von MAX WEBER: „Macht bedeutet jede Chance, innerhalb einer sozialen Beziehung den eigenen Willen auch gegen Widerstreben durchzusetzen, gleichviel worauf diese Chance beruht." [WEBER (1972), S. 28]

[1323] Vgl. EMERSON (1962), S. 32; PFEFFER (1981), S. 3.

[1324] Siehe beispielsweise die Arbeiten von FINKELSTEIN (1992); GIOIA/SIMS (1983); PEARCE/ROBINSON (1987).

[1325] Vgl. RAVEN (1992), S. 218.

te Veränderung der Wahrnehmung, Einstellung oder des Verhaltens einer anderen Person.[1326] Um eine Verhaltensänderung hervorzurufen, können Akteure auf verschiedene Machtgrundlagen zurückgreifen. FRENCH/RAVEN unterscheiden insgesamt fünf Quellen von Macht.

Unter Belohnungs- und Bestrafungsmacht (*reward power/coercive power*) verstehen FRENCH/RAVEN die Fähigkeit eines Akteurs, einen anderen Akteur zu bestrafen bzw. zu belohnen. „(1) *reward power*, based on P's perception that O has the ability to mediate rewards to him; (2) *coercive power*, based on P's perception that O has the ability to mediate punishments for him (...)."[1327] Die Belohnungs- und Bestrafungsmacht setzt voraus, dass der Machtinhaber über Ressourcen verfügt, die er einsetzen kann, um auf das Verhalten des Machtunterworfenen einzuwirken. Für konformes Verhalten kann er beispielsweise den Machtunterworfenen belohnen (z.B. Gehaltserhöhung) und bei abweichendem Verhalten bestrafen (z.B. versetzen oder entlassen).[1328]

Die legitime Macht (*legitimate power*) ist nach FRENCH/RAVEN die komplexeste Form von Macht.[1329] Person P akzeptiert die Macht von O aufgrund verinnerlichter Normen und Werte. P fühlt sich aufgrund dieser verpflichtet, den Anordnungen von O zu entsprechen.[1330] Beispiele hierfür wären die Akzeptanz von Macht aufgrund des Alters oder die Akzeptanz einer sozialen Struktur, die ein Ober- und Unterordnungsverhältnis definiert. Der zweite Fall entspricht der legalen Herrschaft im WEBERSCHEN Sinne, d.h. der „Glaube an die Legalität gesetzter Ordnungen"[1331] und der damit verbundenen Akzeptanz des Anweisungsrechts von Vorgesetzten.

Eine weitere Quelle von Macht ist die Vorbild-Macht (*referent power*). Der Machtunterworfene fühlt sich zum Machthaber aufgrund seiner Attraktivität oder aufgrund seines Prestiges hingezogen und möchte sich mit diesem identifizieren.[1332]

Hinsichtlich der Expertenmacht (*expert power*) verfügt der Beeinflussende in der Wahrnehmung des Machtunterworfenen über einen Wissensvorsprung. Der Machtunterworfene leistet

---

[1326]   Vgl. RAVEN (1965), S. 371.

[1327]   FRENCH/RAVEN (1965), S. 136 (Kursivierung im Original).

[1328]   Vgl. RAVEN (1992), S. 219. FRENCH/RAVEN räumen ein, dass eine Unterscheidung zwischen Belohnungs- und Bestrafungsmacht nicht immer eindeutig zu ziehen ist, denn die Zurückhaltung einer Belohnung kann auch eine Form von Strafe sein bzw. als Strafe empfunden werden [vgl. FRENCH/RAVEN (1965), S. 138].

[1329]   Vgl. FRENCH/RAVEN (1965), S. 139.

[1330]   Vgl. FRENCH/RAVEN (1965), S. 140.

[1331]   WEBER (1972), S. 124.

[1332]   Vgl. FRENCH/RAVEN (1965), S. 142.

dem Machthaber Folge, da er annimmt, dass dieser aufgrund seiner überlegenen Expertise korrekt handelt.[1333]

Bezug nehmend auf die Klassifikation von FRENCH/RAVEN hat FINKELSTEIN (1992) ein Konzept entwickelt, das sich explizit mit dem Machtphänomen im Kontext von Top-Management Teams (*dominant coalitions*) beschäftigt. Der Autor lenkt dabei den Blick auf verschiedene Dimensionen managerialer Macht und entwickelt einen Katalog von Indikatoren mittels derer sich die verschiedenen Machtdimensionen in empirischen Studien operationalisieren und messen lassen. Weiter unten wird gezeigt, dass auch Autoren, die den Zusammenhang von Macht und Managervergütung untersucht haben, oftmals auf die von FINKELSTEIN identifizierten Indikatoren managerialer Macht zurückgreifen.[1334]

Nach FINKELSTEIN erwächst Macht aus der Fähigkeit mit internen und externen Quellen von Unsicherheit umzugehen.[1335] Zur Reduktion von Unsicherheit können Top-Manager auf verschiedene Dimensionen von Macht zurückgreifen. FINKELSTEIN unterscheidet insgesamt vier:

(1) Die strukturelle Macht (*structural power*) entspricht der legitimen Macht in der Klassifikation nach FRENCH/RAVEN.[1336] Die strukturelle Macht von Top-Managern basiert auf der formalen Organisationsstruktur und dem Leitungssystem.[1337] Mit der jeweiligen Position in der Hierarchie sind entsprechende Entscheidungs- und Weisungsbefugnisse verbunden. Im US-amerikanischen Corporate Governance-System stellt der CEO die oberste Führungskraft dar und verfügt demnach über die größte strukturelle Macht.[1338] Eine Ausdehnung erfährt die strukturelle Macht, wenn der CEO zugleich auch die Position des Board Chairmans bekleidet. Durch die Übernahme dieses Amtes kann der CEO die Agenda von Board-Meetings kontrollieren.[1339] Überdies kann er entscheiden, welche Informationen die Board-Mitglieder im Vor-

---

[1333] Vgl. RAVEN (1992), S. 221.In einem späteren Beitrag hat RAVEN (1965) die fünf Machtbasen um eine sechste erweitert. Unter Informationsmacht (*informational power*) versteht RAVEN (1965) die Fähigkeit einer Person, eine andere Person mit Argumenten zu überzeugen. Werden Informationen geschickt vorgebracht, können sie zu einer kognitiven Veränderung bei der beeinflussten Person führen [vgl. RAVEN (1965), S. 372]. RAVEN (1992) hat zudem darauf hingewiesen, dass die Art und Weise, wie Informationen präsentiert werden, und ob sich der Beeinflussende z.b. besonders kompetent und sachkundig gibt, ebenso den Erfolg des Beeinflussungsversuchs mitbestimmt [vgl. RAVEN (1992), S. 223].

[1334] RUNDELL/GOMEZ-MEJIA (2003) rekurrieren explizit auf die Konzeptualisierung von FINKELSTEIN und verbinden machttheoretische mit agencytheoretischen Überlegungen, um die Vergütung von Top-Managern zu erklären [vgl. GRABKE-RUNDELL/GOMEZ-MEJIA (2002)].

[1335] Vgl. FINKELSTEIN (1992), S. 508. Zu den theoretischen Wurzeln von Machtkonzepten, die davon ausgehen, dass Macht eines sozialen Akteurs in einer Organisation die Fähigkeit darstellt, mit Unsicherheit umzugehen [siehe PFEFFER (1981), S. 109 f.].

[1336] Vgl. DAILY/JOHNSON (1997), S. 99.

[1337] Vgl. FINKELSTEIN (1992), S. 508.

[1338] Vgl. FINKELSTEIN (1992), S. 509.

[1339] Vgl. DAILY/JOHNSON (1997), S. 100; MAIN/O'REILLY/WADE (1995), S. 305.

feld von Besprechungen erhalten, und zudem obliegt ihm die Aufgabe der Leitung der Diskussionen im Gremium.[1340] Einfluss übt der CEO folgerichtig dadurch aus, dass er Informationsflüsse und Kommunikationsprozesse kontrolliert.[1341]

Wie an anderer Stelle der Arbeit bereits dargelegt, spielt die Personalunion (CEO Duality) im deutschen Kontext keine Rolle. Ein Vorstandsvorsitzender kann nicht zugleich Vorsitzender des Aufsichtsrats sein. Zudem ist der Vorstandsvorsitzende gegenüber den anderen Vorstandsmitgliedern nicht weisungsbefugt. Allenfalls das Recht des Stichentscheids bei Stimmengleichheit bzw. in nicht mitbestimmten Gesellschaften das Vetorecht, welche per Satzung oder Geschäftsordnung dem Vorstandsvorsitzenden eingeräumt werden können,[1342] erhöhen in gewisser Weise den Einfluss des Vorsitzenden.[1343] Gleichwohl dem Vorstandsvorsitzenden aktienrechtlich nicht die gleiche formale Machtstellung zukommt wie dem CEO, weisen viele auf die faktische Vormachtstellung des Vorstandsvorsitzenden hin. Wie noch weiter unten zu zeigen sein wird, wird der eigentliche Einfluss des Vorstandsvorsitzenden vor allem im informalen Bereich gesehen. Hierzu zählen etwa die exklusive Beziehung zum Aufsichtsratsvorsitzenden oder die Kontrolle der Tagesordnung von Vorstandssitzungen.[1344]

Die strukturelle Macht von Top-Managern lässt sich nach FINKELSTEIN nicht nur anhand der Anzahl von Ämtern messen, sondern auch anhand von Vergütungsunterschieden innerhalb des Top-Management Teams.[1345] Angenommen wird, dass die Vergütung des CEOs bzw. die Differenz zwischen der Barvergütung des CEOs sowie der Barvergütung jenes Managers, der die zweithöchste Entlohnung erhält, eine Aussage über die Machtposition des CEOs ermöglicht.[1346] Obwohl unstrittig ist, dass der CEO im Vergleich zu den übrigen Top-Managern aufgrund seiner hierarchischen Position eine höhere Entlohnung erhält, erscheint es dennoch fragwürdig, die Vergütung als Indikator für die Macht des CEOs heranzuziehen. In einer Vielzahl anderer Studien wird argumentiert, dass CEOs ihre Macht einsetzen, um ihre Vergü-

---

[1340]   Vgl. DAILY/JOHNSON (1997), S. 100.

[1341]   Vgl. HALEBLIAN/FINKELSTEIN (1993), S. 848. Siehe zur Informationspolitik mächtiger CEOs auch EISENHARDT/BOURGEOIS (1988), S. 742 f.

[1342]   Vgl. BEINER (2005), S. 41; WAGNER (1994), S. 79. Näheres hierzu OESTERLE/KRAUSE (2004), S. 275 sowie PELTZER (2003), S. 233 f.

[1343]   Hinsichtlich des Vetorechts wird in der Literatur diskutiert, ob dieses Sonderrecht noch mit dem Kollegialprinzip vereinbar ist. So wird argumentiert, dass der Vorstandsvorsitzende auch dann gegen eine Mehrheit im Vorstand entscheidet, wenn er eine Maßnahme verhindert, die von der Mehrheit der Mitglieder verabschiedet wurde und getragen wird [vgl. BEZZENBERGER (1996), S. 665]. Nach herrschender Meinung ist die Einräumung eines Vetorechts aber grundsätzlich zulässig, da es lediglich Beschlüsse verhindert und somit rein negativ wirkt [vgl. VON HEIN (2002), S. 482 f.].

[1344]   Siehe hierzu S. 219 ff.

[1345]   Vgl. FINKELSTEIN (1992), S. 512.

[1346]   Vgl. DAILY/JOHNSON (1997), S. 106.

tungssysteme zu beeinflussen. Demnach ist es Aufgabe der empirischen Forschung eben diesen Zusammenhang nachzuweisen. Vor diesem Hintergrund erscheint es problematisch, die
Vergütung oder Vergütungsdifferenz als Machtindikator heranzuziehen. So ließe sich allenfalls argumentieren, dass die Vergütungshöhe auch eine symbolische Bedeutung besitzen
kann.[1347] Dann erscheint es jedoch sinnvoller, lediglich das Festgehalt heranzuziehen und die
ermittelte Disparität mit dem Branchendurchschnitt zu vergleichen.

(2) Als zweite Machtdimension hat FINKELSTEIN die Eigentümermacht (*ownership power*)
identifiziert. Er argumentiert, dass mit zunehmendem Anteilsbesitz eines Managers am Unternehmen auch seine Machtfülle steigt.[1348] Dies gilt in besonderem Maße auch für Unternehmensgründer oder aber Personen, die in einem verwandtschaftlichen Verhältnis zum
Gründer stehen.[1349] So zeigt BOEKER (1992) in seiner Studie beispielsweise, dass die Entlassungswahrscheinlichkeit sinkt, wenn der amtierende CEO größere Anteile am Unternehmen
hält.[1350] Der CEO setzt demnach seine Macht ein, um auch bei einer inferioren Ertragslage im
Amt zu bleiben.[1351]

(3) Eine weitere Dimension managerialer Macht stellt die Expertenmacht (*expert power*) dar.
FINKELSTEIN argumentiert, dass die Expertenmacht eines Managers umso größer ist, je mehr
Kontakte und Beziehungen dieser mit Elementen in der Aufgabenumwelt aufgebaut hat.[1352]
Zudem ist die Expertenmacht das Resultat von Erfahrungen, d.h. welche verschiedenen Posi-
tionen Manager durchlaufen haben, und in welchen verschiedenen Bereichen (Personal, Mar-
keting, Rechnungswesen etc.) sie vormals tätig waren.

(4) Die letzte von FINKELSTEIN identifizierte Quelle managerialer Macht ist Prestige (*prestige
power*). Er führt hierzu aus: „Managers' reputation in the institutional environment and
among stakeholders influences others' perceptions of their influence. (...) Managerial prestige
promotes power by facilitating the absorption of uncertainty from the institutional environment both informationally and symbolically."[1353] Des Weiteren wird in der Literatur hervorgehoben, dass renommierte CEOs dem Unternehmen zu mehr Legitimität verhelfen kön-

---

[1347] Siehe hierzu BENDER (2004), S. 526; UNGSON/STEERS (1984); ST-ONGE ET AL. (2001), S. 354.

[1348] Siehe auch ALLEN (1981), S. 1115.

[1349] Vgl. FINKELSTEIN (1992), S. 509.

[1350] Vgl. BOEKER (1992), S. 418.

[1351] Vgl. BOEKER (1992), S. 405. Anstelle des CEOs werden die dem CEO unterstellten Manager entlassen
        [vgl. BOEKER (1992), S. 414].

[1352] Vgl. FINKELSTEIN (1992), S. 509.

[1353] Vgl. FINKELSTEIN (1992), S. 510.

nen.[1354] Ein CEO, der zur Wirtschaftselite gehört, signalisiert Kompetenz und Glaubwürdigkeit.[1355] Zudem ermöglicht die Zugehörigkeit zur Elite den Zugang zu wichtigen Informationen.[1356] Diese Form von Macht lässt sich nach FINKELSTEIN mittels verschiedener Indikatoren messen. Hierzu zählen u.a. die Anzahl von Mitgliedschaften in Kontrollorganen anderer Unternehmen sowie der Abschluss an einer elitären Hochschule.[1357] In der folgenden Abbildung sind die vier Dimensionen managerialer Macht sowie die Indikatoren zur Messung der Machtfülle von Managern noch einmal zusammengefasst.

Abb. 14: Dimensionen und Indikatoren managerialer Macht nach FINKELSTEIN[1358]

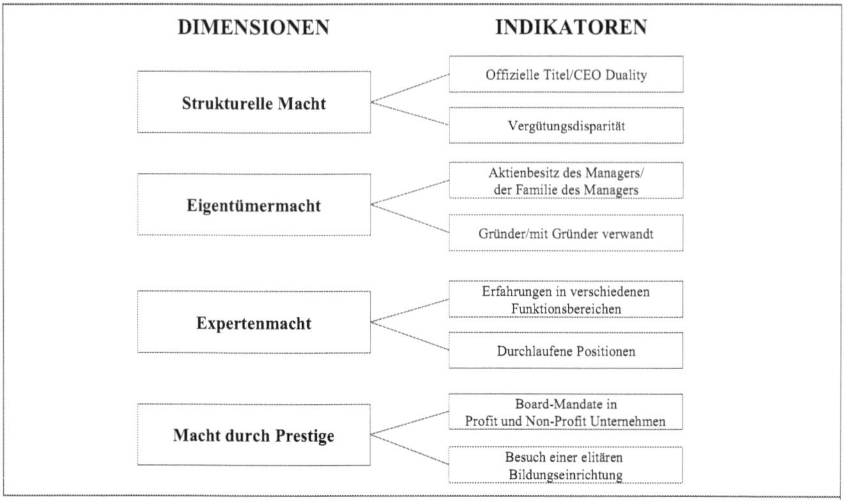

DIMENSIONEN	INDIKATOREN
Strukturelle Macht	Offizielle Titel/CEO Duality
	Vergütungsdisparität
Eigentümermacht	Aktienbesitz des Managers/ der Familie des Managers
	Gründer/mit Gründer verwandt
Expertenmacht	Erfahrungen in verschiedenen Funktionsbereichen
	Durchlaufene Positionen
Macht durch Prestige	Board-Mandate in Profit und Non-Profit Unternehmen
	Besuch einer elitären Bildungseinrichtung

DAILY/JOHNSON (1997), die in ihrer empirischen Studie den Zusammenhang zwischen der Macht von CEOs und dem Unternehmenserfolg auf der Grundlage der Konzeption von FINKELSTEIN untersucht haben, führen als weiteren Indikator für die strukturelle Macht von CEOs die personelle Zusammensetzung des Boards an.[1359] Vereinfacht gesagt gehen sie davon aus, dass mit abnehmender Macht des Boards, der CEO an Macht gewinnt. Auch andere

---

[1354] Vgl. DAILY/JOHNSON (1997), S. 102; FINKELSTEIN (1992), S. 510; GRABKE-RUNDELL/GOMEZ-MEJIA (2002), S. 17.

[1355] Vgl. D'AVENI (1990), S. 121.

[1356] Vgl. HALEBLIAN/FINKELSTEIN (1993), S. 852.

[1357] Vgl. FINKELSTEIN (1992), S. 515.

[1358] I.A. FINKELSTEIN (1992), S. 512 ff.

[1359] Vgl. DAILY/JOHNSON (1997), S. 100.

Autoren heben hervor, dass CEOs vor allem dann eine starke Machtstellung im Unternehmen genießen, wenn das Kontrollgremium über ein nur geringes Einflusspotenzial verfügt.[1360]

1.2   Zur relativen Macht des Kontrollgremiums

In der von PEARCE/ZAHRA (1991) entwickelten und validierten Typologie verschiedener Boards ist es vor allem der so genannte ‚Statutory Board', der den Prototyp eines ineffektiven Kontrollgremiums darstellt. Wie aus der nachfolgenden Abbildung deutlich wird, zeichnet sich der ‚Statutory Board' dadurch aus, dass dieser im Gegensatz zum CEO nur ein geringes Einflusspotenzial besitzt. Die Mitglieder dieses Board-Typus zeigen wenig Interesse an einer effektiven Kontrolle und verdanken ihre Mitgliedschaft vor allem dem persönlichen Einsatz des amtierenden CEOs.

Abb. 15: Typologie zur relativen Macht des CEOs nach PEARCE/ZAHRA[1361]

	hoch	‚Statutory Board'	‚Participative Board'
Macht des CEOs		- Fehlendes Interesse und mangelnde Expertise - Mitglieder werden durch CEO ausgewählt - Entscheidungen werden unhinterfragt bewilligt	- Mehrheit im Board stellen Outside Directors - Mitglieder sind kritisch und diskussionsfreudig - Entscheidungen werden im Konsens mit dem Management getroffen
		‚Caretaker Board'	‚Proactive Board'
	niedrig	- Kein Einfluss auf wichtige Entscheidungsprozesse - Dominiert von Managern - Wenige ‚Outsiders' präsent	- Großes Engagement sowie hoher Sachverstand - Unabhängig aufgrund des hohen Anteils von Outside Directors - Etablierung von Committees - Dissens mit dem Management wird nicht im Einvernehmen gelöst
		niedrig **Macht des Boards** hoch	

Dass CEOs den Prozess der Nominierung bzw. Auswahl von Board-Mitgliedern aktiv beeinflussen, wird seit geraumer Zeit in der einschlägigen US-amerikanischen Corporate Governance-Literatur diskutiert.[1362] ZAJAC/WESTPHAL (1996) heben hervor, dass die Berufung

---

[1360]   Hierzu der nachfolgende Abschnitt.

[1361]   I.A. PEARCE/ZAHRA (1991), S. 135 ff.

[1362]   Vgl. ZAJAC/WESTPHAL (1996), S. 507. Zum Einfluss von CEOs auf den Nominierungsprozess siehe BEBCHUK/FRIED (2004), S. 26.

„wohlwollender" Board-Mitglieder insbesondere der Sicherung der Machtstellung des CEOs dient.[1363] Auch im deutschen Schrifttum wird gelegentlich darauf hingewiesen, dass der Vorstandsvorsitzende die Auswahl von Aufsichtsratsmitgliedern der Kapitalseite beeinflusst.[1364]

Reformvorschläge zur Verbesserung der Corporate Governance zielen oftmals darauf ab, die Unabhängigkeit von Kontrollgremien (Board, Aufsichtsrat) zu stärken.[1365] Dabei wird angenommen, dass Directors, die nicht unabhängig sind, vom CEO dominiert werden und in Folge dessen ihre Überwachungsaufgabe nur unzureichend wahrnehmen.[1366] Zudem wird hervorgehoben, dass eine fehlende Unabhängigkeit eine differenzierte und objektive Leistungsbeurteilung des CEOs verhindert. Tendenziell kritisch gesehen wird daher die Berufung von Personen, die in einer (engen) sozialen Beziehung zum CEO stehen.[1367] Hinsichtlich der Inside Directors wird regelmäßig auf die fehlende soziale Distanz zum CEO hingewiesen, die zu einer Minderung der Kontrolle führt.[1368] Aber auch im Hinblick auf Outside Directors, die zwar nach herrschender Meinung besser geeignet sind, das Management zu kontrollieren,[1369] machen einige Autoren darauf aufmerksam, dass auch diese Personengruppe gegenüber den Einflussversuchen des CEOs nicht immer immun ist. Als entscheidend wird der Zeitpunkt der Bestellung von Outside Directors betrachtet.[1370] Angenommen wird, dass Outside Directors, die während der Amtszeit des CEOs in den Board berufen wurden, ihr Mandat vor allem dem CEO zu verdanken haben und somit in seiner „Schuld" stehen.[1371] Ferner wird argumentiert, dass CEOs häufig Personen favorisieren, zu denen sie ein enges oder sogar freundschaftliches Verhältnis pflegen.

[1363]   Vgl. ZAJAC/WESTPHAL (1996), S. 511.

[1364]   Vgl. ROTH/WÖRLE (2004), S. 578; SCHREYÖGG/STEINMANN (1981), S. 535; SEMLER (2000), S. 725. Siehe nochmals Fn. 863.

[1365]   Auch der DCGK geht auf die Unabhängigkeit der Aufsichtsratsmitglieder ein. In Tz. 5.4.2 heißt es wörtlich: „Um eine unabhängige Beratung und Überwachung des Vorstands durch den Aufsichtsrat zu ermöglichen, soll dem Aufsichtsrat eine nach seiner Einschätzung ausreichende Anzahl unabhängiger Mitglieder angehören. Ein Aufsichtsratsmitglied ist als unabhängig anzusehen, wenn es in keiner geschäftlichen oder persönlichen Beziehung zu der Gesellschaft oder deren Vorstand steht, die einen Interessenkonflikt begründet. Dem Aufsichtsrat sollen nicht mehr als zwei ehemalige Mitglieder des Vorstands angehören. Aufsichtsratsmitglieder sollen keine Organfunktion oder Beratungsaufgaben bei wesentlichen Wettbewerbern des Unternehmens ausüben."

[1366]   Vgl. WESTPHAL (1998), S. 512.

[1367]   Von dieser dominanten Sichtweise weicht die Untersuchung von WESTPHAL (1999) ab.

[1368]   Vgl. BOEKER (1992), S. 403; DALTON ET AL. (2007), S. 9.

[1369]   Vgl. WESTPHAL (1998), S. 511; WESTPHAL/STERN (2007), S. 269.

[1370]   Vgl. DALTON ET AL. (2007), S. 6; LAMBERT/LARCKER/WEIGELT (1993), S. 445; WADE/O'REILLY/CHANDRATAT (1990), S. 592.

[1371]   Vgl. WESTPHAL (1999), S. 8.

Um die Unabhängigkeit von Boards in empirischen Studien zu messen, werden verschiedene Indikatoren herangezogen, von denen bereits einige unter Abschnitt 1.2.2.1 vorgestellt wurden. Angenommen wird, dass die Unabhängigkeit bzw. Überwachungseffizienz des Boards zunimmt, je mehr Outside Directors im Board vertreten sind,[1372] eine bestimmte Größe des Gremiums nicht überschritten wird, oder wenn Board-Mitglieder größere Anteile am Unternehmen halten.[1373] Ein weiterer Indikator, der bislang noch nicht angesprochen wurde, aber häufig zur Messung der Machtfülle eines CEOs herangezogen wird, ist die Amtsdauer (*tenure*).[1374] In der Literatur werden verschiedene Gründe genannt, warum mit zunehmender Beschäftigungsdauer die Macht von Top-Managern zunimmt:[1375] HILL/PHAN (1991) argumentieren beispielsweise, dass CEOs auf die Auswahl von Board-Mitgliedern Einfluss nehmen und je länger ein CEO im Amt ist, desto mehr Personen sitzen im Board, die ihre Mitgliedschaft dem CEO zu verdanken haben.[1376] Des Weiteren wird argumentiert, dass CEOs im Laufe der Jahre ihre einflussreiche Stellung absichern können, indem sie Schlüsselpositionen mit loyalen Personen besetzen,[1377] oder indem sie im Laufe der Zeit die Kontrolle über interne Informationssysteme erlangen und entsprechend in der Lage sind, Informationsflüsse zu kontrollieren.[1378] Im Zusammenhang mit dem Ausbau intraorganisationaler Macht weisen einige Autoren darauf hin, dass mit zunehmender Beschäftigungsdauer Manager ihr soziales Kapital, d.h. soziale Netzwerke, die Zugang zu Informationen und Ressourcen ermöglichen, aufbauen können.[1379] Insbesondere Gefälligkeiten, wie z.B. das Protegieren von Mitarbeitern oder die Weitergabe wertvoller Informationen, aus denen Verpflichtungen und Erwartungen entstehen, wird eine große Bedeutung hinsichtlich des Ausbaus informaler Macht beigemessen.[1380]

Nachdem nun dargelegt wurde, aus welchen Quellen sich die Macht von Managern speist und mit welchen Indikatoren in empirischen Studien die Machtfülle von Top-Managern in US-amerikanischen Studien gemessen wird, soll im Folgenden auf die in Deutschland geführte Diskussion zur faktischen Vormachtstellung des Vorstandsvorsitzenden eingegangen werden. Oben wurde gezeigt, dass zahlreiche empirische Arbeiten zu dem Schluss gelangen, dass CEOs US-amerikanischer Unternehmen über eine große Machtfülle verfügen. Gleichwohl

---

[1372] Vgl. BOEKER (1992), S. 402; JOHNSON/HOSKISSON/HITT (1993), S. 36.

[1373] Siehe nochmals S. 137 ff.

[1374] Vgl. WITT (2003b), S. 253.

[1375] Vgl. HAMBRICK/FUKUTOMI (1991), S. 726.

[1376] Vgl. FINKELSTEIN/HAMBRICK (1989), S. 124.

[1377] Vgl. BARKEMA/PENNINGS (1998), S. 980.

[1378] Vgl. HILL/PHAN (1991), S. 708.

[1379] Vgl. BARKEMA/PENNINGS (1998), S. 980; GREVE/MITSUHASHI (2007), S. 1201 f.

[1380] Vgl. BARKEMA/PENNINGS (1998), S. 980.

dem Vorstandsvorsitzenden einer deutschen Aktiengesellschaft aus rechtlicher Sicht nicht die gleiche exponierte Stellung zukommt wie dem CEO im Corporate Governance-System US-amerikanischer Prägung,[1381] wird seit geraumer Zeit diskutiert, dass das gesetzliche Leitbild der kollegialen Gesamtleitung nicht mit der Wirklichkeit übereinstimmt.[1382] Diskutiert wird, dass der Vorstandsvorsitzende *de facto* eine dominierende Stellung einnimmt und in Folge dessen eine direktoriale Vorstandsorganisation in den meisten großen deutschen Aktiengesellschaften vorzufinden ist.[1383] Die Debatte über die Machtfülle von Vorstandsvorsitzenden wird in Deutschland im Unterschied zu den USA vorrangig theoretisch geführt. Umfangreiche empirische Arbeiten, wie sie oben im Zusammenhang mit der absoluten und relativen Macht von CEOs vorgestellt wurden, liegen für Deutschland nicht vor. Der nun nachfolgende Abschnitt wird die Kernargumente dieser Diskussion wiedergeben.

1.3   Exkurs: Zur faktischen Vormachtstellung des Vorstandsvorsitzenden

Der Aufsichtsrat einer deutschen Aktiengesellschaft kann bei einem mehrköpfigen Vorstand ein Mitglied zum Vorsitzenden ernennen.[1384] Möglich ist auch, dass der Aufsichtsrat ein Vor-

---

[1381]   Der CEO hat gegenüber den nachgeordneten „officers", die Mitglieder des Boards sein können, aber nicht müssen, Weisungs- und Alleinentscheidungsrechte [vgl. RICHTER (2005), S. 328]. Folglich ist der CEO oberster Entscheidungsträger [vgl. WITT (2003c), S. 64]. Siehe zur Stellung des CEOs BLEICHER/PAUL (1986), S. 266.

[1382]   In Deutschland besteht das Kollegialprinzip und der Vorsitzende ist gegenüber den übrigen Vorstandsmitgliedern nicht weisungsbefugt bzw. nicht befugt, gegen die Mehrheit im Vorstand eine Entscheidung durchzusetzen [vgl. PELTZER (2003), S. 234]. Siehe zum Kollegial- und Direktorialprinzip auch BLEICHER/WAGNER (1993), S. 8 f. Im Hinblick auf den Vorstand einer deutschen Aktiengesellschaft sind zwei Grundsätze, die sich aus dem Aktiengesetz ableiten lassen, von zentraler Bedeutung: 1) Der *Grundsatz der Gesamtverantwortung* besagt, dass bei einem mehrköpfigen Vorstand alle Vorstandsmitglieder gemeinsam die Verantwortung für die Leitung der Gesellschaft tragen [vgl. HOFFMANN-BECKING (1998b), S. 506]. Nach dem gesetzlichen Leitbild ist der Vorstand also ein Kollegialorgan, das gemeinschaftlich für die Geschäftsführung zuständig ist. Zugleich eröffnet der Gesetzgeber dem Vorstand aber auch die Möglichkeit, eine vorstandsinterne Geschäftsverteilung vorzunehmen [vgl. Fleischer 2003, S. 451 m.w.N.]. Per Satzung oder Geschäftsordnung können bestimmte Aufgaben einzelnen Vorstandsmitgliedern zugewiesen werden. Sie tragen fortan die Verantwortung für diesen Bereich (Ressortverantwortung) [vgl. Fleischer 2003, S. 452]. Im Hinblick auf die Vorstandsorganisation wird in der Literatur kontrovers diskutiert, wann eine unzulässige Ressortverteilung vorliegt und das Kollegialorgan zu einem „Ensemble von Solisten" [MARTENS (1988), S. 192] wird. So wird beispielsweise diskutiert, ob die Spartenorganisation mit dem Grundsatz der Gesamtverantwortung vereinbar ist [vgl. FLEISCHER (2003), S. 452 sowie MARTENS (1988), S. 192]. Einigkeit besteht dahingehend – um die Diskussion an dieser Stelle abzukürzen –, dass bestimmte Entscheidungen, die für das Gesamtunternehmen von grundlegender Bedeutung sind, gemeinschaftlich getroffen werden müssen. Hierzu zählen etwa Entscheidungen über die Unternehmensstrategie oder die Organisationsstruktur [vgl. GERUM (2007), S. 118]. Grundlegende Entscheidungen dürfen weder von einzelnen Vorstandsmitgliedern noch innerhalb eines Ausschusses, dem ausgewählte Vorstandsmitglieder angehören, getroffen werden [siehe ausführlich zu den Ausschüssen HOFFMANN-BECKING (1998b), S. 509 ff.]. 2) Der *Grundsatz der Gleichberechtigung* besagt, dass alle Vorstandsmitglieder von Rechts wegen gleichberechtigt sind. Ein Über- oder Unterordnungsverhältnis darf es demnach im Vorstand nicht geben [vgl. HOFFMANN-BECKING (1998b), S. 515].

[1383]   Siehe auch VON HEIN (2002), S. 465 ff.

[1384]   Siehe § 84 Abs. 2 AktG.

standsmitglied zum Sprecher ernennt – *oder aber*, dass der Vorstand selbst durch einstimmigen Beschluss einem Mitglied die Funktion des Sprechers überträgt.[1385] Laut der Ergebnisse einer empirischen Untersuchung haben 89% der (mitbestimmten) Aktiengesellschaften in Deutschland einen Vorstandsvorsitzenden, wohingegen nur 11% einen Sprecher haben.[1386] Der Vorstandssprecher wird häufiger vom Aufsichtsrat als vom Vorstand selbst ernannt.[1387]

In der Literatur wird darauf hingewiesen, dass dem Sprecher nicht die gleichen Funktionen wie dem Vorstandsvorsitzenden zukommen.[1388] So erfüllt der Sprecher vor allem administrative Funktionen, während der Vorstandsvorsitzende „die sachliche Koordination der Tätigkeit aller Vorstandsressorts übernimmt"[1389]. BLEICHER/LEBERL/PAUL (1988) sprechen von einem Status- und Einflussunterschied im Hinblick auf die beiden Ämter.[1390] In eine ähnliche Richtung argumentiert auch PELTZER (2005). Ihm zufolge soll mit der Ernennung eines Sprechers (anstelle eines Vorsitzenden) eine zu starke Hierarchisierung des Vorstands vermieden werden.[1391]

Wie oben bereits erwähnt sind nach dem deutschen Aktiengesetz alle Vorstandsmitglieder grundsätzlich gleichberechtigt und auch der Vorstandsvorsitzende verfügt über keine übergeordneten Entscheidungsbefugnisse.[1392] Demzufolge ist der Vorsitzende seit der Abschaffung des Alleinentscheidungsrechts im Zuge der Aktienrechtsreform von 1965 rechtlich gesehen *primus inter pares*.[1393]

[1385] Nach HOFFMANN-BECKING (1998) ist die Wahl eines Sprechers eine Maßnahme der Geschäftsordnung. Je nachdem, wer für den Erlass der Geschäftsordnung des Vorstands zuständig ist, wird der Sprecher entweder vom Vorstandskollegium oder vom Aufsichtsrat bestellt [vgl. HOFFMANN-BECKING (1998b), S. 517].

[1386] Vgl. GERUM (2007), S. 132.

[1387] Vgl. GERUM (2007), S. 132.

[1388] Nach RICHTER (2005) hat der Vorstandssprecher weniger Befugnisse als der Vorstandsvorsitzende [vgl. RICHTER (2005), S. 335].

[1389] Vgl. HOFFMANN-BECKING (1998b), S. 517.

[1390] Vgl. BLEICHER/LEBERL/PAUL (1988), S. 94.

[1391] Vgl. PELTZER (2005), S. 119. Dass dem Vorstandsvorsitzendem eine insgesamt bedeutendere Rolle als dem Sprecher zukommt, wird nicht zuletzt auch durch die gesetzliche Regelung deutlich, die vorsieht, dass der Vorstandsvorsitzende nur exklusiv vom Aufsichtsrat bestellt werden kann [vgl. HOFFMANN-BECKING (1998b), S. 517]. Ferner darf sich ein Sprecher selbst nicht als Vorstandsvorsitzender bezeichnen [vgl. BEINER (2005), S. 42].

[1392] Vgl. OESTERLE (2003), S. 200.

[1393] Vgl. OESTERLE (2003), S. 200; VON HEIN (2002) , S. 482. Das Aktiengesetz von 1937 sah das Alleinentscheidungsrecht vor: „Der Vorstand kann aus einer oder mehreren Personen bestehen. Ist ein Vorstandsmitglied zum Vorsitzer des Vorstands ernannt, so entscheidet dieser, wenn die Satzung nichts anderes bestimmt, bei Meinungsverschiedenheiten im Vorstand." [§ 70 Abs. 2 Satz 2 AktG 1937]. Der Gesetzgeber hat § 70 Abs. 2 Satz 2 AktG ersatzlos gestrichen. In der Begründung des Regierungsentwurfs spricht er von der Gefahr, dass durch das Alleinentscheidungsrecht der Vorsitzende dazu verleitet werden könnte, „vorschnell und ohne genügende Aussprache mit den übrigen Vorstandsmitgliedern wichtige Entschei-

Gleichwohl dem Vorstandsvorsitzenden von Rechts wegen also keine Weisungsbefugnis obliegt, vertreten zahlreiche Autoren die Meinung, dass er faktisch eine hervorgehobene Stellung einnimmt.[1394] PELTZER (2003) spricht gar davon, dass die Praxis im Hinblick auf das Einflusspotenzial des Vorstandsvorsitzenden „von dem geschriebenen Recht einmal wieder erheblich abweicht"[1395]. Er bezieht sich hierbei explizit auf die Praxis der (Wieder-)Bestellung von Vorstandsmitgliedern, auf die der Vorstandsvorsitzende seiner Meinung nach trotz der Personalhoheit des Aufsichtsrats einen „erheblichen Einfluss"[1396] hat.

In der Literatur werden verschiedene Quellen genannt, aus denen die faktische Machtstellung des Vorstandsvorsitzenden hervorgeht. Neben den bereits oben erwähnten Sonderrechten „Stichentscheid" und „Veto" werden in der Literatur noch weitere Quellen genannt, die z.t. mit den Aufgaben des Vorstandsvorsitzenden eng zusammenhängen. Zu den Aufgaben eines Vorstandsvorsitzenden gehören nach allgemeiner Ansicht: [1397]

- Vorbereitung, Einberufung und Leitung der Vorstandssitzungen[1398] einschließlich der Festlegung der Tagesordnung,

- Koordination der Vorstandsarbeit[1399],

- Ansprechpartner für den Aufsichtsrat[1400] bzw. Bindegliedfunktion zwischen Vorstand und Aufsichtsrat,

- Repräsentation des Unternehmens gegenüber der Öffentlichkeit.[1401]

---

dungen zu treffen." [siehe KROPFF (1965), S. 99]. Des Weiteren sah der Gesetzgeber die Gefahr einer „Degenerierung" der übrigen Vorstandsmitglieder zu bloßen Gehilfen des Vorstandsvorsitzenden [siehe KROPFF (1965), S. 99].

[1394] Vgl. HOFFMANN-BECKING (1998b), S. 519; OESTERLE (2003); PELTZER (2003), S. 238; RICHTER (2005), S. 329; SEMLER (2000), S. 727 f.; WITT (2003c), S. 79.

[1395] PELTZER (2003), S. 238.

[1396] PELTZER (2003), S. 238.

[1397] Die Aufgaben und Funktionen des Vorstandsvorsitzenden werden im Aktiengesetz nicht weiter spezifiziert. Festgelegt werden sie i.d.R. in der Geschäftsordnung des Vorstands.

[1398] Vgl. BEZZENBERGER (1996), S. 662; BLEICHER/LEBERL/PAUL (1988), S. 95; PELTZER (2005), S. 118.

[1399] Vgl. BEZZENBERGER (1996), S 663; VOGEL (1980), S. 99.

[1400] Vgl. BEINER (2005), S. 41; BEZZENBERGER (1996), S 663.

[1401] Vgl. BEZZENBERGER (1996), S. 663; BLEICHER/LEBERL/PAUL (1988), S. 95; FONK (2004), S. 502; PELTZER (2005), S. 118. Dem Vorstandsvorsitzenden untersteht auch häufig die Abteilung für Öffentlichkeitsarbeit [vgl. PELTZER (2005), S. 118]. In einer empirischen Untersuchung hat GERUM (2007) die Satzungen und Vorstandsgeschäftsordnungen deutscher Aktiengesellschaften im Hinblick auf die Kompetenzen des Vorstandsvorsitzenden/Sprechers untersucht. Er kommt zu dem Schluss, dass die Aufgabe der Repräsentation der Gesellschaft, wenn diese in den Unternehmensstatuten geregelt ist, in 75% der Fälle dem Gesamtvorstand zugewiesen wird. Hieraus schlussfolgert er, dass sich der Befund nicht mit den Erwartungen in der Literatur deckt. Aus der detaillierten Auflistung der Ergebnisse geht hervor, dass den Vorstandsvorsitzenden explizit in 7% und dem Sprecher explizit in 3% der Fälle die Repräsentationsbefugnis obliegt. In 32% der Fälle wird sie dem Gesamtvorstand zugewiesen und in 58% der Fälle liegt keine Regelung vor [vgl. GERUM (2007), S. 137]. Auf den ersten Blick ist die Schlussfolgerung von GERUM, dass der

Da dem Vorstandsvorsitzenden die Aufgabe obliegt, Vorstandssitzungen vorzubereiten und zu leiten, hat er nach BEZZENBERGER (1996) bereits einen großen Einfluss auf die Entscheidungsfindung.[1402] Auch bestimmte Instrumente der Sitzungsleitung, die in Geschäftordnungen und Satzungen festgelegt werden können, räumen dem Vorstandsvorsitzenden eine besondere Stellung ein. So kann ihm beispielsweise das Recht zugebilligt werden, „einmal binnen kurzer Frist die erneute Abstimmung über einen Tagesordnungspunkt im Vorstand zu verlangen und einen Beschluss bis dahin auszusetzen, damit die Angelegenheit noch einmal überdacht wird."[1403] Problematisch ist eine solche Befugnis dann, wenn aufgrund von abgelaufenen Fristen Geschäfte endgültig nicht mehr realisiert werden können.

Darüber hinaus wird in der Literatur argumentiert, dass sich das Einflusspotenzial des Vorstandsvorsitzenden aus seiner Koordinations- und Überwachungsfunktion ergibt.[1404] BEZZENBERGER argumentiert, dass bei einem bestimmten Grad der Arbeitsteilung eine Person erforderlich wird, der die Aufgabe obliegt, die Einzelarbeiten wieder zum Ganzen zu bündeln und die Vorgänge in den einzelnen Ressorts mit der Unternehmensstrategie in Einklang zu bringen.[1405] Diese Funktion kommt zumeist – wie auch die Ergebnisse einer empirischen Studie belegen – dem Vorstandsvorsitzenden und in einigen Fällen sogar dem Vorstandssprecher zu.[1406] Nach BEZZENBERGER eröffnen die Koordinationsbefugnisse des Vorstandsvorsitzenden einen besonderen Einfluss auf Sachentscheidungen. Ferner könnte argumentiert werden, dass der Vorstandsvorsitzende über einen besseren Gesamtüberblick verfügt – bzw. um seine Koordinationsfunktion wirksam wahrnehmen zu können, auch verfügen muss – und somit

---

Vorstandsvorsitzende offensichtlich keine besondere Rolle im Hinblick auf die Repräsentation der Gesellschaft nach außen zukommt, zuzustimmen. Bei einer genaueren Betrachtung der Ergebnisse zeigt sich jedoch, dass in über der Hälfte der untersuchten Gesellschaften die Repräsentation nicht explizit geregelt wird. Hieraus kann allerdings nicht geschlossen werden, dass automatisch sämtlichen Mitgliedern des Vorstands oder dem Gesamtvorstand diese Funktion zukommt. Denkbar ist, dass in diesen Gesellschaften dem Vorstandsvorsitzenden *faktisch* und ohne explizite Regelung in der Geschäftsordnung die Aufgabe der Außenrepräsentation obliegt. Ebenso vorstellbar ist, dass es sich um eine tradierte Konvention handelt, in dem Sinne, dass es so selbstverständlich ist, dass der Vorstandsvorsitzende die Gesellschaft in der Öffentlichkeit und gegenüber den Medien vertritt, dass eine explizite Regelung als nicht notwendig erachtet wird. Aber auch dies ist zunächst einmal spekulativ, denn es könnte genauso gut der Fall sein, dass in der Mehrheit der Aktiengesellschaften (von den 58%), die Repräsentationsaufgabe vom Gesamtvorstand wahrgenommen wird. Aus den Ausführungen sollte deutlich geworden sein, dass die oben dargelegte Interpretation der Befunde mit einer gewissen Skepsis betrachtet wird. Die Frage, wer letztlich in deutschen Aktiengesellschaften die Repräsentationsfunktion innehat, scheint mit der Untersuchung noch nicht abschließend beantwortet zu sein.

[1402]   Vgl. BEZZENBERGER (1996), S. 663.

[1403]   Vgl. BEZZENBERGER (1996), S. 668.

[1404]   Vgl. BEZZENBERGER (1996), S. 66 3 f.; OESTERLE/KRAUSE (2004), S. 274. Eine andere Meinung vertritt GERUM (2007), S. 135.

[1405]   BEZZENBERGER (1996), S. 664.

[1406]   Vgl. GERUM (2007), S. 134.

gegenüber den anderen Vorstandsmitgliedern über einen Informationsvorsprung verfügt. Diesen Vorsprung könnte er nutzen, um frühzeitig Einfluss auf die Richtung von Entscheidungen zu nehmen.[1407]

Da diesbezüglich keine empirischen Untersuchungen vorliegen, bleiben die Überlegungen hinsichtlich des Einflusspotenzials des Vorstandsvorsitzenden, das sich aus der Koordinationsfunktion ergeben kann, zwangsläufig theoretischer Natur. Anzunehmen ist, dass die Persönlichkeit des jeweiligen Vorstandsvorsitzenden sowie möglicherweise auch sein Rollenverständnis ebenfalls von Bedeutung sind.[1408]

Sowohl in der betriebswirtschaftlichen Literatur als auch im juristischen Schrifttum wird immer wieder darauf aufmerksam gemacht, dass der Vorstandsvorsitzende häufig als Bindeglied zwischen Vorstand und Aufsichtsrat fungiert. Als direkter Ansprechpartner des Aufsichtsrats kommt ihm die Aufgabe zu, die ihm übertragenen Informationen richtig aufzubereiten und an das Vorstandsgremium zu übermitteln.[1409] Einige sehen in dieser „besonderen Beziehung" eine nicht unerhebliche Quelle informeller Macht. Kritisch diskutiert wird insbesondere die in der Praxis verbreitete Usance, dass zwischen dem Aufsichtsratsvorsitzenden und dem Vorstandsvorsitzenden Gespräche im Hinblick auf die Neubesetzung bzw. Wiederbesetzung von Vorstandsposten stattfinden.[1410] Einerseits kann argumentiert werden, dass der Vorstand im Vergleich zum Aufsichtsrat möglicherweise besser beurteilen kann, welche Fähigkeiten und Erfahrungen Kandidaten mitbringen müssen, um die Ressorttätigkeit erfolgreich ausführen zu können. Insofern plädieren einige Autoren dafür, dass sich der Aufsichtsrat bei einer Neubesetzung die Meinung des Vorstands einholen sollte.[1411] Andererseits muss eingeräumt werden, dass bei einem informellen Treffen zwischen dem Aufsichtsratsvorsitzenden und dem Vorstandsvorsitzenden nicht zwangsläufig auch die Perspektiven und Ansichten der übrigen Vorstandsmitglieder zur Geltung kommen. Problematisch erscheinen insbesondere Gespräche zwischen dem Vorstandsvorsitzenden und dem Aufsichtsratsvorsitzenden über den weiteren Karriereverlauf von einzelnen Vorstandsmitgliedern. SEMLER (2000) hat darauf hingewiesen, dass in Vorstandssitzungen dem Vorsitzenden selten widersprochen wird.[1412] Die enge Bezie-

---

[1407] Das Zurückhalten von Informationen sowie eine frühzeitige Koalitionsbildung wären denkbare mikropolitische Taktiken, die zum Einsatz kommen könnten [vgl. EISENHARDT/BOURGEOIS (1988), S. 743; PFEFFER (1981), S. 154 ff.].

[1408] Vgl. FINKELSTEIN (1992), S. 510. In diesem Sinne argumentiert aus Sicht der Praxis FRÜHAUF (1998), S. 410.

[1409] Vgl. BEZZENBERGER (1996), S. 663.

[1410] Vgl. FONK (2004), S. 503; MARTENS (1988), S. 204; PELTZER (2003), S. 238; SEMLER (2000), S. 723.

[1411] In diesem Sinne argumentieren beispielsweise FRÜHAUF (1998) S. 414; MARTENS (1988); S. 204; PELTZER (2005), S. 108; SARRAZIN (1995), S. 138 sowie SEMLER (2000), S 722 f.

[1412] Vgl. SEMLER (2000), S. 728.

hung zum Aufsichtsratsvorsitzenden könnte von Vorstandsmitgliedern als latente Bedrohung wahrgenommen werden, dass zu viel Widerspruch und unbequeme Kritik gegenüber Positionen des Vorstandsvorsitzenden die zukünftige Karriere gefährden könnte.[1413]

WITT (2003b) argumentiert in eine ähnliche Richtung. Er spricht von einem faktischen Abhängigkeitsverhältnis, das dadurch zustande kommen kann, dass einzelne Vorstandsmitglieder ihr Amt möglicherweise dem persönlichen Einsatz des Vorstandsvorsitzenden zu verdanken haben.[1414] Eine mögliche Folge könnte auch hier wiederum sein, dass die Diskussionskultur im Vorstand darunter leidet. Denkbar ist, dass aus Angst vor möglichen Sanktionen oder aus einem Gefühl der Dankbarkeit heraus, kritische Einwände gegenüber den Ansichten des Vorstandsvorsitzenden bewusst zurückgehalten werden.[1415]

Zusammenfassend lässt sich sagen, dass eine zu enge Beziehung zwischen Aufsichtsratsvorsitzenden und Vorstandsvorsitzenden in der Literatur überwiegend kritisch gesehen wird.[1416] PELTZER (2005) spricht von einer Informationsmonopolisierung zwischen den beiden Vorsitzenden, die sich durchaus als nachteilig für die Gesellschaft erweisen kann.[1417]

Abschließend soll noch auf eine Einflussquelle eingegangen werden, auf die insbesondere BERNHARDT/WITT (1998) hingewiesen haben. Sie gehen auf die Repräsentationsfunktion des Vorstandsvorsitzenden ein und führen hierzu aus: „Die Außendarstellung des Unternehmens durch den Vorstandsvorsitzenden gegenüber Presse, Öffentlichkeit, Finanzinstitutionen usw. tut ein übriges und führt dazu, dass der Vorstandsvorsitzende das Unternehmen immer stärker personifiziert. Das wirkt auf den Vorstand zurück. (...) Im Medienzeitalter ist dies eine unvermeidliche Entwicklung mit allen Möglichkeiten und mit allen Gefahren. Faktisch wird ein starker Vorstandsvorsitzender damit zur überragenden Figur und zum Chief Executive Officer „seines" Unternehmens, ob Aktiengesetz und Geschäftsordnung dem Rechnung tragen (können) oder nicht."[1418] Insofern gehen die Autoren davon aus, dass die Medienprominenz in gewisser Weise zu einer Stärkung der Stellung und des Einflusses des Vorstandsvorsitzenden beiträgt. Auch FRÜHAUF (1998) stellt fest, dass Vorstandsvorsitzende zunehmend im Ram-

---

[1413] Ähnlich argumentieren auch BERNHARDT/WITT (1999), S. 831.

[1414] Vgl. WITT (2003b), S. 253.

[1415] Vgl. HALEBLIAN/FINKELSTEIN (1993), S. 848.

[1416] Kritisch äußern sich beispielsweise PELTZER (2005), S. 116; RICHTER (2005), S. 329 oder SEMLER (2000), S. 728.

[1417] Vgl. PELTZER (2005), S. 116 f.

[1418] BERNHARDT/WITT (1999), S. 831.

penlicht des öffentlichen Interesses stehen und sich diese Exponierung auf ihre Arbeit niederschlägt.[1419]

Die Frage, ob in der Mehrheit der Großunternehmen in Deutschland *de facto* das Direktorialprinzip vorherrscht, wurde bislang primär theoretisch beantwortet. Die Argumente beruhen
zumeist auf Plausibilitätsüberlegungen oder stützen sich auf punktuelle Beobachtungen. Nur
wenige empirische Arbeiten liegen hierzu vor.

Eine Ausnahme bildet die schon etwas ältere Studie von TRENKLE (1983). Der Autor hat Interviews mit Vorstandsmitgliedern durchgeführt und auch explizit Fragen zur Rolle des Vorstandsvorsitzenden gestellt. Von den 59 befragten Vorständen gaben 51% an, dass der Vorstandsvorsitzende „oberste Entscheidungsinstanz innerhalb des Unternehmens" ist.[1420] 37%
der Befragten gaben an, dass der Vorstandsvorsitzende Meinungsverschiedenheiten ausgleicht
und 12% der Vorstände gaben zur Antwort, dass der Vorstandsvorsitzende die Vorstandssitzungen leitet.[1421] Nach OESTERLE (1999, 2003) deuten die Befunde daraufhin, dass in deutschen Aktiengesellschaften „ausgeprägte Machtungleichgewichte innerhalb des Leitungsorgans"[1422] vorliegen. Diese Tendenz sieht er auch durch ein Experteninterview mit einem
ehemaligen Vorstand bestätigt.[1423]

Zuletzt soll noch auf ein überraschendes Ergebnis aus einer jüngst durchgeführten Untersuchung eingegangen werden. GERUM (2007) hat in seiner Studie die Satzungen und Geschäfts-
ordnungen von 275 (mitbestimmten) Aktiengesellschaften analysiert. Im Hinblick auf die
Kompetenzen des Vorstandsvorsitzenden/Sprechers im Vorstand bringt die Studie zu Tage,
dass in immerhin 5% der mitbestimmten Aktiengesellschaften, dem Vorstandsvorsitzen-
den/Sprecher eine *Richtlinienkompetenz* per Geschäftsordnung verliehen wird.[1424] Diese
Kompetenz ermächtigt den Vorstandsvorsitzenden, den „strategischen Kurs der Geschäftsführung des Vorstands allein zu bestimmen."[1425] Eine Richtlinienkompetenz ist ein Recht, das
dem Vorstandsvorsitzenden aktienrechtlich nicht zusteht.[1426] GERUM (2007) spricht daher von
einer rechtwidrigen Aneignung einer direktorialen Position durch einzelne Manager.[1427]

[1419]   Vgl. FRÜHAUF (1998), S. 409. Siehe zum Einfluss der Medien PELTZER (2005), S. 116.

[1420]   Vgl. TRENKLE (1983), S. 93.

[1421]   Vgl. TRENKLE (1983), S. 93.

[1422]   Vgl. OESTERLE (1999), S. 93 sowie OESTERLE (2003), S. 202.

[1423]   Vgl. OESTERLE (1999), S. 97.

[1424]   Vgl. GERUM (2007), S. 133.

[1425]   GERUM (2007), S. 133.

[1426]   Vgl. FLEISCHER (2003), S. 455.

[1427]   Vgl. GERUM (2007), S. 134.

Abschließend ist zu sagen, dass die in der deutschen Literatur geführte Diskussion zur faktischen Vormachtstellung des Vorstandsvorsitzenden gewisse Parallelen zu der im angloamerikanischen Raum geführten Debatte über die Machtstellung von CEOs aufweist. In beiden
wird diskutiert, dass Vorsitzende die Tagesordnung kontrollieren und hieraus ein nicht zu un-
terschätzender Einflussgewinn resultiert.[1428] Des Weiteren wird immer wieder darauf hingewiesen, dass Vorsitzende auf die Auswahl von Gremiumsmitgliedern Einfluss nehmen und
dadurch ihre Machtposition sichern bzw. ausbauen können. Analog zum CEO, der nach Ansicht Vieler sowohl auf die Auswahl von Inside Directors als auch von Outside Directors Einfluss nimmt, wird im Zusammenhang mit dem Vorstandsvorsitzenden diskutiert, dass er auf
die Besetzung von Posten im Vorstand als auch auf die Auswahl von Aufsichtsratsmitgliedern
der Kapitalseite Einfluss nimmt.[1429]

Wie oben bereits angedeutet, besteht ein wesentlicher Unterschied zwischen der angloamerikanischen und deutschen Debatte darin, dass letztere vorrangig theoretisch geführt wird. Der
empirische Forschungsstand zur Dominanzstellung des Vorstandsvorsitzenden und zum Thema Macht in Top-Management Teams kann in Deutschland – im Unterschied zum angloamerikanischen Raum – als rudimentär bezeichnet werden. Des Weiteren fällt auf, dass in
Deutschland der Beziehung zwischen dem Vorstandsvorsitzenden und dem Aufsichtsratsvorsitzenden größere Aufmerksamkeit geschenkt wird, als beispielsweise der Beziehung zwischen CEO und dem Chairman of the Board.[1430]

Im folgenden Abschnitt werden die Ergebnisse empirischer Studien zum Zusammenhang von
Macht und der Vergütung von Top-Managern vorgestellt. Erneut werden die Ausführungen
vorrangig auf angloamerikanische Studien Bezug nehmen, da Untersuchungen aus Deutschland bislang nicht vorliegen. Im Zwischenfazit wird sodann beleuchtet, inwiefern sich die gewonnenen Erkenntnisse auf den deutschen Kontext übertragen lassen.

2.   Empirische Befunde zum Zusammenhang von Macht und Vergütung

2.1   Strukturelle Macht und Überwachungseffizienz des Kontrollorgans

Machttheoretische Ansätze gehen davon aus, dass Top-Manager, die über relativ viel Macht
verfügen, ihre Vergütungssysteme so beeinflussen können, dass diese mit ihren persönlichen

---

[1428]   Vgl. DAILY/JOHNSON (1997), S. 102; HILL/PHAN (1991), S. 709. Siehe hierzu nochmals S. 211.

[1429]   Siehe hierzu nochmals die in Fn. 145 angegebenen Quellennachweise sowie Fn. 148.

[1430]   Hierzu muss einschränkend gesagt werden, dass Studien zeigen, dass in 90% der US-amerikanischen Ge-
         sellschaften keine Trennung der Position des CEOs und des Chairmans of the Board vorliegt [vgl.
         SALZBERGER (2004), Sp. 103]. In Großbritannien ist CEO Duality jedoch weniger stark verbreitet. In im-
         merhin zwei Drittel der Gesellschaften liegt eine Trennung der beiden Ämter vor [vgl. SALZBERGER
         (2004), Sp. 103].

Präferenzen, d.h. ein hohes Einkommen und eine Vergütung, die nur eine niedrige Pay-Performance Sensitivität aufweist, übereinstimmen.[1431] Wie einflussreich Manager sind, ist nicht zuletzt auch davon abhängig, mit wie viel Macht das Kontrollgremium ausgestattet ist bzw. mit welcher Intensität die Mitglieder ihre Überwachungsfunktion wahrnehmen.[1432] LAMBERT/LARCKER/WEIGELT (1993), die in ihrer Studie gezeigt haben, dass Macht ein bedeutender Erklärungsfaktor für die Höhe der Vergütung von Managern darstellt,[1433] argumentieren beispielsweise, dass die Überwachungseffizienz und das Einflusspotenzial des Boards von der personellen Zusammensetzung des Kontrollgremiums abhängig ist. Dementsprechend haben sie in ihrer Untersuchung die Macht von Managern anhand verschiedener Board-Merkmale gemessen. Berücksichtigt wurde u.a., ob einzelne Board-Mitglieder im Besitz von größeren Aktienblöcken des Unternehmens sind, wie viele Outside Directors im Board vertreten sind und wann externe Board-Mitglieder (vor oder während der Amtszeit des CEOs) ernannt wurden.[1434]

In der Literatur besteht darüber Einigkeit, dass die Übernahme des Board Chairs durch den CEO zu einer Schwächung des Kontrollgremiums führt.[1435] Die Gründe hierfür wurden oben bereits ausführlich dargelegt. Gleichwohl triftige Argumente angeführt werden, warum eine Ausweitung der strukturellen Macht von CEOs mit einer höheren Entlohnung einhergeht, gelangen empirische Studien zum Zusammenhang von CEO Duality und Vergütung zu gemischten Resultaten. So zeigen MAIN/O'REILLY/WADE (1995), dass CEOs, die zugleich die Position des Chairmans innehaben, keine signifikant höhere Vergütung erhalten.[1436] Zu einem anderen Ergebnis gelangen indes CORE/HOLTHAUSEN/LARCKER (1999) sowie CYERT/KANG/KUMAR (2002).[1437] Letztere zeigen, dass CEOs, die den Vorsitz des Boards bekleiden, eine wesentlich höhere aktienbasierte Vergütung erhalten.[1438] Erwähnenswert ist in diesem Zusammenhang zudem die Studie von O'REILLY/MAIN (2007), die überraschenderweise zu dem Schluss gelangen, dass mit steigender Zahl unabhängiger Board-Mitglieder die Gesamtbarvergütung eines CEOs, der zugleich das Amt des Board Chairs bekleidet, zunimmt. Die Ver-

---

[1431]   Vgl. BEBCHUK/FRIED (2004), S. 80.

[1432]   Vgl. BEBCHUK/FRIED (2004), S. 80.

[1433]   Vgl. LAMBERT/LARCKER/WEIGELT (1993), S. 457.

[1434]   Vgl. LAMBERT/LARCKER/WEIGELT (1993), S. 445.

[1435]   Siehe hierzu die Gegenargumente in dem Beitrag von FINKELSTEIN/D'AVENI (1994), die CEO-Duality als doppelschneidiges Schwert bezeichnen, da die Personalunion sowohl Vor- als auch Nachteile mit sich bringen kann [vgl. FINKELSTEIN/D'AVENI (1994), S. 1079 ff.]

[1436]   Vgl. MAIN/O'REILLY/WADE (1995), S. 319.

[1437]   Die Ergebnisse der Studie von CORE/HOLTHAUSEN/LARCKER (1999) wurden bereits unter Abschnitt 1.2.2.1.1 vorgestellt.

[1438]   Vgl. CYERT/KANG/KUMAR (2002), S. 466.

gütung erhöht sich um 469.000 US $, wenn die Zahl unabhängiger Directors von drei auf sieben steigt.[1439] Fraglich ist nur, ob die von O'REILLY/MAIN angeführte Erklärung für die Zunahme der Gesamtbarvergütung überzeugen kann. Sie argumentieren, dass mit steigender Zahl unabhängiger Board-Mitglieder auch die Möglichkeiten für den CEO zunehmen, sozialen Einfluss auszuüben.[1440] Diese Erklärung erscheint allerdings nicht plausibel, denn genauso gut könnte argumentiert werden, dass es für einen CEO mit zunehmender Gruppengröße schwieriger wird, seinen Einfluss geltend zu machen.

Eine weitere Studie zur strukturellen Macht von Top-Managern stammt von POLLOCK/FISCHER/WADE (2002). Im Mittelpunkt ihrer Untersuchung stand die Frage, wann Boards ein Repricing von Aktienoptionen vornehmen, damit Manager, deren Optionen wertlos geworden sind, nicht gänzlich leer ausgehen.[1441] Die Studie gelangt zu dem Schluss, dass die Wahrscheinlichkeit des Repricing mit Zunahme der strukturellen Macht – gemessen anhand von CEO Duality – steigt.[1442] Zum anderen macht die Studie aber auch deutlich, dass ein Repricing unwahrscheinlich ist, wenn der CEO größere Anteile am Unternehmen besitzt.[1443]

Neben dem Zusammenhang zwischen der strukturellen Macht und der Vergütung von Top-Managern wurde in verschiedenen Studien untersucht, welche Rolle die Amtsdauer spielt. Wie oben ausführlich dargelegt, wird die Amtsdauer als Proxy für das Einflusspotenzial des CEOs auf Entscheidungen des Boards herangezogen.

HILL/PHAN (1991) gelangen in ihrer Studie zu dem Resultat, dass je länger ein CEO im Amt ist, desto größer ist der Zusammenhang zwischen der Unternehmensgröße und der Gesamtbarvergütung des CEOs bzw. desto schwächer ist der Zusammenhang zwischen den „Stock Returns" und der Gesamtbarvergütung.[1444] Den Autoren zufolge legen die Ergebnisse nahe, dass CEOs im Laufe ihrer Amtszeit nicht nur in der Lage sind, ihre Machtbasis auszubauen, sondern ihren Einfluss spielen lassen, um ihre Vergütungssysteme mit ihren persönlichen Präferenzen in Übereinstimmung zu bringen.[1445]

Auch FINKELSTEIN/HAMBRICK (1989) ziehen in ihrer Untersuchung die Amtsdauer als Indikator für die Machtfülle von CEOs heran. Der erwartete positive Zusammenhang zwischen der

---

[1439]   Vgl. O'REILLY/MAIN (2007), S. 8.

[1440]   Vgl. O'REILLY/MAIN (2007), S. 6.

[1441]   Von einem Repricing wird gesprochen, wenn der Ausübungspreis nachträglich gesenkt wird [vgl. POLLOCK/FISCHER/WADE (2002), S. 1172]. Zu den Vor- und Nachteilen des Repricing von Aktienoptionen siehe CORE/GUAY/LARCKER (2003), S. 40 f.

[1442]   Vgl. POLLOCK/FISCHER/WADE (2002), S. 1179.

[1443]   Vgl. POLLOCK/FISCHER/WADE (2002), S. 1180.

[1444]   Vgl. HILL/PHAN (1991), S. 713 f.

[1445]   Vgl. HILL/PHAN (1991), S. 715.

Amtsdauer und der Vergütungshöhe konnte allerdings nicht bestätigt werden. Stattdessen haben die Autoren einen kurvilinearen Zusammenhang entdecken können.[1446] Demnach steigt das Einkommen von Managern bis zu einer Amtszeit von 18 Jahren und ist dann wieder rückläufig. Zu einem ähnlichen Ergebnis gelangen auch ELHAGRASEY/HARRISON/BUCHHOLZ (1999), die zeigen, dass das Gehalt von CEOs bis zu einer Amtszeit von maximal 16,5 Jahren kontinuierlich steigt.[1447] Das Vorliegen eines umgekehrt U-förmigen Zusammenhangs wird u.a. damit begründet, dass Top-Manager, die zu lange für ein und dasselbe Unternehmen tätig waren, nicht mehr die gleiche Mobilität auf dem Arbeitsmarkt für Manager aufweisen.[1448]

2.2 Eigentümermacht

Während aus agencytheoretischer Sicht Aktienbeteiligungen des Managements zu einer Angleichung der Interessen zwischen dem Management und den Anteilseignern sowie zu einer Minimierung der Agenturkosten führen[1449] – JENSEN/MURPHY (1990a) sprechen gar von Aktienbeteiligungen als „most powerful link between shareholder wealth and executive wealth"[1450] –, machen Vertreter machttheoretischer Ansätze darauf aufmerksam, dass Manager, die größere Anteile am Unternehmen halten, auch über mehr Macht verfügen und demnach die Höhe ihres Einkommens in ihrem Sinne beeinflussen können. KHAN/DHARWADKAR/ BRANDES (2005) gelangen in ihrer Untersuchung zu dem Ergebnis, dass Manager, die über einen größeren Aktienbesitz verfügen, eine höhere Grundvergütung erhalten. Zudem ist der Anteil langfristiger Vergütungskomponenten mit Risikocharakter geringer.[1451] Die Autoren sehen die Ergebnisse ihrer Studie allerdings nicht im Widerspruch zur Agencytheorie, denn vor dem Hintergrund der Annahme der Risikoaversion von Managern sowie der Problematik, dass durch erfolgsabhängige Vergütungskomponenten die Risikoaversion sogar verstärkt werden kann, erscheint es wenig sinnvoll, dass die Vergütungssysteme von Managern, die

---

[1446]   Vgl. FINKELSTEIN/HAMBRICK (1989), S. 129.

[1447]   Vgl. ELHAGRASEY/HARRISON/BUCHHOLZ (1999), S. 324.

[1448]   Vgl. FINKELSTEIN/HAMBRICK (1989), S. 129.

[1449]   In zahlreichen Untersuchungen wurde der Zusammenhang von Aktienbeteiligungen des Managements und dem Unternehmenserfolg untersucht. Eine von der *Scientific Community* viel beachtete Studie stammt von MORCK/SHLEIFER/VISHNY (1988). Sie haben in ihrer Studie zwei konträre Hypothesen, die ‚Convergence-of-interest'-Hypothese und die sog. ‚Entrenchment'-Hypothese, untersucht. Letztere geht davon aus, dass sich aufgrund des Aktienbesitzes der Einflussbereich von Managern erhöht, sie sich der Kontrolle besser entziehen, und sie somit ihre eigenen Interessen durchsetzen können. Die Studie zeigt, dass zwischen dem Aktienbesitz und dem Unternehmensperformance ein nicht monotoner Zusammenhang besteht. Einen guten Überblick über diesen Forschungszweig geben CORE/GUAY/LARCKER (2003), S. 34 ff.

[1450]   JENSEN/MURPHY (1990a), S. 141.

[1451]   Vgl. KHAN/DHARWADKAR/BRANDES (2005), S. 1086.

bereits über einen großen Aktienbesitz verfügen, zusätzlich einen hohen Anteil von Aktienoptionen vorsehen.[1452]

Den Zusammenhang zwischen der Machtfülle und der Vergütung von Managern haben FINKELSTEIN/HAMBRICK (1989) bereits Ende der 1980er Jahre untersucht. Als Einflussquellen haben sie die Amtsdauer des CEOs, seinen Anteilsbesitz sowie den Anteilsbesitz seiner Familie herangezogen. Bezüglich des Anteilsbesitzes des CEOs und seiner Vergütung haben die Autoren einen kurvilinearen Zusammenhang feststellen können.[1453] So steigt das Gehalt eines CEOs bis zu einem maximalen Anteilsbesitz von rund 9%. Als Grund hierfür nennen sie steuerliche Vorteile.

Auch ALLEN (1981) argumentiert, dass Aktienbeteiligungen mit einem Machtgewinn einhergehen, und dass CEOs ihre Macht einsetzen, um das Niveau ihrer Vergütung zu steigern.[1454] Dabei geht er davon aus, dass ein CEO mindestens über 5% des stimmberechtigten Kapitals verfügen muss, um überhaupt über ein gewisses Einflusspotenzial zu verfügen.[1455] Gleichwohl die Studie zu dem Ergebnis gelangt, dass ein CEO, der unter allen Mitgliedern des Boards als einziger einen größeren Anteil am Unternehmen besitzt, keine signifikant höhere Direkt- oder Gesamtvergütung[1456] erhält,[1457] sieht ALLEN keinen Widerspruch zwischen dem Resultat seiner empirischen Untersuchung und der machttheoretischen Erklärung. Der Autor stellt fest, dass CEOs mit einem hohen Anteilsbesitz ein wesentlich höheres aggregiertes Einkommen (‚aggregate income') erhalten, welches sich aus der Gesamtvergütung und den ausgezahlten Dividenden zusammensetzt. So schlussfolgert er: „Indeed, this pattern is not inconsistent with the basic premises of power theory, since it may represent a deliberate strategy on the part of chief executive officers who are also principal stockholders to obviate any poten-

---

[1452] KHAN/DHARWADKAR/BRANDES (2005), S. 1086. JENSEN/MURPHY (1990a) kritisieren in ihrem viel beachteten Aufsatz, dass die Mitglieder des Boards bei der Erstellung der Vergütungssysteme den Aktienbesitz von Managern häufig nicht berücksichtigen [vgl. JENSEN/MURPHY (1990a), S. 142].

[1453] Vgl. FINKELSTEIN/HAMBRICK (1989), S. 130.

[1454] Vgl. ALLEN (1981), S. 1116.

[1455] Vgl. ALLEN (1981), S. 1118.

[1456] Im Hinblick auf die abhängige Variable unterscheidet der Autor zwischen einer ‚Direct Remunertaion', welche sich aus dem Grundgehalt, Bonus und Deferred Compensation zusammensetzt, einer ‚Total Remuneration', die neben der genannten Direktvergütung auch Aktienoptionen umfasst sowie dem ‚Aggregate Income', welches sich wiederum aus der Gesamtvergütung und den gezahlten Dividenden zusammensetzt [vgl. ALLEN (1981), S. 1117].

[1457] Dass zwischen dem Anteilsbesitz des CEOs und seiner Vergütung kein positiver Zusammenhang besteht, zeigen im Übrigen auch CORE/HOLTHAUSEN/LARCKER (1999) in ihrer Studie [vgl. CORE/HOLTHAUSEN/LARCKER (1999), S. 388]. Zur Untersuchung von CORE/HOLTHAUSEN/LARCKER siehe die Ausführungen auf S. 138 ff.

tial proxy contests or litigation by dissident stockholders over the issue of managerial compensation."[1458]

Bezüglich der von FINKELSTEIN/HAMBRICK aufgestellten Vermutung, dass auch CEOs, deren Familien wesentliche Anteile am Unternehmen besitzen, über ein größeres Einflusspotenzial verfügen und dementsprechend eine höhere Vergütung erhalten, kann durch die Ergebnisse der Studie nicht bestätigt werden.[1459] Stattdessen legen die Ergebnisse sogar nahe, dass CEOs, die in einem verwandtschaftlichen Verhältnis zur Eigentümerfamilie stehen, eine geringere Entlohnung erhalten.[1460]

Im Gegensatz zu den oben vorgestellten Studien, gelangen BARKEMA/PENNINGS (1998) in ihrer Untersuchung zu dem Resultat, dass der Anteilsbesitz des CEOs alleine nicht ausreicht, um den CEO in die Lage zu versetzen, seine Vergütung manipulieren zu können.[1461] Erst in Kombination mit anderen Machtquellen, wie z.B. ein etabliertes soziales Netzwerk oder Macht aufgrund von Informationsasymmetrien, spielt der Anteilsbesitz eine Rolle. Als Indikator informeller Macht wurde neben der Amtszeit u.a. auch geprüft, ob der CEO Gründer des Unternehmens ist. Im Hinblick auf das Zusammenwirken formaler und informaler Machtquellen resümieren BARKEMA/PENNINGS: „(…) top managers manipulate their salaries and bonuses, if the formal power from their holdings is backed up by these more covert sources of power."[1462]

2.3   Prestigemacht

Wie oben bereits dargelegt, wird das Prestige eines Managers ebenfalls als bedeutende Grundlage managerialer Macht verstanden. Um die Prestige-Macht zu messen, werden in empirischen Arbeiten häufig zwei Indikatoren herangezogen: 1) die Anzahl von Mitgliedschaften in Kontrollgremien sowie 2) der Abschluss an einer elitären Bildungseinrichtung.[1463] Die Auswirkung von Prestige – gemessen anhand der beiden Indikatoren – auf die Vergütung von Top-Managern wurde bislang in nur wenigen Arbeiten empirisch untersucht. So kommen WADE/O'REILLY/CHANDRAT (1990) in ihrer Studie zu dem Schluss, dass die Vergütungsverträge von CEOs, die über eine hohe externe Reputation verfügen,[1464] mit einer höheren Wahr-

---

[1458]   ALLEN (1981), S. 1122.

[1459]   Vgl. FINKELSTEIN/HAMBRICK (1989), S. 130.

[1460]   Siehe hierzu auch die Ergebnisse der Studie von GOMEZ-MEJIA/LARRAZA-KINTANA/MAKRI (2003) auf S. 156.

[1461]   Vgl. BARKEMA/PENNINGS (1998), S. 996.

[1462]   BARKEMA/PENNINGS (1998), S. 996.

[1463]   Vgl. D'AVENI (1990), S. 128 f.; FINKELSTEIN (1992), S. 515 f.

[1464]   Gemessen anhand von Board-Mitgliedschaften.

scheinlichkeit einen so genannten ‚Goldenen Fallschirm' enthalten.[1465] BELLIVEAU/O'REILLY/ WADE (1996) haben in ihrer Untersuchung ebenfalls einen Zusammenhang zwischen dem sozialen Status und der Vergütung von Managern feststellen können. Neben der Anzahl von Board-Ämtern und Mitgliedschaften in elitären Clubs haben die Autoren zudem berücksichtigt, ob der CEO an einer Eliteuniversität studiert hat.[1466]

Im Folgenden werden die Ergebnisse von Studien vorgestellt, die ebenfalls argumentieren, dass das Prestige oder die Reputation von Managern bei der Festlegung der Vergütung eine entscheidende Rolle spielt. Im Mittelpunkt dieser Untersuchungen stehen die Auswirkungen von öffentlichen Auszeichnungen („Manager des Jahres") oder Rankings, die von zahlreichen Wirtschaftsmagazinen jährlich vergeben werden.[1467] In den USA zählen zu den bekanntesten Ehrungen die Rankings der *Financial World* sowie der *Business Week*. In Deutschland wird die Auszeichnung „Manager des Jahres" u.a. vom *Manager Magazin* sowie von der *Wirtschaftswoche* verliehen.

In den nun nachfolgend vorgestellten Untersuchungen wurde analysiert, ob Manager nach einer Bestplatzierung in einem Ranking eine höhere Vergütung erhalten. Für diesen Zusammenhang werden in der Literatur vor allem zwei Argumente angeführt: 1) Aufgrund der Komplexität der managerialen Tätigkeit sowie der kausalen Ambiguität zwischen der Managerleistung und dem Unternehmenserfolg gestaltet sich eine Leistungsbeurteilung auf der Ebene des Top-Managements besonders schwierig. Auszeichnungen reduzieren die Unsicherheit bei der Leistungsbeurteilung und erfüllen die Funktion eines ‚heuristic cues'.[1468] Neben dieser eher sozial-psychologischen Erklärung wird darüber hinaus auch ein machttheoretisches Argument angeführt. 2) So wird ein Vergütungsanstieg nach einer Top-Platzierung damit begründet, dass in Folge einer öffentlichen Auszeichnung der Manager an Prestige gewinnt, und dass sich dadurch wiederum seine Position in Vergütungsverhandlungen mit dem Kontrollgremium verbessert.[1469]

WADE/PORAC/POLLOCK/MEINDL haben sich mit dem Zusammenhang zwischen Starreputation und Managerkompensation erstmals gegen Ende der 1990er Jahre beschäftigt. Die Autoren gehen der Frage nach, ob es sich für ein Unternehmen lohnt, einen Starmanager zu beschäftigen. Um diese Frage zu beantworten, haben WADE ET AL. zwei konkurrierende Erklärungen, die sie als Star-Macht Argument (*star power argument*) und als Star-Image Argument (*star*

[1465]   Vgl. WADE/O'REILLY/CHANDRATAT (1990), S. 596. Siehe zum ‚Goldenen Fallschirm' nochmals S. 187.

[1466]   Vgl. BELLIVEAU/O'REILLY/WADE (1996), S. 1577.

[1467]   Vgl. FRANK/COOK (1996), S. 10 und passim.

[1468]   Vgl. WADE ET AL. (2006), S. 646.

[1469]   Vgl. GRAFFIN ET AL. (2008), S. 460; WADE ET AL. (2006), S. 467; WADE ET AL. (1997), S. 105.

image argument) bezeichnen, aufgestellt und empirisch überprüft. Die folgende Abbildung stellt beide Erklärungen gegenüber und fasst die zentralen Aussagen zusammen.

Abb. 16: Star-Macht Erklärung vs. Star-Image Erklärung[1470]

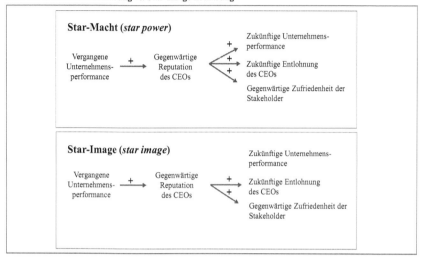

Nach WADE ET AL. argumentieren vor allem Vertreter der Agencytheorie im Sinne der Star-Macht Erklärung. Wie oben ausführlich dargelegt, geht die Agencytheorie davon aus, dass Manager Nutzenmaximierer sind und vorrangig ihre eigenen Interessen verfolgen. Externe Disziplinierungsinstrumente, die sicherstellen, dass Manager im Sinne der Anteilseigner handeln, sind der Arbeitsmarkt für Manager sowie der Markt für Unternehmenskontrolle. Argumentiert wird, dass diese Märkte zuverlässige Informationen über die Leistungen von Managern bereitstellen.[1471] Reputationssignale des CEO-Talentmarktes liefern nicht nur Informationen über die vergangene Leistung, sondern ermöglichen auch eine relativ präzise Einschätzung der zukünftigen Leistung. Manager-Rankings von Wirtschaftsmagazinen können insofern als zuverlässige Reputationssignale verstanden werden, als ausschließlich Manager ausgezeichnet werden, die Unternehmen in der Vergangenheit erfolgreich geführt haben und daher über ein größeres Talent sowie eine höhere Leistungsbereitschaft verfügen. Wenngleich renommierte Manager für ihre Leistungen auch eine höhere Vergütung verlangen, zahlt es

---

[1470]   I.A. WADE ET AL. (1997), S. 106.

[1471]   Vgl. WADE ET AL. (1997), S. 105.

sich aufgrund der zu erwartenden zukünftigen Gewinne dennoch für Unternehmen aus, hoch dotierte Managerstars zu beschäftigen.

Demgegenüber steht die sozial-konstruktivistische und attributionstheoretische Star-Image Erklärung.[1472] Vertreter dieser Richtung stehen der Annahme, dass Top-Manager einen großen Einfluss auf den Unternehmenserfolg haben, eher kritisch gegenüber. Sie betonen, dass es aufgrund zahlreicher Faktoren, wie z.b. Pfadabhängigkeit, Branchenwettbewerb oder allgemeine wirtschaftliche Bedingungen, nicht möglich ist, einen direkten Zusammenhang zwischen der Fähigkeit bzw. Leistung eines CEOs und der Unternehmensperformance herzustellen.[1473] Des Weiteren argumentieren Vertreter dieser Perspektive, dass die Medienpopularität, und die von der Presse produzierten Reputationssignale den Star-CEO in die Lage versetzen, für seine Leistung eine höhere Entlohnung zu verlangen. Er macht sozusagen von der Gelegenheit Gebrauch, aus seiner gegenwärtigen Popularität finanzielles Kapital zu schlagen.[1474] Von zentraler Bedeutung ist dabei das Argument, dass durch die Starreputation seine Macht steigt und sich dadurch seine Verhandlungsposition verbessert.

Aus der Abbildung wird deutlich, dass in beiden Erklärungen die Unternehmensperformance die Reputation von CEOs determiniert, und dass sich die Reputation wiederum auf die zukünftige Entlohnung auswirkt. Im Unterschied zur Star-Macht Erklärung geht die Star-Image Erklärung jedoch davon aus, dass die gegenwärtige Reputation des CEOs das Ergebnis sozialer Konstruktionsprozesse und Attributionen ist, und daher kein zuverlässiger Prädiktor im Hinblick auf die zukünftige Unternehmensperformance darstellt.[1475] „CEO ability is an attribution that is generated within organizational communities as social observers retrospectively examine a company's performance. Reputations are summaries and interpretations of the past with unclear predictive power about future accomplishments."[1476]

WADE ET AL. unterziehen beide Erklärungen einer empirischen Überprüfung.[1477] Die unabhängige Variable Reputation wurde anhand von Platzierungen im Ranking der *Financial World* gemessen.[1478] Die CEO-Vergütung und die Unternehmensperformance bildeten die abhängigen Variablen.

[1472]   Vgl. WADE ET AL. (1997), S. 105.

[1473]   Vgl. WADE ET AL. (1997), S. 105.

[1474]   Vgl. WADE ET AL. (1997), S. 105.

[1475]   Vgl. WADE ET AL. (1997), S. 106.

[1476]   WADE ET AL. (1997), S. 105.

[1477]   Die Stichprobe enthält Daten von 280 überwiegend großen US-amerikanischen Unternehmen, und die Untersuchung erstreckt sich über einen Zeitraum von fünf Jahren (1990 bis 1994).

[1478]   Das *Financial World* Ranking wurde zwischen 1975 und 1997 jährlich durchgeführt. Es ist das Ergebnis einer Umfrage unter Analysten. Anhand von vier Kriterien (Finanzergebnis, Wettbewerbsposition, Quali-

Die Ergebnisse der Untersuchung legen nahe, dass die Star-Image Erklärung eher zutrifft, als die Star-Macht Erklärung. Die Untersuchungsergebnisse lassen sich wie folgt zusammenfassen: Die Wahrscheinlichkeit, dass ein CEO eine *Financial World* Medaille gewinnt steigt 1) mit seinem Alter, 2) mit der Größe des Unternehmens, 3) wenn das Unternehmen im Vorjahr erfolgreich war und 4) wenn die Amtszeit als CEO relativ kurz ist.[1479] Weiter konnten sie zeigen, dass Medaillen-Gewinner eine höhere Gesamtvergütung erhalten als andere CEOs. Im Hinblick auf die Frage, ob Unternehmen, deren CEOs eine Auszeichnung erhalten haben, in den Folgejahren erfolgreicher waren als andere, konnten die Autoren zeigen: „Consistent with the star image perspective, and inconsistent with the star power argument, our results suggest that winning a *Financial World* medal is not associated with a company's future performance."[1480]

Fast zehn Jahre später haben WADE/PORAC/POLLOCK/GRAFFIN (2006) eine vergleichbare Untersuchung durchgeführt. Im Mittelpunkt der Studie steht ebenfalls die Frage, ob Unternehmen von Star-CEOs profitieren, und inwiefern sich öffentliche Auszeichnungen auf die Entlohnung von CEOs auswirken.

WADE ET AL. legen zunächst die Gründe dar, warum es problematisch ist, den Unternehmenserfolg auf die Leistung des Top-Managements zurückzuführen. Die Argumente sind hinlänglich bekannt. So legen die Autoren dar, dass der Unternehmenserfolg nicht ausschließlich von den Entscheidungen des Managements abhängig ist, sondern auch von Umwelteinflüssen oder von Entscheidungen, die weit in der Vergangenheit zurückliegen. Aufgrund der Bewertungsschwierigkeiten (*evaluative uncertainty*) greifen Stakeholder zur Einschätzung der Leistung des CEOs auf Rangordnungen zurück, in denen ein Akteur in Relation zu einem anderen Akteur bewertet wird. „Organizational researchers have argued that, under conditions of evaluative uncertainty, one mechanism by which the capabilities of social actors are assessed is certification contests and endorsements from reputable third parties."[1481] WADE ET AL. betonen nun, dass insbesondere die Medien eine entscheidende Rolle spielen, denn sie konstruieren diese Rangordnungen, indem sie Informationen über die Performance von Unternehmen interpretieren und dann in Form von Contests oder Rankings, wie z.B. „Manager des Jahres"

---

tät des Top-Management Teams sowie soziale Performance) geben Analysten eine Einschätzung der Leistung von amerikanischen CEOs ab. Für jede Branche werden auf diese Weise drei Bronze-Medaillen Gewinner ermittelt sowie branchenübergreifende Silber-Medaillen Gewinner. Aus dieser Gruppe wiederum bestimmt die Redaktion der *Financial World* den Gewinner der Gold-Medaille. Siehe im Detail WADE ET AL. (1997), S. 107.

[1479]   Vgl. WADE ET AL. (1997), S. 108.

[1480]   WADE ET AL. (1997), S. 108 (Kursivierung im Original).

[1481]   WADE ET AL. (2006), S. 645.

oder „Unternehmen des Jahres", einer breiten Öffentlichkeit zugänglich machen.[1482] Nach WADE ET AL. haben diese inszenierten Wettbewerbe (Certification Contests) einen erheblichen Einfluss auf die Reputation von Akteuren.[1483]

Die empirische Studie von WADE ET AL. erstreckt sich über einen Zeitraum von fünf Jahren (1992-1996). Ihre Stichprobe besteht aus 278 Unternehmen. Die abhängigen Variablen bilden die Unternehmensperformance sowie die CEO-Gesamtvergütung.[1484] Als unabhängige Variable wählten die Autoren das Ranking der *Financial World.*[1485]

Bezüglich der Auswirkungen einer Bestplatzierung im *Financial World* Ranking auf die Unternehmensperformance stellen die Autoren zwei konkurrierende Hypothesen auf. Zum einen argumentieren sie, dass sich Auszeichnungen *positiv* auf die zukünftige Unternehmensperformance auswirken, denn ein Unternehmen mit einem Star-CEO an der Spitze, signalisiert nach außen, dass ihre Geschäftsleitung in den Händen eines der besten Manager des Landes liegt.[1486] Durch die öffentliche Würdigung der Leistung des CEOs steigt seine Reputation, und dadurch auch die Vertrauenswürdigkeit des Unternehmens in den Augen zentraler Stakeholder.[1487] So diskutieren die Forscher die Möglichkeit, dass durch die Beschäftigung eines Star-CEOs die Kapitalkosten sinken, dass Lieferanten eine größere Bereitschaft zeigen, auch in risikoreiche Verträge einzuwilligen, oder dass die Aktie des Unternehmens an Attraktivität gewinnt.[1488] Weiter argumentieren sie, dass durch öffentliche Auszeichnungen das Prestige des CEOs steigt, und sich dadurch seine Position in Verhandlungen mit internen und externen Akteuren verbessert.[1489]

Auf der anderen Seite ziehen WADE ET AL. aber auch die Möglichkeit in Betracht, dass sich Auszeichnungen *negativ* auf die zukünftige Unternehmensperformance auswirken. Sie rekurrieren auf empirische Untersuchungsergebnisse aus der Hybris-Forschung.[1490] Hiernach können öffentliche Auszeichnungen dazu führen, dass der CEO ein zu optimistisches Bild hin-

---

[1482] Vgl. WADE ET AL. (2006), S. 643.

[1483] Vgl. WADE ET AL. (2006), S. 644.

[1484] Im Hinblick auf die Unternehmensperformance wurden sowohl kurzfristige als auch langfristige Effekte untersucht. Für die Ermittlung kurzfristiger Effekte führten die Autoren eine Ereignis-Studie durch [siehe ausführlich WADE ET AL. (2006), S. 649 ff.].

[1485] Kontrollvariablen bildeten u.a. die Unternehmensgröße, Branchenperformance, CEO-Amtsdauer sowie die Art der Rekrutierung (intern versus extern) [vgl. WADE ET AL. (2006), S. 649].

[1486] Vgl. WADE ET AL. (2006), S. 645.

[1487] Vgl. WADE ET AL. (2006), S. 645.

[1488] Vgl. WADE ET AL. (2006), S. 645.

[1489] WADE ET AL. (2006), S. 646 (Kursivierung im Original).

[1490] Siehe zum Hybris-Konzept nochmals S. 82 f.

sichtlich seiner eigenen Fähigkeiten entwickelt. Manageriale Fehlentscheidungen können aus der Selbstüberschätzung des CEOs resultieren.[1491]

Ein weiterer Schwerpunkt der Studie besteht in der Analyse des Zusammenhangs zwischen CEO-Auszeichnungen und CEO-Vergütung. WADE ET AL. stellen fest, dass Board-Mitglieder große Schwierigkeiten haben, den Grenzbeitrag des CEOs zur unternehmerischen Performance zu bestimmen. Vor diesem Hintergrund ziehen sie in Betracht, dass Auszeichnungen den Board-Mitgliedern als „useful cues"[1492] für die Leistungsbewertung von Managern dienen können. Des Weiteren argumentieren sie: „Certified CEOs may be able to leverage their high status in negotiating future compensation contracts with boards, or board members may simply feel justified in paying star CEOs higher compensation as a result of reduced uncertainty about the quality of the CEOs."[1493] Die positive Medienberichterstattung, die zumeist einer öffentlichen Ehrung folgt, könnte die Board-Mitglieder in dem Glauben bestärken, dass der CEO über einzigartige Fähigkeiten verfügt.[1494] Letztlich vermuten WADE ET AL. einen positiven Zusammenhang zwischen den Auszeichnungen und der Vergütung von CEOs. Im Sinne des so genannten Matthäus-Effekts erhalten renommierte Top-Manager bei gleicher oder ähnlicher Leistung eine höhere Vergütung.[1495] Zudem stellen sie die Vermutung auf, dass CEOs, die in der Vergangenheit ausgezeichnet wurden, für den Unternehmenserfolg bzw. -misserfolg stärker verantwortlich gemacht werden, als CEOs, die keine Auszeichnung erhalten haben. Zur theoretischen Untermauerung dieser Hypothese greifen sie auf attributionstheoretische Arbeiten zurück.[1496]

Die Studie gelangt zu den folgenden Ergebnissen: Zwischen den CEO-Auszeichnungen und der zukünftigen Unternehmensperformance besteht kein positiver Zusammenhang. Tatsächlich deuten die Ergebnisse sogar darauf hin, dass die Unternehmensperformance nach einer Auszeichnung nachlässt.[1497] Des Weiteren gelangt die Studie zu dem Resultat, dass die Vergütung von CEOs, die von der *Financial World* ausgezeichnet wurden, noch im selben Jahr angehoben wurde. „Winning a medal increases a CEO's pay in that year by approximately 10 percent, and each medal awarded in the previous five years adds almost 5 percent to his/her total pay."[1498] Hieraus schlussfolgern die Autoren, dass die Mitglieder des Boards relativ

---

[1491]   Vgl. WADE ET AL. (2006), S. 646.

[1492]   WADE ET AL. (2006), S. 646.

[1493]   WADE ET AL. (2006), S. 647.

[1494]   Vgl. WADE ET AL. (2006), S. 647.

[1495]   Vgl. WADE ET AL. (2006), S. 647. Siehe zum Matthäus-Effekt auch FRANK/COOK (1996), S. 35.

[1496]   Vgl. WADE ET AL. (2006), S. 647.

[1497]   Vgl. WADE ET AL. (2006), S. 654.

[1498]   WADE ET AL. (2006), S. 655.

schnell auf öffentliche Auszeichnung von CEOs reagieren. Setzt sich der Erfolgskurs des Unternehmens auch im darauffolgenden Jahr fort, erhalten Medaillen-Gewinner eine höhere Vergütung als nicht öffentlich gewürdigte CEOs. Umgekehrt zeigen die Ergebnisse aber auch, dass Medaillen-Gewinner niedriger vergütet werden als CEOs ohne Auszeichnung, wenn die Rentabilität sinkt.[1499] Dieses Phänomen bezeichnen die Autoren als ‚burden of celebrity'. Sie gehen davon aus, dass die Erwartungen von Board-Mitgliedern und Investoren an einen Star-CEO höher sind. Werden die Erwartungen nicht erfüllt, wird der Star-CEO stärker sanktioniert.[1500] Oder anderes gewendet: die Vergütung von Star-CEOs weist eine stärkere – und von Vertretern der Agencytheorie geforderte – Pay-Performance Sensitivität auf.[1501]

MALMENDIER/TATE (2009) untersuchen ebenfalls die Auswirkungen von CEO-Awards. Sie gehen davon aus, dass einzelne CEOs erst durch die Medien zu „Superstars" gemacht werden. Der Kult um einzelne Manager hat den Autoren zufolge aber auch eine Schattenseite. Star-CEOs investieren beispielsweise mehr Zeit in Aktivitäten, die nicht zum Arbeitsbereich eines Top-Managers gehören, wie z.B. das Schreiben von Memoiren oder Managementbestsellern.[1502] Das Phänomen des Leistungsabfalls nach einer öffentlichen Würdigung als „Manager des Jahres" bezeichnen sie als ‚CEO Disease'.[1503]

Im Unterschied zu den oben vorgestellten Studien, haben MALMENDIER/TATE nicht nur die Auszeichnungen der *Financial World*, sondern verschiedene einflussreiche Awards (u.a. *Business Week*, *Financial World*, *Chief Executive*, *Forbes*, *Industry Week*) erhoben.[1504] Ähnlich wie WADE ET AL. (2006) untersuchen sie den Zusammenhang zwischen dem Superstar-Status eines CEOs – gemessen anhand der Anzahl der verliehenen Awards – und der Unternehmensperformance sowie der Höhe der Vergütung.

Die Ergebnisse der Studie von MALMENDIER/TATE können wie folgt zusammengefasst werden: 1) Die Autoren konnten feststellen, dass die Performance von Unternehmen, deren CEOs öffentlich ausgezeichnet wurden, in den darauf folgenden Jahren nachließ.[1505] 2) In Übereinstimmung mit den Ergebnissen von WADE ET AL. (1997) sowie WADE ET AL. (2006) zeigt die

---

[1499]   Vgl. WADE ET AL. (2006), S. 656.

[1500]   Vgl. WADE ET AL. (2006), S. 656.

[1501]   Die Sensitivität der Vergütung gibt an, „um wie viel Geldeinheiten die Vergütung steigt, wenn der Erfolg um eine Einheit zunimmt." [WINTER (2001), S. 510]. Siehe hierzu auch JENSEN/MURPHY (1990b), S. 227 ff.

[1502]   Vgl. MALMENDIER/TATE (2009), S. 1594 sowie S. 1624 f.

[1503]   Vgl. MALMENDIER/TATE (2009), S. 1595.

[1504]   Siehe im Detail MALMENDIER/TATE (2009), S. 1599.

[1505]   Untersucht wurde die Entwicklung der Unternehmensperformance in den drei Jahren nach einer Auszeichnung [siehe im Einzelnen MALMENDIER/TATE (2009) S. 1610 f.].

Studie, dass Star-CEOs eine höhere Gesamtvergütung erhalten als nicht-Star-CEOs.[1506] Der Anstieg ist vor allem im Bereich der aktienbasierten Vergütung feststellbar. MALMENDIER/TATE liefern hierfür u.a. die folgende Begründung: „(…) award winners use their increased power to extract greater rents. Rent extraction is most likely to occur in the form of equity-based compensation (and particularly stock option grants) because these less transparent forms of compensation are less likely to violate the shareholders' "outrage constraint"."[1507] Ferner konnten sie zeigen, dass zwar die Gesamtvergütung von Award-Gewinnern steigt, aber nicht die Vergütung anderer Mitglieder des Top-Management Teams.[1508] 3) Des Weiteren haben die Autoren festgestellt, dass Award-Gewinner häufiger in Boards anderer Unternehmen sitzen.[1509]

Zusammenfassend lässt sich feststellen, dass die drei vorgestellten Studien zu ähnlichen Ergebnissen gelangen. Übereinstimmend kommen sie zu dem Schluss, dass CEOs, die für ihre Leistung öffentlich ausgezeichnet wurden, eine höhere Vergütung erhalten. WADE ET AL. (2006) konnten zudem noch zeigen, dass gegenüber einem Star-CEO größere Erwartungen bestehen und ihre Vergütungen daher stärker an Erfolge gekoppelt sind. Ein wesentlicher Unterschied zwischen den Studien besteht allerdings darin, dass MALMENDIER/TATE davon ausgehen, dass öffentliche Auszeichnungen zu einer Änderung des Verhaltens von Top-Managern führen. Sie argumentieren, dass sich die meisten Studien, die sich mit Turniersituationen beschäftigen, auf das ex ante Verhalten konzentrieren.[1510] Wenig Beachtung wurde hingegen dem ex post Verhalten von Turniergewinnern geschenkt. MALMENDIER/TATE vermuten einen Leistungsabfall von CEOs nach einer öffentlichen Auszeichnung. Sie argumentieren, dass sich für den CEO durch den Superstar-Status neue Möglichkeiten eröffnen, sich in anderen Bereichen zu profilieren.[1511] Da sich der Leistungsabfall nicht direkt beobachten lässt, ziehen die Autoren die Unternehmensperformance als Indikator heran. Insofern setzen sie die Leistung des CEOs mit der Unternehmensleistung gleich. WADE ET AL. (1997) nehmen hingegen eine hierzu konträre Position ein, wenn sie den Einfluss von CEOs auf den Unternehmenserfolg in Frage stellen.[1512]

[1506]   Siehe im Detail MALMENDIER/TATE (2009), S. 1616.

[1507]   MALMENDIER/TATE (2009) S. 1617.

[1508]   Vgl. MALMENDIER/TATE (2009) S. 1681.

[1509]   Vgl. MALMENDIER/TATE (2009), S. 1626.

[1510]   Vgl. MALMENDIER/TATE (2009) S. 1594. LAZEAR/ROSEN (1981) analysieren beispielsweise die Anreizwirkung von rangabhängigen Vergütungsschemata.

[1511]   Vgl. MALMENDIER/TATE (2009), S. 1596.

[1512]   Vgl. WADE ET AL. (1997), S. 105. Die Autoren argumentieren aus einer *Romance-of-Leadership* Perspektive. Siehe hierzu ausführlich S. 55 ff.

In einer erst kürzlich veröffentlichten Studie sind GRAFFIN ET AL. (2008) der Frage nachgegangen, ob die übrigen Mitglieder des Top-Management Teams ebenfalls von der positiven Berichterstattung ihres CEOs in den Medien und den öffentlichen Auszeichnungen profitieren. Angenommen wird hierbei, dass sich die Starreputation eines CEOs auf andere Manager „abfärbt" und die Zusammenarbeit mit einem Star-CEO als eine Art Qualitätssignal fungiert.[1513] Die Vermutung, dass der Star-Status nicht nur Vorteile für den CEO mit sich bringt, sondern dass auch die dem CEO unterstellten Manager von der Assoziation mit dem Star profitieren, konnte bestätigt werden. Die Studie zeigt einerseits, dass Manager, die für einen Star-CEO gearbeitet haben, eine höhere Vergütung erhalten, andererseits erhöht sich die Wahrscheinlichkeit, dass sie in Zukunft selbst zum CEO ernannt werden.[1514] Demnach wirkt sich die Assoziation mit einem Star-CEO positiv auf den weiteren Karriereverlauf aus.[1515]

3.   Zwischenfazit

Die Auswertung machttheoretischer Studien zur Managervergütung hat gezeigt, dass zwischen einzelnen Dimensionen managerialer Macht und der Vergütung Zusammenhänge bestehen. Recht eindeutig sind die Resultate von Untersuchungen zu den Auswirkungen von Prestige. Top-Manager, die für ihre Leistungen öffentlich ausgezeichnet wurden, erhalten eine höhere Gesamtvergütung.

Die Auswertung machttheoretischer Studien zur Vergütung von Managern gelangt aber ebenfalls zu dem Schluss, dass hinsichtlich einzelner Indikatoren von Macht (wie z.B. CEO Duality oder Amtsdauer) Studien oftmals zu gemischten Resultaten gelangen und sich die vermuteten Auswirkungen nicht eindeutig bestätigen ließen. Bezüglich der Amtsdauer überrascht, dass in verschiedenen Studien festgestellt wurde, dass der Zusammenhang zwischen der Vergütungshöhe und der Amtsdauer kurvilinear ist. Dieses Ergebnis lässt sich mit machttheoretischen Argumenten nur schwer erklären.

FINKELSTEIN/HAMBRICK/CANNELLA (2009) kritisieren, dass einige der herangezogenen Indikatoren managerialer Macht keineswegs eindeutig sind. So machen sie darauf aufmerksam, dass die Amtsdauer eines CEOs in machttheoretischen Studien als Proxy-Variable für Macht herangezogen wird, in ökonomischen Studien wird indes auf die Amtsdauer zurückgegriffen, um das Humankapital eines Managers zu messen.[1516] Das gleiche gilt – wie bereits oben dargelegt – für den Aktienbesitz eines Managers. Ökonomische Arbeiten verbinden mit einem

---

[1513]   Vgl. GRAFFIN ET AL. (2008), S. 469.
[1514]   Vgl. GRAFFIN ET AL. (2008), S. 470.
[1515]   Vgl. GRAFFIN ET AL. (2008), S. 469.
[1516]   Vgl. FINKELSTEIN/HAMBRICK/CANNELLA (2009), S. 323.

hohen Aktienbesitz eine Angleichung der Interessen von Managern und Aktionären, Vertreter machttheoretischer Ansätze argumentieren indes, dass mit steigendem Aktienbesitz die Macht eines Managers zunimmt, und er infolgedessen seine Vergütung beeinflussen kann.[1517] Entsprechend fordern FINKELSTEIN/HAMBRICK/CANNELLA (2009), dass wissenschaftliche Arbeiten stärker berücksichtigen sollten, dass Macht ein multidimensionales und komplexes Konstrukt darstellt[1518] und sich nicht anhand einzelner Indikatoren abbilden lässt.

Hinsichtlich der Studien, die sich mit der relativen Macht von Boards und der CEO-Vergütung beschäftigt haben, wurde deutlich, dass diese explizit oder implizit davon ausgehen, dass CEOs ein Interesse daran haben, ihre Macht auszubauen und gezielt Einfluss auf die personelle Zusammensetzung des Kontrollgremiums nehmen. PETTIGREW (1992) macht indes darauf aufmerksam, dass Boards, die Entscheidungen ungeprüft durchwinken, von CEOs möglicherweise *nicht* bevorzugt werden. Er argumentiert, dass CEOs die Expertise und den kritischen Sachverstand von Board-Mitgliedern durchaus zu schätzen wissen.[1519]

Während Vertreter der Agencytheorie die Kontrollfunktion von Boards betonen, heben verhaltenswissenschaftlich orientierte Beiträge hervor, dass dem Kontrollgremium auch eine Beraterfunktion zukommt.[1520] Erwähnenswert ist in diesem Zusammenhang der Beitrag von WESTPHAL (1999), der eine Gegenposition zu der in der Literatur vertretenen Mehrheitsmeinung, dass persönliche Beziehungen zwischen dem CEO und einzelnen Board-Mitgliedern die Unabhängigkeit beeinträchtigt und letztlich zu Ineffizienzen führt, bezieht. WESTPHAL argumentiert, dass die Existenz einer freundschaftlichen Beziehung die Voraussetzung schafft, dass Manager aktiv die Unterstützung und Beratung von Mitgliedern des Kontrollgremiums suchen.[1521] Aufgrund des bestehenden Vertrauensverhältnisses nimmt die Zusammenarbeit zu und die Qualität von Entscheidungen wird erhöht.[1522] Die Ergebnisse der Studie von WESTPHAL legen nicht nur nahe, dass soziale Beziehungen kooperatives Verhalten fördern, sondern, dass das bestehende Anreizsystem einen moderierenden Effekt hat. „Higher levels of CEO ownership or long-term incentive compensation further enhanced the positive relationship between social ties and board advice (...)."[1523] Insofern lässt sich schlussfolgern, dass auch das bestehende Anreizsystem eine größere Wirkung entfaltet, wenn im Kontrollorgan

---

[1517] Vgl. FINKELSTEIN/HAMBRICK/CANNELLA (2009), S. 323.

[1518] Vgl. FINKELSTEIN/HAMBRICK/CANNELLA (2009), S. 323.

[1519] Vgl. PETTIGREW (1992), S. 170.

[1520] Vgl. PFEFFER/SALANCIK (1978), S. 162; MCNULTY/PETTIGREW (1999), S. 49 ff.; WESTPHAL (1999), S. 9 m.w.N.

[1521] Vgl. WESTPHAL (1999), S. 9 f.

[1522] Vgl. WESTPHAL (1999), S. 18 f.

[1523] WESTPHAL (1999), S. 19.

Personen vertreten sind, zu denen der CEO eine engere soziale Beziehung pflegt. Indirekt macht die Studie von WESTPHAL zudem darauf aufmerksam, dass CEOs nicht nur aufgrund von machiavellistischen Motiven, befreundete Outside Directors in den Board berufen. Manager suchen vor allem dann beratende Unterstützung, wenn sie nicht befürchten müssen, dass ihnen die Hilfesuche als Inkompetenz ausgelegt werden könnte. Insofern fördert ein Vertrauensverhältnis die Kommunikation zwischen dem CEO und den Board-Mitgliedern.

Da die oben vorgestellten Studien ausnahmslos aus dem angloamerikanischen Raum stammen, ist zu diskutieren, inwiefern sich die Erkenntnisse auf den deutschen Kontext übertragen lassen. Es erscheint prinzipiell möglich, die im angloamerikanischen Schrifttum identifizierten Dimensionen (z.B. Eigentümermacht, Expertenmacht und Prestigemacht) sowie Indikatoren managerialer Macht mit einigen Abstrichen und Ergänzungen auch auf den deutschen Kontext zu übertragen. So ist anzunehmen, dass mit zunehmender Amtsdauer auch das Einflusspotenzial eines Vorstandsvorsitzenden steigt. Ebenso erscheint es plausibel, dass auch in Deutschland die Mitgliedschaften in Aufsichtsräten als Indikator für das Prestige eines Managers herangezogen werden kann.

Dass CEO Duality im deutschen Kontext keine Relevanz besitzt, wurde bereits oben erwähnt. Allerdings ist zu prüfen, ob dem Aufsichtsratsvorsitzenden nicht eine besondere Rolle zukommt, wenn er vormals das Amt des Vorstandsvorsitzenden bekleidet hat. Im Hinblick auf die Verteilung von Macht wäre denkbar, dass der Aufsichtsratsvorsitzende nach wie vor über ein großes Einflusspotenzial verfügt und demnach eine Art Gegengewicht zum Vorstandsvorsitzenden bildet.[1524] In eine ähnliche Richtung geht auch die im US-amerikanischen Schrifttum geführte Debatte über die Macht des CEOs vis-à-vis der Macht des Boards.

Des Weiteren ist zu klären, inwiefern der Vorstandsvorsitzende tatsächlich Einfluss auf die Ernennung von Aufsichtsratsmitgliedern der Kapitalseite nimmt, um dadurch seine Machtposition auszubauen. Zwar wird im deutschen Schrifttum gelegentlich darauf hingewiesen, dass der Vorstandsvorsitzende die Auswahl von Aufsichtsratsmitgliedern beeinflusst,[1525] eine empirische Überprüfung dieses Einflusses liegt bislang noch nicht vor.

[1524] Siehe in diesem Zusammenhang auch die Ergebnisse der Studie von FISS (2006), die weiter unten in Abschnitt I.1.1 vorgestellt werden. BRESSER/VALLE THIELE (2008) argumentieren, dass aus agencytheoretischer Sicht einem Aufsichtsratsvorsitzenden, der vormals Vorstandsvorsitzender war, unterstellt werden muss, dass er den Vorstandsvorsitzenden ausgewählt hat, um seine Machtposition zu stabilisieren. Demnach ist der Vorstandsvorsitzende „(...) ein zentraler Baustein des Machtnetzwerkes des Aufsichtsratsvorsitzenden" [vgl. BRESSER/VALLE THIELE (2008), S. 178].

[1525] Siehe hierzu nochmals Fn. 863.

IV.   Sozial-psychologische Perspektive

Die sozial-psychologische Perspektive ist nach FINKELSTEIN/HAMBRICK (1997) die dritte theoretische Perspektive, die zahlreiche Forschungsbeiträge zur Vergütung von Top-Managern
einnehmen. Innerhalb der sozial-psychologischen Perspektive lassen sich zwei Forschungs-
felder differenzieren: 1) Eine Gruppe von Forschern fokussiert primär auf den Prozess der
Festlegung der Vergütung im Kontrollorgan bzw. im Vergütungsausschuss (*compensation
committee*). Die zentralen Annahmen dieses Forschungsprogramms fassen BELLIVEAU/
O'REILLY/WADE (1996) wie folgt zusammen: „The more psychological approaches begin
with the premise that the compensation-setting process relies on the deliberations of a small
group of people a firm's compensation committee – and as such, may be affected by a number
of psychological and political processes that shape individual and group decisions any-
where."[1526] Ein wesentliches Anliegen von Vertreter der sozial-psychologischen Perspektive
besteht demnach darin, die ‚Black Box' des Festlegungsprozesses zu öffnen und unter Rückgriff auf sozial-psychologische Theorien zu erklären, in welcher Weise psychologische oder
politische   Faktoren   Entscheidungsprozesse   im   Vergütungsausschuss   beeinflussen.
2) Vertreter der zweiten Forschungsrichtung, die FINKELSTEIN/HAMBRICK der sozial-
psychologischen Perspektive zuordnen, greifen auf neo-institutionalistische Ansätze der Organisationstheorie zurück, um die Vergütung von Managern zu erklären. Vertreter dieser
Richtung machen zum Beispiel deutlich, dass die Legitimität von Vergütungssystemen, welche in ökonomischen Arbeiten in aller Regel aus der Betrachtung ausgeklammert wird, von
zentraler Bedeutung ist. Dies gilt insbesondere für Entlohnungssysteme für Top-Manager.
Nachfolgend werden zunächst wissenschaftliche Arbeiten beleuchtet, die ihren Fokus auf den
Festlegungsprozess legen.

1.   Festlegungsprozess und psychologische Einflussfaktoren

1.1   Soziale Ähnlichkeit und sozialer Vergleich

WESTPHAL/ZAJAC (1995) untersuchen die Antezedenzien und Konsequenzen von sozialer
Ähnlichkeit zwischen den Mitgliedern des Boards und dem CEO.[1527] Im Kern geht es in ihrer
Untersuchung darum, zu zeigen, dass einflussreiche CEOs die Auswahl von Board-
Mitgliedern so beeinflussen, dass Personen ernannt werden, die ihnen im Hinblick auf ihre
Einstellung und ihrem Verhalten ähnlich sind. WESTPHAL/ZAJAC führen verschiedene Gründe
hierfür an: Sozial-psychologische Studien zeigen beispielsweise, dass Sympathie, die aus der
wahrgenommenen Ähnlichkeit von zwei Personen resultiert, in Personalauswahlprozessen

---

[1526]   BELLIVEAU/O'REILLY/WADE (1996), S. 1570.

[1527]   Vgl. WESTPHAL/ZAJAC (1995), S. 61.

eine bedeutende Rolle spielt.[1528] Des Weiteren bevorzugen CEOs Board-Mitglieder, die ihnen ähnlich sind, da die Kommunikation mit ihnen weniger Reibung verursacht, und sie zudem ähnliche Vorstellungen hinsichtlich der strategischen Ausrichtung des Unternehmens haben.[1529]

Im zweiten Teil ihrer Studie untersuchen die Autoren die Konsequenzen der Ähnlichkeit zwischen CEO und den Mitgliedern des Verwaltungsrats. Sie vermuten, dass einflussreiche CEOs über den Prozess der Nominierung von Board-Mitgliedern indirekt und subtil die Höhe und Zusammensetzung ihrer Vergütung beeinflussen können.[1530] WESTPHAL/ZAJAC legen verschiedene Gründe dar, warum die Vergütung von CEOs mit zunehmender demografischer Ähnlichkeit zunimmt, bzw. der variable Anteil an der Gesamtvergütung abnimmt.[1531] Soziale Ähnlichkeit kann beispielsweise dazu führen, dass Board-Mitglieder Erfolge auf den CEO, Misserfolge indes auf Faktoren der Umwelt attribuieren.[1532] Ferner argumentieren WESTPHAL/ZAJAC, dass mit zunehmender Ähnlichkeit, das interpersonale Vertrauen steigt und die Mitglieder des Boards somit nicht mehr die Notwenigkeit sehen, das Verhalten des CEOs mittels eines erfolgsabhängigen Vergütungssystems zu steuern.[1533]

Die Längsschnittanalyse erstreckt sich über einen Zeitraum von fünf Jahren (1986-1991). Die Ähnlichkeit zwischen CEO und Board messen WESTPHAL/ZAJAC in ihrer Studie anhand verschiedener demografischer Merkmale, wie z.B. Ähnlichkeiten hinsichtlich des funktionalen Hintergrunds, des Alters oder der Bildung. Die Ergebnisse der Studie bestätigen die Hypothese, dass mit zunehmender demografischer Ähnlichkeit das Gehalt des CEOs steigt. Ebenso konnte die Vermutung bestätigt werden, dass der variable Anteil an der Gesamtvergütung mit zunehmender Ähnlichkeit abnimmt.[1534]

Auch MAIN/O'REILLY/WADE (1995) untersuchen die Auswirkungen sozialer Ähnlichkeit auf die Vergütung von CEOs und argumentieren, dass je größer die Ähnlichkeit zwischen den Mitgliedern des Boards und des CEOs ist, desto höher ist auch die an den CEO ausgezahlte Kompensation. MAIN/O'REILLY/WADE verweisen ebenfalls auf verschiedene sozialpsychologische Studien, die zeigen, dass Personen, die sich ähnlich sind, zueinander hingezo-

---

[1528]   Vgl. WESTPHAL/ZAJAC (1995), S. 61.
[1529]   Vgl. WESTPHAL/ZAJAC (1995), S. 62.
[1530]   Vgl. WESTPHAL/ZAJAC (1995), S. 67.
[1531]   Vgl. WESTPHAL/ZAJAC (1995), S. 68.
[1532]   Vgl. WESTPHAL/ZAJAC (1995), S. 67.
[1533]   Vgl. WESTPHAL/ZAJAC (1995), S. 68.
[1534]   Vgl. WESTPHAL/ZAJAC (1995), S. 76.

gen fühlen, und dass Sympathie Einfluss auf Entscheidungsprozesse hat.[1535] Die Ergebnisse der Studie bestätigen die Ähnlichkeits-Hypothese. Allerdings lässt sich mit Blick auf das Forschungsdesign kritisieren, dass die Autoren in ihrer Studie lediglich das Alter heranziehen, um soziale Ähnlichkeit festzustellen. Andere demografische Merkmale, wie z.B. Ausbildung, Werdegang usw., wurden nicht berücksichtigt.

Eine der wenigen Studien, in denen die Gehälter deutscher Vorstände im Mittelpunkt der Betrachtung stehen, stammt von FISS (2006). Er untersucht ebenfalls Effekte von sozialem Einfluss auf die Vergütung von Top-Managern. Im Unterschied zu den oben vorgestellten Studien fokussiert FISS allerdings ausschließlich auf die dyadische Beziehung zwischen Vorstandsvorsitzenden und Aufsichtsratsvorsitzenden. Zu Recht argumentiert er, dass der Vorstandsvorsitzende und Aufsichtsratsvorsitzende in deutschen Aktiengesellschaften oftmals die wichtigsten und einflussreichsten Akteure darstellen.[1536] Des Weiteren unterscheidet sich die Untersuchung von FISS dahingehend, dass er nicht nur die Ähnlichkeit, sondern auch die relativen Unterschiede zwischen Vorstandsvorsitzenden und Aufsichtsratsvorsitzenden untersucht. Er greift dabei auf zwei Größen (Ausbildungsniveau und Amtsdauer) zur Messung von Humankapital zurück. So zeigt er in seiner empirischen Studie, die sich über einen Zeitraum von 11 Jahren (1990-2000) erstreckt und 108 Aktiengesellschaften umfasst,[1537] dass Vorstandsvorsitzende, die länger im Amt sind als der Aufsichtsratsvorsitzende, eine höhere Vergütung erhalten. Umgekehrt erhalten Vorsitzende des Vorstands eine geringere Entlohnung, wenn der Aufsichtsratsvorsitzende eine längere Amtszeit vorzuweisen hat. FISS begründet diesen Zusammenhang damit, dass Aufsichtsratsvorsitzende aufgrund ihres Expertenwissens, welches sie im Laufe der Jahre akkumuliert haben, dem Vorstandsvorsitzenden nicht unterlegen fühlen und seinem Wunsch nach einer höheren Vergütung nicht ohne weiteres nachgeben.[1538] Ebenfalls bestätigt wurde die Hypothese, dass Vorstandsvorsitzende, die im Vergleich zum Aufsichtsratsvorsitzenden ein höheres Ausbildungsniveau aufweisen, höher entlohnt werden.

Bezüglich der Wirkung von Ähnlichkeit ist FISS der Frage nachgegangen, ob ein Vorstandsvorsitzender eine höhere Vergütung erhält, wenn der amtierende Aufsichtsratsvorsitzende vormals Vorstandsvorsitzender der Gesellschaft war. Der Autor greift auf das aus der Sozial-

---

[1535] Vgl. MAIN/O'REILLY/WADE (1995), S. 310 f.

[1536] Vgl. FISS (2006), S. 1015. Auch in dieser Arbeit wurde an anderer Stelle darauf aufmerksam gemacht, dass dem Aufsichtsratsvorsitzenden bei der Festlegung der Vorstandsvergütung eine zentrale Rolle zukommt. Siehe nochmals S. 148.

[1537] Da die individualisierte Offenlegung der Vergütung von Vorstandsmitgliedern in Deutschland erst seit kurzer Zeit erfolgt, greift FISS in seiner Untersuchung auf Durchschnittswerte zurück. Der Autor geht davon aus, dass die durchschnittliche Vorstandsvergütung mit der Vergütung von Vorstandsvorsitzenden korreliert [vgl. FISS (2006), S. 1018 f.].

[1538] Vgl. FISS (2006), S. 1016.

psychologie stammende Konzept der Perspektivenübernahme zurück.[1539] Er argumentiert, dass der Aufsichtsratsvorsitzende aufgrund ähnlicher Erfahrungen Empathie für den amtierenden Vorstandsvorsitzenden entwickelt und ihm daher eine höhere Vergütung bewilligt. Diese Hypothese konnte allerdings nicht bestätigt werden. Im Anschluss diskutiert FISS die möglichen Gründe für dieses Ergebnis. Er argumentiert, dass Aufsichtsratsvorsitzende, die vormals das Amt des Vorstandsvorsitzende inne hatten, über eine höhere Expertise verfügen und demnach möglicherweise besser in der Lage sind, die Leistung des Vorstandsvorsitzenden zu beurteilen.[1540]

Ähnlich wie FISS sind auch BELLIVEAU/O'REILLY/WADE (1996) der Frage nachgegangen, ob soziale Ähnlichkeit zwischen dem CEO und dem Vorsitzenden des Vergütungsausschusses Einfluss auf das Niveau der CEO-Entlohnung hat.[1541] Des Weiteren untersuchen sie die Auswirkungen von Statusunterschieden. Sie argumentieren, dass aufgrund des hohen Grads an Ambiguität der Vorsitzende des Vergütungsausschusses bei der Beurteilung der Leistung des CEOs sowie bei der Festlegung der Vergütung auf soziale Informationen sowie Heuristiken zurückgreift.[1542] Das soziale Kapital eines CEOs stellt den Autoren zufolge eine Informationsquelle dar, auf die der Vorsitzende des Ausschusses zurückgreift, und die letztlich der Entscheidungsvereinfachung dient. „Within this context, a compensation committee chair is likely to evaluate CEO performance heuristically, and the source credibility that CEO social capital produces becomes an important peripheral cue in the compensation chair's decision (…)."[1543] Neben der sozialen Ähnlichkeit zwischen CEO und Vorsitzenden des Ausschusses, operationalisieren BELLIVEAU/O'REILLY/WADE das soziale Kapital eines CEOs anhand seines Status, d.h. in wie vielen Kontrollorganen er vertreten ist, oder ob er an einer prestigeträchtigen Universität einen Abschluss gemacht hat.[1544]

Die Studie gelangt zu den folgenden Ergebnissen: Die von den Autoren aufgestellte Hypothese, dass eine hohe soziale Ähnlichkeit zwischen CEO und dem Vorsitzenden des Vergütungsausschusses zu einer höheren Entlohnung des CEOs führt, konnte nicht bestätigt werden. Ebenso wenig konnte bestätigt werden, dass CEOs mit einem hohen sozialen Status eine höhere Vergütung erhalten als CEOs mit einem niedrigeren Status.[1545] Allerdings zeigen die Ergebnisse auch, dass der relative Status, d.h. der soziale Status des CEOs im Vergleich zum

---

[1539] Vgl. FISS (2006), S. 1017.

[1540] Vgl. FISS (2006), S. 1027.

[1541] Vgl. BELLIVEAU/O'REILLY/WADE (1996), S. 1584.

[1542] Vgl. BELLIVEAU/O'REILLY/WADE (1996), S. 1571 ff.

[1543] BELLIVEAU/O'REILLY/WADE (1996), S. 1573.

[1544] Vgl. BELLIVEAU/O'REILLY/WADE (1996), S. 1577.

[1545] Vgl. BELLIVEAU/O'REILLY/WADE (1996), S. 1581.

Status des Ausschussvorsitzenden, bei der Festlegung der Vergütung von Bedeutung ist. CEOs, die über einen höheren Status als der Vorsitzende des Vergütungsausschusses verfügen, erhalten durchschnittlich eine um 16% höhere Vergütung.[1546] Hieraus schlussfolgern die Autoren, dass nicht der globale Status, sondern der relative Status bzw. Statusvergleich bei der Festlegung der Vergütung eine zentrale Rolle spielt. Ferner betonen sie, dass ihre Befunde mit ökonomischen Theorien nicht erklärbar seien.[1547]

Die nun im Folgenden vorgestellte Untersuchung geht ebenfalls davon aus, dass entscheidungsrelevante Informationen mittels eines Vergleichs gewonnen werden. Theoretische Grundlage der Studie von O'REILLY/MAIN/CHRYSTAL (1988) bildet FESTINGERS Theorie sozialer Vergleichsprozesse. Die Theorie sozialer Vergleichsprozesse zählt zu den kognitiven Theorien. Sie geht davon aus, dass Individuen das Motiv besitzen, die eigenen Meinungen und Fähigkeiten zu bewerten. Zu diesem Zweck vergleichen sie sich mit anderen Personen, die sie als ähnlich wahrnehmen.[1548]

Ebenso wie die oben vorgestellte Studien fokussieren auch O'REILLY/MAIN/CHRYSTAL auf Entscheidungsprozesse im Vergütungsausschuss und wollen erklären, von welchen Faktoren die Ausschussmitglieder bei der Festlegung der CEO-Vergütung beeinflusst werden. Dass die Theorie sozialer Vergleichsprozesse für die Vergütung von CEOs herangezogen werden kann, begründen O'REILLY/MAIN/CHRYSTAL (1988) folgendermaßen: US-amerikanische Vergütungsausschüsse setzen sich zumeist aus drei bis fünf Outside Directors zusammen, die häufig CEOs anderer Gesellschaften sind.[1549] Vor dem Hintergrund, dass es äußerst schwierig ist, die Leistung des CEOs zu beurteilen, liegt es den Autoren zufolge nahe, dass die Ausschussmitglieder auf soziale Vergleiche zurückgreifen. Sie vergleichen die Vergütung des CEOs mit ihrer eigenen.[1550] Die Ergebnisse der Studie gelangen zu dem Schluss, dass zwischen dem CEO-Gehalt und dem Gehalt der Ausschussmitglieder ein statistisch signifikanter Zusammenhang besteht.[1551] Eine Zunahme der Vergütung von Outside Directors führt demnach zu einer Steigerung der Bezüge des CEOs. In einer von MAIN ET AL. (1995) durchführten Studie konnte dieser Befund bestätigt werden.[1552]

[1546]   Vgl. BELLIVEAU/O'REILLY/WADE (1996), S. 1582.

[1547]   Vgl. BELLIVEAU/O'REILLY/WADE (1996), S. 1587.

[1548]   Vgl. FREY ET AL. (1993), S. 86.

[1549]   Vgl. O'REILLY/MAIN/CRYSTAL (1988), S. 261.

[1550]   Vgl. O'REILLY/MAIN/CRYSTAL (1988), S. 261.

[1551]   O'REILLY/MAIN/CRYSTAL (1988), S. 268.

[1552]   Vgl. MAIN/O'REILLY/WADE (1995), S. 323.

1.2 Norm der Reziprozität

Untersuchungen zur Norm der Reziprozität zeigen, dass sich Menschen verpflichtet fühlen, für eine Leistung (wie z.b. einen Gefallen) eine Gegenleistung zu erbringen, unabhängig davon, ob sie Sympathie füreinander empfinden.[1553] Auch im Zusammenhang mit der Vergütung von Top-Managern wurde in zahlreichen Studien der Frage nachgegangen, inwiefern sich Mitglieder von Vergütungsausschüssen dieser moralischen Norm verpflichtet fühlen.[1554] Eine der ersten Untersuchungen zur Norm der Reziprozität stammt von MAIN/O'REILLY/WADE (1995). Die Autoren stellen in ihrer Studie zunächst fest, dass zwischen der rechtlichen und faktischen Unabhängigkeit des Boards eine Diskrepanz besteht. Zwar werden Verwaltungsratsmitglieder vom Board of Directors nominiert und von den Aktionären gewählt, aber der CEO übt de facto einen erheblich Einfluss auf das Auswahlverfahren aus.[1555] Des Weiteren argumentieren MAIN/O'REILLY/WADE, dass eine Board-Mitgliedschaft zahlreiche Vorteile, wie z.b. Prestige, lukrative Nebeneinkünfte oder die Möglichkeit des Ausbaus sozialer Netzwerke, mit sich bringt.[1556] Vor diesem Hintergrund ist es den Autoren zufolge möglich, dass sich Directors, die ihre Mitgliedschaft im Board dem persönlichen Einsatz des CEOs zu verdanken haben, moralisch verpflichtet fühlen, die Interessen des CEOs stärker zu berücksichtigen.[1557] MAIN/O'REILLY/WADE vermuten, dass die Gegenleistung z.B. in Form einer höheren Vergütung erfolgen kann.

Um zu überprüfen, ob die Norm der Reziprozität bei der Festsetzung der CEO Vergütung eine Rolle spielt, haben MAIN/O'REILLY/WADE in ihrer empirischen Studie zwei Dummy-Variablen gebildet, die statistisch signifikant sind. Die erste zeigt, dass CEOs, deren Bestellung zeitlich vor der Bestellung des Vorsitzenden des Vergütungsausschusses liegt, eine im Durchschnitt um 11% höhere Vergütung erhalten. Wenn der CEO zugleich ein Mitglied des Nominierungsausschusses ist, ist die Vergütung sogar im Durchschnitt um 14% höher.[1558] Beide Effekte sind unabhängig von der Unternehmensgröße, Unternehmensperformance und Amtsdauer des CEOs.

Die Studie liefert weitere interessante und teilweise überraschende Ergebnisse. So konnte z.B. ein positiver Zusammenhang zwischen der Anzahl von Outside Directors im Vergütungsausschuss und der Höhe der CEO-Vergütung festgestellt werden. Nach MAIN/O'REILLY/WADE

[1553] Vgl. MAIN/O'REILLY/WADE (1995), S. 307. Siehe hierzu im Detail O'REILLY/MAIN (2005), S. 14 ff.

[1554] FISS (2006); MAIN/O'REILLY/WADE (1995); O'REILLY/MAIN (2005); O'REILLY/MAIN (2007).

[1555] Siehe im Einzelnen MAIN/O'REILLY/WADE (1995), S. 302.

[1556] Vgl. MAIN/O'REILLY/WADE (1995), S. 308.

[1557] Vgl. MAIN/O'REILLY/WADE (1995), S. 306.

[1558] Vgl. MAIN/O'REILLY/WADE (1995), S. 319.

ist dieses Ergebnis nicht mit der Agencytheorie vereinbar, es zeigt jedoch, dass bei der Festlegung offensichtlich soziale oder psychologische Faktoren, wie z.b. Sympathie oder die Norm der Reziprozität, eine Rolle spielen.[1559]

In einer Replikation der Studie konnte der Einfluss der Norm der Reziprozität bestätigt werden.[1560] Zudem zeigt die Untersuchung, dass mit zunehmender Höhe der Vergütung des Vorsitzenden des Vergütungsausschusses, die Entlohnung des CEOs steigt.[1561] Eine ähnliche Beobachtung hat auch FISS (2007) in seiner Untersuchung zur Vergütung deutscher Vorstandsmitglieder gemacht. Auch er greift auf das Argument zurück, dass die Norm der Reziprozität Entscheidungsprozesse beeinflusst. So konnte FISS die Hypothese bestätigen, dass eine Zunahme der Vergütung der Mitglieder des Aufsichtsrats zu einer Erhöhung der Vorstandsvergütung führt.[1562]

2.   Neo-Institutionalistische Ansätze

In den vergangenen Jahren sind zahlreiche Untersuchungen veröffentlich worden, die auf neo-institutionalistische Ansätze der Organisationstheorie rekurrieren, um Managergehälter zu erklären.[1563] FINKELSTEIN/HAMBRICK (1997) ordnen diese der sozial-psychologischen Perspektive zu, gleichwohl im Mittelpunkt dieser Untersuchungen im Gegensatz zu den im vorangegangenen Abschnitt vorgestellten Studien nicht die Entscheidungsprozesse im Vergütungsausschuss sowie die sozialen Faktoren, die auf diese einwirken, stehen.[1564] Das Forschungsfeld lässt sich als ausgesprochen heterogen bezeichnen. STAW/EPSTEIN (2000) untersuchen beispielsweise aus neo-institutionalistischer Sicht die Konsequenzen der Implementierung von Managementpraktiken auf die Höhe der Vergütung von Top-Managern. SANDERS/ TUSCHKE (2007) beleuchten die Diffusion von Aktienoptionen in Deutschland und WESTPHAL/ZAJAC (1994, 1995, 1998) widmen sich in ihren verschiedenen aufeinander aufbauenden Studien der symbolischen Bedeutung langfristiger Vergütungspläne. Dabei gehen

---

[1559]   Vgl. MAIN/O'REILLY/WADE (1995), S. 319.

[1560]   Vgl. O'REILLY/MAIN (2007), S. 6 sowie O'REILLY/MAIN (2005), S. 27.

[1561]   Vgl. O'REILLY/MAIN (2005), S. 27.

[1562]   Vgl. FISS (2006), S. 1026.

[1563]   Siehe beispielsweise die Beiträge von BENDER (2004); BRUCE/BUCK/MAIN (2005); CHIZEMA/BUCK (2006); FERNANDEZ-ALLES/CUEVAS-RODRÍGUEZ/VALLE-CABRERA (2006); MCGUIRE (1997); POINT/ TYSON (2006); SANDERS/TUSCHKE (2007); STAW/EPSTEIN (2000); ST-ONGE ET AL. (2001); WADE/PORAC/ POLLOCK (1997); ZAJAC/WESTPHAL (1995); WESTPHAL/ZAJAC (1994); WESTPHAL/ZAJAC (1998).

[1564]   FINKELSTEIN/HAMBRICK (1997) greifen auf das Konzept der institutionellen Isomorphie zurück, um zu erklären, warum es bezüglich der Vergütung von Managern Branchenunterschiede gibt [vgl. FINKELSTEIN/ HAMBRICK (1996), S. 276].

sie auch der Frage nach, wie Unternehmen ihre Vergütungspolitik gegenüber ihren Anspruchsgruppen rechtfertigen.

2.1   Erkenntnisinteresse und Erklärungsmuster

Die neo-institutionalistische Organisationstheorie gehört mittlerweile zu den international führenden Organisationstheorien.[1565] Im Kern geht sie der Frage nach, welchen Einfluss institutionalisierte Erwartungen der Umwelt auf die Ausgestaltung von Organisationen haben.[1566] Vertreter des Neo-Institutionalismus argumentieren, dass Organisationen nicht nur aus Gründen der Effizienzsteigerung bestimmte Strukturen oder Verfahrensweisen implementieren, sondern auch zur Erzielung von Legitimität.[1567] Nach einer Definition von SUCHMAN (1995) ist Legitimität „(...) a generalized perception or assumption that the actions of an entity are desirable, proper, or appropriate within some socially constructed system of norms, values, belief, and definitions."[1568] Demnach bestehen in der Umwelt einer Organisation bestimmte Vorstellungen und Annahmen, wie eine effiziente und effektive Organisation auszusehen hat.[1569] Die Konformität der Organisation mit den Erwartungen der Umwelt trägt zur Erzielung von Legitimität bei.[1570] So wird von modernen Organisationen etwa erwartet, dass sie bestimmte als zeitgemäß erachtete Techniken der Personalauswahl einsetzen (wie z.B. das Assessment-Center),[1571] oder aber Managementkonzepte implementieren, die als innovativ und effizienzsteigernd gelten. ABRAHAMSON (1996) hat in diesem Zusammenhang den Begriff der „Managementmode" (*management fashion*) geprägt.[1572] Hierunter versteht er das Auf und Ab bestimmter Managementtechniken, wie z.B. Qualitätszirkel, Lean Management oder Zero-based Budgeting. Die Grundlage für die Nachfrage nach Managementmoden wird durch die in einer Gesellschaft vorherrschenden Rationalitäts- und Fortschrittsnormen geschaffen. Stakeholder erwarten, dass Unternehmen effizient geführt werden und Manager gelten dann als rational, wenn sie die als fortschrittlich erachteten Managementtechniken einsetzen.[1573]

[1565]   Vgl. WALGENBACH/MEYER (2008), S. 11. Siehe zum Neuen soziologischen Institutionalismus in Abgrenzung zum ökonomischen Institutionalismus EDELING (1999), S. 8 ff.

[1566]   Vgl. WALGENBACH/MEYER (2008), S. 11.

[1567]   Vgl. WALGENBACH (2006), S. 319.

[1568]   Vgl. SUCHMAN (1995), S. 574 (Kursivierung im Original).

[1569]   Vgl. WALGENBACH (2006), S. 353.

[1570]   Vgl. DEEPHOUSE (1996), S. 1025.

[1571]   Vgl. WALGENBACH (2006), S. 356.

[1572]   Vgl. ABRAHAMSON (1996), S. 256.

[1573]   Vgl. ABRAHAMSON (1996), S. 261.

STAW/EPSTEIN (2000) beleuchten in ihrer Studie die Konsequenzen der Übernahme populärer Managementkonzepte. Sie zeigen, dass Unternehmen, die bestimmte Managementtechniken (wie z.B. Total Quality Management oder Empowerment) implementiert haben, im Vergleich zu ihren Wettbewerbern zwar keineswegs erfolgreicher waren, dennoch von der Umwelt als innovativer wahrgenommen wurden. Unabhängig von der Veränderung der Ertragslage, hat folglich allein die Implementierung eines Managementkonzepts zu einer besseren Unternehmensreputation geführt.[1574] Des Weiteren zeigen STAW/EPSTEIN, dass auch die Mitglieder des Top-Managements von der Implementierung unmittelbar profitieren. Die Studie kommt zu dem Schluss, dass Top-Manager von Unternehmen höher vergütet werden, wenn sie in jüngster Vergangenheit die Einführung innovativer Managementkonzepte veranlasst haben. Als Grund für diesen Zusammenhang nennen die Autoren den Reputationsgewinn: Top-Manager, die moderne Managementtechniken implementieren, gelten als innovativer und professioneller.[1575]

Die Übernahme von Praktiken – ungeachtet dessen, ob sie tatsächlich effizienzsteigernd sind oder nicht – führt zu einer Erhöhung der Legitimität,[1576] die wiederum den Ressourcenzufluss und somit die Überlebensfähigkeit einer Organisation sicherstellt.[1577] Ein Konzept, das in diesem Zusammenhang viel Beachtung gefunden hat, ist das der institutionellen Isomorphie.[1578] In ihrem legendären Aufsatz *The Iron Cage Revisited: Institutional Isomorphism and Collective Rationality in Organizationel Fields* unterscheiden DIMAGGIO/POWELL (1991) zwischen drei Mechanismen institutioneller Isomorphie, die zu einer Homogenisierung von Organisationen führen: „(1) *coercive* isomorphism that stems from political influence and the problem of legitimacy; (2) *mimetic* isomorphism resulting to standard responses to uncertainty; and (3) *normative* isomorphism, associated with professionalization.“[1579] Strukturgleichheit aufgrund von Zwang entsteht beispielsweise durch bindende Rechtsvorschriften, wie z.B. durch das Aktiengesetz, Steuerrecht oder gesetzlich vorgeschriebene Umweltauflagen.[1580] WALGENBACH (2006) betont, dass sich Vorstellungen und Erwartungen des institutionellen Kontexts oftmals in Verordnungen, Richtlinien oder Gesetzen niederschlagen.[1581] Ein prominentes Beispiel hierfür wäre der Deutsche Corporate Governance Kodex (DCGK). Neben we-

---

[1574]   Vgl. STAW/EPSTEIN (2000), S. 528 und S. 539.

[1575]   Vgl. STAW/EPSTEIN (2000), S. 529.

[1576]   Vgl. MEYER/ROWAN (1991), S. 49.

[1577]   Vgl. DEEPHOUSE/CARTER (2005), S. 330; MEYER/ROWAN (1991), S. 41.

[1578]   Zum Zusammenhang von Isomorphie und Legitimität siehe auch den Aufsatz von DEEPHOUSE (1996).

[1579]   DIMAGGIO/POWELL (1991), S. 67 (Kursivierung im Original).

[1580]   Vgl. WALGENBACH/MEYER (2008), S. 35.

[1581]   Vgl. WALGENBACH (2006), S. 358.

sentlichen gesetzlichen Vorschriften zur Leitung und Überwachung deutscher börsennotierter Gesellschaften enthält dieser auch international und national anerkannte Standards guter Unternehmensführung.[1582] Vorstellungen darüber, wie ein optimales Vergütungssystem für Top-Manager auszusehen hat, finden sich beispielsweise in Tz. 4.2.3. Der Kodex empfiehlt, dass die Vorstandsvergütung fixe und variable Bestandteile umfassen soll. Unternehmen, die keine erfolgsabhängige Komponente im Vergütungssystem ihrer Vorstände vorsehen, müssen demnach erklären, dass der Empfehlung des Kodex *nicht* entsprochen wurde.[1583] Oder anders gewendet: Die erfolgsabhängige Entlohnung von Managern ist eine anerkannte und nicht mehr hinterfragte Praxis.[1584] Unternehmen, die von den Erwartungen der Umwelt abweichen, laufen aus neo-institutionalistischer Sicht Gefahr, ihre Legitimität zu verlieren.

Zu einer strukturellen Angleichung von Organisationen, die in den gleichen organisationalen Feldern operieren,[1585] kommt es nicht nur durch Zwang, sondern auch durch mimetische Prozesse.[1586] Um Unsicherheiten zu reduzieren werden die Praktiken anderer, als erfolgreich wahrgenommener Organisationen imitiert.[1587] Als Beispiel für die mimetische Isomorphie nennen DIMAGGIO/POWELL die Verbreitung von Qualitätszirkeln.[1588] Auch die Diffusion bestimmter Vergütungsinnovationen ließe sich mit dem mimetischen Isomorphismus erklären.[1589] So ist hinlänglich bekannt, dass Unternehmen bei der Ausgestaltung von erfolgsabhängigen Vergütungssystemen auf Benchmarking-Studien sowie auf die Dienstleistungen von Unternehmensberatungen zurückgreifen.[1590] Nach FINKELSTEIN/HAMBRICK (1988) fungieren Vergütungsberatungen als Verbreiter von Vergütungsmoden – die Autoren sprechen von einem ‚compensation-follows-fashion'-Phänomen – und leisten dadurch einen Beitrag zur Homogenisierung von Vergütungssystemen.[1591] MARCH (1984) argumentiert, dass Vergütungspraktiken erfolgreicher Unternehmen oftmals von weniger erfolgreichen Unternehmen

---

[1582] Siehe die Präambel des DCGK.

[1583] Siehe § 161 AktG. Zur Entsprechenserklärung siehe: Deutscher Bundestag, Drucksache 14/8769, S. 21 f. Unter: http://dip.bundestag.de/btd/14/087/1408769.pdf [Datum des Zugriffs 04.04.2008]. Für Abweichungen besteht gesetzlich keine Begründungspflicht.

[1584] Siehe hierzu auch den Kommentar von RINGLEB (2008): „Andererseits soll die Vergütung der Vorstände auch variable Bestandteile aufweisen, die als erfolgsbezogenes Vergütungselement die grundsätzliche Interessenangleichung zwischen Unternehmensführung und Aktionären absichern. Dies ist heute allgemeine Meinung." RINGLEB in RINGLEB ET AL. (2008), S. 202 (Hervorhebung im Original).

[1585] Zum Begriff des organisationalen Felds siehe DIMAGGIO/POWELL (1991), S. 64.

[1586] Vgl. DIMAGGIO/POWELL (1991), S. 69.

[1587] Vgl. WALGENBACH (2006), S. 371.

[1588] Vgl. DIMAGGIO/POWELL (1991), S. 69.

[1589] Vgl. ST-ONGE ET AL. (2001), S. 261. Siehe auch MARCH (1984), S. 61.

[1590] Siehe nochmals S. 206.

[1591] Vgl. FINKELSTEIN/HAMBRICK (1988), S. 550.

imitiert werden. „Compensation schemes spread from highly regarded companies to less highly regarded ones, as the latter try to present themselves as equivalent to the former; and the signal a particular scheme provides is gradually degraded by its adoption by companies that a neither well-managed nor progressive, thus stimulating the invention of new schemes."[1592] Demnach geht auch MARCH (1984) davon aus, dass bestimmte Vergütungspraktiken Modeerscheinungen darstellen. Zudem betont er, dass Vergütungssysteme für Manager auch eine symbolische Funktion besitzen, denn sie tragen dazu bei, den Glauben an die Wirksamkeit von Führung und Führungskräften zu verfestigen.[1593] Er spricht in diesem Zusammenhang von einem sozialen Mythos, den es gilt aufrechtzuerhalten.

Die durch empirische Studien festgestellte Homogenität von Vergütungssystemen für Top-Manager innerhalb einer Branche kann nach FINKELSTEIN/HAMBRICK (1997) ebenfalls durch das Konzept der institutionellen Isomorphie erklärt werden.[1594] Die in einer Branche vorherrschenden Vergütungsnormen üben Konformitätsdruck auf Unternehmen aus und stellen demnach Auslöser isomorphischer Effekte dar. FINKELSTEIN/HAMBRICK vermuten, dass je stärker der normative Druck, desto ähnlicher werden sich die Vergütungssysteme innerhalb einer Branche.[1595]

Zusammenfassend lässt sich feststellen, dass der Neo-Institutionalismus deutlich gemacht hat, dass Organisationen bestimmte Praktiken nicht nur aufgrund von Effizienzüberlegungen adoptieren, sondern die Übernahme auch dazu dient, um zu signalisieren, dass die Organisation Konformität mit den in der Umwelt bestehenden kollektiven Werten zeigt.[1596] Demnach stellt die Erhöhung der Legitimität ein wichtiges Motiv für die Implementierung bestimmter Praktiken und Prozeduren dar. Im Gegensatz zu frühen Adoptoren, die mit der Übernahme einer Innovation häufig noch das Ziel der Effizienzsteigerung verfolgen, wird vor allem bei späten Adoptoren angenommen, dass der normative Druck ursächlich für die Übernahme einer Praxis verantwortlich ist.[1597]

Nach WALGENBACH (2006) liegt ein besonderer Verdienst des Neo-Institutionalismus darin, dass er nicht mehr hinterfragte Selbstverständlichkeiten aufgebrochen hat.[1598] Dies gilt auch für die nun im Folgenden vorgestellten Studien zur Vergütung von Top-Managern, in denen

---

[1592] MARCH (1984), S. 61.

[1593] Vgl. MARCH (1984), S. 60 f.

[1594] Vgl. FINKELSTEIN/HAMBRICK (1996), S. 276.

[1595] Vgl. FINKELSTEIN/HAMBRICK (1996), S. 276.

[1596] Vgl. WALGENBACH (2006), S. 365.

[1597] Vgl. DIMAGGIO/POWELL (1991), S. 65; WALGENBACH/MEYER (2008), S. 95 f.

[1598] Vgl. WALGENBACH (2006), S. 390.

die symbolische Bedeutung von Vergütungssystemen, die Diffusion bestimmter Entloh-
nungskomponenten sowie die Legitimität von Vergütungspraktiken, die unter anderem durch
den Einsatz von Impression Management sichergestellt wird, untersucht wurden.

2.2 Symbolische Bedeutung von Anreizsystemen

WESTPHAL/ZAJAC (1994) fokussieren unter Rückgriff auf neo-institutionalistische Überlegungen auf die symbolische Bedeutung von langfristigen Vergütungsplänen.[1599] Sie zeigen,
dass Unternehmen, die erst relativ spät langfristige Vergütungskomponenten, wie z.b. Aktienoptionen oder Aktienpläne eingeführt haben, mit der Adoption vordergründig das Ziel verfolgen, Legitimität zu erlangen. Den Autoren zufolge haben sich im Laufe der Jahre langfristige Vergütungspläne zunehmend institutionalisiert und stellen nunmehr eine gängige und
allgemein anerkannte Form der Managerkompensation dar.[1600] Dass die Einführung langfristiger Vergütungspläne von der Umwelt als vorteilhaft bewertet wird, machen nicht zuletzt
auch Studien deutlich, die zeigen, dass der Kapitalmarkt auf Ankündigungen von Aktienoptionsprogrammen oder Aktienplänen positiv reagiert.[1601] WESTPHAL/ZAJAC zeigen allerdings,
dass die Einführung oftmals nur eine symbolische Geste darstellt, denn ihre Untersuchung
gelangt zu dem erstaunlichen Ergebnis, dass zahlreiche Unternehmen langfristige Vergütungspläne zwar adoptieren, um den Erwartungen der Umwelt zu entsprechen, dass aber nicht
alle Unternehmen von den Plänen tatsächlich auch Gebrauch machen. Unter Rückgriff auf
den neo-institutionalistischen Klassiker von MEYER/ROWAN (1977) sprechen WESTPHAL/
ZAJAC von einer Entkopplung formaler Struktur und tatsächlichem Handeln.[1602] Welche Unternehmen sich lediglich nach außen hin den Anschein geben innovativ und aktionärsfreund-
lich zu sein, d.h. Unternehmen, die langfristige Vergütungspläne zwar adoptieren, aber nicht
nutzen, ist nach WESTPHAL/ZAJAC von verschiedenen Faktoren abhängig. Eine wesentliche
Rolle spielt der Zeitpunkt der Einführung. So konnte die Studie die Hypothese bestätigen,
dass frühe Adoptoren langfristiger Vergütungssysteme Effizienzerhöhungen zum Ziel hatten,
wohingegen Unternehmen, die zu einem relativ späten Zeitpunkt langfristige Vergütungspläne adoptiert haben, mittels der Bekanntgabe des neuen Vergütungssystems, eine Erhöhung der
Legitimität bewirken wollten. Die Ergebnisse der Studie, die einen Zeitraum von 19 Jahren
abdeckt (1972 bis 1990), zeigen deutlich, dass je später der Zeitpunkt der Adoption eines
Vergütungsplans, desto geringer ist die Wahrscheinlichkeit, dass dieser tatsächlich genutzt

---

[1599] Zur symbolischen Perspektive siehe auch die Nachfolgeuntersuchungen von ZAJAC/WESTPHAL (1995)
sowie WESTPHAL/ZAJAC (1998).

[1600] Vgl. WESTPHAL/ZAJAC (1994), S. 373.

[1601] Vgl. WESTPHAL/ZAJAC (1994), S. 369 m.w.N.; WESTPHAL/ZAJAC (1998), S. 142.

[1602] Vgl. WESTPHAL/ZAJAC (1994), S. 370.

wird.[1603] Des Weiteren zeigt die Untersuchung, dass auch die Unternehmensperformance eine Rolle spielt. Die Wahrscheinlichkeit, dass Unternehmen langfristige Vergütungssysteme adoptieren (diese aber nicht zwangsläufig anwenden), steigt mit abnehmender Unternehmensperformance.[1604] WESTPHAL/ZAJAC schließen hieraus: „Thus it appears that LTIP (long-term incentive plans, Anm. d. Verf.) adoption frequently represents a symbolic rather than a purely substantive adaption to poor performance. In effect, boards facing the pressures associated with a firm's poor performance may seek to restore their credibility with stakeholders by ceremonially increasing control over management."[1605]

Auch BENDER (2004) untersucht in ihrer Studie die Motive für die Implementierung erfolgsabhängiger Vergütungssysteme für Top-Manager. Ihre Untersuchung gehört zu den wenigen (qualitativen) Studien, in denen verschiedene Akteure[1606] sowohl zu den Wirkungen erfolgsabhängiger Vergütungssysteme, als auch zu den Gründen der Implementierung unmittelbar befragt wurden.[1607] Die Ergebnisse zeigen, dass die Erzielung von Legitimität ein wichtiges Motiv für die Adoption erfolgsabhängiger Vergütungssysteme darstellt. Die Mehrheit der 35 Befragten bezweifelte die Motivationswirkung dieser Systeme und nannte die Konformität mit den Erwartungen der Stakeholder als einen wichtigen Grund für die Einführung. Erfolgsabhängige Vergütungssysteme gelten als „best practice" und „Good Corporate Governance".[1608] Befürchtet wurde ein Verlust der Legitimität, wenn sich das Unternehmen der marktüblichen Praxis nicht anpasst.[1609] Rekurrierend auf DIMAGGIO/POWELL schlussfolgert BENDER, dass die Ergebnisse der Studie Anhaltspunkte dafür geben, dass institutionelle Mechanismen, d.h. Isomorphie durch Zwang sowie Isomorphie durch mimetische Prozesse, die Einführung erfolgsabhängiger Vergütungssysteme vorangetrieben haben.[1610]

Während in den USA die Vergütung mittels Aktienoptionen schon seit geraumer Zeit zur gängigen Praxis zählt, haben sich Aktienoptionen, Aktienpläne oder Wertsteigerungsrechte erst seit Mitte der 1990er Jahre in Deutschland verbreitet.[1611] SANDERS/TUSCHKE (2007) un-

---

[1603] Vgl. WESTPHAL/ZAJAC (1994), S. 381.

[1604] Vgl. WESTPHAL/ZAJAC (1994), S. 381.

[1605] WESTPHAL/ZAJAC (1994), S. 384.

[1606] Befragt wurden z.B. Ausschussvorsitzende, einfache Board-Mitglieder, Personalverantwortliche, CEOs oder Personalberater.

[1607] Vgl. BENDER (2004), S. 524.

[1608] Vgl. BENDER (2004), S. 529.

[1609] Vgl. BENDER (2004), S. 531.

[1610] Vgl. BENDER (2004), S. 531.

[1611] Im Jahr 1996 haben die Deutsche Bank und Daimler-Benz Aktienoptionen an die Mitglieder des Vorstands sowie leitende Angestellte ausgegeben. In der Wirtschaftspresse wurde diese Entscheidung kontrovers diskutiert [vgl. BAUMS (1997), S. 3]. Hinsichtlich der Diffusion von Aktienoptionen ist zu sagen, dass

tersuchen in ihrer Studie die Gründe für die rasante Verbreitung von Aktienoptionen in Deutschland. Im Kern gehen sie der Frage nach, wie sich eine als legitim erachtete und nicht mehr hinterfragte Managementpraxis von einer institutionellen Umwelt (USA), innerhalb weniger Jahre in einer anderen institutionellen Umwelt (Deutschland), in der aufgrund der dort vorherrschenden Normen und Werte anfänglich für die neue Praxis noch keine Legitimitätsgrundlage besteht, verbreiten kann. Dass Aktienoptionen Mitte der 1990er Jahre äußerst umstritten waren, zeigen nicht zuletzt auch die Reaktionen von Aktionären, Politikern, Gewerkschaftsvertretern sowie der Presse auf die Einführung von Aktienoptionsprogrammen bei zwei deutschen Pionierunternehmen.[1612] Neben der fehlenden normativen Legitimität von Aktienoptionen, bestand bis 1998 auch keine regulative Legitimität, da erst durch das KonTraG Aktienoptionen als Vergütungsform auf eine rechtliche Basis gestellt wurden.[1613]

SANDERS/TUSCHKE beleuchten vier Prozesse, die eine transnationale Diffusion einer kontroversen und nicht legitimierten Praxis ermöglichen.[1614] Die Adoption einer neuen Praxis ist beispielsweise davon abhängig ist, ob Austauschbeziehungen zu jener institutionellen Umwelt bestehen, in der die Praxis bereits legitimiert ist, und die insgesamt ein hohes Ansehen genießt.[1615] Personelle Verflechtungen über Aufsichtsräte, positive Erfahrungen mit vorherigen Adoptionen sowie der Verbreitungsgrad einer Praxis im Heimatland beeinflussen ebenso die Wahrscheinlichkeit der Einführung einer umstrittenen Praxis.[1616]

2.3   Anreizsysteme und öffentlicher Rechtfertigungsdruck

Aufgrund der überwiegend negativen Reaktionen der Öffentlichkeit sowie der Presse auf die in den vergangenen Jahren rasant gestiegenen Managergehälter stehen Unternehmen inzwischen unter erheblichem Druck, die an die Mitglieder des Top-Managements gezahlten Kompensationen zu rechtfertigen.[1617] Unter großen Rechtfertigungszwang geraten Unternehmen

---

diese mit der zunehmenden Verbreitung des Shareholder-Value Konzepts eng zusammenhängt. Die Hinwendung deutscher Unternehmen zu einer kapitalmarktorientierten Unternehmensführung wurde ebenfalls in verschiedenen Studien, die eine neo-institutionalistische Sicht einnehmen, untersucht [vgl. BÜHNER/STILLER/TUSCHKE (2004); FISS/ZAJAC (2005)]. Die Einführung des Shareholder-Value Konzepts wird mittels verschiedener Indikatoren operationalisiert. Neben der Einführung wertorientierter Steuerungsgrößen sowie internationaler Rechnungslegungsstandards, wird vor allem auch die Adoption von Aktienoptionsprogrammen für Top-Manager als Indiz für die Shareholder-Value Orientierung eines Unternehmens gesehen [vgl. BÜHNER/STILLER/TUSCHKE (2004), S. 732; FISS/ZAJAC (2005), S. 514; HÖPNER (2003), S. 55].

[1612]   Vgl. SANDERS/TUSCHKE (2007), S. 40.
[1613]   Vgl. SANDERS/TUSCHKE (2007), S. 40 f.
[1614]   Vgl. SANDERS/TUSCHKE (2007), S. 34 ff.
[1615]   Vgl. SANDERS/TUSCHKE (2007), S. 49.
[1616]   Vgl. SANDERS/TUSCHKE (2007), S. 49.
[1617]   Vgl. WADE/PORAC/POLLOCK (1997), S. 642.

vor allem dann, wenn Managergehälter trotz schlechter Ertragslage steigen oder Gehaltserhöhungen zeitlich mit unpopulären unternehmerischen Entscheidungen, wie z.b. Entlassungen von Mitarbeitern, zusammenfallen.[1618] Um eine Schädigung der Unternehmensreputation abzuwenden, setzen Unternehmen Impression Management-Techniken ein.[1619] Wie die Ergebnisse der folgenden Untersuchungen zeigen, werden Entscheidungen, die die Vergütung des Top-Managements betreffen, in Proxy Statements unter Rückgriff auf verschiedene Argumente begründet. Mit der Rationalisierung von Vergütungsentscheidungen verfolgen Unternehmen das Ziel, die Stakeholder des Unternehmens von der Vergütungspolitik zu überzeugen, um mögliche Kritik oder Widerstände proaktiv abzuwehren.[1620] Welche Begründungsstrategien Unternehmen letztlich einsetzen, ist dabei von verschiedenen ökonomischen, institutionellen sowie politischen Faktoren abhängig.[1621]

In ihrer Pionierstudie zeigen ZAJAC/WESTPHAL (1995), dass Unternehmen auf zwei unterschiedliche Erklärungen zurückgreifen, um die Einführung langfristiger Anreizsysteme[1622], die in den USA seit Mitte der 1970er Jahre zunehmende Verbreitung gefunden haben, und die mitunter auch mit deutlichen Gehaltserhöhungen einhergehen können, gegenüber ihren Stakeholdern zu begründen:[1623] 1) Die erste Begründung bezeichnen sie als „human resource explanation". Bei einer HR-Rechtfertigung argumentieren Unternehmen, dass nur mittels der Einführung eines kompetitiven Vergütungsarrangements, die Managertalente, von denen es nur wenige gibt, und die für den Unternehmenserfolg von zentraler Bedeutung sind, auf das Unternehmen aufmerksam werden bzw. sich entschließen, im Unternehmen zu verbleiben.[1624] 2) Die zweite Begründung bezeichnen die Autoren als „agency theory explanation". Bei dieser Form der Rechtfertigung greifen Unternehmen auf das aus der Agencytheorie entlehnte Argument zurück, dass ein langfristiges Anreizsystem eine Angleichung der Interessen von Managern und Anteilseignern herbeiführt.[1625] Mittels eines langfristigen Vergütungssystems soll demnach sichergestellt werden, dass Manager im Einklang mit den Interessen der Aktionäre handeln.

[1618] Vgl. WADE/PORAC/POLLOCK (1997), S. 642.

[1619] Vgl. WADE/PORAC/POLLOCK (1997), S. 662; ZAJAC/WESTPHAL (1995), S. 304.

[1620] Vgl. WADE/PORAC/POLLOCK (1997), S. 641; ZAJAC/WESTPHAL (1995), S. 304.

[1621] Vgl. WADE/PORAC/POLLOCK (1997), S. 644; ZAJAC/WESTPHAL (1995), S. 284 f.

[1622] Zu langfristigen Anreizsystemen zählen beispielsweise Aktienoptionen, Wertsteigerungsrechte oder Aktienpläne. In dieser Studie lag der Fokus auf Performance Share Plans.

[1623] Siehe hierzu auch die Ergebnisse von ST-ONGE ET AL. (2001), S. 257 f.

[1624] Vgl. ZAJAC/WESTPHAL (1995), S. 285.

[1625] Vgl. ZAJAC/WESTPHAL (1995), S. 285 f.

In ihrer empirischen Studie, die sich über einen Zeitraum von 15 Jahren erstreckt (1976-1990) zeigen ZAJAC/WESTPHAL, dass Unternehmen, die im Untersuchungszeitraum Anreizsysteme erst zu einem späteren Zeitpunkt implementiert haben, zur Begründung dieser Entscheidung, eher auf das Agency-Argument zurückgreifen. Die Autoren führen dies auf den Umstand zurück, dass agencytheoretische Überlegungen sowohl in der Wissenschaft als auch in der Praxis zunehmend Verbreitung gefunden haben.[1626] Wie oben dargelegt, stellt die Agencytheorie in der Corporate Governance-Forschung die dominante theoretische Perspektive dar. Aber auch außerhalb des Wissenschaftsbetriebs hat die Logik der Agencytheorie, d.h. die Annahmen über das eigennutzmaximierende Verhalten von Managern und die Notwendigkeit einer Abschwächung der Interessendivergenzen mittels eines erfolgsabhängigen Vergütungssystems, verstärkt Anerkennung erfahren. So weisen ZAJAC/WESTPHAL darauf hin, dass sich agencytheoretische Argumente beispielsweise häufig in der Wirtschaftspresse finden lassen.[1627] Auch institutionelle Investoren, die sich als Shareholder-Aktivisten und als treibende Kraft von Corporate Governance-Reformen einen Namen gemacht haben, greifen oftmals auf die Agencytheorie zurück, um ihre politische Agenda zu legitimieren.[1628] Letztlich machen ZAJAC/WESTPHAL in ihrer Studie deutlich, dass der vorherrschende Zeitgeist Entscheidungsbegründungen beeinflusst. Je nach dem welche Annahmen in der Umwelt über den Sinn und Zweck von Anreizsystemen bestehen, und wann die Implementierung von langfristigen Anreizsystemen als legitim erachtet wird, greifen Unternehmen entweder auf das HR-Argument oder auf die Agency-Begründung zurück.

Neben makro-institutionellen Faktoren spielen nach ZAJAC/WESTPHAL aber auch unternehmensinterne Faktoren, wie z.B. soziale Ähnlichkeit zwischen Board und CEO, die Machtverteilung oder die Unternehmensperformance eine Rolle. Hinsichtlich des Einflusses der Unternehmensperformance argumentieren die Autoren, dass Board-Mitglieder Gefahr laufen ihre Glaubwürdigkeit zu verlieren, wenn sie bei einer schlechten Ertragslage auf das Talent-Argument zurückgreifen. Argumentiert der Board indes, dass mittels eines Anreizsystems eine Interessenangleichung sowie eine stärkere Verhaltenssteuerung des Managements herbeigeführt werden soll, und dass aufgrund der Aktienbeteiligungen das Management in Zukunft ebenfalls unter einem sinkenden Aktienkurs „leiden" wird, so wird diese Begründung bei den Anspruchsgruppen eher auf Akzeptanz stoßen als das Talent-Argument.[1629] Insofern überrascht es nicht, dass die Studie zu dem Ergebnis gelangt, dass die Wahrscheinlichkeit,

---

[1626]   Vgl. ZAJAC/WESTPHAL (1995), S. 287 f.

[1627]   Vgl. ZAJAC/WESTPHAL (1995), S. 287. Zur Verbreitung der Agencytheorie haben auch praxisorientierte Journale beigetragen [vgl. ZAJAC/WESTPHAL (2004), S. 451].

[1628]   Vgl. ZAJAC/WESTPHAL (1995), S. 287.

[1629]   Vgl. ZAJAC/WESTPHAL (1995), S. 290.

dass Boards das Argument der Interessenangleichung heranziehen, mit abnehmender Unternehmensperformance steigt. Erfolgreiche Unternehmen begründen die Implementierung langfristiger Vergütungspläne indes häufiger mit dem Talent-Argument.[1630] Hinsichtlich der Frage, ob zwischen der Art der Begründung und der konkreten Ausgestaltung langfristiger Vergütungssysteme ein Zusammenhang besteht – ob mit den Vergütungssystemen also unterschiedliche Ziele verfolgt werden – stellen ZAJAC/WESTPHAL fest: „(...) LTIPs [long-term incentive plans, Anm. der Verf.] are not used differently by firms providing different explanations and that the choice of explanations provided may be driven more by symbolic considerations."[1631]

Eine weitere Studie, in der Entscheidungsbegründungen für Vergütungssysteme analysiert wurden, stammt von WADE/PORAC/POLLOCK (1997). Auch sie stellen fest, dass Unternehmen in ihren Proxy Statements häufig auf das Argument der Interessenangleichung (*„shareholder alignment justification"*) rekurrieren, um Entscheidungen über die Höhe und Zusammensetzung von Managergehälter zu legitimieren. Diese Art der Begründung koppelt ein äußerst kontroverses Thema, die Managervergütung, an ein Ziel, das in der Umwelt als legitim erachtet wird.[1632] Die Maximierung des Shareholder Values ist (zumindest im US-amerikanischen Kontext) ein solches anerkanntes und nicht mehr hinterfragtes Ziel, das auch häufig als Richtwert für die Bewertung der Effektivität von Vergütungssystemen herangezogen wird.[1633]

Die Ergebnisse der computergestützten Textanalyse zeigen ferner, dass Unternehmen auf zwei weitere Typen von Begründungsstrategien zurückgreifen. So verweisen sie beispielsweise auf die Expertise eines neutralen Dritten (wie z.B. Vergütungsberatungen) oder legen dar, dass bei der Festlegung der Vergütung auf zuverlässige Instrumente der Informationsbeschaffung (Compensation Surveys) zurückgegriffen wurde (*„external validation justification"*).[1634] Sowohl der Rückgriff auf Vergütungsstudien, die Methode des Benchmarkings als auch die Inanspruchnahme von Beratungsdienstleistungen sind in der Praxis anerkannte Verfahren, die nach WADE/PORAC/POLLOCK einen „taken-for-granted status"[1635] genießen.[1636] Auch PFEFFER (1981) weist darauf hin, dass Unternehmens- und Personalberatungen Entscheidungsprozesse legitimieren können: „(...) outside expertise can serve to legitimate the decisions reached and

---

[1630]   Vgl. ZAJAC/WESTPHAL (1995), S. 302. Beide Argumente werden dagegen von Unternehmen angeführt, die sich hinsichtlich ihres Erfolgs im „Mittelfeld" bewegen.

[1631]   ZAJAC/WESTPHAL (1995), S. 300.

[1632]   Vgl. WADE/PORAC/POLLOCK (1997), S. 644.

[1633]   Vgl. WADE/PORAC/POLLOCK (1997), S. 644.

[1634]   Vgl. WADE/PORAC/POLLOCK (1997), S. 641.

[1635]   WADE/PORAC/POLLOCK (1997), S. 641.

[1636]   Vgl. WADE/PORAC/POLLOCK (1997), S. 641

to provide an aura of rationality to the decision process."[1637] Demnach verleihen Beratungen den Vergütungsentscheidungen des Kontrollgremiums den Anschein von Rationalität.

Die dritte Rechtfertigungsstrategie bezeichnen WADE/PORAC/POLLOCK als *„performance justifications"*. Um Entscheidungen vor Kritik von außen zu schützen und Interpretationen in eine vom Unternehmen präferierte Richtung zu lenken, können bestimmte Informationen, wie z.B. Informationen über Vergütungskriterien oder die zugrundeliegende Bemessungsgrundlage, hervorgehoben oder aber verschwiegen werden. „When compensation committees actively discuss corporate performance to account for their policies to shareholders, they are using *performance justifications* to legitimize their decisions."[1638]

In Übereinstimmung mit ZAJAC/WESTPHAL argumentieren WADE/PORAC/POLLOCK, dass die Wahl der Begründungsstrategie von verschiedenen Kontextfaktoren, wie z.B. der Aktionärsstruktur, der Höhe und Zusammensetzung der Vergütung sowie der Unternehmensperformance, abhängig ist. Mitglieder des Vergütungsausschusses stehen beispielsweise unter erheblichem Rechtfertigungsdruck, wenn sie dem Management sehr hohe Bezüge gewähren, oder wenn sich größere Anteile des Unternehmens im Besitz institutioneller Investoren befinden, die oftmals eine fundierte Erklärung über die Gestaltung der Anreizsysteme verlangen.[1639]

Die Ergebnisse der Studie können wie folgt zusammengefasst werden: Unternehmen, die ihrem CEO eine hohe Grundvergütung und zugleich einen Bonus gewähren, verweisen in ihren Proxy Statements häufig auf Vergütungsberatungen bzw. Vergütungsstudien (*external validation justifications*).[1640] Externe Validierungen findet man auch häufig in Proxy Statements von Unternehmen, die eine konzentrierte Eigentümerstruktur aufweisen und deren Aktionäre sich durch einen hohen Shareholder-Aktivismus auszeichnen. Das Argument, dass das Vergütungssystem das Ziel der Interessenangleichung verfolgt (*shareholder alignment justifications*), findet man ebenfalls häufig in Proxy Statements von Unternehmen, die eine konzentrierte Eigentümerstruktur aufweisen.[1641] Die Unternehmensperformance wird indes häufig als Begründung angeführt, wenn der CEO beispielsweise einen hohen Bonus erhalten hat (*performance justifications*). Unternehmen mit einer hohen Rendite, diskutieren die Unternehmensperformance ebenfalls häufiger in ihren Proxy Statements als weniger erfolgreiche Unternehmen.[1642]

[1637] PFEFFER (1981), S. 142.

[1638] WADE/PORAC/POLLOCK (1997), S. 644 (Kursivierung im Original).

[1639] Vgl. WADE/PORAC/POLLOCK (1997), S. 645.

[1640] Vgl. WADE/PORAC/POLLOCK (1997), S. 661.

[1641] Vgl. WADE/PORAC/POLLOCK (1997), S. 661.

[1642] Vgl. WADE/PORAC/POLLOCK (1997), S. 658.

In Übereinstimmung mit ZAJAC/WESTPHAL sowie WADE/PORAC/POLLOCK argumentiert auch MCGUIRE (1997), dass Unternehmen versuchen potentielle Einwände gegenüber ihrer Vergütungspolitik seitens der Stakeholder abzuwehren. Neben der Option, Vergütungsentscheidungen gegenüber der Öffentlichkeit zu begründen, um dadurch die Legitimität nicht zu gefährden, haben Unternehmen aber auch die Möglichkeit mittels einer „Verschleierungsstrategie" einem möglichen Reputationsverlust als Folge einer als unangemessen empfundenen Vergütungspolitik zu entgehen.[1643] Dass Unternehmen die zweite Option bevorzugen, hält die Autorin für wahrscheinlicher, da z.B. durch Rechtfertigungen zukünftige Erwartungen erzeugt werden, die das Unternehmen möglicherweise nicht einhalten kann.[1644] Insofern werden Unternehmen eher darauf verzichten, zu detaillierte Informationen über die Vergütungssysteme ihrer Manager preiszugeben. Stattdessen werden Darstellungsformen bevorzugt, die sich durch Mehrdeutigkeit auszeichnen. So gelangt die Studie von MCGUIRE etwa zu dem Schluss, dass zwischen der Vergütungshöhe und der Klarheit der Darstellung der Managervergütung in den Proxy Statements ein signifikant negativer Zusammenhang besteht.[1645]

Auf die Verschleierungsproblematik machen auch BEBCHUK/FRIED (2004) aufmerksam. Sie argumentieren, dass Unternehmen massive Kritik von außen abwehren können, indem sie das tatsächliche Niveau der Managervergütung vertuschen. Verschleierungsmöglichkeiten sehen sie vor allem im Hinblick auf Vergütungsformen, die undurchsichtig sind und nicht den gleichen strengen Offenlegungsvorschriften unterliegen wie beispielsweise das Festgehalt oder Bonussysteme.[1646] Explizit nennen die Autoren Pensionszusagen, Deferred Compensation-Modelle, hochdotierte Beraterverträge mit ehemaligen Top-Managern oder andere Entschädigungsformen, die erst bei Eintritt in den Ruhestand zur Auszahlung kommen.[1647] Um öffentliche Empörungen („outrage"[1648]) zu vermeiden, können Unternehmen demnach die tatsächliche Höhe der Vergütung ihrer Top-Manager unter Rückgriff auf schwer durchschaubare Vergütungsformen verschleiern.

Abschließend lässt sich feststellen, dass Unternehmen versuchen mittels verschiedener Techniken auf die Reaktionen ihrer Umwelt steuernd einzuwirken. In einer Folgestudie gehen WESTPHAL/ZAJAC (1998) der Frage nach, ob symbolische Handlungen und die Verwendung einer sozial legitimierten Sprache feststellbare Auswirkungen haben.[1649] Sie gelangen zu dem

---

[1643] Vgl. MCGUIRE (1997), S. 119.

[1644] Vgl. MCGUIRE (1997), S. 120.

[1645] Vgl. MCGUIRE (1997), S. 129 f.

[1646] Vgl. BEBCHUK/FRIED (2004), S. 95.

[1647] Vgl. BEBCHUK/FRIED (2004), S. 95.

[1648] BEBCHUK/FRIED (2004), S. 64.

[1649] Vgl. WESTPHAL/ZAJAC (1998), S. 128.

Schluss, dass der Kapitalmarkt zwischen einer echten Implementierung von langfristigen Vergütungssystemen und einer „zeromoniellen Konformität", d.h. Vergütungssysteme werden zwar adoptiert und öffentlich angekündigt, kommen aber de facto nicht oder nur stark begrenzt zum Einsatz, nicht unterscheidet. In beiden Fällen löst die Adoption positive Kapitalmarktreaktionen aus.[1650] Werden Vergütungsentscheidungen darüber hinaus mit Argumenten aus der Agencytheorie begründet, ist die Reaktion des Kapitalmarktes auf die Adoption, unabhängig davon, ob diese tatsächlich erfolgt oder rein symbolisch ist, noch positiver.[1651] Dieses Ergebnis unterstreicht die Bedeutung von Kommunikation und macht deutlich, dass die Konformität mit bestehenden Rationalitätsvorstellungen vom Kapitalmarkt belohnt wird.[1652]

3. Zwischenfazit

Neo-institutionalistische Studien zur Vergütung von Top-Manager lenken den Blick auf Themen und Problembereiche, die in ökonomischen Studien in aller Regel ausgeklammert werden. Sie machen insbesondere darauf aufmerksam, dass Vergütungssysteme auch eine symbolische Bedeutung zukommt. Wie WESTPHAL/ZAJAC in ihrer eindrucksvollen Studie zeigen, erfolgt die Implementierung langfristiger Vergütungskomponenten nicht nur aus Gründen der Effizienzsteigerung, sondern auch zur Erzielung von Legitimität. Bemerkenswert sind ebenso die Ergebnisse von Untersuchungen, die sich mit Rechtfertigungsstrategien beschäftigen. Diese Studien haben deutlich gemacht, dass Unternehmen nicht nur langfristige Anreizsysteme implementieren, sondern dass sie die Implementierung unter Rückgriff auf verschiedene Argumente begründen. Gezeigt wurde, dass vor allem das aus der Agencytheorie stammende Argument der Interessenangleichung weit verbreitet ist. Eine Analyse von Geschäftsberichten europäischer Gesellschaften gelangt ebenfalls zu dem Schluss,[1653] dass Unternehmen häufig auf das Argument der Interessenangleichung oder aber auf das Argument der Bindung talentierter Manager zurückgreifen, um ihre Vergütungssysteme für Top-Manager zu rechtfertigen.[1654]

[1650]   Vgl. WESTPHAL/ZAJAC (1998), S. 142.

[1651]   Vgl. WESTPHAL/ZAJAC (1998), S. 143.

[1652]   Siehe auch den Aufsatz von ZAJAC/WESTPHAL (2004), die den Kapitalmarkt aus einer soziologischen Perspektive betrachten.

[1653]   Analysiert wurden insgesamt 23 Geschäftsberichte von Unternehmen aus Deutschland, Frankreich, Schweiz und Großbritannien [vgl. POINT/TYSON (2006), S. 820].

[1654]   Vgl. POINT/TYSON (2006), S. 823. POINT/TYSON (2006) stellen fest, dass sich unabhängig vom Land und der jeweiligen Branche in den Geschäftsberichten europäischer Gesellschaften immer wieder die gleichen klischeehaften Sätze bezüglich der Gründe für die Implementierung bestimmter Vergütungskomponenten finden lassen [vgl. POINT/TYSON (2006), S. 827].

Die Auswertung neo-institutionalistischer Studien hat aber auch ergeben, dass hinsichtlich bestimmter Fragestellungen noch weiterer Forschungsbedarf besteht. Eine interessante, bislang aber empirisch noch nicht untersuchte Frage bezieht sich auf die Bedeutung von Corporate Governance Kodizes für die Diffusion bestimmter Vergütungspraktiken. Gerade in den 1990er Jahren sind weltweit Kodizes entwickelt worden,[1655] die auch oftmals Vorschriften oder Empfehlungen bezüglich der Vergütungssysteme für Mitglieder des Top-Managements enthalten.[1656] Aus neo-institutionalistischer Sicht ließe sich untersuchen, ob die Verbreitung von Kodizes zu einer Homogenisierung von Vergütungssystemen beiträgt.

Ein weiterer interessanter Aspekt, der in der Literatur gelegentlich Erwähnung findet, ist das Phänomen, das die Entlohnungshöhe selbst von symbolischer Bedeutung sein kann.[1657] Während ein hohes Gehalt symbolisiert, dass das Unternehmen erfolgreich ist und Manager mit überdurchschnittlichen Talenten und Qualitäten beschäftigt,[1658] könnte eine im Branchenvergleich niedrige Vergütung signalisieren, dass selbst das Kontrollorgan (Board oder Aufsichtsrat) nicht daran glaubt, den fähigsten und auf dem Arbeitsmarkt gefragtesten Manager eingestellt zu haben.[1659] Etwas überspitzt argumentieren UNGSON/STEERS (1984), dass der Board hohe Bonuszahlungen auch deshalb gewährt, um nicht den Eindruck zu erwecken, dass eine falsche Personalentscheidung getroffen wurde: „(...) avoiding a bonus would be an acknowledgment by the board that it might have selected the wrong person. Moreover, if CEO compensation is to impart an important message to the general public that a good job is being done, the board may elect to perpetuate this myth by giving a nice bonus."[1660] Ob Vergütungssysteme auch eine symbolische Botschaft transportieren ist empirisch jedoch nur schwer nachzuweisen. MILLER/WISEMAN (2001) haben in ihrer Vignettenstudie jedenfalls nicht bestätigen können, dass Außenstehende anhand der Gehaltshöhe auf die Kompetenzen von Managern schließen.[1661]

Neben neo-institutionalistischen Studien zur Vergütung von Top-Managern, wurden im vorangegangenen Abschnitt ebenso die Ergebnisse von Untersuchungen vorgestellt, die auf verschiedene Theorien aus der Sozialpsychologie rekurrieren, um Entscheidungsprozesse in Vergütungsausschüssen zu erklären. Die Studien haben gezeigt, dass nicht nur ökonomische,

---

[1655]   Vgl. AGUILERA/CUERVO-CAZURRA (2004).

[1656]   Vgl. ZATTONI/CUOMO (2008), S. 8.

[1657]   Vgl. BENDER (2004), S. 526; HENDERSON/FREDRICKSON (1996), S. 601; FINKELSTEIN/HAMBRICK (1988), S. 550 f.

[1658]   Vgl. MILLER/WISEMAN (2001), S. 704.

[1659]   Siehe auch die Argumentation von FALLGATTER (2006) in dieser Arbeit auf S. 177.

[1660]   UNGSON/STEERS (1984), S. 320.

[1661]   Vgl. MILLER/WISEMAN (2001), S. 707.

sondern auch psychologische Faktoren auf die Festlegung der CEO-Vergütung Einfluss nehmen. Wie an anderer Stelle dargelegt, ist ein zentrales Anliegen dieser Studien den Festlegungsprozess, der in ökonomischen Analysen eine ‚Black Box' darstellt, näher zu betrachten.[1662] Fraglich ist nur, ob es den Vertretern, die auf sozial-psychologische Theorien zurückgreifen, tatsächlich gelungen ist, die ‚Black Box' zu öffnen. Aus den Ausführungen oben
wurde deutlich, dass sich in methodischer Hinsicht die überwiegende Mehrzahl der Studien
von empirischen Untersuchungen, die eine ökonomische oder politische Perspektive einnehmen, nicht essentiell unterscheiden. Abgesehen von nur wenigen Ausnahmen,[1663] wird auch in
diesen Untersuchungen vorwiegend auf Sekundärdaten (‚archival data') zurückgegriffen.
Dass die Norm der Reziprozität Einfluss auf die Festlegung der Vergütung ausübt, ist theoretisch plausibel. Fraglich ist nur, ob mit Hilfe von zwei Dummy-Variablen die Wirkung dieser
Norm auf den Festlegungsprozess tatsächlich nachgewiesen ist. Um die Wirkung von Normen, Autorität oder Sympathie auf Entscheidungen der Board-Mitglieder empirisch zu überprüfen, erscheint der Rückgriff auf qualitative Methoden zielführender. So könnten durch
nicht-standardisierte Befragungen wertvolle Einblicke in die „inner workings of boards"[1664]
sowie die dort getroffenen Vergütungsentscheidungen gewonnen werden.[1665]

Dass nur wenige Forscher in ihren Studien zur Vergütung von Top-Managern Primärdaten
erheben, um Entscheidungsprozesse besser verstehen zu können, wird von einigen Autoren
stark kritisiert.[1666] So weisen ROBERTS/MCNULTY/STILES (2005) darauf hin, dass über die
tatsächlichen Arbeitsprozesse in Kontrollgremien nach wie vor wenig bekannt ist.[1667] Auf die
Probleme sowie die Möglichkeit einer fatalen Fehlinterpretation, die sich ergeben können,
wenn sich die Forschung vorrangig auf Datenmaterial stützt, das eben nicht aus erster Hand
gewonnen wurde, hat PETTIGREW bereits Anfang der 1990er Jahre aufmerksam gemacht:
„(…) great inferential leaps are made from input variable such as board composition to output
variable such as board performance with no direct evidence on the processes and mechanism
which presumably link the inputs to the outputs."[1668]

Für die Dominanz der Sekundärforschung und großzahliger, quantitativer empirischer Untersuchungen in diesem Forschungsfeld können zwei Gründe angeführt werden: Zum einen ist

---

[1662] Vgl. MAIN/O'REILLY/WADE (1995), S. 328; O'REILLY/MAIN (2005), S. 13; O'REILLY/MAIN (2005), S. 4.

[1663] Vgl. BENDER/MOIR (2006), S. 76 und die dort angegebenen Untersuchungen. Weitere Ausnahmen bilden
u.a. die Studien von ST-ONGE ET AL. (2001) sowie TOSI/GOMEZ-MEJIA (1989).

[1664] ROBERTS/MCNULTY/STILES (2005), S. S19.

[1665] Vgl. O'NEILL (2007), S. 696 ff.

[1666] Vgl. DEVERS ET AL. (2007), S. 1041; O'NEILL (2007); ROBERTS/MCNULTY/STILES (2005), S. S20;

[1667] Vgl. ROBERTS/MCNULTY/STILES (2005), S. S20.

[1668] PETTIGREW (1992), S. 171.

der Zugang zum Forschungsfeld äußerst schwierig.[1669] Dass amtierende Board- oder Aufsichtsratsmitglieder an einer Befragung teilnehmen und offen über ihre Arbeit Auskunft geben sowie Details enthüllen, erscheint vor dem Hintergrund der politischen Brisanz des Vergütungsthemas eher unwahrscheinlich.[1670] Darüber hinaus unterliegen Aufsichtsratsmitglieder einer Verschwiegenheitspflicht und könnten Gefahr laufen, sich in eine rechtliche Grauzone zu begeben, wenn sie Informationen über aktuelle Vorgänge im Aufsichtsrat oder Ausschuss preisgeben. O'NEILL (2007) macht in seiner kritischen Reflexion der Forschung zur Managervergütung auf einen weiteren Grund für die Dominanz quantitativer Studien aufmerksam. Er spricht von einem methodologischen Dogmatismus.[1671] Dem Autor zufolge geht die qualitative Datenerhebung mit dem Wissenschaftsverständnis vieler Forscher nicht konform.

Abschließend ist demnach festzuhalten, dass die oben vorgestellten Untersuchungen, die eine sozial-psychologische Perspektive einnehmen zwar in theoretischer, aber oftmals nicht in methodischer Hinsicht die ‚Black Box' des Festlegungsprozesses öffnen.

V.   Zusammenfassung und weiteres Vorgehen

Das vorangegangene Kapitel hat gezeigt, dass die Vergütung von Top-Managern vor allem in der angloamerikanischen Forschung beachtliche Aufmerksamkeit erfahren hat. Es wurde dargelegt, dass die Managerkompensation aus verschiedenen theoretischen Perspektiven betrachtet wird, gleichwohl unstrittig ist, dass die Mehrzahl der Untersuchungen eine ökonomische Perspektive einnimmt und die Agencytheorie als theoretischen Bezugsrahmen wählt. Obwohl die intensive Forschung zweifellos zu einem besseren Verständnis beigetragen hat und mittlerweile auch zahlreiche Determinanten der Managervergütung bekannt sind, wird dennoch in der Literatur hervorgehoben, dass das derzeitige Wissen über die verschiedenen Mechanismen, die Einfluss auf die Höhe und Zusammensetzung der Managergehälter haben, weit davon entfernt ist, vollständig zu sein.[1672] Einige Forscher beklagen gar, dass sich das Forschungsfeld derzeit durch einen theoretischen und methodischen Stillstand auszeichnet.[1673] Gleichwohl diese Kritik im Kern durchaus berechtigt ist, lässt sich gerade in jüngster Zeit beobachten, dass auch neue Wege in der Erforschung der Managervergütung beschritten werden und Fragestellungen untersucht werden, mit denen sich bislang niemand beschäftigt hat.

[1669]   Vgl. DAILY/DALTON/CANNELLA (2003), S. 379; PERKINS/HENDRY (2005), S. 1445; SILVA/TOSI (2004), S. 87.

[1670]   Vgl. SILVA/TOSI (2004), S. 87.

[1671]   Vgl. O'NEILL (2007), S. 696.

[1672]   Vgl. DEVERS ET AL. (2007), S. 1039; FISS (2006), S. 1013.

[1673]   Vgl. O'NEILL (2007), S. 699 Von einer „Sackgasse" sprechen BARKEMA/GOMEZ-MEJIA (1998) sowie BRUCE/BUCK/MAIN (2005).

Exemplarisch zu nennen seien hier Studien, die sich aus einer verhaltenswissenschaftlichen Perspektive mit den negativen Konsequenzen von extremen Gehaltsunterschieden innerhalb von Top-Management Teams beschäftigen.[1674] Neuland betreten auch Forscher, die sich mit Entscheidungsprozessen innerhalb des Vergütungsausschusses beschäftigen und dabei die an dem Festlegungsprozess beteiligten Akteure nach den Gründen ihrer Entscheidungen befragen.[1675] Ein weiteres Thema, das erst kürzlich das Interesse der Forschung geweckt hat, geht der Frage nach, ob Top-Manager, die eine hohe Visibilität in den Medien aufweisen und mit verschiedenen Auszeichnungen geehrt wurden, eine höhere Vergütung erhalten (bzw. sich ihre Vergütungspakete anders zusammensetzen) als jene Manager, die diesen Star-Status nicht genießen. Die ersten empirischen Befunde hierzu sind recht viel versprechend. Sie zeigen, dass zwischen der Starreputation von Managern und der Vergütung ein Zusammenhang besteht.[1676] Auch in der hier vorliegenden Arbeit soll das Phänomen des ‚Starmanagers' näher beleuchtet werden und mit weiteren theoretischen Erkenntnissen sowie einer explorativ-empirischen Studie untermauert werden.

Im Kern wird im Folgenden das Ziel verfolgt, die in Kapitel B und Kapitel D gewonnenen Erkenntnisse zusammenzuführen. Wie in der Einleitung bereits dargelegt, wird die in der Literatur aufgestellte Hypothese aufgegriffen, dass Manager, die über eine hohe Medienprominenz verfügen, ein höheres Einkommen beziehen. Argumentiert wird, dass die Medienberichterstattung – d.h. die Art und Weise wie einzelne Manager in den Medien dargestellt werden, mit welchen Attributen sie beschrieben werden, und ob sie für Erfolge oder Misserfolge des Unternehmens verantwortlich gemacht werden – die manageriale Reputation beeinflusst. Bereits oben wurde auf etliche Studien eingegangen, die die Rolle der managerialen Reputation bei der Festsetzung der Vergütung beleuchten. Im Unterschied zu den oben vorgestellten Beiträgen wird in dieser Arbeit jedoch argumentiert, dass die Reputation eines Managers nicht allein durch die vergangene Performance determiniert wird, sondern dass verschiedene Faktoren – und hierzu zählen u.a. die Medienberichterstattung, öffentliche Auszeichnungen („Manager des Jahres"), aber auch das Selbstdarstellungsverhalten von Managern – Einfluss auf die manageriale Reputation haben. Anhand eines Modells werden die Einflussfaktoren sowie die bestehenden Wechselwirkungen zwischen diesen aufgezeigt. Theoretische Fundierung erfährt das Modell einerseits durch die gezielte Zusammenführung der bisherigen Erkenntnisse der Managementforschung zum Reputationsphänomen, die an verschiedenen Stel-

---

[1674] Vgl. CARPENTER/SANDERS (2002); HENDERSON/FREDRICKSON (2001); SIEGEL/HAMBRICK (2005). Einen guten Überblick geben FINKELSTEIN/HAMBRICK/CANNELLA (2009), S. 348 ff.

[1675] Vgl. BENDER (2004); ROBERTS/MCNULTY/STILES (2005).

[1676] Vgl. GRAFFIN ET AL. (2008); MALMENDIER/TATE (2009); WADE ET AL. (1997); WADE ET AL. (2006).

len der Arbeit bereits vorgestellt wurden.[1677] Andererseits werden bei der Entwicklung des Modells aber auch wissenschaftliche Beiträge berücksichtigt, die sich mit der Entstehung personenbezogener Reputation im Allgemeinen beschäftigen. Es lässt sich feststellen, dass das Phänomen ‚Reputation' in den vergangenen Jahren das Interesse verschiedener Disziplinen geweckt hat.[1678] Ein einheitliches Verständnis hat sich bislang noch nicht herausbilden können.[1679] Die folgenden ausgewählten Definitionen zeigen deutlich, dass die Verständnisse von Reputation in der Literatur zum Teil beachtlich divergieren.[1680] Je nach theoretischer Perspektive und Forschungskontext wird Reputation verstanden als

- „eine moderne Form der Anerkennung"[1681]

- „set of judgements a community makes about the personal qualities of one of its members"[1682]

- eine wichtige Form des Pfandes[1683]

- „öffentliche Information über die Vertrauenswürdigkeit eines Akteurs"[1684]

- „the estimation of the consistency over time of an attribute of an entity"[1685]

- „collective systems of beliefs and opinions that influence people's action"[1686]

[1677]   Auf die Reputation von Managern wurde bereits an verschiedenen Stellen der Arbeit eingegangen. Im Zusammenhang mit dem Arbeitsmarkt für Manager wurde darauf hingewiesen, dass Manager im Laufe ihrer Karriere eine Reputation aufbauen. Des Weiteren wurde die Reputation von Managern in Studien thematisiert, die sich mit den Auswirkungen von öffentlichen Auszeichnungen (Manager des Jahres) oder Rankings beschäftigen (siehe hierzu erneut S. 231 ff.), oder die der Frage nachgehen, welche Rolle die Medien hinsichtlich der Entstehung einer Starreputation von Managern spielen. Letztere betonen insbesondere, dass Erfolgsattributionen der Medien zum Aufbau einer positiven Reputation beitragen [vgl. HAYWARD/RINDOVA/POLLOCK (2004)].

[1678]   Beiträge zum Reputationsphänomen stammen aus der Spieltheorie, Ökonomie, Soziologie, Marketing, Organisationsforschung, Rechnungslegung, Strategischen Management und (Sozial-)Psychologie. Einen guten Überblick über die unterschiedlichen Verständnisse von Reputation in den verschiedenen Disziplinen geben FERRIS ET AL. (2003), S. 217 ff.

[1679]   Vgl. FERRIS ET AL. (2003), S. 212; SCHWALBACH (2004), Sp. 1262. FERRIS ET AL. (2003) nennen hierfür zwei Gründe: Den Autoren zufolge findet zwischen den verschiedenen Disziplinen, die sich mit diesem Phänomen beschäftigen, kein Austausch statt und nur selten werde bislang der Versuch unternommen, die gewonnenen Erkenntnisse zusammenzuführen. In weiterer Grund, warum sich bislang kein einheitliches Begriffsverständnis herausgebildet hat, ist nach FERRIS ET AL. darin zu sehen, dass das Phänomen Reputation auf verschiedenen Analyseebenen (Individuum, Gruppe und Organisation) untersucht wird [vgl. FERRIS ET AL. (2003), S. 211 ff.].

[1680]   Einen prägnanten Überblick über die in der Literatur vorzufindenden Definitionen zur organisationalen Reputation gibt HELM (2007), S. 22 f.

[1681]   VOSWINKEL (2001), S. 12 (Hervorhebung im Original).

[1682]   EMLER (1990), S. 171.

[1683]   Vgl. SPREMANN (1987b) , S. 619.

[1684]   RIPPERGER (1998), S. 100.

[1685]   HERBIG/MILEWICZ/GOLDEN (1994), S. 23.

[1686]   BROMLEY (1993), S. 12.

Des Weiteren lässt sich feststellen, dass sich zwar bemerkenswert viele Beiträge mit dem Reputationsaufbau von Unternehmen,[1687] jedoch nur wenige Arbeiten mit der Entstehung der Reputation von Individuen (bzw. Top-Managern) beschäftigen.[1688] Die Reputation von Personen wird vor allem in soziologischen, sozial-psychologischen sowie kommunikationswissenschaftlichen Arbeiten thematisiert.

Da es wenig zweckdienlich erscheint, die in den verschiedenen Disziplinen entwickelten Verständnisse und Konzeptualisierungen von Reputation im Detail vorzustellen – zumal diese bereits in anderen Arbeiten systematisch herausgearbeitet wurden[1689] – wird nach einer ersten, vorläufigen Definition der Fokus auf den Prozess der Entstehung personenbezogener Reputation gelegt. Eine Abgrenzung zu verwandten Begriffen (wie z.B. Status, Prestige sowie Image) erfolgt im weiteren Verlauf des Kapitels.[1690] Es sei an dieser Stelle darauf hingewiesen, dass sich das vorliegende Kapitel sowie das entwickelte Modell im Wesentlichen auf die Entstehung einer positiven Reputation konzentriert. In Übereinstimmung mit WIESENFELD/ WURTHMANN/HAMBRICK (2008) wird davon ausgegangen, dass die Faktoren, die beim Reputationsaufbau von Bedeutung sind, nicht mit denen identisch sein müssen, die bei einem Reputationsverlust eine Rolle spielen.[1691] Dass dem Reputationsaufbau eine anderen Dynamik als dem Reputationsverlust unterliegt, wird nicht zuletzt anhand des Faktors ‚Zeit' deutlich. So benötigt der Aufbau einer positiven Reputation in aller Regel Zeit, während ein Reputationsverlust auch schlagartig erfolgen kann.[1692] Nachdem dargelegt wurde, wie die Reputation von Personen entsteht, werden sodann verschiedene Faktoren vorgestellt, von denen aufgrund vorliegender Forschungsergebnisse angenommen werden kann, dass sie sich auf die Reputation von Top-Managern auswirken. Erst im Anschluss daran werden verschiedene Argumente aus der Literatur aufgegriffen und zusammengeführt, die eine theoretische Begründung dafür

---

[1687] Einen guten Überblick über dieses Forschungsfeld gibt HELM (2007).

[1688] Vgl. FERRIS ET AL. (2003), S. 211; HALL ET AL. (2004); KING/FINE (2000), S. 72; ZINKO ET AL. (2007), S. 164. So resümieren WADE ET AL. (1997) beispielsweise: „[T]he academic research on CEO reputations is almost non existent." [WADE ET AL. (1997), S. 105]. Ähnlich auch RANFT ET AL. (2006), S. 279.

[1689] Siehe z.B. HELM (2007); FERRIS ET AL. (2003).

[1690] Wie oben dargelegt, besteht hinsichtlich des Reputationsbegriffs kein einheitliches Verständnis in der Literatur. Auch im Hinblick auf die Frage, inwiefern sich Reputation von anderen Begriffen des gleichen semantischen Raums, wie z.B. Prestige, Ansehen, Renommee, Ruf, Ehre, Wertschätzung, Status oder Image, abgrenzen lässt [vgl. VOSWINKEL (2001), S. 23], finden sich in der Literatur verschiedene Vorstellungen. Nach SHENKAR/YUCHTMAN-YAAR (1997) liegt dies nicht zuletzt auch daran, dass die Konzepte innerhalb verschiedener Disziplinen entwickelt wurden. So beschäftigen sich ökonomische Arbeiten mit Reputation, soziologische mit Prestige und die Marketingwissenschaft mit Images [vgl. SHENKAR/YUCHTMAN-YAAR (1997), S. 1361].

[1691] WIESENFELD/WURTHMAN/HAMBRICK (2008), S. 233 sowie HAYWARD/RINDOVA/POLLOCK (2004), S. 639.

[1692] Vgl. BROMLEY (1993), S. 48; FERRIS ET AL. (2003), S. 227; FRANCIS ET AL. (2008), S. 115; GOTSI/ WILSON (2001), S. 28 m.w.N.; SCHWALBACH (2004), Sp. 1264; ZINKO ET AL. (2007), S. 185. Prominentes Beispiel hierfür ist Kenneth Lay, ehemaliger CEO von Enron.

liefern, warum Manager, die über eine hohe Reputation verfügen, ein höheres Einkommen beziehen. Am Ende des Kapitels werden Hypothesen aufgestellt, die im anschließenden empirischen Teil der Arbeit überprüft werden.

D. Antezedenzien und Konsequenzen der Reputation von Top-Managern

I. Zur Entstehung personenbezogener Reputation

In einer Kurzformel kann unter Reputation das wahrgenommene Ansehen einer Person, einer Personengruppe oder einer Organisation verstanden werden.[1693] Die Reputation eines Akteurs kann sowohl negativ als auch positiv ausgeprägt sein.[1694] Betont wird vielfach, dass die Reputation das Resultat von Beurteilungs- oder Bewertungsprozessen Dritter darstellt.[1695] Eine Person kann beispielsweise als „kompetent" oder als „zuverlässig" gelten. Direkte Beobachtungen des (vergangenen) Verhaltens eines Akteurs (*primäre Reputation*), aber auch indirekte Erfahrungen, die über Kommunikation weitervermittelt werden (*sekundäre Reputation*),[1696] fließen als Informationen in die Bewertungsprozesse ein.[1697]

1. Reputation als kommunikatives Produkt

In der sozialwissenschaftlichen Literatur weisen zahlreiche Autoren darauf hin, dass Reputation das Produkt eines kommunikativen bzw. sozialen Prozesses darstellt.[1698] Reputation entsteht, wenn eine Vielzahl von Personen eine Meinung oder eine Einschätzung gegenüber einer anderen Person teilen.[1699] Somit ist Reputation ein kollektives Phänomen.[1700] Explizit spre-

---

[1693] Vgl. SCHWALBACH (2004), Sp. 1263.

[1694] Nach BROMLEY (1993) kann die Reputation einer Person, d.h. der kollektive Eindruck, evaluativ sein (d.h. positiv oder negativ), neutral oder ambivalent [vgl. BROMLEY (1993), S. 5]. HELM (2007), die sich mit der Reputation von Unternehmen beschäftigt, spricht von einem Kontinuum. Demnach können Unternehmen eine sehr gute bis sehr schlechte Reputation aufweisen [vgl. HELM (2007), S. 60]. Fraglich ist, ob „neutrale Reputation" nicht letztendlich bedeutet, dass ein Akteur über keine Reputation verfügt.

[1695] Vgl. BROMLEY (1993), S. 2; EMLER (1990), S. 171; HELM (2007), S. 27; TSUI (1984), S. 65.

[1696] Vgl. BROMLEY (1993), S. 43. Nach HELM (2007) wird in der deutschsprachigen Literatur für Fremderfahrungen oftmals der Begriff ‚Ruf' verwendet [vgl. HELM (2007), S. 20].

[1697] Vgl. BROMLEY (1993), S. 42 ff.; ZINKO ET AL. (2007), S. 165. Ähnlich FERRIS ET AL. (2003), S. 216 f.

[1698] Vgl. BROMLEY (1993), S. 23; EMLER (1990), S. 171. VOSWINKEL (2001), S. 120. Verschiedene Autoren vertreten die Ansicht, dass sich die Reputation eines Akteurs durch Kommunikation verbreitet [vgl. HELM (2007), S. 28; SPREMANN (1987), S. 620].

[1699] Vgl. BROMLEY (1993), S. 42. BROMLEY (1993) weist darauf hin, dass Reputation unterschiedlich definiert werden kann. Sie kann beispielsweise als die Summe aller Eindrücke oder Meinungen innerhalb einer Gemeinschaft über einen Akteur verstanden werden. Bei dieser Definition zählen zur Reputation eines Akteurs auch Einschätzungen, die nicht von allen oder der Mehrheit geteilt werden. BROMLEY spricht in diesem Zusammenhang von idiosynkratischen Attributionen oder Eindrücken [vgl. BROMLEY (1993), S. 17 sowie S. 43].

[1700] Vgl. BROMLEY (1993), S. 15; Vgl. EMLER (1990), S. 171; HELM (2007), S. 27; ZINKO ET AL. (2007), S. 165.

chen auch einige Autoren von Reputation als Resultat eines sozialen Konstruktionsprozesses.[1701] „[R]eputations are social constructions, created collectively through processes of social communication, and are not to be confused with one individual's perception of another."[1702] Gleichwohl Reputation zunächst nur „in den Köpfen" existiert, wirkt sie sich unmittelbar auf das Verhalten der Akteure aus, die mit einem Reputationsinhaber in Interaktion stehen. Insbesondere ökonomische Arbeiten betonen oftmals die Vorzüge einer positiven Reputation. Hierzu zählen etwa die Reduktion von Unsicherheit und Transaktionskosten in Austauschbeziehungen mit asymmetrischer Informationsverteilung,[1703] Verzicht auf kurzfristig opportunistisches Verhalten von Akteuren (Unternehmen als auch Manager)[1704] sowie die Gewährung eines Vertrauensvorschusses verschiedener Stakeholder.[1705] Weitere Auswirkungen, die in der Literatur vor allem in Bezug auf die personale Reputation diskutiert werden, sind: Bessere Karrierechancen[1706], ein höheres Einkommen[1707], Vergrößerung des Einflussbereichs und des Handlungsspielraums[1708] sowie das Phänomen der „sich selbst erfüllenden Prophezeiung", auf das BROMLEY (1993) explizit hinweist.[1709] Ihm zufolge können die Erwartungen hinsichtlich des Verhaltens einer Person, die vor allem durch übermittelte Eindrücke erzeugt wurden, das Interaktionsverhalten bei einer ersten Begegnung so beeinflussen, dass

---

[1701] Vgl. EMLER (1990), S. 181; FERRIS ET AL. (2003), S. 216 m.w.N.; HELM (2007), S. 28; RAO (1994), S. 29; TINSLEY/O'CONNOR/SULLIVAN (2002), S. 622; ZINKO ET AL. (2007), S. 172.

[1702] EMLER (1990), S. 181.

[1703] In Transaktionen mit asymmetrischer Informationsverteilung kann die Reputation eines Akteurs herangezogen werden, um sein zukünftiges Verhalten vorauszusagen. Angenommen wird, dass sich die Reputation eines Akteurs aus Informationen über die vergangene Leistung bzw. das vergangene Verhalten zusammensetzt. Ein Beispiel hierfür ist der Kauf eines Produktes, dessen Qualitätsmerkmale vor dem Kauf nicht bekannt sind. Die Reputation eines Unternehmens als Hersteller qualitativ hochwertiger Produkte reduziert beim Kauf Unsicherheit [vgl. SHAPIRO (1983), S. 659]. Nach SPREMANN (1987) hat Reputation somit eine ähnliche Wirkung wie Garantien, Sicherheiten oder sonstige Signale, die dazu beitragen, Transaktionskosten zu reduzieren [vgl. SPREMANN (1987), S. 613]. Werden die Erwartungen, die die Reputation hinsichtlich der Produktqualität beim Kunden weckt, nicht erfüllt, kann der gute Ruf durch schlechte Nachrede zerstört werden [vgl. SPREMANN (1987), S. 619]. Da Unternehmen von einer positiven Reputation profitieren, haben sie keinen Anreiz, sich opportunistisch zu verhalten und Produkte mit mangelnder Qualität anzubieten.

[1704] Vgl. SCHWALBACH (2004), Sp. 1266.

[1705] Die Beziehung von Reputation und Vertrauen ist Gegenstand zahlreicher Forschungsarbeiten [vgl. FERRIS et al. (2003), S. 219]. Dabei werden Reputation und Vertrauen oftmals als interdependente Konstrukte angesehen [vgl. HELM (2007), S. 44 m.w.N.]. Reputation schafft einerseits Vertrauen, andererseits fördert Vertrauen auch die Entstehung von Reputation [vgl. EISENEGGER (2005), S. 30; HELM (2007), S. 51].

[1706] Vgl. PFEFFER (1994), S. 137; TSUI (1984), S. 91; ZINKO ET AL. (2007), S. 190.

[1707] Vgl. FERRIS ET AL. (2003), S. 231 f.; RANFT ET AL. (2006), S. 285; ZINKO ET AL. (2007), S. 190.

[1708] Vgl. PFEFFER (1994), S. 137. Ebenso EISENEGGER (2005), S. 35; HAYWARD/RINDOVA/POLLOCK (2004), S. 645; RANFT ET AL. (2006), S. 286; WADE ET AL. (2006), S. 645; ZINKO ET AL. (2007), S. 187. Siehe hierzu im Detail S. 319 ff.

[1709] Vgl. BROMLEY (1993), S. 24.

diese zu einer sich selbst erfüllenden Prophezeiung werden können.[1710] Er bringt das Beispiel eines Managers, dessen vorauseilender Ruf dazu führt, dass die Mitarbeiter Handlungen ergreifen, die zu einer Bestätigung seiner Reputation führen: „(...) a new manager's reputation for administrative efficiency may lead staff to improve their administrative practices in anticipation of closer scrutiny. This increases the likelihood that administrative efficiency will improve under the new manager."[1711]

Ob Eindrücke über Personen von Dritten übernommen werden, ist nicht zuletzt auch davon abhängig, für wie zuverlässig und glaubwürdig die Informationsquelle eingestuft wird. Nach BROMLEY spielen so genannte Meinungsführer bei der Diffusion von Reputation eine zentrale Rolle.[1712] Sie beeinflussen das soziale Umfeld nicht nur, indem sie in verbaler Form ihre Eindrücke verbreiten, sondern auch durch ihr für andere sichtbares Verhalten gegenüber einem Reputationsträger.[1713]

Des Weiteren wird in der Literatur hervorgehoben, dass es im Prozess der Diffusion von Informationen über einen Akteur zu Verzerrungen kommt, denn bei der Übermittlung werden Informationen interpretiert, selektiert oder manipuliert.[1714] Explizit spricht BROMLEY den „fundamentalen Attributionsfehler"[1715] an, der dem Autor zufolge vor allem dann auftaucht, wenn keine persönlichen Kontakte zum Reputationsträger bestehen und Hintergrundinformationen weitestgehend fehlen.[1716] Aufgrund der Verzerrungen bei der Übermittlung von Informationen und aufgrund subjektiver Interpretationen kann es im Extremfall dazu kommen, dass ein Akteur mit seiner Reputation nur noch wenig gemeinsam hat.[1717]

BROMLEY weist auf einen weiteren zentralen Aspekt hinsichtlich der Reputation von Personen hin. Dem Autor zufolge ist Reputation zugleich ein Produkt als auch ein Prozess.[1718] Wird die Reputation als soziales Produkt betrachtet, so stellt sie die Summe von Eindrücken einer Vielzahl von Personen über eine andere Person zu einem bestimmten Zeitpunkt dar.[1719] Aufgrund anhaltender Kommunikationsprozesse unterliegt die Reputation eines Akteurs jedoch Verän-

---

[1710] Vgl. BROMLEY (1993), S. 23.

[1711] BROMLEY (1993), S. 121 f.

[1712] Vgl. BROMLEY (1993), S. 96.

[1713] Vgl. BROMLEY (1993), S. 96]. Zur interpersonalen Kommunikation und dem Konzept des Meinungsführers siehe SCHENK (2005), S. 66 ff.

[1714] Vgl. BROMLEY (1993), S. 79.

[1715] Siehe zum „fundamentalen Attributionsfehler" nochmals S. 60.

[1716] Vgl. BROMLEY (1993), S. 38.

[1717] Vgl. BROMLEY (1993), S. 6.

[1718] Vgl. BROMLEY (1993), S. 29. Ebenso FERRIS ET AL. (2003), S. 215; GOTSI/WILSON (2001), S. 28.

[1719] Vgl. BROMLEY (1993), S. 29.

derungen.[1720] Durch die Verbreitung neuer Informationen über den Reputationsträger können sich Eindrücke und Meinungen verändern. Diese Reputationsveränderungen können kontinuierlich und über einen längeren Zeitraum hinweg oder aber auch abrupt erfolgen.[1721] Ein plötzlicher Reputationsverlust kann beispielsweise die Folge eines medial vermittelten massiven Verstoßes eines Akteurs gegen in einer Gesellschaft vorherrschende Wertvorstellungen sein.

Unter Rückgriff auf verschiedene Impression Management Techniken können Reputationsträger aber auch selbst die Wahrnehmung ihrer Person bis zu einem gewissen Grad beeinflussen.[1722] So können sie sich beispielsweise in ein besonders günstiges Licht stellen (*Self-Promotion*) oder Kompetenz und Expertentum signalisieren.[1723] Auf eine weitere Impression Management Technik mittels derer ein Akteur seine Reputation beeinflussen kann, weisen KILDUFF/KRACKHARDT (1994) hin.[1724] Individuen können sich bewusst in die Nähe eines erfolgreichen Akteurs rücken, um sich über diese Assoziation bei anderen beliebt zu machen (*Basking in Reflected Glory*). Erstaunlicherweise gelangen KILDUFF/KRACKHARDT in ihrer empirischen Studie zu dem Resultat, dass allein die Wahrnehmung ausreicht. Sie zeigen, dass in Organisationen die Leistung einer Person höher eingeschätzt wird, wenn angenommen wird, dass diese mit einem angesehenen Akteur befreundet ist. Unerheblich ist dabei, ob diese Freundschaft tatsächlich existiert, oder nur angenommen wird, dass sie existiert.[1725]

Erwähnenswert ist in diesem Zusammenhang eine Studie von KING/FINE (2000).[1726] Sie widmen sich in ihrer Untersuchung der Entstehung der Reputation von Henry Ford. Die Autoren argumentieren, dass Manager einem ‚Multiple-Audience Problem' ausgesetzt sind, denn sie stehen unterschiedlichen Stakeholdern mit divergierenden Interessen gegenüber. Rekurrierend auf ERVING GOFFMAN zeigen sie, dass Manager unterschiedliche Techniken anwenden können (z.B. Segregation des Publikums, versteckte Botschaften oder Rollendistanz), um zu verhindern, dass ihre Botschaften auf Widerstand stoßen.[1727] Anschaulich verdeutlichen sie dies anhand des Kommunikationsverhaltens von Henry Ford. Der umstrittene Industriemagnat

---

[1720]   Vgl. BROMLEY (1993), S. 217.

[1721]   Vgl. ZINKO ET AL. (2007), S. 185.

[1722]   Vgl. BROMLEY (1993), S. 101 ff.; EMLER (1990), S. 183 f.; FERRIS ET AL. (2003), S. 224 f.; RANFT ET AL. (2006), S. 280; TEDESCHI/MELBURG (1984), S. 33 und S. 43. Nach VOSWINKEL (2001) ist Reputation durch geschickte Inszenierungen beeinflussbar [vgl. VOSWINKEL (2001), S. 112].

[1723]   Zu den verschiedenen Techniken der Selbstdarstellung siehe S. 304.

[1724]   Vgl. KILDUFF/KRACKHARDT (1994), S. 89.

[1725]   Vgl. KILDUFF/KRACKHARDT (1994), S. 103.

[1726]   Vgl. KING/FINE (2000), S. 72.

[1727]   Vgl. KING/FINE (2000), S. 73.

verstand es, durch geschickte Kommunikation zumindest zeitweise die Gunst verschiedener Stakeholder zu erlangen.[1728] Auch TSUI (1984) macht darauf aufmerksam, dass Manager verschiedenen Anspruchsgruppen gegenüberstehen. Die Autorin entwickelt in ihrem Beitrag eine rollentheoretische Konzeptualisierung managerialer Reputation. Sie macht deutlich, dass Manager dann eine positive Reputation aufbauen, wenn sie die Fähigkeit besitzen, den Erwartungen verschiedener Stakeholdergruppen gerecht zu werden.[1729] Auch andere Autoren weisen auf die Bedeutung der Rollenbezogenheit von Reputation hin. Hiernach erlangt eine Person eine positive Reputation, wenn sie ihre Rolle kompetent ausfüllt.[1730] Akteure werden nach diesem Verständnis an den Leistungszielen ihres jeweiligen Funktionssystems (Politik, Wissenschaft, Wirtschaft etc.) gemessen.[1731] Politiker erhalten Reputation für ihre Fähigkeit, Entscheidungen durchzusetzen oder Wahlen zu gewinnen.[1732] Manager hingegen „erhöhen ihr Reputationskapital, wenn sie ökonomisch rentabel wirtschaften, das heißt Gewinne realisieren und den Börsenwert ihres Unternehmens mehren."[1733]

VOSWINKEL (2001) weist hinsichtlich der rollenbezogenen Anerkennung zudem darauf hin, dass eine Person nicht nur kompetent und verlässlich ihre Rolle ausfüllen muss – also Konformität mit den Rollenerwartungen zeigen muss – sondern, dass ein Akteur beim Reputationserwerb auch als Individuum erkennbar sein muss.[1734] Fraglich ist im Hinblick auf die funktionale Reputation, ob skandalträchtige Informationen über die Handlungen eines Akteurs (z.B. über das Privatleben eines Politikers), die nicht seine Funktionsrolle betreffen, seine Reputation als kompetenter Funktionsträger schädigen können.[1735]

Deutlich wurde, dass bei der Entstehung personenbezogener Reputation Kommunikation eine zentrale Rolle spielt. Auf der Grundlage von Beobachtungen oder direkten Interaktionen werden Eindrücke gebildet und über soziale Netzwerke an andere weitergetragen,[1736] die ihrerseits wieder Informationen über den Reputationsträger übermitteln. Bei Personen des öffentlichen Lebens (wie z.B. bei Politikern, Top-Managern oder anderen Prominenten) spielen die

---

[1728]   Vgl. KING/FINE (2000), S. 73.

[1729]   Vgl. TSUI (1984), S. 66.

[1730]   Vgl. VOSWINKEL (2001), S. 117.

[1731]   Vgl. EISENEGGER (2005), S. 37.

[1732]   Vgl. EISENEGGER (2005), S. 37.

[1733]   EISENEGGER (2005), S. 37.

[1734]   Vgl. VOSWINKEL (2001), S. 117. Ähnlich argumentiert auch BROMLEY, der betont, dass nur Verhalten, das von der Normalität abweicht, Aufmerksamkeit erregt und demnach Beachtung findet [vgl. BROMLEY (1993), S. 40].

[1735]   Siehe hierzu VOSWINKEL (2001), S. 120 f.

[1736]   Siehe auch VOSWINKEL (2001), S. 119.

Massenmedien bei der Diffusion rufrelevanter Informationen eine zentrale Rolle.[1737] BROMLEY stellt hierzu fest: „The mass communication media, however, make it possible for a large number of people to know about a person (or product or organisation) indirectly. The reputation of a person or thing can expand quickly, so that certain things are then said or believed by 'people in general'."[1738]

Hinsichtlich des Zusammenhangs von massenmedialer Kommunikation und Reputation sind auch die Forschungsergebnisse zum so genannten ‚Third-Person-Effekt' aufschlussreich. Der ‚Third-Person-Effekt' ist ein Medienwirkungseffekt, auf den erstmals DAVISON (1983) hingewiesen hat. Dem Autor zufolge tendieren Individuen dazu, den Einfluss der Massenkommunikation auf die Einstellungen und das Verhalten „anderer Leute" (bzw. Dritter) zu überschätzen.[1739] Folgerichtig geht es bei diesem Effekt vorrangig um eine wahrgenommene bzw. unterstellte Wirkung.[1740] Auch im Zusammenhang mit Reputation wurde dieses Wahrnehmungsphänomen untersucht.[1741] So beleuchten COHEN ET AL. (1988) in ihrer Untersuchung die Frage, wie ein Geschworenengericht zu dem Urteil gelangt, dass die Reputation eines Klägers durch die Berichterstattung der Medien geschädigt wurde, und welche Rolle der „Andere-Leute-Effekt" bei der Urteilsfindung spielt.[1742] Die Ergebnisse der Untersuchung zeigen, dass Rezipienten die Wirkung verunglimpfender Medienbotschaften auf andere Rezipienten höher einschätzen als auf sich selbst.[1743] Ferner zeigt die Studie, dass Rezipienten annehmen, dass voreigenommene Quellen (z.B. Boulevardzeitungen) einen besonders starken Einfluss auf die Meinungen anderer haben. Zuletzt diskutieren COHEN ET AL. in ihrem Beitrag die Möglichkeit, dass indirekte Effekte auftreten können, d.h. dass die von den Rezipienten unterstellte Wirkung wiederum die Meinung der Rezipienten beeinflusst: „It may be, for example,

---

[1737] Vgl. BROMLEY (1993), S. 7 und passim; EISENEGGER (2005), S. 58 ff.; FERRIS ET AL. (2003), S. 222; RANFT ET AL. (2006), S. 282. Zur Bedeutung der Medien bei der Entstehung der Reputation von Organisationen siehe DEEPHOUSE (2000), S. 1094 ff.; RINDOVA/POLLOCK/HAYWARD (2006), S. 1037 f.; WARTICK (1992), S. 45 ff.

[1738] BROMLEY (1993), S. 7.

[1739] Vgl. DAVISON (1983), S. 3. Verschiedene Erklärungsmodelle (z.B. ‚Optimistic Bias', ‚Self Enhancement', ‚Attributionstheorie') werden herangezogen, um die Ursachen dieses Effekts zu erklären [siehe zu den theoretischen Erklärungsmodellen HUCK/BROSIUS (2007), S. 362 ff.].

[1740] Vgl. HUCK/BROSIUS (2007), S. 355.

[1741] Vgl. COHEN ET AL. (1988); GUNTHER (1991). Zum Zusammenhang von Reputation und Third-Person-Effekt siehe auch BROMLEY (1993), S. 69 f.

[1742] Da in Verleumdungsprozessen zumeist auf Entschädigung geklagt wird, ist es von praktischer Bedeutung, ob der von den Medien verursachte Reputationsschaden in Folge von Wahrnehmungsverzerrungen überschätzt wird [vgl. COHEN ET AL. (1988), S. 172].

[1743] Vgl. COHEN ET AL. (1988), S. 172. Auch GUNTHER (1991) gelangt in seiner Studie zu dem Schluss, dass die Wirkung der Medienberichterstattung über prominente Personen überschätzt wird [vgl. GUNTHER (1991), S. 366].

that believing others have been negatively influenced may ultimately have a negative effect on one's own estimation of a subject (…)."[1744] Festzuhalten ist demnach, dass die Forschung zum Third-Person-Effekt darauf aufmerksam macht, dass Medienrezipienten darüber nachdenken, wie die Medien auf andere wirken („What we think others think")[1745], und dass eine allgemeine Tendenz besteht, den Einfluss von Medienbotschaften auf andere zu überschätzen.[1746]

2. Abgrenzung zum ‚Imagebegriff'

Seit geraumer Zeit wird in der Literatur die Frage diskutiert, in welcher Beziehung die beiden Konstrukte ‚Reputation' und ‚Image' stehen. Auf den Imagebegriff wurde bereits an anderer Stelle der Arbeit ausführlich eingegangen.[1747] Nach HELM (2007) ist die genaue Beziehungsstruktur zwischen ‚Reputation' und ‚Image' nach wie vor unbekannt und im Kern definitorischer Natur.[1748] Einen prägnanten Überblick über die in der Literatur vorzufindenden verschiedenen theoretischen Standpunkte geben GOTSI/WILSON (2001) in ihrem Beitrag. Den Autoren zufolge lassen sich im Kern zwei Denkschulen unterscheiden.[1749] Innerhalb der ersten Denkschule (*Analogous School of Thought*) werden die Begriffe ‚Reputation' und ‚Image' bedeutungsgleich verwendet. Allerdings sprechen verschiedene Argumente gegen die synonyme Verwendung der beiden Termini: 1) Im Unterschied zum Image zeichnet sich Reputati-

---

[1744] COHEN ET AL. (1988), S. 172.

[1745] Vgl. GUNTHER (1991).

[1746] Auswertungen empirischer Studien zeigen, dass es sich bei dem Third-Person-Effekt um einen robusten Effekt und ein universelles Phänomen handelt [vgl. HUCK/BROSIUS (2007), S. 366; SCHENK (2007), S. 551]. Untersuchungen zeigen, dass Personen mit einem hohen Involvement, einer höheren Bildung und größerem Wissen eher dazu tendieren, bei anderen einen größeren Medieneinfluss anzunehmen [vgl. SCHENK (2007), S. 552 f.]. Inwiefern diese Wahrnehmungen das weitere Verhalten beeinflussen, bildete eher selten Gegenstand von Untersuchungen bzw. werden die Studien zur Verhaltenskomponente des Third-Person-Effekts als wenig zufriedenstellend bezeichnet [vgl. HUCK/BROSIUS (2007), S. 366; SCHENK (2007), S. 554]. HUCK/BROSIUS (2007) halten weitere Untersuchungen zu den realen Handlungen in Folge unterstellter Medienwirkungen dennoch für wichtig. Bezug nehmend auf das Thomas-Theorem („If men define situations as real, they are real in their consequences.") diskutieren sie, dass nicht die Realität, sondern die Wahrnehmung und Interpretation von Realität bestimmt, wie Menschen handeln. Den Autoren zufolge geht es also nicht darum, ob die Massenmedien Einfluss haben, sondern wichtig ist, was kollektiv angenommen wird. „Diese Einschätzung schlägt sich in realem Verhalten und Verhaltensintentionen nieder." [HUCK/BROSIUS (2007), S. 366].

[1747] Siehe hierzu nochmal S. 37 f.

[1748] Vgl. HELM (2007), S. 33.

[1749] GOTSI/WILSON (2001) beziehen sich in ihrem Aufsatz explizit auf das Image von Unternehmen bzw. die Reputation von Unternehmen und werten die hierzu vorliegende Literatur aus [vgl. GOTSI/WILSON (2001), S. 24 ff.]. Gleichwohl sich die Autoren explizit auf die Reputation von Unternehmen Bezug nehmen, erscheint es unproblematisch, die angeführten Argumente auf die Reputation bzw. das Image von Personen zu übertragen.

on dadurch aus, dass sie eine evaluative Komponente besitzt.[1750] Reputation ist das Resultat eines Bewertungsprozesses Dritter hinsichtlich bestimmter Eigenschaften oder Fähigkeiten einer Person oder Personengruppe. VOSWINKEL (2001) spricht deshalb auch von Reputation als der evaluativen Seite eines Images.[1751] Während Reputation also stets Bewertungen oder Werturteile enthält,[1752] ist dies beim Image nicht notwendigerweise der Fall.[1753] So weisen auch HOFFMANN/RAUPP (2006) in ihrem Beitrag, in dem sie sich mit der Relation von Image, Reputation und Prominenz beschäftigen, darauf hin: (…) eine Person [kann] mehr oder weniger prominent sein, sie kann mehr oder weniger viel Reputation genießen, sie kann aber nicht mehr oder weniger viel Image haben."[1754] Insofern setzt sich ein Image aus verschiedenen Merkmalszuschreibungen zusammen und kann nicht auf einer Ordinalskala abgetragen werden.[1755] Den Autoren zufolge geht es bei Prominenz um *Beachtung* und bei Reputation um die *Bewertung* von Personen.[1756] Beide stehen im Zusammenhang mit dem Image, da öffentliche Aufmerksamkeit (bzw. Prominenz) als Voraussetzung für die Entstehung und Verfestigung von Vorstellungsbildern gesehen werden kann und diese zugleich auch die Reputation beeinflusst.[1757] 2) Im Gegensatz zum Reputationsbegriff, lässt sich der Imagebegriff nicht nur auf Personen, Gruppen oder Organisationen, sondern auch auf Objekte und Sachverhalte, wie z.B. Berufe, Produkte, Städte oder Länder anwenden.[1758] Nach HELM (2007) ist das Imagekonstrukt somit umfassender.[1759] Dass nur handelnde Akteure eine Reputation erwerben können, wird nach HELM nicht zuletzt auch dadurch deutlich, dass ein Image im Gegensatz zu Reputation kein Vertrauen generieren kann.[1760] 3) Des Weiteren wird in der Literatur argumentiert,

---

[1750]   Vgl. BROMLEY (1993), S. 6.

[1751]   Vgl. VOSWINKEL (2001), S. 111.

[1752]   Vgl. EMLER (1990), S. 178; BROMLEY (1993), S. 2 und passim.

[1753]   Vgl. HELM (2007), S. 41.

[1754]   HOFFMANN/RAUPP (2006), S. 470.

[1755]   Vgl. HOFFMANN/RAUPP (2006), S. 470. An anderer Stelle wurde bereits darauf hingewiesen, dass Reputation als Kontinuum verstanden werden kann. Akteure können eine sehr gute bis eine sehr schlechte Reputation aufweisen. Siehe hierzu nochmals Fn. 269.

[1756]   Vgl. HOFFMANN/RAUPP (2006), S. 470.

[1757]   Vgl. HOFFMANN/RAUPP (2006), S. 470.

[1758]   Nach HELM (2007) können nur Personen, Personengruppen sowie durch Personen gebildete Organisationen eine Reputation haben. „Sachen können nicht Träger einer Reputation sein, da sie nicht des Verhaltens fähig sind. Wer bzw. was nicht selbständig und freiwillig handeln und damit Vertrauen aktiv bestätigen oder enttäuschen kann, hat auch keine Reputation." [HELM (2007), S. 43]. Auch nach EISENEGGER (2005) lässt sich der Reputationsbegriff ausschließlich auf handelnde Subjekte oder Kollektivsubjekte (z.B. Organisationen) anwenden [vgl. EISENEGGER (2005), S. 23]. Allerdings besteht in der Literatur diesbezüglich keine einhellige Meinung. So gehen einige Autoren davon aus, dass auch ‚Produkte' Träger von Reputation sein können.

[1759]   Vgl. HELM (2007), S. 43.

[1760]   Vgl. HELM (2007), S. 44.

dass es sich beim Image um eine temporäre Perzeption handelt, während sich Reputation schrittweise über einen längeren Zeitraum aufbaut und sich im Gegensatz zum Image durch eine größere Beständigkeit auszeichnet.[1761]

Bezüglich der zweiten von GOTSI/WILSON identifizierten Denkschule (*Differentiated School of Thought*) wird eine Differenzierung der Begriffe ,Image' und ,Reputation' vorgenommen, wobei sich innerhalb dieser Denkschule wiederum drei Sichtweisen unterscheiden lassen.[1762]

1) ,Image' und ,Reputation' sind verschiedene Konzepte mit unterschiedlichen Bedeutungsinhalten.

2) Reputation ist eine Dimension des Imagekonstrukts.

3) Reputation wird durch Images beeinflusst.

Im Gegensatz zur ersten Sichtweise gehen Vertreter der zweiten und dritten Perspektive davon aus, dass ,Image' und ,Reputation' in einer engen Beziehung zueinander stehen. Hinsichtlich der Frage, ob das Image die Reputation oder die Reputation das Image determiniert, besteht allerdings keine einhellige Meinung. Während Vertreter der zweiten Sichtweise ,Image' als das übergeordnete Konstrukt verstehen, nehmen Anhänger der dritten Perspektive eine hierzu konträre Position ein. Nach dieser kristallisiert sich die Reputation eines Akteurs aus den multiplen Images heraus.[1763] Demnach kann ein Akteur nur eine Reputation, jedoch verschiedene Images haben.[1764]

Vor dem Hintergrund der oben diskutierten Unterschiede zwischen Image und Reputation sowie der Stichhaltigkeit der vorgebrachten Argumente, wird in der vorliegenden Arbeit der dritten Sichtweise gefolgt.

II. Einflussfaktoren auf die Reputation von Top-Managern

Nachdem nun dargelegt wurde, welche theoretischen und empirischen Erkenntnisse bezüglich der Entstehung personenbezogener Reputation vorliegen, soll im Folgenden das Augenmerk auf Faktoren gelegt werden, von denen aufgrund theoretischer und empirischer Forschung angenommen werden kann, dass sie die Reputation von Top-Managern beeinflussen. Vorweg sei darauf hingewiesen, dass die Reputation von Managern zwar Gegenstand vieler wissenschaftlicher Studien darstellt, bisher aber noch nicht der Versuch unternommen wurde, die hierzu vorliegenden Erkenntnisse zusammenzuführen. Thematisiert wird die Reputation von

---

[1761] Vgl. PARK/BERGER (2004), S. 95 m.w.N.

[1762] Vgl. GOTSI/WILSON (2001), S. 25.

[1763] Vgl. GOTSI/WILSON (2001), S. 26.

[1764] Vgl. HELM (2007), S. 36.

Top-Managern explizit in Arbeiten, die sich mit dem „Arbeitsmarkt für Manager" beschäftigen sowie in wissenschaftlichen Beiträgen, die auf die Ursachen und Konsequenzen der Medienprominenz von Managern fokussieren. Ferner fällt auf, dass in der Managementforschung die Begriffe ‚Reputation' und ‚Prestige' häufig synonym verwendet werden. Argumentiert wird gelegentlich, dass je nach disziplinärer Herkunft des Forschers dem einen gegenüber dem anderen Begriff Vorzug gegeben wird,[1765] und dass der Begriff ‚Prestige' positiv konnotiert, während der Begriff ‚Reputation' neutral ist.[1766]

Im Folgenden sollen verschiedene Faktoren beleuchtet werden, von denen nach dem derzeitigen Forschungsstand angenommen werden kann, dass sie die Reputation von Managern maßgeblich beeinflussen. Das Kapitel zielt darauf ab, die weit verstreuten empirischen und theoretischen Befunde zusammenzuführen. Es sei darauf hingewiesen, dass die hier entwickelten Überlegungen zur Reputation von Top-Managern – ein komplexes und schwer greifbares Konstrukt – nicht den Anspruch erheben, vollständig oder erschöpfend zu sein. Ferner sei nochmals angemerkt, dass sich die entwickelten Ideen und Argumente vorrangig auf Manager beziehen, die an der Spitze von großen und börsennotierten Aktiengesellschaften stehen.[1767]

Nachfolgend soll zunächst auf die Bedeutung der Unternehmensperformance für den Reputationsaufbau eingegangen werden. Vor allem Vertreter ökonomischer Ansätze weisen darauf hin, dass ein enger Zusammenhang zwischen der Reputation eines Top-Managers und dem Erfolg des von ihm geführten Unternehmens besteht.[1768] Es wird gezeigt, dass die Unternehmensperformance als Reputationsdeterminante jedoch einige theoretische Probleme aufwirft. So stellt sich mithin die Frage, ob sich die Unternehmensperformance mittelbar oder aber unmittelbar auf die Reputation auswirkt.

Wie vorangehend bereits dargelegt ist Reputation ein kommunikatives Produkt und das Resultat eines Bewertungs- oder Beurteilungsprozesses Dritter auf der Grundlage von direkten oder indirekten Erfahrungen. Gemessen werden Personen an den Leistungszielen ihres jeweiligen Funktionssystems.[1769] FRANCIS ET AL. (2008) definieren die Reputation von Top-Managern „ (...) as the totality of enduring images that major stakeholders form based on perceived CEO performance, his or her ability, and values."[1770]

[1765] „In sociology, *prestige* is the preferred term, in economics it is *reputation*, in marketing *image*, and in accountancy and law, *goodwill*." [SHENKAR/YUCHTMAN-YAAR 1997, S. 1361 (Kursivierung im Original)]

[1766] Vgl. CERTO (2003), S. 435; SHENKAR/YUCHTMAN-YAAR (1997), S. 1362.

[1767] Hier sei erwähnt, dass auch die Literatur zur managerialen Reputation primär auf Top-Manager großer Unternehmen in der Rechtsform der Aktiengesellschaft fokussiert.

[1768] Siehe hierzu nochmals die Ausführungen zum Arbeitsmarkt für Manager auf S. 172 f.

[1769] Vgl. EISENEGGER (2005), S. 27; VOSWINKEL (2001), S. 115.

[1770] FRANCIS ET AL. (2008), S. 114.

1. Unternehmensperformance

Dass sich die vergangenen sowie gegenwärtigen Leistungen eines Managers auf seine Reputation auswirken, steht sicherlich außer Frage. Vor allem Vertreter ökonomischer Ansätze betonen, dass sich die Reputation aus Informationen über das (vergangene) Verhalten eines Akteurs konstituiert und eine positive Reputation aufgebaut wird, wenn ein Akteur wiederholt gezeigt hat, dass er ein zuverlässiger Transaktionspartner ist.[1771] Die Bedeutung vergangenen Verhaltens wird vor allem in der viel zitierten spieltheoretischen Reputationsdefinition von WILSON (1982) deutlich: „In a narrow sense, the player's reputation is the history of his previously observed actions."[1772] Konsistentes Verhalten in der Vergangenheit erzeugt Erwartungen hinsichtlich des Verhaltens in der Zukunft. Hat ein Akteur einmal eine nutzbringende Reputation aufgebaut, hat er keinen Anreiz zum opportunistischen Verhalten, wenn er dadurch seinen guten Ruf gefährdet.[1773]

Die Reputation eines Top-Managers kann – wie in den Ausführungen oben dargelegt – als Ergebnis von Bewertungen seiner Fähigkeiten oder Leistungen verstanden werden.[1774] Fraglich ist nur, auf welche Informationen Stakeholder zurückgreifen, um zu einer Einschätzung der Managerfähigkeiten zu gelangen. In der Literatur finden sich hierzu verschiedene Vorschläge. Nach FERRIS ET AL. (2003) stellt beispielsweise das Humankapital ein wichtiges Qualitätssignal dar.[1775] Andere argumentieren indes, dass Stakeholder auf der Grundlage sichtbarer Handlungen (wie z.B. Investitionsentscheidungen) die Fähigkeiten eines Managers einschätzen.[1776] In wissenschaftlichen Arbeiten zum „Arbeitsmarkt für Manager" wird betont, dass ein Manager anhand der Performance des von ihm geleiteten Unternehmens bewertet wird.[1777] Durch die Unternehmensperformance produziert ein Manager Signale für seine überlegenen Fähigkeiten.[1778] Ungünstige Erfolgskennzahlen oder gar ein Konkurs würden die Reputation entsprechend beschädigen und in Folge dessen die weiteren Karrierechancen verschlechtern.[1779]

[1771] Vgl. HARRIS (1986), S. 24; RAUB/WEESIE (1990), S. 629; SPREMANN (1987), S. 620.

[1772] WILSON (1982), S. 28.

[1773] Vgl. FRANCIS ET AL. (2008), S. 110 m.w.N.

[1774] Siehe auch MILBOURN (2003), S. 245.

[1775] Zur Bedeutung des Humankapitals beim Reputationsaufbau siehe FERRIS ET AL. (2003), S. 216; HALL ET AL. (2004), S. 519; ZINKO ET AL. (2007), S. 176.

[1776] Vgl. HIRSHLEIFER (1993); SCHARFSTEIN/STEIN (1990), S. 466.

[1777] Vgl. FEE/HADLOCK (2003), S. 1318; HARRIS (1986), S. 24 f. Siehe nochmals S. 171 ff.

[1778] Vgl. PICOT/DIETL/FRANCK (2008), S. 277.

[1779] Vgl. KRÄKEL (2007), S. 302; PICOT/DIETL/FRANCK (2008), S. 277 f.

Die Annahme, dass Stakeholder anhand der Unternehmensperformance auf die Leistungen und Fähigkeiten eines Managers schließen, erscheint zunächst plausibel.[1780] Vor dem Hintergrund des in dieser Arbeit zugrunde liegenden Verständnisses von Reputation ist jedoch zu berücksichtigen, dass es sich bei der Reputation um die Perzeption managerialer Fähigkeiten handelt, und nicht mit der tatsächlichen Leistungsfähigkeit gleichzusetzen ist. Folgende Gründe können für eine mögliche Diskrepanz zwischen der tatsächlichen Fähigkeit und der auf der Grundlage der Unternehmensperformance wahrgenommenen Fähigkeit angeführt werden: 1) Bereits an anderer Stelle der Arbeit wurde im Zusammenhang mit der Problematik der Messbarkeit der Grenzproduktivität von Top-Managern dargelegt,[1781] dass die Unternehmensperformance nicht allein von der Managerleistung, sondern von zahlreichen internen sowie externen Faktoren abhängig ist. Eine eindeutige Zurechenbarkeit ist demnach nur schwer möglich. Diesen Überlegungen wird häufig das Argument entgegengesetzt, dass der Markt die managerialen Fähigkeiten nicht auf der Grundlage des absoluten Unternehmenserfolgs, sondern anhand des relativen Unternehmenserfolgs bewertet.[1782] Durch einen Vergleich der Unternehmensleistung mit der Performance von Wettbewerbern der gleichen Branche oder mittels eines Branchen- oder Marktvergleichs lassen sich externe Einflüsse auf den Unternehmenserfolg eliminieren. Allerdings wird in der Literatur darauf aufmerksam gemacht, dass ein Betriebsvergleich aufgrund fehlender Strukturgleichheit mithin problematisch sein kann.[1783] Nicht nur bei stark diversifizierten oder international tätigen Gesellschaften kann es schwierig sein,[1784] passende Vergleichsunternehmen zu finden. Um zu aussagefähigen Ergebnissen zu gelangen müssen bei einem zwischenbetrieblichen Vergleich eine Reihe materieller Voraussetzungen erfüllt sein. So genannte Störfaktoren – wie z.B. unterschiedliches Produktionsprogramm, unterschiedliche Produktionstiefe und -technik, Märkte, Betriebsgröße, Finanzstruktur, Standort, Belegschaftsstruktur oder unterschiedliche Rechtsform usw.[1785] – können die Vergleichbarkeit beeinträchtigen.[1786] Wird indes ein weiterer Vergleichsmaßstab gewählt – an der Stelle von Wettbewerbern könnte die Branche oder ein Index herangezogen werden –, besteht die Gefahr, dass die Vorteile der externen Relativierung verloren gehen.[1787] Abgesehen von der Schwierigkeit, passende Vergleichsunternehmen zu finden, lässt sich fer-

---

[1780]   Die tatsächlichen Fähigkeiten von Managern können nicht direkt beobachtet werden [vgl. JOHNSON/YOUNG//WELKER (1993), S. 307; MILBOURN (2003), S. 234].

[1781]   Siehe hierzu nochmals S. 183 ff.

[1782]   Vgl. HIRSHLEIFER (1993), S. 156; MILBOURN (2003), S. 248; SENBONGI/HARRINGTON (1995), S. 96.

[1783]   Vgl. BAETGE/KIRSCH/THIELE (2004), S. 173.

[1784]   Vgl. BAUMS (1997), S. 13.

[1785]   Zu den Störquellen für einen Betriebsvergleich siehe BAETGE/KIRSCH/THIELE (2004), S. 174.

[1786]   Vgl. PORAC/WADE/POLLOCK (1999), S. 113.

[1787]   Vgl. WINTER (1996), S. 917.

ner argumentieren, dass sich auch durch einen Performancevergleich das Time-Lag Problem nicht lösen lässt. Vor allem bei strategischen Entscheidungen vergehen oftmals mehrere Jahre bevor sie ihre Wirkung entfalten.[1788] Darüber hinaus ist davon auszugehen, dass sich Entscheidungen mit großer Tragweite hinsichtlich ihrer Erfolgswirksamkeit häufig wechselseitig beeinflussen, was eine eindeutige Erfolgszurechnung schwierig macht.[1789]

Zusammengefasst lässt sich somit feststellen, dass es schwierig ist, einen kausalen Zusammenhang zwischen dem Handeln eines einzelnen Managers und dem Unternehmenserfolg herzustellen.[1790] So stellen auch WADE ET AL. (1997) fest: „[T]he linkage between corporate performance and managerial competence is muddied by a variety of non-managerial variables such as technological path dependence, organizational slack, industry competition, and general economic conditions. Thus, it is difficult to establish a one-to-one correspondence between high company performance and the ability of a particular CEO."[1791]

2) Bereits an anderer Stelle der Arbeit wurden die Forschungserkenntnisse des Romance-of-Leadership Ansatzes vorgestellt. Vertreter dieses Ansatzes haben in verschiedenen Studien zeigen können, dass eine allgemeine Tendenz besteht, die Einflussmöglichkeiten von Führungskräften zu überschätzen.[1792] Diese romantisierten Vorstellungen über die Wirksamkeit von Führung und die Illusion, dass Führungskräfte Ereignisse kontrollieren können (‚Illusion of Control'), manifestieren sich in impliziten Führungstheorien. Es besteht die Neigung, unternehmerische Erfolge und Misserfolge auf Top-Manager zu attribuieren, auch wenn ein solcher Ursache-Wirkungs-Zusammenhang nicht hergestellt werden kann.[1793] Studien zeigen beispielsweise, dass vor allem dann ein kausaler Zusammenhang zwischen der Managerfähigkeit und dem Unternehmenserfolg hergestellt wird, wenn die Unternehmensergebnisse außergewöhnlich gut oder außergewöhnlich schlecht sind.[1794] Ferner zeigen MEINDL/EHRLICH (1987), dass der Zusammenhang zwischen quantitativen Informationen über die Performance eines Unternehmens (z.B. Umsatz, Rentabilität) und der subjektiven Evaluation dieser Informationen von den Attributionen des Beurteilers hinsichtlich des Zustandekommens der Performance abhängig ist.[1795] Mit anderen Worten: Personen, die davon ausgehen, dass die

---

[1788] Vgl. WALSH/SEWARD (1990), S. 425. Zum Time Lag-Problem siehe auch LIEBERSON/O'CONNOR (1972), S. 123.

[1789] Vgl. SIEBEN/BRETZKE/RAULWING (1976), S. 186.

[1790] Vgl. KHURANA (2002a), S. 21.

[1791] WADE ET AL. (1997), S. 105.

[1792] Vgl. MEINDL/EHRLICH/DUKERICH (1985), S. 79. Siehe hierzu auch PFEFFER/SUTTON (2006), S. 192.

[1793] Vgl. MEINDL/EHRLICH/DUKERICH (1985), S. 80.

[1794] Vgl. MEINDL/EHRLICH/DUKERICH (1985), S. 81 ff.; SHAMIR (1992), S. 398.

[1795] Vgl. MEINDL/EHRLICH (1987), S. 95 f.

Kompetenzen und Aktivitäten des Top-Managements für die Unternehmensperformance ursächlich verantwortlich sind, gelangen zu einer besseren Beurteilung des Unternehmenserfolgs als Personen, die davon ausgehen, dass marktliche Kräfte das Ergebnis herbeigeführt
haben.

Bezug nehmend auf den Romance-of-Leadership Ansatz argumentieren auch
PFEFFER/SUTTON (2006), dass die Tendenz besteht Manager für Unternehmensergebnisse verantwortlich zu machen. Da für den Erfolg und Misserfolg eines Unternehmens eine Vielzahl
von Faktoren verantwortlich sein können und zahlreiche (mitunter auch widersprüchliche)
Informationen eingeholt und ausgewertet werden müssen, kommt es zur Anwendung kognitiver Abkürzungen (*cognitive shortcuts*): „People conclude that good companies have good
managers, and bad companies have bad managers, regardless of other facts."[1796] Diese von
PFEFFER/SUTTON etwas salopp formulierte Beobachtung wird auch als ‚Performance-Cue'-
Effekt bezeichnet.[1797] Das Wissen um Leistungsergebnisse beeinflusst die Beurteilung von
Führungsverhalten. Insofern handelt es sich um eine Art rückwirkenden Abgleich zwischen
dem Erfolg eines Unternehmens und dem wahrgenommenen Verhalten bzw. Eigenschaften
einer Führungskraft.[1798]

Zusammengefasst lässt sich somit feststellen, dass der Romance-of-Leadership Ansatz auf
verschiedene Verzerrungen aufmerksam gemacht hat, die auftauchen, wenn Individuen die
Unternehmensperformance sowie die Ursache für die Unternehmensperformance beurteilen
sollen. Ergänzend hierzu weisen WIESENFELD/WURTHMANN/HAMBRICK (2008) darauf hin,
dass Prozesse der Urteilsbildung nicht nur durch kognitive Verzerrungen und Wahrneh-
mungsfehler (z.B. fundamentaler Attributionsfehler, Verfügbarkeitsheuristik[1799]) beeinflusst
werden, sondern dass auch Emotionen eine bedeutsame Rolle spielen.[1800]

Darüber hinaus lässt sich argumentieren, dass Personen auch die Möglichkeit haben, gezielt
auf Prozesse der Eindrucksbildung sowie Zuschreibungsprozesse einzuwirken.[1801] Wie noch
weiter unten zu zeigen sein wird, können Führungskräfte die Wahrnehmung ihrer Fähigkeiten
und somit ihre Reputation durch den Einsatz verschiedener Impression Management Techni-

---

[1796]   PFEFFER/SUTTON (2006), S. 195.

[1797]   Siehe hierzu BINNING/ZABA/WHATTAM (1986).

[1798]   Vgl. CHEN/MEINDL (1991), S. 525; KHURANA (2002a), S. 23.

[1799]   Nach TVERSKY/KAHNEMAN (1974) greifen Individuen zur Einschätzung der Häufigkeit oder Wahrschein-
         lichkeit eines Ereignisses auf die Verfügbarkeitsheuristik (*availability heuristic*) zurück. Hiernach basiert
         ein Urteil darauf, wie leicht Informationen oder Ereignisse aus dem Gedächtnis abrufbar sind [vgl.
         TVERSKY/KAHNEMAN (1974), S. 1127].

[1800]   Vgl. WIESENFELD/WURTHMANN/HAMBRICK (2008), S. 235. Siehe nochmals S. 88.

[1801]   Vgl. LORD/MAHER (1991), S. 56 f.

ken beeinflussen.[1802] Auch BROMLEY (1993) argumentiert, dass Reputationsträger Einfluss darauf nehmen können, wie sie von anderen wahrgenommen werden. Entsprechend kritisiert er die eingangs dargelegte Reputationsdefinition von WILSON: „[R]eputation is not a passive, objective record of the attributes or actions of an entity, but an active subjective reaction by others to the perceived attributes and action of that entity. Moreover, reputations can be 'managed' and 'demanaged' deliberately."[1803]

3) Zuletzt sei darauf hingewiesen, dass in der einschlägigen Literatur nicht nur diskutiert wird, dass der Unternehmenserfolg die Reputation von Managern determiniert, sondern, dass auch die manageriale Reputation Auswirkungen auf die Unternehmensperformance hat. Argumentiert wird, dass Reputation zu einer Ausweitung des Einflussbereichs eines Managers führt und manageriale Handlungsspielräume vergrößert.[1804] Stakeholder bringen einem renommierten Manager größeres Vertrauen entgegen und sind entsprechend bereitwilliger, Ressourcen und Informationen zur Verfügung zu stellen.[1805] Ferner wird diskutiert, dass positive Rückkopplungseffekte in Gang gesetzt werden, denn durch den Ressourcenzufluss kann ein Top-Manager seine Vorhaben und Ziele verwirklichen und hierdurch wiederum seine Reputation ausbauen. HAYWARD/RINDOVA/POLLOCK (2004) sprechen in diesem Zusammenhang von einer „sich selbst erfüllenden Prophezeiung".[1806] Andere bezeichnen dieses Phänomen als „success breeds success".[1807] Abschließend lässt sich demnach feststellen, dass der Zusammenhang zwischen Reputation und Unternehmensperformance möglicherweise komplexer ist und die angenommene Kausalrichtung – der Unternehmenserfolg determiniert die Reputation – der Komplexität dieses Zusammenhangs nicht gerecht wird.

Insgesamt bleibt festzuhalten, dass die Unternehmensperformance als Einflussfaktor auf die Reputation von Top-Managern einige theoretische Probleme aufwirft. Empirische Untersuchungen zur managerialen Reputation stehen somit vor der Herausforderung, den Einfluss der Unternehmensperformance auf die manageriale Reputation adäquat zu erfassen. Vor dem Hintergrund der oben dargelegten Argumente erscheint es beispielsweise wenig sinnvoll, die

---

[1802]   Dass Manager Handlungen ergreifen (können), um ihre Reputation aufrechtzuerhalten bzw. zu verbessern, wurde ebenso im Rahmen der so genannten ‚career concerns'-Debatte thematisiert [vgl. BORLAND (1992), S. 252; KRÄKEL (2007), S. 303; PICOT/DIETL/FRANCK (2008), S. 278]. Siehe hierzu nochmals S. 174 f.

[1803]   Vgl. BROMLEY (1993), S. 86.

[1804]   Vgl. HAMBRICK/FINKELSTEIN (1987), S. 388; PFEFFER (1994), S. 137. Ebenso EISENEGGER (2005), S. 35; HAYWARD/RINDOVA/POLLOCK (2004), S. 645; WADE ET AL. (2006), S. 645; ZINKO ET AL. (2007), S. 187. Zum Konzept des managerialen Handlungsspielraums siehe S. 319 f.

[1805]   Vgl. FERRIS ET AL. (2003), S. 223; GAITANIDES (2004), S. 191; HAYWARD/RINDOVA/POLLOCK (2004), S. 644; HAMBRICK/FINKELSTEIN (1987), S. 388; WADE ET AL. (2006), S. 645

[1806]   Siehe hierzu nochmals S. 81. Vgl. auch LORD/MAHER (1991), S. 191.

[1807]   Vgl. FRANK/COOK (1996), S. 19.

vergangene Unternehmensperformance als Proxy-Variable für die Reputation heranzuziehen.[1808] Angemessener erscheint indes der Rückgriff auf Indikatoren, die bereits Bewertungen von Stakeholdern bezüglich der Managerfähigkeit enthalten. Beispiele hierfür wären die externe Rekrutierung[1809] sowie Reaktionen des Kapitalmarktes auf die Berufung eines neuen CEOs bzw. Vorstandsvorsitzenden.[1810]

Im nachfolgenden Abschnitt soll untersucht werden, ob sich die Ausübung von Mandaten in Kontrollgremien renommierter Unternehmen positiv auf die Reputation von Managern auswirkt. Vor allem Arbeiten, die sich mit dem Prestige von Managern beschäftigen, haben auf die Bedeutung von Mitgliedschaften in Organen renommierter Unternehmen aufmerksam gemacht. Vor dem Hintergrund, dass der Erwerb einer positiven Reputation im Vordergrund dieser Arbeit steht, erscheint es nicht nur möglich, sondern auch sinnvoll, die Erkenntnisse der Forschung zum managerialen Prestige zu berücksichtigen.

2.   Aufsichtsratsmandate in konzernfremden Gesellschaften

Wie zahlreiche Studien zeigen, wirkt sich die Übernahme von Board- oder Aufsichtsratsmandaten positiv auf das Prestige von Managern aus.[1811] D'AVENI (1990) definiert manageriales Prestige „as the property of having status."[1812] Status wiederum bezeichnet die höhere oder niedrigere Position einer Person in einem sozialen System.[1813]

Ähnlich wie der Reputationsbegriff, ist auch der Prestigebegriff äußerst vielschichtig. In einer allgemeinen Definition kann unter Prestige das soziale Ansehen, soziale Anerkennung bzw. Wertschätzung einer Person, Gruppe oder einer sozialen Position verstanden werden.[1814] Die

---

[1808] MILBOURN (2003) verwendet in seiner Studie insgesamt vier Proxy-Variablen: 1) Amtsdauer, 2) Externe Rekrutierung, 3) Visibilität in den Medien und 4) die relative Unternehmensperformance während der Amtszeit („industry-adjusted stock price performance') [vgl. MILBOURN (2003), S. 245 ff.].

[1809] Vgl. MILBOURN (2003) sowie FRANCIS ET AL. (2008), S. 123.

[1810] Vgl. FRANCIS ET AL. (2008), S. 142. Prominentes Beispiel ist die Bestellung von Dieter Zetsche, Vorstandsvorsitzender der DaimlerChrysler AG (Daimler AG), im Jahr 2005. Die Ankündigung ließ den Wert der Aktie um neun Prozent steigen [FAZ vom 29.07.2005, S. 1 und S.16].

[1811] Vgl. BEBCHUK/FRIED (2004), S. 25; BROCKMANN et al. (2004), S. 186; DAILY/JOHNSON (1997), S. 102; D'AVENI (1990), S. 121; D'AVENI/KESNER (1993), S. 125; FINKELSTEIN (1992), S. 510 und S. 515; FINKELSTEIN/HAMBRICK (1996), S. 217; HALEBLIAN/FINKELSTEIN (1993), S. 852; WADE/O'REILLY/ CHANDRATAT (1990), S. 592; USEEM (1979), S. 187; WIESENFELD (1993), S. 229.

[1812] D'AVENI (1990), S. 121.

[1813] Vgl. GRAFFIN ET AL. (2008), S. 458. Wie der Prestigebegriff wird auch der Statusbegriff in der soziologischen Literatur nicht einheitlich verwendet [vgl. LAMNEK (2002b), S. 575]. Eine Darstellung der verschiedenen Bedeutungsinhalte würde an dieser Stelle jedoch zu weit führen. Einen prägnanten Überblick gibt LAMNEK (2002b), S. 575.

[1814] Vgl. LAMNEK (2002a), S. 413.

Schwierigkeit des Prestigebegriffs liegt nach WEGENER (1985) in seinem Doppelcharakter.[1815] Einerseits ist Prestige eine subjektive Meinung und wird subjektiv zugeschrieben, andererseits stellt Prestige eine objektive Gesellschaftskoordinate dar.[1816] Faktoren, die das Prestige beeinflussen sind einerseits „objektive" Merkmale, wie der Beruf, das Einkommen oder die Schulbildung.[1817] Andererseits sind Prestigefaktoren subjektiv, wie z.b. persönliche Wertschätzungen aufgrund biologischer oder psychologischer Merkmale oder aufgrund individuellen Verhaltens.[1818] So definiert GOODE (1978) Prestige beispielsweise als „(...) the esteem, respect, or approval that is granted by an individual or a collectivity for performances or qualities they consider above average."[1819] Wie oben dargelegt, wird auch in der Reputationsforschung die Leistung eines Akteurs für den Reputationserwerb als bedeutsam angesehen.[1820] Auch die von EISENEGGER (2005) entwickelte Definition verdeutlicht, dass zwischen Prestige und Reputation ein enger Zusammenhang besteht. Ihm zufolge bezeichnet Reputation „(...) das öffentliche Ansehen, das eine Person, Institution, Organisation oder allgemeiner ein (Kollektiv-)Subjekt mittel- oder langfristig genießt und das aus der Diffusion von Prestigeinformationen an unbekannte Dritte über den Geltungsbereich persönlicher Sozialnetze hinaus resultiert."[1821] Den Unterschied zwischen Prestige und Reputation sieht EISENEGGER vor allem darin, dass Reputation im Vergleich zum Prestige ein noch stärker kommunikatives Produkt darstellt.[1822] Dem Autor zufolge verwandelt sich Prestige in Reputation, wenn durch öffentliche Kommunikation unbekannte Dritte von dem Ansehen des Prestigeträgers Kenntnis erhalten.[1823] Voraussetzung für die Reputationskonstitution ist nach diesem kommunikationswissenschaftlich geprägten Verständnis öffentliche oder medial vermittelte Kommunikation.[1824]

[1815]   Vgl. WEGENER (1985), S. 209.

[1816]   Vgl. WEGENER (1985), S. 209. Siehe auch CERTO (2003), S. 436.

[1817]   Vgl. LAMNEK (2002a), S. 414.

[1818]   Vgl. LAMNEK (2002a), S. 414.

[1819]   GOODE (1978), S. 7 (Kursivierung im Original).

[1820]   In seiner Klassifikation von in der Literatur vorzufindenden Prestige-Konzeptualisierungen stellt WEGENER (1992) fest, dass sie sich hinsichtlich der Frage unterscheiden, auf was ‚Prestige‘ beruht. Je nach Theorie ist die Basis von Prestige entweder Charisma (charisma), Leistung (achievement), Ehre (honor) oder Achtung (esteem) [vgl. WEGENER (1992), S. 255 ff.]. Seine anspruchsvolle Klassifikation verschiedener soziologischer Theorien zeigt nicht nur, dass sich die Verständnisse von Prestige z.T. erheblich unterscheiden, sondern auch, dass je nach theoretischer Perspektive Prestige und Reputation nicht allzu weit auseinander liegen.

[1821]   EISENEGGER (2005), S. 24 f. (Kursivierung im Original).

[1822]   Vgl. EISENEGGER (2005), S. 22.

[1823]   Vgl. EISENEGGER (2005), S. 21.

[1824]   Vgl. EISENEGGER (2005), S. 45.

Vor diesem Hintergrund überrascht es nicht, dass in der anglo-amerikanischen Management-forschung die Begriffe ‚Reputation' und ‚Prestige' häufig als Synonyme verwendet wer-den.[1825] In empirischen Untersuchungen werden die beiden Konstrukte auch oftmals mit den gleichen Indikatoren operationalisiert. Neben dem Abschluss an einer angesehenen Bildungs-institution (Ivy-League Universität),[1826] wird Prestige respektive Reputation vielfach anhand der Anzahl der Mitgliedschaften eines Managers in Kontrollgremien (Aufsichtsrat, Board) anderer Unternehmen gemessen.[1827] So verfügt nach D'AVENI (1990) ein Manager über ein hohes Prestige, wenn er zum engeren Kreis der Wirtschaftselite zählt.[1828] Dieses multidimen-sionale Konstrukt misst er anhand der oben genannten Status-Charakteristika,[1829] die über die Zugehörigkeit zur Wirtschaftselite informieren. Dass die Zahl der Mitgliedschaften in Kont-rollgremien das Prestige eines Managers bzw. die Reputation signalisiert, wird auch von an-deren Autoren hervorgehoben.[1830] Einige weisen zudem darauf hin, dass mit Blick auf den Reputationserwerb nicht allein die Anzahl der Mandate ausschlaggebend ist,[1831] sondern auch in *welchen* Kontrollgremien Manager präsent sind.[1832] Dass es einen Unterschied macht, ob ein Manager im Aufsichtsrat einer kleinen, relativ unbekannten Aktiengesellschaft sitzt, oder im Aufsichtsrat eines renommierten international agierenden Konzerns vertreten ist, stellt auch BERNHARDT (1995) prägnant fest. Ihm zufolge gehört die Tätigkeit im Aufsichtsrat „zu den "Ordens- und Ehrenzeichen", soweit es um die deutschen Unternehmen mit Rang und

---

[1825] Vgl. CHEMMANUR/PAEGLIS (2005), S. 338; D'AVENI (1990), S. 122; HALEBLIAN/FINKELSTEIN (1993), S. 852; FINKELSTEIN (1992), S. 510; FINKELSTEIN/HAMBRICK (1996), S. 217.

[1826] Vgl. DAILY/JOHNSON (1997), S. 102; D'AVENI (1990), S. 129; D'AVENI/KESNER (1993); FINKELSTEIN (1992), S. 516; HALEBLIAN/FINKELSTEIN (1993), S. 852.

[1827] Vgl. BROCKMANN ET AL. (2004), S. 186; DAILY/JOHNSON (1997), S. 102; D'AVENI (1990), S. 129; D'AVENI/KESNER (1993), S. 132; FINKELSTEIN (1992), S. 510 und S. 515; FINKELSTEIN/HAMBRICK (1996), S. 217; HALEBLIAN/FINKELSTEIN (1993), S. 852; WADE/O'REILLY/CHANDRATAT (1990), S. 592; WIESENFELD (1993), S. 229.

[1828] Vgl. D'AVENI (1990), S. 121.

[1829] Vgl. D'AVENI (1990), S. 121.

[1830] Siehe nochmals Fn. 1827. Auch Vertreter ökonomischer Theorien gehen davon aus, dass Mitgliedschaften in zahlreichen Boards die Reputation (bzw. Qualität) eines Directors signalisieren. Allerdings ist ihre Ar-gumentation eine andere. Sie gehen von einem funktionierenden ‚Market for Directors' aus, d.h. es wer-den vor allem Personen als Directors ernannt, die in der Vergangenheit ihre Ämter erfolgreich ausgeübt haben. Die Unternehmensperformance kann herangezogen werden, um zu beurteilen, ob ein Manager ein „expert in decision control" [FAMA/JENSEN (1983), S. 315] ist. Letztlich wird die Anzahl der Board-Mitgliedschaften als Proxy für das Reputationskapital eines Managers herangezogen [vgl. FERRIS/JAGANNATHAN/PRITCHARD (2003), S. 1089; SHIVDASANI/YERMACK (1999), S. 1847; YERMACK (2004), S. 2301].

[1831] Siehe zur gesetzlichen Höchstgrenzen von Aufsichtsratsmandaten nochmals S. 145.

[1832] Vgl. FINKELSTEIN (1992), S. 516; GELETKANYCZ/BOYD/FINKELSTEIN (2001), S. 892; USEEM (1979), S. 563; WIESENFELD (1993), S. 229.

Namen geht."[1833] Des Weiteren ist anzunehmen, dass eine Spitzenführungskraft vor allem dann Reputation erwirbt, wenn sie nicht nur ein einfaches Aufsichtsratsmandat ausübt, sondern den Posten des Vorsitzenden übernimmt. So gilt das Amt des Aufsichtsratsvorsitzenden vor allem in großen Unternehmen „als Ausweis für Kompetenz und Erfolg"[1834].

Soeben wurde argumentiert, dass Manager durch die Übernahme von Aufsichtsratsmandaten in renommierten Unternehmen ihre Reputation ausbauen können. Ebenso wird in der Literatur der umgekehrte Fall diskutiert, namentlich, dass Unternehmen zur Förderung ihrer Reputation renommierte Top-Manager in ihren Aufsichtsrat berufen. So nennen ROTH/WÖRLE (2003) explizit *Repräsentation* als Motiv der Vergabe von Aufsichtsratsmandaten und heben hervor, dass der Aufsichtsrat oftmals als Visitenkarte einer Gesellschaft aufgefasst wird.[1835] „Daher werden bevorzugt Personen aus angesehenen Unternehmen in den Aufsichtsrat aufgenommen, in der Absicht, dadurch die Reputation und auch die Bonität des eigenen Unternehmens zu steigern."[1836] Ferner argumentieren sie, dass der Vorstand eines renommierten Unternehmens durch die Ausübung des Aufsichtsratsmandats signalisiert, dass er dieses Unternehmen ebenso für erfolgreich hält.[1837] Insofern erfüllen Kontrollgremien auch eine symbolische Funktion.[1838] Studien zeigen, dass vor allem junge und nicht etablierte Unternehmen von einer Besetzung ihres Kontrollorgans mit hochkarätigen Personen profitieren.[1839] Gleichwohl ist anzunehmen, dass eine solche Besetzungsstrategie mit höheren Kosten verbunden ist – renommierte Aufsichtsratsmitglieder stellen dem Unternehmen ihren guten Ruf zur Verfügung und werden dafür eine entsprechende Gegenleistung (z.B. in Form einer höheren Kompensation) verlangen[1840] –, überwiegen langfristig dennoch die Vorteile, denn die Besetzung des

---

[1833] BERNHARDT (1995), S. 316.

[1834] ROTH/WÖRLE (2004), S. 606.

[1835] Vgl. ROTH/WÖRLE (2004), S. 606. ROTH/WÖRLE (2003) nennen noch weitere Motive. Unternehmen berufen beispielsweise Personen in den Aufsichtsrat, von denen sie annehmen, dass sie über einen hohen Sachverstand verfügen und sie bei strategischen Entscheidungen fundiert *beraten* können [vgl. ROTH/WÖRLE (2004), S. 605. Siehe auch die Ergebnisse der Studie von WESTPHAL/STERN (2007), S. 269]. *Beziehungspflege* ist ein weiteres Motiv der Aufsichtsratsbesetzung. Unternehmen vergeben Aufsichtsratsmandate an Vorstandsmitglieder von Unternehmen, mit denen sie eine enge Geschäftsbeziehung pflegen bzw. in naher Zukunft beabsichtigen, eine solche aufzubauen Das Erzielen wirtschaftlicher Vorteile steht bei dieser Besetzungsstrategie im Vordergrund [vgl. ROTH/WÖRLE (2004), S. 607].

[1836] ROTH/WÖRLE (2004), S. 606.

[1837] Vgl. ROTH/WÖRLE (2004), S. 608.

[1838] Vgl. CERTO (2003), S. 532; DEUTSCH/ROSS (2003), S. 1003.

[1839] Vgl. CERTO (2003); DEUTSCH/ROSS (2003). Um zu erklären, inwiefern die Besetzung des Kontrollgremiums zum Überleben eines Unternehmens beitragen kann, kann sowohl auf die Signalisierungstheorie (*signaling theory*), als auch auf neo-institutionalistische Überlegungen zurückgegriffen werden [vgl. CERTO (2003) sowie DEUTSCH/ROSS (2003)].

[1840] Vgl. DEUTSCH/ROSS (2003), S. 1012.

Kontrollgremiums mit namhaften Personen aus Wirtschaft oder Politik verleiht der Organisation Legitimität und sichert somit das Überleben.[1841]

Festzuhalten ist demnach, dass der Reputationstranfer gewissermaßen in beide Richtungen verläuft. Einerseits profitieren Unternehmen, wenn sie reputierte Manager in ihren Aufsichtsrat berufen, andererseits können Manager mit der Übernahme von Ämtern in großen namhaften Unternehmen ihre Reputation ausbauen.[1842] Fraglich ist, ob die durch Aufsichtsratsmandate erworbene Reputation zu weiteren Ernennungen führt. Oder anders ausgedrückt, ob Manager aufgrund der Tatsache, dass sie bereits Mitglieder von Aufsichtsräten renommierter Unternehmen sind, weitere Angebote erhalten. Gleichwohl diese Frage bisher nicht explizit untersucht wurde,[1843] sind empirische Forschungsarbeiten zum ‚Market for Directors' hinsichtlich dieser Fragestellung recht aufschlussreich. Gezeigt wurde beispielsweise in einer Studie von DAVIS (1993), dass eine Person mit einer höheren Wahrscheinlichkeit ein weiteres Berufungsangebot erhält, wenn diese bereits in zwei oder mehr Kontrollgremien vertreten ist.[1844] Obendrein sind Directors von Unternehmen gefragter, die sich im Zentrum eines Verflechtungsnetzwerkes befinden.[1845] Auch die Unternehmensgröße spielt bei der Auswahl eine Rolle. Manager von großen Unternehmen sowie Personen, die in Boards großer Unternehmen vertreten sind, erhalten mit einer signifikant höheren Wahrscheinlichkeit weitere Berufungsangebote.[1846] Hinsichtlich der Frage, welche Rolle die Unternehmensperformance spielt, gelangen empirische Untersuchungen jedoch zu gemischten Resultaten. Während einige die aus der Agencytheorie stammende Annahme, dass Board-Mitglieder einen Anreiz haben, das Management im Sinne der Anteilseigner zu kontrollieren, da sich hierdurch ihr Humankapital erhöht und sie weitere Angebote erhalten, bestätigen konnten,[1847] wurde diese Annahme in

---

[1841]   Vgl. CERTO (2003), S. 438; DEUTSCH/ROSS (2003), S. 1003 und S. 1013.

[1842]   Denkbar ist ebenso, dass Unternehmen einen Reputationsverlust befürchten und deshalb Top-Manager aus ihrem Aufsichtsrat entlassen, wenn dieser mit einem Skandal (z.B. Bilanzskandal, Unternehmensbankrott, persönliche Verfehlung etc.) in Verbindung gebracht wird [siehe auch die Untersuchung von WIESENFELD (1993)].

[1843]   Aufgrund methodischer und forschungspraktischer Probleme lässt sich diese Frage jedoch nur schwer beantworten. Anzunehmen ist, dass Top-Manager zwar Angebote von Unternehmen Mitglied ihrer Kontrollgremien zu werden erhalten, diese allerdings aufgrund verschiedener Gründe, wie z.B. begrenzte zeitliche Kapazitäten ablehnen. Insofern ist es wenig sinnvoll, lediglich die Anzahl späterer Ernennungen heranzuziehen. Des Weiteren ist anzunehmen, dass verschiedene Faktoren zusammentreffen und Unternehmen unterschiedliche Ziele bei der Vergabe von Aufsichtsratsmandaten verfolgen. Auch diese müssten berücksichtigt werden [einen komprimierten Überblick über die verschiedenen Motive des Vergabe von Aufsichtsratsmandaten geben ROTH/WÖRLE (2004), S. 600 ff.].

[1844]   Vgl. DAVIS (1993), S. 203.

[1845]   Vgl. DAVIS (1993), S. 205.

[1846]   Vgl. FERRIS/JAGANNATHAN/PRITCHARD (2003), S. 1109.

[1847]   Vgl. FERRIS/JAGANNATHAN/PRITCHARD (2003), S. 1089 und S. 1089 m.w.N.; YERMACK (2004), S. 2304.

anderen Untersuchungen explizit widerlegt.[1848] Während FERRIS/JAGANNATHAN/PRITCHARD (2003) in ihrer Studie zu dem Resultat gelangen, dass die vergangene Performance eines Unternehmens mit der Anzahl späterer Board-Ernennungen korreliert – sie bezeichnen dies als Reputationseffekt[1849] – konnte DAVIS (1993) keinen Zusammenhang zwischen Unternehmensperformance und der Mitgliedschaft in Boards feststellen.[1850] Dass der ‚Market for Directors‘ im Sinne der ökonomischen Theorie funktioniert, wird vor allem durch die Ergebnisse der Untersuchung von WESTPHAL/STERN (2007) radikal in Frage gestellt. Sie zeigen nicht nur, dass subtile Formen sozialer Diskriminierung in Auswahlprozessen von Board-Mitgliedern eine Rolle spielen,[1851] sondern auch, dass Directors, die aktiv Kontrolle ausüben und darum bemüht sind, die Interessen der Anteilseigner durchzusetzen, vom Markt keineswegs belohnt, sondern sanktioniert werden. Je weniger ein Director aktiv Kontrolle ausübt, desto höher ist die Wahrscheinlichkeit, dass er weitere Angebote erhält bzw. von Kollegen als Kandidat für ein Amt empfohlen wird.[1852]

Abschließend ist festzuhalten, dass sich die Übernahme von Aufsichtsratsmandaten positiv auf die Reputation eines Managers auswirkt, insbesondere dann, wenn es sich um Mandate in Kontrollgremien großer, renommierter Unternehmen handelt.

Wie oben bereits erwähnt, wird nicht nur die Mitgliedschaft in Kontrollgremien, sondern auch der Abschluss an einer Eliteuniversität zur Messung managerialen Prestiges herangezogen.[1853] Der Besuch an einer renommierten Universität gilt insbesondere in den USA als Garant für eine Spitzenkarriere in der Wirtschaft.[1854] Nach FRANK/COOK (1995) profitieren Absolventen von prestigeträchtigen Universitäten in verschiedener Hinsicht von dem Elite-Status ihrer Bildungsinstitution: So werden sie aufgrund der Reputation der Universität bei der Besetzung

---

[1848] Vgl. DAVIS (1993), S. 206; WESTPHAL/STERN (2007), S. 284.

[1849] Vgl. FERRIS/JAGANNATHAN/PRITCHARD (2003), S. 1088. Siehe nochmals Fn. 1830.

[1850] Vgl. DAVIS (1993), S. 2010. Im Gegensatz zu DAVIS haben FERRIS/JAGANNATHAN/PRITCHARD im Hinblick auf die Gruppe der Manager – weitere Personengruppen, die häufig in Kontrollgremien vertreten sind, sind z.B. Unternehmensberater oder Bankenvertreter – nicht nur die Unternehmensperformance der Unternehmen herangezogen, in deren Boards Manager als Outsider vertreten sind, sondern die Performance des Unternehmens, in dem sie hauptamtlich tätig sind [vgl. FERRIS/JAGANNATHAN/PRITCHARD (2003), S. 1098].

[1851] Vgl. WESTPHAL/STERN (2007), S. 283. Dies erklärt den geringen Anteil von Frauen oder Angehörigen ethnischer Minderheiten in Kontrollgremien.

[1852] Vgl. WESTPHAL/STERN (2007), S. 278 und S. 282.

[1853] Siehe nochmals S. 286.

[1854] Vgl. HARTMANN (2002), S. 193; USEEM/KARABEL (1986), S. 197. Siehe zur sozialen Herkunft US-amerikanischer Top-Manager sowie zur Bedeutung renommierter Universitäten auch HARTMANN (1996), S. 171 ff.

von Führungspositionen bevorzugt.[1855] Auch die Kontakte, die sie während ihres Studiums aufbauen, können sich als karrierefördernd herausstellen.

Im Unterschied zu den USA spielen in Deutschland Elitehochschulen keine besondere Rolle.[1856] Zwar verfügen die meisten deutschen Top-Manager ebenfalls über einen Hochschulabschluss, eine Konzentration auf wenige Universitäten ist aber nicht feststellbar.[1857] Gelegentlich weisen einige Autoren jedoch darauf hin, dass sich ein Generationswechsel an der Spitze deutscher Unternehmen vollzieht und sich seit den 1990er Jahren die Karrieremuster deutscher Top-Managern gewandelt haben.[1858]

Vor dem Hintergrund der jüngsten Entwicklungen, wie z.B. die Internationalisierung unternehmerischer Tätigkeiten, Bedeutungsverlust der für Deutschland typischen ‚Kaminkarriere‘ sowie eine lange Betriebszugehörigkeit als Voraussetzung für eine Spitzenkarriere im Management,[1859] stellt sich die Frage, ob der Abschluss an einer Eliteuniversität (im Ausland) nicht auch in Deutschland an Bedeutung gewinnen wird, zumal elitäre Bildungseinrichtungen aus den USA, Großbritannien oder Frankreich auch hier einen exzellenten Ruf genießen. Derzeit legen empirische Studien jedoch nahe, dass der Abschluss an einer Eliteuniversität keine bedeutsame Rolle in Deutschland spielt. Demnach wird dieser in der vorliegenden Untersuchung – im Gegensatz zu den zahlreichen US-amerikanischen Studien zum managerialen Prestige – als Einflussfaktor auf die Reputation nicht weiter berücksichtigt.

3.   Unternehmensreputation

Es können eine Reihe von Gründen angeführt werden, warum davon ausgegangen werden kann, dass auch die Reputation des Unternehmens, an dessen Spitze ein Top-Manager steht, seine Reputation beeinflusst. Bereits SUTTON/CALLAHAN (1987) haben festgestellt, dass das Unternehmensimage und das Image des amtierenden Top-Managements eng miteinander verflochten sind.[1860] Die ‚Person an der Spitze‘ repräsentiert die Organisation nach außen, und verleiht ihr ein Gesicht.[1861] Mitunter ist es auch möglich, dass Organisation und Top-Manager gleichgesetzt werden. „Bill Gates of Microsoft, who is often represented in the media and over the Internet as Darth Vader leading the Evil Empire (…); in the media and the public's

---

[1855]   Vgl. FRANK/COOK (1996), S. 152 ff.

[1856]   Vgl. GERUM/SCHÄFER (2000a), S. 12; HARTMANN (1996), S. 67.

[1857]   Vgl. HARTMANN (2002), S. 195.

[1858]   Vgl. BEYER (2006), S. 191 ff.; GERGS/SCHMIDT (2002), S. 553 ff.; HÖPNER (2003), S. 123 ff.

[1859]   Vgl. GERGS/SCHMIDT (2002), S. 569.

[1860]   Vgl. SUTTON/CALLAHAN (1987), S. 406. Siehe auch PARK/BERGER (2004), S. 96 m.w.N.

[1861]   Vgl. GUTHEY/JACKSON (2005), S. 1058; GRUNIG (1993), S. 134; SCOTT/LANE (2000), S. 47.

mind, Gates and Microsoft are viewed as one."[1862] Ähnlich wie in den Ausführungen zu den Mandaten in Aufsichtsräten ist davon auszugehen, dass sich die Unternehmensreputation und die Reputation des Managers an der Unternehmensspitze reziprok beeinflussen.

Auch FERRIS ET AL. (2003) argumentieren, dass die organisationale Reputation die personale Reputation beeinflusst und vice versa.[1863] Sie veranschaulichen dies am Beispiel der Managerlegende Jack Welch, ehemaliger CEO von General Electric. Den Autoren zufolge hat Welch nicht nur persönlich von seiner herausragenden Reputation profitiert, sondern auch jene Unternehmen, die mit ihm in Verbindung gebracht wurden.[1864] Dass Unternehmen von der Reputation des amtierenden CEOs profitieren, betonen auch RANFT ET AL. (2006). Sie weisen darauf hin, dass gelegentlich enorme Aktienkursanstiege unmittelbar im Anschluss an die Berufung eines renommierten CEOs beobachtet werden können.[1865]

Gleichwohl in zahlreichen Beiträgen festgestellt wird, dass die Reputation der Person an der Spitze des Unternehmens Einfluss auf die Unternehmensreputation hat und umgekehrt,[1866] finden sich in der Literatur bisher keine wissenschaftlichen Untersuchungen, die diese vermuteten Zusammenhänge empirisch analysiert haben.[1867] Immerhin legen verschiedene, von Kommunikationsagenturen durchgeführte Studien nahe, dass die Reputation des CEOs Einfluss auf das Image bzw. auf die Reputation von Unternehmen hat.[1868] Ein Blick in die Literatur zum Thema Unternehmensreputation zeigt ferner, dass in zahlreichen Messkonzepten „Managementqualität" oder „Leadership" eine Dimension der Reputation von Unternehmen darstellt.[1869]

Auch im Hinblick auf die Frage, ob die Unternehmensreputation die Reputation von Top-Managern beeinflusst, liegen bislang keine wissenschaftlichen Untersuchungen vor. Allerdings wird gelegentlich darauf hingewiesen, dass sich die Reputation von Unternehmen auf Personen übertragen kann, was nicht zuletzt daran deutlich wird, dass bei der Auswahl neuer

---

[1862]   Vgl. SCOTT/LANE (2000), S. 47.

[1863]   Vgl. FERRIS ET AL. (2003), S. 214.

[1864]   Vgl. FERRIS ET AL. (2003), S. 217.

[1865]   Vgl. FERRIS ET AL. (2003), S. 286. Diese Feststellung machen auch FRANCIS ET AL. (2008), S. 142 (En. 3).

[1866]   Vgl. FERRIS ET AL. (2003), S. 217; HAMORI (2007), S. 508; PARK/BERGER (2004), S. 96; RANFT ET AL. (2006), S. 286; WADE ET AL. (1997), S. 103 f.

[1867]   Zahlreiche Arbeiten zu dieser Thematik würde man eher als populärwissenschaftlich bezeichnen bzw. der Praxis-Literatur zuordnen.

[1868]   Exemplarisch zu nennen seien hier die CEO-Studien von Güttler/Klewes (2001), Burson-Marsteller (2006) sowie Publicis Sasserath (2004). Eine Auswertung der Befunde findet sich bei NESSMANN (2007), S. 834 f.

[1869]   Einen sehr guten Überblick über die entwickelten Messansätze der Reputation von Unternehmen gibt HELM (2007), S. 127 ff.

Mitarbeiter oder Führungskräfte der Ruf des früheren Arbeitgebers eine gewichtige Rolle spielt.[1870] Dass ein Reputationstransfer auch negative Auswirkungen haben kann, machen Untersuchungen deutlich, die sich mit dem Thema Stigmatisierung beschäftigen.[1871] Die Ergebnisse dieser Studien legen nahe, dass Angestellte eines in Misskredit geratenen Unternehmens durch die Assoziation mit dem Unternehmen persönliche Nachteile erleiden können.[1872] Erwähnenswert sind in diesem Zusammenhang vor allem die Ergebnisse der empirischen Studie von HAMORI (2007). Diese zeigen, dass sich stigmatisierende Ereignisse (wie z.b. eine Insolvenz oder ein Korruptionsskandal) negativ auf den weiteren Karriereverlauf von Führungskräften, aber auch Mitarbeitern auswirken können.[1873]

Abschließend ist festzuhalten, dass die hier skizzierten Befunde und Argumente nahe legen, dass sich die positive Unternehmensreputation auf die Reputation von Managern übertragen kann. Diese Spillover-Effekte müssten in Zukunft jedoch empirisch untersucht werden.

4.   Medienberichterstattung

Die obigen Ausführungen zur Entstehung personenbezogener Reputation haben deutlich gemacht, dass Reputation ein kollektives Phänomen und das Resultat von Kommunikationsprozessen ist. Ferner wurde darauf hingewiesen, dass auch massenkommunikative Prozesse bei der Entstehung und Verbreitung von Reputation eine zentrale Rolle spielen. Nach BROMLEY (1993) trifft dies vor allem auf Personen des öffentlichen Lebens zu. Einflussreiche Entscheidungsträger (z.b. Politiker, Manager usw.), aber auch andere prominente Persönlichkeiten ziehen die Aufmerksamkeit der medialen Öffentlichkeit auf sich. Über die Massenmedien werden rufrelevante Informationen verbreitet.[1874]

Dass die Medienberichterstattung einen Einfluss auf das Image bzw. die Reputation von Top-Managern hat, wurde bereits ausführlich in Kapitel B dargelegt. Im Folgenden werden die wesentlichen Erkenntnisse noch einmal zusammengefasst und um weitere Argumente ergänzt. Im Anschluss daran wird beleuchtet, welchen Einfluss Awards (z.b. „Manager des Jahres") oder Rankings auf die Reputation von Top-Managern haben. Hier wird der Fokus auf öffentliche Auszeichnungen gelegt, die von Wirtschaftsmagazinen oder Tageszeitungen verliehen werden. Diese von den Medien inszenierten öffentlichkeitswirksamen Ehrungen können im Sinne von BOORSTIN (1987) durchaus als Pseudo-Events bezeichnet werden, weil vermutet

---

[1870]   Vgl. HARTMANN (1996), S. 103 ff.; HAMORI (2007), S. 493, S. 495 f.; VOSWINKEL (2001), S. 119.

[1871]   Vgl. HAMORI (2007); WIESENFELD/WURTHMANN/HAMBRICK (2008).

[1872]   Vgl. HAMORI (2007), S. 497.

[1873]   Vgl. HAMORI (2007), S. 506 f.

[1874]   Vgl. BROMLEY (1993), S. 8 und S. 68.

werden kann, dass sie mit der Intention arrangiert werden, um Berichterstattung zu erzeugen.[1875]

4.1 Medienpräsenz, Imagekonstruktion und Erfolgsattributionen

Bereits an anderer Stelle der Arbeit wurde dargelegt, dass Studien zu dem Resultat gelangen, dass die Medienberichterstattung über Top-Manager in den vergangenen Jahren zugenommen hat und in der Wirtschaftsberichterstattung der Trend zur Personalisierung besteht.[1876] Die Fokussierung der Medien auf einzelne Akteure der Wirtschaft hat – wie bereits andernorts dargelegt[1877] – zur Folge, dass sich die Prominenz einzelner Top-Manager erhöht und Manager einen Star ähnlichen Status erlangen.[1878] Mit zunehmender Bekanntheit steigt wiederum die mediale Beachtung.[1879] Nach SCHIERL (2007a) können bestimmte Faktoren, wie z.b. die Eigenschaften einer Person (z.B. Extrovertiertheit, Charisma, Redegewandtheit etc.), die Prominenzierung fördern.[1880] Auch mit Blick auf Top-Manager ist anzunehmen, dass Manager mit bestimmten Persönlichkeitsmerkmalen die mediale Aufmerksamkeit verstärkt auf sich ziehen. Darüber hinaus ließe sich argumentieren, dass hinsichtlich der Prominenzierung von Managern auch andere Faktoren (wie z.B. die Unternehmensgröße, die Reputation des Unternehmens, der Internationalisierungsgrad des Unternehmens, der Innovationsgrad der Produkte oder unternehmerische Erfolge) eine Rolle spielen. Die an späterer Stelle der Arbeit durchgeführte Inhaltsanalyse der Berichterstattung führender Tageszeitungen soll hierüber Aufschluss geben. Es soll u.a. analysiert werden, ob Manager, die eine besonders hohe mediale Präsenz aufweisen, aus bestimmten Branchen (z.B. Automobilbranche, Finanzdienstleistungssektor usw.) stammen.

Forschungsergebnisse zeigen ferner, dass den Medien eine zentrale Rolle bei der Konstruktion sowie Verbreitung von Vorstellungsbildern oder Images von Managern zukommt.[1881] Insbesondere Vertreter des Romance-of-Leadership Ansatzes haben in verschiedenen Studien

---

[1875]   Nach BOORSTIN (1992) zeichnen sich Pseudo-Events mithin dadurch aus, dass sie sich nicht spontan ereignen, sondern dass es sich um geplante Ereignisse handelt, die deshalb arrangiert und inszeniert werden, damit die Medien über diese berichten. Entsprechend wird der Erfolg eines Pseudo-Events anhand der Intensität der Medienberichterstattung gemessen [vgl. BOORSTIN (1992), S. 39 f.]. Pseudo-Events sind beispielsweise Jubiläen, Pressekonferenzen oder Interviews.

[1876]   Siehe hierzu nochmals S. 14 ff.

[1877]   Siehe hierzu nochmals S. 17 ff.

[1878]   Vgl. HAMILTON/ZECKHAUSER (2004), S. 23; HAYWARD/RINDOVA/POLLOCK (2004); MALMENDIER/TATE (2009); WADE ET AL. (1997); WADE ET AL. (2006).

[1879]   Siehe zur Prominenzierung nochmals S. 18.

[1880]   Vgl. SCHIERL (2000a), S. 12.

[1881]   Siehe exemplarisch HOLMBERG/ÅKERBLOM (2001); KHURANA (2002a); FANELLI/MISANGYI (2006); PARK/BERGER (2004).

zeigen können, dass die Medien nicht nur an der Entstehung der Images einzelner Manager aktiv beteiligt sind, sondern durch ihre Berichterstattung allgemeine Vorstellungsbilder von Managern bzw. Führung (re-)produzieren.[1882] Ferner gelangen Studien aus dem angloamerikanischen Raum zu dem Ergebnis, dass Manager tendenziell eher positiv in den Medien dargestellt werden.[1883] Mitunter wurde sogar die Beobachtung gemacht, dass eine Tendenz dazu besteht, Manager zu glorifizieren und sie mit Persönlichkeitsmerkmalen zu beschreiben, die starke Assoziationen zu charismatischen Führern wecken.

Die Wirkung der Medienberichterstattung über Top-Manager auf Mediennutzer wurde bisher noch nicht explizit analysiert.[1884] Allerdings zeigen zahlreiche Untersuchungen, die im Rahmen der Agenda-Setting-Forschung durchgeführt wurden, dass die Medien Einfluss auf die Images von Politikern haben.[1885] Gezeigt wurde, dass Wähler bei der Beschreibung von politischen Kandidaten auf jene Attribute zurückgreifen, die auch in der Medienberichterstattung hervorgehoben wurden. Oder anders ausgedrückt: Es findet ein Transfer der Salienz substanzieller Attribute (wie z.B. die wahrgenommene Qualifikationen oder Persönlichkeitsmerkmale) sowie affektiver Attribute (positive, negative oder neutrale Darstellungen) von der Medienagenda auf die Publikumsagenda statt. Des Weiteren zeigen Studien zum Priming, dass die Medien die Urteilsbildung von Medienrezipienten über öffentliche Personen beeinflussen können.[1886] Priming-Effekte treten verstärkt auf, wenn die Medien einzelne Akteure für Ereignisse verantwortlich machen, und je häufiger ein Primen erfolgt. Auch Studien aus der Framing-Forschung konnten Medienwirkungen nachweisen. Medien-Frames können beispielsweise die Zuschreibung von Verantwortlichkeit beeinflussen. Kumulatives, konsonantes Medien-Framing kann aber auch dazu führen, dass sich die Schemata von Rezipienten in Richtung Medien-Frames verändern, oder dass die in den Medien präsentierten Interpretationsrahmen dazu führen, dass Rezipienten Schemata herausbilden.[1887] Zusammengefasst lässt sich feststellen, dass die Medienwirkungsforschung eine Reihe von Untersuchungen hervorgebracht hat, die deutlich zeigen, dass die Medien Einfluss auf Vorstellungsbilder und Ein-

---

[1882]   Siehe hierzu nochmals S. 59.

[1883]   Siehe hierzu nochmals S. 66 ff.

[1884]   In der Untersuchung von CHEN/MEINDL (1990) wurde indirekt auch die Wirkung der Berichterstattung auf Medienrezipienten untersucht. Siehe zum Forschungsdesign Fn. 369.

[1885]   Siehe hierzu nochmals die Ausführungen auf S. 37 ff.

[1886]   Siehe hierzu nochmals S. 42.

[1887]   Vgl. SCHEUFELE (2004), S. 40. Zu den Framing-Effekten siehe nochmals S. 45.

stellungen von Medienrezipienten haben.[1888] Dies trifft vor allem auf Vorstellungsbilder oder Images von Personen zu, die eine hohe Präsenz in den Medien aufweisen.[1889]

Aus den Ausführungen zur Nachrichtenproduktion und Wirkung der Massenmedien – ausführlich in Kapitel B – sollte deutlich geworden sein, dass die Medien keine neutralen Vermittler von Informationen darstellen, sondern durch die Selektion und Interpretation von Informationen Realität konstruieren.[1890] Gezeigt wurde, dass nur über einen Bruchteil der Informationen und Meldungen, die täglich die Redaktionen erreichen, tatsächlich auch berichtet wird. Die journalistische Selektion und Verarbeitung von Nachrichten wird von verschiedenen Faktoren beeinflusst. Hierzu zählen organisatorische und technische Zwänge (Zeitdruck und verfügbarer Raum), die „redaktionelle Linie", Nachrichtenfaktoren, Orientierung an Leitmedien, aber auch implizite Theorien, Kategorien, Scripts oder Schemata von Journalisten.[1891] Wie an anderer Stelle bereits dargelegt, haben sich vor allem Vertreter des Framing-Ansatzes mit der Frage beschäftigt, welchen Einfluss journalistische Frames – verstanden als konsistente Systeme einzelner kognitiver Schemata[1892] – auf die Selektion von Informationen haben, und inwiefern sich journalistische Frames in Medien-Frames niederschlagen. Somit lässt sich konstatieren, dass die in den Medien präsentierten Inhalte immer Ergebnisse von Selektions- und Verarbeitungsprozessen darstellen und demnach die Realität nur unvollständig abbilden können. Auch mit Blick auf die Images von Top-Managern lässt sich feststellen, dass diese das Resultat von Selektionsprozessen darstellen. Journalisten akzentuieren in ihren Berichten bestimmte Merkmale eines Managers, während andere Charakteristika, Fähigkeiten oder Aktivitäten nur gelegentlich erwähnt oder gar vollständig ausgeklammert werden.

[1888] Vgl. McCOMBS (2004), S. 133.

[1889] In diesem Sinne McCOMBS (2004), S. 86.

[1890] Vgl. SCHULZ (1993), S. 20. Aus Platzgründen kann auf die spannende und seit vielen Jahren geführte Diskussion zum Einfluss der Medien auf die Konstruktion von Wirklichkeit bzw. das Verhältnis von Wirklichkeit und Medienwirklichkeit nicht im Detail eingegangen werden. Erwähnt sei jedoch, dass sich hinsichtlich der Frage, ob es möglich ist, die Darstellung in der Berichterstattung und die „objektive" Realität miteinander zu vergleichen, drei Positionen unterscheiden lassen: 1) Aus der Perspektive des *radikalen Konstruktivismus* sind „(…) Vergleiche zwischen Darstellung und Realität weder möglich noch sinnvoll, weil es keine objektive Realität gibt, mit der man die Berichterstattung vergleichen könnte [KEPPLINGER/NOELLE-NEUMANN (2004), S. 604]. 2) Aus Sicht des *Expressionismus* sind Vergleiche zwischen Darstellung und Realität zwar möglich, aber irrelevant, da die Medien eine expressive Funktion besitzen, und es nicht ihre Aufgabe ist, Realität zu spiegeln [vgl. [KEPPLINGER/NOELLE-NEUMANN (2004), S. 604]. 3) Aus Sicht des *Realismus* sind Vergleiche zwischen der Berichterstattung und der Realität möglich und auch sinnvoll. Sie zeigen, ob die Medien die Realität wiedergeben, die man anhand anderer Quellen (z.B. statistische Häufigkeiten von Straftaten oder Todesursachen) erkennen kann [vgl. [KEPPLINGER/NOELLE-NEUMANN (2004), S. 604].

[1891] Vgl. SCHEUFELE (2004), S. 98 ff.; SCHULZ (1990), S. 11 f.

[1892] Vgl. SCHEUFELE (2003), S. 91.

An anderer Stelle der Arbeit wurde bereits herausgestellt, dass Reputation und Image zwar distinkte Konstrukte darstellen, diese aber in einem engen Zusammenhang stehen.[1893] Vor dem Hintergrund der soeben dargelegten Erkenntnisse aus der Medienwirkungsforschung ist anzunehmen, dass auch die in den Medien verbreiteten Images Auswirkungen auf die manageriale Reputation haben. Medial vermittelte Vorstellungsbilder enthalten sowohl explizite als auch implizite Aussagen über die Fähigkeiten und Leistungen von Managern. Explizite Aussagen sind zum Beispiel Hervorhebungen von Kompetenzen oder Fertigkeiten. Die medialen Darstellungen von Managern können aber auch Attribute enthalten, die indirekt auf die Leistungsfähigkeit hinweisen. So kann ein Manager in der Berichterstattung entweder als „entschlossen", „zielorientiert" und „verbal geschickt", oder als „ziellos", „unentschlossen" und „verbal unbeholfen" dargestellt werden. Anzunehmen ist, dass je mehr prototypische Führungsattribute die Beschreibungen enthalten, desto eher wird einem Manager auch die Fähigkeit zugesprochen, ein Unternehmen erfolgreich zu führen. In Kapitel B wurde bereits ausführlich dargelegt, dass verschiedene Strömungen innerhalb der Führungsforschung auf die Bedeutung von so genannten ‚impliziten Führungstheorien' aufmerksam machen.[1894] Diese Theorien beinhalten Annahmen oder Vorstellungen darüber, wie sich eine Person verhalten muss bzw. welche Eigenschaften sie aufweisen muss, um als Führer bzw. erfolgreicher Führer wahrgenommen zu werden. In diesem Zusammenhang wurde auch auf die von LORD ET AL. begründete Kategorisierungstheorie der Führung eingegangen.[1895] Diese geht davon aus, dass Führung ein Wahrnehmungsphänomen darstellt und eine Person dann zu einem Führer wird, wenn sie bestimmte Eigenschaften aufweist (wie z.B. sicher, engagiert, entschlossen, verbal geschickt etc.), die mit den prototypischen Merkmalen der Kategorie ‚Führer' übereinstimmen.[1896]

Vor diesem Hintergrund lässt sich argumentieren, dass die Medien durch ihre Darstellungen von Managern bestimmte Schemata, Kategorien oder implizite Theorien aktivieren können.[1897] Korrespondieren die Beschreibungen der Medien mit den impliziten Führungstheo-

---

[1893]   Siehe hierzu nochmals S. 276.

[1894]   Einen guten Überblick über die verschiedenen Forschungsströmungen, die sich mit impliziten Führungstheorien beschäftigen, geben SCHYNS/MEINDL (2005), S. 17 ff. Siehe auch FELFE/PETERSEN (2007), S. 2 ff.

[1895]   Siehe hierzu nochmals S. 56 ff.

[1896]   Vgl. LORD/MAHER (1991), S. 46. Auch die Initiatoren des so genannten GLOBE-Projekts gehen davon aus, dass es bestimmte Prototypen herausragender Führung (outstanding leadership) gibt, die sich aus verschiedenen Führungsattributen (z.B. visionär, entschieden, inspirierend, Integrität etc.) zusammensetzen [vgl. NEUBERGER (2002), S. 253 ff.]. Studien zeigen, dass es vom jeweiligen Kulturkreis und Land abhängig ist, welche Merkmale der Prototyp des herausragenden Führers beinhaltet. Zum GLOBE-Projekt siehe Fn. 348.

[1897]   Siehe zur Aktivierung von Kategorien LORD/MAHER (1991), S. 18.

rien – werden Manager beispielsweise mit prototypischen Führungsattributen dargestellt – ist zu erwarten, dass diese Manager eher mit erfolgreicher Führung in Verbindung gebracht werden als Manager, die in den medialen Darstellungen wiederholt mit Attributen (Verhaltensweisen, Eigenschaften) beschrieben werden, die den impliziten Vorstellungen von erfolgreicher Führung widersprechen.[1898]

Des Weiteren ist aufgrund von Forschungserkenntnissen anzunehmen, dass nicht nur die in den Medien verbreiteten Images, sondern auch Kausalattributionen die Reputation von Managern beeinflussen.[1899] Auf die Bedeutung von Attributionen wurde bereits an verschiedenen Stellen der Arbeit eingegangen. So liegen Untersuchungen vor, in denen die Auswirkungen von Attributionen in der Berichterstattung auf Medienrezipienten untersucht wurden.[1900] Auch Vertreter des Romance-of-Leadership Ansatzes haben beleuchtet, welche Rolle Kausalattributionen in der Medienberichterstattung spielen. In verschiedenen Studien sind sie der Frage nachgegangen, warum und wann unternehmerische Erfolge oder Misserfolge auf Top-Manager attribuiert werden.[1901]

Da Attributionen in gewisser Weise explizite Aussagen über die Leistungsfähigkeit eines Managers darstellen, wird – in Übereinstimmung mit HAYWARD/RINDOVA/POLLOCK sowie anderen Autoren[1902] – argumentiert, dass die Medienberichterstattung die manageriale Reputation positiv beeinflusst, wenn der Manager von den Medien für unternehmerische Erfolge verantwortlich gemacht wird. Naheliegend ist, dass nicht eine einzelne Attribution ausreicht, um die Reputation zu beeinflussen. Vielmehr ist davon auszugehen, dass sich Attributionsaussagen

---

[1898] Erwähnenswert ist in diesem Zusammenhang eine weitere Studie von LORD/FOTI/DE VADER (1984). Versuchspersonen wurden gebeten, eine Kurzgeschichte zu lesen, in denen das prototypische Verhalten (bzw. neutrale und antiprototypische) Verhalten des Managers John Perry beschrieben wurde. Anschließend wurde die Führungswahrnehmung der Versuchspersonen erhoben. Die Ergebnisse zeigen, dass die in der Kurzgeschichte gesetzten Stimuli die erwartete Wirkung gezeigt haben. Der in der Geschichte dargestellte Manager wurde von Versuchspersonen dann mit Führung in Verbindung gebracht, wenn dieser mit prototypischen Verhaltensmerkmalen beschrieben wurde. Anders fallen die Ergebnisse bei Versuchspersonen aus, welche neutrale oder antiprototypische Informationen über John Perry erhalten haben. Ferner gelangen die Autoren in ihrer Untersuchung zu dem Schluss, dass der beschriebene Manager von den Versuchspersonen für den Erfolg eines neuen Produktes stärker verantwortlich gemacht wurde, wenn dieser mit prototypischen Merkmalen beschrieben wurde [vgl. LORD/FOTI/DE VADER (1984), S. 371].

[1899] Zum Zusammenhang von Attributionen und Reputation siehe auch BROMLEY (1993), S. 37 ff.

[1900] Siehe hierzu nochmals S. 42.

[1901] Siehe hierzu nochmals S. 60 f.

[1902] Vgl. HAYWARD/RINDOVA/POLLOCK (2004), S. 639. HAYWARD/RINDOVA/POLLOCK (2004) argumentieren, dass ein Top-Manager erst dann einen Star-Status erlangt – d.h. zum ‚Celebrity CEO' wird – wenn die Medien den Manager für Erfolge des Unternehmens verantwortlich machen. Siehe nochmals S. 77

nur dann auf die manageriale Reputation auswirken, wenn der Manager in verschiedenen Medien und wiederholt für Erfolge verantwortlich gemacht wird.[1903]

Zusammengefasst lässt sich feststellen, dass die mediale Aufmerksamkeit bzw. mediale Visibilität eines Managers als Voraussetzung für die Entstehung und Verbreitung von Vorstellungsbildern gesehen werden kann.[1904] Die Reputation eines Managers wird einerseits durch die in den Medien transportierten Images beeinflusst, d.h. durch die Attribute, mit denen eine Spitzenführungskraft in der Medienberichterstattung beschrieben wird. Neben Persönlichkeitsmerkmalen („entschlossen", „zielorientiert") und Verhaltensweisen („plant voraus", „stellt Konzern neu auf") zählen hierzu auch die der Berichterstattung inhärenten expliziten (wertenden) Beschreibungen managerialer Fähigkeiten und Fertigkeiten.[1905] Darüber hinaus ist anzunehmen, dass auch Kausalattributionen die Reputation beeinflussen. Während HAYWARD/RINDOVA/POLLOCK argumentieren, dass ein CEO zu einem ‚Managerstar' wird, wenn Journalisten in ihren Beiträgen den Erfolg des Unternehmens auf den Manager zurückführen, wird hier die Position vertreten, dass auch Attributionen, die von anderen Akteuren (z.B. Vertreter von Verbänden, Vorstände, Aufsichtsratsmitglieder, Aktionäre etc.) vorgenommen und in der Berichterstattung wiedergegeben werden, ebenfalls Auswirkungen auf die Reputation haben können. Nicht nur Journalisten können Sender von Attributionsaussagen sein, sondern auch extramediale Akteure, denen Journalisten in ihren Zeitungsbeiträgen die Möglichkeit einräumen, sich zu äußern.[1906] So kann in einem Zeitungsartikel beispielsweise ein hochkarätiger Bankenvertreter zu Wort kommen, der den Vorstandsvorsitzenden eines Industrieunternehmens für die gute Ertragslage des Unternehmens explizit verantwortlich macht.

[1903]   Aus der Medienwirkungsforschung ist bekannt, dass ein einmaliger Impuls nicht ausreicht, um Wissen- oder Einstellungsveränderungen zu bewirken. Wirkungen sind erst bei einer kumulativen Berichterstattung zu erwarten. Siehe hierzu nochmals S. 30 und S. 45

[1904]   Ähnlich argumentieren auch HOFFMANN/RAUPP (2006), S. 470.

[1905]   Vertreter des Agenda Setting-Ansatzes differenzieren in ihren Untersuchungen zwischen substanziellen und affektiven Attributen, mit denen politische Kandidaten in der Berichterstattung beschrieben werden [siehe hierzu nochmal S. 39]. Wesentliche substanzielle Attribute sind: 1) Ideologie (z.B. Statements, mit denen Kandidaten als „links-", „rechtsorientiert" oder „Mitte" präsentiert werden sowie Aussagen über Standpunkte der Kandidaten zu bestimmten Themen), 2) Qualifikation, Erfahrung (Aussagen zur Qualifikation bzw. Kompetenz der Kandidaten sowie frühere Erfahrungen), und 3) Persönlichkeit (Aussagen zu Charakterzügen und persönlichen Merkmale der Kandidaten). Die Agenda der affektiven Attribute resultiert daraus, dass die verschiedenen Aussagen und Statements hinsichtlich ihrer Wertung (positiv, neutral, negativ) kodifiziert werden [vgl. SCHENK (2007), S. 519]. Mit Blick auf die Erhebung der Images von Top-Managern erscheint es möglich, diese Einteilung – mit Ausnahme des substanziellen Attributs „Ideologie" – kognitiver Attribute zu übernehmen.

[1906]   Vgl. GERHARDS/OFFERHAUS/ROOSE (2007), S. 111. Hierauf machen GERHARDS/OFFERHAUS/ROOSE (2007) aufmerksam, die ein Instrumentarium zur Erhebung von Attributionsaussagen entwickelt haben.

4.2 Öffentliche Auszeichnungen und Rankings

Auszeichnungen wie „Manager des Jahres", „Unternehmen des Jahres", „Entrepreneur des Jahres", „Die besten Analysten" oder „Die besten Hochschulen" werden von zahlreichen Wirtschaftsmagazinen und Zeitungen jährlich vergeben.[1907] Diese von Medienorganisationen durchgeführten und einer breiten Öffentlichkeit zugänglichen Rankings bzw. „sozial konstruierten Statushierarchien"[1908] bilden inzwischen auch den Gegenstand zahlreicher Forschungsarbeiten.[1909] JOHNSON ET AL. (2005) untersuchen in ihrer Studie beispielsweise, ob die von der *Business Week* veröffentlichten Leistungsbewertungen US-amerikanischer Board of Directors in Form von Top-25-Rankings das Verhalten von Investoren beeinflussen.[1910] In anderen Untersuchungen wurde der Frage nachgegangen, ob Organisationen aufgrund einer schlechten Platzierung in einem Ranking Wandlungsprozesse einleiten[1911], oder ob Rankings Einfluss auf die Identität einer Organisation haben.[1912]

Die Auswirkungen von Rankings bzw. Awards auf die Reputation von Top-Managern wurde bereits mehrfach untersucht. Die hierzu vorliegenden Forschungsergebnisse wurden ausführlich in Kapitel D vorgestellt.[1913] Zusammenfassend lässt sich feststellen, dass die Ergebnisse der Studien nahe legen, dass öffentliche Auszeichnungen einen Einfluss auf die Reputation von Managern haben.[1914] Einige Autoren sprechen auch explizit von einem Star-Status,[1915] den Manager durch Anerkennungsrituale, wie Awards oder Best-Platzierungen in Rankings, erlangen.

Wie bereits erwähnt, werden Auszeichnungen wie „Manager des Jahres" oder Top-10 bzw. Top-25 Rankings zumeist von Wirtschaftsmagazinen verliehen und einer breiten Öffentlichkeit zugänglich gemacht. Bei einer näheren Betrachtung dieser Awards lässt sich feststellen, dass auf unterschiedliche Verfahren zur Ermittlung von Preisträgern zurückgegriffen wird. So entscheiden entweder die Mitglieder der Redaktion des jeweiligen Wirtschaftsmagazins

---

[1907] Vgl. FRANK/COOK (1996), S. 10 und passim.

[1908] Vgl. RAO (1994), S. 30.

[1909] MARTINS (2006) gibt einen guten Überblick über die Forschung [siehe insbesondere MARTINS (2005), S. 701].

[1910] Vgl. JOHNSON ET AL. (2005), S. 469 f. Siehe hierzu auch ROWE ET AL. (2003), S. 187 ff.

[1911] Vgl. MARTINS (2005), S. 702. Siehe auch die dort angeführten Studien.

[1912] Vgl. ELSBACH/KRAMER (1996), S. 442 ff.

[1913] Siehe nochmals S. 231 ff.

[1914] Vgl. WADE ET AL. (2006), S. 644. Die Untersuchungen kommen übereinstimmend zu dem Resultat, dass unmittelbar nach der Verleihung einer Auszeichnung die Vergütung von Award-Gewinnern zunimmt [vgl. MALMENDIER/TATE (2009); WADE ET AL. (1997); WADE ET AL. (2006)].

[1915] Vgl. GRAFFIN ET AL. (2008); MALMENDIER/TATE (2009); WADE ET AL. (2006).

selbst, wer eine Auszeichnung erhält[1916], oder es wird eine mehrköpfige Expertenjury mit der Verleihung des Preises beauftragt.[1917] Ein anderes typisches Verfahren ist die Ermittlung von Preisträgern auf der Grundlage von Umfrageergebnissen. So hat die *Financial World* zur Ermittlung des „Manager des Jahres" jährlich über 1.000 Führungskräfte und Analysten befragt.[1918] Einerseits ließe sich nun argumentieren, dass Rankings oder Preisverleihungen, die auf repräsentativen Befragungen von Top-Managern oder Analysten basieren, letztlich die Reputation des Managers innerhalb dieser Personengruppe widerspiegeln, da die Umfrageteilnehmer aufgefordert werden, Einschätzungen hinsichtlich der Kompetenzen und Leistungen einzelner Manager abzugeben. Andererseits können verschiedene Gründe angeführt werden, warum ein Award nicht nur ein Indikator der managerialen Reputation darstellt, sondern diese auch positiv beeinflusst. Ein wichtiges Argument liefert BROMLEY (1993). Er macht auf die Bedeutung von so genannten Meinungsführern bei der Verbreitung rufrelevanter Informationen aufmerksam.[1919] Der Autor weist darauf hin, dass Einschätzungen über die Kompetenzen von Personen von anderen insbesondere dann übernommen werden, wenn die Informationsquelle als zuverlässig, glaubwürdig und sachkundig eingestuft wird.[1920] Da in den Umfragen zumeist Experten, d.h. Top-Manager oder Analysten, befragt werden, ist davon auszugehen, dass ihre Meinungen auch andere Stakeholder in ihrer sozialen Urteilsbildung beeinflussen. Wird der Award-Gewinner nicht mittels einer repräsentativen Umfrage ermittelt, sondern entscheidet eine Jury, die sich aus renommierten Experten der Wirtschaft (z.B. Unternehmensberatern, Wirtschaftsjuristen, Bankenvertreter etc.) oder Wissenschaft zusammensetzt, über die Verleihung einer Auszeichnung, ist die Wirkung möglicherweise eine ganz ähnliche.

Dass Awards mitunter auch eine wichtige symbolische Bedeutung zukommt, legen die Ergebnisse der Studie von MALMENDIER/TATE (2009) nahe. Sie zeigen, dass die Vergütung von CEOs, die eine Auszeichnung erhalten haben, nicht nur im Vergleich zu anderen CEOs zunimmt, sondern auch im Vergleich zu potentiellen Award-Gewinnern, d.h. CEOs von Unternehmen, die eine vergleichbare finanzielle Performance gezeigt haben und gleichermaßen eine Auszeichnung verdient hätten.[1921]

[1916]   Wie z.B. Business Week oder Forbes [vgl. MALMENDIER/TATE (2009), S. 1635].

[1917]   Wie z.B. das Manager Magazin.

[1918]   Vgl. WADE ET AL. (2006), S. 644. Siehe nochmals Fn. 1478.

[1919]   Vgl. BROMLEY (1993), S. 96. Zur interpersonalen Kommunikation und dem Konzept des Meinungsführers siehe SCHENK (2005), S. 66 ff.

[1920]   Vgl. BROMLEY (1993), S. 95.

[1921]   Es ließe sich argumentieren, dass Führungskräfte die Auszeichnung „Manager des Jahres" nur dann erhalten, wenn sie das Unternehmen in der Vergangenheit erfolgreich geführt haben. Demnach können auch Auszeichnungen valide Signale für die Fähigkeiten eines Managers darstellen. Tatsächlich gelangen empirische Studien übereinstimmend zu dem Schluss, dass die Performance von Unternehmen, deren CEOs ei-

Abschließend ist festzustellen, dass die bisherigen Forschungsergebnisse nahe legen, dass Awards und Rankings die Reputation von Managern beeinflussen. Wirtschaftsmagazine und Zeitungen, die Auszeichnungen wie „Manager des Jahres" verleihen, berichten über diese Preisverleihungen und entsprechend erhalten verschiedene Teilöffentlichkeiten Kenntnis davon, dass ein Manager für seine Leistungen geehrt wurde. Dass Preisverleihungen eine große Öffentlichkeitswirksamkeit haben, ist nicht zuletzt auch deshalb zu vermuten, da auch andere Medien (z.B. Tageszeitungen, Online-Magazine etc.) in kurzen Meldungen oder längeren Beiträgen über die verliehenen Auszeichnungen berichten.

In den obigen Ausführungen zur Entstehung personenbezogener Reputation wurde bereits dargelegt, dass Reputationsträger unter Rückgriff auf verschiedene Selbstdarstellungstechniken die Wahrnehmung ihrer Person beeinflussen können. In der Literatur wird dieses Phänomen auch als Impression Management bezeichnet.[1922] Mit Impression Management ist gemeint, dass Individuen Techniken einsetzen, um einen bestimmten Eindruck bei anderen zu erzeugen. „Through self-presentations, people attempt to construct and maintain particular images of themselves that they project to real and imagined audiences."[1923]

Wie Studien zeigen, setzen auch Manager (bewusst oder unbewusst) in sozialen Interaktionen bestimmte Impression Management Techniken ein, um den Eindruck, den sich andere von ihnen machen, zu beeinflussen und zu steuern.[1924] Nach CANNELLA/MONROE (1997) betreiben Manager Impression Management, um andere davon zu überzeugen, dass sie über besondere Fähigkeiten verfügen.[1925] GOMEZ-MEJIA/WISEMAN (1997) diskutieren, dass Top-Manager auf verschiedene Impression Management Techniken zurückgreifen, um eine bessere Leistungsbeurteilung zu erhalten,[1926] und GINZEL/KRAMER/SUTTON (1992) machen deutlich, dass Manager, die im Kreuzfeuer der Kritik stehen, verschiedene Techniken der Selbstdarstellung einsetzen, um den Verlust ihrer Reputation zu verhindern.[1927] Im nachfolgenden Abschnitt wird diese Thematik weiter vertieft. Dabei soll zunächst auf die Herkunft sowie die zentralen In-

---

nen Award erhalten haben, in den Jahren nach einer Auszeichnung nachlässt [vgl. MALMENDIER/TATE (2009), S. 1595; WADE ET AL. (1997), S. 108; WADE ET AL. (2006), S. 654].

[1922] Siehe zum Zusammenhang von Reputation und Impression Management auch BROMLEY (1993), S. 101 ff.; EMLER (1990), S. 183 f.; FERRIS ET AL. (2003), S. 224 f.; KING/FINE (2000), S. 72.

[1923] SCHLENKER (1980), S. 45.

[1924] Siehe hierzu exemplarisch ELSBACH/SUTTON (1992); GARDNER/MARTINKO (1988A); GARDNER (1992); GARDNER/AVOLIO (1998); GINZEL/KRAMER/SUTTON (1992); MCGUIRE (1997); RIORDAN (1989); SALANCIK/MEINDL (1984). Einen Überblick über die Forschungsarbeiten, die sich mit dem Impression Management von Führungspersonen beschäftigen, gibt YUKL (2006), S. 13 f.

[1925] Vgl. CANNELLA/MONROE (1997), S. 216. Siehe auch WALSH/SEWARD (1990), S. 431 f.

[1926] Vgl. GOMEZ-MEJIA/WISEMAN (1997), S. 309.

[1927] Vgl. GINZEL/KRAMER/SUTTON (1992), S. 228. Siehe nochmals S. 93.

halte der so genannten Impression Management Theorie eingegangen werden. Anschließend wird beleuchtet, welche Impression Management Techniken Manager einsetzen. Fokussiert wird hierbei auch auf die Bedeutung von Public Relations-Aktivitäten, die als eine Art erweiterte Form von Impression Management verstanden werden können.[1928]

5.   Impression Management

Die Impression Management-Theorie bildet zumeist den theoretischen Ausgangspunkt von Studien, die sich mit dem Selbstdarstellungsverhalten von Managern beschäftigen. Die Impression Management Theorie hat ihre Wurzeln u.a. im Symbolischen Interaktionismus nach MEAD und BLUMER.[1929] Ein weiteres soziologisches Werk, das die Impression Management Theorie maßgeblich beeinflusst hat, ist das legendäre Buch *The Presentation of Self in Everyday Life* („Wir alle spielen Theater") von ERVING GOFFMAN.[1930] GOFFMAN beschäftigt sich mit sozialen Interaktionen im Alltag. Seine Beobachtungen beschreibt er in Analogie zum Bühnenschauspiel und greift auf ein Vokabular zurück, das der Welt des Theaters entlehnt ist.[1931] Er geht davon aus, dass der Mensch ein Interesse daran hat, in Interaktionsprozessen das Verhalten der anderen zu kontrollieren, indem er die Definition der Situation beeinflusst.[1932] GOFFMAN spricht in diesem Zusammenhang von Darstellungen. „Eine Darstellung (*performance*) kann als die Gesamttätigkeit eines bestimmten Teilnehmers an einer bestimmten Situation definiert werden, die dazu dient, die anderen Teilnehmer in irgendeiner Weise zu beeinflussen."[1933] In der Regel will der Darsteller das Publikum von sich überzeugen, d.h. er will einen bestimmten Eindruck von seiner Person erwecken oder bewahren. Zu diesem Zweck greift er bewusst oder unbewusst auf ein standardisiertes Ausdrucksrepertoire zurück.[1934]

Nach GOFFMAN ist die Aufrechterhaltung einer überzeugenden Darstellung mit einigen Schwierigkeiten verbunden, denn die an der Darstellung Beteiligten müssen ihr Verhalten

---

[1928]   Vgl. KING/FINE (2000), S. 72.

[1929]   Zum Symbolischen Interaktionismus als Vorläufer der Impression Management Theorie siehe ausführlich MUMMENDEY (1995), S. 111 ff.

[1930]   Vgl. MUMMENDEY (1995), S. 117.

[1931]   Vgl. MUMMENDEY (1995), S. 117 ff.

[1932]   Vgl. GOFFMAN (2003), S. 7.

[1933]   GOFFMAN (2003), S. 18 (Kursivierung im Original).

[1934]   GOFFMAN spricht hier von *Fassade* und unterscheidet zwischen dem Bühnenbild (d.h. die szenischen Komponenten des Ausdrucksrepertoires) und der persönlichen Fassade, wie z.B. Amtsabzeichen, Rangmerkmale, Kleidung, Geschlecht, Alter, physische Erscheinung, Sprechweise, Gestik usw. [vgl. GOFFMAN (2003), S. 25]. Ein Geschäftsführer, der beispielsweise daran interessiert ist, einen kompetenten Eindruck auf seine Kunden und Mitarbeiter zu hinterlassen, wird sich entsprechend den Erwartungen an seine Position verhalten und auch äußerlich durch entsprechende Kleidung in Erscheinung treten.

stets kontrollieren.[1935] Um geplante Eindrücke hervorzurufen, werden bestimmte Techniken der Imagepflege (facework) eingesetzt, wie z.b. die Wahrung der sozialen Distanz als eine Technik, um beim Publikum Ehrfurcht zu erzeugen.[1936] Weitere Techniken sind die Nichtbeachtung von imagebedrohenden Ereignissen, oder günstige Informationen über die eigene Person in Umlauf bringen.[1937]

Die Impression Management Theorie beschäftigt sich ebenfalls mit verschiedenen Techniken der Selbstpräsentation. Sie geht davon aus, dass Individuen durch Selbstdarstellungen ihre Selbstbilder oder Selbstkonzepte nach außen präsentieren.[1938] Indem Individuen in sozialen Interaktionsprozessen Informationen über die eigene Person sowohl bewusst und absichtlich als auch unbewusst verbreiten, steuern sie das Bild, das sich andere von ihnen machen.[1939]

In der Literatur wird zwischen unterschiedlichen Techniken der Eindrucksmanipulation differenziert. Unterschieden werden beispielsweise Impression Management Strategien und Taktiken sowie assertive und defensive Techniken.[1940] Der Aufbau einer positiven Reputation mittels der Signalisierung von Kompetenz und Glaubwürdigkeit stellt beispielsweise eine assertive Impression Management Strategie dar. Neben assertiven Techniken, also aktive Selbstdarstellungen mit dem Ziel der Vorteilsgenerierung (z.B. positive Beurteilung oder Belohnung), werden auch defensive Techniken eingesetzt.[1941] In diesem Fall geht es dem Individuum vor allem darum, seine Identität zu bewahren und zu schützen. Identitätsgefährdend sind insbesondere missliche oder peinliche Situationen (sog. predicaments). Nach SCHLENKER (1980) reagieren Personen in solchen Situationen häufig mit Unschuldsbeteuerungen, Rechtfertigungen oder Entschuldigungen.[1942]

Die folgende Tabelle gibt einen Überblick über positive und negative Darstellungstechniken. Mit positiven Techniken ist gemeint, dass sich jemand in ein günstiges Licht stellt und dazu tendiert, sich selbst zu erhöhen.[1943] Negative Techniken umfassen jene, mit denen sich eine Person in ungünstiger Weise präsentiert. Aber auch hier kann das Ziel darin bestehen, eine positive Darstellung der eigenen Person zu bewirken.

[1935]   Vgl. GOFFMAN (2003), S. 52.
[1936]   Vgl. GOFFMAN (2003), S. 62.
[1937]   Vgl. GOFFMAN (1994), S. 21 ff. sowie 30 ff.
[1938]   Vgl. MUMMENDEY (1995), S. 190.
[1939]   Vgl. MUMMENDEY (1995), S. 128.
[1940]   Vgl. MUMMENDEY (1995), S. 135.
[1941]   Vgl. MUMMENDEY (1995), S. 136; TEDESCHI/MELBURG (1984), S. 32.
[1942]   Vgl. SCHLENKER (1980), S. 136 ff.
[1943]   Vgl. MUMMENDEY (1995), S. 140.

Tab. 11: Techniken der Selbstdarstellung[1944]

POSITIVE SELBSTDARSTELLUNGSTECHNIKEN	NEGATIVE SELBSTDARSTELLUNGSTECHNIKEN
Self-promotion: Eigenwerbung betreiben; sich in ein günstiges Licht stellen	**Apologies/Excuses**: Entschuldigungen; Abstreiten von Verantwortlichkeit
Entitlements: hohe Ansprüche signalisieren; eigene Verantwortlichkeit für Ereignis maximieren	**Justification/Accounts**: das eigene Verhalten verbal darstellen und begründen; Rechtfertigungen
Self-enhancement/Overstatement: hohes Selbstwertgefühl zur Schau tragen; sich selbst künstlich erhöhen; eigene Vorzüge übertrieben herauskehren	**Disclaimers**: widerrufen, dementieren, vorsorglich abschwächen
Basking in reflected glory/Boosting: sich über Kontakte aufwerten; öffentliche Assoziation der eigenen Person mit erfolgreichen und beliebten Personen; Image der Person, mit der man assoziiert wird, durch Kommunikation verbessern	**Blasting**: abwerten von Ereignissen, Personen oder Gruppen; abqualifizieren von anderen mit dem Ziel der Erhöhung des eigenen Wertes
Competence/Expertise: Kompetenz und Expertentum signalisieren; Verbreitung von Informationen über die Fachkompetenz der eigenen Person	**Understatement**: Untertreibung von Fähigkeiten mit dem Ziel der positiven Eigenwerbung
Exemplification: Beispielhaft erscheinen; sich als moralisch vorbildlich geben	**Supplification**: hilfsbedürftig erscheinen
Personal attraction: Beliebtheit, Sympathien hervorrufen; von anderen gemocht werden	**Symptome geistiger Erkrankung zeigen**
Status/Prestige: Statussymbole und Symbole von Macht, Einfluss, Bildung usw. zur Schau stellen	**Intimidation**: bedrohen und einschüchtern, um stark, mächtig, gefährlich usw. zu erscheinen
Credibility/Trustworthiness: Image einer glaubwürdigen und/oder vertrauenswürdigen Person aufbauen	**Self-handicapping**: sich als unvollkommen darstellen; Flucht aus der Verantwortlichkeit
Self-disclosure: Offenheit hervorkehren; Einblicke ins Innere gewähren; vertrauenselig erscheinen	
Ingratiation/Other-enhancement: Sich-beliebt machen; Einschmeicheln; jemandem einen Gefallen tun; Kommunikation mit dem Ziel andere zu erhöhen	

Auf welche Techniken der Eindrucksmanipulation Personen verstärkt zurückgreifen, ist einerseits vom Selbstkonzept abhängig, andererseits führen auch Lernprozesse dazu, dass bestimmte Praktiken bevorzugt eingesetzt werden. Anzunehmen ist, dass „(…) Personen, die mit bestimmten Arten des Impression Management gute Erfahrungen gemacht haben, die betreffenden Techniken im Laufe der Zeit vervollkommnen und ausfeilen und somit besonders effizient und durchschlagskräftig in der sozialen Interaktion erscheinen können."[1945]

Auch innerhalb der Führungs- und Managementforschung liegen Untersuchungen vor, in denen das Impression Management von Führungskräften untersucht wurde. Studien aus der Führungsforschung zeigen, dass vor allem charismatische Führer Impression Management einset-

---

[1944] Tabelle basiert auf den Ausführungen von MUMMENDEY (1995), S. 140 ff.
[1945] MUMMENDEY (1995), S. 139.

zen und ihre eigene Person äußerst wirksam zur Geltung bringen können. So wird hervorgehoben, dass charismatische Manager mehr als andere Personen über die Fähigkeit der Selbstüberwachung (sog. *high self-monitorer*) verfügen. Sie sind in der Lage, ihr Ausdrucksverhalten (Mimik, Gestik und Sprache) zu kontrollieren und dieses an die jeweilige Situation anzupassen.[1946] Ferner zeigen Studien, dass charismatische Führer oftmals eine bildliche und emotional ansprechende Sprache verwenden.[1947] Nach GARDNER/AVOLIO (1998) sind im Hinblick auf charismatische Führer vor allem die Impression Management Techniken *Exemplification* und *Self-Promotion* von Bedeutung. So geben sich charismatische Führer als (moralisch) vorbildlich und betreiben Eigenwerbung, indem sie sich selbst als kompetent, innovativ, visionär und einflussreich geben.[1948] Lee Iacocca, ehemaliger CEO von Chrysler, hat durch seine zahlreichen öffentlichen und medienwirksamen Auftritte aktiv *Self-Promotion* betrieben.[1949] Den Ruf des charismatischen Managers hat er nicht zuletzt aufgrund dieser öffentlichen Auftritte erworben.[1950] In der Charismaforschung weisen einige Autoren darauf hin, dass das spezifische Selbstdarstellungsverhalten einer Stimulusperson eine Voraussetzung dafür darstellt, dass Charisma auf diese Person projiziert wird.[1951]

Auch die Managementforschung beschäftigt sich mit dem Thema Impression Management. In der Literatur werden zahlreiche und mithin sehr unterschiedliche Impression Management Techniken diskutiert, die Top-Manager einsetzen, um den Eindruck, den sich andere von ihnen sowie von dem von ihnen geführten Unternehmen machen, zu beeinflussen. Vor allem öffentliche Auftritte von Managern (z.B. Hauptversammlungen[1952], Pressekonferenzen[1953], Analystenkonferenzen, Road Shows[1954] oder Fernsehtalkshows) bieten die Gelegenheit, sich

---

[1946] Vgl. MUMMENDEY (1995), S. 89. Ebenso GARDNER/MARTINKO (1988B), S. 329 f. Fraglich ist, inwiefern sich der Eindruck tatsächlich steuern lässt. So betonen GARDNER/AVOLIO, dass die Wirkung verschiedener Techniken der Eindrucksmanipulation mit der Zeit nachlässt [vgl. GARDNER/AVOLIO (1998), S. 47]. Andererseits macht MUMMENDEY (1999) darauf aufmerksam, dass Techniken der Eindrucksmanipulation lernbar sind und perfektioniert werden können. Akzeptiert beispielsweise ein Publikum die Darstellung eines Individuums als vertrauenswürdiger Experte „(...) so steigt die Selbstwertschätzung des Individuums, und das erhöhte Selbstwertgefühl führt zu einer Erhöhung der Bemühungen, Einfluß und soziale Macht auszuüben, und somit wahrscheinlich zu einer effektiveren Beeinflussung der Interaktionspartner." [MUMMENDEY (1995), S. 34].

[1947] Vgl. EMRICH ET AL. (2001), S. 550. In diesem Sinne auch AWAMLEH/GARDNER (1999), S. 360.

[1948] Vgl. GARDNER/AVOLIO (1998), S. 45.

[1949] Vgl. LORD/MAHER (1991), S. 59.

[1950] Vgl. LORD/MAHER (1991), S. 3.

[1951] Siehe hierzu beispielsweise den Beitrag von GARDNER/AVOLIO (1998).

[1952] Vgl. GINZEL/KRAMER/SUTTON (1992), S. 232. Ebenso BIEHL (2007), S. 8 ff.; EBERT (2007), S. 212.

[1953] Vgl. GINZEL/KRAMER/SUTTON (1992), S. 232. Ebenso CARTER (2006), S. 1149.

[1954] Vgl. SIMON (2003), S. 250.

wirkungsvoll zu präsentieren und aktives „image-building" zu betreiben.[1955] So zeigt BIEHL (2007) in einer erst kürzlich veröffentlichten Untersuchung, dass mitunter ein großer Aufwand betrieben wird, um Manager bei öffentlichen Auftritten wirkungsvoll in Szene zu setzen. Aus einer theaterwissenschaftlichen Sicht analysiert sie die Auftritte von Vorstandsvorsitzenden auf Hauptversammlungen, Bilanzpressekonferenzen sowie Analystenkonferenzen. Sie macht in ihrer Untersuchung deutlich, dass die Hauptversammlungen großer Unternehmen – diese können mitunter sehr kostspielig sein und haben aufgrund der hohen Besucherzahl und der Präsenz von Medienvertretern eine hohe Öffentlichkeitswirksamkeit[1956] – nicht selten einen Show-Charakter aufweisen und Inszenierungen im Theater ähneln.[1957] Anschaulich beschreibt sie, welche verschiedenen theatralen Mittel eingesetzt werden, um das Top-Management in ein positives Licht zu rücken. Neben Bühnenbild (Rednerpult, Firmenlogo, Leinwände im Filmpalast-Format), Licht und Körpersprache analysiert die Autorin auch die Dramaturgie der Reden. Dabei kommt sie zu dem Schluss, dass tendenziell mehr über Positives als über Negatives gesprochen wird,[1958] für Erfolge zumeist interne Faktoren genannt werden[1959] und Manager häufig eine bildhafte Sprache verwenden, wobei die Bilder zumeist aus den Bereichen Architektur, Sport sowie Mechanik stammen.[1960] Gleichwohl die Selbstinszenierungen darauf angelegt sind, ein bestimmtes positives Image beim Publikum zu hinterlassen, gelangt BIEHL in ihrer Inszenierungsanalyse zu dem Schluss, dass dieses Vorhaben nicht immer gelingt.[1961] Wie oben bereits erwähnt, hat schon GOFFMAN darauf aufmerksam gemacht, dass die Aufrechterhaltung einer überzeugenden Darstellung mit einigen Schwierigkeiten verbunden ist und sich Missgeschicke (wie z.B. ungewollte Gesten, Wahl einer falschen Tonart, im falschen Augenblick bestimmten Affekten nachgeben oder ein unangemessenes Bühnenbild) einschleichen können, die den Darsteller disqualifizieren und die Wahrhaftigkeit des Schauspiels bedrohen.[1962]

Neben öffentlichen Auftritten von Top-Managern werden in der Literatur auch subtilere Formen der Eindrucksmanipulation diskutiert, die keine face-to-face Interaktion voraussetzen. Hierzu zählen etwa die Darstellung von Top-Managern in Geschäftsberichten bzw. Aktio-

---

[1955]   Vgl. GINZEL/KRAMER/SUTTON (1992), S. 232.

[1956]   Vgl. BIEHL (2007), S. 28. Nach BIEHL (2007) kommen zu den jährlichen Hauptversammlungen von Dax-Unternehmen bis zu 10.000 Besucher [vgl. BIEHL (2007), S. 28]. Zu den Ausgaben siehe BIEHL (2007), S. 49.

[1957]   Vgl. BIEHL (2007), S. 10.

[1958]   Vgl. BIEHL (2007), S. 178 f.

[1959]   Vgl. BIEHL (2007), S. 180.

[1960]   Vgl. BIEHL (2007), S. 186 f.

[1961]   Vgl. BIEHL (2007), S. 237.

[1962]   Vgl. GOFFMAN (2003), S. 52.

närsbriefen[1963], Pressemitteilungen[1964] sowie autobiographische Schriften, die als literarische Form der Selbstdarstellung verstanden werden können.[1965] Weitere Möglichkeiten der Selbstdarstellung bieten auch Zeitungsinterviews sowie verschiedene Formen der Online-Kommunikation (wie z.B. die Internetseiten von Unternehmen oder der so genannte CEO-Blog[1966]).

Von den soeben genannten Impression Management Formen haben in der Forschung vor allem Pressemitteilungen sowie Geschäftsberichte (bzw. Aktionärsbriefe) verstärkt Aufmerksamkeit erfahren. Die Pressemitteilung ist eine offizielle schriftliche Information mit dem Ziel, Journalisten über ein Ereignis oder über einen bestimmten Sachverhalt zu informieren und dadurch einen Medienbericht zu veranlassen.[1967] Pressemitteilungen zählen zu den wichtigsten Informationsquellen und ein Großteil der Medienberichterstattung basiert auf Informationen, die aus Pressemitteilungen stammen.[1968] In einigen Studien wurden Pressemitteilungen explizit daraufhin untersucht, ob Top-Manager in diesen Erwähnung finden und mit welchen Attributen sie beschrieben werden.[1969] Insbesondere die Ergebnisse der Studie von HAMLITON/ZECKHAUSER (2004) sind in diesem Zusammenhang erwähnenswert. Sie zeigen, dass bei einer guten Unternehmensperformance die Anzahl der Pressemitteilungen, die so genannte *soft news* enthalten, steigt.[1970]

Neben Pressemitteilungen bietet auch der Geschäftsbericht eine Möglichkeit, Top-Manager vorteilhaft darzustellen.[1971] An anderer Stelle der Arbeit wurden bereits Studien vorgestellt,

---

[1963] Vgl. BETTMAN/WEITZ (1983), S. 166 ff.; CARTER (2006), S. 1149; GINZEL/KRAMER/SUTTON (1992), S. 232; SALANCIK/MEINDL (1984), S. 238 ff.; STAW/MCKECHNIE/PUFFER (1983), S. 582 ff.

[1964] Vgl. CARTER (2006), S. 1149.

[1965] Vgl. MUMMENDEY (1995), S. 22 ff. Siehe auch HUCZYNSKI (1993), der die Autobiographien amerikanischer Top-Manager untersucht hat [vgl. HUCZYNSKI (1993), S. 50]. Nach MALMENDIER/TATE (2009) sind autobiographische Schriften besonders in der Gruppe der „Superstar-CEOs" beliebt [vgl. MALMENDIER/TATE (2009), S. 1622].

[1966] Der so genannte CEO-Blog ist ein Phänomen, das sich seit Mitte 2004 beobachten lässt [vgl. ZERFASS/SANDHU (2006), S. 51]. Weblogs von Top-Managern können mitunter sehr unterschiedlich ausgestaltet sein. Autoren von Executive Blogs können einzelne Personen des Top-Management Teams sein (CEO, Vorstandsvorsitzender) oder aber ein Team von Führungskräften [vgl. ZERFASS/SANDHU (2006), S. 68 f.]. Des Weiteren lassen sich Weblogs im Hinblick auf die zu erreichende Zielgruppe unterscheiden. Diese Form der Kommunikation ist vor allem im angloamerikanischen Raum verbreitet [vgl. ZERFASS/SANDHU (2006), S. 63]. Aber auch deutsche Unternehmen setzen diese neue Form der Online-Kommunikation ein, wie der Überblick von ZERFASS/SANDHU (2005) zeigt [vgl. ZERFASS/SANDHU (2006), S. 63 ff.].

[1967] Vgl. CREMER (2001), S. 314.

[1968] Vgl. CREMER (2001), S. 314.

[1969] Vgl. HAMILTON/ZECKHAUSER (2004); CHATTERJEE/HAMBRICK (2007), S. 364.

[1970] Vgl. HAMILTON/ZECKHAUSER (2004), S. 15.

[1971] Vgl. CHATTERJEE/HAMBRICK (2007), S. 363.

die Erfolgszuschreibungen in Aktionärsbriefen analysiert haben.[1972] Übereinstimmend gelangen diese zu dem Schluss, dass Erfolge zumeist auf die Fähigkeiten des Managements, Misserfolge indes auf nicht steuerbare Umweltfaktoren zurückgeführt werden.[1973] Insofern bezeichnet STAW (1983) die Ursachenzuschreibung von Erfolg und Misserfolg in Aktionärsbriefen treffend als eine subtile Form der Selbstdarstellung.[1974] Darüber hinaus machen auch einige Autoren darauf aufmerksam, dass auch visuelle Darstellungen von Managern in Geschäftsberichten oder anderen Publikationen bestimmte Botschaften transportieren können.[1975] Nach GUTHEY/JACKSON (2005) haben gerade in den letzten Jahren Fotografien von Managern in verschiedenen Medien (z.b. Geschäftsberichten, Zeitschriften oder Internetseiten von Unternehmen) zunehmend Verbreitung gefunden.[1976] Sie argumentieren, dass Fotografien bei der Entstehung der Images von Managern eine bedeutsame Rolle spielen: „Visual images of CEOs and top executives deserve close scrutiny as an important window into how business celebrity, firm reputation, and corporate legitimacy are constructed and deconstructed in the media."[1977] Auch kommunikationswissenschaftliche Untersuchungen zum Wirkungspotential von Pressefotos legen nahe, dass Bilder einen starken Einfluss auf die soziale Urteilsbildung von Rezipienten haben können, da sie direkter wahrgenommen werden als Mitteilungen in Textform, mithin auf der affektiven Ebene wirken und der Inhalt aufgrund der (vermeintlichen) Authentizität als glaubwürdiger eingestuft wird.[1978]

Aus den Ausführungen sollte deutlich geworden sein, dass in der Literatur eine große Bandbreite verschiedener Techniken der Selbstdarstellung von Managern diskutiert wird. So werden mitunter auch Techniken der Eindrucksmanipulation als Impression Management bezeichnet, die nicht unmittelbar von der Führungskraft selbst ausgehen, sondern streng genommen Kommunikationsaktivitäten der Public Relations Abteilung darstellen.[1979] An anderer Stelle der Arbeit wurde bereits auf die Bedeutung der Öffentlichkeitsarbeit von Unternehmen eingegangen und das Verhältnis von Public Relations und Wirtschaftsjournalismus be-

---

[1972]   Siehe nochmals S. 85 f.

[1973]   Vgl. SALANCIK/MEINDL (1984), S. 251. In diesem Sinne auch BETTMAN/WEITZ (1983), S. 166 ff.; STAW/MCKECHNIE/PUFFER (1983), S. 594.

[1974]   Vgl. STAW/MCKECHNIE/PUFFER (1983), S. 582.

[1975]   Vgl. CHATTERJEE/HAMBRICK (2007), S. 363; GUTHEY/JACKSON (2005), S. 1063 m.w.N.

[1976]   Vgl. GUTHEY/JACKSON (2005), S. 1059 und S. 1066.

[1977]   JACKSON/GUTHEY (2007), S. 169.

[1978]   Vgl. HOLICKI (1992), S. 50. HOLICKI (1992) gelangt in ihrer Studie zu dem Ergebnis, dass die Einstellung des Betrachters als Rezeptionsfilter fungiert. Dieser kann sowohl die Personenwahrnehmung als auch die Beurteilung der Glaubwürdigkeit beeinträchtigen [vgl. HOLICKI (1992), S. 193].

[1979]   Nach BROMLEY (1993) kann PR als Impression Management auf der organisationalen Ebene verstanden werden [vgl. BROMLEY (1993), S. 120].

leuchtet.[1980] Dargelegt wurde, dass Public Relations-Abteilungen zu den wichtigsten Informationsquellen von Wirtschaftsjournalisten zählen und bis zu einem gewissen Grad mitbestimmen, über welche Inhalte und Themen die Medien berichten.[1981] In diesem Zusammenhang wurde auf die zunehmende Bedeutung personenbezogener Öffentlichkeitsarbeit und die vielfältigen Instrumente, die hierbei zum Einsatz kommen (können), aufmerksam gemacht.[1982]

6. Zusammenfassung

In den vorangegangenen Abschnitten wurde gezeigt, welche Faktoren auf die Reputation von Top-Managern Einfluss nehmen. Wie eingangs erwähnt, wurden vor allem Einflussgrößen beleuchtet, die in der Forschung sowohl in theoretischer als auch in empirischer Hinsicht verstärkt Beachtung erfahren haben. Es sei darauf hingewiesen, dass die oben diskutierten Einflussfaktoren keineswegs vollständig sind. In der Literatur werden weitere die Reputation von Managern determinierende Faktoren diskutiert. Hierzu zählen etwa der Führungsstil[1983], Persönlichkeitsmerkmale[1984], Länge der Amtszeit[1985], Humankapital[1986] oder soziales Kapital[1987]. Aus zweierlei Gründen wurden in der vorliegenden Arbeit diese Einflussgrößen jedoch vernachlässigt: 1) Zum einen handelt es sich um Reputationsdeterminanten, die sowohl in theoretischer als auch in empirischer Hinsicht bislang nur wenig erforscht wurden. Fraglich ist zum Beispiel, welche Rolle die Länge der Amtszeit eines Top-Managers – eine Variable, auf die sowohl zur Messung managerialer Macht als auch zur Messung von Humankapital zurückgegriffen wird – spielt. So ließe sich einerseits argumentieren, dass der Aufbau von Reputation Zeit benötigt, und es sich bei Reputation demzufolge um ein zeitabhängiges Phänomen handelt.[1988] Andererseits wäre es verfehlt anzunehmen, dass die Reputation eines Managers mit Dauer seiner Amtszeit kontinuierlich steigt.[1989] Insofern lässt sich feststellen, dass hinsichtlich

---

[1980] Siehe nochmals S. 20 ff.

[1981] Vgl. BROSIUS/KOSCHEL (2007), S. 542.

[1982] Siehe nochmals S. 22.

[1983] Vgl. HALL ET AL. (2004), S. 521 f.

[1984] Vgl. ZINKO ET AL. (2007), S. 178 f. Nach HALL ET AL. (2004) spielt beim Reputationserwerb das Charisma einer Führungskraft eine zentrale Rolle. Da in der hier vorliegenden Arbeit Charisma als Wahrnehmungsphänomen und nicht als Eigenschaft verstanden wird, wird Charisma indirekt durch den Einflussfaktor „Impression Management" berücksichtigt.

[1985] Vgl. FRANCIS ET AL. (2008), S. 122; MILBOURN (2003), S. 245.

[1986] Vgl. FERRIS ET AL. (2003), S. 216; HALL ET AL. (2004), S. 519; ZINKO ET AL. (2007), S. 176.

[1987] Vgl. ZINKO ET AL. (2007), S. 182 f.

[1988] Vgl. BROMLEY (1993), S. 48; FERRIS ET AL. (2003), S. 227; FRANCIS ET AL. (2008), S. 115; GOTSI/WILSON (2001), S. 28 m.w.N.; SCHWALBACH (2004), Sp. 1264.

[1989] MILBOURN (2003) argumentiert in seiner Studie beispielsweise, dass Marktteilnehmer anhand der Länge der Amtszeit die Fähigkeit eines Managers einschätzen. Je länger ein Top-Manager im Amt ist, desto

der Beziehung von Amtsdauer und Reputation noch theoretischer und empirischer Forschungsbedarf besteht.[1990] Dasselbe gilt für die Determinante ‚Humankapital'. Auch hierzu
liegen bisher keine gesicherten Forschungserkenntnisse vor. Denkbar ist jedoch, dass einzelne
Humankapitalfaktoren (z.B. ‚Bildung', ‚Erfahrung' und ‚Amtsdauer')[1991] Einfluss auf die manageriale Reputation haben. So ließe sich mit Blick auf den Faktor ‚Berufserfahrung' argumentieren, dass es den Reputationsaufbau begünstigt, wenn der Manager in bestimmten funktionalen Bereichen (z.B. Finanzen, Marketing) Erfahrungen gesammelt hat oder unterschiedliche wichtige Positionen in einem Unternehmen durchlaufen hat. Anzunehmen ist, dass sich
bestimmte Karriere-Stationen (z.B. durchlaufene Positionen, vormalige Beschäftigung in einer renommierten Beratung oder einem ausländischen Konzern) positiv auf die Reputation
auswirken.[1992] Wie bereits erwähnt wird das Humankapital von Managern auch anhand des
Faktors ‚Bildung' gemessen. In angloamerikanischen Untersuchungen wird das Bildungsni-
veau nicht nur anhand erworbener Abschlüsse ermittelt, sondern auch oftmals berücksichtigt,
ob ein Manager eine Eliteuniversität besucht hat. Im Zusammenhang mit dem Erwerb von
Prestige wurde bereits festgestellt, dass zumindest in Deutschland dem Abschluss an einer
Eliteuniversität bislang keine besondere Bedeutung zukommt. Abschließend bleibt demnach
festzuhalten, dass mit Blick auf die Determinante ‚Humankapital' noch Forschungsbedarf
besteht, wobei Erkenntnisse aus der Karriereforschung aufschlussreich zu sein scheinen.

2) Zum anderen wurden die oben genannten Einflussfaktoren in der vorliegenden Arbeit nicht
berücksichtigt, da sie zum Teil bereits indirekt erfasst wurden. So wird das ‚soziale Kapital',
das verschiedenen Autoren zufolge ebenfalls eine Determinante der Reputation von Top-
Managern darstellt, in empirischen Untersuchungen oftmals anhand der ausgeübten Aufsichtsratsmandate operationalisiert.[1993] Auch die Persönlichkeit wird indirekt erfasst. Ob eine

---

überzeugter ist das Kontrollorgan von den Fähigkeiten des Managers [vgl. MILBOURN (2003), S. 245]. Al-
lerdings können auch eine Reihe anderer Gründe vorliegen, warum ein Top-Manager nicht entlassen wird.
In der Literatur wird zum Beispiel diskutiert, dass mit Länge der Amtszeit, Manager ihre Machtstellung im
Unternehmen ausbauen [vgl. FINKELSTEIN/HAMBRICK/CANNELLA (2009), S. 88].

[1990] So legen Ergebnisse empirischer Studien nahe, dass zwischen der Amtsdauer eines CEOs und der Unternehmensperformance ein kurvilinearer Zusammenhang besteht [vgl. FINKELSTEIN/HAMBRICK/CANNELLA
(2009), S. 95]. In der Literatur wird argumentiert, dass CEOs, die bereits länger im Amt sind, dazu neigen,
am Status-Quo festzuhalten [vgl. FINKELSTEIN/HAMBRICK/CANNELLA (2009), S. 94].

[1991] Vgl. FINKELSTEIN/HAMBRICK/CANNELLA (2009), S. 306.

[1992] An anderer Stelle wurde bereits dargelegt, dass Studien aus der Karriereforschung zeigen, dass sich die
Reputation des (früheren) Arbeitgebers auf die Karriere von Managern und Mitarbeitern auswirkt. Als
karrierefördernd gilt die Beschäftigung in einem renommierten Unternehmen, wie z.B. bei einem Bran-
chenführer [vgl. HAMORI (2007), S. 496].

[1993] Vgl. BELLIVEAU/O'REILLY/WADE (1996), S. 1577 ff.; WIESENFELD/WURTHMANN/HAMBRICK (2008);
ZHANG/WIERSEMA (2009), S. 697. Siehe auch CERTO (2003), S. 436.

Person eher assertive oder defensive Selbstdarstellungstechniken einsetzt, ist u.a. auch von ihrer Persönlichkeit abhängig.

Die in den vorangegangenen Abschnitten diskutierten Einflussfaktoren auf die Reputation von Top-Managern sowie die zwischen den Einflussfaktoren bestehenden Interdependenzen werden in der nachfolgenden Abbildung noch einmal grafisch dargestellt.

Abb. 17: Einflussfaktoren auf die Reputation von Top-Managern

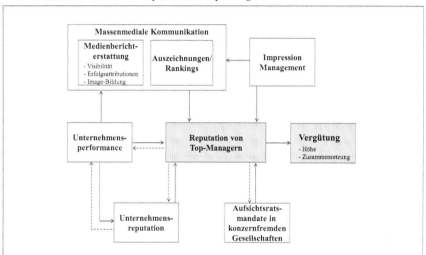

Wie oben bereits eingehend erörtert, ist davon auszugehen, dass sich die gegenwärtige und vergangene Unternehmensperformance auf die manageriale Reputation auswirkt. Dargelegt wurde ferner, dass in der Literatur aber auch die entgegengesetzte Kausalrichtung diskutiert wird, namentlich dass einem reputierten Manager größere Handlungsspielräume eingeräumt werden und er somit die Unternehmensperformance beeinflussen kann.

Des Weiteren ist anzunehmen, dass die Unternehmensperformance auch die Berichterstattung der Medien über Top-Manager beeinflusst. Zu vermuten ist, dass ein Top-Manager verstärkt die Aufmerksamkeit der Medien auf sich zieht, wenn die Leistung des von ihm geführten Unternehmens im Extrembereich liegt und vom Branchendurchschnitt abweicht. Ergebnisse empirischer Studien zeigen ferner, dass vornehmlich Top-Manager erfolgreicher Unternehmen öffentliche Auszeichnungen (wie z.B. „Manager des Jahres") erhalten.[1994] Die Berichterstattung der Medien wirkt sich wiederum positiv auf die Reputation von Top-Managern aus.

Auch wenn bislang keine wissenschaftlichen empirischen Studien vorliegen, können doch zumindest zahlreiche theoretische Gründe dafür angeführt werden, warum angenommen werden kann, dass sich die Unternehmensreputation und die Reputation des Top-Managers an der Spitze des Unternehmens reziprok beeinflussen. Ferner zeigen Forschungsergebnisse, dass sich der gute Ruf eines Unternehmens positiv auf die finanzielle Performance auswirkt bzw. der Unternehmenserfolg (neben anderen nicht-finanziellen Größen) eine Determinante der Unternehmensreputation darstellt.[1995]

Rekurrierend auf Forschungsbeiträge, die sich mit dem Prestige von Managern beschäftigen, wurde des Weiteren argumentiert, dass Top-Manager durch die Übernahme von Mandaten in Aufsichtsräten großer und namhafter Unternehmen Reputation erwerben. Ferner wurde darauf hingewiesen, dass auch Unternehmen davon profitieren, wenn sie ihre Kontrollorgane mit hochkarätigen Personen besetzen.

Zuletzt wurde darauf aufmerksam gemacht, dass Top-Manager durch geschickte Selbstinszenierungen und -darstellungen Einfluss auf ihre Reputation nehmen können. Ferner wurde darauf hingewiesen, dass sie unter Rückgriff auf verschiedene Impression Management Techniken (einschließlich Public-Relations Aktivitäten) auch die Berichterstattung der Medien beeinflussen.[1996]

Wie im Abschnitt zur Entstehung managerialer Reputation dargelegt, kann Reputation als die von einer großen Zahl relevanter Stakeholder wahrgenommene Kompetenz oder Leistungsfähigkeit eines Managers verstanden werden.[1997] Reputation kann – wie an anderer Stelle bereits dargelegt – sowohl positiv als auch negativ ausgeprägt sein, wobei in der vorliegenden Arbeit ausschließlich auf die Auswirkungen einer positiven Reputation fokussiert werden soll.[1998] In der angloamerikanischen Literatur finden sich für hoch reputierte Top-Manager verschiedene Bezeichnungen, wie z.B. „superstar CEO"[1999], „CEO star"[2000] oder „celebrity CEO"[2001]. Auch

---

[1994]   Vgl. WADE ET AL. (1997), S. 108.

[1995]   Vgl. ROBERTS/DOWLING (2002), S. 1078 und S. 1090 HELM (2007), S. 78 f; McGUIRE/SCHNEEWEIS/
         BRANCH (1990), S. 167 ff.

[1996]   Vgl. BROMLEY (1993), S. 36 und S. 69.

[1997]   Vgl. FRANCIS ET AL. (2008), S. 114.

[1998]   Reputation kann als Kontinuum verstanden werden. Die beiden Pole des Kontinuums bilden eine „sehr
         schlechte Reputation" und eine „sehr gute Reputation" [siehe hierzu HELM (2007), S. 60].

[1999]   Vgl. KHURANA (2002b), S. 60 ff.; MALMENDIER/TATE (2009).

[2000]   Vgl. KHURANA (2002a), S. 51; WADE ET AL. (1997), S. 103 ff.

im deutschsprachigen Raum werden die Bezeichnungen ‚Starmanager‘[2002] oder ‚Manager-star‘[2003] verwendet. In der vorliegenden Arbeit wird davon ausgegangen, dass ein Top-Manager über eine Starreputation verfügt, wenn er

- viele Mandate in Aufsichtsräten renommierter Unternehmen ausübt,
- für seine Leistungen öffentlich ausgezeichnet wurde (wie z.B. „Manager des Jahres" oder Top-Platzierungen in Rankings)
- eine hohe Medienpräsenz aufweist bzw. eine positive Berichterstattung erhält und
- die Medienberichterstattung unternehmerische Erfolge auf den Top-Manager attribuiert.

Nachdem nun dargelegt wurde, welche Faktoren auf die Reputation von Managern Einfluss nehmen, soll im nachfolgenden Abschnitt auf die Konsequenzen einer positiven Reputation fokussiert werden. An verschiedenen Stellen wurde bereits darauf hingewiesen, dass die Reputation eines Top-Managers zahlreiche positive Auswirkungen hat. Argumentiert wird in der Literatur, dass ein Manager, der eine hohe Reputation erworben hat, über größere Handlungs-spielräume verfügt und Reputation Vertrauen schafft.[2004] GIOIA/SIMS (1983) zeigen in ihrer Untersuchung zudem, dass reputierte Manager als mächtiger und einflussreicher wahrge-nommen werden.[2005] Ferner wird in der Literatur darauf hingewiesen, dass ein Manager, der über eine hohe Reputation verfügt, bessere Karrierechancen[2006] hat und eine höhere Vergü-tung erhält.[2007] Im folgenden Abschnitt soll auf Letzteres fokussiert werden. Es wird beleuch-tet, welchen Einfluss die Reputation auf die Festlegung der Vergütung von Top-Managern hat. Im Kern wird argumentiert, dass die Reputation Kognitionen der Mitglieder im Vergü-tungsausschuss und somit Entscheidungsprozesse beeinflusst. Unter Rückgriff auf Erkennt-nisse aus der Leistungsbeurteilungsforschung sowie sozial-psychologischen Attributionsfor-schung wird dargelegt, warum Starmanager eine höhere Vergütung erhalten bzw. sich ihre Vergütungssysteme anders zusammensetzen als die Vergütungssysteme von weniger renom-mierten Managern.

[2001] Vgl. HAYWARD/RINDOVA/POLLOCK (2004), S. 637 ff.; RANFT ET AL. (2006), S. 283; WADE ET AL. (2006), S. 643 ff.

[2002] Siehe exemplarisch: Manager Magazin (01.07.1997), Die Zeit (29.08.2000), Handelsblatt (02.06.2004), Die Welt (22.06.2006), Wirtschaftswoche (26.01.2006), Süddeutsche Zeitung (17.03.2007), Frankfurter Allgemeine Sonntagszeitung (08.02.2009).

[2003] GAITANIDES (2004), S. 181 und passim. Siehe exemplarisch: Der Spiegel (18.04.1988) (30.12.2002), Frankfurter Allgemeine Zeitung (18.08.2001), Süddeutsche Zeitung (31.12.2002), Financial Times Deutschland (05.05.2004), Die Welt (07.10.2004), Die Zeit (24.01.2008).

[2004] Vgl. PFEFFER (1994), S. 137. Ebenso EISENEGGER (2005), S. 35; HAYWARD/RINDOVA/POLLOCK (2004), S. 645; RANFT et al. (2006), S. 286; WADE ET AL. (2006), S. 645; ZINKO ET AL. (2007), S. 187.

[2005] GIOIA/SIMS (1983), S. 20.

[2006] Vgl. PFEFFER (1994), S. 137; TSUI (1984), S. 91; ZINKO ET AL. (2007), S. 190.

[2007] Vgl. FERRIS ET AL. (2003), S. 231 f.; RANFT ET AL. (2006), S. 285; ZINKO ET AL. (2007), S. 190.

III.   Auswirkungen der Reputation auf die Festlegung der Managervergütung

Dass die Forschung den Entscheidungsprozessen im Vergütungsausschuss bzw. Kontrollorgan[2008] bis dato nur wenig Aufmerksamkeit geschenkt hat und nur vereinzelt Versuche unternommen wurden, die ‚Black Box'[2009] zu öffnen, wurde bereits ausführlich in Kapitel C dargelegt. Vor dem Hintergrund, dass die Festlegung der Gehälter für das Top-Management eine komplexe Aufgabe darstellt, die Mitglieder des Personalausschusses Entscheidungen unter den Bedingungen begrenzter Rationalität zu treffen haben und zudem unter erheblichem Erwartungsdruck stehen,[2010] kann das verhaltene Interesse seitens der Forschung als überraschend bezeichnet werden.

In der Literatur wird vielfach hervorgehoben, dass die Festlegung der Vergütung für Top-Manager ein komplexer Entscheidungsprozess ist.[2011] Nach MARCH (1984) erfordert diese Aufgabe profunde Kenntnisse über die wirtschaftliche Lage eines Unternehmens, über die Situation auf dem Arbeitsmarkt für Manager, fundiertes Wissen im Steuerrecht sowie über den Kapitalmarkt.[2012] Weiterhin lässt sich argumentieren, dass die Festlegung der Managergehälter auch deshalb eine so anspruchsvolle Aufgabe darstellt, weil die Vergütungssysteme in den vergangenen Jahren zunehmend komplexer geworden sind.[2013] Während der Anteil des Festgehalts an der Gesamtvergütung zurückgegangen ist, haben variable Vergütungskomponenten – und allen voran aktienbasierte Vergütungsvereinbarungen – an Bedeutung gewonnen.[2014] Die Mitglieder des Vergütungsausschusses haben demnach nicht nur eine Entscheidung hinsichtlich der absoluten und relative Höhe der Vergütung einzelner Manager zu tref-

---

[2008]   Nach GOLLNICK (1997) ist innerhalb der US-amerikanischen Corporation der Vergütungsausschuss jenes Organ, welcher eine inhaltliche Bewertung der Leistung des CEOs vorzunehmen hat [vgl. GOLLNICK (1997), S. 158]. Nach RINGLEB (2008) wird in deutschen Aktiengesellschaften die Leistungsbeurteilung in aller Regel von den Mitgliedern des Personalausschusses durchgeführt [vgl. RINGLEB in RINGLEB ET AL. (2008), S. 174].

[2009]   Auf das ‚Black Box'-Problem wurde erstmals Ende der 1990er Jahre hingewiesen [vgl. TOSI/GOMEZ-MEJIA (1989), S. 185]. Seither wurde diese Problematik in verschiedenen Publikationen thematisiert [vgl. BARKEMA/PENNINGS (1998), S. 977; BRUCE/BUCK/MAIN (2005), S. 1495; O'REILLY/MAIN (2005), S. 4; ROBERTS/MCNULTY/STILES (2005), S. S19; TOSI (2008), S. 164].

[2010]   Siehe zum Erwartungsdruck nochmals S. 256. Zum Konzept der begrenzten Rationalität siehe nochmals Fn. 588.

[2011]   Vgl. BELLIVEAU/O'REILLY/WADE (1996), S. 1573; FISS (2006), S. 1014; MAIN/O'REILLY/WADE (1995), S. 311; MARCH (1984), S. 53.

[2012]   Vgl. MARCH (1984), S. 53.

[2013]   Vgl. FINKELSTEIN/HAMBRICK (1988), S. 44.

[2014]   Aktienoptionen als Form der Managervergütung haben sich in Deutschland vor allem seit Inkrafttreten des KonTraG im Jahr 1998 rasant verbreitet [vgl. WINTER (2003b), S. 121].

fen,[2015] sondern auch im Hinblick auf die Zusammensetzung der Anreizsysteme. Mit Blick auf die Ausgestaltung der erfolgsabhängigen Komponenten sind des Weiteren Entscheidungen dahingehend zu treffen, welche für das Unternehmen relevanten Ziele zu erreichen sind, wie die Zielerreichung festgestellt werden kann und wie hoch der monetäre Betrag sein soll, der bei Zielerreichung ausgezahlt werden soll. Demnach ist festzuhalten, dass die Mitglieder des Vergütungsausschusses über beachtliche Kenntnisse verfügen müssen,[2016] und für die Festlegung der Vergütung eine Vielzahl von Informationen einholen und auswerten müssen. Hierzu zählen z.B. Informationen über 1) die Aufgaben und Zuständigkeitsbereiche einzelner Top-Manager,[2017] 2) die an den jeweiligen Manager gestellten Anforderungen,[2018] 3) das Unternehmen (wirtschaftliche Lage, Erfolg sowie Zukunftsaussichten des Unternehmens),[2019] 4) die Vergütungssysteme von Wettbewerbern,[2020] 5) die Situation auf dem Arbeitsmarkt für Manager (inklusive einer Einschätzung des „Marktwertes" der Spitzenführungskraft), 6) die Anreizwirkung unterschiedlicher Vergütungskomponenten und vor allem Informationen über 7) die Fähigkeiten und Leistungen einzelner Personen des Top-Managements.[2021]

[2015] In Bezug auf die relative Höhe können prinzipiell verschiedene Vergleichsmaßstäbe in Betracht gezogen werden: 1) Die Höhe der Vergütung in Relation zur Vergütung anderer Top-Manager (z.B. Top-Manager von Konkurrenzunternehmen oder zum Branchendurchschnitt). 2) Die Relation der Vergütung eines Top-Managers zur Vergütung anderer Mitglieder des Top-Management Teams (horizontalen Gehaltsdifferenzierung). 3) Die Relation der Vergütung der Mitglieder des Top-Management Teams zur Vergütung der nachgelagerten Führungsebene (vertikale Differenzierung).

[2016] Auch wenn mit der konkreten Ausgestaltung der Systeme externe Berater beauftragt werden, müssen die Mitglieder des Vergütungsausschusses über beachtliche Kenntnisse verfügen. In der Praxis werden oftmals die Dienstleistungen von Vergütungsberatungen in Anspruch genommen [vgl. BAKER/JENSEN/MURPHY (1988), S. 609 f.; BEBCHUK/FRIED (2004), S. 37 ff.; CONYON/PECK/SADLER (2009), S. 44; JENSEN/MURPHY/WRUCK (2004), S. 56; MURPHY (1999), S. 2497]. JENSEN/MURPHY/WRUCK (2004) kritisieren, dass Mitglieder von Vergütungsausschüssen oftmals nicht über die notwendige Expertise verfügen [vgl. JENSEN/MURPHY/WRUCK (2004), S. 50 f.]. Zu verschiedenen Dienstleistungen und Informationen, die Beratungen zur Verfügung stellen siehe CONYON/PECK/ SADLER (2009), S. 44.

[2017] Nach § 87 Abs. 1 Satz 1 AktG hat der Aufsichtsrat bei der Festsetzung der Gesamtbezüge dafür zu sorgen, dass diese in einem angemessenen Verhältnis zu den Aufgaben des Vorstandsmitglieds und zur Lage der Gesellschaft stehen. Der DCGK hebt in Tz. 4.2.2 hervor, dass die Vergütung der Vorstandsmitglieder in angemessener Höhe auf der Grundlage einer Leistungsbeurteilung festzulegen ist. Als Kriterien der Angemessenheit nennt der Kodex die Aufgaben des jeweiligen Vorstandsmitglieds, seine persönliche Leistung, die Leistung des gesamten Vorstands sowie die wirtschaftliche Lage, der Erfolg und die Zukunftsaussichten des Unternehmens unter Berücksichtigung seines Vergleichsumfelds [siehe Tz. 4.2.2 DCGK].

[2018] Vgl. HAMBRICK/FINKELSTEIN/MOONEY (2005), S. 472. Die an Top-Manager gestellten Anforderungen können sich in quantitativer Hinsicht (Umfang der Arbeit) und qualitativer Hinsicht (Schwierigkeitsgrad) unterscheiden [vgl. HAMBRICK/FINKELSTEIN/MOONEY (2005), S. 473]. In der Managementliteratur wurden stellenbezogene Anforderungen im Zusammenhang mit Top-Managern bislang nur selten thematisiert [vgl. FINKELSTEIN/HAMBRICK/CANNELLA (2009), S. 37]. Eine Ausnahme bildet der Beitrag von HAMBRICK/FINKELSTEIN/MOONEY (2005).

[2019] Siehe Tz. 4.2.2 Abs. 2 Satz 1 DCGK. Siehe auch RINGLEB in RINGLEB ET AL. (2008), S. 173.

[2020] Vgl. RINGLEB in RINGLEB ET AL. (2008), S. 173.

[2021] Siehe Tz. 4.2.2 Abs. 2 Satz 1 DCGK. Siehe auch HOFFMANN-BECKING (2005), S. 159.

Wie bereits an anderer Stelle dargelegt, werden in der Literatur im Kern zwei Gründe diskutiert, warum Manager, die über eine Starreputation verfügen, eine höhere Vergütung erhalten.
Einerseits wird argumentiert, dass Top-Manager mit dem Erwerb einer positiven Reputation
ihre Verhandlungsmacht (*bargaining power*) gegenüber dem Kontrollorgan steigern.[2022] Aufgrund ihres hohen „Marktwertes" verfügen sie über eine starke Position in Gehaltsverhand-
lungen. Andererseits wird in der Literatur diskutiert, dass die Reputation Einfluss auf die Beurteilung der Leistung hat. Argumentiert wird, dass sich die Bewertung managerialer Leistungen durch einen hohen Grad an Komplexität auszeichnet, und dass sich die Mitglieder des
Vergütungsausschusses bei der Leistungsbewertung durch die Urteile sowie Kompetenzzuschreibungen Dritter beeinflussen lassen. Rekurrierend auf attributionstheoretische Überlegungen wird argumentiert, dass ein Top-Manager, der über eine Starreputation verfügt, für
unternehmerische Erfolge verantwortlich gemacht wird.[2023] Nachfolgend soll letzteres Argument aufgegriffen und durch weitere theoretische Überlegungen ergänzt werden. Dabei werden zunächst wissenschaftliche Beiträge ausgewertet, die sich mit dem Thema Leistungsbeurteilung von Top-Managern beschäftigen. Vorweg sei darauf hingewiesen, dass sich die Forschung vorrangig theoretisch mit der Problematik der Leistungsbeurteilung auf der Ebene des
Top-Managements befasst. Der schwierige Zugang zum Forschungsfeld wird als wesentlicher
Grund für das Fehlen empirischer Arbeiten genannt.[2024] Im Anschluss hieran soll das Augenmerk auf wissenschaftliche Studien gelegt werden, die sich explizit aus attributionstheoretischer Sicht mit dem Thema Leistungsbeurteilung beschäftigen. Argumentiert wird, dass die
wahrgenommene Reputation Attributionsprozesse beeinflusst. Zur Untermauerung der theoretischen Überlegungen sowie der im Anschluss hieran aufgestellten Hypothesen werden neben
Arbeiten aus der Sozialpsychologie verschiedene empirische Studien aus der Managementforschung berücksichtigt.

1.   Beurteilung der Leistungen von Top-Managern

In der Literatur wird oftmals betont, dass die Beurteilung der Leistungen und Fähigkeiten von
Top-Managern im Prozess der Festlegung der Gehälter einen hohen Stellenwert einnimmt.[2025]
Aus der Leistungsbeurteilung erfahren Ausschussmitglieder, ob die Vergütung die Leistungen

---

[2022]   Vgl. GRAFFIN ET AL. (2008), S. 460; HIRSHLEIFER (1993), S. 146; WADE/O'REILLY/CHANDRATAT (1990),
         S. 592; WADE ET AL. (1997), S. 105; WADE ET AL. (2006), S. 467.

[2023]   Vgl. WADE ET AL. (2006), S. 657.

[2024]   Vgl. SILVA/TOSI (2004), S. 87.

[2025]   Vgl. GOMEZ-MEJIA/WISEMAN (1997), S. 322 f.; EPSTEIN/ROY (2005), S. 76; KERR/KREN (1992), S. 373;
         SILVA/TOSI (2004), S. 87; WALSH/SEWARD (1990), S. 427. Siehe auch Tz. 4.2.2 Abs. 2 Satz 1 DCGK in
         Fn. 2017.

einzelner Manager in angemessener Weise widerspiegelt[2026], und ob gegebenenfalls Anreize zur Leistungsverbesserung zu setzen sind bzw. bestehende Anreizkomponenten aufgrund ihrer Wirkungslosigkeit neu überdacht werden müssen.[2027] In der Managementforschung ist man sich weitgehend einig, dass sich die Fähigkeiten und Leistungsbeiträge von Top-Managern äußerst schwer beurteilen lassen.[2028] Das Problem wird insbesondere in der hohen Komplexität der Tätigkeit sowie in der fehlenden eindeutigen Kausalität zwischen managerialer Leistung und unternehmerischen Erfolg bzw. Misserfolg gesehen.[2029] MARCH (1984) bemerkt hierzu: „As you move toward the top of an organization, differentiating among executives becomes more and more problematic. (...) The causal structure of action becomes less clear. It becomes harder to attribute specific organizational outcomes to specific managerial actions. Results are confounded by the complexities and interactions of numerous simultaneous actions by many different actors."[2030] Im folgenden Abschnitt soll auf eine in der Organisations- und Managementforschung seit vielen Jahren geführte Diskussion zur Wirksamkeit von Führungskräften eingegangen werden. Diese Debatte macht deutlich, dass in der Forschung verschiedene Ansichten hinsichtlich der Bedeutung der Leistungen von Managern bestehen und in der Wissenschaft keineswegs einhellig die Meinung geteilt wird, dass Top-Manager einen substantiellen Einfluss auf die Unternehmensperformance haben.[2031]

1.1 ‚Do-Managers-Matter?'

Innerhalb der so genannten ‚Do-Managers-Matter'-Debatte[2032] lassen sich grob drei Positionen unterscheiden: Vertreter der so genannten ‚deterministischen Perspektive' stehen der Annahme kritisch gegenüber, dass Manager die Geschicke eines Unternehmens steuern und das Wohl des Unternehmens vornehmlich in ihren Händen liegt.[2033] Mitunter wird die Meinung

---

[2026] Vgl. GOLLNICK (1997), S. 153 f.

[2027] Vgl. GOLLNICK (1997), S. 154; WALSH/SEWARD (1990), S. 427.

[2028] Vgl. FINKELSTEIN/HAMBRICK (1988), S. 547; PORAC/WADE/POLLOCK (1999), S. 113; ROSEN (1999), S. 314; RINGLEB ET AL. (2008), S. 174; SILVA/TOSI (2004), S. 88; SIEBEN/BRETZKE/RAULWING (1976), S. 181 ff.; WALSH/SEWARD (1990), S. 425.

[2029] Vgl. BAYSINGER/HOSKISSON (1990), S. 77; FINKELSTEIN/HAMBRICK (1988), S. 547; HAMBRICK/FUKUTOMI (1991), S. 721; LIEBERSON/O'CONNOR (1972), S. 117 ff.; PFEFFER (1977), S. 106. Zu den Aufgaben von Top-Managern siehe FINKELSTEIN/HAMBRICK/CANNELLA (2009), S. 17 ff.

[2030] MARCH (1984), S. 56.

[2031] Einen Überblick über diese Debatte geben BÜLTEL (2009), S. 39 ff.; FINKELSTEIN/HAMBRICK/CANNELLA (2009), S. 16 ff; LORD/MAHER (1991), S. 163 ff.; SCHRADER (1995), S. 26 ff.

[2032] Vgl. FINKELSTEIN/HAMBRICK/CANNELLA (2009), S. 20.

[2033] ASTLEY/VAN DE VEN (1983) unterscheiden in ihrem legendären Klassifikationsschema verschiedener Organisationstheorien zwischen einer „voluntaristischen Perspektive" und einer „deterministischen Perspektive". Je nach theoretischer Perspektive (z.B. Population Ecology-Ansatz, Kontingenztheorie oder

vertreten, dass Spitzenführungskräften vorrangig eine symbolische Bedeutung zukommt, da sie aufgrund bestehender Restriktionen nur wenig Einfluss auf die Unternehmensergebnisse haben.[2034] Argumentiert wird, dass über das Schicksal von Unternehmen vor allem unternehmensexterne Faktoren entscheiden und demzufolge das Top-Management gar keine oder allenfalls eine untergeordnete Rolle spielt.[2035] Gestützt wird diese Position zudem durch eine Reihe empirischer Studien.[2036] So zeigen LIEBERSON/O'CONNOR (1972) beispielsweise, dass die Führungsvariable lediglich zwischen 6,5% und 14,5% der Varianz der Unternehmensperformance erklären kann.[2037]

Im Unterschied zu den Anhängern der deterministischen Perspektive argumentieren Vertreter der ‚voluntaristischen Perspektive', dass Top-Manager durch die Wahl der Unternehmensziele und Strategien die unternehmerische Performance stark beeinflussen können. Auch sie können zur Untermauerung ihres theoretischen Standpunkts auf die Ergebnisse verschiedener empirischer Studien verweisen.[2038]

Einen Brückenschlag zwischen den soeben beschriebenen konträren Positionen bildet das von HAMBRICK/FINKELSTEIN (1987) entwickelte Konzept des managerialen Handlungsspielraums (‚*managerial discretion*').[2039] Die Fähigkeit von Top-Managern wichtige organisationale Ergebnisse beeinflussen zu können ist den Forschern zufolge abhängig von der Größe des Hand-

---

Strategisches Management) wird dem Management eine andere Bedeutung („inaktiv", „reaktiv" oder „proaktiv") beigemessen [vgl. ASTLEY/VAN DE VEN (1983), S. 247 ff.].

[2034] Vgl. PFEFFER (1977), S. 110; PFEFFER/SALANCIK (1978), S. 16 ff.; PFEFFER (1981), S. 5.

[2035] Zu den wohl bekanntesten Vertretern einer deterministischen Perspektive zählen HANNAN/FREEMAN (1977), Begründer des Population Ecology-Ansatzes. HANNAN/FREEMAN kritisieren in ihrem viel beachteten Aufsatz, dass in der Management- und Organisationsforschung vornehmlich von einer Adaptionsperspektive ausgegangen wird. Nach dieser beobachten Manager die Umwelt und passen die internen Strukturen den Veränderungen in der Umwelt entsprechend an. Die Adaptionsfähigkeit von Organisationen unterliegt nach HANNAN/FREEMAN jedoch verschiedenen Beschränkungen, denn zahlreiche interne und externe Prozesse erzeugen strukturelle Trägheit [vgl. HANNAN/FREEMAN (1977), S. 930]. Eingeschränkt wird die Adaptionsflexibilität von Organisationen beispielsweise durch Sunk Costs, unvollständige Informationen von Entscheidungsträgern bezüglich innerorganisatorischer Aktivitäten und Umweltkontingenzen, interne Widerstände gegen Reorganisationsvorhaben oder bestehende Markteintritts- und Marktaustrittsbarrieren [vgl. HANNAN/FREEMAN (1977), S. 931 f.]. Je stärker eine Organisation diesen Beschränkungen unterliegt, desto geringer ist ihre Fähigkeit sich anzupassen, und desto wahrscheinlicher ist es, dass die Logik der Umweltselektion greift [vgl. HANNAN/FREEMAN (1977), S. 930 f.].

[2036] Im Mittelpunkt dieser Untersuchungen stehen die Auswirkungen eines Wechsels an der Unternehmensspitze [einen detaillierten Überblick über dieses Forschungsfeld geben LORD/MAHER (1991), S. 183 ff.].

[2037] Vgl. LIEBERSON/O'CONNOR (1972), S. 123. Methodologische Kritik an der LIEBERSON/O'CONNOR-Studie üben FINKELSTEIN/HAMBRICK/CANNELLA (2009), S. 23 f.; WEINER/MAHONEY (1981), S. 455.

[2038] Vgl. MACKEY (2008), S. 1362; WEINER/MAHONEY (1981), S. 463 ff. Einen hervorragenden Überblick geben FINKELSTEIN/HAMBRICK/CANNELLA (2009), S. 22 ff.

[2039] Vgl. FINKELSTEIN/HAMBRICK/CANNELLA (2009), S. 26.

lungsspielraums:[2040] „Briefly stated, we argue that top manager of some organizations have more discretion than their counterparts in other organizations, and, moreover, that a given executive can have more discretion at some times than at others."[2041]

Der Handlungsspielraum eines Managers wird nach HAMBRICK/FINKELSTEIN (1987) durch verschiedene Faktoren determiniert: Hierzu zählen: 1) umweltbezogene Faktoren (wie z.b. rechtliche Restriktionen, Branchenstruktur, Nachfrageschwankungen, Marktwachstum, Einfluss externer Interessengruppen usw.), 2) organisationsinterne Faktoren (wie z.B. Trägheitsfaktoren, Einfluss interner Interessengruppen, Ressourcenverfügbarkeit usw.) und 3) manageriale Charakteristika (wie z.b. Anspruchsniveau, kognitive Fähigkeiten und politisches Gespür von Managern, Ambiguitätstoleranz usw.).[2042] Eine erst jüngst durchgeführte Untersuchung zeigt zudem, dass die Größe des Handlungsspielraums nicht nur zwischen Unternehmen variiert, sondern dass auch länderspezifische Unterschiede bestehen. Dieser Studie zufolge verfügen CEOs US-amerikanischer Unternehmen über größere manageriale Freiheitsgrade und üben somit einen größeren Einfluss auf die Unternehmensperformance aus als Vorstandsvorsitzende deutscher Aktiengesellschaften.[2043]

Da der Einfluss des Managers auf die Unternehmensperformance von der Größe des ihm zur Verfügung stehenden Handlungsspielraums abhängig ist, müsste bei einer Beurteilung der Leistungen von Top-Managern zunächst das Ausmaß des Handlungsspielraums bestimmt werden. HAMBRICK/FINKELSTEIN heben allerdings hervor, dass eine direkte Messung managerialer Freiheitsgrade kaum möglich ist, denn die den Handlungsspielraum beeinflussenden Faktoren sind oftmals unbestimmt und selten explizit.[2044] Des Weiteren kann sich der Handlungsspielraum – wie aus dem oben angeführten Zitat deutlich wurde – im Zeitverlauf verändern.[2045]

Die in der Literatur geführte Debatte zur Wirksamkeit von Spitzenführungskräften hat deutlich gemacht, dass Top-Manager einer Vielzahl von Restriktionen unterliegen, und dass der Unternehmenserfolg von einer Fülle interner sowie externer Faktoren (wie z.B. Geschichte des Unternehmens, marktliche oder technologische Veränderungen, makroökonomische Trends, Ölpreis- und Wechselkursschwankungen, Zinsveränderungen, politische Konflikte, Börsenhausse oder -baisse, Gesetzesänderungen, Naturkatastrophen, Wetter usw.) beeinflusst

---

[2040] Vgl. CARPENTER/GOLDEN (1997), S. 187.

[2041] HAMBRICK/FINKELSTEIN (1987), S. 370 (Kursivierung im Original).

[2042] Vgl. HAMBRICK/FINKELSTEIN (1987), S. 379 ff.

[2043] Vgl. CROSSLAND/HAMBRICK (2007), S. 782.

[2044] Vgl. HAMBRICK/FINKELSTEIN (1987), S. 400.

[2045] Vgl. HAMBRICK/FINKELSTEIN (1987), S. 370.

wird,[2046] die sich (selbst in empirischen Analysen) nicht exakt bestimmen lassen. Im nachfolgenden Abschnitt soll der Frage nachgegangen werden, welche Möglichkeiten und Grenzen die Mitglieder des Vergütungsausschusses haben, um die Leistungsbeiträge einzelner Manager zu beurteilen.

1.2   Ansätze der Leistungsbeurteilung

Mit Blick auf die in der Praxis durchgeführten Beurteilungen von Top-Managern lassen sich im Kern zwei Verfahren unterscheiden: Gegenstand der Beurteilung kann entweder das Arbeitsergebnis oder aber das Arbeitsverhalten von Managern bilden.[2047] Ferner wird in der Literatur diskutiert, dass Kontrollorgane nicht manageriales Verhalten oder Arbeitsergebnisse beurteilen, sondern vielmehr die Qualität von Entscheidungen bewerten bzw. zu bewerten haben.[2048] Da die entscheidungsbezogene Beurteilung mit einer Reihe von Schwierigkeiten verbunden ist,[2049] und sie vor allem im deutschen Kontext nicht nur in rechtlicher, sondern

---

[2046]   Vgl. LIEBERSON/O'CONNOR (1972), S. 124; PFEFFER (1977), S. 107.

[2047]   Die Unterscheidung zwischen „Arbeitsverhalten" und „Arbeitsergebnis" ist in der Literatur seit jeher üblich [vgl. ILGEN/FAVERO (1985), S. 312; siehe auch OUCHI/MAGUIRE (1975), S. 559 ff.] und wird auch in Bezug auf die Leistungsbeurteilung von Managern vorgenommen [vgl. exemplarisch GOLLNICK (1997), S. 117; MARCH (1984), S. 58 ff.]. Im Folgenden wird ausschließlich der Beurteilung der Leistung gesprochen. Leistung kann einerseits eine Aktivität darstellen, andererseits aber auch als das Ergebnis einer Aktivität verstanden werden [vgl. BECKER (2003), S. 11 ff.]. Im Zusammenhang mit der Beurteilung oder Evaluation von Top-Managern werden in der angloamerikanischen Literatur weitere Begriffe verwendet, wie z.B. Fähigkeit (ability, skill), manageriale Qualität (managerial quality), Anstrengung (effort), Beiträge (contributions) oder manageriale Kompetenz (managerial competence). Es sei darauf hingewiesen, dass in der vorliegenden Arbeit auf die Beurteilung der Fähigkeiten (Input) von Managern nicht explizit eingegangen wird, da diese Thematik in der Literatur nur vereinzelt aufgeriffen wird. Explizit von einer Bewertung managerialer Fähigkeit (ability) sprechen beispielsweise WALSH/SEWARD (1990) in ihrem Beitrag. Den Autoren zufolge beurteilt der Board of Directors die Fähigkeiten von CEOs anhand folgender Bereiche: 1) Produkt-, unternehmens- und branchenspezifisches Wissen, 2) Emotionale Reife, 3) Unternehmerische Fähigkeiten, 4) Intellektuelle Fähigkeiten, 5) Interpersonale Fähigkeiten und 6) Führungsfähigkeiten [vgl. WALSH/SEWARD (1990), S. 425]. Nun ließe sich argumentieren, dass der Board of Directors viele der genannten Fähigkeiten letztlich nur anhand von Beobachtungen des konkreten Arbeitsverhaltens (Transformation) oder anhand von Arbeitsergebnissen (Output) bewerten kann.

[2048]   Siehe hierzu BAYSINGER/HOSKISSON (1990), S. 74; GOLLNICK (1997), S. 120 ff.; KERR/KREN (1992); SIEBEN/BRETZKE/RAULWING (1976). Auch im Hinblick auf eine Leistungsbewertung anhand von Entscheidungen kann zwischen einer ergebnis- und prozessorientierten Beurteilung unterschieden werden [vgl. BAYSINGER/HOSKISSON (1990), S. 78].

[2049]   Auf die praktischen Schwierigkeiten, die bei der Beurteilung von Managerleistungen anhand von Entscheidungen entstehen, gehen SIEBEN/BRETZKE/RAULWING (1976) dezidiert ein. Den Autoren zufolge ist eine Bewertung vor allem dann schwierig, wenn die Konsequenzen der Entscheidung zum Zeitpunkt der Beurteilung noch nicht vollständig eingetreten sind [vgl. SIEBEN/BRETZKE/RAULWING (1976), S. 189. Siehe ebenso SIMON (1997), S. 276]. Bestenfalls ist der Informationsstand der Mitglieder des Kontrollorgans mit dem des Managements identisch [vgl. SIEBEN/BRETZKE/RAULWING (1976), S. 190]. Aber auch eine ex-post Beurteilung von Entscheidungen ist problematisch, denn selbst wenn das Kontrollorgan Zugang zu Dokumenten hätte, die detaillierte Informationen über den Entscheidungsprozess enthalten würden, wäre dies allenfalls als eine Arbeitserleichterung zu sehen, da sich die Beurteiler selbst anhand eigener retrospektiver Informationsbeschaffungsprozesse ein Bild davon machen müssten „was die Unternehmenslei-

vor dem Hintergrund der „Entscheidungsferne des Aufsichtsrats"[2050] auch in praktischer Hinsicht problematisch erscheint,[2051] wird sie hier nicht weiter behandelt. Fokussiert wird stattdessen auf die Beurteilung der Arbeitsergebnisse sowie die Beurteilung des Arbeitsverhaltens von Managern.

1.2.1　Ergebnisorientierte Beurteilung

Das Arbeitsergebnis eines Top-Managers ist keine leicht messbare Größe und kann nur indirekt anhand der Unternehmensergebnisdaten gemessen werden.[2052] Wie vorangehend jedoch festgestellt, ist der Unternehmenserfolg von einer Vielzahl interner sowie externer Faktoren abhängig.[2053] Nach WALSH/SEWARD (1990) stehen die Mitglieder des Kontrollorgans insbesondere bei einer ergebnisorientierten Leistungsbeurteilung vor der Schwierigkeit, den Einfluss exogener Faktoren auf die unternehmerische Performance zu bestimmen.[2054] Eine in der Literatur diskutierte Möglichkeit zur Eliminierung externer Einflüsse ist der Vergleich der Unternehmensleistung mit der Performance von Wettbewerbern oder mittels eines Branchen- oder Marktvergleichs.[2055]

---

tung damals tatsächlich wusste, was sie hätte wissen können und was sie hätte wissen müssen." [SIEBEN/BRETZKE/RAULWING (1976), S. 189]. Zuletzt machen sie noch auf die Problematik aufmerksam, dass Mitglieder des Kontrollorgans nur schwer beurteilen können, ob ein Top-Manager in der Lage ist, „kreative" Entscheidungen zu treffen [vgl. SIEBEN/BRETZKE/RAULWING (1976), S. 196. Siehe hierzu auch Fn. 2055].

[2050]　LUTTER (1995), S. 18. Im dualistischen System ist der Aufsichtsrat an den strategischen Leitungsentscheidungen des Vorstands nicht unmittelbar beteiligt [vgl. LUTTER (1995), S. 18].

[2051]　Nach GOLLNICK (1997) ist eine entscheidungsorientierte Beurteilung der Vorstandsleistung mit dem Überwachungsauftrag des Aufsichtsrats nicht zu vereinbaren, da dem Ausichtrat im Rahmen einer Entscheidungsbewertung selbst eine Unternehmerfunktion zukommen würde [vgl. GOLLNICK (1997), S. 120].

[2052]　Vgl. GOLLNICK (1997), S. 58.

[2053]　Vgl. LIEBERSON/O'CONNOR (1972), S. 124 ff.

[2054]　Vgl. WALSH/SEWARD (1990), S. 430.

[2055]　So gelangen auch verschiedene Untersuchungen zu dem Schluss, dass die relative Leistungsbeurteilung in der Praxis Anwendung findet. GIBBONS/MURPHY (1990) zeigen beispielsweise, dass die Entlassungswahrscheinlichkeit eines CEOs steigt, wenn der Erfolg des von ihm geleiteten Unternehmens in Relation zum Erfolg anderer Unternehmen zurückbleibt [vgl. GIBBONS/MURPHY (1990), S. 45S ff.; siehe auch die Auswertung verschiedener Studien bei WINTER (1996), S. 921 ff.]. Erwähnenswert ist in diesem Zusammenhang eine von KERR/KREN (1992) durchgeführte Untersuchung. Die Autoren verknüpfen Überlegungen zur relativen Leistungsbeurteilung mit Überlegungen zur entscheidungsbezogenen Leistungsbewertung von CEOs. KERR/KREN argumentieren, dass aus Informationen über einzelne unternehmerische Entscheidungen nicht auf die Qualität von Entscheidungen geschlossen werden kann. Zwar kann der Board Entscheidungen über F&E-Ausgaben beobachten, hieraus jedoch nicht ableiten, ob die Entscheidung auch gut war. Den Autoren zufolge suchen Board-Mitglieder nach weiteren Hinweisen. Referenzpunkt für die Bewertung bilden dabei Entscheidungen, die von Unternehmen derselben Branche getroffen wurden. Ist feststellbar, dass ein CEO Entscheidungen getroffen hat, die erheblich von der Branche abweichen, ist es möglich, ihn (bzw. die von ihm getroffenen Entscheidungen) für den Unternehmenserfolg verantwortlich zu machen [vgl. KERR/KREN (1992), S. 374]. Fraglich ist allerdings, ob dieses zeit- und informationsintensive Verfahren in der Praxis tatsächlich Anwendung findet. Eine weitere Validierung der auf Sekundärda-

Bereits an anderer Stelle der Arbeit wurde darauf hingewiesen, dass der relativen Leistungsbeurteilung Grenzen gesetzt sind.[2056] So kann es mitunter schwierig sein, passende Vergleichsunternehmen zu finden. Ferner lässt sich auch aus einem Betriebsvergleich nicht ermitteln, welchen Beitrag jeder einzelne Top-Manager innerhalb des Teams zum Unternehmenserfolg geleistet hat.[2057] Schwierig wird es vor allem, wenn wichtige unternehmerische Entscheidungen gemeinschaftlich getroffen werden, wie es z.b. das Kollegialprinzip in Deutschland vorsieht, oder wenn die Tätigkeiten im Top-Management hochgradig interdependent sind.[2058] Ferner ließe sich argumentieren, dass die Zurechenbarkeit erschwert wird, wenn Top-Manager in Folge der Wahl einer portefeuillegebundenen Unternehmensführung über keine individuellen Entscheidungskompetenzen verfügen.[2059]

Im Zusammenhang mit der ergebnisbezogenen Beurteilung wird seit einigen Jahren diskutiert, dass Kennzahlen zur Unternehmensperformance die Leistungen und Aktivitäten von Managern nicht in ihrer Gesamtheit erfassen können.[2060] Bereits MARCH (1984) hat festgestellt: „Good managerial behaviour does not necessarily lead to good organizational outcome."[2061] Typische Tätigkeiten, die für die zukünftige Entwicklung eines Unternehmens von Relevanz sind, aber vor allem durch Kennzahlen aus dem Rechnungswesen nicht hinreichend gewürdigt werden, sind die Erstellung strategischer Pläne, Investitionen in die Entwicklung neuer Produkte und Technologien, Identifikation von Wachstumsmöglichkeiten oder die Beziehungspflege zu relevanten Stakeholdern (z.B. Kunden, Investoren oder Lieferanten).[2062]

---

ten basierenden quantitativen Untersuchung, z.b. durch Befragungen von Board-Mitgliedern, wurde nicht durchgeführt.

[2056]   Siehe hierzu nochmals S. 280.

[2057]   Vgl. GOLLNICK (1997), S. 39; SCHÜLLER (2002), S. 97; WINTER (2000), S. 42.

[2058]   Vgl. GRAFFIN ET AL. (2008), S. 457.

[2059]   Es lassen sich zwei Basismodelle der Leitungsorganisation unterscheiden: 1) Beim Ressort-Modell verfügen die Vorstandsmitglieder über individuelle Entscheidungskompetenzen im Hinblick auf ihren jeweiligen Bereich bzw. ihr Ressort. Entscheidungen, die das gesamte Unternehmen tangieren, müssen indes vom Gesamtvorstand getroffen werden [vgl. WITT (2003B), S. 254]. BLEICHER/LEBERL/PAUL (1988) sprechen in diesem Zusammenhang treffend vom „Zwei Hüte Prinzip" [BLEICHER/LEBERL/PAUL (1988), S. 103]. 2) Beim so genannten Sprecher-Modell haben die Vorstandsmitglieder die Aufgabe, die ihr Portefeuille betreffenden Entscheidungen vorzubereiten und dem Organplenum zur Beschlussfassung vorzulegen [vgl. V. WERDER (2005), S. 170]. Insofern verfügen sie nicht über individuelle Entscheidungskompetenzen. Entscheidungen werden gemeinschaftlich vom Gesamtvorstand nach dem Einstimmigkeits- oder Mehrheitsprinzip getroffen. Mit Blick auf die in den Ausführungen oben angesprochene Problematik der Zurechenbarkeit ließe sich nun argumentieren, dass das Ressort-Modell zumindest aufgrund der eingeräumten individuellen Entscheidungskompetenzen den Vorteil aufweist, dass anhand der Performance des jeweiligen Manager geführten Unternehmensbereichs indirekt auf dessen Leistung geschlossen werden kann.

[2060]   Vgl. BUSHMAN/INDJEJIKIAN/SMITH (1996), S. 165; MURPHY/OYER (2003), S. 4 f.

[2061]   MARCH (1984), S. 56.

[2062]   Vgl. BUSHMAN/INDJEJIKIAN/SMITH (1996), S. 164; EPSTEIN/ROY (2005), S. 78; GOLLNICK (1997), S. 119.

1.2.2   Tätigkeitsorientierte Beurteilung

Dass die Leistungen von Top-Managern in praxi nicht nur anhand von Arbeitsergebnissen, sondern auch anhand des Arbeitsverhaltens beurteilt werden, legen die Ergebnisse US-amerikanischer Untersuchungen zur Ausgestaltung von Bonussystemen für CEOs nahe.[2063] Diesen Studien zufolge machen Unternehmen die Auszahlung von Boni nicht nur vom Erreichen bestimmter finanzieller Performancekennzahlen, sondern auch von subjektiven Faktoren wie Führungsqualität, Qualität der strategischen Planung oder dem Management von Kundenbeziehungen abhängig.[2064] Dabei spielt die individuelle Leistungsbeurteilung von CEOs vor allem in Unternehmen eine Rolle, deren Produkte eine lange Entwicklungszeit benötigen bzw. einen langen Lebenszyklus aufweisen.[2065] Zudem wird der Jahresbonus eines CEOs verstärkt an nicht-finanzielle Performancemaße gekoppelt, wenn der CEO ein großes Unternehmen leitet und bereits seit längerer Zeit im Amt ist.[2066]

Hinsichtlich der tätigkeitsorientierten Leistungsbeurteilung wird vielfach darauf hingewiesen, dass ein subjektiver Ermessensspielraum besteht und die Bandbreite möglicher Beurteilungsverzerrungen und -fehler groß ist. [2067] In der Literatur ist inzwischen hervorragend dokumentiert, wie kognitive Begrenzungen der Beurteiler zu fehlerhaften Urteilen führen.[2068] Verzerrungen können bei der Wahrnehmung, Verarbeitung, Speicherung und Erinnerung beurtei-

---

[2063]   Vgl. BANKER/POTTER/SRINIVASAN (2000); BUSHMAN/INDJEJIKIAN/SMITH (1996); EPSTEIN/ROY (2005); ITTNER/LARCKER/RAJAN (1997); ITTNER/LARCKER/MEYER (2003). Zur Bedeutung qualitativer Kriterien bei der Bewertung der Leistungen von CEOs siehe auch die Umfrageergebnisse von SILVA (2005), S. 353 ff.

[2064]   Vgl. BUSHMAN/INDJEJIKIAN/SMITH (1996), S. 171; EPSTEIN/ROY (2005), S. 81; ITTNER/LARCKER/RAJAN (1997), S. 232; MURPHY/OYER (2003), S. 15]. Unterschieden wird in der Literatur zwischen finanziellen und nicht-finanziellen Erfolgsmaßen sowie zwischen objektiven (bzw. quantitativen) und subjektiven (bzw. qualitativen) Maßen [vgl. ITTNER/LARCKER/MEYER (2003), S. 731 f.]. Die Kundenzufriedenheit ist zwar ein nicht-finanzielles Erfolgsmaß, ließe sich aber auch quantitativ anhand von Kundenbefragungen erfassen. Für den hier vorliegenden Abschnitt sind vor allem nicht-finanzielle und subjektive Erfolgsmaße von Interesse.

[2065]   Vgl. BUSHMAN/INDJEJIKIAN/SMITH (1996), S. 189. Nach ITTNER ET AL. (1997) ist die relative Gewichtung von finanziellen und nicht-finanziellen Performancemaßen in Bonussystemen für CEOs von der gewählten Strategie abhängig. Sie zeigen, dass Boni von nicht-finanzielle Maße gekoppelt werden, wenn das jeweilige Unternehmen eine Differenzierungsstrategie bzw. qualitätsorientierte Strategie verfolgt [vgl. ITTNER/LARCKER/RAJAN (1997), S. 248].

[2066]   Vgl. BUSHMAN/INDJEJIKIAN/SMITH (1996), S. 179. Siehe hierzu ergänzend auch die Studie von MURPHY/OYER (2003), die zeigen, dass die Vergütungssysteme von CEOs insbesondere dann einen Ermessensbonus ('discretionary bonus') enthalten, wenn die Unternehmen groß sind bzw. dem Leitungsorgan viele Top-Manager angehören [vgl. MURPHY/OYER (2003), S. 19].

[2067]   Zum subjektiven Ermessensspielraum siehe BUSHMAN/INDJEJIKIAN/SMITH (1996), S. 161; ITTNER/LARCKER/MEYER (2003), S. 732; PRENDERGAST/TOPEL (1993), S. 358 ff.; MURPHY/OYER (2003), S. 1.

[2068]   Vgl. BECKER (2003), S. 366; DENISI/CAFFERTY/MEGLINO (1984). Umfassend hierzu LUEGER (1993).

lungsrelevanter Informationen auftauchen.[2069] Ferner werden Prozesse der Urteilsbildung auch durch Erwartungen,[2070] Emotionen[2071] oder soziale Vorurteile[2072] beeinflusst. In der Personalwirtschaftlehre wird daher empfohlen, Leistungsbeurteilungen anhand von zuvor festgelegten Kriterien durchzuführen und Beurteiler im Vorfeld zu schulen.[2073] Ob systematische Leistungsbeurteilungen auf der Ebene von Top-Managern tatsächlich durchgeführt werden, ist jedoch fraglich.[2074] Empirische Studien hierzu sind kaum verfügbar.[2075]

Neben den in der vorwiegend psychologischen Literatur diskutierten Beurteilungsfehlern und -verzerrungen machen WALSH/SEWARD (1990) mit Blick auf die tätigkeitsbezogene Beurteilung von Top-Managern zudem darauf aufmerksam, dass sich verschiedene Möglichkeiten der gezielten Einflussnahme eröffnen.[2076] Bereits an anderer Stelle wurde ausführlich dargelegt, dass sich Bewertungsprozesse durch positive Selbstdarstellungen beeinflussen lassen.[2077] Nicht von ungefähr bemerkt MARCH (1984) in diesem Zusammenhang, dass Manager dazu tendieren „(...) to prefer outcome measures in good times and process measures in bad times."[2078]

[2069]   Vgl. BECKER (2003), S. 366; DENISI/CAFFERTY/MEGLINO (1984), S. 361 ff.; KANNING (1999), S. 28 ff.

[2070]   Zur Bedeutung von Erwartungen bei der Beurteilung der Leistungen von CEOs durch den Board siehe die Untersuchung von PUFFER/WEINTROP (1991).

[2071]   Vgl. KANNING (1999), S. 154 ff.

[2072]   Vgl. KANNING (1999), S. 216 ff.

[2073]   Vgl. ILGEN/FELDMAN (1983), S. 182 ff.; DENISI/CAFFERTY/MEGLINO (1984); S. 360; LORD/MAHER (1990), S. 21.

[2074]   Die Ergebnisse einer von der *National Association of Corporate Directors* durchgeführten Umfrage legen nahe, dass im Jahr 1995 zwar 77% der Unternehmen die Leistung ihrer CEOs in irgendeiner Art und Weise evaluiert haben, jedoch nur 33% eine Beurteilung auf der Grundlage von schriftlich fixierten Prozeduren und Kriterien durchgeführt wurden [vgl. YOUNG/STEDHAM/BEEKUN (2000), S. 278].

[2075]   Eine Ausnahme bildet die Studie von YOUNG/STEDHAM/BEEKUN (2000), in der untersucht wurde, von welchen Faktoren es abhängt, dass Kontrollorgane einen formalen Leistungsbeurteilungsprozess institutionalisieren [vgl. YOUNG/STEDHAM/BEEKUN (2000), S. 278]. So gelangt die Studie beispielsweise zu dem Resultat, dass je länger ein CEO im Amt ist, desto unwahrscheinlicher wird es, dass der Board of Directors ein formales Leistungsbeurteilungssystem etabliert. Auf die in der Praxis bestehenden Beurteilungssysteme geht die Studie allerdings nicht im Detail ein. Unterschieden wird lediglich zwischen formalen Leistungsbeurteilungssystemen, also jene Beurteilungen, die auf der Grundlage von schriftlich fixierten Prozeduren und Kriterien durchgeführt werden, und Leistungsevaluationen, in denen CEOs sporadisch und ohne zuvor festgelegte Kriterien beurteilt werden. Aufgrund der kleinen Stichprobe und der Fokussierung auf nur eine Branche, lassen sich die Ergebnisse der Studie jedoch nicht verallgemeinern.

[2076]   Vgl. WALSH/SEWARD (1990), S. 431. Ähnlich argumentieren GOMEZ-MEJIA/WISEMAN (1997), S. 309. Hierzu auch MURPHY/OYER (2003), S. 8.

[2077]   Vgl. KANNING (1999), S. 248. Zum Impression Management siehe nochmals S. 303 ff.

[2078]   MARCH (1984), S. 59.

1.3 Zeit- und Informationsrestriktionen

Vorangehend wurde dargelegt, dass sowohl die ergebnisorientierte als auch die tätigkeitsorientierte Leistungsbeurteilung von Managern mit einer Reihe von Problemen behaftet ist. In der Literatur wird auf weitere Schwierigkeiten und Restriktionen aufmerksam gemacht, die nicht zuletzt daher rühren, dass die Mitglieder des Leitungsorgans einer Aktiengesellschaft keine gewöhnlichen Angestellten des Unternehmens sind und ihnen aufgrund ihrer Position in der Hierarchie ein „klassischer" Vorgesetzter fehlt. Besonders häufig wird dabei auf bestehende Zeit- und Informationsrestriktionen hingewiesen.[2079] Argumentiert wird, dass den Mitgliedern des Kontrollorgans (bzw. Vergütungsausschusses) oftmals die Zeit fehlt, umfassende Evaluationen durchzuführen.[2080] So handelt es sich bei der Tätigkeit im Aufsichtsrat in aller Regel um ein Nebenamt und entsprechend ist die Zeit, die Mitglieder für dieses Amt (Vorbereitungen und Teilnahme an Sitzungen) aufwenden können, je nach sonstiger Arbeitsbelastung mitunter stark eingeschränkt.[2081] Kritisiert wird, dass die Sitzungen des Aufsichtsrats nicht nur zu selten stattfinden, sondern dass auch die Dauer der Zusammenkünfte nicht ausreicht.[2082]

Neben zeitlichen Beschränkungen wird in der Literatur darauf hingewiesen, dass auch Informationsrestriktionen bestehen.[2083] Nach WALSH/SEWARD (1990) sind Informationen über das tatsächliche Leistungsverhalten von CEOs kaum verfügbar.[2084] Zudem erhalten die Board-Mitglieder einen Großteil der Informationen direkt vom CEO bzw. dem amtierenden Management.[2085] COUGHLAN/SCHMIDT (1985) weisen in diesem Zusammenhang auf die Möglich-

---

[2079] Vgl. BEBCHUK/FRIED (2004), S. 36 f.; JENSEN/MURPHY/WRUCK (2004), S. 51; MURPHY/OYER (2003), S. 12; PORAC/WADE/POLLOCK (1999), S. 141; SCHAFFER (2001), S. 95; WALSH/SEWARD (1990), S. 430.

[2080] Vgl. BEBCHUK/FRIED (2004), S. 36 f.; SCHAFFER (2001), S. 101. Hierzu auch FORBES/MILLIKEN (1999), S. 492.

[2081] Vgl. KRÄKEL (2007), S. 293 f.

[2082] Vgl. BERNHARDT (1995), S. 311 f.; ROTH/WÖRLE (2004), S. 570. Zur Sitzungsfrequenz und Dauer von Sitzungen des Aufsichtsrats siehe auch BLEICHER/LEBERL/PAUL (1988), S. 77. Wie an anderer Stelle bereits erwähnt, ist für die Festlegung der Vorstandsvergütung nicht der Gesamtaufsichtsrat, sondern in aller Regel ein Ausschuss zuständig. Über die Tagungsfrequenz von Ausschüssen ist wenig bekannt. Allerdings kann davon ausgegangen werden, dass sich Ausschüsse nicht zuletzt aufgrund ihrer Größe zumindest intensiver mit einzelnen Problemen beschäftigen können.

[2083] Vgl. SCHAFFER (2001), S. 101.

[2084] Vgl. WALSH/SEWARD (1990), S. 425. Diese Problematik wurde innerhalb der Agencytheorie eingehend reflektiert und auf die aus einer ungleichen Informationsverteilung (‚Hidden Action-Problem') resultierenden negativen Konsequenzen (wie z.B. „Drückebergerei" oder die Zweckentfremdung firmeneigener Ressourcen) aufmerksam gemacht. Siehe nochmals S. 104.

[2085] Vgl. MURPHY/OYER (2003), S. 12; PORAC/WADE/POLLOCK (1999), S. 141.

keit hin, dass dem Board bzw. Vergütungsausschuss bestimmte Informationen, die Rückschlüsse auf die inferiore Leistung des Managements ermöglichen, vorenthalten werden.[2086]
Auch in Deutschland wird der Aufsichtsrat durch das Geschäftsleitungsorgan informiert. Die
Berichte des Vorstands (z.b. Jahresabschluss, Vierteljahresbericht, Rentabilitätsbericht, Jah-
resbericht sowie verschiedene Sonderberichte)[2087] bilden die Grundlage der Überwachung.[2088]
Eine schuldhafte Verletzung der Berichtspflichten kann schwerwiegende Konsequenzen nach
sich ziehen. Im schlimmsten Fall kann die Verletzung gar zur Abberufung einzelner oder
mehrere Vorstandsmitglieder führen.[2089]

Nach KRÄKEL (2007) ist auch in Deutschland von einem eher eingeschränkten Informationsstand über die Tätigkeit des Vorstands auszugehen.[2090] Ihm zufolge sind die Aufsichtsratsmitglieder nicht verpflichtet, die vorgelegten Informationen aktiv zu überprüfen und bei unzureichender Informationslage eigene Informationen zu beschaffen.[2091] Er weist jedoch auch darauf hin, dass bestimmte Personen im Aufsichtsrat besser informiert sind als andere. KRÄKEL
zufolge haben Arbeitnehmervertreter möglicherweise einen besseren Überblick über getätigte
Investitionsausgaben mit Konsumcharakter.[2092] Bankenvertreter können indes über bestimmte
im Kreditvertrag vereinbarte Rechte zusätzliche Informationen erhalten.[2093]

Auch BAYSINGER/HOSKISSON (1990) diskutieren, dass bestimmte Board-Mitglieder über einen besseren Informationsstand verfügen als andere. Mit Blick auf das angloamerikanische
Corporate Governance-Modell argumentieren sie, dass Inside Directors aufgrund der Nähe
zum Tagesgeschäft und der Nähe zu Entscheidungsprozessen in aller Regel besser informiert
sind als Outside Directors und somit auch die Leistung des CEOs besser beurteilen können.[2094] Des Weiteren argumentieren sie, dass ehemalige Top-Manager des Unternehmens,
die nach Beendigung ihrer Anstellung in den Board gewechselt sind, ebenfalls über einen relativ hohen Informationsstand verfügen.[2095] Auch mit Blick auf Deutschland ließe sich argumentieren, dass Altvorstände, die in den Aufsichtsrat gewechselt sind, nicht nur über einen

---

[2086]   Vgl. COUGHLAN/SCHMIDT (1985), S. 45. Siehe auch HALEBLIAN/RAJAGOPALAN (2006), S. 1013.

[2087]   Vgl. GOLLNICK (1997), S. 123 ff.; SEMLER (2004A), S. 23 ff.

[2088]   Vgl. SEMLER (2004A), S. 23. Siehe § 90 AktG. Es besteht allerdings auch die Möglichkeit auf den Bericht
        des Abschlussprüfers zurückzugreifen.

[2089]   Vgl. SEMLER (2004a), S. 24.

[2090]   Vgl. KRÄKEL (2007), S. 293.

[2091]   Vgl. KRÄKEL (2007), S. 293.

[2092]   Vgl. KRÄKEL (2007), S. 293.

[2093]   Vgl. KRÄKEL (2007), S. 294.

[2094]   Vgl. BAYSINGER/HOSKISSON (1990), S. 79.

[2095]   Vgl. BAYSINGER/HOSKISSON (1990), S. 79. Siehe hierzu auch ROBERTS/MCNULTY/STILES (2005), S. S13.

höheren Informationsstand verfügen, sondern auch aufgrund ihrer Expertise – sie verfügen über unternehmens- und branchespezifisches Wissen – besser in der Lage sind, die Leistungsbeiträge einzelner Vorstandsmitglieder zu beurteilen.[2096] Eine qualifizierte Leistungsbeurteilung ist demnach nicht nur davon abhängig, ob den Aufsichtsratsmitgliedern hinreichend Informationen zur Verfügung stehen, sondern auch davon, ob Aufsichtsratsmitglieder aufgrund ihrer Qualifikationen und Erfahrungen in der Lage sind, die Fähigkeiten und Leistungen des Vorstands zu beurteilen. So weist auch LUTTER (1995) in diesem Zusammenhang darauf hin, dass Informationen wenig nützen, „wenn die Empfänger nicht in der Lage sind, solche Informationen zu verstehen, zu analysieren und entsprechend zu handeln."[2097]

2. Bewertung von Managerleistungen aus Sicht der Attributionstheorie: Einfluss positiver Reputationssignale auf Kausalattributionen

Die Ausführungen haben deutlich gemacht, dass die Beurteilung der Managerleistungen eine anspruchsvolle Aufgabe darstellt, und der Evaluierungsvorgang zu den schwierigsten Aufgaben des Aufsichtsrats (bzw. Vergütungsausschusses) gehören dürfte.[2098] Rekurrierend auf attributionstheoretische Überlegungen fassen WALSH/SEWARD (1990) die Problematik der Beurteilung von Managern wie folgt zusammen: „Under the best of circumstances, the attribution of responsibility for corporate performance is difficult to make (i.e., disentangling managerial and environmental origins of performance). Time pressures, unreliable data, and unsophisticated analytic approaches no doubt undermine the board's decision processes."[2099] Im Mittelpunkt der nachfolgenden Ausführungen stehen weitere wissenschaftliche Beiträge, die sich explizit aus attributionstheoretischer Sicht mit der Leistungsbeurteilung von Top-Managern beschäftigen. Im Kern soll argumentiert werden, dass die Reputation eines Top-Managers Auswirkungen auf vorgenommene Attributionen hat. Bezug nehmend auf Arbeiten, die sich mit Attributionsverzerrungen beschäftigen,[2100] wird dargelegt, dass die wahrgenommene Reputation den Prozess der Informationsaufnahme beeinflusst. Darüber hinaus wird argumentiert, dass die Reputation eines Managers auch Einfluss auf vorgenommene Kausalanalysen hat. Erkenntnisse aus der sozialpsychologischen Forschung (insbesondere die Arbei-

---

[2096] Vgl. FISS (2006), S. 1027. Siehe nochmals die Ergebnisse der empirischen Studie von FISS (2006) in dieser Arbeit auf S. 245.

[2097] LUTTER (1995), S. 21.

[2098] Vgl. RINGLEB in RINGLEB ET AL. (2008), S. 174.

[2099] WALSH/SEWARD (1990), S. 430.

[2100] Dabei werden sich die Ausführungen auf jene Fehler bei der Ursachenzuschreibung beschränken, die für die hier vorliegende Problemstellung relevant sein dürften. Typische Attributionsfehler, auf die hier im Weiteren nicht eingegangen werden soll, aber in der Forschung beachtliche Aufmerksamkeit erfahren haben, sind die selbstwertdienliche Attribution (*self-serving bias*), die Akteur-Beobachter Divergenz sowie der falsche Konsensus-Effekt. Einen guten Überblick geben FISKE/TAYLOR (1991), S. 66 ff.

ten von NISBETT und ROSS) werden nachfolgend mit Ergebnissen empirischer Studien aus der Managementforschung verknüpft. Bevor die theoretischen Argumente sowie die sich hieraus ableitenden Hypothesen dargelegt werden, soll zunächst ein kurzer Überblick über den bisherigen Stand der Forschung gegeben werden.

2.1   Bisheriger Forschungsstand

Die Attributionstheorie, die sich mit der Frage beschäftigt, wie Individuen bestimmten Ereignissen (z.B. dem Verhalten anderer Menschen, dem eigenen Verhalten oder Erfolgs- und Misserfolgssituationen) Ursachen zuschreiben,[2101] bildet den theoretischen Ausgangspunkt einer Fülle von Arbeiten, die sich mit dem Thema Leistungsbeurteilung beschäftigen.[2102] In der überwiegenden Mehrzahl der Studien wird dabei auf die Beurteilung der Leistungen von Mitarbeitern fokussiert. Ansätze der Psychologie zur Personenwahrnehmung und sozialen Urteilsbildung haben seit Ende der 1970er Jahre im Rahmen der Leistungsbeurteilungsforschung zunehmend Beachtung gefunden und kognitive Prozesse der Informationsaufnahme, -speicherung und -verarbeitung sind in den Fokus der Forschung gerückt.[2103] Im Zuge dieser „kognitiven Wende" wurde auch in zahlreichen Studien untersucht, auf welche Ursachen (z.B. Motivation, Fähigkeit, Anstrengung, Aufgabenschwierigkeit oder Zufall) Vorgesetzte Leistungserfolge und -misserfolge von Mitarbeitern zurückführen.[2104] Attributionstheoretische Ansätze bilden aber nicht nur den theoretischen Ausgangspunkt von Studien, die sich mit der Leistungsbeurteilung von Mitarbeitern beschäftigen, sondern werden auch in Arbeiten herangezogen, die der Frage nachgehen, wie die Mitglieder von Kontrollorganen die Leistungen amtierender Top-Manager beurteilen. WEINERS attributionstheoretischer Ansatz bildet beispielsweise den Ausgangspunkt der theoretischen Überlegungen von WALSH/SEWARD (1990) über die Möglichkeiten und Grenzen der Beurteilung der Leistungen von CEOs durch den

---

[2101]   Vgl. FINCHAM/HEWSTONE (2003), S. 216. Einen hervorragenden Überblick über die Attributionstheorie geben FISKE/TAYLOR (1991), S. 22 ff.; KELLEY/MICHELA (1980) sowie WEINER (1994), S. 217 ff.

[2102]   Den Grundstein der Attributionstheorie hat HEIDER mit seinen Überlegungen zum Alltagsmenschen als „naiven Wissenschaftler" gelegt [vgl. FINCHAM/HEWSTONE (2003), S. 217]. Seither hat sich eine Reihe ganz unterschiedlicher Attributionstheorien herausgebildet [vgl. KELLEY/MICHELA (1980), S. 458; FISKE/TAYLOR (1991), S. 24], wobei zu den einflussreichsten Arbeiten HEIDERS naive Handlungsanalyse, KELLEYS Kovariationsprinzip und die Beiträge zur Aktivierung kausaler Schemata sowie WEINERS Attributionstheorie der Motivation gehören dürften. Während sich die Attributionstheorie mit den Antezedenzien von Kausalattributionen beschäftigt, konzentrieren sich attributionale Theorien auf die Konsequenzen wahrgenommener Ursachen [vgl. KELLEY/MICHELA (1980), S. 459].

[2103]   Vgl. DENISI/CAFFERTY/MEGLINO (1984), S. 360 ff.; ILGEN/FELDMAN (1983); MURPHY/CLEVELAND (1990), S. 146.

[2104]   Vgl. MITCHELL/GREEN/WOOD (1981), S. 200. In einer Fülle von Studien wurde auf attributionstheoretische Ansätze rekurriert. Siehe exemplarisch DOSSETT/GREENBERG (1981); DENISI/CAFFERTY/MEGLINO (1984), S. 366 ff.; HUBER/PODSAKOFF/TODOR (1986); ILGEN/FAVERO (1985); LUEGER (1993), S. 109 ff.; MARTINKO/GARDNER (1987).

Board of Directors.[2105] Auch HALEBLIAN/RAJAGOPALAN (2006) integrieren in ihrem kognitiven Modell attributionstheoretische Überlegungen von WEINER. Sie beschäftigen sich mit der Frage, welche Bedingungen vorliegen müssen, dass der Verwaltungsrat die Entscheidung trifft, den amtierenden CEO zu entlassen. Eine schlechte Unternehmensperformance allein reicht den Autoren zufolge nicht aus,[2106] allerdings löst sie einen Suchprozess nach den Ursachen für die inferiore Performance aus. Ob ein CEO entlassen wird ist HALEBLIAN/RAJAGOPALAN zufolge von den vorgenommenen Attributionen abhängig. So können die Board-Mitglieder die Performance entweder auf den CEO oder auf nicht-kontrollierbare externe Faktoren attribuieren.[2107]

Auch SCHAFFER (2002) bedient sich der Attributionstheorie. Er greift auf KELLEYS Kovariationsprinzip zurück und überträgt dieses auf die Leistungsbeurteilung von CEOs durch die Mitglieder des Boards.[2108] Er argumentiert, dass aufgrund der allgemeinen Tendenz zur selbstwertdienlichen Attribution (*self-serving bias*) bei einer schlechten Unternehmensperformance Inside Directors dazu neigen, externale Attribuierungen vorzunehmen – d.h. die Umwelt für die schlechte wirtschaftliche Situation des Unternehmens verantwortlich zu machen –, wobei Outside Directors nur dann die Ursache für die schlechte Performance in externen Faktoren sehen, wenn im Sinne des Kovariationsprinzips von KELLEY die *Konsistenz* niedrig ist (während der Amtszeit des CEOs ist die suboptimale Performance des Unternehmens untypisch), der *Konsensus* hoch ist (andere Unternehmen derselben Branche weisen ebenfalls eine schlechte Performance auf) und auch die Information über die *Distinktheit* hoch ist (das Unternehmen zeigt in anderen Bereichen keine schlechte Performance).[2109] Bei Vorliegen der umgekehrten Informationsstruktur (hohe Konsistenz, niedriger Konsensus und niedrige Distinktheit) werden Outside Directors indes dazu tendieren, die schlechte Unternehmensperformance auf den CEO bzw. das amtierende Top-Management zu attribuieren.[2110]

Vor dem Hintergrund, dass die Mitglieder des Vergütungsausschusses im Prozess der Leistungsbeurteilung nach kausalen Erklärungen für die Unternehmensperformance suchen und die Ursachen entweder in den handelnden Personen – sprich dem Top-Management – oder in externen Faktoren ansiedeln können, erscheint die Attributionstheorie ein vielversprechender

---

[2105]   Vgl. WALSH/SEWARD (1990), S. 424.

[2106]   Vgl. HALEBLIAN/RAJAGOPALAN (2006), S. 1014.

[2107]   Vgl. HALEBLIAN/RAJAGOPALAN (2006), S. 1014.

[2108]   Auf KELLEYS Kovariationsprinzip greifen auch HAYWARD/RINDOVA/POLLOCK (2004) zurück. Sie gehen der Frage nach, wann Journalisten externale bzw. internale Attributionen vornehmen [siehe hierzu nochmals S. 79].

[2109]   Vgl. SCHAFFER (2001), S. 104 ff.

[2110]   Vgl. SCHAFFER (2001), S. 108.

Ansatz. Kritisieren lässt sich an den bisher entwickelten Überlegungen jedoch, dass sie sich oftmals nur auf Misserfolgssituationen beziehen,[2111] und dass den Verzerrungen und Fehlern, die in Attributionsprozessen auftauchen können, bislang nur wenig Beachtung geschenkt wurde. Mit Blick auf das von SCHAFFER entwickelte Modell lässt sich kritisieren, dass der Autor zwar betont, dass der Beurteilungsprozess durch begrenzte Rationalität gekennzeichnet sei, dass er zugleich aber auf ein idealtypisches bzw. normatives Modell zurückgreift.[2112] Insbesondere im Hinblick auf KELLEYS Kovariationsprinzip wird in der Literatur hervorgehoben,[2113] dass es von idealen Bedingungen hinsichtlich der Möglichkeiten der Informationsaufnahme und -verarbeitung ausgeht.[2114] So betont auch WEINER (1994), dass der von KELLEY entwickelten Attributionstheorie das Menschenbild des rationalen Entscheiders zugrunde liegt.[2115] Bezug nehmend auf SIMON argumentiert er, dass Menschen nur über begrenzte Informationsverarbeitungskapazitäten verfügen. Da auch eine Kausalattribution als ein komplexes Entscheidungsproblem angesehen werden kann, ist zu erwarten, dass bei der Ursachenzuschreibung Fehler gemacht werden.[2116] So zeigen auch zahlreiche empirische Studien, dass Menschen in Prozessen der Ursachenzuschreibung eben keine Varianzanalysen „im Kopf" durchführen (können) und sodann zu fehlerfreien Attributionen gelangen.[2117] Diese Studien machen deutlich, dass Attributionsprozesse durch verschiedene Verzerrungen (*biases*) gekennzeichnet sind.[2118] Einige dieser Fehler und Verzerrungen lassen sich auf kognitive Begrenzungen zurückführen, andere Fehler sind indes motivational bedingt.[2119]

[2111] Siehe HALEBLIAN/RAJAGOPALAN (2006) und SCHAFFER (2001).

[2112] Vgl. FINCHAM/HEWSTONE (2003), S. 228; KANNING (1999), S. 99.

[2113] Kritisch gegenüber dem von KELLEY entwickelten Idealmodell, das mitunter auch als ANOVA-Modell bezeichnet wird, da es dem statistischen Modell der Varianzanalyse entspricht, äußern sich u.a. FINCHAM/HEWSTONE (2003), S. 220; FISKE/TAYLOR (1991), S. 36.

[2114] Vgl. NISBETT/ROSS (1980), S. 10. KELLEY (1973) macht darauf aufmerksam, dass das von ihm entwickelte Modell in gewisser Weise von idealen Bedingungen ausgeht [vgl. KELLEY (1973), S. 113]. Ihm zufolge haben Individuen oftmals nicht die Zeit und auch nicht die Motivation multiple Beobachtungen durchzuführen, die für eine fehlerfreie Kausalattribution notwendig wären. Zur Anwendung kommen so genannte Kausalschemata, wenn Individuen nur eine einzelne Beobachtung vornehmen können. Umfassend hierzu KELLEY (1973), S. 113 ff.

[2115] Vgl. WEINER (1994), S. 232.

[2116] Vgl. WEINER (1994), S. 234.

[2117] Vgl. FINCHAM/HEWSTONE (2003), S. 220.

[2118] Vgl. FISKE/TAYLOR (1991), S. 66 ff.

[2119] Vgl. FISKE/TAYLOR (1991), S. 66.

2.2   Attributionsfehler und -verzerrungen

Dass Attributionen durch eine Reihe von Faktoren beeinflusst werden, zeigen auch empirische Studien, die sich explizit mit Ursachenzuschreibungen im Rahmen betrieblicher Leistungsbeurteilungen beschäftigen.[2120] Diese gelangen zu dem Schluss, dass Attributionsprozesse von Vorgesetzten durch verschiedene Faktoren beeinflusst bzw. moderiert werden. Exemplarisch zu nennen sind hier Studien, die zeigen, dass die Art der sozialen Beziehung, die zwischen einem Vorgesetzten und einem Mitarbeiter besteht, Einfluss darauf hat, ob ein Vorgesetzter ein Ereignis (wie z.B. Erfolg oder Misserfolg) internal oder external attribuiert.[2121] So
konnten XU/TUTTLE (2005) die Hypothese bestätigen, dass Manager positive Performancein-
formationen auf internale Faktoren attribuieren,[2122] wenn sie für den zu beurteilenden Mitarbeiter Sympathien empfinden. Sind die Performancedaten indes negativ, tendieren Manager
dazu, die Ergebnisse externen Faktoren zuzuschreiben.[2123] Studien zeigen zudem, dass auch
die charakteristischen Merkmale eines Mitarbeiters (wie z.B. Alter, Geschlecht, ethnische
Zugehörigkeit usw.) sowie bestehende Vorurteile und Stereotype Attributionen beeinflussen.
So neigen Führungskräfte dazu, schlechte Leistungen älterer Mitarbeiter internal zu attribuieren.[2124] MITCHELL/GREEN/WOOD (1981) zeigen in ihrer Untersuchung, dass (voreingenom-
mene) Vorgesetzte dazu tendieren, berufliche Erfolge von Frauen external, Erfolge männli-
cher Mitarbeiter indes internal zu attribuieren.[2125] Zusammengefasst kann demnach festgehalten werden, dass in einer Reihe von Untersuchungen festgestellt wurde, dass Attributionen
durch verschiedene Faktoren (z.B. Sympathie, Empathie, soziale Ähnlichkeit, Alter, Geschlecht, Stereotype, Länge und Intensität der Arbeitsbeziehung[2126], der Erfahrungshorizont

---

[2120]   Einen hervorragenden Überblick geben MARTINKO/HARVEY/DOUGLAS (2007).

[2121]   Siehe die Untersuchungen von CAMPBELL/SWIFT (2006); HENEMAN/GREENBERGER/ANONYUO (1989);
XU/TUTTLE (2005). Faktoren, die die psychologische Distanz zwischen Vorgesetztem und Mitarbeiter reduzieren, und die nachweislich Einfluss auf vorgenommene Kausalattributionen haben, sind z.B. Sympathie, Empathie und soziale Ähnlichkeit [vgl. MITCHELL/GREEN/WOOD (1981), S. 206].

[2122]   Im Unterschied zur Mehrzahl attributionstheoretischer Studien, fokussieren XU/TUTTLE nicht auf das Arbeitsverhalten von Mitarbeitern, sondern auf Arbeitsergebnisse [vgl. XU/TUTTLE (2005), S. 191].

[2123]   Vgl. XU/TUTTLE (2005), S. 206. Ferner gelangen die Forscher zu dem Resultat, dass bei Vorliegen positiver Informationen, Vorgesetzte dazu neigen, die Leistungen von Mitarbeitern höher einzuschätzen, wenn
sie die Performance auf internale Faktoren und nicht auf externe Faktoren zurückführen [vgl.
XU/TUTTLE (2005), S. 206].

[2124]   Vgl. FERRIS ET AL. (1985), S. 551 f. Bei leistungsstarken Mitarbeitern neigen Vorgesetzte dazu, häufiger
bei jüngeren als bei älteren Mitarbeitern die Erfolge auf die Fähigkeiten des jeweiligen Mitarbeiters zurückzuführen [vgl. FERRIS ET AL. (1985), S. 553].

[2125]   Vgl. MITCHELL/GREEN/WOOD (1981), S. 206. Des Weiteren werden Erfolge von Frauen häufiger auf
Fleiß, Erfolge von Männern hingegen auf Fähigkeiten zurückgeführt [vgl. MARTINKO/HARVEY/DOUGLAS
(2007), S. 570].

[2126]   Vgl. FEDOR/ROWLAND (1989), S. 408 ff.

der Führungskraft[2127] sowie Erwartungen[2128]) beeinflusst werden und Attributionsprozesse häufig nicht nach dem von KELLEY entwickelten idealtypischen Modell ablaufen. Beurteiler unterliegen stattdessen kognitiven Beschränkungen.

Kognitive Fehler und Verzerrungen in Prozessen der Entscheidungs- und Urteilsfindung stehen auch im Mittelpunkt der Arbeit von NISBETT/ROSS (1980). Den Autoren zufolge lassen sich viele Verzerrungen darauf zurückführen, dass sich Individuen auf so genannte intuitive Strategien (*intuitive strategies*) verlassen.[2129] Unter intuitiven Strategien verstehen die Forscher zum einen im Gedächtnis gespeicherte Wissensstrukturen (,knowledge structures'), wie z.B. Schemata, Annahmen oder Theorien, auf welche Individuen zurückgreifen können, um Informationen aus der physikalischen und sozialen Welt zu definieren und zu interpretieren.[2130] Wissensstrukturen führen zu einer kognitiven Entlastung und ermöglichen dem Individuum Objekte und Ereignisse zügig zu kategorisieren und sinnbringend zu deuten.[2131] Problematisch sind diese Wissensbestände dann, wenn sie die externe Welt ungenau oder fehlerhaft repräsentieren.[2132] Intuitive Strategien umfassen aber auch Heuristiken (,judgemental heuristics'), d.h. Daumenregeln oder mentale Abkürzungen, auf die Individuen in Prozessen der Urteilsbildung zurückgreifen. Heuristiken reduzieren Komplexität, können allerdings auch zu systematischen Urteilsverzerrungen führen.[2133] Inferenz- und Attributionsfehler entstehen vor allem aufgrund der Anwendung der Verfügbarkeitsheuristik (*availability heuristic*) sowie Repräsentativitätsheuristik (*representative heuristic*).[2134]

[2127] Vgl. MITCHELL/KALB (1982), S. 181 ff.

[2128] Vorgesetzte neigen dazu, internale Attributionen vorzunehmen, wenn die vom Mitarbeiter erbrachten Leistungen, die Erwartungen des Vorgesetzten bestätigen. Gehen die Leistungen des Mitarbeiters indes nicht mit den Erwartungen des Vorgesetzten konform, werden externe Faktoren für die Leistung verantwortlich gemacht [vgl. MITCHELL/GREEN/WOOD (1981), S. 207]. Darüber hinaus zeigen Studien, dass Vorgesetzte dazu tendieren, schlechte Leistungen internal zu attribuieren, wenn Leistungsdefizite des Mitarbeiters aus der Vergangenheit bekannt sind und das Ergebnis als gravierend eingestuft wird [vgl. MITCHELL/WOOD (1980), S. 136]. Ferner machen Untersuchungen darauf aufmerksam, dass Mitarbeiter unter Rückgriff auf Impression Management Techniken gezielt auf Attributionen von Vorgesetzten Einfluss nehmen [vgl. MITCHELL/GREEN/WOOD (1981), S. 208; WOOD/MITCHELL (1981)].

[2129] Vgl. NISBETT/ROSS (1980), S. 15.

[2130] Vgl. NISBETT/ROSS (1980), S. 6 f.

[2131] Vgl. NISBETT/ROSS (1980), S. 7.

[2132] Vgl. NISBETT/ROSS (1980), S. 7.

[2133] Siehe TVERSKY/KAHNEMAN (1974), S. 185 ff.

[2134] TVERSKY/KAHNEMAN haben sich in ihrem viel beachteten Aufsatz „*Judgement and Uncertainty: Heuristics and Biases*" erstmals umfassend mit verschiedenen Urteilsheuristiken beschäftigt. Den Autoren zufolge kommt die Verfügbarkeitsheuristik bei der Einschätzung von Wahrscheinlichkeiten und Häufigkeiten zum Einsatz. Als wahrscheinlicher und häufiger werden Ereignisse eingeschätzt, die leichter aus dem Gedächtnis abrufbar sind [vgl. TVERSKY/KAHNEMAN (1974), S. 1127]. Kognitiv leicht verfügbar sind vor allem lebhafte, gut vorstellbare oder erst kurz zurückliegende Ereignisse [vgl. TVERSKY/KAHNEMAN (1974), S. 254]. Die Repräsentativitätsheuristik findet Anwendung, wenn die Wahrscheinlichkeit eingeschätzt

2.2.1   Selektive Informationsaufnahme

NISBETT/ROSS argumentieren, dass der Alltagsmensch im Prozess der Urteilsbildung ähnlich vorgeht wie ein Wissenschaftler, der nach den Ursachen für ein zu beobachtendes Phänomen sucht.[2135] In jeder einzelnen Phase des Forschungsprozesses (Beschreibung, Entdeckung von Kovariation, kausale Inferenz, Voraussage und Prüfung von Theorien) tauchen Fehler und Verzerrungen als Folge der Anwendung intuitiver Strategien auf.[2136] So zeigen Studien, dass aufgrund bestehender Wissensbestände, Vorannahmen, Schemata oder Theorien die Informationsaufnahme selektiv verläuft. Bestimmte Informationen, die für eine fehlerfreie Attribution erforderlich wären, werden nicht wahrgenommen oder Informationen werden den bestehenden Wissensstrukturen oder vorgefassten Annahmen angepasst.[2137]

Attributionsfehler entstehen demnach in Folge einer selektiven Informationsaufnahme und der Tendenz von Individuen, solchen Informationen stärkere Beachtung zu schenken, welche die bestehenden Vorannahmen bestätigen. Nun ließe sich argumentieren, dass auch Mitglieder des Kontrollorgans bestimmte Annahmen über den zu beurteilenden Manager und über Führungskräfte im Allgemeinen gebildet haben.[2138] KHURANA (2002a) zeigt eindrucksvoll in seiner umfassenden Arbeit zum Auswahlprozess externer CEOs, dass Board of Directors oftmals die Annahme internalisiert haben, dass CEOs umfassende Gestaltungsmacht besitzen und den Unternehmenserfolg maßgeblich beeinflussen. Dem Autor zufolge ist das Zutrauen in die Gestaltungsmacht von CEOs unter Board-Mitgliedern mithin so stark ausgeprägt, dass es einer religiösen Überzeugung nahe kommt.[2139] KHURANA bestätigt somit die Forschungsergebnisse von MEINDL, der in verschiedenen Veröffentlichungen darauf hingewiesen hat, dass vor allem in westlichen Kulturen der Glaube stark verbreitet ist, dass Führungskräfte erheblichen Ein-

---

werden soll, dass Objekt A zur Kategorie B gehört, oder dass das Ereignis A aus Prozess B resultiert [vgl. TVERSKY/KAHNEMAN (1974), S. 1124]. Urteilsgrundlage bildet die Repräsentativität bzw. die wahrgenommene Ähnlichkeit zwischen einer singulären Information und einer größeren Gruppe von Informationen [vgl. KANNING (1999), S. 85]. Zu Fehlurteilen kommt es bei der Anwendung der Repräsentativitätsheuristik, weil Individuen in ihren Einschätzungen Grundsätze der Wahrscheinlichkeitslehre (wie z.B. Basisrate, Stichprobengröße) missachten. Nach NISBETT/ROSS kommen die soeben beschriebenen Urteilsheuristiken nicht nur bei Wahrscheinlichkeits- und Häufigkeitseinschätzungen, sondern auch bei der Einschätzung von Kausalität zum Einsatz.

[2135]   Vgl. NISBETT/ROSS (1980), S. 8.

[2136]   Vgl. NISBETT/ROSS (1980), S. 8 ff.

[2137]   Vgl. NISBETT/ROSS (1980), S. 68.

[2138]   Auch FELFE/PETERSEN (2007) argumentieren, dass nicht nur die Perzeption und Führungszuschreibung von Geführten durch implizite Führungstheorien (wie z.B. die Romantisierung von Führung) beeinflusst werden, sondern dass auch das Entscheidungsverhalten von Top-Managern, Mitgliedern von Boards oder Aufsichtsräten und anderen Stakeholdern durch implizite Führungstheorien beeinflusst werden [vgl. FELFE/PETERSEN (2007), S. 2].

[2139]   Vgl. KHURANA (2002a), S. 110. Ebenso MEINDL/EHRLICH (1987), S. 92.

fluss besitzen, und dass eine Tendenz zu einer Romantisierung von Führung besteht.[2140] In Übereinstimmung mit MEINDL gelangt auch KHURANA zu dem Schluss, dass die Annahme der hohen Wirksamkeit von Führung nicht zuletzt deshalb so weit verbreitet ist, weil sie starke Unterstützung durch die externe Umwelt (Massenmedien, Analysten) erfährt.[2141] Darüber hinaus gelangt er in seiner Untersuchung zu dem Schluss, dass Board-Mitglieder insbesondere dann von den Fähigkeiten eines CEOs überzeugt sind, wenn dieser zuvor bei einem renommierten Unternehmen tätig war.[2142] Letztlich macht seine Untersuchung deutlich, dass bei der Auswahl externer CEOs das Prestige und die Prominenz von herausragender Bedeutung sind.[2143] So werden Top-Manager mit hohem Status ausgewählt, da sie Unsicherheit reduzieren.

In eine ähnliche Richtung geht auch die Argumentation von D'AVENI (1990) sowie D'AVENI/KESNER (1993). Sie argumentieren, dass die Reputation bzw. das Prestige eines Managers als Indikator für seine Kompetenz und Vertrauenswürdigkeit herangezogen wird.[2144] Einem Manager, der beispielsweise in zahlreichen Kontrollorganen renommierter Unternehmen vertreten ist, werden höhere Fähigkeiten zugesprochen.[2145] „Even though elite status characteristics may not be representative of true managerial skill, people assume that prestigious individuals have higher skill levels and are more trustworthy."[2146]

Vor diesem Hintergrund ließe sich nun argumentieren, dass Mitglieder des Vergütungsausschusses zu der Ansicht tendieren, dass ein Top-Manager, der über eine hohe Reputation verfügt, d.h. in Kontrollgremien namhafter Unternehmen vertreten ist, positiv in den Medien dargestellt wird, öffentlich gewürdigt wurde oder vormals bei erfolgreichen Unternehmen tätig war, über besondere Fähigkeiten verfügt und die Unternehmensperformance maßgeblich beeinflusst. Wie oben dargelegt, können bestehende Vorannahmen oder vorgefasste Meinungen dazu führen, dass die Informationsaufnahme selektiv verläuft und vor allem solchen Informationen Beachtung geschenkt wird, die mit den bestehenden Vorannahmen konform ge-

---

[2140]   Vgl. CHEN/MEINDL (1991); MEINDL/EHRLICH/DUKERICH (1985); MEINDL/EHRLICH (1987); MEINDL (1990); MEINDL/PASTOR/MAYO (2004). Siehe hierzu nochmals S. 60.

[2141]   Vgl. KHURANA (2002a), S. 109 f.

[2142]   Vgl. KHURANA (2002a), S. 111 ff.

[2143]   Vgl. KHURANA (2002a), S. 111.

[2144]   Vgl. D'AVENI (1990), S. 121. Hierzu auch WADE/O'REILLY/CHANDRATAT (1990), S. 592.

[2145]   Vgl. D'AVENI/KESNER (1993), S. 146.

[2146]   D'AVENI/KESNER (1993), S. 146. Ähnlich argumentieren auch CERTO/HODGE (2007) [vgl. CERTO/HODGE (2007), S. 463]. Sie zeigen, dass Investoren die zukünftige finanzielle Performance von Unternehmen höher einschätzen, wenn das amtierende Top-Management Team über ein hohes Prestige verfügt [vgl. CERTO/HODGE (2007), S. 471].

hen.[2147] Auf die Bedeutung vorgefasster Meinungen (*preconveived notions*) im Prozess der Informationsaufnahme haben auch Studien aus der Leistungsbeurteilungsforschung hingewiesen.[2148] Diese zeigen, dass Individuen zu einer konfirmatorischen Informationssuche tendieren. Es werden vor allem solche Informationen gesammelt, welche die gebildeten Hypothesen oder Vorannahmen über eine zu beurteilende Person bestätigen.[2149] Erhält ein Beurteiler beispielsweise im Vorfeld einer Leistungsevaluation positive Informationen über den zu Beurteilenden, besteht die Neigung verstärkt nach solchen Informationen zu suchen, die den positiven Eindruck bestätigen. Vorgefasste Meinungen können nicht nur das Ergebnis früherer Begegnungen oder früherer Beurteilungen sein, sondern auch aus Informationen durch Dritte resultieren.[2150]

Dass auch Ausschussmitglieder bestimmte Annahmen über einzelne Top-Manager gebildet haben und durch Vorinformationen beeinflusst werden, ist anzunehmen. Insbesondere wenn ein Top-Manager große mediale Präsenz aufweist, erhalten die Ausschussmitglieder Informationen nicht nur aus unternehmensinternen Quellen oder direkten Interaktionen, sondern auch aus den Medien. Ebenso ist zu vermuten, dass Ausschussmitglieder die Medienberichterstattung aufgrund ihrer Betroffenheit besonders intensiv verfolgen.[2151]

[2147] Vgl. NISBETT/ROSS (1980), S. 180 f.; SHERMAN/CORTY (1984), S. 274 f.

[2148] Vgl. DENISI/CAFFERTY/MEGLINO (1984), S. 367. Hierzu auch LUEGER (1993), S. 80 ff.

[2149] Vgl. SNYDER/SWANN (1978), S. 1210. Siehe ebenso ILGEN/FELDMAN (1983), S. 165; JUDGE/FERRIS (1993), S. 84; DENISI/CAFFERTY/MEGLINO (1984), S. 368; FELDMAN (1981), S. 135 m.w.N.; SHERMAN/CORTY (1984), S. 213.

[2150] Vgl. DENISI/CAFFERTY/MEGLINO (1984), S. 368.

[2151] Empirisch wurde bislang noch nicht untersucht, ob Aufsichtsratsmitglieder die Berichterstattung über das Unternehmen und das Management besonders aufmerksam verfolgen. Allerdings liegen Untersuchungen vor, in denen die Einflüsse der Medien auf Protagonisten der Berichterstattung analysiert wurden. Dieser Forschungszweig, der unter dem Etikett „reziproke Effekte" firmiert, untersucht die Auswirkungen der Medien auf Entscheidungsträger aus Politik, Wirtschaft, Kultur sowie anderen Bereichen, über die in den Medien berichtet wird [vgl. KEPPLINGER (2007), S. 4]. Studien konnten mitunter zeigen, dass Personen, die Gegenstand der Medienberichterstattung sind, die Medienberichte aufmerksamer verfolgen somit und höheren Mediendosen ausgesetzt sind. In einer erst jüngst veröffentlichten Studie untersuchen KEPPLINGER/ZERBACK (2009) den Einfluss der Medienberichterstattung auf Richter und Staatsanwälte. Die Untersuchung gelangt u.a. zu dem Ergebnis, dass der Großteil der Richter und Staatsanwälte die Berichterstattung über Verfahren, an denen sie beteiligt sind, verfolgt [vgl. KEPPLINGER/ZERBACK (2009), S. 224]. Des Weiteren gelangt die Studie zu dem Resultat, dass je intensiver die Richter und Staatsanwälte die Berichterstattung über ihre Prozesse verfolgen, desto „eher räumen sie ein, dass sie bei der Formulierung des Urteils bzw. Strafantrags an die Resonanz der Öffentlichkeit denken." [KEPPLINGER/ZERBACK (2009), S. 232]. Nun ließe sich argumentieren, dass auch Aufsichtsratsmitglieder aufgrund ihrer Involviertheit die Medienberichterstattung (gezielt) verfolgen und demnach auch zur Kenntnis nehmen, ob z.B. die Medien zu einer positiven Einschätzung der Leistungen des amtierenden Vorstandsvorsitzenden gelangen, ob er in der Berichterstattung für unternehmerische Erfolge von verschiedenen Akteuren verantwortlich gemacht wird, oder ob er für seine Leistungen eine Auszeichnung („Manager des Jahres") erhalten hat. Ferner ließe sich vermuten, dass Aufsichtsratsmitglieder ebenfalls darüber nachdenken, welchen Einfluss die Berichterstattung auf andere hat. Zum so genannten Third-Person-Effekt siehe nochmals S. 274.

Zusammengefasst lässt sich also feststellen, dass gebildete Annahmen oder Theorien die Informationssuche beeinflussen.[2152] Bezug nehmend auf KELLEYS Kovariationsprinzip zeigen NISBETT/ROSS zudem, dass vorgefasste Theorien und Annahmen auch einen starken Einfluss auf die Durchführung einer Kovariationsanalyse nehmen.[2153] Aufgrund vorheriger Erwartungen bzw. erwarteter Korrelationen können so genannte illusorische Korrelationen (*illusory correlations*) entstehen. Hierunter versteht man die Tendenz, Beziehungen oder Korrelationen zwischen bestimmten Variablen zu sehen, die *de facto* nicht existieren.[2154] Verfügt eine Person beispielsweise über eine plausible Theorie, welche die Kovariation von zwei Ereignissen voraussagt, wird Kovariation wahrgenommen, auch wenn diese nicht existiert.[2155]

2.2.2 Erwartungsbedingte Attributionsverzerrung und fundamentaler Attributionsfehler

In einer Reihe von Forschungsarbeiten wird darauf aufmerksam gemacht, dass in Attributionsprozessen Erwartungen von zentraler Bedeutung sind.[2156] Studien zeigen, dass Erwartungen die wahrgenommenen Ursachen von Erfolg und Misserfolg beeinflussen. Wird von einer Person etwa erwartet, dass sie eine Aufgabe erfolgreich bewältigt und wird diese Erwartung auch bestätigt, besteht die Tendenz den Erfolg auf die Fähigkeiten der Person und nicht auf externe Ursachen (Aufgabenschwierigkeit oder Zufall) zu attribuieren. Umgekehrt zeigen Studien, dass der Erfolg auf externe Ursachen zurückgeführt wird, wenn das positive Ergebnis nicht erwartet wurde.[2157] Vor dem Hintergrund, dass Reputation Erwartungen erzeugt und insbesondere von einem Starmanager erwartet wird, Erfolge zu generieren,[2158] ließe sich argumentieren, dass auch die Mitglieder von Kontrollorganen dazu tendieren, unternehmerische Erfolge auf die Fähigkeiten des Managers zu attribuieren. Mit anderen Worten: Eine umfassende Analyse möglicher Ursachen für den Unternehmenserfolg ist nicht erforderlich, da das Unternehmensergebnis das bestätigt, was ohnehin erwartet wurde.[2159]

[2152] Nach NISBETT/ROSS besteht die Tendenz an Annahmen oder Theorien festzuhalten. Siehe hierzu umfassend NISBETT/ROSS (1980), S. 167 ff.

[2153] Vgl. NISBETT/ROSS (1980), S. 94. Siehe hierzu auch KELLEY/MICHELA (1980), S. 472.

[2154] Zum Phänomen der illusorischen Korrelation siehe umfassend NISBETT/ROSS (1980), S. 93.

[2155] Vgl. KELLEY/MICHELA (1980), S. 472; NISBETT/ROSS (1980), S. 10; SHERMAN/CORTY (1984), S. 204.

[2156] Vgl. FEATHER/SIMON (1971), S. 527 ff.; GREEN/MITCHELL (1979), S. 442 f.; KELLEY/MICHELA (1980), S. 469; MCMAHAN (1973), S. 108 ff; MITCHELL/GREEN/WOOD (1981), S. 207; WEINER ET AL. (1972), S. 118. Siehe hierzu auch die Auswertung verschiedener Studien bei LUEGER (1993), S. 127 f.

[2157] Vgl. FEATHER/SIMON (1971), S. 540; MITCHELL/GREEN/WOOD (1981), S. 207.

[2158] Vgl. GAITANIDES (2004), S. 189; WADE ET AL. (2006), S. 656.

[2159] In der Literatur wird diskutiert, dass Attributionsprozesse vor allem durch erwartungsdiskrepante Ereignisse ausgelöst werden [vgl. LAU/RUSSELL (1980), S. 31; MEYER/FÖRSTERLING (1993), S. 177].

Nicht nur Erwartungen, Vorannahmen oder vorgefasste Theorien beeinflussen Kausalanalysen, sondern auch die Anwendung von Heuristiken.[2160] Für die hier vorliegende Problemstellung dürfte vor allem die Verfügbarkeitsheuristik relevant sein. NISBETT/ROSS zufolge beeinflusst der Grad der Verfügbarkeit die Akzeptanz potentieller kausaler Ursachen. „[T]he relative salience of potential causal factors or the ease of their retrieval from memory seems to influence the explanation process greatly. (...) the causal significance of highly available antecedents is overestimated."[2161] Die Überschätzung leicht verfügbarer Informationen im Prozess der Ursachenfindung veranschaulichen sie u.a. anhand des fundamentalen Attributionsfehlers *(fundamental attribution error)*[2162] bzw. der Korrespondenzverzerrung *(correspondence bias)*[2163]. Beim fundamentalen Attributionsfehler handelt es sich um eine Verzerrung, die in der sozialpsychologischen Forschung viel Aufmerksamkeit erfahren hat. Nach ROSS (1977), auf den die Bezeichnung fundamentaler Attributionsfehler zurückgeht, besteht eine allgemeine Tendenz die Bedeutung personaler oder dispositionaler Faktoren in Relation zu umweltbezogenen Einflüssen zu überschätzen.[2164] Individuen neigen dazu, das Verhalten anderer Menschen anhand von Persönlichkeitsmerkmalen zu erklären und situative Bedingungen oder Zwänge als Ursache für das Verhalten außer Acht zu lassen.

Bereits MEINDL und Kollegen haben darauf hingewiesen, dass aufgrund des fundamentalen Attributionsfehlers die Tendenz besteht, Unternehmenserfolge und -misserfolge auf die oberste Führungskraft eines Unternehmens zu attribuieren.[2165] Ein kausaler Zusammenhang zwischen einem Manager und dem Unternehmenserfolg wird vor allem dann hergestellt, wenn die Performance des Unternehmens im Extrembereich liegt.[2166]

Für das Phänomen, dass Individuen dazu tendieren dispositionale Attributionen vorzunehmen, werden in der Literatur verschiedene Gründe genannt.[2167] So zeigen Untersuchungen, dass die Neigung zur dispositionalen Schlussfolgerung stärker in individualistischen Kulturen als in kollektivistischen Kulturen ausgeprägt ist.[2168] Ein weiterer in der Literatur genannter Grund

---

[2160] Vgl. NISBETT/ROSS (1980), S. 115.

[2161] NISBETT/ROSS (1980), S. 122.

[2162] Vgl. ROSS (1977), S. 183.

[2163] Vgl. GILBERT/MALONE (1995), S. 21 ff.

[2164] Vgl. ROSS (1977), S. 184.

[2165] Vgl. MEINDL/EHRLICH/DUKERICH (1985), S. 79; MEINDL/EHRLICH (1987), S. 92 und passim; MEINDL (1990), S. 172. Siehe auch KHURANA (2002b), S. 62; WIESENFELD/WURTHMANN/HAMBRICK (2008), S. 235.

[2166] Vgl. MEINDL/EHRLICH/DUKERICH (1985), S. 81.

[2167] Umfassend hierzu GILBERT/MALONE (1995), S. 24 ff.

[2168] Vgl. FINCHAM/HEWSTONE (2003), S. 231.

ist die so genannte perzeptuelle Salienz.[2169] Hiernach werden saliente Stimuli eher als kausal wahrgenommen, als Stimuli, die sich im visuellen Hintergrund befinden.[2170] Wenn sich zum Zeitpunkt des Auftretens eines Effekts beispielsweise eine bestimmte Person im Wahrnehmungsfeld befindet, besteht die Neigung, den Effekt auf diese Person als Ursache zurückzuführen.[2171]

NISBETT/ROSS weisen zudem darauf hin, dass Menschen im Prozess der Urteilsbildungen vor allem konkrete, emotionale und lebhafte Informationen abrufen, da diese eher im Gedächtnis abgespeichert werden und leichter erinnert werden können als abstrakte und schwer vorstellbare Informationen.[2172] Nun ließe sich argumentieren, dass Manager, die eine große mediale Prominenz aufweisen und durch renommierte Dritte Kompetenz zugeschrieben bekommen stärker wahrgenommen werden und ihnen mit Blick auf den Unternehmenserfolg mehr kausaler Einfluss zugeschrieben wird.[2173] Auf die Bedeutung von Kompetenzzuschreibungen Dritter im Prozess der Leistungsbeurteilung von Top-Managern durch den Board of Directors haben auch WADE ET AL. (2006) in ihrer Studie zu den Auswirkungen von Manager-Awards aufmerksam gemacht.[2174] Sie argumentieren, dass Board-Mitglieder den Beitrag des CEOs zum Unternehmenserfolg nur schwer einschätzen können. In einer solchen durch Ambiguität gekennzeichneten Situation spielen die Urteile renommierter Dritter eine gewichtige Rolle, da sie Unsicherheit reduzieren.[2175] Auszeichnungen, wie z.b. „Manager des Jahres", dienen den Board-Mitgliedern als wichtige Anhaltspunkte (Cues) hinsichtlich der Fähigkeiten eines CEOs und seines Einflusses auf den Unternehmenserfolg.[2176] Neben öffentlichkeitswirksamen Preisverleihungen können auch die Mitgliedschaften in Aufsichtsräten als Kompetenzzu-

---

[2169]   Kritisch hierzu GILBERT/MALONE (1995), S. 30.

[2170]   Vgl. FISKE/TAYLOR (1991), S. 58 f.

[2171]   Vgl. ILGEN/FELDMAN (1983), S. 159; KELLEY/MICHELA (1980), S. 466; LORD/MAHER (1991), S. 58. So konnten PHILLIPS/LORD (1981) in einem Laborexperiment nachweisen, dass eine Führungskraft von externen Beobachtern als kausale Ursache für das positive Ergebnis einer Gruppenarbeit erachtet wird, wenn diese salient gemacht wurde und sich im Wahrnehmungsfeld der Beobachter befand [vgl. PHILLIPS/LORD (1981), S. 151].

[2172]   Vgl. NISBETT/ROSS (1980), S. 44 ff.

[2173]   Siehe hierzu HAYWARD/HAMBRICK (1997), S. 108 sowie LUEGER (1993), S. 129.

[2174]   Vgl. WADE ET AL. (2006), S. 645. Die Ergebnisse der empirischen Studie von WADE ET AL., auf die bereits an anderer Stelle ausführlich eingegangen wurde, legen nahe, dass Auszeichnungen Einfluss auf die Leistungsbeurteilung haben. Sie führen dazu, dass die Mitglieder des Vergütungsausschusses Unternehmensergebnisse auf den amtierenden CEO attribuieren [vgl. WADE ET AL. (2006), S. 657].

[2175]   Vgl. WADE ET AL. (2006), S. 647. Ebenso GRAFFIN ET AL. (2008), S. 457: KELLEY (1973) argumentiert, dass Unsicherheit reduziert wird, wenn die eigene Meinung durch andere bestätigt wird [vgl. KELLEY (1973), S. 112].

[2176]   Vgl. WADE ET AL. (2006), S. 646.

schreibungen Dritter verstanden werden.[2177] Darüber hinaus enthält auch die Medienbericht-erstattung über Manager Kompetenzzuschreibungen. Dabei dürften vor allem die Bewertun-gen von Meinungsführermedien relevant sein.[2178] Wie andernorts bereits dargelegt, können jedoch nicht nur Journalisten Sender von Attributionsaussagen sein, sondern auch Akteure (z.B. Bankenvertreter, Vertreter von Verbänden, Investoren, Wissenschaftler, Berater usw.), die in der Berichterstattung zu Wort kommen. Durch direkte oder indirekte Zitate extramedia-ler Akteure werden auch ihre Ansichten über die Ursachen der unternehmerischen Perfor-mance verbreitet.

Abschließend sei noch auf ein Phänomen hingewiesen, das in dem hier vorliegenden Kontext noch nicht explizit untersucht wurde. Insofern sollen die nachfolgenden Ausführungen ledig-lich als erste Überlegungen verstanden werden. An anderer Stelle der Arbeit wurde bereits auf das seit vielen Jahren erforschte Phänomen eingegangen, dass Individuen den Einfluss der Massenkommunikation auf andere überschätzen bzw. auf Dritte höher einschätzen als auf sich selbst.[2179] Nun ließe sich argumentieren, dass auch die Mitglieder des Aufsichtsrats darüber nachdenken, wie die Medienbotschaften über die Mitglieder des Top-Managements auf ande-re wirken („What we think others think"[2180]). Dies könnte mitunter dazu führen, dass der Auf-sichtsrat das Ansehen des Managers in der Öffentlichkeit oder in bestimmten Teilöffentlich-keiten als hoch einschätzt, wenn dieser in den Medien positiv dargestellt wird, da angenom-men wird, dass die Berichterstattung andere in ihrer Meinungsbildung beeinflusst. Ob und inwiefern diese unterstellten Wirkungen wiederum Einfluss auf das Verhalten oder auf Ein-schätzungen haben, müsste jedoch empirisch untersucht werden.

2.2.3   Reputation und Misserfolgsattributionen

Nachdem nun verschiedene Gründe genannt wurden, warum erwartet werden kann, dass Starmanager für Unternehmenserfolge ursächlich verantwortlich gemacht werden, soll im Folgenden ein Blick auf Beiträge geworfen werden, die sich mit der Bedeutung managerialer

---

[2177] Diese Thematik wurde bereits an anderer Stelle ausführlich behandelt [siehe hierzu nochmals S. 286 ff.]. Es wurde darauf aufmerksam gemacht, dass zu erwarten ist, dass sich vor allem Aufsichtsratsmandate in großen und namhaften Unternehmen positiv auf die Reputation auswirken. Erwähnenswert sind in diesem Zusammenhang Studien, die sich mit dem Phänomen des ,Basking in Reflected Glory' beschäftigen. Sie zeigen, dass eine Person hinsichtlich ihrer Leistung besser eingeschätzt wird, wenn sie mit einem angese-henen Akteur in Verbindung gebracht wird [vgl. KILDUFF/KRACKHARDT (1994), S. 89. Siehe auch RINDOVA ET AL. (2005), S. 1038. Einen komprimierten Überblick über verschiedene Studien zum Basking in Reflected Glory-Effekt gibt SCHLENKER (1980), S. 106 ff.].

[2178] Zur Bedeutung von Meinungsführern bei der Entstehung von Reputation siehe auch BROMLEY (1993), S. 96. Zu den Leitmedien im Bereich der Wirtschaftsberichterstattung und zum „intermedia-Agenda-Setting-Effekt" siehe nochmals S. 11.

[2179] Siehe hierzu nochmals S. 274.

[2180] GUNTHER (1991).

Reputation in Misserfolgssituationen beschäftigen. Bereits an anderer Stelle der Arbeit wurde auf das von WIESENFELD/WURTHMANN/HAMBRICK (2008) entwickelte Stigmatisierungsmodell eingegangen.[2181] Die Autoren beleuchten in ihrem Aufsatz nicht nur eine Reihe von Faktoren, die dazu beitragen, dass für unternehmerische Misserfolge Top-Manager verantwortlich gemacht werden, sondern auch Faktoren, die vor Schuldzuweisungen schützen. So betonen sie einerseits, dass Führungskräfte, die einen hohen Idiosynkrasie-Kredit erworben haben, von Erwartungen abweichen dürfen, ohne sogleich sanktioniert zu werden. Andererseits stellen sie heraus, dass Top-Manager dann von Schuldzuweisungen verschont bleiben, wenn sie über ein hohes Prestige verfügen.[2182] Rekurrierend auf attributionstheoretische Studien argumentiert auch D'AVENI (1990), dass Manager, die über eine hohe Reputation verfügen, in einem geringeren Ausmaß von Misserfolgsattributionen betroffen sind.[2183] So werden Informationen ignoriert, die nicht mit den Erwartungen, die gegenüber einer Person mit hohem Status bestehen, konsistent sind.[2184] Dass Menschen dazu tendieren, dissonante Informationen zu vermeiden und Informationen zu suchen, die dissonanzreduzierend sind, hat bereits LEON FESTINGER (1957) in seiner Theorie der kognitiven Dissonanz herausgestellt.[2185] Diese postuliert, dass zwei oder mehrere widersprüchliche Kognitionen ein Gefühl des Unbehagens verursachen und Menschen bestrebt sind, dieses Unbehagen zu reduzieren. Eine Möglichkeit zur Reduktion von Dissonanz besteht in der Addition neuer Kognitionen oder in der selektiven Zuwendung von Informationen (‚selective exposure'-Hypothese).[2186] Ein Individuum kann sich beispielsweise solchen Informationen aktiv zuwenden, welche die Gesamtdissonanz reduzieren, oder Informationen meiden, die die bestehende Dissonanz vergrößern.[2187] In dem vorliegenden Kontext ließe sich argumentieren, dass Mitglieder des Vergütungsausschusses vor allem solche Informationen aktiv suchen, welche den Schluss zulassen, dass nicht der Manager, sondern externe Faktoren für den unternehmerischen Misserfolg ursächlich verantwortlich waren.

Fraglich ist nur, wie oft sich Misserfolge wiederholen können, ohne dass der Starmanager für die Ergebnisse unmittelbar verantwortlich gemacht wird. In Anlehnung an HOLLANDER

[2181]   Siehe nochmals S. 86 ff.

[2182]   Vgl. WIESENFELD/WURTHMANN/HAMBRICK (2008), S. 240.

[2183]   Vgl. D'AVENI (1990), S. 124.

[2184]   Vgl. D'AVENI (1990), S. 124.

[2185]   Vgl. FESTINGER (1957), S. 22.

[2186]   Vgl. FESTINGER (1957), S. 21 f. und S. 123 ff.

[2187]   Vgl. FESTINGER (1957), S. 22.

(1958) ließe sich argumentieren, dass sich der Idiosynkrasie-Kredit bei wiederholten Erwartungsabweichungen mit der Zeit aufbraucht.[2188]

2.3 Hypothesen

Vor dem Hintergrund der soeben skizzierten Forschungsergebnisse und der dargelegten Argumente ist zu vermuten, dass die Mitglieder des Vergütungsausschusses im Prozess der Leistungsbeurteilung dazu tendieren, unternehmerische Erfolge auf den Vorstandsvorsitzenden und Misserfolge auf externe Faktoren zu attribuieren,[2189] wenn dieser über eine Starreputation verfügt. Mit Blick auf die Vergütung ist folgender Zusammenhang zu vermuten:

H 1: Es besteht ein positiver Zusammenhang zwischen der Gesamtvergütung und der Starreputation eines Vorstandsvorsitzenden.

An anderer Stelle der Arbeit wurde bereits darauf hingewiesen, dass strategische Entscheidungen nicht von Einzelpersonen, sondern vom Gesamtvorstand getroffen werden und somit das Resultat einer Teamarbeit darstellen.[2190] Da Ausschussmitglieder an Entscheidungsprozessen nicht unmittelbar beteiligt sind, ist es mithin schwierig zu bestimmen, welche Leistungsbeiträge einzelne Top-Manager erbracht haben, und inwiefern diese Einzelbeiträge wiederum die Unternehmensperformance beeinflusst haben.[2191] Vor diesem Hintergrund lässt sich argumentieren, dass Ausschussmitglieder einem Top-Manager vor allem dann kausalen Einfluss auf die Unternehmensperformance zuschreiben, wenn dieser über eine Starreputation verfügt. Neben den bereits oben vorgestellten Überlegungen zu den Auswirkungen von Reputation auf vorgenommene Kausalattributionen findet dieses Argument durch die von GIOIA/SIMS (1983) durchgeführte Studie zur Perzeption managerialer Macht Unterstützung.[2192] Diese zeigt, dass Manager, die über eine hohe Reputation verfügen, als mächtiger und einflussreicher wahrgenommen werden. Reputation hat nicht nur Einfluss auf die Perzeption von Vorbild-Macht (*referent power*) und legitimer Macht (*legitimate power*), sondern vor

---

[2188] Zum Idiosynkrasie-Kredit siehe Fn. 521.

[2189] Ähnlich argumentieren WESTPHAL/ZAJAC (1995), S. 93.

[2190] Bereits ALCHIAN/DEMSETZ (1972) haben in ihrem klassischen Aufsatz zur Team-Produktion auf diese Zurechenbarkeitsproblematik hingewiesen [vgl. ALCHIAN/DEMSETZ (1972), S. 779]. Teamarbeit zeichnet sich dadurch aus, dass mehrere Personen gemeinsam einen Output produzieren, der über die Summe der Einzelbeiträge hinausgeht. Anhand des Outputs ist nicht erkennbar, welchen Beitrag jeder einzelne geleistet hat [vgl. ALCHIAN/DEMSETZ (1972), S. 779].

[2191] Fraglich ist, ob sich durch die Anwesenheit von Ausschussmitgliedern etwas ändern würde. Siehe nochmals Fn. 2190.

[2192] Vgl. LORD/MAHER (1991), S. 191 f.

allem auf die Wahrnehmung von Expertenmacht (*expert power*).[2193] Übertragen auf die vorliegende Problemstellung ließe sich argumentieren, dass Aufsichtsratsmitglieder dazu tendieren, dem Vorstandsvorsitzenden aufgrund seiner überlegenen Expertise und Macht, den größten kausalen Einfluss auf die Unternehmensperformance zuzuschreiben. Demnach ist zu erwarten, dass ein Vorstandsvorsitzender, der über eine Starreputation verfügt, im Vergleich zu den übrigen Vorstandsmitgliedern eine deutlich höhere Vergütung erhält.[2194]

H 2: Verfügt der Vorstandsvorsitzende über eine Starreputation, so besteht ein positiver Zusammenhang zwischen der Differenz der Gesamtvergütung des Vorstandsvorsitzenden und der Gesamtvergütung jenes Vorstandsmitglieds mit der zweithöchsten Vergütung.

Empirische Studien zeigen, dass Award-Gewinner eine höhere Gesamtvergütung erhalten.[2195] MALMENDIER/TATE (2009) stellen zudem fest, dass vor allem die aktienbasierte Vergütung nach einer Preisverleihung oder Top-Platzierung in einem Ranking ansteigt.

Es lassen sich verschiedene Gründe anführen, warum Top-Manager, die über eine Starreputation verfügen, eine höhere aktienbasierte Vergütung erhalten.[2196] So ließe sich einerseits argumentieren, dass der Vergütungsausschuss dem Starmanager eine höhere Anzahl an Bezugsrechten gewährt, da er davon ausgeht, dass er den größten Einfluss auf die Unternehmensperformance hat. Andererseits ist anzunehmen, dass die Vergütungssysteme von Top-Managern mit einer Starreputation deshalb langfristige Vergütungskomponenten enthalten, da der Manager an das Unternehmen gebunden werden soll.[2197] Dies ist nicht zuletzt deshalb zu vermuten, da Starmanager von anderen Unternehmen stark nachgefragt werden und somit die Gefahr besteht, dass sie von der Konkurrenz abgeworben werden.

[2193] Vgl. GIOIA/SIMS (1983), S. 20. GIOIA/SIMS rekurrieren auf die von FRENCH/RAVEN entwickelte Taxonomie verschiedener Basen von Macht, auf die bereits an anderer Stelle der Arbeit eingegangen wurde. Siehe hierzu nochmals S. 209 ff.

[2194] Siehe hierzu HAYWARD/HAMBRICK (1997), S. 109 sowie GRAFFIN ET AL. (2008), S. 461.

[2195] Vgl. MALMENDIER/TATE (2009), S. 1569; WADE ET AL. (1997), S. 108; WADE ET AL. (2006), S. 655.

[2196] MALMENDIER/TATE (2009) greifen auf die ‚Rent Extraction Theory' nach BEBCHUK/FRIED zurück [siehe hierzu nochmals S. 238]. Sie argumentieren, dass der Superstar-Status zu einer Stärkung der Machtposition eines Managers führt. Die Macht kann der Manager wiederum einsetzen, um sich persönlich zu bereichern. Um Empörungen seitens der Aktionäre zu vermeiden, wählt er vor allem schwer durchschaubare und wenig transparente Vergütungsformen.

[2197] In der Literatur wird diskutiert, dass aktienbasierte Vergütungssysteme nicht nur eine Steuerungs- und Motivationsfunktion zukommt, sondern auch die Bindung an das Unternehmen stärken [zum Thema Personalbindung mit Aktienoptionen siehe umfassend PULZ (2004), S. 1107 ff.]. Voraussetzung ist, dass nicht ausgeübte Aktienoptionen verfallen, wenn die Führungskraft das Unternehmen verlässt [vgl. HALL/MURPHY (2003), S. 57]. Nach BEINER (2005) enthalten Anstellungsverträge von Vorständen oftmals eine Verfallklausel. Unproblematisch sind Klauseln, die das Erlöschen der Aktienoptionen bei Beendigung des Anstellungsverhältnisses vor Ablauf der Sperrfrist vorsehen [vgl. BEINER (2005), S. 139; zur Ausgestaltung und Zulässigkeit von Verfallsklauseln siehe PULZ (2004), S. 1110 f.]

H 3: Es besteht ein positiver Zusammenhang zwischen dem Anteil langfristiger Vergütungskomponenten an der Gesamtvergütung und der Starreputation.

IV. Zusammenfassung und weiteres Vorgehen

An anderer Stelle der Arbeit wurde bereits dargelegt, dass die Vergütung von Top-Managern zwar seit vielen Jahren erforscht wird und inzwischen auch ein umfangreicher Korpus theoretischer und empirischer Studien vorliegt, dass jedoch die Mehrzahl der Forschungsbeiträge den Entscheidungsprozessen im Vergütungsausschuss wenig Aufmerksamkeit schenkt und daher wenig bekannt ist über die Vorgänge innerhalb dieses Gremiums.[2198] Anzunehmen ist, dass die Erforschung der Prozesse im Vergütungsausschuss dazu beitragen können zu verstehen, wie die Gehälter von Managern der obersten Führungsebene zustande kommen. Fokussiert wurde auf die Frage, wie die Mitglieder des Vergütungsausschusses die Leistungen von Managern evaluieren, und welche Faktoren den Evaluierungsvorgang beeinflussen. Bereits oben wurde festgestellt, dass dieser Thematik trotz ihrer Bedeutung bislang nur wenig Aufmerksamkeit geschenkt wurde. So haben SILVA/TOSI (2004) erst kürzlich festgestellt: „Understanding the performance evaluation process may lead to our ability to explain CEO pay. The study of performance evaluations at the top is lacking in our current literature."[2199] Auch GOMEZ-MEJIA/WISEMAN (1997) weisen in ihrer umfangreichen Auswertung des Forschungsstands zur Vergütung von Top-Managern darauf hin „Although we know quite a bit about the appraisal process in general (...), little is known about how appraisal involving behavior criteria is done at the executive level. What actually goes on in a board room discussion of executive performance?"[2200] Theoretischer Ausgangspunkt der in dieser Arbeit entwickelten Überlegungen bildet die Attributionstheorie, auf die nicht nur in der Leistungsbeurteilungsforschung – diese fokussiert in aller Regel auf die Evaluation der Leistungen von Mitarbeitern –, sondern in jüngster Zeit auch im Kontext der Beurteilungen von Top-Managern zurückgegriffen wird. Argumentiert wird, dass auch die Mitglieder von Kontrollorganen bei der Beurteilung der Leistungen von Top-Managern nach den Ursachen für die Unternehmensperformance suchen. Im Unterschied zu den bisher entwickelten Arbeiten, wird hier argumentiert, dass die Mitglieder des Kontrollorgans aufgrund der Komplexität des Evaluierungsvorgangs und aufgrund beschränkter kognitiver Kapazitäten nicht in der Lage sind, eine Varianz-

---

[2198] Ausnahmen bilden die in Kapitel C vorgestellten Untersuchungen, die auf theoretische Ansätze aus der Sozialpsychologie rekurrieren. Untersucht wurden u.a. die Bedeutung sozialer Ähnlichkeit, sozialer Vergleichsprozesse sowie die Bedeutung der Norm der Reziprozität. Siehe hierzu nochmals S. 242 ff.

[2199] SILVA/TOSI (2004), S. 87.

[2200] GOMEZ-MEJIA/WISEMAN (1997), S. 323.

analyse durchzuführen.[2201] So ist aus der verhaltenswissenschaftlichen Entscheidungstheorie seit langem bekannt, dass in Entscheidungen nicht alle (verfügbaren) Informationen berücksichtigt werden können.[2202] „In making judgement or evaluation, people rarely attend to all available information or draw upon all possible information from memory. Instead, there is selectivity in attentional, processing, and retrieval phases of decision making."[2203] Auch die Urteilsbildungs- und Entscheidungsprozesse in Vergütungsausschüssen unterliegen den Bedingungen begrenzter Rationalität.

Wie bereits oben erwähnt, kann davon ausgegangen werden, dass sich die Beurteilung der Leistungen von Top-Managern durch einen hohen Grad an Komplexität auszeichnet.[2204] Die Mitglieder des Vergütungsausschusses (oder Aufsichtsrats) stehen bei der Evaluation managerialer Leistungen vor allem vor der Schwierigkeit, den Einfluss eines einzelnen Top-Managers auf die unternehmerische Performance zu bestimmen. Aufgrund von zeitlichen und informationalen Restriktionen bestehen keine idealen Bedingungen für eine Leistungsbeurteilung.[2205] Abgesehen davon, dass dem Kontrollorgan bestimmte Informationen nicht zugänglich sind, Informationen unter Zeitdruck verarbeitet werden müssen und aufgrund begrenzter Rationalität nicht alle verfügbaren Informationen berücksichtigt werden können, ist des Weiteren zu vermuten, dass Informationen nicht immer widerspruchsfrei sind, so dass eindeutige Kausalattributionen vorgenommen werden können. So hat bereits KELLEY (1973) darauf hingewiesen, dass bei Vorliegen komplexer Informationsmuster der Prozess der Kausalattribution durch Uneindeutigkeit gekennzeichnet sein kann und mehrere attributionale Interpretationen möglich sind.[2206] Unsicherheit und Komplexität nimmt zu, wenn für ein Ereignis multiple Ursachen verantwortlich gemacht werden können und Gegenstand der Analyse nicht nur ein einfacher Ursache-Wirkungs-Zusammenhang, sondern eine lange Kausalkette darstellt.[2207] Vor diesem Hintergrund ist zu vermuten, dass Ausschussmitglieder im Prozess der Beurteilung auch von Informationen über die Leistungsfähigkeit eines Managers beeinflusst werden,

---

[2201]   Auch NISBETT/ROSS (1980) heben hervor, dass Menschen schlechte Informationsverarbeiter sind und nicht über die notwendigen kognitiven Kapazitäten verfügen, um Kovariationsanalysen korrekt durchzuführen [vgl. NISBETT/ROSS (1980), S. 90 f.]. Fehler sind insbesondere dann zu erwarten, wenn Stimuli komplex und nicht eindeutig sind [vgl. NISBETT/ROSS (1980), S. 109].

[2202]   Vgl. SIMON (1959), S. 273.

[2203]   SHERMAN/CORTY (1984), S. 193.

[2204]   In der Managementforschung besteht hierüber Einigkeit [siehe FINKELSTEIN/HAMBRICK (1988), S. 547; PORAC/WADE/POLLOCK (1999), S. 113; ROSEN (1999), S. 314; RINGLEB in RINGLEB ET AL. (2008), S. 174; SILVA/TOSI (2004), S. 88; SIEBEN/BRETZKE/RAULWING (1976), S. 181 ff.; WALSH/SEWARD (1990), S. 425].

[2205]   Siehe hierzu nochmals S. 325 ff.

[2206]   Vgl. KELLEY (1973), S. 111.

[2207]   Vgl. MITCHELL/GREEN/WOOD (1981), S. 202.

die aus externen Quellen (z.B. Mitgliedschaften in Kontrollorganen renommierter Unternehmen, öffentliche Auszeichnungen, positive Medienberichterstattung usw.) stammen. In der Literatur wird von einigen Autoren argumentiert, dass aufgrund der Komplexität der Leistungsbeurteilung Mitglieder von Kontrollorganen auf ,heursitic cues' oder ,cognitive shortcuts' zurückgreifen.[2208] In eine ähnliche Richtung gehen auch die theoretischen Überlegungen in der vorliegenden Arbeit. Bezug nehmend auf Erkenntnisse der Attributions- und Managementforschung wurde argumentiert, dass die Reputation eines Managers Einfluss auf vorgenommene Attributionen hat. Verschiedene Gründe wurden angeführt (wie z.B. konfirmatorische Informationssuche, erwartungsbedingte Attributionsverzerrung, perzeptuelle Salienz und Bedeutung von Kompetenzzuschreibungen Dritter), warum Manager, die über eine Starreputation verfügen, für unternehmerische Erfolge verantwortlich gemacht werden und in Folge dessen eine höhere Vergütung erhalten.

Nachfolgend ist zu überlegen, wie sich die vermuteten Zusammenhänge empirisch überprüfen lassen. Deutlich wurde, dass Beurteilungs- und Entscheidungsprozesse in Vergütungsausschüssen den Gegenstand der Analyse bilden. In Übereinstimmung mit anderen Autoren wird auch hier die Position vertreten, dass sich auf der Basis einer quantitativen Analyse von Sekundärdaten (,archival data') vorgenommene Attributionen und Entscheidungen nur bedingt untersuchen lassen.[2209] Da bislang wenig bekannt ist über die Entscheidungsprozesse in Vergütungsausschüssen erscheinen qualitative Methoden (z.B. nicht-standardisierte Befragungen) prinzipiell geeigneter.[2210]

Seit einigen Jahren wird in der Literatur diskutiert,[2211] dass die in der Managementforschung üblichen Forschungsmethoden – d.h. statistische Analysen großer Datenmengen (,archival data')[2212]– nicht in der Lage sind, neue Erkenntnisse hinsichtlich der Vorgänge in Kontrollorganen (,inner workings of boards') zu generieren. Daher sehen einige Autoren die Notwendigkeit, Forschungsmethoden einzusetzen, die eine größere (physische) Nähe zum Forschungsobjekt aufweisen. Bereits Ende der 1990er Jahre haben FORBES/MILLIKEN (1999) darauf hingewiesen „(...) the time is ripe for reflection and for the exploration of new directions in board research."[2213] Dass bis dato nur wenige Forscher diesem Appell nachgekommen sind

---

[2208] Vgl. BELLIVEAU/O'REILLY/WADE (1996), S. 1573; D'AVENI/KESNER (1993), S. 146; SCHAFFER (2001), S. 96; STAW/EPSTEIN (2000), S. 529; WADE ET AL. (2006), S. 646.

[2209] Vgl. HALEBLIAN/RAJAGOPALAN (2006), S. 1021; SILVA (2005), S. 348.

[2210] Siehe auch HALEBLIAN/RAJAGOPALAN (2006), S. 1021.

[2211] Siehe hierzu DEVERS ET AL. (2007), S. 1041; O'NEILL (2007); PETTIGREW (1992), S. 171; PYE/PETTIGREW (2005); ROBERTS/MCNULTY/STILES (2005), S. S20. Siehe nochmals die Ausführungen auf S. 264.

[2212] Verbreitet ist der Rückgriff auf Datenbanken (z.B. Compustat).

[2213] FORBES/MILLIKEN (1999), S. 489.

Antezedenzien und Konsequenzen der Reputation von Top-Managern

und Interviews mit Mitgliedern von Kontrollorganen geführt haben, ist nicht zuletzt darauf zurückzuführen, dass amtierende Board- oder Aufsichtsratsmitglieder eher abgeneigt sind, detailliert Auskunft über ihre Arbeit zu geben.[2214] Der Zugang zu dieser Personengruppe wird in der Literatur einhellig als schwierig bezeichnet.[2215] In der nachfolgenden Untersuchung wird auf die in der Vergütungsforschung gängigen Forschungsmethoden zurückgegriffen. Allerdings sei darauf hingewiesen, dass es sich hierbei um eine explorative empirische Untersuchung handelt. Mit Hilfe dieser Untersuchung soll zunächst geprüft werden, ob die entwickelten theoretischen Überlegungen zum Zusammenhang von Starreputation und Vergütung überhaupt Relevanz besitzen. Deuten die Ergebnisse darauf hin, dass Zusammenhänge bestehen, müssten diese durch Folgeuntersuchungen (z.B. Befragungen mit Aufsichtsratsmitgliedern) weiter validiert werden.

Die empirische Studie setzt sich aus zwei Teiluntersuchungen zusammen. Zunächst erfolgt eine Inhaltsanalyse der Medienberichterstattung über Top-Manager. Anschließend werden die in Abschnitt 2 aufgestellten Hypothesen mit Hilfe des Verfahrens der multiplen Regressionsanalyse überprüft. Auf das Untersuchungsdesign wird im Detail weiter unten eingegangen.

[2214] Vgl. SILVA/TOSI (2004), S. 87.

[2215] Vgl. DAILY/DALTON/CANNELLA (2003), S. 379; PYE/PETTIGREW (2005), S. S33; PERKINS/HENDRY (2005), S. 1445; SILVA/TOSI (2004), S. 87. Ein weiterer Grund für die Zurückhaltung könnte mitunter auch darin, dass Aufsichtsratsmitglieder befürchten, dass eine Verletzung der Verschwiegenheitspflicht (§ 116 Satz 2 AktG) vorliegen könnte, wenn sie bestimmte Informationen über die Arbeit im Vergütungsausschuss (oder im Gesamtaufsichtsrat) preisgegeben. In § 116 Satz 2 AktG heißt es: „Die Aufsichtsratsmitglieder sind insbesondere zur Verschwiegenheit über erhaltene vertrauliche Berichte und vertrauliche Beratungen verpflichtet."

E. Medienprominenz, Reputation und Vergütung von Top-Managern: Eine empirische Untersuchung

Die im vorangegangenen Kapitel aufgestellten Hypothesen zum Zusammenhang von Starreputation und Managervergütung sollen nun nachfolgend geprüft werden. Wie angedeutet, handelt es sich hierbei um eine explorative Untersuchung, die sich aus insgesamt zwei Teilstudien zusammensetzt. Zunächst erfolgt eine Inhaltsanalyse der Berichterstattung über Vorstandsvorsitzende/-sprecher deutscher Aktiengesellschaften. Es soll ermittelt werden, über welche Spitzenführungskräfte die Medien berichten und wie Top-Manager dargestellt werden. Hierbei interessiert vor allem, ob einzelne Führungskräfte eine exzeptionell hohe Präsenz in den Medien aufweisen, und ob über sie positiv, neutral oder negativ berichtet wird. Wie aus den Ausführungen in Kapitel D deutlich wurde, kann die manageriale Reputation nur dann von der Berichterstattung der Medien positiv beeinflusst werden, wenn vorteilhafte Bewertungen dominieren. Insofern bildet die Analyse von Bewertungen den Schwerpunkt der Inhaltsanalyse. Auf die durch die inhaltsanalytische Untersuchung generierten Informationen zur Medienprominenz und -darstellung von Vorstandsvorsitzenden wird in der sich hieran anschließenden Untersuchung, welche den Zusammenhang zwischen Starreputation und Vergütung analysiert (siehe Abschnitt II), zurückgegriffen. Im nun nachfolgenden Abschnitt wird zunächst ein Überblick über die Methode der Inhaltsanalyse gegeben. Anschließend wird das Design der inhaltsanalytischen Untersuchung vorgestellt.

I. Inhaltsanalyse der Presseberichterstattung über Top-Manager

1. Grundlagen und Ablauf der Inhaltsanalyse

Nach FRÜH (2001) ist die Inhaltsanalyse „eine empirische Methode zur systematischen, intersubjektiv nachvollziehbaren Beschreibung inhaltlicher und formaler Merkmale von Mitteilungen."[2216] Da die Inhaltsanalyse nach explizit formulierten Regeln abläuft,[2217] sind die einzelnen Analyseschritte und die Ergebnisse der Analyse reproduzierbar, nachvollziehbar und somit auch kritisierbar.[2218] Kennzeichnend für die Inhaltsanalyse ist des Weiteren, dass sie theoriegeleitet vorgeht. Texte werden unter einer theoretischen Fragestellung analysiert und die Analyseschritte basieren ebenfalls auf theoretischen Überlegungen.[2219] Da nur jene Bedeu-

---

[2216] FRÜH (2001), S. 25.

[2217] Vgl. HOLSTI (1969), S. 3 f.

[2218] Vgl. MAURER/REINEMANN (2006), S. 36; MAYRING (2003), S. 12.

[2219] Vgl. MAYRING (2003), S. 12.

tungsinhalte untersucht werden, die sich aus der Fragestellung der Untersuchung ergeben, sind Inhaltsanalysen stets durch Selektivität und Informationsverlust gekennzeichnet.[2220] Zugleich wird durch die Beschränkung auf jene Merkmale von Mitteilungen, die sich aus dem Forschungsinteresse ergeben, die Komplexität auf ein überschaubares Maß reduziert.[2221]

Neben der Deskription wird die Inferenz als weiteres Ziel der Inhaltsanalyse genannt. Durch Aussagen über das zu analysierende Material will die Inhaltsanalyse Rückschlüsse auf bestimmte Aspekte der Kommunikation ableiten, wie z.B. Intentionen des Senders oder Wirkungen auf Rezipienten.[2222] In der Agenda-Setting Forschung werden beispielsweise die Themen der Medienagenda mit Hilfe von Inhaltsanalysen erhoben. Die Themen-Agenda des Publikums wird zeitversetzt durch Befragungen ermittelt. Mittels eines Vergleichs soll festgestellt werden, ob ein Transfer der Salienz von Themen der Medienagenda auf die Publikumsagenda stattgefunden hat.[2223]

Nahezu zeitgleich mit dem Aufkommen der Massenmedien wurden die ersten quantitativ-deskriptiven Inhaltsanalysen durchgeführt.[2224] Hierbei handelte es sich vorrangig um quantifizierende Themenanalysen.[2225] Einen Meilenstein in der Entwicklung der Inhaltsanalyse setzte der Amerikaner H. D. LASSWELL mit der Erforschung politischer Propaganda. Mitunter wird er auch als „Vater der Inhaltsanalyse" bezeichnet.[2226] Das erste umfangreiche Lehrbuch hat B. BERELSON Anfang der fünfziger Jahre des letzten Jahrhunderts veröffentlicht.[2227] Seither wurde eine Vielzahl inhaltsanalytischer Verfahren entwickelt (z.B. Themenfrequenzanalyse, Bewertungsanalyse, Kontingenzanalyse usw.)[2228], wobei zumeist „verbale Zeugnisse menschlicher Kommunikation"[2229] (wie z.B. Zeitungsartikel, Fernsehsendungen, Bücher usw.) Gegenstand inhaltsanalytischer Studien darstellen.

[2220]   Vgl. ATTESLANDER (2006), S. 188.

[2221]   Vgl. MAURER/REINEMANN (2006), S. 36.

[2222]   Vgl. MAYRING (2003), S. 12.

[2223]   Siehe hierzu nochmals die Ausführungen zur Agenda-Setting-Forschung in Kapitel B.

[2224]   MERTEN (1995) geht detailliert auf die Entstehungsgeschichte der Inhaltsanalyse ein. Er unterteilt diese in insgesamt fünf Entwicklungsphasen: 1) Die Phase der Intuition (bis 1900), 2) Die quantitativ-deskriptive Phase (7. Jh.-1926), 3) Die Phase der Reife (1926-1941), 4) Phase der interdisziplinären Erweiterung (1941-1967) und 5) Die Phase der theoretisch-methodischen Fundierung (1967 ff.) [vgl. MERTEN (1995), S. 35 ff.].

[2225]   Vgl. BONFADELLI (2002), S. 82. Umfassend hierzu MERTEN (1995), S. 36 ff.

[2226]   Vgl. BONFADELLI (2002), S. 82; MERTEN (1995), S. 40. Umfassend hierzu MERTEN (1995), S. 40 f.

[2227]   Vgl. BONFADELLI (2002), S. 82; MERTEN (1995), S. 42.

[2228]   Siehe hierzu die von MERTEN (1995) entwickelte Typologie inhaltsanalytischer Verfahren [vgl. MERTEN (1995), S. 119 ff.].

[2229]   ATTESLANDER (2006), S. 182.

Die in der sozialwissenschaftlichen Methodenlehre gezogene Unterscheidung zwischen quantitativ und qualitativ wird auch mit Blick auf die Inhaltsanalyse vorgenommen.[2230] Charakteristisch für die quantitative Inhaltsanalyse ist, dass sie mit Hilfe von (zumeist) deduktiv gewonnenen Kategorien Merkmale von Kommunikationsinhalten erfasst und in numerische Daten überführt.[2231] Die Stärke quantitativer Analysen besteht u.a. darin, dass sie größere Textmengen analysieren können.[2232] Als nachteilig wird gesehen, dass die hermeneutische Tiefe der quantifizierenden Kategorien häufig unbefriedigend bleibt.[2233] Vertreter der qualitativen Inhaltsanalyse kritisieren insbesondere, dass quantitative Auflistungen augenfälliger Inhaltsmerkmale keineswegs zufriedenstellend sein können, denn latente Sinnkomponenten können durch Zuordnungen zu bestehenden Kategorien nicht erfasst werden.[2234] Andere weisen jedoch darauf hin, dass nicht nur manifeste Textinhalte Gegenstand der Inhaltsanalyse darstellen, sondern dass auch subtile oder latente Bedeutungen (wie z.B. implizite Argumente oder Bewertungen) codierbar sind.[2235] Quantitative Analysen können sich auf Häufigkeitsaufzählungen bestimmter Textmerkmale beschränken, sie erlauben aber auch tiefergehende Analysen.

Die Unterscheidung zwischen quantitativen und qualitativen Inhaltsanalysen wird in der Literatur von einigen Autoren auch kritisch gesehen.[2236] So argumentiert FRÜH (2001), dass quantitative Inhaltsanalysen viele qualitative Elemente enthalten und vice versa.[2237] Ihm zufolge geht die quantitative Inhaltsanalyse zwar quantifizierend vor, jedoch sei jede Identifizierung eines inhaltlichen Textmerkmals zunächst ein qualitativer Analyseakt.[2238] FRÜH plädiert für eine Kombination der für quantitative Untersuchungen typischen deduktiven Vorgehensweise mit dem induktiven Vorgehen, das als charakteristisches Merkmal für qualitatives Forschen gilt.[2239]

In der nachfolgenden Abbildung ist der typische Ablauf einer inhaltsanalytischen Untersuchung graphisch dargestellt. Am Anfang einer jeden Inhaltsanalyse steht zunächst das Erkenntnisinteresse, d.h. die Formulierung der Forschungsfrage und die Übersetzung der Frage

---

[2230] Vgl. ATTESLANDER (2006), S. 182; FRÜH (2001), S. 67; MAYRING (2003), S. 16 ff.

[2231] Vgl. ATTESLANDER (2006), S. 190.

[2232] Vgl. GERHARDS/OFFERHAUS/ROOSE (2007), S. 107.

[2233] GERHARDS/OFFERHAUS/ROOSE (2007), S. 107.

[2234] Zur Kritik an der quantitativen Inhaltsanalyse siehe die Ausführungen bei KÜBLER (1999), S. 264.

[2235] Vgl. FRÜH (2001), S. 217. Zu dieser Debatte siehe auch HOLSTI (1969), S. 12 ff.

[2236] Vgl. ATTESLANDER (2006), S. 188; FRÜH (2001), S. 67.

[2237] Vgl. FRÜH (2001), S. 74.

[2238] Vgl. FRÜH (2001), S. 35.

[2239] Vgl. FRÜH (2001), S. 74.

in einzelne, prüfbare Behauptungen (Hypothesen).[2240] Der eigentliche empirische Teil beginnt mit der *Planungsphase*.[2241] Mit einer detaillierten Projektplanung wird mitunter das Ziel verfolgt, die verfügbaren Ressourcen (Geld, Zeit, Codierer) in eine vernünftige Relation zum angestrebten Erkenntnisfortschritt zu setzen.[2242]

Abb. 18: Untersuchungsablauf der Inhaltsanalyse[2243]

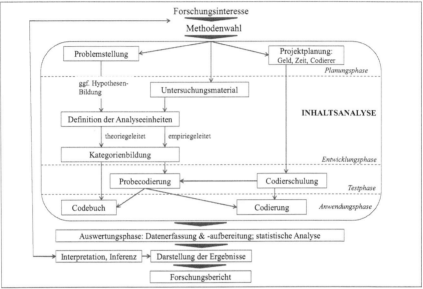

In der sich anschließenden *Entwicklungsphase* erfolgt zunächst die Definition der Auswahleinheit (sampling unit).[2244] Diese legt fest, welches Material inhaltsanalytisch untersucht werden soll.[2245] Verschiedene Verfahren (willkürliche Auswahl, bewusste Auswahl und Wahr-

---

[2240]   Vgl. FRÜH (2001), S. 77.

[2241]   Vgl. RÖSSLER (2005), S. 36.

[2242]   Vgl. RÖSSLER (2005), S. 36.

[2243]   I.A. FRÜH (2001), S. 96 und RÖSSLER (2005), S. 35.

[2244]   In der Literatur wird zwischen den folgenden Typen von Einheiten differenziert: 1) Auswahleinheit (sampling unit), 2) Analyseeinheit (recording unit), 3) Codiereinheit (content unit) und 4) Kontexteinheit (context unit). Die Kontexteinheit soll es ermöglichen, den Zusammenhang der Analyseeinheit zu erfassen. [vgl. RÖSSLER (2005), S. 39 ff.]. KRIPPENDORFF (2004) differenziert zwischen drei Einheiten (‚sampling units', ‚recording/coding units' und ‚context units') [vgl. , S. 98 ff.]. Ebenso MERTEN (1995), S. 281 f.

[2245]   Vgl. RÖSSLER (2005), S. 39.

scheinlichkeitsauswahl) können hierbei zur Anwendung kommen.[2246] Bei einer Vollerhebung entfällt das Problem der Stichprobenziehung.

Bei der Analyseeinheit (recording unit) handelt es sich um jene Elemente, für die im Rahmen der Codierung jeweils eine Klassifizierung vorgenommen wird.[2247] „Die Analyseeinheit ist das Element einer Botschaft, auf die eine Kategorie angewendet wird und auf die sich die Interpretation der Ergebnisse beziehen."[2248] Als Analyseeinheit kann der einzelne Artikel, der Absatz, die Aussage, der Satz oder ein einzelnes Wort definiert werden.[2249] Möglich ist, dass ein und dieselbe Untersuchung auf unterschiedlichen Analyseebenen durchgeführt wird. So kann einerseits auf Beitragsebene (z.B. die Tendenz eines Artikels), andererseits auf Aussageebene (z.B. Tendenzen einzelner Aussagen innerhalb eines Artikels) codiert werden. In der Literatur werden verschiedene Gründe diskutiert, warum beide Vorgehensweisen nicht zwangsläufig zum selben Ergebnis führen müssen.[2250] Soll beispielsweise die Gesamttendenz eines Betrags codiert werden – z.B. ob die im Mittelpunkt eines Zeitungsartikels stehende Person positiv, neutral oder negativ dargestellt wird –, können bestimmte Wahrnehmungseffekte (z.B. Halo-, Recency-, Primacy-Effekt) die Urteilsbildung der Codierer beeinflussen.[2251] Vermutet wird, dass diese Effekte bei der Codierung von Beiträgen stärker ins Gewicht fallen als bei der Codierung von Aussagen.[2252]

Die Entwicklung des Kategoriensystems folgt im Anschluss an die Definition der Analyseeinheiten. Theoretische Konstrukte, die zur Beantwortung der Forschungsfragen gemessen werden sollen, werden durch operationale Definitionen in Kategorien überführt.[2253] Die aus den formulierten Hypothesen abgeleiteten theoretischen Konstrukte (bzw. Hauptkategorien) bilden den Kern des Kategoriensystems.[2254] Die Bildung der Kategorien erfolgt sowohl theorie- als auch empiriegeleitet.[2255] Validität ist gegeben, wenn mit dem Kategoriensystem das

---

[2246] Vgl. MERTEN (1995), S. 283. Umfassend MERTEN (1995), S. 283 ff.; RÖSSLER (2005), S. 50 ff.

[2247] Vgl. RÖSSLER (2005), S. 40.

[2248] MAURER/REINEMANN (2006), S. 53.

[2249] Vgl. MERTEN (1995), S. 281.

[2250] Siehe hierzu ENGESSER/REINEMANN (2001), S. 218 ff.; MAURER/REINEMANN (2006), S. 53.

[2251] Vgl. ENGESSER/REINEMANN (2001), S. 226.

[2252] Vgl. ENGESSER/REINEMANN (2001), S. 226.

[2253] Vgl. RÖSSLER (2005), S. 37.

[2254] Vgl. FRÜH (2001), S. 144.

[2255] Vgl. FRÜH (2001), S. 144. Zur empiriegeleiteten Kategorienbildung siehe umfassend FRÜH (2001), S. 144 ff.

gemessen wird, was gemäß der Fragestellung bzw. Hypothesen auch gemessen werden soll.[2256]

In der *Testphase* erfolgt eine Probecodierung. Mit dieser soll festgestellt werden, ob die Kategorien eindeutig definiert sind. Gegebenenfalls werden erneut Modifikationen vorgenommen. Die Codierschulung zielt darauf ab, die Codierer mit den im Codebuch fixierten Regeln und Kategorien vertraut zu machen. Abgeschlossen wird die Codierschulung mit einer Gültigkeits- und Verlässlichkeitskontrolle.[2257] Die Reliabilitätsmessung (z.B. Intercoder-Reliabilität, Intracoder-Reliabilität, Forscher-Codierer-Reliabilität) zählt zu den Standardprozeduren.[2258]

In der Auswertungsphase erfolgt zunächst eine Aufbereitung der Daten. Die Codierresultate werden für die weitere Auswertung in ein entsprechendes Computerprogramm (z.B. Tabellenkalkulations- oder statistische Auswertungsprogramme) übertragen. Es besteht auch die Möglichkeit, die Daten direkt und ohne den Zwischenschritt über einen Codebogen einzugeben.[2259] Anschließend werden die Daten ausgewertet und die Hypothesen überprüft.[2260]

2.   Untersuchungsdesign

2.1   Zielsetzung und konzeptionelle Überlegungen zur Vorgehensweise

Die inhaltsanalytische Untersuchung der Presseberichterstattung über Top-Manager verfolgt im Wesentlichen zwei Ziele: Zum einen soll festgestellt werden, ob in der Berichterstattung über Vorstandsvorsitzende Konzentrationstendenzen erkennbar sind. Mit anderen Worten, es soll geprüft werden, ob bestimmte Top-Manager eine besonders hohe Präsenz in den Medien aufweisen, und sie aufgrund der hohen medialen Aufmerksamkeit einen Prominentenstatus erlangen. Wie an anderer Stelle der Arbeit dargelegt, zeichnen sich Starmanager nicht nur durch eine hohe mediale Visibilität aus, sondern auch dadurch, dass die Medien weitgehend positiv über sie berichten. In Skandale verwickelte Manager sind in den Medien womöglich sehr präsent, erlangen aufgrund der negativen Berichterstattung allerdings nicht den Status eines Stars. Zur Identifikation von „Managerstars" reichen quantitative Informationen über

---

[2256]   Vgl. BONFADELLI (2002), S. 89.

[2257]   Vgl. FRÜH (2001), S. 173.

[2258]   Vgl. RÖSSLER (2005), S. 185.

[2259]   Vgl. MAURER/REINEMANN (2006), S. 50. Um Fehler, die bei der Übertragung der Ergebnisse entstehen können, zu vermeiden, wurden die Daten in der vorliegenden Untersuchung direkt bei der Codierung in SPSS eingegeben.

[2260]   Vgl. FRÜH (2001), S. 189 ff.

das Ausmaß der Berichterstattung demzufolge nicht aus.[2261] Insofern verfolgt die inhaltsanalytische Untersuchung auch ein deskriptives Ziel, namentlich die Beschreibung inhaltlicher Merkmale der Berichterstattung über Top-Manager. Folgende Fragen sind hierbei forschungsleitend: In welchen Kontexten wird über Vorstandsvorsitzende deutscher Aktiengesellschaften berichtet? Welche Manager werden besonders positiv in der Berichterstattung dargestellt? Ist der Tenor der Berichterstattung tendenziell positiv oder negativ? Werden Manager für unternehmerische Erfolge oder Misserfolge verantwortlich gemacht?

Auf eine Übersetzung der Forschungsfragen in einzelne prüfbare Behauptungen („geschlossene Hypothesen") wurde aufgrund des begrenzten Nutzens verzichtet. Die unten vorgestellten Kategorien (Abschnitt 2.3) wurden unmittelbar aus den Forschungsfragen („offene Hypothesen") abgeleitet.

Um die soeben beschriebenen Forschungsziele zu erreichen, sind prinzipiell zwei Vorgehensweisen denkbar. Beide Wege sind allerdings mit bestimmten Vor- und Nachteilen verbunden, die zunächst sorgfältig gegeneinander abzuwägen sind, bevor eine endgültige Entscheidung getroffen werden kann: 1) Die Festlegung der Auswahleinheit (sampling unit) zählt zu den wichtigsten Entscheidungen, die im Rahmen einer inhaltsanalytischen Untersuchung zu treffen ist. Wie oben dargelegt, legt die Auswahleinheit fest, welches Medienmaterial inhaltsanalytisch untersucht werden soll, wobei sich die Definition in aller Regel aus der Fragestellung ergibt.[2262] In der hier vorliegenden Untersuchung soll die Berichterstattung über Vorstandsvorsitzende in drei Tageszeitungen (*Frankfurter Allgemeine Zeitung*, *Süddeutsche Zeitung* und *Handelsblatt*) analysiert werden.[2263] Im Anschluss an die Festlegung der zu untersuchenden Medien und Zeiträume erfolgt die Selektion des zu codierenden Materials. Da nicht alle Zeitungsartikel relevant sind, müssen bestimmte Aufgreifkriterien definiert und eine Strategie für die Selektion der relevanten Beiträge gefunden werden. Eine in inhaltsanalytischen Untersuchungen übliche Vorgehensweise ist die Suche nach bestimmten Begriffen (wie z.B. Vorstandsvorsitzender, Vorstandssprecher, Vorstandchef, Konzernchef etc.) im Titelbereich von Zeitungsartikeln.[2264] Angenommen wird hierbei, dass die Artikelüberschrift mit dem

---

[2261] Nach MAURER/REINEMANN (2006) wird in manchen Inhaltsanalysen die Darstellung von Politikern über die Häufigkeit ihres Vorkommens in den Medien operationalisiert. Hierbei wird angenommen, dass je öfter über einen Politiker berichtet wird, desto positiver ist es für ihn („Kanzlerbonus"). Allerdings stellen auch MAURER/REINEMANN heraus, dass einem Politiker die Medienpräsenz wenig nützt, wenn dieser überwiegend negativ dargestellt wird. Den Autoren zufolge misst der Indikator „Häufigkeit" etwas anderes als der Indikator „Tendenz der Darstellung" [vgl. MAURER/REINEMANN (2006), S. 55].

[2262] Vgl. RÖSSLER (2005), S. 39.

[2263] Eine ausführliche Begründung für die Fokussierung der Untersuchung auf die Berichterstattung von drei überregionalen Zeitungen erfolgt weiter unten auf S. 359 f.

[2264] Siehe exemplarisch die Studie von PARK/BERGER (2004).

thematischen Schwerpunkt des jeweiligen Beitrags korrespondiert.[2265] Da nicht die Unternehmensberichterstattung Gegenstand der Analyse darstellen soll, sondern die Berichterstattung über die Person an der Unternehmensspitze, erscheint ein solches Vorgehen prinzipiell sinnvoll. Hilfreich sind bei einer Suche nach bestimmten Schlagworten im Titelbereich vor allem Onlinearchive sowie CD-ROM-Ausgaben von Zeitungen. Die Eingabe des Suchbegriffs „Vorstandsvorsitzender" in der Suchmaske der GENIOS Datenbank hat allein für die *Frankfurter Allgemeine Zeitung* für die Jahre 2000 bis 2006 157 Treffer ergeben. Das Suchwort „Vorstandschef" brachte im Untersuchungszeitraum sogar 582 Treffer. Nach einer eingehenden Prüfung verschiedener Suchbegriffe und der Anwendung verschiedener Suchstrategien konnten folgende Feststellungen gemacht werden: A) Das Suchergebnis über eine Recherche nach bestimmten Begriffen im Titelbereich umfasst zahlreiche Zeitungsartikel, die für die Untersuchung keine Relevanz besitzen. Hierzu zählen insbesondere Artikel über Konzernchefs ausländischer Gesellschaften sowie Artikel über Personen, die zwar den Titel Vorstandsvorsitzender oder -sprecher tragen, aber keine Manager von Aktiengesellschaften sind. Insofern sind diese als irrelevant einzustufenden Beiträge aus dem Untersuchungsmaterial zu entfernen, was zwar einen hohen Selektionsaufwand mit sich bringen würde, technisch allerdings möglich wäre. B) Wesentlich problematischer erscheint indes, dass mit der gewählten Suchstrategie über Stichworte im Titelbereich zahlreiche Artikel nicht gefunden werden, die für die Analyse allerdings von großer Relevanz sind und deren Ausschluss aus der Untersuchung zu einer (gravierenden) Verzerrung der Ergebnisse führen würde. So hat ein Vergleich der Ergebnisse der Suche nach einschlägigen Begriffen mit den Resultaten einer Recherche im Gesamttext ergeben, dass häufig der Unternehmensname um Begriffe wie „Chef" oder „Lenker" ergänzt wird (z.B. „Daimler-Chef", „Postchef", „Bahn-Chef" oder „VW-Lenker").[2266] Des Weiteren hat die Prüfung gezeigt, dass vor allem bei prominenten Top-Managern häufig nur der Name in der Artikelüberschrift auftaucht (z.B. „Rückhalt für Josef Ackermann"[2267] oder „Jürgen Schrempp taucht ab"[2268]). Dass prominente Top-Manager oft-

---

[2265]   Allerdings ist es nicht immer möglich, anhand der Schlagzeile auf den thematischen Schwerpunkt zu schließen. Schwierig wird es vor allem bei den so genannten Rätsel-Schlagzeilen [zu den verschiedenen Typen von Schlagzeilen siehe [vgl. BURGER/LUGINBÜHL (2005), S. 118 ff.].

[2266]   Der entsprechende Artikel wird nur gefunden, wenn die Dachzeile oder der Untertitel einen der verwendeten Suchbegriffe enthält. Im Prinzip wäre es auch möglich, die Suche im Titel um das Wort „Chef" zu ergänzen. Bei dieser Vorgehensweise ergibt sich jedoch das Problem, dass jeder Artikel einer weiteren Überprüfung unterzogen werden müsste, da nicht jeder „Chef" zwangsläufig Vorstandsvorsitzender einer deutschen Aktiengesellschaft ist. Eine solche Überprüfung scheidet aufgrund des unverhältnismäßig hohen Aufwands jedoch aus. So hat die Suche nach dem Begriff „Chef" im Titel für alle drei Tageszeitungen und für den Zeitraum 01.01.2000 bis 31.12.2006 8.977 Treffer ergeben. Die Suche nach dem Begriff „Chef" im Titel erfolgte über die Datenbank GENIOS Pressequellen.

[2267]   „Rückhalt für Josef Ackermann - Die bevorstehende Einstellung des Mannesmann-Verfahrens ist „eine gute Nachricht" für die Deutsche Bank" FAZ vom 25.11.2006.

mals nur namentlich und ohne Hinweis auf die von ihnen ausgeübte Funktion genannt werden, ist wenig überraschend. So zeichnet sich eine prominente Person gerade dadurch aus, dass ihre Bekanntheit vorausgesetzt wird bzw. werden kann. Treffend bezeichnet BOORSTIN in seiner viel zitierten Definition eine prominente Person als jemand „*who is known for his well-knowness.*"[2269]

Während sich das oben skizzierte Problem mit den Begriffen „Chef" oder „Lenker" durch eine Kombinationssuche zumindest ansatzweise lösen ließe,[2270] erscheint es für das „Namensproblem" keine sinnvolle Lösung zu geben. So besteht kein sicheres Wissen darüber, welche Top-Manager der letzten Jahre einen so hohen Bekanntheitsgrad erlangt haben, dass der Name in der Schlagzeile ausreicht, damit Medienrezipienten diese Führungskräfte (bestimmten Unternehmen) zuordnen können. Vor dem Hintergrund der Ziele der Untersuchung – mit der Inhaltsanalyse sollen jene Manager identifiziert werden, die aufgrund der hohen medialen Aufmerksamkeit Prominenz erlangt haben – ist die beschriebene Problematik als gravierend einzustufen. Das Risiko, dass durch die gewählte Suchstrategie die Ergebnisse erheblich verzerrt werden können, erscheint sehr hoch.

2) Eine Konzentration auf die Berichterstattung über Vorstandsvorsitzende bestimmter Unternehmen könnte eine Lösung des geschilderten Problems darstellen, da sich hierdurch die Möglichkeit eröffnet, gezielt nach Namen von Managern und Unternehmen im Titel und/oder Gesamttext zu suchen. Ein Nachteil ist allerdings, dass die Festlegung auf Manager bestimmter Unternehmen dazu führt, dass die Ergebnisse der Analyse nicht „die" Berichterstattung über Vorstandsvorsitzende widerspiegeln. Allgemeingültige Aussagen über typische Merkmale der Berichterstattung über Vorstandsvorsitzende deutscher Unternehmen könnten demnach nicht mehr getroffen werden. Ferner werden zahlreiche Manager, die ebenfalls eine hohe mediale Präsenz aufweisen (können), bereits von vornherein aus der Untersuchung ausgeklammert. Fokussiert die Untersuchung beispielsweise auf Top-Manager börsennotierter Unternehmen, würde die Berichterstattung über Vorstandsvorsitzende nicht-börsennotierter Aktiengesellschaften – und diese bilden immerhin die Mehrheit in Deutschland – nicht analysiert werden. Vor dem Hintergrund, dass das übergeordnete Ziel der in dieser Arbeit durchgeführt-

---

[2268] „Jürgen Schrempp taucht ab - Bei der Analystenkonferenz fehlt der oberste Lenker der Welt AG" FAZ vom 24.04.2004.

[2269] BOORSTIN (1992), S. 57 (Kursivierung im Original).

[2270] Dieses Problem könnte durch eine Suche nach dem Begriff „Chef/Chefin" (oder „Lenker/Lenkerin") im Titelbereich und eine hierzu zeitgleich durchgeführte Suche nach dem Wort „Vorstandsvor$" im Gesamttext der Tageszeitungen gelöst werden. Dabei ist $ ein Trunkierungszeichen, das beliebig viele Zeichen am Ende des Wortes ersetzt. Gefunden werden Vorstandsvorsitzender, Vorstandsvorsitzende, Vorstandsvorsitzenden, Vorstandsvorsitzer sowie Vorstandsvorsitz. Nicht gefunden werden Vorstandssprecher(in), Vorsitzende(r) des Vorstands, Sprecher(in) des Vorstands und alle Begriffe, die mit „Konzern" (Konzernchef, Konzernlenker etc.) beginnen.

ten Untersuchung darin besteht, empirisch zu überprüfen, ob Starmanager eine höhere Vergütung erhalten, stellt sich jedoch die Frage, ob eine breit angelegte inhaltsanalytische Untersuchung sinnvoll ist, wenn der Großteil der erhobenen Daten in der später durchgeführten Untersuchung keine Berücksichtigung mehr findet. Mit Blick auf die primäre Zielstellung erscheint es daher zweckmäßiger, die Inhaltsanalyse auf jene Unternehmen zu beschränken, die auch Bestandteil der nachfolgenden Untersuchung sind. In dieser werden die Vergütungssysteme von insgesamt 99 Vorstandsvorsitzenden deutscher Aktiengesellschaften analysiert, die zum Stichtag 31.12.2006 im Dax, MDax, TecDax oder SDax notiert waren. Die folgende Tabelle gibt einen Überblick über alle Aktiengesellschaften, die in der Stichprobe verblieben sind. Aus verschiedenen Gründen (z.B. keine individualisierte Offenlegung der Vorstandsgehälter, Wechsel des Vorstandsvorsitzenden im Geschäftsjahr 2006, Fusion usw.) [2271] musste das Ausgangssample, das ursprünglich 160 Gesellschaften umfasste, um 61 Unternehmen bereinigt werden. Aus der Tabelle wird deutlich, dass die Stichprobe u.a. die größten deutschen börsennotierten Aktiengesellschaften umfasst. Von den im Dax notierten Aktiengesellschaften haben lediglich fünf Unternehmen die Bedingungen für die Aufnahme nicht erfüllt.[2272]

Tab. 12:   Im Sample befindliche Aktiengesellschaften[2273]

Aareal Bank AG	Adidas AG	Adva AG Optical Networking
Aixtron AG	Allianz SE	Altana AG
Arques Industries AG	AWD Holding AG	BASF AG
Bayer AG	Beiersdorf AG	Bilfinger Berger AG
Cash Life AG	CeWe Color Holding AG	Colonia Real Estate AG
Comdirect AG	Commerzbank AG	Conergy AG
Continental AG	CTS Eventim AG	Curanum AG
D+S Europe AG	DAB Bank AG	DaimlerChrysler AG
Deutsche Bank AG	Deutsche Börse AG	Deutsche Euroshop AG
Deutsche Post AG	Deutsche Postbank AG	Deutz AG
DIC Asset AG	Douglas Holding AG	Dyckerhoff AG
Eon AG	Elexis AG	ElringKlinger AG
EM.TV & Merchandising AG	Epcos AG	Evotec AG
Fielmann AG	Fraport AG	Freenet AG
Fresenius SE	GEA Group AG	Gerry Weber International AG
GfK AG	Gildemeister AG	Grenkeleasing AG
H&R Wasag AG	HCI Capital AG	Heidelberger Druckmaschinen AG

[2271]   Auf die unterschiedlichen Gründe wird weiter unten noch einmal im Detail eingegangen. Siehe S. 392 f.

[2272]   Das sind: BMW AG (Wechsel des Vorstandsvorsitzenden im Jahr 2006), Deutsche Telekom AG (Wechsel des Vorstandsvorsitzenden im Jahr 2006), Henkel KGaA, Fresenius Medical Care AG & Co KGaA sowie ThyssenKrupp AG. Die Stichprobe setzt sich aus 25 Dax-, 33 MDax-, 28 SDax- und 13 TecDax-Unternehmen zusammen.

[2273]   Einige der in Tabelle 12 angeführten Unternehmen firmieren inzwischen unter einem anderen Namen.

Tab. 12 (Fortsetzung): Im Sample befindliche Aktiengesellschaften

Hochtief AG	Hypo Real Estate Holding AG	IKB Deutsche Industriebank AG
Infineon Technologies AG	Interhyp AG	IWKA AG
Jenoptik AG	K+S AG	Karstadt Quelle AG
KWS Saat AG	Lanxess AG	Leoni AG
Linde AG	Loewe AG	Lufthansa AG
MAN AG	Metro AG	MLP AG
MorphoSys AG	MTU Aero Engines Holding AG	Münchener Rückvers.-Ges. AG
MVV Energie AG	Patrizia Immobilien AG	Pfeiffer Vacuum Technology AG
Pfleiderer AG	Praktiker Bau- und Heimwerker-märkte Holding AG	Premiere AG
Puma AG	Q-Cells AG	Rheinmetall AG
Rhön-Klinikum AG	RWE AG	Salzgitter AG
SAP AG	Schwarz Pharma AG	SGL Carbon AG
Siemens AG	Software AG	Solarworld AG
Stada Arzneimittel AG	TAG Immobilien AG	Techem AG
Thielert AG	TUI AG	United Internet AG
Vivacon AG	Volkswagen AG	Wacker Chemie AG

Die nachfolgende Tabelle zeigt, aus welchen Branchen bzw. Supersektoren die Unternehmen stammen. Für die Branchen- bzw. Sektoreneinteilung wurde die Zuordnung der Deutschen Börse übernommen.[2274]

Tab. 13:   Im Sample befindliche Aktiengesellschaften nach Branchen

Branche	Anteil im Sample absolut (in %)		Supersektor	Anteil im Sample absolut (in %)	
Energie & Rohstoffe (Basic Resources)	1	(1,0%)	Basic Materials	9	(9,1%)
Chemie (Chemicals)	8	(8,1%)			
Automobil (Automobile)	5	(5,1%)	Consumer Goods	12	(12,1%)
Konsumgüter (Consumer)	6	(6,1%)			
Nahrungsmittel & Getränke (Food & Beverages)	0	(0,0%)			
Medien (Media)	4	(4,0%)	Consumer Services	9	(9,1%)
Einzelhandel (Retail)	5	(5,1%)			
Banken (Banks)	6	(6,1%)	Finance, Insurance und Real Estate (FIRE)	24	(24,2%)
Finanzdienstleister (Financial Services)	16	(16,2%)			
Versicherungen (Insurance)	2	(2,0%)			
Industriegüter (Industrial)	20	(20,2%)	Industrials	27	(27,3%)
Bauindustrie (Construction)	3	(3,0%)			
Transport & Logistik (Transportation & Logistics)	4	(4,0%)			
Software (Software)	4	(4,0%)	Information Technology	8	(8,1%)
Technologie (Technology)	4	(4,0%)			

[2274]   Siehe hierzu: http://deutsche-boerse.com/dbag/dispatch/de/kir/gdb_navigation/market_ data_analytics/20_ indices/ 150_sector_indices?horizontal=page0_mda_sp_sectorindices_intro [Datum des Zugriffs: 01.06.2009].

Tab. 13 (Fortsetzung): Im Sample befindliche Aktiengesellschaften nach Branchen

Pharma (Pharma & Healthcare)	8	(8,1%)	Pharma & Healthcare	7	(7,1%)
Telekommunikation (Telecommunication)	0	(0,0%)	Telecommunication	0	(0,0%)
Versorger (Utilities)	3	(3,0%)	Utilities	3	(3,0%)
Insgesamt	99	(100%)	Insgesamt	99	(100%)

Neben der Möglichkeit der gezielten Recherche weist die Beschränkung der Analyse auf die mediale Darstellung von Vorstandsvorsitzenden ausgewählter Aktiengesellschaften noch weitere Vorteile auf. Da sich das Untersuchungsmaterial reduziert, ist es möglich, eine tiefergehende Analyse durchzuführen und ein feingliedrigeres Kategoriensystem zu entwickeln, mit welchem sich auch Daten auf Aussageebene (wie z.B. vorgenommene Attributionen) erheben lassen. Des Weiteren wird durch die gewählte Vorgehensweise die Möglichkeit eröffnet, zu prüfen, ob prominente Manager bereits vor Amtsantritt als Vorsitzender des Vorstands die Aufmerksamkeit der Medien auf sich gelenkt haben. Mit anderen Worten, durch die gewählte Vorgehensweise lassen sich „Medienkarrieren" von Managern über einen mehrjährigen Zeitraum rekonstruieren.

2.2   Untersuchungsmaterial

2.2.1   Medien und Zeitraum

Da aufgrund beschränkter Ressourcen nicht die gesamte Medienberichterstattung untersucht werden kann, wird sich die Analyse auf zwei Tageszeitungen und eine Wirtschaftszeitung beschränken. Bei der Auswahl spielte einerseits die Reichweite der Zeitungen eine Rolle, andererseits wurden Medien ausgewählt, die im Bereich der Wirtschaftsberichterstattung als so genannte Leitmedien gelten.[2275]

Die Qualitätszeitungen ‚Süddeutsche Zeitung' (SZ) und ‚Frankfurter Allgemeine Zeitung' (FAZ) zählen zu den auflagenstärksten Abonnement-Tageszeitungen.[2276] Die SZ und FAZ sind überregional ausgerichtet und haben unterschiedliche redaktionelle Linien. So gilt die SZ als „gemäßigt links", während die FAZ als „gemäßigt rechts" eingestuft wird.[2277] Des Weite-

---

[2275]   Vgl. HEINRICH/MOSS (2006), S. 19.

[2276]   Siehe die von der Informationsgemeinschaft zur Feststellung der Verbreitung von Werbeträgern (IVW) ermittelten Auflagenhöhen http://daten.ivw.eu/index.php?menuid=1&u=&p=&detail=true [Datum des Zugriffs: 01.12.2008]. Siehe die auf den Internetseiten der AWA (Allensbacher Markt- und Werbeträgeranalyse) angegebenen Reichweiten http://www.awa-online.de/ [Datum des Zugriffs: 01.12.2008].

[2277]   Vgl. FRÖHLICH/SCHERER/SCHEUFELE (2007), S. 18.

ren gelten beide Blätter als Meinungsführermedien, an denen sich andere Journalisten orientieren.[2278]

Neben den Tageszeitungen FAZ und SZ wurde als weitere Zeitung das ‚Handelsblatt' (HB) hinzugezogen. Das Handelsblatt ist die in Deutschland auflagenstärkste Wirtschaftstageszeitung.[2279] Wie die SZ und FAZ wird sie im gesamten Bundesgebiet verkauft, hat eine überregionale Ausrichtung und gehört zu den beliebtesten Tageszeitungen von Entscheidungsträgern in Wirtschaft und Verwaltung.[2280] Ferner ist das Handelsblatt das in Deutschland meistzitierte Wirtschaftsmedium.[2281]

Die Untersuchung erstreckt sich über einen Zeitraum von sieben Jahren (2000-2006). Bei der Festlegung des Untersuchungszeitraums spielten unterschiedliche Überlegungen eine Rolle. Vor dem Hintergrund, dass der Aufbau von Reputation Zeit benötigt und davon auszugehen ist, dass erst eine kumulierte positive Berichterstattung die Reputation von Managern beeinflussen kann, erschien es sinnvoll, die Berichterstattung über Top-Manager über einen Zeitraum von mehreren Jahren zu analysieren. Zugleich ist aber auch zu vermuten, dass Informationen, die zeitlich weiter zurückliegen, nicht in der gleichen Weise verfügbar und kognitiv präsent sind, wie Informationen über aktuelle Ereignisse. Zudem ist vorstellbar, dass besonders herausragende Leistungen, die ein Manager im Laufe seiner Karriere erbracht hat, nicht gänzlich in Vergessenheit geraten, sondern immer wieder Gegenstand der medialen Berichterstattung darstellen. Darüber hinaus spielte bei der Festlegung des Untersuchungszeitraums auch der Zeitpunkt der Erstbestellung eine Rolle. Die überwiegende Mehrzahl der insgesamt 99 Manager wurde zwischen 2000 und 2005 zum Vorstandsvorsitzenden bestellt.[2282]

[2278]   Vgl. FRÖHLICH/SCHERER/SCHEUFELE (2007), S. 18.

[2279]   Siehe die von der *Informationsgemeinschaft zur Feststellung der Verbreitung von Werbeträgern* (IVW) ermittelten Auflagenhöhen http://daten.ivw.eu/index.php?menuid=1&u=&p=&detail=true [Datum des Zugriffs: 01.12.2008] Siehe die auf den Internetseiten der AWA angegebenen Reichweiten http://www.awa-online.de/ [Datum des Zugriffs: 01.12.2008].

[2280]   Siehe die Ergebnisse der Leseranalyse von Entscheidungsträgern in Wirtschaft und Verwaltung (LAE 2007) unter http://www.immediate.de/LAE2007/Titelportraits/Site/default.html [Datum des Zugriffs: 01.12.2008]

[2281]   Siehe die Zusammenfassung der vom Media-Tenor herausgegebenen Studie zu den meistzitierten Medien in Deutschland unter http://www.mediatenor.de/newsletters.php?id_news=265 [Datum des Zugriffs: 04.12.2008].

[2282]   Voraussetzung für die Aufnahme in die Untersuchung war, dass die Amtszeit des Vorstandsvorsitzenden mindestens zwölf Monate beträgt. Demnach wurden alle Unternehmen aus der Untersuchung ausgeschlossen, die im Laufe des Geschäftsjahres 2006 einen Wechsel an der Unternehmensspitze vollzogen haben.

2.2.2   Materialrecherche und Selektion

Durch die Fokussierung der Untersuchung auf Vorstandsvorsitzende ausgewählter Aktiengesellschaften eröffnet sich die Möglichkeit, gezielt nach Artikeln zu recherchieren. Über die
Volltextfunktion kann nach Namen (Vor- und Nachnamen) in Kombination mit dem Unter-
nehmensnamen gesucht werden. Entsprechend können alle Artikel gefunden werden, in denen
die Führungskräfte namentlich erwähnt werden. Während des Untersuchungszeitraums sind
insgesamt 25.887 Artikel erschienen, in denen mindestens einer der 99 Manager explizit genannt wurde.[2283] Es sei darauf hingewiesen, dass die Zahl der tatsächlich veröffentlichten Artikel unter der genannten Zahl liegen dürfte, da in einigen Beiträgen zugleich mehr als nur
eine Spitzenführungskraft genannt wird. Hierzu zählen beispielsweise Zeitungsartikel, in denen über Manager im Allgemeinen berichtet wird und beispielhaft auf einzelne Führungskräfte eingegangen wird.

Vor dem Hintergrund, dass nicht die Berichterstattung über Unternehmen Gegenstand der
Inhaltsanalyse darstellen soll, sondern die Berichterstattung über Top-Manager, erscheint es
wenig sinnvoll, alle Artikel, in denen Führungskräfte im Text erwähnt werden, in das Untersuchungsmaterial mit aufzunehmen. Durchaus üblich ist es beispielsweise, dass Vorstandsvorsitzende im Rahmen der Unternehmensberichterstattung direkt oder indirekt zitiert werden, ohne dass der Leser etwas über die Personen selbst erfährt. Insofern wurden in das
Untersuchungsmaterial nur jene Artikel aufgenommen, die aufgrund ihrer Überschrift (Dachzeile, Titel und Untertitel) erkennen lassen, dass über den Unternehmenschef berichtet wird.
Mit anderen Worten: Es wurden alle Zeitungsartikel aufgenommen, deren Überschriften entweder den Namen des Managers oder eine Funktionsbezeichnung (z.B. Vorstandsvorsitzender, Firmenchef, Vorstandssprecher, Vorsitzender des Vorstands, Konzernchef, Konzernlenker, Finanzvorstand, VW-Chef usw.) enthielten.[2284] Aufgenommen wurden darüber hinaus
auch Zeitungsartikel mit Rätsel-Schlagzeilen (z.B. „Der Professor muss angreifen"[2285], „Von
Beruf Tiefstapler"[2286]) sowie Zitat-Schlagzeilen, wenn nach dem ersten Lesen festgestellt
wurde, dass sich die Schlagzeile auf den Top-Manager bezieht. Nicht analysiert wurden Le-
serbriefe, Artikel aus dem Regionalteil sowie Artikel, die außerhalb der Ressorts „Wirtschaft"
und „Politik" erschienen sind. Des Weiteren wurden aus dem Suchergebnis alle Artikel ent-

---

[2283]   Die Verteilung sieht wie folgt aus: Während des Untersuchungszeitraums (2000 bis 2006) sind in der SZ
         7.819, in der FAZ 8.100 und im HB 10.424 Artikel erschienen, in denen mindestens einer der 103 Mana-
         ger namentlich erwähnt wurde.

[2284]   Der Lead („Vorspann") wurde nicht hinzugezogen.

[2285]   SZ vom 19. Mai 1999, Seite 26.

[2286]   SZ vom 19. Mai 1999, Seite 18.

fernt, die der journalistischen Stilform „Interview" zugeordnet werden können.[2287] Diese wären von Interesse, wenn das Selbstdarstellungsverhalten von Managern – z.B. der Einsatz bestimmter Impression Management-Techniken – Gegenstand der Analyse darstellen würde.

Die nachfolgende Tabelle gibt einen Überblick über das Codiermaterial.

Tab. 14:   Anzahl der codierten Zeitungsartikel

Quelle	FAZ		SZ		HB		Insgesamt	
Jahr	Artikel (Anzahl)	Artikel (in %)	Artikel (Anzahl)	Artikel (in %)	Artikel (Anzahl)	Artikel (in %)	Artikel (Anzahl)	Artikel (in %)
2000	57	5,7	51	5,6	68	5,1	176	5,4
2001	65	6,5	69	7,6	104	7,7	238	7,3
2002	114	11,4	86	9,5	151	11,2	351	10,8
2003	143	14,3	127	14,0	206	15,3	476	14,6
2004	183	18,3	151	16,7	250	18,6	584	18,0
2005	216	21,6	207	22,9	285	21,2	708	21,8
2006	223	22,3	214	23,6	281	20,9	718	22,1
Insgesamt	1.001	100	905	100	1.345	100	3.251	100

Vor dem Hintergrund, dass auch die Anzahl geführter Interviews etwas über die Präsenz eines Top-Managers in der Berichterstattung aussagt, wurden alle Interviews, die während des Untersuchungszeitraums geführt wurden, erfasst. Neben dem Namen des jeweiligen Managers wurden auch das Erscheinungsdatum sowie die Länge des Interviews festgehalten. Die nachfolgende Tabelle gibt einen Überblick über die im Untersuchungszeitraum geführten Interviews.

Tab. 15:   Anzahl geführter Interviews

Quelle / Jahr	FAZ	SZ	HB	Insgesamt
2000	15	5	13	33
2001	15	11	9	35
2002	17	7	10	34
2003	21	10	18	49
2004	24	13	30	67
2005	25	24	23	72
2006	35	20	19	74
Insgesamt	152	90	122	364

[2287]   Siehe hierzu auch die Vorgehensweise von PARK/BERGER (2004).

2.3   Kategoriensystem

Die obigen Ausführungen haben deutlich gemacht, dass formale und inhaltliche Merkmale von Texten mit Hilfe von Kategorien erfasst werden, weshalb das Kategoriensystem in der Literatur auch als Kernstück der Inhaltsanalyse bezeichnet wird.[2288] Technisch gesprochen handelt es sich bei der Inhaltsanalyse um ein Verfahren, „mit dem Kommunikationsinhalte in numerische Informationen übersetzt werden, wobei die Kategorien die Transformationsregeln darstellen."[2289] Bei der Bildung der Kategorien wird in der Literatur eine Kombination aus theorie- und empiriegeleitetem Vorgehen empfohlen. Die aus den Forschungsfragen und Hypothesen abgeleiteten Kategorien werden mit Hilfe von Pretests überprüft und gegebenenfalls weiter ausdifferenziert. Die Erstellung des Kategoriensystems kann demnach als iterativer Prozess bezeichnet werden.[2290]

Bei der Bildung der Kategorien müssen verschiedene Regeln beachtet werden. So sollten die gebildeten Kategorien voneinander unabhängig und eindeutig definiert sein.[2291] Des Weiteren sollten die Ausprägungen jeder Kategorie vollständig und wechselseitig exklusiv sein.[2292] Schriftlich fixiert wird das Kategoriensystem im Codebuch. Dieses enthält die Regeln der Codierung sowie genaue Handlungsanweisungen für die Codierer.

Das für die vorliegende Untersuchung entwickelte Kategoriensystem umfasst sowohl formale als auch inhaltliche Kategorien. Formale Codiereinheiten sind physisch manifeste Sachverhalte, die keine Inferenzen des Codierers erfordern.[2293] Hierzu zählen beispielsweise das Medium, Umfang eines Artikels, Platzierung usw. Für die hier vorliegende Analyse wurden insgesamt acht formale Kategorien gebildet (siehe die folgende Tabelle).

Tab. 16:   Formale Kategorien

Nr.	Hauptkategorie
F1	Codierer-Nummer
F2	Artikelnummer
F3	Datum
F4	Zeitung
F5	Platzierung
F6	Länge des Artikels
F7	Journalistische Darstellungsform
F8	Autor/Quelle

[2288]   Vgl. ATTESLANDER (2006), S. 189; MAURER/REINEMANN (2006), S. 44.

[2289]   ATTESLANDER (2006), S. 189.

[2290]   Zur konkreten Vorgehensweise siehe FRÜH (2001), S. 144 ff.

[2291]   Vgl. HOLSTI (1969), S. 95; MERTEN (1995), S. 99.

[2292]   Vgl. ATTESLANDER (2006), S. 190.

[2293]   Vgl. RÖSSLER (2005), S. 104.

Mit den inhaltlichen Kategorien werden inhaltliche Aspekte erfasst.[2294] Im Unterschied zu den formalen Kategorien bedürfen sie der Inferenz des Codierers.[2295] Tabelle 17 gibt einen Überblick über die in der Untersuchung verwendeten inhaltlichen Kategorien, auf die nachfolgend im Detail eingegangen werden soll.

Tab. 17:   Inhaltliche Kategorien

Nr.	Hauptkategorie
I1	Name des Managers
I2	Name des Unternehmens
I3	Branche
I4	Ausmaß der Berichterstattung über den jeweiligen Manager
I5	Hauptthema des Beitrags
I6	Nebenthema/Weiteres Thema
I7	Gesamteindruck
I8	Kausalattributionen
I9	Leistungsverhalten/Entscheidungen
I10	Fähigkeiten
I11	Persönlichkeitseigenschaften
I12	Managementfunktionen/Aufgaben
I13	Persönliches/Privatleben des Vorstandsvorsitzenden
I14	Karriere/Werdegang
I15	Einfluss/Machtstellung
I16	Beziehung zu anderen Akteuren

Mit den ersten vier Kategorien erfolgt eine inhaltliche Zuordnung. Die Codierer müssen den Namen des Managers (I1) sowie des Unternehmens (I2) handschriftlich nach dem ersten Lesen in den Codebogen eintragen. Es sei darauf hingewiesen, dass sich während des Untersuchungszeitraums keine Frau an der Spitze einer der untersuchten Aktiengesellschaften befand. Die Erstellung einer Kategorie für die Bestimmung des Geschlechts war demnach nicht erforderlich. Für die Zuordnung des Unternehmens zu einer Branche (I3) wurde das Klassifikationssystem der Deutschen Börse übernommen.

Eine erste Sichtung des (umfangreichen) Untersuchungsmaterials hat gezeigt, dass sich Zeitungsartikel dahingehend unterscheiden, ob die Person des Vorstandsvorsitzenden den thematischen Schwerpunkt bildet (wie z.B. bei einem Portrait), oder ob sie innerhalb des Beitrags nur eine untergeordnete Rolle spielt. Wird in einem Zeitungsartikel beispielsweise über eine Hauptversammlung berichtet, kann entweder das Unternehmen im Mittelpunkt stehen (z.B. Ertragslage, Umsatzwachstum, Aktienkursentwicklung, Eigentümerstruktur etc.), oder das Interesse richtet sich auf den Vorstandsvorsitzenden (z.B. sein Auftreten und Verhalten oder sein äußeres Erscheinungsbild usw.). Vor diesem Hintergrund erschien es sinnvoll, eine Kate-

---

[2294]   Vgl. MAURER/REINEMANN (2006), S. 44.
[2295]   RÖSSLER (2005), S. 121.

gorie zu bilden (I4), mit der erfasst werden kann, welchen Stellenwert die Führungskraft innerhalb des Beitrags einnimmt.[2296] Der Codierer muss einschätzen, wie hoch der Textanteil ist, der sich auf den Manager bezieht. Insgesamt wurden fünf Prozentklassen vorgegeben. Zur Vereinfachung der Entscheidung und zur Erhöhung der Präzision der Einschätzung hatten die Codierer die Möglichkeit, jene Textpassagen innerhalb des Artikels farblich zu markieren, die sich unmittelbar auf den Vorstandsvorsitzenden beziehen.

Für die Bildung der Themenkategorien (I5/I6) waren die Ergebnisse der von PARK/BERGER (2004) durchgeführten Inhaltsanalyse der Berichterstattung über US-amerikanische CEOs hilfreich.[2297] Die von den Autoren erstellte Themenliste bildete den Ausgangspunkt für die Entwicklung der Themenkategorie. Da nicht ausgeschlossen werden kann, dass auch über Themen berichtet wird, die in der erstellten Themenliste nicht enthalten sind, wurde eine Residualklasse („Andere") eingeführt.

Wie an anderer Stelle bereits angedeutet, bildet die Erhebung von Bewertungen einen Schwerpunkt der Inhaltsanalyse. Argumentiert wurde, dass die Reputation eines Managers nur dann von der Berichterstattung der Medien positiv beeinflusst werden kann, wenn positive oder vorteilhafte Bewertungen dominieren. Fraglich ist nur, anhand welcher Dimensionen Manager in den Medien explizit oder implizit bewertet werden. Gegenstand einer Bewertung kann beispielsweise das Verhalten einer Führungskraft darstellen („Er hat sich in der Krise durch souveränes Verhalten ausgezeichnet."). Ferner können Manager anhand ihrer Fähigkeiten („Er ist ein ausgewiesener Kenner der Branche.", „Er gilt als Finanzexperte"), ihres Führungsstils und sogar anhand ihres äußeren Erscheinungsbildes („der hoch gewachsene, sportlich wirkende Manager") bewertet werden. Ausgangspunkt für die Erstellung der im Folgenden beschriebenen Hauptkategorien bildete eine in der Literatur weit verbreitete Einteilung verschiedener Ansätze der Personalbeurteilung (eigenschafts-, tätigkeits- und ergebnisorientierter Ansatz). Diese drei Grundkonzeptionen setzen an jeweils unterschiedlichen Punkten des Leistungsprozesses an.[2298] Gegenstand der Beurteilung können die Fähigkeiten oder Eigenschaften (Input), das Arbeitsverhalten (Transformation) oder das Arbeitsergebnis (Output) sein.[2299]

Bevor nun auf die verschiedenen Bewertungskategorien im Detail eingegangen wird, sei vorweg darauf hingewiesen, dass in der vorliegenden Untersuchung Bewertungen sowohl auf der

---

[2296]   Mit dieser Kategorie wird der Vorschlag von HAYWARD/POLLOCK/RINDOVA (2004) aufgegriffen. Siehe nochmals S. 84.

[2297]   Siehe PARK/BERGER (2004), S. 107 sowie S. 125.

[2298]   Vgl. STEINMANN/SCHREYÖGG (2000), S. 694.

[2299]   Vgl. STEINMANN/SCHREYÖGG (2000), S. 694.

Beitrags- als auch auf Aussageebene erhoben werden. Mit der Kategorie „Gesamteindruck" (I7) soll die Tendenz der Darstellung von Managern auf Beitragsebene gemessen werden. Die Anweisung für die Codierer lautet: „Ist die Darstellung des Top-Managers positiv, neutral oder negativ? Welchen Eindruck hinterlässt der Artikel auf einen durchschnittlichen Zeitungsleser?" Für die Codierung wurde eine fünfstufige bipolare Skala entwickelt, wobei der Wert 2 (eindeutig positiv) und der Wert -2 (eindeutig negativ) die Extremwerte markieren. In der Literatur wird empfohlen, Merkmale zunächst auf Beitrags- und anschließend auf Aussageebene zu erheben, da die Codierer ansonsten dazu neigen könnten, die Beitragstendenz aus der Summe der Aussagentendenzen zu bilden.[2300] Mit den im Folgenden vorgestellten Kategorien werden Bewertungen auf der Ebene von Aussagen erhoben.[2301] Ausgangspunkt der Überlegungen bildete die oben vorgestellte Differenzierung zwischen Dispositionen (Input), Arbeitsverhalten (Transformation) und Arbeitsergebnis (Output).

Arbeitsergebnis (Output)

Mit Blick auf das Leistungsergebnis lässt sich argumentieren, dass ein Top-Manager positiv bewertet wird, wenn er in der Berichterstattung explizit als Ursache für den unternehmerischen Erfolg (d.h. für Unternehmensergebnisse) benannt wird. Umgekehrt liegen negative Bewertungen vor, wenn Misserfolge des Unternehmens auf die Person des Vorstandsvorsitzenden zurückgeführt werden. Gegenstand der Analyse bilden demnach Attributionsaussagen (I8). Für die Erhebung von Attributionsaussagen wurde auf das von GERHARDS/ OFFERHAUS/ROOSE (2007) entwickelte inhaltsanalytische Instrumentarium zurückgegriffen.[2302] Dieses Codierverfahren wurde so entwickelt, dass es sich für ganz unterschiedliche Fragestellungen und Themengebiete eignet.[2303] Es sei darauf hingewiesen, dass in der hier vorliegenden Untersuchung allerdings nur eine „einfache Variante" des anspruchsvollen und aufwendigen Codierverfahrens angewandt wurde. Zudem wurde das Instrumentarium an die zugrundeliegende Fragestellung angepasst.

Nach GERHARDS/OFFERHAUS/ROOSE besteht eine Attributionsaussage aus der Trias von A) Attributionssender, B) Attributionsadressat und C) Attributionsgegenstand.[2304] Darüber hinaus enthalten Attributionsaussagen auch eine Wertungsdimension, die positiv, negativ oder

---

[2300]   Vgl. MAURER/REINEMANN (2006), S. 54.

[2301]   Zu den drei Komponenten (Gegenstand, Urheber und Bewertung) wertender Aussagen siehe RÖSSLER (2005), S. 154.

[2302]   Vgl. GERHARDS/OFFERHAUS/ROOSE (2007), S. 106 ff.

[2303]   Vgl. GERHARDS/OFFERHAUS/ROOSE (2007), S. 107.

[2304]   Vgl. GERHARDS/OFFERHAUS/ROOSE (2007), S. 110.

ambivalent ausfallen kann.[2305] In Übereinstimmung mit GERHARDS/OFFERHAUS/ROOSE wurde eine neue Attributionsaussage immer dann codiert, wenn sich in der Trias Attributionssender, Attributionsadressat oder Attributionsgegenstand eine Komponente verändert.[2306]

Sender von Attributionen können sowohl Journalisten als auch extramediale Akteure sein, die in den Zeitungsartikeln zitiert werden.[2307] Da ganz unterschiedliche Akteure den Vorstandsvorsitzenden eines Unternehmens für den unternehmerischen Erfolg verantwortlich machen können (z.B. Aufsichtsratsmitglieder, Großaktionäre, Politiker, Gewerkschaftsvertreter, Verbandsfunktionäre, Analysten, Wissenschaftler etc.), wurde eine entsprechend umfangreiche Liste erstellt, die alle denkbaren Akteure enthält. Unterschieden wurde dabei grob zwischen drei Gruppen von Attributionssendern: 1) Interne Stakeholder (bzw. Angehörige des Unternehmens), 2) externe Stakeholder und 3) der Top-Manager selbst (Selbstattribution).

Der Attributionsadressat stellt in der vorliegenden Arbeit der Vorstandsvorsitzende dar. Auch der Attributionsgegenstand wurde im Vorfeld festgelegt. Dieser bildet den Erfolg oder Misserfolg des Unternehmens. Bei der Codierung war entscheidend, dass der Top-Manager für den Erfolg des Gesamtunternehmens (bzw. Gesamtkonzerns) ursächlich verantwortlich gemacht wird. Nicht codiert wurden demzufolge Aussagen, in denen zwar darauf hingewiesen wird, dass ein Unternehmen Rekordgewinne gemacht hat, der amtierende Vorstandsvorsitzende jedoch nicht als Ursache für die erwirtschafteten Gewinne genannt wird. Von einer positiven Bewertung wird demnach gesprochen, wenn:

- der amtierende Vorstandsvorsitzende (bzw. seine Fähigkeiten, Anstrengungen, Handlungen etc.) für den absoluten Unternehmenserfolg (z.B. hoher Jahresüberschuss, hohe Rentabilität, hoher Aktienkurs) verantwortlich gemacht wird.

- der amtierende Vorstandsvorsitzende für eine positive Veränderung der Unternehmensperformance (z.B. Gewinnsteigerung, Unternehmenswertsteigerung etc.) verantwortlich gemacht wird bzw. aus einer Aussage hervorgeht, dass der Vorstandsvorsitzende das Unternehmen von einem desolaten Zustand (z.B. einer existenzgefährdenden Unternehmenskrise) in einen besseren Zustand überführt hat. Mit anderen Worten: Der Vorstandsvorsitzende ist dafür verantwortlich, dass sich die Lage des Gesamtunternehmens eindeutig zum Positiven verändert hat.

- der amtierende Vorstandsvorsitzende für den relativen Unternehmenserfolg verantwortlich gemacht wird. Aus einer Aussage geht hervor, dass der Vorstandsvorsitzende ursächlich dafür verantwortlich ist, dass sich das Unternehmen im Vergleich zu ein-

---

[2305]   Vgl. GERHARDS/OFFERHAUS/ROOSE (2007), S. 115.

[2306]   Vgl. GERHARDS/OFFERHAUS/ROOSE (2007), S. 116.

[2307]   Vgl. GERHARDS/OFFERHAUS/ROOSE (2007), S. 111.

zelnen Wettbewerbern, zu einem Börsenindex oder zur Branche vorteilhafter entwickelt hat bzw. der Konkurrenz überlegen ist.

Eine negative Bewertung liegt demzufolge vor, wenn der Vorstandsvorsitzende für absolute und/oder relative Misserfolge des Unternehmens und/oder für eine negative Unternehmensentwicklung verantwortlich gemacht wird.

Während GERHARDS/OFFERHAUS/ROOSE in ihrer Untersuchung sowohl Kausalattributionen als auch Zuständigkeitsattributionen erheben, beschränkt sich die vorliegende Untersuchung ausschließlich auf faktische Kausalattributionen. GERHARDS/OFFERHAUS/ROOSE sprechen von einer Kausalattribution, „wenn ein Attributionssender einen Attributionsadressaten als zukünftig oder vergangen *ursächlich* im Hinblick auf einen Attributionsgegenstand verantwortlich benennt und bewertet."[2308] Kausalattributionen können sich demnach auf Vergangenes (faktische Kausalattribution), oder auf die Zukunft, d.h. auf Spekulationen hinsichtlich der zukünftigen Entwicklung beziehen (prognostische Kausalattribution).[2309]

Arbeitsverhalten (Transformation)

Bewertungen können sich nicht nur auf erbrachte Ergebnisse (d.h. unternehmerische Erfolge/Misserfolge), sondern auch auf das Leistungsverhalten (Transformation) beziehen. Gegenstand der Bewertung bilden somit konkrete Aktivitäten oder Tätigkeiten. Ein Pretest hat gezeigt, dass eine weitere Ausdifferenzierung der Hauptkategorie „Leistungsverhalten" (I9) wenig zielführend ist. Selten wird in der Berichterstattung detailliert darauf eingegangen, wie Manager einzelne Aufgaben erfüllen. Stattdessen dominieren Globalbewertungen („Er hat einen guten Job gemacht", „Er zeichnet sich durch erfolgreiches Arbeiten aus."). In die Kategorie „Leistungsverhalten" fallen auch Bewertungen, die sich auf die vom Manager getroffenen Entscheidungen beziehen. Das Treffen von unternehmenspolitischen Entscheidungen zählt zu den Kernaufgaben des obersten Managements.[2310]

Dispositionen (Input)

Inhaltsanalytische Untersuchungen aus dem US-amerikanischen Raum gelangen zu dem Resultat, dass Aussagen über persönliche Eigenschaften und Fähigkeiten von Top-Managern einen großen Stellenwert in der Berichterstattung einnehmen.[2311] Da es eine Vielzahl von Per-

---

[2308] GERHARDS/OFFERHAUS/ROOSE (2007), S. 113 (Kursivierung im Original).

[2309] Vgl. GERHARDS/OFFERHAUS/ROOSE (2007), S. 114.

[2310] Vgl. anstatt vieler STAEHLE (1999), S. 90.

[2311] Siehe exemplarisch PARK/BERGER (2004), S. 108.

sönlichkeitseigenschaften gibt, mit denen Manager charakterisiert werden können, ist die Erstellung einer solchen Kategorie mit einigen Schwierigkeiten verbunden.[2312] Vor dem Hintergrund, dass bei der Entwicklung von Kategorien darauf zu achten ist, dass diese klar definiert sind und eindeutige Zuordnungen ermöglichen, erschien es zweckmäßig, grundsätzlich zwischen Fähigkeiten (*skills*) und Persönlichkeitseigenschaften (*traits*) zu differenzieren.[2313]

Für die Spezifikation der Kategorie „Fähigkeiten" (I10) wurde auf die von KATZ (1974) vorgenommene Unterscheidung zwischen drei Klassen von Fähigkeiten (*skills*), über die erfolgreiche Manager verfügen sollten, zurückgegriffen.[2314] 1) Unter technische Fähigkeiten (*technical skills*) versteht der Autor fachspezifische Kenntnisse sowie die Fähigkeit zur Anwendung bestimmter Methoden, Prozesse, Verfahren oder Techniken (z.B. Investitionsrechnungen, Kostenrechnung).[2315] Technische Fähigkeiten werden durch Aus- und Weiterbildungen sowie durch Erfahrungen erworben.[2316] 2) Unter soziale Fähigkeiten (*human skills*) versteht KATZ die Fähigkeit zur Zusammenarbeit mit anderen Menschen. Ein Manager verfügt über soziale Kompetenzen, wenn er die Fähigkeit zur Selbstreflexion besitzt, abweichende Ansichten sowie Bedürfnisse erkennen kann und in der Lage ist, zielführend zu kommunizieren.[2317] 3) Über konzeptionelle bzw. analytische Fähigkeiten (*conceptual skills*) verfügt ein Manager, wenn er das Unternehmen ganzheitlich betrachtet. Er kennt die Interdependenzen, die zwischen den einzelnen Bereichen des Unternehmens bestehen. Entsprechend kann er voraussehen, wie sich Veränderungen innerhalb eines Subsystems auf andere Bereiche auswirken.[2318] Die von KATZ identifizierten Fähigkeiten wurden in Kategorien übersetzt und um die Kategorie „Globalbewertung" ergänzt. Mit dieser werden Aussagen über die allgemeine Befähigung eines Managers zur Leitung eines Unternehmens erfasst.

[2312]   Die Entwicklung einer Kategorien, mit der sich Persönlichkeitseigenschaften erfassen lassen, stellt nicht zuletzt auch deshalb eine Herausforderung dar, weil der Eigenschaftsbegriff nicht einheitlich definiert wird. Ein Blick in die Führungsliteratur – vor allem der eigenschaftstheoretische Ansatz der Führung (*trait approach*) beschäftigt sich mit Persönlichkeitsmerkmalen von Führungskräften und misst ihnen eine ausschlaggebende Bedeutung bei [vgl. YUKL (2006), S. 182 ff.] – zeigt, dass in der Forschung auf ganz unterschiedliche Begriffe zurückgegriffen wird (wie z.B. Verhaltensdispositionen, Eigenschaften, Wesensmerkmale, Fähigkeiten, Fertigkeiten, Persönlichkeitszüge, Attribute oder Führungsmerkmale) und der Eigenschaftsbegriff entweder als Überbegriff oder aber in Abgrenzung zu anderen Begriffen (wie z.B. Fähigkeiten, Fertigkeiten) verwendet wird.

[2313]   Auch YUKL (2006) differenziert zwischen Fähigkeiten (*skills*) und Persönlichkeitseigenschaften (*traits*) [vgl. YUKL (2006), S. 180 f.].

[2314]   Vgl. KATZ (1974), S. 91 ff.

[2315]   Vgl. KATZ (1974), S. 91.

[2316]   Vgl. YUKL (2006), S. 198.

[2317]   Vgl. KATZ (1974), S. 91.

[2318]   Vgl. KATZ (1974), S. 93.

Wie oben angedeutet, existieren unzählig viele Eigenschaftsbegriffe (z.b. dynamisch, zuverlässig, organisiert, gelassen, misstrauisch, ruhig, kleinlich, verantwortungslos etc.), mit denen sich Manager charakterisieren lassen. So zeigen HOLMBERG/ÅKERBLOM (2001) in ihrer Studie, in denen sie die (Re-)Produktion von Images herausragender Führung in schwedischen Medien analysiert haben, dass in den analysierten Zeitungen ca. 850 Schlüsselbegriffe zur Beschreibung von Führungskräften verwendet wurden.[2319] Diese Schlüsselbegriffe haben die Autoren wiederum zu 60 Kategorien (z.b. handlungsorientiert, kooperativ, kommunikativ, enthusiastisch und inspirierend, zuverlässig usw.) zusammengefasst und die Häufigkeiten ermittelt.[2320] Da in der vorliegenden Untersuchung – im Unterschied zu der Analyse von HOLMBERG/ÅKERBLOM – deduktiv vorgegangen wird, wurde eine Verfahrensweise für die Erfassung von Eigenschaften gewählt, bei welcher die Kategorien nicht allein induktiv aus dem Material abgeleitet werden. Für die Erstellung der Kategorie „Persönlichkeitseigenschaften" (I11) wurde auf eine von LORD/FOTI/DE VADER (1984) durchgeführte Untersuchung zurückgegriffen. Mit dieser Studie haben die Autoren einen zentralen Beitrag zur Kategorisierungstheorie der Führung geleistet. Wie in Kapitel B bereits dargelegt, geht die Kategorisierungstheorie davon aus, dass Führung ein Wahrnehmungsphänomen ist und eine Person dann zu einer Führungskraft wird, wenn sie bestimmte Merkmale aufweist, die mit Führung assoziiert werden.[2321]

LORD/FOTI/DE VADER haben in ihrer Studie insgesamt 59 prototypische Merkmale ermittelt, die mit dem Schema ‚Führer' (*leader*) in Verbindung gebracht werden.[2322] Zu den Attributen, die eine hohe Prototypikalität aufweisen, gehören beispielsweise „engagiert", „zielorientiert", „informiert", „charismatisch", „entschlossen", „verantwortungsbewusst", „intelligent", „sicher" und „organisiert".[2323] Diese Merkmalsliste bildete den Ausgangspunkt für die Entwicklung der Kategorie „Persönlichkeitseigenschaften". Diesem Vorgehen liegt die Idee zugrunde, dass auch Journalisten in ihren Darstellungen auf prototypische Merkmale zurückgreifen und Manager bestimmten Kategorien zuordnen. Insofern ist zu erwarten, dass sich diese Merkmale (bzw. Synonyme aber auch Akronyme)[2324] in den medialen Darstellungen wiederfinden. Es

---

[2319] Vgl. HOLMBERG/ÅKERBLOM (2001), S. 74. Zu der Untersuchung von HOLMBERG/ÅKERBLOM siehe nochmals S. 63

[2320] Vgl. HOLMBERG/ÅKERBLOM (2001), S. 76.

[2321] Zu Kategorisierungstheorie siehe nochmals S. 57 f.

[2322] Siehe zu dem aufwendigen Verfahren LORD/FOTI/DE VADER (1984), S. 351 ff.

[2323] Vgl. LORD/FOTI/DE VADER (1984), S. 353 f.

[2324] Die von LORD/FOTI/DE VADER ermittelte Liste prototypischer Merkmale umfasste ursprünglich mehr als 59 Attribute. Die Autoren haben die Merkmalsliste jedoch auf Synonyme hin geprüft und bedeutungsgleiche Wörter zusammengefasst [vgl. LORD/FOTI/DE VADER (1984), S. 351]. In der vorliegenden Untersuchung wurde der umgekehrte Weg gegangen. Für die 59 Attribute wurden mit Hilfe von Wörterbüchern Synonyme ermittelt. Diese Vorgehensweise weist den Nachteil auf, dass Nuancen verloren gehen. Darüber

sei darauf hingewiesen, dass in der vorliegenden Untersuchung nicht das Ziel verfolgt wird, implizite Führungstheorien zu erheben.[2325] Vielmehr soll festgestellt werden, mit welchen Persönlichkeitsmerkmalen Manager beschrieben werden, und ob einige Manager besonders häufig mit prototypischen (bzw. antiprototypischen) Merkmalen in Verbindung gebracht werden. Im Gegensatz zu den zuvor vorgestellten Kategorien werden demnach auch keine Bewertungen im engeren Sinne erhoben. Es ist allerdings zu vermuten, dass Manager, die in der Berichterstattung mit prototypischen Führungsmerkmalen beschrieben werden, eher mit Führung und Führungskompetenz in Verbindung gebracht werden als Manager, die mit Eigenschaften charakterisiert werden, welche entgegengesetzte Assoziationen wecken (z.B. unentschlossen, ziellos, unorganisiert, undiszipliniert etc.). Die Wirkung prototypischer (bzw. antiprototypischer) Darstellungen auf Rezipienten – z.B. die Aktivierung von Schemata durch bestimmte Stimulusinformationen – kann hier nicht explizit untersucht werden.[2326]

Von den ursprünglich 59 Merkmalen wurden 46 Attribute für die Spezifikation der Kategorie „Persönlichkeitseigenschaften" übernommen. Attribute zum äußeren Erscheinungsbild oder Aussehen des Managers werden mit der Kategorie (I11) erfasst, auf die weiter unten eingegangen wird. Nicht berücksichtigt wurden zudem Attribute, die eine äußerst niedrige Prototypikalität aufweisen, d.h. von nur sehr wenigen Personen als typisches Verhalten oder Eigenschaft einer Führungsperson angesehen werden. Hierbei handelt es sich mitunter um Merkmale, die z.T. im Widerspruch mit Attributen stehen, die eine sehr hohe Prototypikalität aufweisen. Die Festlegung der Ausprägungen der Kategorie „Persönlichkeitseigenschaften" erfolgte in der hier vorliegenden Untersuchung allerdings nicht nur theorie-, sondern auch empiriegeleitet. Anhand einer Stichprobe des Untersuchungsmaterials wurde die Kategorie weiter ausdifferenziert, so dass insgesamt 145 unterschiedliche Eigenschaften identifiziert werden konn-

---

hinaus wurde mit Hilfe von Wörterbüchern eine Liste von Akronymen erstellt. Wird ein Manager als unentschlossen oder unsicher beschrieben, wird er mit Merkmalen in Verbindung gebracht, die den prototypischen Führerattributen diametral entgegenstehen.

[2325]   Für ein solches Forschungsziel ist die quantitative Inhaltsanalyse, wie sie in der hier vorliegenden Untersuchung praktiziert wird, auch nicht die richtige Methode. Siehe hierzu nochmals das Untersuchungsdesign von CHEN/MEINDL (1990), die in ihrer Analyse implizite Führungstheorien erhoben haben. Siehe Fn. 369.

[2326]   Erwähnenswert ist in diesem Zusammenhang eine weitere Studie von LORD/FOTI/DE VADER. Versuchspersonen wurden gebeten, eine Kurzgeschichte zu lesen, in denen das protypische Verhalten (bzw. neutrale und antiprototypische) Verhalten des Managers John Perry beschrieben wurde. Anschließend wurde die Führungswahrnehmung der Versuchspersonen erhoben. Die Ergebnisse zeigen, dass die in der Kurzgeschichte gesetzten Stimuli die erwartete Wirkung gezeigt haben. Der in der Geschichte dargestellte Manager wurde von Versuchspersonen dann mit Führung in Verbindung gebracht, wenn dieser mit prototypischen Verhaltensmerkmalen beschrieben wurde. Anders fallen die Ergebnisse bei Versuchspersonen aus, welche neutrale oder antiprototypische Informationen über John Perry erhalten haben. Ferner gelangen die Autoren in ihrer Untersuchung zu dem Schluss, dass der beschriebene Manager von den Versuchspersonen für den Erfolg eines neuen Produktes stärker verantwortlich gemacht wurde, wenn dieser mit prototypischen Merkmalen beschrieben wurde [vgl. LORD/FOTI/DE VADER (1984), S. 371].

ten. Da trotz der hohen Anzahl nicht ausgeschlossen werden kann, dass Manager in der Berichterstattung mit Persönlichkeitseigenschaften in Verbindung gebracht werden, die in der Liste nicht enthalten sind, wurde die Residualkategorie „Sonstige" eingeführt.

Mit der Kategorie „Managementfunktionen/Aufgaben" (I12) soll festgehalten werden, ob in der Berichterstattung darauf eingegangen wird, welche Aufgaben Top-Manager erfüllen. Mit der Kategorie „Informationen über Persönliches/Privatleben des Vorstandsvorsitzenden" (I13) soll erfasst werden, ob die Berichterstattung über Top-Manager „Soft News" oder Mitteilungen mit ‚human touch' enthält. Botschaften dieser Art – z.B. Mitteilungen über Freizeitaktivitäten, Konsumpräferenzen oder Familienverhältnisse – betonen die menschliche Seite und dienen eher der Unterhaltung als der Übermittlung von tatsachenbetonten Informationen. Mit der Kategorie „Karriere" (I14) werden einerseits Mitteilungen hinsichtlich des beruflichen Werdegangs eines Managers (z.B. Berufsausbildung, vorherige Positionen) festgehalten, andererseits auch Informationen über weitere Ämter, die der Manager bekleidet.

Bereits an anderer Stelle der Arbeit wurde ausführlich dargelegt, dass sich Top-Manager dahingehend unterscheiden, über welche Einfluss- und Machtpotentiale sie verfügen.[2327] Mit der Kategorie „Einfluss/Machtstellung" (I15) soll demnach erfasst werden, ob Vorstandsvorsitzende in der Berichterstattung als einflussreich oder gar übermächtig dargestellt werden. Insgesamt wurden drei Unterkategorien gebildet: 1) explizite Aussagen über die Machtstellung des Vorstandsvorsitzenden, 2) Entscheidungsbildung im Vorstand (direktoriale vs. kollegiale Führung),[2328] 3) Einfluss auf die Besetzung von Vorstandspositionen durch den Vorstandsvorsitzenden.[2329]

Mitteilungen über das Verhältnis des Vorstandsvorsitzenden zu einem anderen Akteur (z.B. Aufsichtsratsvorsitzenden, Großaktionär, Finanzvorstand etc.) werden mit der Kategorie „Beziehung zu anderen Akteuren" (I16) erhoben.

3.   Untersuchungsergebnisse

Bevor nachfolgend die Untersuchungsergebnisse vorgestellt werden, sei nochmals darauf hingewiesen, dass in der Inhaltsanalyseanalyse ausschließlich die Berichterstattung über ausge-

---

[2327] Siehe hierzu S. 211 ff.

[2328] Wie an anderer Stelle der Arbeit bereits dargelegt, besteht in Deutschland das Kollegialprinzip und der Vorsitzende ist gegenüber den übrigen Vorstandsmitgliedern nicht weisungsbefugt. Allerdings wird diskutiert, dass das gesetzliche Leitbild der kollegialen Gesamtleitung nicht mit der Wirklichkeit übereinstimmt und Vorstandsvorsitzende de facto eine dominierende Stellung einnehmen. Mit der Kategorie „Entscheidungsbildung" soll demnach erfasst werden, ob Vorstandsvorsitzende in der Berichterstattung so dargestellt werden, als ob sie das Unternehmen direktorial führen.

[2329] Im deutschen Corporate Governance-System obliegt dem Aufsichtsrat die Bestellung der Mitglieder im Vorstand.

wählte Top-Manager deutscher börsennotierter Aktiengesellschaften untersucht wurde und sich die Ergebnisse demnach nicht verallgemeinern lassen. Untersucht wurde die Presseberichterstattung über 99 Manager in einem Zeitraum von sieben Jahren (2000 bis 2006). Insgesamt wurden 3.251 Zeitungsartikel aus zwei überregionalen Tageszeitungen (Süddeutsche Zeitung, Frankfurter Allgemeine Zeitung) und einer Wirtschaftszeitung (Handelsblatt) codiert. Im folgenden Abschnitt werden zunächst einige quantitative Resultate vorgestellt, die hinsichtlich der Frage aufschlussreich sind, ob einzelne Manager eine besonders hohe Präsenz in den Medien aufweisen. Im Anschluss hieran werden die Ergebnisse der inhaltsanalytischen Untersuchung im Detail präsentiert.

3.1   Mediale Präsenz

Managerstars zeichnen sich u.a. dadurch, dass sie eine hohe Visibilität in den Medien aufweisen. Die mediale Präsenz lässt sich mit Hilfe von zwei unterschiedlichen Verfahren ermitteln: 1) Über die Häufigkeit des Vorkommens eines Managers in der Berichterstattung (z.B. die Anzahl namentlicher Nennungen in der Presse).[2330] 2) Über den Umfang der Berichterstattung. Hierbei wird nicht nur berücksichtigt, wie oft ein Manager in den Medien genannt wird, sondern wie intensiv über ihn berichtet wird, d.h. wie viele Zeitungsartikel veröffentlicht wurden, in denen der Manager im Mittelpunkt des Beitrags steht. Darüber hinaus wird bei diesem Verfahren auch die Länge der Beiträge berücksichtigt. So kann die Führungskraft im Mittelpunkt einer kurzen Meldung stehen oder aber Gegenstand eines umfassenden Portraits darstellen. Nachfolgend soll zunächst auf die Resultate aus der Auswertung der Rechercheergebnisse eingegangen werden. Diese können herangezogen werden, um die Häufigkeit des Vorkommens eines Managers in der Berichterstattung festzustellen.

Wie unter Abschnitt 2.2.2 dargelegt, wurden die relevanten Zeitungsartikel über Volltextdatenbanken recherchiert, wobei in einem ersten Schritt zunächst alle Artikel identifiziert wurden, in denen die 99 Führungskräfte namentlich genannt werden. Erst im Anschluss hieran erfolgte eine Selektion der relevanten Beiträge anhand bestimmter Suchbegriffe (wie z.B. Konzernchef, Vorstandsvorsitzender, VW-Lenker, Name des Managers usw.) im Titelbereich. Die Recherche nach Familiennamen von Managern im Gesamttext ergab 25.887 Treffer.

Eine Auswertung des Rechercheresultats zeigt, dass in der Berichterstattung Konzentrationstendenzen erkennbar sind. Das Ergebnis ist vergleichbar mit den Resultaten der bereits an anderer Stelle der Arbeit vorgestellten Studie von HAMILTON/ZECKHAUSER (2004).[2331] Die

---

[2330]   Die Zählung namentlicher Nennungen ist ein Verfahren zur Messung von Prominenz [zu den verschiedenen Verfahren zur Messung von Prominenz siehe WIPPERSBERG (2007), S. 48 ff.]

[2331]   Siehe nochmals S. 27.

Forscher gelangen zu dem Ergebnis, dass sich der Großteil der Berichterstattung US-amerikanischer Medien auf nur wenige Top-Manager konzentriert.[2332] Auch in der hier analysierten Berichterstattung über 99 Führungskräfte lässt sich feststellen, dass fast 33% aller Treffer auf nur fünf Vorstandsvorsitzende entfallen (siehe die folgende Tabelle). Der Spitzenwert für den gesamten Untersuchungszeitraum liegt bei 2.754 Nennungen (10,64%). Ähnlich sind die Ergebnisse, wenn nicht der gesamte Untersuchungszeitraum, sondern lediglich das Jahr 2006 betrachtet wird.

Tab. 18: Namentliche Nennungen von Top-Managern in der Berichterstattung

	Top-5	Top-10	Top-25
Gesamte Untersuchungszeitraum 2000-2006	32,75%	48,51%	74,18%
Untersuchungsjahr 2006	35,00%	51,26%	79,85%

Anhand namentlicher Nennungen lässt sich zwar ermitteln, ob Top-Manager in der Presseberichterstattung präsent sind, nicht erkennbar ist allerdings, wie intensiv über einzelne Manager tatsächlich berichtet wird. Um dies festzustellen wurde für die Codierung der Zeitungsartikel eine Kategorie (I4) gebildet, mit der erfasst werden kann, welchen Stellenwert die jeweilige Führungskraft innerhalb eines Beitrags einnimmt. Zudem wurde die Länge der Zeitungsartikel codiert. Aus diesen beiden Kategorien lässt sich das Ausmaß der Berichterstattung über einzelne Manager ermitteln. Aus der folgenden Tabelle gehen die Ergebnisse hervor. Die Resultate beziehen sich auf die codierten Artikel (insgesamt 3.251 Beiträge) und nicht auf die namentlichen Nennungen (insgesamt 25.887 Treffer).

Tab. 19: Ausmaß der Berichterstattung

	Top-5	Top-10	Top-25
Gesamte Untersuchungszeitraum 2000-2006	37,37%	55,25%	82,16%
Untersuchungsjahr 2006	48,30%	63,54%	88,26%

Vor allem mit Blick auf das Untersuchungsjahr 2006 ist deutlich erkennbar, dass vor allem über fünf Top-Manager sehr intensiv berichtet wurde. Dieses Ergebnis wirft die Frage auf, welche Faktoren dazu beitragen, dass einzelne Manager stärker im Fokus der Medien stehen als andere Führungskräfte. Bereits in Kapitel D wurden diesbezüglich einige Vermutungen angestellt.[2333] Argumentiert wurde, dass die Unternehmensgröße eine Rolle spielen könnte. Eine Überprüfung dieser Annahme gelangt zu dem Ergebnis, dass zumindest für das Jahr 2006 ein positiver Zusammenhang zwischen der Unternehmensgröße und der Medienpräsenz

---

[2332] Vgl. HAMILTON/ZECKHAUSER (2004), S. 21.

[2333] Siehe nochmals S. 293.

besteht.[2334] Neben der Unternehmensgröße könnte aber auch die Branche oder die Unternehmensperformance dazu beitragen, dass Journalisten auf bestimmte Manager aufmerksam werden und verstärkt über sie berichten. Vorstellbar ist, dass bestimmte Branchen aufgrund ihrer gesamtwirtschaftlichen Bedeutung oder aufgrund bestimmter brancheninterner Entwicklungen (Stichwort ‚New Economy‘) größeres Interesse wecken bzw. einen größeren Nachrichtenwert aufweisen und demzufolge Manager aufgrund der Branchenzugehörigkeit eine höhere mediale Präsenz aufweisen. Betrachtet man den gesamten Untersuchungszeitraum zeigt sich, dass am häufigsten über Manager aus dem Bankensektor (20,9%) berichtet wurde, gefolgt von Managern aus der Automobil- (14,9%) und Industriegüterbranche (12,5%). Hierbei ist jedoch zu beachten, dass dieses Ergebnis möglicherweise auch von der Zusammensetzung der Stichprobe beeinflusst wird (siehe nochmals Tabelle 13).

Zusammengefasst lässt sich feststellen, dass sich auch mit Hilfe von statistischen Verfahren (z.B. mit der multiplen Regressionsanalyse) untersuchen ließe, welche Faktoren auf die Medienpräsenz von Managern Einfluss nehmen. Da eine solche Analyse eine Fülle von Informationen erfordert (wie z.B. die Entwicklung der Unternehmensperformance über einen Zeitraum von mehreren Jahren, Veränderungen der Unternehmensgröße, stattgefundene Übernahmen, Innovationsgrad der Produkte, Unternehmensskandale etc.), würde sie an dieser Stelle jedoch zu weit führen.

3.2   Inhaltliche Merkmale der Berichterstattung über Top-Manager

Nachdem nun einige quantitative Ergebnisse vorgestellt wurden, wird nachfolgend gezeigt, welche inhaltlichen Merkmale die untersuchte Berichterstattung aufweist. Analysiert wurden 3.251 Zeitungsartikel über 99 Führungskräfte, die zwischen 2000 und 2006 in drei überregionalen Tageszeitungen veröffentlicht wurden. Inhaltsanalytisch untersucht wurden Zeitungsartikel, wenn der Titel den Namen des Managers und/oder seine derzeitige Funktion (z.B. Konzernchef, Vorstandschef usw.) enthielt. Darüber hinaus wurden alle Artikel mit „Rätsel-Schlagzeilen" untersucht, wenn nach dem ersten Lesen festgestellt wurde, dass sich die Schlagzeile auf den Manager bezieht.

Die Auswertung der Ergebnisse zeigt, dass die namentliche Erwähnung im Titel keine Garantie dafür darstellt, dass die Führungskraft in dem jeweiligen Beitrag eine zentrale Rolle spielt.

[2334] Für die Unternehmensgröße wurde die Bilanzsumme 2006 als Proxy-Variable herangezogen. Die mediale Präsenz wurde einerseits über die namentlichen Nennungen (bezogen auf das Jahr 2006) und andererseits über das Ausmaß der Berichterstattung über einzelne Top-Manager (bezogen auf das Jahr 2006) erfasst. Für den Zusammenhang zwischen ‚Bilanzsumme‘ und ‚namentliche Nennungen‘ nimmt der Rangkorrelationskoeffizient den Wert 0,722, für den Zusammenhang zwischen ‚Bilanzsumme‘ und ‚Ausmaß der Berichterstattung‘ den Wert 0,590 an. Beide sind auf dem Niveau von 0,01 signifikant. Demnach besteht eine mittlere bis starke Korrelation.

In rund einem Drittel der analysierten Artikel wird der Manager zwar explizit im Titel genannt, im Beitrag selbst wird er allenfalls erwähnt oder knapp direkt bzw. indirekt zitiert. In immerhin 17% der analysierten Artikel steht die Führungskraft im Mittelpunkt und nahezu der gesamte Beitrag fokussiert auf den Manager.

3.2.1 Hauptthema und Stellenwert von ‚Soft News'

Aus Tabelle 20 geht hervor, welche Themen in der untersuchten Berichterstattung dominieren. Besonders häufig wird über Top-Manager im Zusammenhang mit dem Thema „Bestellung/Abberufung bzw. Amtsniederlegung" berichtet (13,6%). Vor dem Hintergrund, dass ein Wechsel an der Unternehmensspitze ein bedeutsames Ereignis darstellt und mehrere Nachrichtenfaktoren aufeinander treffen (z.B. Tragweite, eventuell Überraschung, Bezug auf Elite-Person und Personalisierung),[2335] ist dieses Ergebnis wenig überraschend. Immerhin 20% aller Berichte über die Besetzung einer Spitzenposition kann im spekulativen Bereich angesiedelt werden (rund 2,9% der untersuchten Artikel). Spekulationen werden häufig durch Äußerungen informierter Quellen (z.B. Mitglieder des Aufsichtsrats) ausgelöst.

Tab. 20: Hauptthema in der Berichterstattung über Top-Manager[2336]

Anlass/Hauptthema	Häufigkeit	in %
Bestellung/Wiederbestellung/Abberufung/Amtsniederlegung	441	13,6%
Neubesetzung/Wechsel/Nachfolge	*272*	*8,4%*
Spekulationen über Bestellung/Wiederbestellung/Abberufung/Amtsniederlegung	*94*	*2,9%*
Wiederbestellung/Vertragsverlängerung	*32*	*1,0%*
Niederlegung des Mandats/Ausscheiden	*23*	*0,7%*
Abberufung/Entlassung	*20*	*0,6%*
Manager (Portrait)	397	12,2%
(z.B. einzelne Aktivitäten, biografischer Hintergrund, Karriereverlauf, Familie usw.)		
Investor Relations-Veranstaltungen	294	9,0%
(Hauptversammlung, Bilanzpressekonferenz, Präsentation von Quartals- oder Halbjahreszahlen)		
Stellungnahme/Äußerungen des Managers	294	9,0%
Zum Unternehmen (Entscheidungen, Planungen, Strategien)	*182*	*5,6%*
Zu gesellschaftlichen, wirtschaftlichen, politischen oder ökologischen Themen	*107*	*3,3%*
Zu sonstigen Themen	*5*	*0,2%*
Unternehmensperformance	258	7,9%
(Aktienkursentwicklung, Gewinnentwicklung, Umsatzwachstum, Marktanteile usw.)		
Rechtsangelegenheiten (Manager betreffend)	205	6,3%
Zum Gerichtsverfahren/zum laufenden Prozess	*86*	*2,7%*
Zulassung/Einreichung der Klage/Anklage	*47*	*1,4%*
Staatsanwaltschaft ermittelt/hat Ermittlungen aufgenommen	*43*	*1,3%*
Staatsanwaltschaft hat Ermittlungen eingestellt	*15*	*0,5%*
Abschluss durch Urteil/Ende des Verfahrens	*14*	*0,4%*

[2335] Zur Nachrichtenwerttheorie siehe S. 15 und den verschiedenen kulturabhängigen und -unabhängigen Nachrichtenfaktoren Fn. 73.

[2336] Prozentangaben wurden eine Stelle nach dem Komma gerundet.

Tab. 20 (Fortsetzung): Hauptthema in der Berichterstattung über Top-Manager

Planungen, Strategien	195	6,0%
M&A-Aktivitäten	192	5,9%
Umstrukturierungen	141	4,3%
Leitungs-/Überwachungsorgan (z.B. Wechsel im Vorstand/Aufsichtsrat, Umstrukturierung des Vorstands, (außerplanmäßige) Sitzung des Aufsichtsrats usw.)	115	3,5%
Übernahme/Aufgabe eines Amtes (z.B. Aufsichtsratsmandat, Verbandsposten)	100	3,1%
Belegschaft/Mitarbeiter (z.B. Stellenabbau, Streik, Tarifverhandlungen, Brief an die Mitarbeiter usw.)	99	3,0%
Vergütung/Abfindung	63	1,9%
Beziehung zu einem anderen Akteur (z.B. zum Großaktionär, zum Aufsichtsratsvorsitzenden etc.)	53	1,6%
Produkte/Innovationen	52	1,6%
Börsengang (der Mutter- oder Tochtergesellschaft)	43	1,3%
Konkurrenz/Branche	42	1,3%
Manager kauft/verkauft Aktien des Unternehmens	41	1,3%
Aktivitäten des Managers in einer anderen Funktion (z.B. als Aufsichtsratsvorsitzender oder Verbandspräsident)	27	0,8%
Auszeichnung/Preisverleihung	25	0,8%
Sonstige Themen (< 0,7%) (z.B. Unternehmensportrait, Unternehmensskandal, Aktienumwandlung, BaFin, Medienbeitrag, Treffen mit einem Politiker usw.)	174	5,4%
Gesamt	3.251	100%

In 12,2% der untersuchten Artikel steht der Manager selbst im Mittelpunkt des Beitrags. Hierbei handelt es sich in aller Regel um Portraits. Anlass für ein Portrait geben zum Beispiel die Bestellung eines Vorstandsvorsitzenden (in 10,6 % der Fälle), ein runder Geburtstag (in 6% der Fälle) oder die Unternehmensperformance (in 3,5% der Fälle). In der Berichterstattung finden sich auch vereinzelt längere Reportagen, in denen zum Beispiel ein Journalist einen Manager über einen längeren Zeitraum begleitet hat („Ein Tag mit XY") und seine Beobachtungen und Eindrücke detailliert schildert.

Vor dem Hintergrund, dass dem Vorsitzenden des Vorstands nach herrschender Meinung die Funktion zukommt, das Unternehmen gegenüber der Öffentlichkeit zu repräsentieren[2337] und bestimmte Investor Relations-Veranstaltungen periodisch wiederkehrend stattfinden, überrascht es nicht, dass über Top-Manager auch häufig im Zusammenhang mit (gesetzlich vorgeschriebenen) IR-Veranstaltungen (Hauptversammlung, Bilanzpressekonferenz, Präsentation der Quartalszahlen usw.) berichtet wird. Journalistische Beiträge über Bilanzpressekonferenzen oder die jährlich stattfindende Hauptversammlung zeichnen sich dadurch aus, dass in aller

---

[2337]   Vgl. BEZZENBERGER (1996), S. 663; BLEICHER/LEBERL/PAUL (1988), S. 95; FONK (2004), S. 502; PELTZER (2005), S. 118.

Regel nicht die Führungskraft, sondern das Unternehmen im Mittelpunkt steht. Die häufigsten Nebenthemen sind daher die Unternehmensperformance (in 37,8% der Fälle), Planungen/Strategien (in 9,5% der Fälle) und M&A-Aktivitäten (in 5,3% der Fälle). Auffällig ist, dass sich Berichte über IR-Veranstaltungen dahingehend unterscheiden können, welchen Stellenwert dem Vorstandsvorsitzenden in dem jeweiligen Beitrag eingeräumt wird. In rund 44% der Beiträge über IR-Veranstaltungen wird der Vorstandsvorsitzende trotz namentlicher Nennung im Titel nur beiläufig erwähnt. In immerhin 15% aller Beiträge über IR-Veranstaltungen nimmt der Vorstandsvorsitzende jedoch einen zentralen Stellenwert ein. Auffällig ist hierbei, dass sich diese Artikel stark auf die Person des Vorsitzenden konzentrieren. Es werden Hintergrundinformationen über die Spitzenführungskraft gegeben, und die Beiträge setzen sich überwiegend aus direkten oder indirekten Zitaten zusammen.

Anlass für die Berichterstattung über Top-Manager geben auch öffentliche Äußerungen oder Stellungnahmen (9%). Die Presse berichtet darüber, wenn sich ein Spitzenmanager z.b. auf einer Konferenz, bei einem Vortrag oder auf einer Messe zu einem gesamtwirtschaftlichen oder gesellschaftlichen Thema oder zur wirtschaftlichen Lage des Unternehmens äußert.

Aus Tabelle 20 geht hervor, dass auch juristische Angelegenheiten (z.B. Ermittlungen der Staatsanwaltschaft, Gerichtsverfahren usw.) häufig Anlass für die Berichterstattung geben (6,3%). Allerdings ist hierbei hervorzuheben, dass dieses Ergebnis vor allem das Resultat der Berichterstattung über den so genannten „Mannesmann-Prozess" ist, der seiner Zeit die mediale und öffentliche Aufmerksamkeit in einem beträchtlichen Ausmaß auf sich gezogen hat. Der Ausschluss der Berichterstattung über den in diesem Prozess involvierten Vorstandsvorsitzenden zeigt, dass „Rechtsangelegenheiten den Manager betreffend" in der Berichterstattung der übrigen 98 Manager mit unter 2% eine eher untergeordnete Rolle spielen.

Untersucht wurde in der Inhaltsanalyse nicht nur, in welchen Kontexten über Manager berichtet wird, sondern auch, welchen Stellenwert so genannte ‚Soft News' einnehmen. Für die Erhebung von Informationen mit Unterhaltungswert wurden die Hauptkategorien „Karriere-Informationen" und „Persönliche Informationen" gebildet. Vor allem mit der zuletzt genannten Kategorie sollte die Häufigkeit von Mitteilungen mit so genanntem ‚human touch'-Charakter festgestellt werden.

Die Auswertung zeigt, dass in rund 27% der untersuchten Beiträge mindestens eine Karriere-Information erwähnt wird. Aus der nachfolgenden Tabelle geht hervor, welche karrierebezogenen Informationen in der Berichterstattung dominieren. Da Zeitungsartikel oftmals mehr als nur eine Information über die Karriere eines Managers enthalten, waren Mehrfachcodierungen möglich.

Tab. 21:   Karriere-Informationen[2338]

	N	in % bezogen auf alle „Karriere- Informationen" (N = 1.996)	in% der Fälle bezogen auf Artikel (N = 889), die mind. eine „Karriere-Information" enthalten
Alter	623	31,2%	70,1%
Vorherige Positionen	494	24,7%	55,6%
Berufsausbildung/fachlicher Hintergrund	390	19,5%	43,9%
Amtsdauer	265	13,3%	29,8%
Betriebszugehörigkeit	142	7,1%	16,0%
weitere Ämter und Posten	48	2,4%	5,4%
Besuch an einer Eliteuniversität	34	1,7%	3,8%
Gesamt	1.996	100,0%	224,5%

Die Werte machen deutlich, dass in der Berichterstattung häufig das ‚Alter' (in etwa 19% der untersuchten Artikel) genannt wird, auf ‚vorherige Positionen' (in etwa 15% der untersuchten Artikel) oder auf die ‚Berufsausbildung' (in etwa 12% der untersuchten Artikel) eingegangen wird. In lediglich 34 der untersuchten Beiträge wurde erwähnt, dass der Top-Manager eine ‚Eliteuniversität' besucht hat. Selten wird auch darüber berichtet, dass die im Fokus des Beitrags stehende Führungskraft weitere (hochkarätige) Ämter (z.B. Aufsichtsratsmandate, Posten in Verbänden usw.) bekleidet (etwa 1,5% der untersuchten Artikel).[2339]

Für die Codierung von persönlichen Informationen bzw. Informationen über das Privatleben eines Managers wurden insgesamt zwölf Kategorien (inklusive der Residualkategorie „Sonstiges") gebildet (siehe die nachfolgende Tabelle). Wie bei der Hauptkategorie ‚Karriere-Informationen' waren auch bei dieser Kategorie Mehrfachnennungen möglich. Rund 17% der untersuchten Artikel (546 Beiträgen) enthalten mindestens eine persönliche Information.[2340]

Am häufigsten wurde in der untersuchten Berichterstattung auf die Herkunft der Führungskraft (z.B. „gebürtiger Rheinländer", „westfälische Wurzeln") eingegangen (rund 12% der untersuchten Artikel). Hierauf folgen Informationen über Freizeitaktivitäten oder Hobbys

---

[2338]   Neben den in der Tabelle angeführten Informationen wurde darüber hinaus auch bei einer positiven Hervorhebung der Karriere (z.B. „XY legte einen rasanten Aufstieg hin", „machte eine steile Karriere" usw.) eine Kodierung vorgenommen. Eine explizite Aussage zur Karriere des Managers wurde allerdings in nur 55 Beiträgen (etwa 1,7% der untersuchten Zeitungsartikel) gemacht.

[2339]   Auch wenn nur vereinzelt in der Berichterstattung darauf eingegangen wird, welche weiteren Ämter Manager bekleiden, sollte hieraus nicht der Schluss gezogen werden, dass die Ausübung sonstiger Ämter in der Berichterstattung keine Rolle spielt. Wie aus Tabelle 20 deutlich wird, bildet die Übernahme oder Aufgabe eines Amtes in immerhin 3% der untersuchten Berichte das Hauptthema. Darüber hinaus wurden zahlreiche Artikel codiert, in denen über Manager nicht in ihrer Funktion als Vorstand, sondern in einer anderen Funktion (zumeist als Vorsitzender des Aufsichtsrats) berichtet wurde. Schlussendlich wird in etwa 4% der untersuchten Artikel die Ausübung weiterer Ämter (ausführlich oder aber beiläufig) thematisiert.

[2340]   Rund 9,3% der untersuchten Berichte enthalten mindestens zwei, rund 5,3% mindestens drei persönliche Informationen.

(rund 5,8% der untersuchten Beiträge), über den Familienstand (rund 5,6%) und Aussagen über das Aussehen bzw. das äußere Erscheinungsbild (rund 5,5%).

Tab. 22: Persönliche Informationen

	N	in % bezogen auf alle „persönlichen Informationen" (N = 1.115)	in% der Fälle bezogen auf Artikel (N = 546), die mind. eine „persönliche Information" enthalten
Herkunft/biografischer Hintergrund	388	34,8%	71,1%
Hobbys/Freizeitaktivitäten	189	17,0%	34,6%
Familie/Familienstand	184	16,5%	33,7%
Aussehen/äußeres Erscheinungsbild	180	16,1%	33,0%
Vorlieben/Lebensstil	74	6,6%	13,6%
Mitgliedschaft in einer politischen Partei	38	3,4%	7,0%
Urlaub	21	1,9%	3,8%
Privates Vermögen	20	1,8%	3,7%
Gemeinnütziges/ökologisches Engagement	18	1,6%	3,3%
Gesundheit	1	0,1%	0,2%
Religion	1	0,1%	0,2%
Sonstiges	1	0,1%	0,2%
Gesamt	1.115	100,0%	204,2%

Wenig überraschend ist, dass vor allem Zeitungsartikel, in denen die Spitzenführungskraft im Mittelpunkt steht (z.B. Portraits, Reportagen), zahlreiche Informationen über den beruflichen Werdegang und/oder Informationen über das Privatleben der Führungskraft enthalten.

Fraglich ist, ob die Öffentlichkeit tendenziell mehr Informationen über das Privatleben prominenter Manager erhält. Die Auswertung gelangt zu dem Resultat, dass Rezipienten der drei Zeitungen persönliche Informationen über rund 70% der Führungskräfte erhalten. Etwa die Hälfte aller persönlichen Informationen entfallen auf 15 Manager.[2341] Mit Blick auf den „Spitzenreiter" lässt sich feststellen, dass über diesen fünf Mal so viele persönliche Informationen in der Berichterstattung vorkommen wie über den „Durchschnittsmanager" der Stichprobe. Ähnliches ergibt sich aus der Auswertung der Kategorie „Karriere-Informationen". Der Leser erhält über den „Spitzenreiter" sechs Mal so viele karrierebezogene Informationen wie über den „Durchschnittsmanager" der Stichprobe.

Dass die Anzahl „persönlicher Informationen" mit der Anzahl der untersuchten Artikel pro Manager korreliert, ist wenig überraschend.[2342] Medienrezipienten erhalten mehr Informationen über das Privatleben von Managern, die eine hohe mediale Präsenz aufweisen. Um zu

---

[2341] Die 6,8% beziehen sich auf alle „persönlichen Informationen" (N = 1.115)

[2342] Mit dem Rangkorrelationskoeffizienten Spearmans Rho wurde geprüft, ob ein positiver Zusammenhang zwischen der „Anzahl persönlicher Informationen pro Manager" und „Anzahl veröffentlichter Artikel pro Manager" besteht. Die Korrelation ist stark (0,909) und auf dem 0,01 Niveau signifikant.

erfahren, ob über das Privatleben dieser „Stars" insgesamt mehr berichtet wird, muss die Anzahl persönlicher Informationen pro Artikel berücksichtigt werden. Die Ergebnisse der Auswertung zeigen, dass zwischen der „Anzahl veröffentlichter Artikel" und „Anzahl persönlicher Informationen pro Artikel" kein Zusammenhang besteht. Bei einer näheren Betrachtung fällt auf, dass vor allem im Zusammenhang mit Gründern – 21 Manager der Stichprobe haben das Unternehmen, an deren Spitze sie stehen, auch gegründet – besonders viele persönliche Informationen pro Artikel genannt werden. Eine Überprüfung gelangt allerdings zu dem Ergebnis, dass nur eine schwache Korrelation besteht.[2343]

Da in der Untersuchung nicht berücksichtigt werden konnte,[2344] wie intensiv über bestimmte Themenbereiche (z.B. Familienstand, Hobbys, biographischer Hintergrund usw.) berichtet wurde – so gibt es Zeitungsartikel, in denen sehr ausführlich auf den biographischen Hintergrund eines Managers oder auf seine familiäre Situation eingegangen wird –, erlauben die Ergebnisse allenfalls Aussagen über bestehende Tendenzen.

3.2.2   Bedeutung prototypischer Führerattribute

Als überraschend können die Ergebnisse aus der Analyse der Attribute, mit denen TopManager in der Berichterstattung beschrieben werden, bezeichnet werden. Es sei darauf hingewiesen, dass Attribute nur dann codiert wurden, wenn aus dem Artikel deutlich hervorging, dass es sich um eine Handlungstendenz handelt, die zeitlich und übersituativ stabil ist. Aussagen wie „Der Vorstandschef machte auf der Hauptversammlung einen unsicheren Eindruck" wurden nicht codiert, da hieraus nicht eindeutig hervorgeht, dass der amtierende Vorstandsvorsitzende grundsätzlich „unsicher" ist. Darüber hinaus wurden Eigenschaften nur dann codiert, wenn sie explizit genannt wurden.

In 12,7% der untersuchten Artikel wurde die im Fokus des Beitrags stehende Führungskraft mit mindestens einer Eigenschaft beschrieben. Detailliertere Charakterisierungen (es werden mindestens drei Eigenschaften genannt) finden sich in rund 4,5% der Beiträge.

[2343]   Der Korrelationskoeffizient Spearmans Rho nimmt den Wert 0,267 an. Die Korrelation ist auf dem 0,05 Niveau signifikant.

[2344]   Mit der hier gewählten Methode kann lediglich festgestellt werden, ob ein Artikel eine bestimmte Information enthält oder diese Information eben nicht enthält. Wie intensiv über diese Information berichtet wird, konnte nicht erhoben werden, da sich dies nur schwer quantifizieren lässt. Allerdings kann argumentiert werden, dass ein Artikel, der z.B. ganz unterschiedliche Mitteilungen über das Privatleben eines Managers enthält, das Privatleben auch intensiver beleuchtet als Artikel, in denen nur eine Information über das Privatleben genannt wird.

Tab. 23: **Persönlichkeitseigenschaften**

Eigenschaften	N	Prozent	Kumulierte Prozente
ruhig, gelassen	62	6,7%	6,7%
zurückhaltend, leise agierend	56	6,1%	12,8%
freundlich, höflich*	46	5,0%	17,8%
hart, hart in der Sache	41	4,5%	22,2%
ehrgeizig	34	3,7%	25,9%
kooperativ, teamorientiert*	30	3,3%	29,2%
zielorientiert, zielstrebig*	26	2,8%	32,0%
nüchtern, sachlich	26	2,8%	34,8%
aufgeschlossen, offen*	24	2,6%	37,4%
bodenständig	23	2,5%	39,9%
zuverlässig, verbindlich	22	2,4%	42,3%
beharrlich, hartnäckig*	21	2,3%	44,6%
direkt, unverblümt	20	2,2%	46,7%
umgänglich	20	2,2%	48,9%
kühl, distanziert	19	2,1%	51,0%
selbstbewusst	19	2,1%	53,0%
dynamisch, agil, energiegeladen, temperamentvoll	17	1,8%	54,9%
entschlossen*	16	1,7%	56,6%
verbal geschickt, wortgewandt, wortgewaltig*	16	1,7%	58,4%
diszipliniert*	16	1,7%	60,1%
Macher, packt mit an, hemdsärmelig	16	1,7%	61,9%
Sonstige	351	38,1%	38,1%
Gesamt	921	100,0%	100,0%

* prototypische Attribute

Ausgangspunkt für die Erstellung der Kategorie „Persönlichkeitseigenschaften" bildete die Schematheorie der Führung. Vermutet wurde, dass Journalisten in ihren Darstellungen von Managern verstärkt auf prototypische Merkmale zurückgreifen. Dass Top-Manager besonders häufig mit den Eigenschaften „ruhig/gelassen" und „zurückhaltend" beschrieben werden, deckt sich nicht mit den aufgestellten Erwartungen. Diese Eigenschaften zählen nach der Untersuchung von LORD/FOTI/DE VADER (1984) nicht zu den typischen Attributen, die mit Führung bzw. Führungspersonen in Verbindung gebracht werden. In der nachfolgenden Tabelle sind zwölf Attribute angegeben, die nach der im US-amerikanischen Raum durchgeführten Studie von LORD/FOTI/DE VADER die höchste Prototypikalität aufweisen. Aus der mittleren und rechten Spalte geht hervor, wie häufig die Attribute in der untersuchten Berichterstattung explizit genannt wurden.

Tab. 24:   Prototypische Attribute[2345]

Attribute mit hoher Prototypikalität	Häufigkeit	Prozent
engagiert [passioniert, enthusiastisch]	12	1,3%
zielorientiert [zielstrebig]	26	2,8%
informiert [gut unterrichtet]	4	0,4%
charismatisch	4	0,4%
entschlossen	16	1,7%
verantwortungsbewusst	1	0,1%
intelligent	4	0,4%
sicher	1	0,1%
organisiert	2	0,2%
verbal geschickt [wortgewandt, wortgewaltig]	16	1,7%
glaubwürdig	8	0,9%
durchsetzungsfähig [durchsetzungsstark]	14	1,5%

Auffällig ist, dass Führungskräfte in den analysierten Berichten nur selten explizit als „charismatisch" bezeichnet wurden. Der mit Charisma in Verbindung gebrachte Begriff „visionär" ist in der Berichterstattung insgesamt fünf Mal gefallen. Darüber hinaus werden Manager selten als intelligent, häufiger jedoch als weltgewandt, smart, schlau, gerissen oder scharfsinnig beschrieben.

Mit Blick auf die Eigenschaften ist abschließend ist zu sagen, dass zwar viele der Attribute, die von Vertretern der Schematheorie als prototypische Führermerkmale identifiziert wurden, in der Berichterstattung auftauchen, jedoch nicht mit der Häufigkeit, die erwartet wurde. Ein Grund hierfür könnte sein, dass bestimmte Attribute zwar in den USA, jedoch nicht in Deutschland als typisch für Führungspersonen betrachtet werden.[2346] Im Rahmen des so genannten GLOBE-Projekts wurde bereits festgestellt, dass hinsichtlich der Wahrnehmung von Führung kulturelle Unterschiede bestehen.[2347] So zeigen Untersuchungen, dass die Frage, welche Merkmale (d.h. Eigenschaften, Fähigkeiten, Verhaltensweisen usw.) ‚herausragende Führungspersonen' (*outstanding leadership*) kennzeichnen, nicht in allen untersuchten Ländern und Kulturkreisen gleich beantwortet wird.

3.2.3   Explizite Bewertungen

Die Erhebung von Bewertungen bildete den eigentlichen Schwerpunkt der Inhaltsanalyse. Wie andernorts dargelegt, wurden Kausalattributionen, Aussagen über vorhandene oder fehlende Fähigkeiten sowie wertende Aussagen über das Leistungsverhalten von Managern co-

---

[2345]   Entnommen aus LORD/FOTI/DE VADER (1984), S. 353 ff.

[2346]   Die Untersuchung von LORD/FOTI/DE VADER (1984) stammt aus dem US-amerikanischen Raum.

[2347]   Siehe nochmals Fn. 346.

diert. Die Kodierung erfolgte auf Aussageebene. Auf Beitragsebene wurde der Gesamteindruck verschlüsselt.

Für die Erfassung von Attributionsaussagen wurden zwei Kategorien gebildet: Attributionssender und Attributionsgegenstand (absoluter oder relativer Unternehmenserfolg/-misserfolg).[2348] Insgesamt wurden 136 Attributionsaussagen erhoben. In insgesamt 129 Beiträgen konnte *mindestens* eine Attributionsaussage identifiziert werden (entspricht 4,0% der untersuchten Artikel). Demnach lässt sich feststellen, dass in der Berichterstattung von Tageszeitungen eher selten Kausalattributionen vorkommen. Aus Tabelle 25 geht hervor, ob amtierende Top-Manager eher für Erfolge oder Misserfolge ursächlich verantwortlich gemacht werden. Es sei darauf hingewiesen, dass eine positive Bewertung dann vorliegt, wenn die Führungskraft explizit als Ursache für den Erfolg des Unternehmens benannt wird. Eingeschränkt positiv (bzw. eingeschränkt negativ) ist eine Bewertung dann, wenn eine Relativierung vorliegt. Relativiert wird eine Zuschreibung durch Zusätze wie: größtenteils, vorwiegend, vor allem, zum größten Teil usw. Entscheidend ist hierbei, dass trotz des Einflusses anderer Größen, der amtierende Manager als Hauptursache für den Erfolg genannt wird.

Tab. 25: Kausalattributionen

Bewertung	Attribution	N	in %	in% der Fälle
			bezogen auf alle Kausal-attributionen (N = 136)	bezogen auf Artikel (N = 129), die mind. eine Kausal-attribution enthalten
negativ	Misserfolg	3	2,2%	2,3%
eingeschränkt negativ	Misserfolg/relativiert	3	2,2%	2,3%
eingeschränkt positiv	Erfolg/relativiert	14	10,3%	10,9%
positiv	Erfolg	116	85,3%	89,9%
Gesamt		136	100,0%	105,4%

Aus der Tabelle geht deutlich hervor, dass Manager in den untersuchten Beiträgen eher als Ursache für Erfolge als für Misserfolge benannt werden. Es sei darauf hingewiesen, dass dieses Ergebnis allerdings nicht den Schluss zulässt, dass in der Berichterstattung über Manager Erfolgsattributionen generell dominieren und Misserfolgsattributionen eine nur untergeordnete Rolle spielen. Die geringe Anzahl an Misserfolgsattributionen lässt sich u.a. mit dem hier gewählten Forschungsdesign erklären. Die überwiegende Mehrzahl der untersuchten Spitzenführungskräfte hat zwischen 2000 und 2006 durchgängig ein Amt im Top-Management ausgeübt. Unfreiwillige Entlassungen stellten Ausnahmen dar. Um zu einer validen Aussage bezüglich des Anteils von Erfolgs- und Misserfolgsattributionen in der Presseberichterstattung zu gelangen, dürfte sich die Untersuchung nicht nur auf Manager beschränken, die sich noch

---

[2348] Zur Entwicklung synthetischer Kategoriensysteme siehe RÖSSLER (2005), S. 155.

im Amt befinden bzw. noch zu den „aktiven Teilnehmern" des Managermarktes zählen. So fiel bei der Kodierung der Zeitungsartikel beispielsweise auf, dass für eine schlechte Unternehmensperformance nicht der amtierende Vorstandsvorsitzende, sondern oftmals sein Vorgänger verantwortlich gemacht wurde. Diese Beobachtungen wurden allerdings nicht systematisch erfasst.

In der Untersuchung wurden auch die Urheber von Attributionsaussagen codiert. Erstellt wurde eine umfangreiche Liste mit internen und externen Akteuren, die als potentielle Urheber in Frage kommen. Anzumerken ist, dass einige der Akteure zum Zeitpunkt der Veröffentlichung des Artikels auch Doppelfunktionen (z.B. Hauptaktionär und zugleich Mitglied im Aufsichtsrat) ausgeübt haben. Doppelfunktionen wurden aufgrund des hohen Aufwands und des verhältnismäßig geringen Nutzens nicht explizit erfasst. In diesen (seltenen) Fällen wurde so verfahren, dass ein Akteur jener Funktion (bzw. Kategorie) zugeordnet wurde, die im jeweiligen Artikel zuerst genannt wurde.

Tab. 26:   Kausalattributionen und Attributionssender

Attributionssender	Bewertung (Attributionsgegenstand)				Gesamt	
	negativ (Misserfolg)	eingeschränkt negativ (Misserfolg/ relativiert)	eingeschränkt positiv (Erfolg/ relativiert)	positiv (Erfolg)	in %	N
Journalist (berichtend)	1,5%	1,5%	9,6%	80,1%	92,6%	126
Medienvertreter	0,0%	0,0%	0,0%	2,2%	2,2%	3
Manager von Banken	0,0%	0,7%	0,0%	0,7%	1,5%	2
Aktionäre	0,0%	0,0%	0,0%	0,7%	0,7%	1
intern/interne Kreise	0,0%	0,0%	0,0%	0,7%	0,7%	1
gilt als/hat den Ruf	0,0%	0,0%	0,7%	0,0%	0,7%	1
andere externe Stakeholder	0,0%	0,0%	0,0%	0,7%	0,7%	1
Manager (Selbstattribution)	0,0%	0,0%	0,0%	0,7%	0,7%	1
Gesamt	1,5%	2,2%	10,3%	86,0%	100,0%	136

Urheber von Attributionsaussagen sind in aller Regel Journalisten (in der Chronistenrolle). Aussagen wie „gilt als", „hat den Ruf" oder „ist bekannt für" wurden gesondert erfasst, da diese suggerieren, dass eine unspezifische Teilöffentlichkeit die Meinung vertritt, der Manager sei für den Erfolg/Misserfolg ursächlich verantwortlich.

Fraglich ist nun, ob sich die Attributionsaussagen relativ gleichmäßig über alle Manager, deren Berichterstattung untersucht wurde, verteilen, oder aber bestimmte Manager besonders häufig als Ursache für den Erfolg/Misserfolg eines Unternehmens verantwortlich gemacht werden. Nachfolgend wird das Augenmerk auf Erfolgsattributionen gelegt, und Misserfolgsattributionen aufgrund ihrer geringen Relevanz nicht weiter berücksichtigt. Insgesamt wurden 130 Erfolgsattributionen (positive und eingeschränkt positive Bewertungen) erhoben. Dies entspricht rund 1,3 Attributionen pro Manager. Tatsächlich wurden in der untersuchten Berichterstattung lediglich 37 Manager für die unternehmerischen Erfolge explizit verantwortlich gemacht. Betrachtet man ausschließlich die Gruppe der Manager, die Zuschreibungen erhalten haben, dann ergibt sich das folgende Bild: 62,3% aller Erfolgsattributionen entfallen auf insgesamt acht Manager.[2349] Der Spitzenwert liegt bei 24 Attributionsaussagen (rund 18,5% aller Erfolgsattributionen). Die folgende Tabelle gibt einen komprimierten Überblick. Angegeben ist auch die Branche jener Unternehmen, die von den Managern mit den meisten Erfolgsattributionen geführt werden.

Tab. 27: Erfolgsattributionen

		Erfolgsattributionen	
Branche	**Häufigkeit**	**in %**	**Kumulierte Prozente**
Bank	24	18,5%	18,5%
Transport & Logistik	12	9,2%	27,7%
Automobil	10	7,7%	35,4%
Industriegüter	8	6,2%	41,6%
Medien	8	6,2%	47,7%
Industriegüter	7	5,4%	53,1%
Konsumgüter	6	4,6%	57,7%
Versicherung	6	4,6%	62,3%
Rest (insg. 29 Manager)	49	37,7%	37,7%
Gesamt	130	100,0%	100,0%

Aus den Ausführungen ist deutlich geworden, dass sich die Mehrzahl der in der Berichterstattung vorzufindenden Erfolgsattributionen auf nur wenige Akteure verteilt. Zieht man zugleich in Betracht, dass die Berichterstattung von Tageszeitungen insgesamt nur wenige Attributionsaussagen enthält (in rund 4% der untersuchten Artikel), kann mit Blick auf Erfolgszuschreibungen festgestellt werden, dass sich eine kleine Gruppe von Führungskräften von den übrigen Managern absetzt.

Neben Attributionsaussagen wurden auch explizite Bewertungen hinsichtlich des Leistungsverhaltens und der Fähigkeiten von Managern erhoben. In immerhin 13,5% der untersuchten Artikel wird mit mindestens einer Aussage das Arbeitsverhalten einer Führungskraft bewertet. Für die Erfassung von Leistungsbewertungen wurden zwei Kategorien gebildet: 1) Richtung der Bewertung (mit insgesamt vier Ausprägungen) und 2) Urheber der Leistungsbewertung.[2350]

[2349] Die restlichen 49 Attributionen (37,7%) verteilen sich auf 29 Manager. Die Verteilung sieht wie folgt aus: Sieben Manager haben drei Zuschreibungen, sechs Manager haben zwei Zuschreibungen und 16 Manager haben nur eine Zuschreibung erhalten.

[2350] Im Codebuch wurde definiert, was unter einer positiven (bzw. tendenziell positiven) oder einer negativen (bzw. tendenziell negativen) Bewertung verstanden wird.

Tab. 28:   Bewertungen des Leistungsverhaltens

Urheber der Bewertung	Richtung der Bewertung				Gesamt	
	negativ	tendenziell negativ	tendenziell positiv	positiv	in %	N
Journalist	11,6%	3,2%	3,2%	60,2%	78,3%	437
Berichtend	11,1%	2,9%	3,2%	57,9%	75,1%	419
Wertend, kommentierend	0,5%	0,4%	0,0%	2,3%	3,2%	18
Analysten	0,9%	0,0%	0,2%	3,2%	4,3%	24
Aktionäre, Investoren (Klein- und Großaktionäre)	1,3%	0,5%	0,0%	1,8%	3,6%	20
Nicht weiter spezifizierte Personen	1,4%	0,0%	0,0%	1,3%	2,7%	15
Personen aus Finanzkreisen	0,4%	0,0%	0,0%	0,5%	0,9%	5
Kritiker, Zweifler	0,7%	0,0%	0,0%	0,0%	0,7%	4
gilt als/hat den Ruf	0,0%	0,0%	0,0%	0,5%	0,5%	3
Kenner/Fachleute	0,4%	0,0%	0,0%	0,0%	0,4%	2
intern/interne Kreise	0,0%	0,0%	0,0%	0,2%	0,2%	1
Mitglieder des Aufsichtsrats	1,4%	0,2%	0,0%	0,5%	2,2%	12
Gesamtaufsichtsrat/Organ	0,0%	0,2%	0,0%	0,2%	0,4%	2
Vertreter der Anteilseigner/-seite	1,3%	0,0%	0,0%	0,4%	1,6%	9
Vertreter der Arbeitnehmer/-seite	0,2%	0,0%	0,0%	0,0%	0,2%	1
Vertreter einer Aktionärs- vereinigung	0,7%	0,0%	0,0%	1,1%	1,8%	10
Gewerkschaftsvertreter	0,9%	0,0%	0,0%	0,4%	1,3%	7
Mitarbeiter/Führungskräfte	0,5%	0,4%	0,0%	0,2%	1,1%	6
Betriebsrat	0,4%	0,0%	0,0%	0,4%	0,7%	4
Ehemaliger Vorstandsvors.	0,0%	0,0%	0,0%	0,7%	0,7%	4
Manager von Banken	0,0%	0,0%	0,0%	0,7%	0,7%	4
Medienvertreter	0,0%	0,0%	0,0%	0,5%	0,5%	3
Politiker (Bundes- /Landesebene)	0,4%	0,2%	0,0%	0,0%	0,5%	3
Sonstige Personen	0,7%	0,0%	0,0%	0,9%	1,6%	9
Gesamt	20,3%	4,5%	3,4%	71,9%	100,0%	558

Wie aus Tabelle 28 ersichtlich wird, wurden rund 22% aller Bewertungen von unternehmens-internen oder -externen Akteuren abgegeben, die in den analysierten Beiträgen direkt oder indirekt zitiert wurden. Im Unterschied zu den Attributionsaussagen spielen die Bewertungen Dritter somit eine größere Rolle.

Für die Erhebung von Aussagen über Fähigkeiten wurden drei Kategorien gebildet: 1) Urhe-ber, 2) Art der Fähigkeit (fachliche, soziale/kommunikative, konzeptionelle Fähigkeiten und Globalbewertung) und 3) Richtung der Bewertung (mit insgesamt vier Ausprägungen). Rund 7% aller untersuchten Artikel enthalten mindestens eine Fähigkeitsbewertung. Insgesamt konnten 269 Aussagen über vorhandene (bzw. fehlende) Fähigkeiten identifiziert werden, wobei in rund 68,8% der Fälle der Journalist (Chronistenrolle) der Urheber ist, gefolgt von „gilt als/hat den Ruf" (6,7%) und dem amtierenden „Aufsichtsratsvorsitzenden" (5,2%).

Wenn eine Aussage über die Fähigkeiten eines Managers vorliegt, handelt es sich zumeist um eine Aussage über vorhandene technische Fähigkeiten.

Tab. 29: Aussagen über Fähigkeiten[2351]

Art der Fähigkeit	Richtung der Bewertung								Gesamt	
	negativ		tendenziell negativ		tendenziell positiv		positiv			
Technische Fähigkeiten	6	(2,2%)	2	(0,7%)	1	(0,4%)	139	(51,7%)	148	(59,2%)
Soziale Fähigkeiten	3	(1,1%)	2	(0,7%)	3	(1,1%)	36	(13,4%)	44	(17,6%)
Konzeptionelle Fähigkeiten	3	(1,1%)	0	(0,0%)	2	(0,7%)	34	(12,6%)	38	(15,2%)
Globalbewertung	2	(0,7%)	0	(0,0%)	1	(0,4%)	36	(13,4%)	39	(15,6%)
Gesamt	14	(5,2%)	4	(1,5%)	6	(2,2%)	245	(91,1%)	269	(100,0%)

Während Attributionen, Aussagen über das Leistungsverhalten und Aussagen über Fähigkeiten auf Aussageebene untersucht wurden, wurde der Gesamteindruck auf Beitragsebene erhoben. Für die Codierung des Gesamteindrucks wurde eine fünfstufige bipolare Skala (+2, +1, 0, -1, -2) entwickelt. Mit Blick auf die Bewertungsrichtung – ist die Darstellung des Managers neutral, positiv oder negativ – lag die Intercoder-Reliabilität bei 94%.[2352] Die summarischen Bewertungen der Codierer gingen vor allem hinsichtlich der Frage auseinander, ob der Manager in dem jeweiligen Beitrag neutral oder tendenziell positiv dargestellt wird. Der Unterschied lag bei maximal einem Skalenpunkt. Völlig entgegengesetzte Bewertungen (z.B. tendenziell positiv und eindeutig negativ) wurden nicht vorgenommen. Während die Codierer bei der Bewertung der Grundtendenz somit große Übereinstimmung zeigten, gab es hinsichtlich der Einschätzung der Intensität (ist der Beitrag tendenziell positiv oder eindeutig positiv) größere Meinungsunterschiede. Hier lag die Intercoder-Reliabilität bei 72%.

[2351] Die Prozentangaben wurden gerundet. Unter „Globalbewertung" werden Aussagen über die generelle Befähigung eines Managers bezeichnet, ein Unternehmen zu leiten.

[2352] Die Artikel wurden von zwei Codierern verschlüsselt. Die Intercoder-Reliabilität wurde anhand einer Stichprobe (rund 11% des Untersuchungsmaterials) überprüft. Für die Berechnung wurde das Überschneidungsmaß nach HOLSTI herangezogen [aus RÖSSLER (2005) entnommen]. Hiernach berechnet sich der Reliabilitätskoeffizient wie folgt: $C = 2*C_{\text{Zahl übereinstimmender Codierungen}} / (C_{\text{Zahl der Codierungen von Codierer A}} + C_{\text{Zahl der Codierungen von Codierer B}})$. In der Literatur ist das Überschneidungsmaß allerdings nicht unumstritten. Die Anwendung des Koeffizienten ist dann bedenklich, je weniger Alternativen die Codierentscheidung zulässt, da damit keine rein zufälligen Übereinstimmungen erfasst werden [vgl. MERTEN (1995), S. 305]. Würde man bei der Berechnung zufällig bedingte Codierübereinstimmungen berücksichtigen, würde die Intercoder-Reliabilität bei 83% liegen [für die Berechnung wurde auf einen von SCOTT entwickelten Koeffizienten zurückgegriffen, auf den MERTEN (1995) detailliert eingeht. Siehe S. 306 f.]

Tab. 30:   Tonalität der Berichterstattung über Top-Manager

Richtung der Bewertung	Zeitungen							
	SZ		FAZ		HB		Gesamt	
	N	in%	N	in%	N	in%	N	in%
eindeutig negativ	10	1,1%	0	0,0%	1	0,1%	11	0,3%
tendenziell negativ	30	3,3%	15	1,5%	22	1,6%	67	2,1%
neutral	725	80,1%	890	88,9%	1.199	89,1%	2814	86,6%
tendenziell positiv	88	9,7%	70	7,0%	91	6,8%	249	7,7%
eindeutig positiv	52	5,7%	26	2,6%	31	2,4%	110	3,4%
Gesamt	905	100,0%	1.001	100,0%	1.345	100,0%	3.251	100,0%

Auf den ersten Blick mag es überraschen, dass die Berichterstattung über Top-Manager überwiegend neutral ist, und dass eher selten negativ über Spitzenführungskräfte berichtet wird. Tatsächlich deckt sich dieses Ergebnis nahezu exakt mit den Resultaten von Untersuchungen aus dem US-amerikanischen Raum. So gelangen FRANCIS ET AL. (2004) ebenfalls zu dem Schluss, dass 86,6% der Berichterstattung über CEOs neutral ist. Eine negative Tonalität haben die Forscher bei nur 1% der untersuchten Artikel feststellen können.[2353] Obgleich auch andere Untersuchungen zu dem Ergebnis gelangen, dass eher selten negativ über Top-Manager berichtet wird, ist zu vermuten, dass auch das hier gewählte Untersuchungsdesign zu dem Ergebnis beigetragen hat. Wie oben erwähnt, wurde nur die Berichterstattung über amtierende Vorstandsmitglieder untersucht. Nicht analysiert wurden Artikel, die ganz allgemein über Manager berichten und bestimmte Entwicklungen (z.B. im Hinblick auf die Vergütung) kritisch analysieren. „Manager-Schelten" waren in aller Regel nicht Gegenstand der Untersuchung. Darüber hinaus hat sich die Studie auf Qualitätszeitungen beschränkt, die dafür bekannt sind, ausgewogen und weniger wertend zu berichten.[2354]

Abschließend sei darauf hingewiesen, dass die hohe Intercoder-Reliabilität nicht darüber hinwegtäuschen sollte, dass die summarische Bewertung eine stark subjektive Komponente enthält. Codierer werden bei der Bewertung durch zahlreiche Faktoren beeinflusst (z.B. persönliche Einstellung/Voreingenommenheit, Verzerrungen aufgrund von Primacy- oder Recency-Effekten), deren Wirkung selbst dann nicht ausgeschlossen werden kann, wenn den Codierern die Wirkung dieser Effekte bekannt ist.

[2353]   Vgl. FRANCIS ET AL. (2008), S. 121. Zu ähnlichen Ergebnissen gelangen MILBOURN (2000) [S. 246 f.] sowie RAJGOPAL/SHEVLIN/ZAMORA (2006) [S. 1823]. Siehe auch die Resultate von PARK/BERGER (2004), S. 112 ff.

[2354]   Siehe hierzu nochmals die Ergebnisse der Inhaltsanalyse von SCHRÖTER (1991) [in der vorliegenden Arbeit auf S. 13].

4. Zwischenfazit

Einige der Ergebnisse aus der Inhaltsanalyse decken sich mit den Erwartungen, die insbesondere durch die verschiedenen inhaltsanalytischen Studien aus dem US-amerikanischen Raum (siehe nochmals Kapitel B) geweckt wurden. Dass sich die Berichterstattung der Medien auf nur wenige Manager konzentriert, haben bereits HAMILTON/ZECKHAUSER (2004) festgestellt. Auch die Resultate aus der Themenfrequenzanalyse sind keineswegs überraschend. Neue Erkenntnisse bringt die Untersuchung allerdings im Hinblick auf die Frage, wie häufig in der Berichterstattung von Tageszeitungen unternehmerische Erfolge auf den amtierenden Vorstandsvorsitzenden zurückgeführt werden. Die Studie zeigt, dass in rund 4% der untersuchten Artikel mindestens eine Attributionsaussage identifiziert werden konnte, dass von den 99 Top-Managern tatsächlich aber nur wenige Führungskräfte explizit für Erfolge verantwortlich gemacht wurden. Fünf Top-Manager der Stichprobe erhalten rund 50% aller Attributionen. Demnach gibt es einige wenige „Starmanager", die in der Presseberichterstattung vergleichsweise häufig als Ursache für unternehmerische Erfolge benannt werden.[2355] Da nur Tageszeitungen analysiert wurden, stellt sich die Frage, ob die Berichterstattung in anderen Medien – z.B. Wirtschafts- oder Nachrichtenmagazine – „attributionsintensiver" ist.

Überraschend sind die Ergebnisse auch im Hinblick auf die Attribute, mit denen Top-Manager beschrieben werden. Die am häufigsten genannten Eigenschaften („ruhig/gelassen", „zurückhaltend") zählen nicht zu den von Vertretern der Kategorisierungstheorie identifizierten prototypischen Führermerkmalen.

Die hier gewählte Methode der quantitativen Inhaltsanalyse ist vielfach an ihre Grenzen gestoßen. Wie aus den Ausführungen deutlich wurde, sind ausschließlich explizite Mitteilungen (Informationen oder Aussagen) codiert worden. Die Codierung subtiler Botschaften war zwar ursprünglich vorgesehen, ein Pretest hat allerdings gezeigt, dass sich nur schwer Kategorien bilden lassen, die auch eine eindeutige Zuordnung von Informationen „zwischen den Zeilen" ermöglichen. Anhand von zwei Beispielen sei dies verdeutlicht.

Wie in Abschnitt 2.3 dargelegt, wurden drei Kategorien gebildet,[2356] mit denen festgestellt werden sollte, welche Rolle das Thema „Macht" in der Berichterstattung über Top-Manager spielt, und ob einzelne Manager als besonders einflussreich oder gar übermächtig dargestellt werden. Während explizite Aussagen über die Machtstellung eines Managers sowie Aussagen

---

[2355] Dies entspricht auch dem Begriffsverständnis von HAYWARD/RINDOVA/POLLOCK (2004). Den Autoren zufolge zeichnen sich Starmanager (‚celebrity CEOs') dadurch aus, dass sie in den Medien für unternehmerische Erfolge verantwortlich gemacht werden. Siehe nochmals die Definition von ‚CEO Celebrity' auf S. 77.

[2356] Das sind: 1) explizite Aussagen über die Machtstellung eines Managers, 2) Einfluss auf die Besetzung von Vorstandspositionen und 3) Entscheidungsbildung im Vorstand (direktoriale vs. kollegiale Führung).

über die Einflussnahme des Vorstandsvorsitzenden auf die Besetzung von Vorstandspositionen in der Berichterstattung gelegentlich vorkommen,[2357] konnte in keinem der analysierten Artikel eine Aussage identifiziert werden, aus der ausdrücklich hervorgeht, dass das Unternehmen direktorial geführt wird. Trotz dieses Befunds ist festzustellen, dass einige Zeitungsberichte dennoch den Eindruck vermitteln, dass der Vorsitzende des Vorstands die alleinigen Entscheidungen trifft und über eine gewaltige Machtfülle verfügt. So ruft die Formulierung „der Vorstand hat weitere Zukäufe beschlossen" beim Leser andere Bilder hervor als „der Konzernchef geht auf Einkaufstour". Auch der Satz „das Unternehmen XY wird restrukturiert" hinterlässt einen anderen Eindruck als „der Vorstandschef baut den Konzern um". Diese subtilen Mitteilungen konnten mit der hier gewählten Forschungsmethode nicht erfasst werden. Dasselbe gilt für Glorifizierungstendenzen, die in einigen Artikeln durchaus festgestellt werden konnten. Wie oben erwähnt, wurden Manager in der Berichterstattung nur selten als charismatisch bezeichnet. Auch wenn explizite Aussagen zum Charisma nur selten vorkommen, finden sich in der Berichterstattung durchaus implizite Botschaften, welche nahe legen, dass ein Manager über Charisma verfügt bzw. von seiner Umwelt als charismatisch wahrgenommen wird. „Charismatisiert" werden Manager durch die Art der Beschreibung, d.h. die Verwendung bestimmter Attribute. Hierauf hat auch STEYRER (1995) aufmerksam gemacht.[2358] Dem Autor zufolge geht die Kategorisierung einer Person als charismatischer Führer aus der Zuschreibung wertender Grenzmerkmale hervor.[2359] Führungspersonen müssen diesem Konzept zufolge bis zu einem gewissen Grad vom Prototypischen abweichen, damit Charisma zugeschrieben wird. Steigerungen des prototypischen Führermerkmals „engagiert" sind beispielsweise „gelassen, tolerant" (anti-repräsentativ) oder „leidenschaftlich" (hyperrepräsentativ).[2360] Diese durch Steigerungen bewirkten Charismatisierungen konnten in einigen der untersuchten Artikel zwar festgestellt, aber nicht systematisch erhoben werden. Für eine Charismatisierung erscheint auch die Kombination von Attributen (wie z.B. die Verknüpfung von „ er ist ruhig und gelassen" mit „knallhart in der Sache") entscheidend. Möglicher-

---

[2357] Die Auswertung gelangt zu dem Schluss, dass in nur 1,3% der Artikel explizit darauf hingewiesen wurde, dass ein Manager über Macht verfügt. Aus 1,4% der untersuchten Artikel konnte der Leser die Information entnehmen, dass der Vorstandsvorsitzende (und nicht der Aufsichtsrat) Positionen im Vorstand neu besetzt hat bzw. die Entlassung eines Vorstandsmitglieds veranlasst hat. Darüber hinaus werden Machtverhältnisse thematisiert, wenn es um die Beziehung des Vorstandsvorsitzenden zu einem anderen Akteur geht. Häufig fällt hierbei der Begriff „Machtkampf", wobei es zumeist um den Machtkampf zwischen dem Vorstandsvorsitzenden und dem Aufsichtsratsvorsitzenden oder dem Hauptaktionär geht.

[2358] Auf S. 70 wurde das von STEYRER (1995) entwickelte Konzept von „Charisma als Steigerung prototypischer Führermerkmale" vorgestellt.

[2359] Vgl. STEYRER (1995), S. 216.

[2360] Siehe nochmals Abbildung 7.

weise sind andere inhaltsanalytische Verfahren (gegebenenfalls in Kombination mit Wirkungsanalysen) geeigneter, um Glorifizierungstendenzen festzustellen.

Insbesondere bei der Codierung von längeren Reportagen zeigte sich, dass durch die hier gewählte Methode keine befriedigenden Ergebnisse erzielt werden konnten. Die Fülle an Informationen und latenten Botschaften, die vor allem in umfassenden Portraits oder Reportagen (ein Tag mit „..."）enthalten waren, konnten mit dem entwickelten Kategoriensystem nicht erfasst werden. Insbesondere für diese Textgattungen erscheint ein induktives Vorgehen, bei dem Kategorien erst während der Untersuchung entwickelt werden, sinnvoller. Zu vermuten ist, dass sich eine empiriegeleitete Kategorienbildung auch für eine inhaltsanalytische Untersuchung von Beiträgen aus Wirtschafts- und Nachrichtenmagazinen besser eignet. Wie Reportagen aus Tageszeitungen sind auch diese Beiträge in aller Regel informationsintensiv und enthalten Mitteilungen, für die sich ex ante nur schwer Kategorien bilden lassen.

Abschließend ist somit festzustellen, dass noch erheblicher Forschungsbedarf besteht. Dies betrifft nicht nur die Analyse von Beiträgen aus Wirtschaftsmagazinen (z.B. Wirtschaftswoche, Manager Magazin), die oft und auch umfassend über Top-Manager berichten, sondern auch weitere Untersuchungen von Tageszeitungen. Nicht analysiert wurde beispielsweise das Bildmaterial. Wie in Kapitel B dargelegt, lässt sich im Wirtschaftsjournalismus ein Trend zu einer stärkeren Visualisierung von Informationen beobachten.[2361] Nach JACKSON/GUTHEY (2007) haben sich Fotografien von Managern in den letzten Jahren nicht nur stark verbreitet, sondern tragen auch erheblich zur Imagebildung bei.[2362] Auch in anderen Untersuchungen wird auf das große Wirkungspotential von Fotografien hingewiesen.[2363] Vor diesem Hintergrund erscheint eine Analyse von in verschiedenen Medien veröffentlichten Bildern von Top-Managern vielversprechend und stellt eine sinnvolle Ergänzung zu einer inhaltsanalytischen Untersuchung von Texten dar.

In der hier durchgeführten Untersuchung wurde die Berichterstattung über insgesamt 99 Manager analysiert. Nicht berücksichtigt wurden in aller Regel Zeitungartikel, die nicht auf einen einzelnen Manager fokussieren, sondern über Führungskräfte im Allgemeinen berichten. Gegenstand zukünftiger Inhaltsanalysen können demnach auch in den Medien geführte Diskurse (z.B. über Managergehälter, sog. ‚Kapitalismusdebatte' usw.) sein. Hierbei ließe sich nicht nur untersuchen, wie Manager innerhalb dieser Diskurse dargestellt werden, sondern auch, ob Veränderungen im Zeitablauf feststellbar sind.

[2361]   Vgl. MAST (2003), S. 37.

[2362]   Vgl. JACKSON/GUTHEY (2007), S. 169.

[2363]   Siehe auch die Untersuchung von HOLICKI (1992).

II. Explorative Analyse zum Zusammenhang von Starreputation und Vergütung

Die in Kapitel D aufgestellten Hypothesen zum Zusammenhang von Starreputation und Vergütung sollen nachfolgend mit Hilfe der multivariaten Regressionsanalyse geprüft werden. Vorweg sei darauf hingewiesen, dass es sich im Folgenden um eine explorative Untersuchung handelt. Auf Basis einer verhältnismäßig kleinen Stichprobe soll unter Berücksichtigung der Modellprämissen der Regressionsanalyse untersucht werden, ob die Starreputation Einfluss auf die Höhe und Zusammensetzung der Gehälter von Top-Managern hat.

1. Untersuchungsdesign

1.1 Datenbasis

Die zur Prüfung der aufgestellten Hypothesen verwendete Stichprobe setzt sich aus Unternehmen zusammen, die zum Stichtag 31.12.2006 im Dax, MDax, TecDax oder SDax notiert waren.[2364] Die vier Indizes gehören zu den wichtigsten Auswahlindizes der Deutschen Börse. Voraussetzung für die Aufnahme ist die Erfüllung der hohen internationalen Transparenzanforderungen des Prime Standard.[2365] Aufgrund der gegebenen Transparenz konnten die für die Analyse erforderlichen Daten ermittelt werden.

Der Dax enthält die 30 größten und umsatzstärksten Unternehmen an der Frankfurter Wertpapierbörse. Auf die Dax-Werte folgen hinsichtlich Größe und Umsatz die 50 MDax-Unternehmen. Wie der MDax beinhaltet der aus 50 Werten bestehende SDax ausschließlich Unternehmen der klassischen Sektoren. Der TecDax umfasst hingegen die 30 größten und liquidisten Unternehmen aus den Technologie-Branchen.[2366]

Die Ausgangsstichprobe der Untersuchung umfasst 160 Unternehmen. Wie bereits an anderer Stelle angedeutet, musste dieses Sample jedoch aus verschiedenen Gründen um insgesamt 61 Unternehmen bereinigt werden.

- Von den 160 Unternehmen des Ausgangssamples haben 27 Unternehmen von der Opting Out-Regelung nach § 286 Abs. 5 HGB Gebrauch gemacht. Die Opting Out-Regelung sieht vor, dass die Hauptversammlung mit einer Dreiviertelmehrheit beschließen kann, dass auf eine individualisierte Offenlegung der Vorstandsgehälter verzichtet wird. Der Beschluss

---

[2364] Diese Informationen wurden dem Factbook 2006 (Deutsche Börse Group) entnommen: http://deutsche-boerse.com/INTERNET/EXCHANGE/zpd.nsf/KIR+Web+Publikationen/SSWA-75WF9G/$FILE/Factbook_2006_d.pdf?OpenElement [Datum des Zugriffs 05.02.2008].

[2365] Siehe hierzu http://deutsche-boerse.com/dbag/dispatch/de/allInstruments/gdb_navigation/listing/10_Market_Structure/15_transparency_standards/10_prime_standard [Datum des Zugriffs 05.02.2008].

[2366] Siehe den Leitfaden zu den Aktienindizes der Deutschen Börse (2007), S. 7 f.

gilt dann für fünf Jahre. Vor dem Hintergrund, dass in der vorliegenden Untersuchung die Vergütung von Vorstandsvorsitzenden als abhängige Variable untersucht werden soll, stellt die individualisierte Veröffentlichung der Vorstandsbezüge eine notwendige Voraussetzung für die Aufnahme einer Gesellschaft dar.

- Aus Gründen der Vergleichbarkeit wurden ausschließlich Unternehmen berücksichtigt, die dem deutschen Recht unterliegen und in der Rechtform der Aktiengesellschaft firmieren. Unternehmen mit Hauptsitz im Ausland sowie Unternehmen in der Rechtsform der Kommanditgesellschaft auf Aktien (KGaA) wurden aufgrund ihrer unterschiedlichen Corporate Governance-Strukturen ausgeschlossen. Unternehmen in der Rechtsform der Europäischen Aktiengesellschaft (SE) wurden dann berücksichtigt, wenn die Satzungen der Gesellschaften ein dualistisches System vorsehen.

- Unberücksichtigt blieben Unternehmen, deren Vorstandsvorsitzende im Laufe des Geschäftsjahres 2006 erstmalig ins Amt berufen wurden.

- Vier Unternehmen wiesen ein vom Kalenderjahr abweichendes Geschäftsjahr auf, wobei die Vorstandsbezüge in den Geschäftsberichten 2005/2006 noch nicht individualisiert offengelegt wurden.

Rumpfgeschäftsjahr, Verschmelzung und undurchsichtige Angaben stellten sonstige Gründe dar, warum Unternehmen aus dem Ausgangssample entfernt wurden. Die bereinigte Stichprobe setzt sich aus insgesamt 99 Unternehmen (siehe nochmals Tabelle 12) zusammen. Die Untersuchung konzentriert sich auf das Geschäftsjahr 2006 und stellt somit eine Querschnittsanalyse dar.

1.2 Auswahl und Operationalisierung der Variablen

In den nachfolgenden Abschnitten wird detailliert auf die in der Untersuchung verwendeten Variablen eingegangen. Dabei wird der Fokus zunächst auf die abhängigen Variablen – d.h. die Gesamtvergütung, die relative Vergütungsdifferenz sowie die anteilige Zusammensetzung der Vergütung – gelegt. Vor dem Hintergrund, dass sich die Vergütungssysteme für Vorstandsmitglieder durch einige Besonderheiten auszeichnen, wird im nachfolgenden Abschnitt zunächst ein kurzer Überblick über die verschiedenen Komponenten der Vergütung von Vorstandsmitgliedern gegeben.[2367] Im Anschluss hieran wird dargelegt, wie die Vergütungsdaten ermittelt und die Variablen berechnet wurden.

[2367] Da Pensions- oder Ruhegeldzusagen in der Untersuchung keine Rolle spielen, werden diese Komponenten nicht explizit thematisiert. Siehe hierzu FONK (1993); FONK (2004), S. 215 ff.; HOFFMANN-BECKING (2005); SCHÜLLER (2002), S. 31 ff.

1.2.1   Abhängige Variablen

1.2.1.1   Zur Zusammensetzung der Vorstandsvergütung

Die Vergütungspakete deutscher Vorstände umfassen im Wesentlichen vier Vergütungsele-
mente. Neben dem Grundgehalt und den Nebenleistungen (wie z.b. Aufwandsentschädigun-
gen oder Dienstwagen)[2368] zählen hierzu die variablen Barvergütungen (z.b. jährliche Tantieme oder Drei-Jahres-Bonus) sowie die variablen Langfristvergütungen (z.b. Aktienoptionen,
virtuelle Aktien oder Aktienpläne). Die nachfolgende Abbildung gibt einen komprimierten
Überblick über die Zusammensetzung der Vergütungssysteme für Vorstandsmitglieder.

Abb. 19:   **Zusammensetzung der Vorstandsvergütung**[2369]

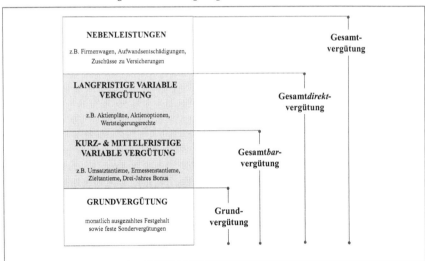

1.2.1.1.1   Grundvergütung

Das Festgehalt sowie feste Sondervergütungen bilden die fixen Bestandteile einer Vorstandsvergütung.[2370] Das Festgehalt wird i.d.R. als Jahresgehalt vereinbart und monatlich ausgezahlt. In der Praxis ist es üblich, dass vor Verlängerung des Anstellungsvertrages die Höhe

---

[2368]   Vgl. BECKER/KRAMARSCH (2004), Sp. 1953.

[2369]   I.A. KRAMARSCH (2004), S. 9.

[2370]   Vgl. SCHÜLLER (2002), S. 27. Zu den festen Sondervergütungen zählen etwa die Jahresabschlussgratifika-
tion oder das dreizehnte Monatsgehalt.

des Festgehalts einer Überprüfung durch den Aufsichtsrat unterzogen wird. Eine Erhöhung des Grundgehalts kann aber auch im Laufe der Amtszeit erfolgen.[2371]

Bislang liegt keine empirische Studie vor, in der untersucht wurde, auf welche Parameter bei der Festlegung des Grundgehalts für Vorstände in der Mehrzahl der Aktiengesellschaften in Deutschland zurückgegriffen wird und welche Rolle personalwirtschaftliche Instrumenten wie Funktions- oder Stellenbewertungen spielen. In den von Unternehmen veröffentlichten Vergütungsberichten wird gelegentlich darauf hingewiesen, dass für die Festlegung des Grundgehalts Stellenbewertungen vorgenommen werden und dabei auf unterschiedliche Kriterien (wie z.b. bestimmte Anforderungen und Kompetenzen, Ausmaß der Verantwortung, übertragene Tätigkeitsbereiche oder Funktionen) zurückgegriffen wird. So erhält der Vorstandsvorsitzende aufgrund besonderer Aufgaben und Funktionen i.d.R. eine höhere Grundvergütung als die übrigen Vorstandsmitglieder.[2372]

Auch wenn der Anteil des Festgehalts an der Gesamtvergütung von Vorständen in den letzten Jahren zurückgegangen ist,[2373] sollte die Bedeutung des Festgehalts nicht unterschätzt werden. So dient es beispielsweise häufig als Anknüpfungspunkt für Versorgungszusagen für Mitglieder des Vorstands.[2374] Nach MURPHY (1999) spielt es zudem bei der Gestaltung variabler Vergütungskomponenten eine Rolle. „Target bonuses, for example, are typically expressed as a percentage of base salary, while option grants are expressed as a multiple of base salary."[2375] Insofern wirkt sich jede Änderung des Grundgehalts auch auf andere Vergütungskomponenten aus.[2376]

[2371] Vgl. SEMLER (1995), S. 610.

[2372] Siehe auch BEINER (2005), S. 121.

[2373] Eine Untersuchung von CONYON (2006) zeigt, dass die Vergütungspakete US-amerikanischer Top-Manager im Jahr 1993 einen Festgehaltsanteil von durchschnittlich 43,4% vorsahen. Im Jahr 2003 waren es dagegen nur noch 31,5% [siehe zu den Vergütungstrends in den USA CONYON (2006), S. 29]. JENSEN/MURPHY/WRUCK (2004) zeigen, dass der Anteil von Aktienoptionen an der Gesamtvergütung von CEOs eines im S&P 500 notierten Unternehmens im Jahr 2002 durchschnittlich 47% betrug, während der Anteil des Festgehalts zwischen 1992 und 2002 von 38% auf 19% gesunken ist [vgl. JENSEN/MURPHY/WRUCK (2004), S. 31]. Aber auch in Deutschland ist seit Mitte der 1990er Jahre der Anteil des Festgehalts an der Gesamtvergütung von Vorstandsmitgliedern zurückgegangen. KRAMARSCH (2005) stellt fest, dass das Festgehalt von Vorständen der DAX-Unternehmen noch etwa ein Drittel der Gesamtvergütung ausmacht. Im Jahr 1996 betrug der Anteil des Fixums an den Gesamtbezügen immerhin noch 65% [vgl. KRAMARSCH (2005), S. 113].

[2374] Vgl. FONK (2004) , S. 586. Zum Beispiel in Form eines bestimmten Prozentsatzes des Festgehalts [vgl. PELTZER (2004), S. 151]. Siehe zu den Vor- und Nachteilen, das Fixum als Bezugsgröße heranzuziehen PELTZER (2005), S. 170.

[2375] MURPHY (1999), S. 2498.

[2376] Vgl. MURPHY (1999), S. 2498.

1.2.1.1.2   Variable Barvergütungen

Die Vergütungssysteme von Vorstandsmitgliedern beinhalten in aller Regel auch variable Bestandteile, die an Leistungen, zumeist aber an Erfolge gekoppelt werden. Unter einer leistungsorientierten Vergütung versteht man Entgelte, die an Leistungen – im Sinne von Input oder Verhalten – unmittelbar anknüpfen.[2377] Da Leistungen anhand einer Leistungsbeurteilung ermittelt werden, wird in diesem Zusammenhang auch von einer *kausalen Entgeltfindung* gesprochen.[2378] Im Gegensatz hierzu ist die *finale Entgeltfindung* charakteristisch für erfolgsorientierte Vergütungssysteme, bei denen die Managerbezüge an bestimmte Erfolgsgrößen (wie z.b. Umsatz, Ertrag oder Eigenkapitalrentabilität) gekoppelt werden.[2379] BECKER/KRAMARSCH (2006) betonen, dass die Berücksichtigung der individuellen Leistung auf Vorstandsebene kaum eine Rolle spielt: „Vereinfacht ausgedrückt: Je höher in der Unternehmenshierarchie, desto mehr zählt der Erfolg, je tiefer in der Unternehmenshierarchie, desto mehr zählt die individuelle Leistung."[2380] Allerdings ist festzuhalten, dass bei bestimmten variablen Vergütungsformen – und hierzu zählen insbesondere die Ermessenstantieme[2381] und die Anerkennungsprämie[2382] – die individuelle Leistung des Vorstandsmitglieds eine gewichtige Rolle spielt. Ebenso ist aus US-amerikanischen Untersuchungen bekannt,[2383] dass CEOs

---

[2377]   Vgl. BECKER/KRAMARSCH (2006), S. 4.

[2378]   Vgl. BECKER/KRAMARSCH (2006), S. 4.

[2379]   Vgl. BECKER/KRAMARSCH (2006), S. 4.

[2380]   BECKER/KRAMARSCH (2006), S. 33.

[2381]   Die Ermessenstantieme, die im juristischen Schrifttum auch als Tantieme nach „Gutsherrenart" bezeichnet wird, stellt eine Art Sonderform dar. Der Aufsichtsrat kann die Tantieme nach Ablauf des Geschäftsjahres gewähren. Im Unterschied zu den rechenbaren Tantiemen wird die Höhe dieser Tantiemeform nach billigem und pflichtgemäß auszuübendem Ermessen vom Aufsichtsrat festgelegt [vgl. BEINER (2005), S. 147]. BEINER (2005) stellt fest, dass der Aufsichtsrat bei der Festsetzung der Ermessenstantieme häufig auf (selbst-)bestimmte Parameter Bezug nimmt [vgl. BEINER (2005), S. 147]. Hinsichtlich der Bedeutung der Ermessenstantieme herrscht in der Literatur keine Einigkeit. FONK (2004) spricht davon, dass die Ermessenstantieme früher weit verbreitet war, heute jedoch „als hoffnungslos veraltet [gilt]." [FONK (2004), S. 535.]. Zu einer anderen Einschätzung gelangt indes HOFFMANN-BECKING (2005) [vgl. HOFFMANN-BECKING (2005), S. 160]. Die Ermessenstantieme ist nicht unumstritten. So sehen einige die Gefahr einer willkürlichen Festsetzung [vgl. HOFFMANN-BECKING (1998a), S. 114]. Ferner wird kritisiert, dass sie (ähnlich wie garantierte Festtantiemen) keine Motivationswirkung entfalten kann [vgl. EVERS (2001b), S. 32]. HOFFMANN-BECKING (2005) sieht den Vorteil der Ermessenstantieme darin, dass der Aufsichtsrat die Möglichkeit hat, die Leistung einzelner Vorstandsmitglieder zu honorieren, denn nach Ablauf des Geschäftsjahres können alle Erfolge bzw. Misserfolge und die tatsächliche Leistung jedes einzelnen Vorstandsmitglieds in die Beurteilung einbezogen werden [vgl. HOFFMANN-BECKING (2005), S. 161. Ähnlich auch BEINER (2005), S. 147].

[2382]   Bei einer Anerkennungsprämie handelt es sich i.d.R. um eine einmalige Bonuszahlung für „herausragende überobligatorische Leistungen eines Vorstandsmitglieds" [BEINER (2005), S. 148]. Anerkennungsprämien können auch Bestandteil einer Abfindungszahlung sein [vgl. BEINER (2005), S. 149].

[2383]   Vgl. BUSHMAN ET AL. (1996); EPSTEIN/ROY (2005); MURPHY (1999), S. 2500; MURPHY/OYER (2003), S. 14 ff. So haben BUSHMAN ET AL. (1996) in ihrer Studie festgestellt, dass immerhin ein Drittel von den 396 untersuchten Unternehmen die Leistung ihrer CEOs individuell beurteilen [vgl. BUSHMAN ET AL.

individuell beurteilt werden, und der Bonus neben finanziellen Performancemaßen von Faktoren wie Führungsqualität, Nachfolgeplanung oder Qualität des Kundenservices abhängig gemacht wird.[2384]

Auch der Deutsche Corporate Governance Kodex nennt explizit die persönliche Leistung des Vorstandsmitglieds als Kriterium für die Angemessenheit der Vergütung.[2385] Nach SEMLER (1995) haben sich in der Praxis Vergütungssysteme etabliert, nach denen die Höchstsumme der variablen Vergütung nicht nur von finanziellen Erfolgsfaktoren (bilden z.b. 75% der variablen Vergütung) abhängig gemacht wird, sondern auch von der persönlichen Aufgabenerfüllung (bilden z.b. 25% der variablen Vergütung).[2386] Darüber hinaus wird in zahlreichen Vergütungsberichten darauf hingewiesen, dass mit Blick auf die kurzfristigen variablen Vergütungssysteme auch die individuellen Leistungen von Vorstandsmitgliedern von Bedeutung sind. Häufig anzutreffen sind dabei Systeme, die eine Art Kombination aus leistungs- und erfolgsabhängigen Entlohnungssystemen darstellen. Durchaus üblich ist es beispielsweise, den Jahresbonus nicht nur an (quantitative) Finanzziele, sondern auch an (qualitative) individuelle Ziele zu koppeln. Wie genau jedoch diese Zielvereinbarungsprozesse zwischen Aufsichtsrat und den einzelnen Vorstandsmitgliedern ablaufen,[2387] welche qualitativen Ziele im Einzelnen festgelegt werden, und ob die Zielerreichung durch eine Leistungsbeurteilung festgestellt wird, erfährt man aus den Vergütungsberichten in aller Regel nicht.

Zusammengefasst kann demnach festgehalten werden, dass der erfolgsabhängigen Vorstandsvergütung in der Praxis zwar eine größere Bedeutung zukommt, sich aber auch durchaus Formen leistungsabhängiger Vergütungen auf Vorstandsebene finden lassen.

Neben der Unterscheidung zwischen leistungs- und erfolgsorientierter Vergütung wird üblicherweise zwischen kurz- und langfristigen Systemen differenziert. Langfristige Vergütungssysteme zeichnen sich dadurch aus, dass zwischen der Zusage der Vergütung und Auszahlung ein Zeitraum von mehreren Jahren liegt.[2388] So können beispielsweise Aktienoptionen erst nach Ablauf einer mehrjährigen Sperrfrist ausgeübt werden. In der Literatur findet man häufig auch die Bezeichnungen Long-Term Incentive Systems (LTIS), wenn sich der Zeitraum auf

---

(1996), S. 168]. In der Untersuchung von MURPHY/OYER (2003) machen sogar 65% der untersuchten Unternehmen den Bonus von nicht-finanziellen Kriterien bzw. von der individuellen Performance der Top-Manager (CEOs und andere Spitzenführungskräfte) abhängig [vgl. MURPHY/OYER (2003), S. 15].

[2384]   Vgl. BANKER ET AL. (2000); BUSHMAN ET AL. (1996), S. 190 f.; EPSTEIN/ROY (2005), S. 81; ITTNER ET AL. (1996).

[2385]   Siehe DCGK Tz. 4.2.2.

[2386]   Vgl. SEMLER (1995), S. 610.

[2387]   Siehe zu den jährlich getroffenen Zielvereinbarungen auch RINGLEB in RINGLEB ET AL. (2008), S. 199.

[2388]   Vgl. BECKER/KRAMARSCH (2004), Sp. 1954.

mindestens fünf Jahre beläuft bzw. Short-Term Incentive Systems (STIS) oder Mid-Term Incentive Systems (MTIS), wenn eine Auszahlung nach dem Ablauf des Geschäftsjahres bzw.
nach zwei bis drei Jahren erfolgt.

Mit Blick auf die mittel- bis kurzfristigen Vergütungskomponenten findet man in der Praxis
eine bemerkenswerte Vielfalt.[2389] Nach wie vor beliebt sind „klassische" Tantiemen in Form
von Gewinnbeteiligungen.[2390] Rechenbare Tantiemen tauchen in verschiedenen Formen auf.
Je nach Bemessungsgrundlage kann zwischen umsatzabhängigen,[2391] dividendenabhängi-
gen,[2392] bilanzgewinnabhängigen und konzernerfolgsabhängigen[2393] Tantiemen unterschieden
werden.[2394]

Weitere Tantiemenarten sind *garantierte Tantiemen* sowie *Mindesttantiemen*.[2395] Die so genannte *Zieltantieme*, die nicht in Prozent einer Ergebnisgröße definiert wird, sondern an den
Erreichungsgrad eines bestimmten Zieles bzw. eines Zielbündels gekoppelt ist,[2396] gilt als eine

---

[2389]   Wie z.B. Jahres-Bonus, Jahres-Tantieme, variable Tantieme, Umsatztantieme, Dividendentantieme, Son-
       derbonus, spezieller Bonus, Performance Bonus, Mid-Term-Incentive, Ermessenstantieme, Jahres-Bonus
       nach pflichtmäßigem Ermessen, 2-Jahres Bonus, 3-Jahres Bonus, Zieltantieme, Zielbonus usw.

[2390]   Vgl. BEINER (2005), S. 144; SCHÜLLER (2002), S. 28; WAGNER (1991), S. 281.

[2391]   Bei umsatzabhängigen Tantiemen wird dem Vorstandsmitglied eine prozentuale Umsatzbeteiligung ge-
       währt. Möglich ist aber auch eine Beteiligung am Mehrumsatz gegenüber dem Vorjahr oder einem Durch-
       schnittswert mehrerer Vorjahre [vgl. SEMLER (1995), S. 603]. Umsatztantiemen finden sich häufig in jun-
       gen, nicht etablierten Unternehmen [vgl. BEINER (2005), S. 147]. Kritisiert wird an dieser Form der Tan-
       tiemevereinbarung, dass die Gefahr einer fehlgeleiteten Anreizsteuerung besteht, wenn die Steigerung des
       Umsatzes auf Kosten der Rentabilität geht [vgl. TEGTMEIER (1998), S. 299].

[2392]   Tantieme können auch von der Dividendensumme oder dem Dividendenbetrag je Aktie abhängig gemacht
       werden [vgl. SEMLER (1995), S. 603; TEGTMEIER (1998), S. 294]. Dabei wird dem Vorstandsmitglied z.B.
       ein Betrag pro Prozent ausgeschütteter Dividende zugesagt [vgl. HOFFMANN-BECKING (1998a), S. 117]. In
       der Praxis wurde in den letzten Jahren allerdings zunehmend Abstand von dieser Form der Tantiemeve-
       reinbarung genommen, da oftmals kritisiert wurde, dass die Ausschüttungspolitik in keinem unmittelbaren
       Zusammenhang mit der Leistung des Vorstands steht [vgl. PELTZER (2005), S. 151].

[2393]   Die Bezugsgröße von konzernbezogene Tantieme stellt der Erfolg des Konzernverbundes dar. Sie sind
       nur für die Vorstandsmitglieder der Konzernmuttergesellschaft zulässig [vgl. SCHÜLLER (2002), S. 29 f.].

[2394]   Bis vor wenigen Jahren konkretisierte das Aktiengesetz in § 86 Abs. 2 die Berechnung des Gewinnanteils
       einer *gewinnabhängigen* Tantieme [vgl. HOFFMANN-BECKING (2005), S. 160]. Die Bemessungsgrundlage
       bildete der Jahresgewinn der Gesellschaft. Durch das Transparenz- und Publizitätsgesetz (TransPuG) wur-
       de § 86 im Jahr 2002 ersatzlos gestrichen. Die Regelung galt als nicht mehr zeitgemäß. So stellte der Ge-
       setzgeber fest, dass in der Praxis auch an anderen Ergebnisgrößen angeknüpft wird [siehe die Begründung
       im Gesetzentwurf der Bundesregierung http://dip.bundestag.de/btd/14/087/1408769.pdf [Datum des Zu-
       griffs: 24.06.2006]. Hinsichtlich der Bemessungsgrundlage für Tantiemen und Boni hat das TransPuG
       letztlich mehr Flexibilität bewirkt. Als Tantiemenbasis findet seit der gesetzlichen Änderung eine Vielzahl
       von Erfolgsgrößen Anwendung.

[2395]   Im Gegensatz zur Festtantieme, deren Höhe im Vorstandsvertrag im Voraus festgelegt wird, enthält die
       Mindesttantieme eine variable Komponente. Zwar wird die Zahlung eines Mindestbetrags garantiert, doch
       darüber hinaus ist die Höhe der Tantieme von der Entwicklung eines bestimmten Erfolgsparameters ab-
       hängig [vgl. TEGTMEIER (1998), S. 303].

[2396]   Vgl. EVERS (2001a), S. 235; FONK (2004), S. 535 f.

eher neuere Variante variabler Vergütung für Mitglieder des Vorstands.[2397] Zu Beginn eines Geschäftsjahres wird vom Aufsichtsrat ein Jahresgewinn als 100%iges Ziel festgelegt.[2398] Ziele können individuelle Ziele (wie z.b. Ressort, Bereich oder bestimmte Projekte) oder Gruppenziele umfassen.[2399] Um einem Ressortegoismus vorzubeugen, können positionsspezifische Ziele auch mit Unternehmenszielen verknüpft werden.[2400] Der Tantiemebetrag wird für die Zielerreichung als absoluter Betrag in Euro oder als Prozentwert des Grundgehalts festgelegt.[2401] Bei Überschreiten eines bestimmten Schwellenwertes (75% oder 80% der Zielgröße) setzen Tantiemenansprüche ein, die dann mit zunehmendem Zielerreichungsgrad linear oder sogar progressiv ansteigen können. Wird die festgelegte Zielgröße übertroffen, dann wird der Anstieg der Tantieme nur noch degressiv fortgesetzt oder aber abgebrochen, wenn zuvor eine Obergrenze (*cap*) festgelegt wurde.[2402]

In der Praxis werden für die Feststellung des Erfolgs ganz unterschiedliche Performancegrößen (d.h. sowohl traditionelle als auch wertorientierte Kennzahlen) herangezogen.[2403] In so genannten „modularen Erfolgsvergütungsmodellen" wird die Höhe der Vergütung nicht nur von der Entwicklung einer Erfolgsgröße, sondern von mehreren Erfolgsparametern abhängig gemacht.[2404] Mit Hilfe der Kombination verschiedener Erfolgsgrößen soll die einseitige Ausrichtung und eine damit einhergehende Fehlsteuerung vermieden werden.[2405]

1.2.1.1.3 Variable Langfristvergütungen

Die Vergütungssysteme von Vorstandsmitgliedern umfassen auch oftmals langfristige Vergütungskomponenten. Vorwiegend handelt es sich hierbei um aktienbasierte Vergütungen. In

---

[2397] Vgl. FONK (2004), S. 535.

[2398] Vgl. FONK (2004), S. 536.

[2399] Vgl. WAGNER (2001), S. 27.

[2400] Vgl. EVERS (2001b), S. 34.

[2401] Vgl. EVERS (2001a), S. 235.

[2402] In einem solchen Fall wird ein Fehler in der Planung vermutet [vgl. EVERS (2001a), S. 235]. Bei quantitativen Zielen ist eine Überprüfung der Zielerreichung durch den Aufsichtsrat relativ unproblematisch, da für die Bemessung betriebswirtschaftliche Kennzahlen herangezogen werden. Soll hingegen die Erreichung qualitativer Ziele festgestellt werden, besteht ein Beurteilungsspielraum [vgl. FONK (2004), S. 536; MURPHY (1999), S. 2499].

[2403] Zu den traditionellen Kennzahlen zählen beispielsweise die Eigenkapitalrentabilität, Gesamtkapitalrentabilität, Return on Investment (ROI), EBT (Earnings Before Taxes), EBIT (Earnings Before Interest and Taxes) oder EBITDA (Earnings Before Interests, Taxes, Depreciation and Amortization) [vgl. HOFFMANN-BECKING (2005), S. 160]. Zu den wertorientierten Steuerungskennzahlen zählen EVA (Economic Value Added), CFROI (Cash Flow Return on Investment) oder DCF (Discounted Cash Flow).

[2404] Vgl. WACLAWIK (2002), S. 1461. So kann die kurzfristige variable Tantieme beispielsweise von der Entwicklung der Erfolgsparameter ROCE und EBIT abhängig gemacht werden.

[2405] Vgl. WACLAWIK (2002), S. 1465.

der Praxis finden sich ganz unterschiedliche *reelle* sowie *virtuelle* Eigenkapitalinstrumente (siehe die folgende Abbildung).[2406]

Abb. 20: Aktienbasierte Managementvergütung[2407]

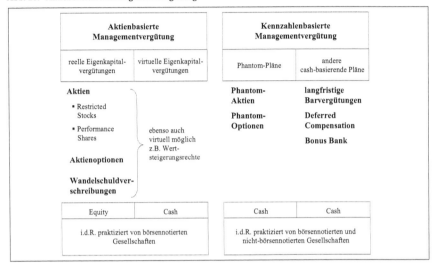

Bei einem Aktienplan wird den Mitgliedern des Top-Managements eine bestimmte Anzahl an Aktien gewährt.[2408] Insbesondere zwei Planarten, der so genannte *Restricted Stock Plan* (bedingte Aktiengewährung)[2409] sowie *Performance Share Plan* (erfolgsabhängige Aktienüberlassung)[2410], gelten als weit verbreitet.[2411] Großer Beliebtheit erfreuen sich in der Praxis aber

---

[2406]   WENGER/KNOLL (1999) sprechen von 256 Möglichkeiten für die Struktur eines aktienkursgebundenen Vergütungssystems [vgl. WENGER/KNOLL (1999), S. 569].

[2407]   I.A. KRAMARSCH (2004), S. 130.

[2408]   Vgl. KRAMARSCH (2004), S. 130.

[2409]   Bei einem Restricted Stock Plan werden dem Vorstandsmitglied entweder eine bestimmte Anzahl von Aktien des Unternehmens zugeteilt, oder aber die Möglichkeit eingeräumt, Aktien mit Hilfe eines Kredits zum Marktpreis zu erwerben [vgl. BECKER (1990), S. 36 f.]. Möglich ist auch, dass ein Teil des Grundgehalts in Restricted Stocks gewährt wird [vgl. KRAMARSCH (2004), S. 132]. Ein Restricted Stock Plan ist i.d.R. an bestimmte Bedingungen geknüpft. Zumeist ist der Verkauf des Aktieneigentums erst nach Ablauf einer mehrjährigen Sperrfrist (z.B. drei bis fünf Jahre) möglich [vgl. BECKER (1990), S. 37]. Die während der Laufzeit anfallenden Dividenden werden dem Begünstigten entweder gutgeschrieben oder aber periodisch ausgezahlt [vgl. BECKER (1990), S. 133; SCHNABEL (1998), S. 106].

[2410]   Ebenso wie bei einem Restricted Stock Plan ist der Performance Share Plan an bestimmte Bedingungen geknüpft. Neben einer Sperrfrist müssen i.d.R. bestimmte Erfolgsziele, die kapitalmarktbezogen oder unternehmenskennzahlenbezogen ausgestaltet sein können, erreicht werden. Die Erfolgsziele bestimmen die Anzahl der Aktien, die der Manager nach Ablauf der Sperrfrist erhält [vgl. KRAMARSCH (2004), S. 133].

vor allem Aktienoptionen.[2412] Aktienoptionen beinhalten das Recht zum Erwerb einer bestimmten Anzahl von Aktien zu einem festgelegten Preis innerhalb einer bestimmten Zeit.[2413] Im Unterschied zu herkömmlichen Aktienoptionen sind Führungskräfteoptionen nicht handelbar.

Im Rahmen eines Aktienoptionsprogramms für Führungskräfte bildet in aller Regel der aktuelle Aktienkurs den Basispreis der Option ("am Geld").[2414] Nach einer Haltefrist von mindestens vier Jahren[2415] – so sieht es der Gesetzgeber vor, wenn Optionspläne über bedingtes Kapital oder den Erwerb eigener Aktien finanziert wurden[2416] – und dem Erreichen bestimmter vorab festgelegter Ziele, können Aktienoptionen ausgeübt werden.[2417] Der Optionsgewinn ergibt sich aus der Differenz von Basispreis und dem Kurs der Aktie zum Zeitpunkt der Ausübung. Nach KRAMARSCH ist der Aktienerwerb (*Share Settlement*) in der Praxis nicht zuletzt aufgrund der Liquiditätsbelastung allerdings selten. Ein Barausgleich (*Cash Settlement*) – bei dem Aktien erworben und sogleich wieder verkauft werden – oder die Auszahlung in Aktien (*Cashless Exercise*) seien dagegen häufiger anzutreffen.[2418]

Aktienoptionsprogramme sind zumeist auf mehrere Jahre angelegt. Dabei erhalten die an dem Programm partizipierenden Manager jährlich gleich große Tranchen von Aktienoptionen (*fixed number plan*).[2419] Prinzipiell möglich ist aber auch, dass sich die Anzahl der gewährten Aktienoptionen an dem Optionswert orientiert (*fixed value plan*). Die Vor- und Nachteile beider Planarten werden in der Literatur kontrovers diskutiert.[2420]

Damit das Optionsrecht ausgeübt werden kann, muss ein zuvor festgelegtes aktien- oder kennzahlenbasiertes Ziel erreicht werden.[2421] Wird das Ziel verfehlt – wie z.B. eine Aktien-

---

Möglich ist auch, dass auf eine Aktienüberlassung verzichtet wird und der Begünstigte in Abhängigkeit vom Zielerreichungsgrad in bar ausgezahlt wird.

[2411]   Vgl. KRAMARSCH (2004), S. 131.

[2412]   Unter den HDax-Unternehmen stellen Aktienoptionen die populärste Form langfristiger Managementvergütung dar [vgl. GERUM (2007), S. 152].

[2413]   Vgl. WINTER (1998), S. 1121. Siehe zur Wandelschuldverschreibung KRAMARSCH (2004), S. 141 f.

[2414]   Vgl. BAUMS (1997), S. 3.

[2415]   Das am 18. Juni vom Bundestag verabschiedete Gesetz zur Angemessenheit der Vorstandsvergütung (VorstAG) hat die Haltefrist von zwei auf vier Jahre hochgesetzt.

[2416]   Vgl. KRAMARSCH (2004), S. 136.

[2417]   Siehe hierzu § 193 AktG.

[2418]   Vgl. KRAMARSCH (2004), S. 176.

[2419]   Vgl. HALL (2000), S. 127. Kritisch hierzu KRAMARSCH (2004), S. 160.

[2420]   Vgl. KRAMARSCH (2004), S. 161; HALL (2000), S. 126.

[2421]   Vgl. BAUMS (1997), S. 3. Zu den Erfolgszielen siehe Kramarsch (2004), S. 163.

kurssteigerung um 20% über die Laufzeit[2422] – dann verfällt auch das Recht zum Kauf der Aktie. Zur Vermeidung von Windfall Profits wird auch auf relative Performancekennzahlen zurückgegriffen.[2423] Darüber hinaus existieren in der Praxis auch Programme, die das Ausübungsrecht an das Erreichen mehrerer Ziele knüpfen und relative mit absoluten Performancezielen kombinieren.[2424]

Virtuelle Formen von Aktienoptionen stellen die so genannten Wertsteigerungsrechte (*Stock Appreciation Rights*) dar.[2425] Nach HOFFMANN-BECKING (1998a) handelt es sich bei Wertsteigerungsrechten sowie Phantom Stocks streng genommen um Tantieme.[2426] Ähnlich wie bei Aktienoptionen partizipieren Manager zwar durch SAR am Wertzuwachs der Anteile,[2427] der wesentliche Unterschied besteht allerdings darin, dass der Beteiligte kein Recht hat, Aktien des Unternehmens zu erwerben. Stattdessen erhält er eine Geldzahlung, die i.d.R. die Differenz zwischen Basispreis und Aktienkurs bei Ausübung entspricht.[2428] Ein weiterer Unterschied besteht darin, dass Wertsteigerungsrechte eben nicht über Aktien finanziert werden, und es folgerichtig auch zu keiner Verwässerung der Rechte der Altaktionäre kommen kann.[2429]

Ebenso wie Wertsteigerungsrechte, werden auch Phantom-Pläne über den Personalaufwand finanziert.[2430] Bei dieser Vergütungsform erhalten die Beteiligten eine bestimmte Anzahl fiktiver Aktien.[2431] Diese Vergütungsform eignet sich sowohl für börsennotierte als auch für nicht börsennotierte Unternehmen.

Aus den Ausführungen sollte deutlich geworden sein, dass die Vergütungspakete für Mitglieder des Vorstands äußerst anspruchsvolle Systeme darstellen, die eine Vielzahl unterschiedlicher Komponenten umfassen können. Im nachfolgenden Abschnitt wird dargelegt, welche Vergütungskomponenten in der vorliegenden Untersuchung berücksichtigt und wie die Vergütungsdaten ermittelt wurden.

[2422]   Vgl. KRAMARSCH (2004), S. 243.

[2423]   Eine Ausübung ist erst dann möglich, wenn das Unternehmen im Vergleich zu einem Index (wie Markt oder Branche) oder einer Peer Group eine bessere Entwicklung zurückgelegt hat [vgl. KRAMARSCH (2004), S. 161 ff.].

[2424]   Vgl. hierzu im Detail WINTER (2003b), S. 129 ff.

[2425]   Vgl. WINTER (2000), S. 32.

[2426]   Vgl. HOFFMANN-BECKING (1998a), S. 118. Ähnlich auch BÜHNER (1989), S. 2183.

[2427]   Vgl. SCHNABEL (1998), S. 118.

[2428]   Vgl. SCHNABEL (1998), S. 118.

[2429]   Vgl. BINZ/SORG (2002), S. 1275; KRAMARSCH (2004), S. 142.

[2430]   Vgl. KRAMARSCH (2004), S. 144.

[2431]   Vgl. BECKER (1990), S. 41 f.

1.2.1.2 Vergütungsdaten

Das im Jahr 2005 in Kraft getretene Gesetz zur Offenlegung der Vorstandsvergütungen (VorstOG) legt fest, dass die Bezüge von Vorständen börsennotierter Aktiengesellschaften unter Namensnennung und nach einer Aufschlüsselung in erfolgsunabhängige und -abhängige Komponenten sowie Komponenten mit langfristiger Anreizwirkung zu veröffentlichen sind. Aufgrund dieser gesetzlichen Regelung konnten Angaben zu den folgenden Vergütungsbestandteilen aus den Geschäftsberichten (bzw. Vergütungsberichten) der Unternehmen entnommen werden:

- Festgehalt
- Nebenleistungen
- Kurz- und mittelfristige Komponenten sowie
- Langfristige Komponenten (Aktienoptionen, Aktien, Wertsteigerungsrechte etc.)

Um den Wert von Bezugsrechten oder anderen aktienbasierten Vergütungen zum Zeitpunkt der Gewährung zu ermitteln, können verschiedene Bewertungsmodelle herangezogen werden.[2432] In empirischen Studien wird der Wert von Aktienoptionen zumeist mit dem von BLACK und SCHOLES entwickelten finanzmathematischen Modell berechnet.[2433] Diese Vorgehensweise konnte in der vorliegenden Studie nicht realisiert werden, da die für die Berechnung von Optionswerten mittels der Black-Scholes-Formel erforderlichen Informationen nicht vollständig verfügbar waren. Vor dem Hintergrund, dass Aktienoptionen in den letzten Jahren erheblich an Bedeutung gewonnen haben und oftmals einen relativ hohen Anteil an der Gesamtvergütung bilden, erschien es wenig zweckmäßig diese Vergütungskomponente aus der Untersuchung auszuklammern. Daher wurden die in den Vergütungsberichten veröffentlichten Werte der gewährten Aktienoptionen unverändert übernommen. Da Unternehmen auf unterschiedliche Bewertungsverfahren zurückgreifen (können)[2434], stellt dies sicherlich keine optimale Lösung dar.

Festzuhalten ist, dass in der vorliegenden Untersuchung ausschließlich langfristige Vergütungskomponenten (Aktien, Aktienoptionen, Wertsteigerungsrechte) analysiert wurden, die

---

[2432] Wie z.B. die Bewertung nach dem inneren Wert, die legendäre BLACK/SCHOLES-Methode, das Binomial-Modell oder die Monte-Carlo-Simulation. Siehe zu den Bewertungsmodellen im Einzelnen KRAMARSCH (2004), S. 200 ff.

[2433] Da Aktienoptionen für Führungskräfte nicht handelbar sind, wird in der Literatur diskutiert, dass auch mit Black-Scholes keine exakten Werte berechnet werden können [vgl. FINKELSTEIN/HAMBRICK (1989), S. 126], weshalb einige Forscher gänzlich davon Abstand nehmen, aktienbasierte Vergütungsformen zu berücksichtigen [vgl. KERR/BETTIS (1987), S. 653].

[2434] Der Rechnungslegungsstandard IFRS 2 (Aktienbasierte Vergütung) schreibt kein bestimmtes Verfahren vor. Wenn keine Marktpreise zur Verfügung stehen, ist der beizulegende Zeitwert mit einer Bewertungsmethode zu bestimmen. Siehe auch § 285 Satz 1 Nr. 9a) HGB.

im Jahr 2006 an Vorstandsmitglieder gewährt wurden. Ausstehende Aktienoptionen aus den vorangegangenen Jahren, der Aktienbesitz des Managements sowie die im Jahr 2006 ausgeübten Optionen wurden nicht berücksichtigt.

Die Vergütungsdaten wurden in der statistischen Analyse in logarithmierter Form verwendet. Die logarithmische Transformation wird in Literatur zur Reduktion von Heteroskedastizität empfohlen.[2435]

Neben der Vergütung des Vorstandsvorsitzenden wurde die Vergütung jenes Mitglieds im Vorstand ermittelt, das die zweithöchste Gesamtvergütung erhält. Wie beim Vorstandsvorsitzenden wurden das Festgehalt, Nebenleistungen, die gewährten Boni sowie aktienbasierte Vergütungsbestandteile ermittelt. Da für die hier vorliegende Untersuchung der Gehaltsunterschied zwischen der Vergütung des Vorstandsvorsitzenden und des Vorstands mit der zweithöchsten Vergütung interessiert, wurde sodann die Differenz zwischen den Vergütungskomponenten gebildet. In einem nächsten Schritt wurde aus der absoluten Vergütungsdifferenz (*pay gap*) sodann der relative Vergütungsunterschied (*relative pay*) berechnet.[2436] Der hierdurch ermittelte Wert bringt zum Ausdruck, wie viel Prozent der Vorstandsvorsitzende mehr (bzw. weniger) verdient als der Vorstand mit der zweithöchsten Vergütung.

1.2.2   Unabhängige Variablen

Für die Messung und Operationalisierung des Konstrukts ‚manageriale Reputation' finden sich in der Literatur verschiedene Vorschläge. Da Reputation ein abstraktes und nicht direkt beobachtbares Konzept ist, wird in aller Regel auf so genannte Proxy-Variablen zurückgegriffen.[2437] Die Tabelle 31 gibt einen Überblick über die in empirischen Studien verwendeten Indikatoren zur Messung managerialer Reputation.[2438]

In der hier vorliegenden Untersuchung soll der gängigen Forschungspraxis gefolgt und auf verschiedene Proxy-Variablen zur Messung der Starreputation zurückgegriffen werden.[2439] Ausgangspunkt bilden die in Kapitel D dargelegten theoretischen Überlegungen. Hiernach verfügt ein Top-Manager über eine Starreputation, wenn er 1) viele Mandate in Aufsichtsräten

---

[2435]   FINKELSTEIN/HAMBRICK (1989), S. 126.

[2436]   Siehe zur Berechnung Fn. 2568.

[2437]   Vgl. MILBOURN (2003), S. 245.

[2438]   In der Tabelle sind ausschließlich Studien angegeben, in denen die manageriale Reputation (oder vergleichbare Konstrukte, wie z.B. ‚Celebrity CEO', ‚Star CEO' oder ‚Prestige') als unabhängige Variable untersucht wurde.

[2439]   Es sei darauf hingewiesen, dass bislang keine empirische Untersuchung vorliegt, in der die Reputation von Managern mit Hilfe von Befragungen verschiedener Stakeholder (z.B. Investoren, Arbeitnehmer, Gewerkschaftsvertreter, Vorstände, Aufsichtsratsmitglieder, Medienvertreter etc.) erhoben wurde.

renommierter Unternehmen ausübt, 2) für Leistungen öffentlich ausgezeichnet wurde (wie z.b. „Manager des Jahres" oder Top-Platzierung in einem Ranking) und 3) eine hohe mediale Visibilität aufweist sowie positiv in den Medien dargestellt wird. Aus Tabelle 31 geht hervor, dass auch in anderen empirischen Untersuchungen bereits auf diese drei Indikatoren, auf die nun nachfolgend näher eingegangen werden soll, zurückgegriffen wurde.

Tab. 31: Indikatoren zur Messung managerialer Reputation

Autoren	Variablenbezeichnung	Auszeichnungen/ Rankings	Medienbericht-erstattung	Aufsichtsrats-mandate	Unternehmens-performance	Externe Rekrutierung	Amtsdauer	Alter	Abschluss an einer Eliteuniversität	Zugehörigkeit zur politischen Elite
D'Aveni (1990)	Prestige				X				X	X
D'Aveni /Kesner (1993)	Prestige				X				X	X
Finkelstein (1992)	Prestige Power/Reputation				X				X	
Francis et al. (2008)	Reputation	V	X			V	V	V		
Graffin et al. (2008)	Star Status	X								
Malmendier/Tate (2009)	Superstar CEO	X								
Milbourn (2003)	Reputation		X		X		X	X		
Rajgopal et al. (2006)	CEO Talent	V	X		X	V				
Wade et al. (1990)	Reputation				X					
Wade et al. (1997)	Reputation		X							
Wade et al. (2006)	CEO Certification	X								

V = durch Validitätstest geprüft[2440]

[2440] Rajgopal/Shevlin/Zamora (2006) operationalisieren die Reputation (sie verwenden allerdings den Terminus ‚Talent') von Managern anhand von zwei Indikatoren: Neben der durchschnittlichen branchen-bereinigten Gesamtkapitalrendite von drei Jahren greifen die Autoren auf die Anzahl von Artikeln bekann-ter Tageszeitungen, wie z.B. *Wall Street Journal, New York Times, Washington Post* etc., zurück. Sie ar-gumentieren, dass die Medien häufiger über talentierte, als über weniger erfolgreiche Manager berichten als [vgl. Rajgopal/Shevlin/Zamora (2006), S. 1814]. Um zu prüfen, ob die Sichtbarkeit von CEOs in der Presse das Talent-Konstrukt erfasst, führen sie zur Validierung noch drei weitere Tests durch: Anhand einer gezogenen Unterstichprobe überprüfen sie die Tonalität der Berichterstattung. Dabei gelangen sie zu dem Schluss, dass 95% der Artikel entweder positiv oder neutral über CEOs berichten. Des Weiteren be-rücksichtigen sie, ob der CEO extern oder intern rekrutiert wurde. Da eine Rekrutierung von außen selte-ner ist, kann davon ausgegangen werden, dass extern rekrutierte CEOs über ein größeres Renommee ver-fügen. Zuletzt prüfen sie noch, ob die Sichtbarkeit in der Presse mit Auszeichnungen (‚Manager des Jah-res') verschiedener Wirtschaftsmagazine korreliert [vgl. Rajgopal/Shevlin/Zamora (2006), S. 1823]. Validitätstests führen auch Francis et al. (2008) durch. Auch sie prüfen, ob die Medienberichterstattung positiv ist, und ob die herangezogene Proxy-Variable „Visibilität in den Medien" (*media counts*) mit Aus-zeichnungen oder Top-Platzierungen korrelieren. In einem dritten Test überprüfen sie, ob die Medienbe-richterstattung mit dem Alter, der Amtszeit und der vorherigen Position (bzw. Art der Rekrutierung) des CEOs korreliert [vgl. Francis et al. (2008), S. 118 ff.].

a) Mediendarstellung: In Kapitel D wurde argumentiert, dass die mediale Berichterstattung Einfluss auf die Reputation von Managern hat. Ein Starmanager zeichnet sich dadurch aus, dass er eine hohe Visibilität in den Medien aufweist und in der Berichterstattung besonders positiv dargestellt wird. Mit der Inhaltsanalyse der Berichterstattung über Spitzenführungskräfte wurde u.a. das Ziel verfolgt, diese Starmanager zu identifizieren. Fraglich ist nun, wie sich die zahlreichen Informationen, die mit Hilfe der Inhaltsanalyse erhoben wurden, so bündeln lassen, dass zwar die Komplexität reduziert wird, zugleich aber das Wesentliche nicht verloren geht. Ziel ist die Bildung einer adäquaten und theoretisch überzeugenden Proxy-Variable. Während MILBOURN (2003), RAJGOPAL ET AL. (2006) und FRANCIS ET AL. (2008) lediglich die mediale Präsenz als Indikator für die Reputation eines CEOs herangezogen haben,[2441] soll in der vorliegenden Untersuchung auch die Valenz der Berichterstattung berücksichtigt werden. Ausgangspunkt für die Entwicklung der Proxy-Variable ‚Mediendarstellung' bildete eine von HAYWARD/HAMBRICK (1997) durchgeführte Untersuchung, in der die Autoren den Einfluss von Mediendarstellungen amerikanischer CEOs (‚media praise') auf die Höhe von Übernahmeprämien analysiert haben.[2442] In Übereinstimmung mit HAYWARD/ HAMBRICK wurde auch in der vorliegenden Untersuchung die Tendenz der Berichterstattung anhand des Saldos aus positiven und negativen Zeitungsbeiträgen ermittelt.[2443] Da bei dieser Vorgehensweise auch die Anzahl der Beiträge eine Rolle spielt, wird in der Literatur auch von einer absoluten Tendenz gesprochen.[2444]

Im Unterschied zu der Studie von HAYWARD/HAMBRICK wurden in der hier durchgeführten Untersuchung allerdings nicht nur die 1) summarischen Bewertungen auf Beitragsebene berücksichtigt, sondern auch 2) Attributionsaussagen sowie Aussagen über 3) die Leistungen und 4) die Fähigkeiten von Managern. Ferner erhalten Beiträge, deren Überschriften eine der drei soeben genannten Aussagen enthalten, eine größere Gewichtung, indem ihnen zusätzlich der Wert 1 zugewiesen wird. Auch wenn Umfang und Platzierung bei der Operationalisierung der Variable keine Berücksichtigung finden können, so soll doch zumindest die durch die

---

[2441] Vgl. FRANCIS ET AL. (2008), S. 117 ff.; MILBOURN (2003), S. 245 ff.; RAJGOPAL/SHEVLIN/ZAMORA (2006), S. 1820.

[2442] Siehe nochmals S. 82.

[2443] Wie oben dargelegt, basieren alle Bewertungskategorien auf einer bipolaren fünfstufigen Skala (+2, +1, 0, -1 und -2). Hieraus lässt sich der Saldo ermitteln.

[2444] Vgl. MAURER/REINEMANN (2006), S. 58. Werden Mittel- oder Prozentwerte berechnet, wird die Menge der Beiträge vernachlässigt. Die Darstellung als Mittel- oder Prozentwert kann daher auch als *relative Tendenz* bezeichnet werden. MAURER/REINEMANN (2006) weisen darauf hin, dass die Menge der Beiträge ein entscheidender Faktor im Wirkungsprozess ist, denn je häufiger über einen Politiker negativ oder positiv berichtet wird, desto stärker ist auch die Wirkung [vgl. MAURER/REINEMANN (2006), S. 59].

die Schlagzeile bewirkte optische Hervorhebung in die Gesamtbewertung einfließen.[2445] So zeigen auch die Ergebnisse verschiedener Studien, dass die Schlagzeile eine bedeutsame Rolle im Wirkungsprozess spielt.[2446]

Dass für die Operationalisierung der Variable Mediendarstellung nicht nur summarische Bewertungen auf Beitragsebene herangezogen, sondern darüber hinaus auch Bewertungen auf Aussageebene berücksichtigt wurden, hatte verschiedene Gründe: Eine stichprobenartige Überprüfung hat ergeben, dass bei summarischen Bewertungen vor allem Attribute (z.B. der Manager ist durchsetzungsstark, fair, geradlinig, freundlich, aufgeschlossen, kooperativ, unbequem usw.) ausschlaggebend dafür sind, ob ein Beitrag als positiv oder negativ bewertet wird.[2447] Vor dem Hintergrund, dass Manager vor allem aufgrund ihrer Leistungen und Fähigkeiten – und nicht allein aufgrund ihrer Persönlichkeit – eine positive Reputation aufbauen, erscheint es sinnvoll, Attributionsaussagen sowie explizite Aussagen über das Leistungsverhalten und die Fähigkeiten zusätzlich zu berücksichtigen. So hat eine weitere Überprüfung ergeben, dass rund 40% aller Beiträge, in denen Manager explizit für unternehmerische Erfolge (oder Misserfolge) verantwortlich gemacht wurden, von den Codierern als ‚neutral' eingestuft wurden. Wie andernorts ausführlich dargelegt,[2448] ist allerdings davon auszugehen, dass vor allem Attributionen die manageriale Starreputation beeinflussen.[2449] Wird ein Manager explizit als Ursache für den Erfolg eines Unternehmens benannt, so handelt es sich hierbei – vereinfacht gesagt – um die bestmögliche Bewertung, die eine Führungskraft überhaupt erhalten kann.

Darüber hinaus hat die hier gewählte Vorgehensweise den Vorteil einer größeren Differenzierung. Bei der summarischen Bewertung konnten die Codierer insgesamt zwischen fünf Alternativen entscheiden, wobei eindeutig positive Artikel den Wert 2 erhielten. In der untersuchten Berichterstattung gab es jedoch eine Fülle von Zeitungsartikeln, in denen die Darstellungen nicht nur *eindeutig positiv*, sondern *außerordentlich positiv* waren, weil die überdurchschnittlichen Leistungen und außergewöhnlichen Fähigkeiten mehrfach hervorgehoben wurden. Zwar wäre es theoretisch möglich gewesen, für die summarische Bewertung eine differenziertere Ordinalskala heranzuziehen, die beispielsweise zwischen sieben oder neun Stufen

---

[2445] In der Berichterstattung über Top-Manager enthalten nur wenige Artikelüberschriften positive oder negative Bewertungen (insg. 1,6% der untersuchten Artikel).

[2446] Da Zeitungsleser oftmals anhand der Schlagzeile entscheiden, ob sie einen Beitrag lesen oder überspringen, erhalten sie die in der Überschrift enthaltenen Informationen auch dann, wenn sie nicht den gesamten Beitrag lesen. Zu den Selektionsentscheidungen von Zeitungslesern siehe umfassend DONSBACH (1991).

[2447] Die Codierer haben die analysierten Beiträge vor allem dann als positiv oder negativ eingestuft, wenn diese viele Attribute enthielten.

[2448] Siehe nochmals S. 297.

[2449] Vgl. BROMLEY (1993), S. 37 ff.; HAYWARD/RINDOVA/POLLOCK (2004), S. 639.

unterscheidet. Problematisch ist hierbei jedoch, dass der Codierer aufgrund der großen Anzahl an Alternativen einem Entscheidungsproblem ausgesetzt ist. Werden keine weiteren Entscheidungskriterien formuliert, muss der Codierer letztlich „nach Gefühl" entscheiden, ob er einem Artikel den Wert 4 oder 5 zuweist. Dadurch, dass Attributionsaussagen sowie Aussagen über Fähigkeiten und Leistungen zusätzlich berücksichtigt werden, werden willkürliche Entscheidungen und unpräzise Codierungen nicht nur vermieden, sondern auch Bewertungsnuancen erfasst. Zusammengefasst lässt sich somit feststellen, dass die hier gewählte Vorgehensweise gegenüber der Verwendung einer differenzierteren Ordinalskala eine Reihe von Vorteilen aufweist.

Hinsichtlich der Frage, welcher Zeitraum in der Untersuchung zu berücksichtigen ist, bestehen in der Literatur unterschiedliche Ansichten. HAYWARD/HAMBRICK (1997) haben in ihrer Studie die Berichterstattung über einen Zeitraum von drei Jahren analysiert. Eine explizite Begründung für das gewählte Zeitfenster wird nicht gegeben.[2450] MILBOURN (2003) berücksichtigt in seiner Untersuchung einen Zeitraum von fünf Jahren.[2451] Hierdurch erfasst der Autor die über mehrere Jahre akkumulierte Reputation eines Managers.[2452] Wie an anderer Stelle bereits ausführlich dargelegt wurde,[2453] wird in der vorliegenden Untersuchung ebenfalls ein mehrjähriger Zeitraum (2000 bis 2006) berücksichtigt.

Zusammengefasst lässt sich feststellen, dass es sich bei der Variable ‚Mediendarstellung' um eine Proxy-Variable handelt, mit der sich eindeutige Tendenzen erfassen lassen. Eine hohe Gesamtbewertung erhalten Manager nur dann, wenn sie nicht nur häufig, sondern auch medienübergreifend positiv dargestellt werden. Die Ergebnisse zeigen, dass sich hinsichtlich der Gesamtbewertung einzelne Führungskräfte von den übrigen Managern der Stichprobe deutlich absetzen und somit auch die Bezeichnung Starmanager „verdienen".

b) Rankings und Auszeichnungen: Die Ergebnisse empirischer Studien legen nahe, dass sich Top-Platzierungen in Rankings oder Auszeichnungen wie „Manager des Jahres" positiv auf die Reputation von Top-Managern auswirken.[2454] In der vorliegenden Studie wurden nur Auszeichnungen von Zeitungen und Zeitschriften berücksichtigt, die einen relativ hohen Bekanntheitsgrad haben und an Manager aller Branchen verliehen werden. Hierbei handelt es sich um:

[2450]   Vgl. HAYWARD/HAMBRICK (1997), S. 113.

[2451]   Vgl. MILBOURN (2003), S. 247. Im Gegensatz zu HAYWARD/HAMBRICK berücksichtigt MILBOURN ausschließlich die Häufigkeit des Vorkommens eines Managers in der Berichterstattung und bildet aus den Treffern (d.h. namentlichen Nennungen) der fünf Untersuchungsjahre die Summe.

[2452]   Vgl. FRANCIS ET AL. (2008), S. 118.

[2453]   Siehe nochmals S. 358 ff.

[2454]   Vgl. WADE ET AL. (2006), S. 644. Siehe nochmals S. 230 ff.

- „Manager des Jahres" vom Manager Magazin[2455]
- „Manager-Awards" der Wirtschaftswoche[2456]
- „Stratege des Jahres" von der Financial Times Deutschland[2457]
- „Unternehmer des Jahres" von Horizont[2458] und
- „Unternehmer des Jahres"/„Goldener Bulle" von Euro und Euro am Sonntag[2459]

In Übereinstimmung mit anderen Untersuchungen wurde bei der Bildung der Variable ‚Auszeichnungen' die Anzahl der Awards ermittelt, die ein Top-Manager zwischen 2000 und 2006 erhalten hat.[2460]

c) Aufsichtsratsmandate: Informationen über die Ausübung von Mandaten in Kontrollgremien konzernfremder Gesellschaften konnten in aller Regel dem Geschäftsbericht oder anderen öffentlich zugänglichen Dokumenten entnommen werden. Nicht berücksichtigt wurden Konzernmandate sowie Mitgliedschaften in Beiräten.

Wie in Kapitel D ausführlich diskutiert,[2461] ist es für den Reputationserwerb eines Top-Managers nicht nur entscheidend, wie viele Aufsichtsratsmandate er ausübt, sondern auch in *welchen* Aufsichtsräten er vertreten ist.[2462] Argumentiert wurde, dass sich vor allem Mandate in Kontrollorganen von Unternehmen mit „Rang und Namen"[2463] auf die Reputation auswirken. Des Weiteren wurde dargelegt, dass es mit Blick auf den Reputationserwerb ebenfalls entscheidend sein dürfe, ob der Manager nur ein einfaches Mandat ausübt, oder die Position des Aufsichtsratsvorsitzenden bekleidet.

[2455] Der Preis wird seit 1995 verliehen. Eine mehrköpfige Expertenjury entscheidet über den Träger der Preisverleihung. Siehe http://www.manager-magazin.de/koepfe/mdj/0,2828,662051,00.html [Datum des Zugriffs: 02.12.2009]

[2456] Auszeichnungen werden seit 2004 jährlich verliehen.

[2457] Der Preis wird von der Financial Times Deutschland, der WHU und der Managementberatung Bain & Company seit 2004 an Vorstandsvorsitzende vergeben. Weitere Informationen unter http://www.strategedesjahres.de/index.html [Datum des Zugriffs: 25.05.2009].

[2458] Der Preis wird seit 1983 jährlich an Personen verliehen, die sich durch ihre persönliche Leistung auszeichnen. Weitere Informationen unter: http://www.horizont.net/veranstaltungen/horizontaward/pages/ [Datum des Zugriffs: 05.01.2010].

[2459] Der Preis wird seit 1985 verliehen. Weitere Informationen unter: http://www.axelspringer.de/presse /FINANZEN-NACHT-2010-Rupert-Stadler-erhaelt-GOLDENEN-BU-LLEN-als-Unternehmer-des-Jahres -2010_1118280.html.

[2460] Vgl. GRAFFIN ET AL. (2008), S. 464; WADE ET AL. (2006), S. 649; WADE ET AL. (1997), S. 107. Siehe auch die Studie von MALMENDIER/TATE (2009).

[2461] Siehe nochmals S. 286.

[2462] Vgl. WIESENFELD (1993), S. 229.

[2463] BERNHARDT (1995), S. 316.

In der Literatur finden sich verschiedene Vorschläge für die Operationalisierung dieser Variable. Gemeinsam ist ihnen, dass Mandate unterschiedlich gewichtet werden.[2464] Für die Gewichtung wird zumeist die Unternehmensgröße herangezogen.[2465] Dieser Vorgehensweise liegt die Idee zu Grunde, dass vor allem große Unternehmen über ein hohes Ansehen verfügen.[2466] Vor dem Hintergrund, dass auch die Ergebnisse empirischer Studien nahe legen, dass zwischen der Größe und der Reputation eines Unternehmens ein enger Zusammenhang besteht,[2467] erscheint es sinnvoll, die Unternehmensgröße bei der Operationalisierung der Variable zu berücksichtigen. Da auch kleine und nicht-börsennotierte Unternehmen auf ihren Internetseiten Informationen zur Größe ihrer Belegschaft zur Verfügung stellen, wurde in der vorliegenden Arbeit die Anzahl der Mitarbeiter als Proxy für die Unternehmensgröße herangezogen. Für die Bildung der Variable ‚Mandate' wurden die Daten addiert. Vorsitzmandate wurden aufgrund ihrer besonderen Bedeutung doppelt gezählt.

1.2.3   Kontrollvariablen

Die Auswertung des Forschungsstands zur Top-Managervergütung in Kapitel C hat gezeigt, dass die Gehälter von Top-Managern durch eine Vielzahl von Faktoren beeinflusst werden. In empirischen Analysen ist es üblich, Regressoren zu kontrollieren, deren Einfluss bereits in mehreren Studien festgestellt wurde. Nachfolgend werden die verschiedenen Kontrollvariablen, die in der vorliegenden Untersuchung eingesetzt wurden, vorgestellt.

a) Unternehmensgröße

In der überwiegenden Mehrzahl empirischer Studien zur Vergütung von Top-Managern wird die Unternehmensgröße kontrolliert. Neben der Mitarbeiterzahl, Umsatz, Marktkapitalisierung wird vor allem auf die Bilanzsumme als Proxy für die Unternehmensgröße zurückgegriffen.[2468] Auch in der hier vorliegenden Untersuchung wird die Unternehmensgröße anhand der logarithmierten Bilanzsumme des Vorjahres gemessen.

[2464]   Vgl. GELETKANYCZ/BOYD/FINKELSTEIN (2001), S. 892; WIESENFELD (1993), S. 229.

[2465]   Vgl. GELETKANYCZ/BOYD/FINKELSTEIN (2001), S. 892; USEEM (1979), S. 563 ff.; WIESENFELD (1993), S. 229.

[2466]   Vgl. BÜHNER/STILLER/TUSCHKE (2004), S. 719; WIESENFELD (1993), S. 229.

[2467]   Vgl. FOMBRUN/SHANLEY (1990), S. 249 f.; WIEDMANN (2002), S. 338 ff.

[2468]   Siehe exemplarisch ANDERSON/BIZJAK (2003), S. 1327; DAILY ET AL. (1998), S. 213; DAVID/KOCHHAR/ LEVITAS (1998), S. 204; FINKELSTEIN/HAMBRICK (1989), S. 126; GAREN (1994), S. 1166; GRAFFIN ET AL. (2008), S. 464; FINKELSTEIN/BOYD (1998), S. 187; HENDERSON/FREDRICKSON (1996), S. 586; O'REILLY/MAIN (2005), S. 17; WADE ET AL. (2006), S. 649.

b) Unternehmenserfolg

Die von TOSI ET AL. (2000) durchgeführte Meta-Analyse gelangt zu dem Resultat, dass der Unternehmenserfolg rund 5% der Varianz der Managergehälter erklärt.[2469] Vor diesem Hintergrund wurde in Übereinstimmung mit einer Fülle empirischer Studien die Eigenkapitalrentabilität als rechnungswesenbasiertes Erfolgsmaß herangezogen.[2470] Die Eigenkapitalrentabilität gibt die Verzinsung des dem Unternehmen zur Verfügung gestellten Eigenkapitals an.[2471] Sie ist eine Beziehungszahl und gehört zu den Kennzahlen zur Analyse der Erfolgslage eines Unternehmens.[2472] Vielen Unternehmen dient sie zudem als Zielgröße.[2473] Nach KÜTING/WEBER (2006) besitzt die Rentabilitätskennzahl (in ihren verschiedenen Varianten) „eine zentrale Bedeutung in der Bilanzanalyse und bildet in der Wirtschaftspraxis für verschiedene Fragestellungen ein entscheidendes Beurteilungskriterium."[2474] Vor dem Hintergrund, dass der Vorstand zur Erstellung eines Rentabilitätsberichts – das Aktiengesetz erwähnt ausdrücklich die Rentabilität des Eigenkapitals[2475] – verpflichtet ist, welcher in der Aufsichtsratssitzung zu erstatten ist, in der über den Jahresabschluss verhandelt wird,[2476] ist zu vermuten, dass die Rentabilität des Unternehmens auch bei der Festlegung der Vorstandsvergütung eine gewichtige Rolle spielt.

Die Grundvariante der Eigenkapitalrentabilität wird als Quotient aus Jahresüberschuss (bzw.-fehlbetrag) und durchschnittlichem Eigenkapital gebildet.[2477] Die Eigenkapitalrentabilität (EKR) wurde (weitestgehend) mit unveränderten Werten auf Basis von Bilanz und Gewinn- und Verlustrechnung (GuV) ermittelt. Um fehleranfällige Berechnungen zu vermeiden, wur-

---

[2469] Siehe nochmals S. 125.

[2470] Vgl. BELLIVEAU/O'REILLY/WADE (1996), S. 1576; BOYD (1994), S. 339; DAILY ET AL. (1998), S. 213; FINKELSTEIN/HAMBRICK (1989), S. 126; FISS (2006), S. 1020; GRAFFIN ET AL. (2008), S. 465; FINKELSTEIN/BOYD (1998), S. 187; HAMBRICK/FINKELSTEIN (1995), S. 184; HENDERSON/FREDRICKSON (1996), S. 568; KROLL/SIMMONS/WRIGHT (1990), S. 357; LAMBERT/LARCKER (1987A), S. 92; MAIN/O'REILLY/WADE (1995), S. 317; MILLER (1995), S. 1366; RAJAGOPALAN/PRESCOTT (1990), S. 524.

[2471] Vgl. BAETGE/KIRSCH/THIELE (2004), S. 150.

[2472] Vgl. BAETGE/KIRSCH/THIELE (2004), S. 150.

[2473] Vgl. BAETGE/KIRSCH/THIELE (2004), S. 356; KÜTING/WEBER (2006), S. 308.

[2474] KÜTING/WEBER (2006), S. 299.

[2475] Siehe § 90 Abs. 2 Nr. 2 AktG.

[2476] Vgl. POTTHOFF/TRESCHER (2003), S. 178.

[2477] Vgl. BAETGE/KIRSCH/THIELE (2004), S. 169. Aufgrund des Äquivalenzprinzips wird auf das durchschnittliche Eigenkapital zurückgegriffen. Dem Äquivalenzprinzip zufolge sollten sich die Größen im Zähler und Nenner in zeitlicher, sachlicher und wertmäßiger Hinsicht entsprechen [vgl. hierzu im Detail BAETGE/KIRSCH/THIELE (2004), S. 151 f.]. Da sich der Zähler (Jahresüberschuss bzw. -fehlbetrag) auf einen Zeitraum, der Nenner (Eigenkapital) indes auf einen Zeitpunkt bezieht, wurde das durchschnittliche Eigenkapital ermittelt, um sicherzustellen, dass sich die herangezogenen Größen zeitlich entsprechen. Das durchschnittliche Eigenkapital wurde als arithmetisches Mittel des Eigenkapitals am Ende und am Anfang des jeweiligen Jahres berechnet [vgl. BAETGE/KIRSCH/THIELE (2004), S. 151].

den die Anteile anderer Gesellschafter am Eigenkapital und am Ergebnis nicht heraus gerechnet.[2478]

$$EKR_{j,\,t} = \frac{Jahres\ddot{u}berschuss}{durchschnittliches\ Eigenkapital}$$

$EKR_{j,\,t}$ = Eigenkapitalrentabilität des Unternehmens j im Berichtsjahr t

Die Eigenkapitalrentabilität wurde sowohl für das Geschäftsjahr 2005, für das Geschäftsjahr 2006 als auch für den Zweijahreszeitraum 2005-2006 berechnet.[2479] Darüber hinaus wurde eine um Brancheneffekte bereinigte Kennzahl ermittelt. Hierbei wurden zunächst die jährlichen Durchschnittsrenditen der Branchen berechnet und sodann von den Unternehmenswerten subtrahiert.[2480]

In der Literatur wird oftmals darauf hingewiesen, dass die Eigenkapitalrentabilität nur begrenzt aussagefähig ist, weil sich das Jahresergebnis durch bilanzpolitische Maßnahmen ma-

---

[2478]   In der Literatur wird darauf hingewiesen, dass sich für einen überbetrieblichen Vergleich eine Ergebnisgröße vor Steuern besser eignet, da Verzerrungen aufgrund unterschiedlicher Steuerbelastungen oder durch Steuernachzahlungen/ -erstattungen aufgrund von Periodenverschiebungen entstehen [vgl. BAETGE/KIRSCH/THIELE (2004), S. 341 sowie S. 351 f.]. Der Rückgriff auf eine Ergebnisgröße vor Steuern wird insbesondere dann empfohlen, wenn Unternehmen verschiedener Rechtsformen und international tätige Unternehmen miteinander verglichen werden sollen [vgl. COENENBERG (2005), S. 1082; KÜTING/WEBER (2006), S. 303]. Im Unterschied zum Jahresüberschuss/-fehlbetrag beinhaltet das in der GuV ausgewiesene Ergebnis vor Steuern die fortgeführten, jedoch nicht die vom Unternehmen im Geschäftsjahr aufgegebenen Aktivitäten (z.B. veräußerte Konzerngesellschaften, zur Veräußerung bestimmte oder stillgelegte Teileinheiten) [vgl. KÜTING/WEBER (2006), S. 247)]. Da in der vorliegenden Untersuchung sowohl das Ergebnis aus fortgeführten und nicht fortgeführten Aktivitäten berücksichtigt werden soll, hätten entsprechende Berechnungen auf der Grundlage von Informationen aus dem Jahresabschluss durchgeführt werden müssen. Hiervon betroffen waren ca. ein Viertel der Unternehmen aus der Stichprobe. Fehleranfällige Berechnungen sollten jedoch weitestgehend vermieden werden, so dass trotz der in der Literatur angeführten Argumente eine Ergebnisgröße nach Steuern für die Berechnung der Eigenkapitalrentabilität herangezogen wurde.

[2479]   In empirischen Studien zur Vergütung von Top-Managern wird oftmals der Vorjahreserfolg herangezogen [siehe exemplarisch HENDERSON/FREDRICKSON (1996), S. 586]. Dieser Vorgehensweise liegt die Idee zugrunde, dass das Festgehalt vor Beginn des betrachteten Geschäftsjahres festgelegt wird. Im Unterschied zum Festgehalt, kann beim Bonus jedoch davon ausgegangen werden, dass nicht der Vorjahreserfolg, sondern der Erfolg im betrachteten Geschäftsjahr von Bedeutung ist. KERR/BETTIS (1987) führen hierzu aus: „(...) bonus awards at the end of year t represent a board's perception of a CEO's performance in year t. Salary payments distributed over year t are based on a board's perceptions of performance in the previous year, t-1. Measurement of compensation that does not account for the lag in salary adjustment is unlikely to capture an accurate relationship between compensation and performance." [KERR/BETTIS (1987), S. 648].

[2480]   Dies entspricht der Vorgehensweise von BRESSER ET AL. (2005) [vgl. BRESSER ET AL. (2005), S. 1175]. Aufgrund der kleinen Stichprobe wurde für die Berechnung nicht auf Branchen, sondern auf Supersektoren zurückgegriffen. Mehr hierzu auf S. 357 und S. 414.

nipulieren lässt.[2481] Problematisch ist des Weiteren, dass die Vergleichbarkeit der Abschlüsse aufgrund der Anwendung unterschiedlicher Rechnungslegungsstandards beeinträchtigt ist. Kapitalmarktorientierte Unternehmen müssen ab 2005 ihre Konzernabschlüsse nach IFRS erstellen. Für bestimmte Unternehmen (z.B. Unternehmen, die aufgrund von Börsennotierungen in den USA nach US-GAAP bilanzieren) wurde eine Übergangsfrist bis 2007 eingeräumt.[2482] Die Mehrzahl der Unternehmen der Stichprobe hat ihren Abschluss für das Geschäftsjahr 2006 nach den IFRS erstellt. Acht Unternehmen bilanzierten nach dem Rechnungslegungsstandard US-GAAP.

Vor diesem Hintergrund wurde als weitere Erfolgskennzahl der *Total Shareholder Return* (TSR), der auch als Aktienrentabilität bezeichnet wird, herangezogen.[2483] Der TSR ist ein marktwertbasiertes Erfolgsmaß, auf das in zahlreichen internationalen Studien bei der Überprüfung des Einflusses des Unternehmenserfolgs auf die Vergütung von Top-Managern zurückgegriffen wird.[2484] Für die Berechnung des TSR wurden die historischen Aktienkurse (XETRA) sowie die im Untersuchungsjahr ausgezahlten Dividenden ermittelt. Hat sich die Zahl der im Umlauf befindlichen Aktien (z.B. durch einen Aktiensplit) während des Betrachtungszeitraums verändert, wurden die hiervon betroffenen Werte entsprechend angepasst.[2485]

$$TSR_{j,t} = \frac{(P_{j,t} - P_{j,t-1}) + D_{j,t}}{P_{j,t-1}}$$

TSR $_{j,t}$	=	Total Shareholder Return des Unternehmens j im Jahr t
P$_{j,t}$	=	Aktienpreis des Unternehmens j am Ende des Jahres t
P$_{j,t-1}$	=	Aktienpreis des Unternehmens j am Ende des Vorjahres $t-1$
D$_{j,t}$	=	Ausgeschüttete Dividende des Unternehmens j im Jahr t

c) Alter

Auch das Alter des Vorstandsvorsitzenden bzw. CEOs wird in empirischen Untersuchungen als Kontrollvariable eingesetzt.[2486] Angaben zum Alter des Vorstandsvorsitzenden sowie zum

---

[2481]   Vgl. BAETGE/KIRSCH/THIELE (2004), S. 169; BÜHNER (1990), S. 16 f. sowie S. 32 KERR/KREN (1992), S. 381.

[2482]   Vgl. BAETGE/KIRSCH/THIELE (2004), S. 12.

[2483]   Vgl. COENENBERG (2005), S. 1084.

[2484]   Siehe exemplarisch CONYON/PECK (1998), S. 151; HAMBRICK/FINKELSTEIN (1995), S. 183 f.; GRAFFIN ET AL. (2008), S. 465; SIEGEL/HAMBRICK (2005), S. 267; WADE ET AL. (2006), S. 648.

[2485]   Zur Berechnung des TSR siehe BACIDORE ET AL. (1997), S. 14.

[2486]   Vgl. DAVID/KOCHHAR/LEVITAS (1998), S. 204; FISS (2006), S. 1020; GAREN (1994), S. 1187; CYERT/KANG/KUMAR (2002), S. 460; O'REILLY/MAIN (2005), S. 18; HALLOCK (1997), S. 461; WADE ET AL. (2006), S. 649.

Zeitpunkt der erstmaligen Bestellung konnten den Internetseiten der Unternehmen oder dem Munzinger-Archiv entnommen werden.

d) Amtszeit

Auf die verschiedenen Studien, die einen Zusammenhang zwischen Amtszeit und Vergütung feststellen konnten, wurde bereits in Kapitel C eingegangen.[2487] Die Amtszeit (*tenure*) eines Managers wird definiert als „the number of years spent by the executive in his or her current position."[2488] Gemessen wird die Amtszeit als Differenz zwischen dem Zeitpunkt der Berufung zum Vorstandsvorsitzenden und einem Stichtag (hier: 31.12.2006).[2489] Bei der Ermittlung der Amtszeit wurde nicht berücksichtigt, wie viele Monate oder Jahre der jeweilige Manager vor der Übernahme des Vorsitzes Mitglied des Vorstands war. Diese Information wird indirekt durch die Variable ‚externe Rekrutierung' (siehe weiter unten) erfasst.[2490]

Berücksichtigt wurde in der vorliegenden Untersuchung, ob kürzlich eine Rechtsformänderung stattgefunden hat. Denkbar ist der Fall, dass ein Manager zwar seit vielen Jahren als Geschäftsführer eines Unternehmens tätig ist, aufgrund einer Rechtsformänderung von einer GmbH zu einer AG aber erst seit wenigen Monaten das Amt des Vorstandsvorsitzenden bekleidet. Des Weiteren wurde keine Unterscheidung zwischen der erstmaligen Bestellung zum Sprecher des Vorstands oder zum Vorsitzenden des Vorstands gemacht. Insofern ist es unerheblich, ob der Manager zunächst das Amt des Sprechers und zu einem späteren Zeitpunkt aufgrund einer Titeländerung das Amt des Vorsitzenden bekleidet.

e) Branche

Um branchenbedingte Effekte (wie. z.B. bestimmte Vergütungsnormen) zu kontrollieren, werden in empirischen Studien oftmals Branchendummies gebildet. In Übereinstimmung mit DAVID/KOCHHAR/LEVITAS (1998) werden in der hier vorliegenden Untersuchung keine Dummies gebildet, sondern die durchschnittliche Branchenvergütung als Kontrollvariable eingesetzt.[2491] Wie bereits an anderer Stelle dargelegt, wurde für die Brancheneinteilung die

---

[2487] Siehe nochmals S. 227 f.

[2488] RAJAGOPALAN/PRESCOTT (1990), S. 524.

[2489] Vgl. SCHRADER/LÜTHJE (1995), S. 235. Die Amtszeit wurde u.a. in folgenden Studien als unabhängige Variable oder Kontrollvariable eingesetzt: ANDERSON (1983); S. 1328, CYERT/KANG/KUMAR (2002), S. 460; DAILY ET AL. (1998), S. 213; FISS (2006), S. 1020; FINKELSTEIN/HAMBRICK (1989), S. 126; FINKELSTEIN/BOYD (1998), S. 188; GRAFFIN ET AL. (2008), S. 465; HENDERSON/FREDRICKSON (1996), S. 587; HILL/PHAN (1991), S. 712; MAIN/O'REILLY/WADE (1995), S. 312; TOSI/GOMEZ-MEJIA (1989), S. 177.

[2490] Differenzierter ist die Vorgehensweise von HENDERSON/FREDRICKSON (1996). Sie haben in ihrer Untersuchung eine „Years-before-CEO"-Kontrollvariable eingesetzt. Diese wird definiert als Dauer der Betriebszugehörigkeit abzüglich der Amtszeit als CEO [vgl. HENDERSON/FREDRICKSON (1996), S. 587].

[2491] Vgl. DAVID/KOCHHAR/LEVITAS (1998), S. 204. Ebenso DAILY ET AL. (1998), S. 213.

Zuordnung der Deutschen Börse übernommen.[2492] Aufgrund der kleinen Stichprobe erschien es jedoch sinnvoll, auf eine höhere Aggregationsebene, namentlich die Zusammenfassung der 18 Branchen zu neun Supersektoren (*Basic Materials, Consumer Goods, Consumer Services, FIRE, Industrials, Information Technology, Pharma & Healthcare, Telecommunication* und *Utilities*) zurückzugreifen.[2493] Es sei darauf hingewiesen, dass je nachdem, welche Hypothese untersucht wird, die Branchenkontrollvariable der abhängigen Variable angepasst wird.

f) Externe Rekrutierung

An anderer Stelle der Arbeit wurde bereits dargelegt, dass zahlreiche Studien festgestellt haben, dass extern rekrutierte Manager ein höheres Gehalt beziehen.[2494] MILBOURN (2003) argumentiert zudem, dass Manager nur dann extern rekrutiert werden, wenn sie bereits über Reputation verfügen.[2495] Insofern ist die Kontrolle dieser Variable in zweifacher Hinsicht wichtig. Da das hier verwendete statistische Verfahren ein metrisches Skalenniveau voraussetzt wurde eine Dummy-Variable gebildet. Diese nimmt den Wert 1 an, wenn der Manager extern und den Wert 0, wenn die Führungskraft intern rekrutiert wurde.[2496]

g) Gründerstatus

In Übereinstimmung mit der Untersuchung von HENDERSON/FREDRICKSON (1996) wird auch kontrolliert, ob der Unternehmensgründer selbst das Unternehmen leitet.[2497] Gründer halten oftmals große Anteile am Unternehmen und profitieren vor allem von Aktienkurssteigerungen und Dividendenzahlungen.[2498] Demnach ist zu vermuten, dass Gründer ein niedrigeres Gehalt beziehen. Die eingesetzte Dummy-Variable nimmt den Wert 1 an, wenn der Manager Gründer des Unternehmens ist bzw. ein Mitglied der Gründerfamilie.

[2492] Siehe nochmals S. 357.

[2493] Siehe hierzu: http://deutsche-boerse.com/dbag/dispatch/de/kir/gdb_navigation/market_ data_analytics/20_ indices/ 150_sector_indices?horizontal=page0_mda_sp_sectorindices_intro__[Datum des Zugriffs: 01.06.2009].

[2494] Siehe nochmals S. 179. Die externe Rekrutierung wurde u.a. in folgenden Studien kontrolliert GOMEZ-MEJIA/TOSI/HINKIN (1987), S. 51; GRAFFIN ET AL. (2008), S. 465; TOSI/GOMEZ-MEJIA (1989), S. 177; WADE ET AL. (2006), S. 649.

[2495] Vgl. MILBOURN (2003), S. 246 f. Siehe auch FRANCIS ET AL. (2008), S. 123 sowie RAJGOPAL/SHEVLIN/ZAMORA (2006), S. 1823.

[2496] Insgesamt wurden 22 Manager extern rekrutiert.

[2497] Vgl. HENDERSON/FREDRICKSON (1996), S. 587. Kontrolliert wird der Gründerstatus auch von ANDERSON (1983), S. 1328.

[2498] Vgl. HENDERSON/FREDRICKSON (1996), S. 587.

h) Größe des Vorstands

Informationen zur Größe des Vorstands konnten den Geschäftsberichten entnommen werden. Es sei darauf hingewiesen, dass die Anzahl der Mitglieder des Leitungsorgans nur bei der Überprüfung von Hypothese 2 als Kontrollvariable eingesetzt wird.

Die folgende Tabelle gibt einen Überblick über die in der Regressionsanalyse verwendeten Variablen.

Tab. 32:   **Überblick über die in der Analyse eingesetzten Variablen**

	Variablen	Beschreibung
	Abhängige Variablen	
1	Festgehalt	Grundvergütung des Vorstandsvorsitzenden 2006 (natürlicher Logarithmus)
2	Cash Compensation	Gesamtbarvergütung des Vorstandsvorsitzenden 2006 (natürlicher Logarithmus)
3	Total Compensation	Gesamtvergütung des Vorstandsvorsitzenden 2006 (natürlicher Logarithmus)
4	Pay Gap	Differenz zwischen der Gesamtvergütung des Vorstandsvorsitzenden und der Gesamtvergütung des Vorstands mit der zweithöchsten Vergütung im Jahr 2006
5	Relative Pay	Relativer Vergütungsunterschied zwischen der Gesamtvergütung des Vorstandsvorsitzenden und der Gesamtvergütung des Vorstands mit der zweithöchsten Vergütung im Jahr 2006
6	Anteil LTI	Anteil Long Term Incentives an der Gesamtvergütung 2006
	Unabhängige Variablen	
7	Mediendarstellung	Mediendarstellung des Vorstandsvorsitzenden
8	Auszeichnungen	Anzahl der verliehenen Awards
9	Mandate	Mandate des Vorstandsvorsitzenden in Aufsichtsräten/Boards
	Kontrollvariablen	
10	Bilanzsumme	Proxy für die Unternehmensgröße (2005) (natürlicher Logarithmus)
11	EKR	Eigenkapitalrentabilität (2005, 2006 und 2005-2006)
12	Branchb. EKR	Branchenbereinigte Eigenkapitalrentabilität (2005, 2006 und 2005-2006)
13	TSR	Total Shareholder Return (2005, 2006 und 2005-2006)
14	Branchb. TSR	Branchenbereinigter Total Shareholder Return (2005, 2006 und 2005-2006)
15	Alter	Alter des Vorstandsvorsitzenden (Jahre)
16	Amtszeit	Amtszeit des Vorstandsvorsitzenden (Jahre)
17	Gründerstatus	Vorstandsvorsitzender ist Gründer des Unternehmens bzw. Mitglied der Gründerfamilie (Dummy)
18	durchschnittliche Branchenvergütung	Durchschnittliche Branchenvergütung (je nach abhängiger Variable ist die Basis für die Ermittlung der Durchschnittswerte die Total Compensation, Relative Pay oder Anteil LTI)
19	Externe Rek	Vorstandsvorsitzender wurde extern rekrutiert (Dummy)
20	Größe des Vorstands	Anzahl der Mitglieder des Vorstands

Die in Kapitel D aufgestellten Hypothesen werden nun nachfolgend mit Hilfe der multiplen Regressionsanalyse geprüft.

2. Multiple Regressionsanalyse

2.1 Überblick über das Verfahren

Die Methode der Regression gehört zu den am häufigsten eingesetzten statistischen Verfahren.[2499] Mit Regressionsmodellen lassen sich Zusammenhänge zwischen Variablen aufzeigen und Werte der abhängigen Variable prognostizieren.[2500] Im Unterschied zu bivariaten Modellen wird in multivariaten Modellen der gleichzeitige Einfluss mehrerer unabhängiger Variablen ermittelt.[2501] Zudem weist die multiple Regressionsanalyse den Vorteil auf, dass sie Einflussbeziehungen zwischen Variablen, die in bivariaten Modellen nicht erkennbar sind, sichtbar machen kann.[2502] BACKHAUS ET AL. (2008) weisen darauf hin, dass die Regressionsanalyse zwar einfachen Korrelationsanalysen überlegen ist, dass sich Kausalitäten aber auch mittels der Regressionsanalyse nicht zweifelsfrei nachweisen lassen.[2503]

Damit die lineare Regressionsanalyse anwendbar ist, müssen die Variablen metrisches Skalenniveau besitzen.[2504] Mit Hilfe der Dummy-Variablen-Technik lassen sich auch kategoriale Variablen berechnen.[2505] Vor dem Hintergrund, dass jede erklärende Variable (X) auf die abhängige Variable (Y) einwirkt und sich die Effekte additiv zusammensetzen, ist das lineare Modell vor allem dann einsetzbar, wenn die abhängige Variable stetig und annähernd normalverteilt ist.[2506] Die Regressionsanalyse wird in aller Regel mit der Methode der Kleinsten-Quadrate (KQ-Methode oder OLS-Verfahren) durchgeführt.[2507] Mit diesem statistischen Schätzverfahren lassen sich die Regressionskoeffizienten (b) berechnen.[2508] Der Regressionskoeffizient gibt an, um wie viele Einheiten sich die abhängige Variable voraussichtlich verändert, wenn sich der betrachtete Prädiktor um eine Einheit ändert.[2509]

[2499]   Vgl. BACKHAUS ET AL. (2008), S. 52; JANN (2009), S. 94.

[2500]   Vgl. BACKHAUS ET AL. (2008), S. 52.

[2501]   Vgl. URBAN/MAYERL (2006), S. 81.

[2502]   Vgl. URBAN/MAYERL (2006), S. 94.

[2503]   Vgl. BACKHAUS ET AL. (2008), S. 53.

[2504]   Vgl. BACKHAUS ET AL. (2008), S. 55.

[2505]   Umfassend hierzu GUJARATI/PORTER (2009), S. 277.

[2506]   Vgl. FAHRMEIER/KNEIB/LANG (2009), S. 20.

[2507]   Vgl. URBAN/MAYERL (2006), S. 46. Die Abkürzung OLS steht für Ordinary Least Squares.

[2508]   Im multivariaten Modell sieht die Gleichung für das empirische Regressionsmodell wie folgt aus: $Y_i = a + b_1X_{1i} + b_2X_{2i} + \ldots + b_kX_{ki} + U_i$. Dabei ist „b" der Regressionskoeffizient, „a" die Regressionskonstante und „U" die Störgrößen. Umfassend hierzu [vgl. URBAN/MAYERL (2006), S. 41 ff und 83 ff.].

[2509]   Vgl. BACKHAUS ET AL. (2008), S. 60.

Wie angedeutet, beruhen die Resultate einer Regression auf einem Schätzverfahren.[2510] Die Güte der Schätzung lässt sich anhand verschiedener Maße prüfen, wobei zwischen Gütemaße zur Prüfung der Regressionsfunktion als Ganzes und Maße zur Prüfung der Regressionskoeffizienten unterschieden werden.[2511] Zu den globalen Gütemaßen gehört das Bestimmtheitsmaß (R^2). Es „misst die Güte der Anpassung der Regressionsfunktion an die empirischen Daten („goodness of fit")"[2512] und gibt somit an, wie gut die Funktion die abhängige Variable erklärt. Das Bestimmtheitsmaß ergibt sich aus dem Verhältnis von erklärter Streuung zur Gesamtstreuung.[2513] Ein R^2 von 0,4 besagt, dass die einbezogenen Variablen 40% der gesamten Streuung erklären bzw. 60% nicht erklären können. Im Unterschied zum korrigierten Bestimmtheitsmaß kann das R^2 nur zu-, aber nicht abnehmen, wenn weitere Regressoren aufgenommen werden. Da das Bestimmtheitsmaß den statistischen Erfolg einer Regressionsschätzung wiedergibt, lässt sich URBAN/MAYERL (2006) zufolge in der Praxis der Regressionsanalyse mitunter eine Jagd nach einem hohen R^2 beobachten.[2514] Ausführlich berichten sie über verschiedene (unseriöse) Maßnahmen (wie z.B. die Aufnahme weiterer Regressoren), mit denen das Bestimmtheitsmaß statistiktechnisch in die Höhe getrieben werden kann.[2515] Neben dem R^2 wird zur Prüfung der Güte der gesamten Regressionsfunktion die F-Statistik hinzugezogen. Der F-Test prüft die Nullhypothese, die besagt, dass kein Zusammenhang zwischen den Variablen besteht (die Regressionskoeffizienten im Modell sind Null). In aller Regel wird eine Irrtumswahrscheinlichkeit (bzw. Signifikanzniveau) von 5% gewählt. Mit anderen Worten: Die Wahrscheinlichkeit, dass die Nullhypothese abgelehnt wird, obgleich sie richtig ist, liegt bei 5%.[2516]

Für die Prüfung der Regressionskoeffizienten eignet sich die t-Statistik. Wie beim F-Test wird auch beim t-Test die Nullhypothese geprüft. Erneut gilt, dass der Einfluss von X_j auf Y signifikant ist, wenn der empirische t-Wert größer als der theoretische t-Wert ist (d.h. die Nullhypothese wird verworfen).[2517] Mit Blick auf die Regressionskoeffizienten sei abschließend darauf hingewiesen, dass sich sowohl standardisierte als auch nicht standardisierte Koeffizienten

---

[2510]   Vgl. URBAN/MAYERL (2006), S. 41.

[2511]   Vgl. BACKHAUS ET AL. (2008), S. 67. Hierzu auch CHATTERJEE/PRICE (1991), S. 64.

[2512]   BACKHAUS ET AL. (2008), S. 67.

[2513]   Vgl. BACKHAUS ET AL. (2008), S. 69.

[2514]   Vgl. URBAN/MAYERL (2006), S. 59.

[2515]   URBAN/MAYERL (2006), S. 109 ff.

[2516]   Vgl. BACKHAUS ET AL. (2008), S. 73. Wird die Nullhypothese nicht verworfen – d.h. der empirische F-Wert ist kleiner als der theoretische F-Wert – kann der vermutete Zusammenhang empirisch nicht bestätigt werden [vgl. BACKHAUS ET AL. (2008), S. 74]. Zum empirischen und theoretischen F-Wert siehe BACKHAUS ET AL. (2008), S. 73 f.

[2517]   Vgl. BACKHAUS ET AL. (2008), S. 77.

berechnen lassen. Da sich die Werte verschiedener Regressionskoeffizienten nicht miteinander vergleichen lassen, wenn sie in verschiedenen Einheiten (z.B. Euro, Jahre usw.) gemessen wurden, kann eine Standardisierung vorgenommen werden.[2518] Standardisierte Regressionskoeffizienten werden auch als Beta-Werte bezeichnet. Die Standardisierung bzw. Interpretation standardisierter Regressionskoeffizienten ist in der Literatur allerdings nicht unumstritten.[2519] Nach URBAN/MAYERL (2006) können standardisierte Regressionskoeffizienten riskante Schätzwerte liefern.[2520] In empirischen Studien zum Einfluss verschiedener Variablen auf die Höhe und Zusammensetzung der Managergehälter werden sowohl standardisierte als auch nicht standardisierte Regressionskoeffizienten angegeben. In Übereinstimmung mit zahlreichen anderen Forschern werden in der vorliegenden Untersuchung beide Ergebnisse berichtet. So weisen auch URBAN/MAYERL darauf hin, dass eine gemeinsame Betrachtung von unstandardisierten und standardisierten Regressionskoeffizienten bei der Aufdeckung von „Anomalien" hilfreich sein kann.[2521]

Damit die Ergebnisse der Regressionsanalyse und die hieraus abgeleiteten Aussagen Gültigkeit besitzen, müssen bestimmte Prämissen erfüllt sein.[2522] Für das lineare Modell der Regressionsanalyse sind folgende restriktive Voraussetzungen zu beachten: [2523]

A1   Korrekte Modellspezifikation (u.a. Linearität in den Parametern, Zahl der zu schätzenden Parameter ist kleiner als die Zahl der Beobachtungen, keine einflussreichen „Ausreißer")

A2   Erwartungswert der Störgrößen ungleich Null,[2524]

A3   keine Korrelation zwischen den erklärenden Variablen und der Störgröße,

A4   Störgrößen haben eine konstante Varianz (Homoskedastizität),

A5   keine Autokorrelation,[2525]

[2518]   Vgl. BACKHAUS ET AL. (2008), S. 65.

[2519]   Vgl. URBAN/MAYERL (2006), S. 104. URBAN/MAYERL (2006) gehen umfassend auf die verschiedenen Probleme ein [vgl. URBAN/MAYERL (2006), S. 104 ff.].

[2520]   Vgl. URBAN/MAYERL (2006), S. 106. Als besonders heikel bezeichnen die Autoren die Standardisierung von Dummy-Effekten (Dummy-Variablen nehmen den Wert 1 oder 0 ein). Umfassend hierzu URBAN/MAYERL (2006), S. 107.

[2521]   Vgl. URBAN/MAYERL (2006), S. 107. URBAN/MAYERL zufolge liegt eine solche „Anomalie" vor, wenn der standardisierte Regressionskoeffizient einen im Vergleich zu anderen standardisierten Koeffizienten hohen Wert aufweist (z.B. 0,74), der dazugehörige unstandardisierte Koeffizient jedoch ohne statistische Signifikanz ist [ausführlich hierzu URBAN/MAYERL (2006), S. 107 f.].

[2522]   Vgl. BACKHAUS ET AL. (2008), S. 79 ff.

[2523]   Vgl. BACKHAUS ET AL. (2008), S. 80 f. Siehe auch GUJARATI/PORTER (2009), S. 62 ff.

[2524]   Diese Prämisse lässt sich nicht explizit überprüfen [vgl. URBAN/MAYERL (2006), S. 201].

[2525]   Autokorrelation ist primär ein Problem von Zeitreihenanalysen. Nach BACKHAUS ET AL. (2008) macht die Prüfung auf Vorliegen von Autokorrelation bei Querschnittsdaten keinen Sinn [vgl. BACKHAUS ET AL. (2008), S. 98]. Dennoch wurde mit dem Durbin-Watson Test geprüft, ob Autokorrelation besteht. Ein Ver-

A6   keine perfekte Multikollinearität und

A7   Störgrößen sind normalverteilt.

Wenn die Annahmen eins bis sechs erfüllt sind, liefert die KQ-Methode unverzerrte und effiziente Schätzer.[2526] In diesem Zusammenhang wird auch von den so genannten BLUE (*Best Linear Unbiased Estimators*)-Eigenschaften gesprochen.[2527] Aber auch die zuletzt genannte Prämisse sollte erfüllt sein. Die Normalverteilung der Residuen bildet eine Voraussetzung für die Durchführung von Signifikanztests.[2528]

Modellverstöße lassen sich durch eine Reihe von Tests feststellen. Einen besonderen Stellenwert nimmt die visuelle Inspektion von Residuen-Streudiagrammen ein.[2529] Neben grafischen Diagnoseinstrumenten gibt es aber auch eine Reihe von formalen Tests, mit denen sich die Modellannahmen prüfen lassen (z.B. Durbin-Watson-Test auf Autokorrelation, White-Test auf Heteroskedastizität oder der Regression Equation Specification Error Test nach Ramsey). Liegen Modellverstöße vor, können verschiedene Maßnahmen (wie z.B. Erhöhung der Fallzahl, Transformation von Variablen oder die Neuspezifikation des Modells) ergriffen werden.

Bevor nachfolgend die Ergebnisse aus der Überprüfung der drei Hypothesen vorgestellt werden, erfolgt zunächst eine kurze Zusammenfassung der Resultate aus der Regressionsdiagnostik. Geprüft wurden nicht nur die Modellannahmen, sondern auch der Einfluss von so genannten Ausreißern (*outliers*) auf die Schätzergebnisse. Unter Ausreißern versteht man Datenpunkte, die vom Großteil der anderen Punkte stark abweichen.[2530] Insbesondere bei kleinen Stichproben können Ausreißerwerte bzw. einflussreiche Datenpunkte die Ergebnisse einer Regressionsschätzung erheblich verzerren.[2531] Im Extremfall können nicht signifikante Ergebnisse aufgrund einer einzelnen Beobachtung signifikant werden und umgekehrt. Da auch die hier verwendete Stichprobe eher als klein einzustufen ist, kommt der Analyse von extremen Werten eine besondere Bedeutung zu.

---

stoß gegen die Annahme, dass die Residuen nicht miteinander korrelieren, konnte nicht festgestellt werden. Zu ungewöhnlich niedrigen Werten ist der Test im Hinblick auf die Daten für die Überprüfung von Hypothese 3 gelangt. Wie an späterer Stelle ausführlich dargelegt, weisen die Daten Heteroskedastizität auf.

[2526]   Werden die Bedingungen verletzt, wirkt sich dies auf die Gültigkeit der Regressionsschätzung aus. Hierzu im Einzelnen URBAN/MAYERL (2006), S. 125.

[2527]   Zur Regressionstheorie und zum so genannten Gauß-Markov-Theorem siehe ausführlich GUJARATI/PORTER (2009), S. 71 ff. und URBAN/MAYERL (2006), S. 116 ff.

[2528]   Vgl. BACKHAUS ET AL. (2008), S. 81.

[2529]   Residuen beinhalten die nicht durch die unabhängigen Variablen erklärte Reststreuung [vgl. FAHRMEIER/KNEIB/LANG (2009), S. 63].

[2530]   Vgl. JANN (2009), S. 102.

[2531]   Vgl. JANN (2009), S. 93; URBAN/MAYERL (2006), S. 186. Umfassend hierzu COHEN ET AL. (2003), S. 390 ff.; URBAN/MAYERL (2006), S. 185

2.2 Zusammenhang zwischen Starreputation und Gesamtvergütung

2.2.1 Überprüfung der Regressionsvoraussetzungen

Die in Kapitel D aufgestellte Hypothese 1 sagt voraus, dass ein positiver Zusammenhang zwischen der Starreputation (gemessen anhand der Variablen ‚Mediendarstellung', ‚Auszeichnungen' und ‚Aufsichtsratsmandate') und der Gesamtvergütung besteht. Wie oben erwähnt, wurde im Rahmen der Regressionsdiagnostik das Datenmaterial zunächst auf Extremwerte überprüft. Hierfür eignen sich unter anderem Streudiagramme sowie verschiedene Maßzahlen (Leverage, Discrepancy und Influence).[2532]

Aus den partiellen Regressionsplots (*partial regression plots*) wurde ersichtlich, dass ein einzelner Fall von den übrigen Beobachtungen stark abweicht. So lagen die Residuenwerte außerhalb eines Intervalls von ± 2 Standardabweichungen. Da keine Messfehler festgestellt werden konnten und der visuelle Eindruck durch verschiedene formale Maßzahlen bestätigt wurde (z.B. durch Maßzahlen zur Extremität von Residuen und Maßzahlen des globalen Einflusses auf die Regressionsschätzung), wurde dieser Datenpunkt aus der Stichprobe entfernt.

Im Zuge der Einflussdiagnose – bei dieser wird zum einen geprüft, welchen Gesamteinfluss (*global influence*) einzelne Datenpunkte auf die Regressionsschätzung haben, zum anderen wird analysiert, welchen Einfluss einzelne Beobachtungen auf individuelle Koeffizienten (*specific influence*) haben – wurde ein weiterer Fall identifiziert.[2533] Hierbei handelt es sich um eine besonders einflussreiche Beobachtung, da sie nicht nur die gesamte Schätzung, sondern vor allem einen einzelnen Koeffizienten stark beeinflusst.[2534] Die Elimination dieser Einzelbeobachtung führt dazu, dass der Koeffizient ‚Auszeichnungen' insignifikant wird. Eine nähere Überprüfung hat ergeben, dass auch bei diesem Datenpunkt kein Messfehler vorliegt. Vielmehr handelt es sich um einen Top-Manager, der überdurchschnittlich viele Ehrungen und Auszeichnungen erhalten hat und im Vergleich zu Managern von Unternehmen derselben Branche und Größe ein hohes Gesamteinkommen bezieht. Diese empirische Einzelbeobachtung ist für die vorliegende Untersuchung von großer Relevanz. Gegenstand der Analyse sind Starmanager, die per definitionem vom Durchschnitt abweichen und demnach in ge-

---

[2532] Für die Diagnose von Ausreißern können Verfahren eingesetzt werden, mit denen sich 1) Die Extremität von Werten der unabhängigen Variable (z.B. die Maßzahl zentrierter Leverage-Index), 2) die Extremität von Residuen (z.B. Externally Studentized Residuals) oder 3) die Veränderung einer Regressionsschätzung bei Ausschluss eines Falls (z.B. Cooks D, DFITS) feststellen lässt [hierzu umfassend COHEN ET AL. (2003), S. 394 ff.; URBAN/MAYERL (2006), S. 187 ff.]

[2533] Vgl. COHEN ET AL. (2003), S. 402 ff.; JANN (2009), S. 107 ff; URBAN/MAYERL (2006), S. 188 ff.;

[2534] Vgl. COHEN ET AL. (2003), S. 402 ff. Die Maßzahl DFFITS (standardisiert) nimmt den Wert 2,06 (global influence), DFBETAS (standardisiert) (specific influence) den Wert 1,66 an. Bei kleinen bis mittleren Stichproben besagt die Daumenregel, dass die Werte nicht ± 1 überschreiten sollten.

wisser Hinsicht immer als „Ausreißer" eingestuft werden können. Das Dilemma besteht darin, dass eine Berücksichtigung dieser Einzelbeobachtung zu äußerst instabilen Regressionsresultaten führt. Eine Elimination hat indes zur Folge, dass möglicherweise interessante Erkenntnisse nicht zum Vorschein kommen können. Da keine weiteren Beobachtungen hinzugezogen werden konnten, aber Instabilität vermieden werden sollte, wurde dieser extreme Fall, obgleich er für die Untersuchung wertvoll ist, aus der Stichprobe entfernt.

Durch die Analyse der Residuen lassen sich nicht nur Ausreißer identifizieren, sondern auch feststellen, ob die Störgrößen normalverteilt sind.[2535] Nicht nur die optische Inspektion des Histogramms und des P-P-Plots legte eine Normalverteilung der Residuen nahe, sondern auch das Ergebnis aus dem Kolmogorov-Smirnov-Anpassungstest.[2536]

Eine Bedingung der Regressionsanalyse ist die korrekte Modellspezifikation. Spezifikationsfehler entstehen, wenn eine oder mehrere unabhängige Variablen nicht berücksichtigt werden, irrelevante Variablen in der Regression enthalten sind oder Variablen linear verknüpft werden, denen aber eine nicht-lineare Beziehung (z.B. kurvilineare Beziehung) zu Grunde liegt.[2537] Mit Blick auf Letzteres ist demnach zu prüfen, ob die Daten die Linearitätsannahme erfüllen. Eine Regressionsgleichung wird dann als linear bezeichnet, wenn sie linear in den Parametern ist.[2538] Die Linearitätsannahme lässt sich u.a. anhand von Residuen-Streudiagrammen – im multiplen Fall wird die Verwendung von partiellen Residuenplots (*partial residual plots*) empfohlen – überprüfen.[2539] Daneben gibt es auch formale Tests, wie z.B. der von RAMSEY entwickelte Regression Specification Error Test (RESET). Weder der RESET noch die Streudiagramme konnten Anhaltspunkte für einen Verstoß gegen die Linearitätsannahme geben.[2540]

[2535]   Zu den verschiedenen Möglichkeiten zur Überprüfung der Normalverteilung siehe URBAN/MAYERL (2006), S. 194.

[2536]   Überprüft wurden die standardisierten und studentisierten Residuen. Die Nullhypothese lautet, dass die Daten normalverteilt sind. Ist der Kolmogorov-Smirnov-Test nicht signifikant, ist davon auszugehen, dass die Nullhypothese zutrifft und eine Normalverteilung vorliegt [vgl. URBAN/MAYERL (2006), S. 197]. Die Testwerte lagen bei $p = 0,660$ und $p = 0,636$. Für die Überprüfung der Normalverteilungsannahme kann auch der so genannte Jarque-Bera-Test eingesetzt werden, wobei sich dieser vor allem für große Stichproben eignet [vgl. GUJARATI/PORTER (2009), S. 131 f.].

[2537]   Vgl. URBAN/MAYERL (2006), S. 218.

[2538]   Vgl. URBAN/MAYERL (2006), S. 207. Zum Unterschied zwischen „linear in den Parametern" und „linear in den Variablen" siehe GUJARATI/PORTER (2009), S. 38.

[2539]   Vgl. FOX (1993), S. 296; URBAN/MAYERL (2006), S. 205. Weitere Verfahren sind z.B. die Multigruppenanalyse oder ein Vergleich von Dummy-Variablen-Effekten [siehe URBAN/MAYERL (2006), S. 202 ff.]

[2540]   Der RESET hat ergeben, dass der ermittelte F-Wert unter dem kritischen F-Wert liegt [zum RESET siehe GUJARATI/PORTER (2009), S. 479 ff.]

Überprüft wurde auch die Annahme der Varianzgleichheit. Heteroskedastizität liegt vor, wenn „die Streuung der Residuen in einer Reihe von Werten der prognostizierten abhängigen Variablen nicht konstant ist."[2541] Anhand von Residuenplots erfolgte zunächst eine optische Inspektion.[2542] Hierbei wurden die standardisierten Residuen gegen die geschätzten Y-Werte geplottet.[2543] Systematische Muster – wie z.b. ein „right opening megaphone"[2544] – konnten nicht festgestellt werden. Auch die Ergebnisse aus dem White-Test können nicht bestätigen, dass Heteroskedastizität vorliegt.[2545]

Diagramme eignen sich auch um andere Spezifikationsfehler aufzudecken. Hierzu zählt beispielsweise der Verstoß gegen die oben vorgestellte Annahme, dass keine Korrelation zwischen den erklärenden Variablen und der Störgröße vorliegen darf. Wenn eine Kovarianz vorliegt, dann müsste im Streudiagramm eine Regelmäßigkeit der Residuen zu beobachten sein.[2546] Eine solche Regelmäßigkeit konnte nicht festgestellt werden.

Ob ein Regressor von einem anderen Regressor linear abhängig ist, lässt sich ebenfalls durch verschiedene Tests feststellen. Multikollinearität zeichnet sich dadurch aus, dass sich die Streuungen der unabhängigen Variablen überschneiden.[2547] Bei Vorliegen von perfekter Kollinearität ist eine Regressionsanalyse nicht mehr durchführbar.[2548] In der Literatur wird darauf hingewiesen, dass sowohl eine perfekte Korrelation von unabhängigen Variablen als auch die völlige Unabhängigkeit von Regressoren in der Praxis selten ist.[2549] Demnach ist damit zu rechnen, dass die empirischen Daten immer auch einen gewissen Grad an Multikollinearität aufweisen, der nach BACKHAUS ET AL. (2008) zufolge allerdings nicht störend sein muss.[2550]

[2541] BACKHAUS ET AL. (2008), S. 85.

[2542] Für die Aufdeckung von Heteroskedastizität gibt es eine Reihe von informalen und formalen Tests. Zu den informalen Methoden zählen visuelle Analysen der Residuen. Anhand von Scatterplots lässt sich erkennen, ob ein Muster (z.B. eine scherenförmige Öffnung) und somit eine Verletzung der Annahme von Homoskedastizität vorliegt. Neben einer visuellen Inspektion lässt sich die Streuungsungleichheit auch durch verschiedene formale Tests (wie z.B. Park Test, Glejser Test, Goldfeld-Quandt Test, Breusch-Pagan-Godfrey-Test, White-Test) feststellen. Hierbei ist zu beachten, dass sich einige Tests (wie z.B. der Glejser Test) nur für große Stichproben eignen [siehe hierzu umfassend GUJARATI/PORTER (2009), S. 378 ff.].

[2543] Vgl. BACKHAUS ET AL. (2008), S. 99; FAHRMEIER/KNEIB/LANG (2009), S. 129. Siehe auch GUJARATI/PORTER (2009), S. 377.

[2544] Vgl. COHEN ET AL. (2003), S. 130.

[2545] Bei dem White-Test handelt es sich um einen allgemeinen Test zur Feststellung von Streuungsungleichheit. Siehe hierzu GUJARATI/PORTER (2009), S. 389.

[2546] Vgl. URBAN/MAYERL (2006), S. 222.

[2547] Vgl. BACKHAUS ET AL. (2008), S. 88.

[2548] Vgl. BACKHAUS ET AL. (2008), S. 87.

[2549] Vgl. SCHNEIDER (2007), S. 184.

[2550] Vgl. BACKHAUS ET AL. (2008), S. 88.

Um zu prüfen, ob Zusammenhänge zwischen den Variablen bestehen, wurde zunächst eine Korrelationsmatrix (siehe die nachfolgende Tabelle) erstellt.

Die Korrelationen zwischen den unabhängigen Variablen Mediendarstellung, Auszeichnungen und Mandate können als moderat eingestuft werden. Da sie das gleiche theoretische Konstrukt erfassen, stellen sie keine Überraschung dar. Des Weiteren geht aus der Korrelationsmatrix hervor, dass diese signifikant mit den abhängigen Variablen korrelieren. Wie erwartet besteht ein starker positiver Zusammenhang zwischen der Bilanzsumme und den Vergütungsvariablen. Ebenfalls erwartet wurde, dass der Gründerstatus ein negatives Vorzeichen annimmt. Problematisch für das Forschungsdesign sind vor allem die Korrelationen zwischen den Variablen Mediendarstellung (bzw. Mandate) und der Bilanzsumme. Die Werte deuten darauf hin, dass Multikollinearität vorliegen könnte. Wäre die Variable Mediendarstellung ausschließlich über das Vorkommen eines Managers in der Berichterstattung gemessen worden,[2551] wäre ein solches Ergebnis zu erwarten gewesen. Manager großer Unternehmen wecken stärker das Interesse der Medien als Manager von kleinen Unternehmen. Die Variable Mediendarstellung beruht aber nicht auf Häufigkeiten, sondern basiert auf dem Saldo positiver und negativer Bewertungen.

Aus der Korrelationsmatrix geht ebenfalls hervor, dass Bilanzsumme und Mandate stark miteinander korrelieren. Aus theoretischer Sicht ist dies wenig überraschend. Dass (große) Unternehmen bevorzugt Manager in ihre Aufsichtsräte bestellen, die große und renommierte Unternehmen leiten, wurde bereits im theoretischen Teil in Kapitel D Abschnitt II.2 dargelegt.

In der Literatur wird darauf hingewiesen, dass ein ernsthaftes Multikollinearitätsproblem vorliegt, wenn Korrelationen oberhalb von 0,80 liegen.[2552] Allerdings gibt es hinsichtlich dieser Daumenregel auch abweichende Meinungen in der Literatur, weshalb weitere Tests zur Feststellung von Multikollinearität durchgeführt wurden.

[2551]   Wie z.B. in den Studien von FRANCIS ET AL. (2008), MILBOURN (2003) und RAJGOPAL/SHEVLIN/ZAMORA (2006), S. 1820.

[2552]   Vgl. GUJARATI/PORTER (2009), S. 338; URBAN/MAYERL (2006), S. 102.

Tab. 33: Korrelationsmatrix (Total Compensation als abhängige Variable)

Variablen	1	2	3	4	5	6	7	8	9	10	11	12	13	14
1 Festgehalt	1.00													
2 Cash Compensation	0.84**	1.00												
3 Total Compensation	0.80**	0.95**	1.00											
4 Mediendarstellung	0.58**	0.58**	0.58**	1.00										
5 Auszeichnungen	0.32**	0.31**	0.30**	0.24*	1.00									
6 Mandate	0.49**	0.50**	0.50**	0.54**	0.27**	1.00								
7 Bilanzsumme	0.67**	0.73**	0.72**	0.65**	0.30**	0.63**	1.00							
8 EKR	-0.12	0.10	0.12	0.03	0.01	0.07	-0.02	1.00						
9 TSR	-0.07	0.01	0.04	-0.09	-0.07	0.02	-0.05	0.25*	1.00					
10 Alter	0.42**	0.48**	0.42**	0.25*	0.24*	0.34**	0.33**	0.03	0.08	1.00				
11 Amtszeit	-0.14	-0.06	-0.06	-0.16	0.05	0.02	-0.20*	0.06	0.06	0.34**	1.00			
12 Branchenvergütung[a]	0.12	0.20*	0.24*	0.14	0.23*	0.08	0.17	0.18	0.03	0.14	-0.09	1.00		
13 Gründerstatus	-0.37**	-0.38**	-0.41**	-0.20*	-0.16	-0.31**	-0.44**	0.06	-0.09	-0.19	0.26**	-0.14	1.00	
14 Externe Rekrutierung	0.15	0.06	0.06	0.05	-0.01	0.10	0.07	0.07	0.05	0.13	-0.22*	0.12	-0.27**	1.00
Mean	6.29	7.18	7.35	17.03	0.19	62978	7.86	0.16	0.32	52.21	6.16	2230	0.21	0.23
SD	0.57	0.75	0.82	30.00	0.60	154311	2.29	0.16	0.33	7.83	4.54	656	0.40	0.42

[a] in Tsd. Euro

N = 97

** und * kennzeichnen die Signifikanzniveaus von 1% und 5%

Angegeben sind die Korrelationskoeffizienten nach Pearson

Branchendurchschnitt = Durchschnittswerte auf Basis der Total Compensation

Die nachfolgende Tabelle enthält die Ergebnisse aus der Durchführung eines weiteren konventionellen Verfahrens zum Nachweis von Multikollinearität. Hierbei werden Regressionen jeder unabhängigen Variable auf die übrigen unabhängigen Variablen durchgeführt.[2553] Wenn das R^2 dieser Hilfsregressionen einen Wert nahe 1 annimmt, kann von Multikollinearität ausgegangen werden.[2554]

Tab. 34:   Hilfsregressionen zur Feststellung von Multikollinearität (Modelle 1a-1b)

x_1	Mediendarstellung	$R^2 = 0,485$
x_2	Auszeichnungen	$R^2 = 0,169$
x_3	Mandate	$R^2 = 0,454$
x_4	Bilanzsumme	$R^2 = 0,635$
x_5	EKR	$R^2 = 0,118$
x_6	TSR	$R^2 = 0,112$
x_7	Alter	$R^2 = 0,377$
x_8	Amtsdauer	$R^2 = 0,371$
x_9	durchschn. Branchenvergütung	$R^2 = 0,126$
x_{10}	Gründerstatus	$R^2 = 0,319$
x_{11}	Externe Rekrutierung	$R^2 = 0,172$

Da das Bestimmtheitsmaß der Bilanzsumme erneut auffällig hoch ist, wurde ein weiterer Standardtest durchgeführt.[2555] Berechnet wurden der Toleranzwert und der so genannte Variance-Inflation-Factor (VIF). Letzterer ist ein Kehrwert der Toleranz und ein Maß, das sich aus den oben durchgeführten Hilfsregressionen ableiten lässt.[2556]

Tab. 35:   Toleranz und VIF-Werte

Abhängige Variable: Total Compensation	Kollinearitätsstatistik	
	Toleranz	VIF
Mediendarstellung	0,515	1,943
Auszeichnungen	0,813	1,203
Mandate	0,546	1,832
Bilanzsumme	0,365	2,743
EKR	0,882	1,134
TSR	0,888	1,126
Alter	0,623	1,605
Amtsdauer	0,629	1,591
Branchenvergütung	0,874	1,144
Gründerstatus	0,681	1,467
Externe Rekrutierung	0,828	1,207

[2553]   Vgl. SCHNEIDER (2007), S. 186.

[2554]   Vgl. SCHNEIDER (2007), S. 187.

[2555]   Der Konditionsindex nimmt einen Wert unter dem kritischen Wert von 30 ein. Siehe zum Konditionsindex Fn. 2573.

[2556]   Vgl. SCHNEIDER (2007), S. 187.

In der Literatur wird ein VIF-Wert von über 10 als kritisch eingestuft.[2557] Da die Toleranz den Kehrwert darstellt, deutet demnach ein niedriger Toleranzwert auf Multikollinearität hin. Einer Faustregel zufolge wecken Toleranzwerte unter 0,10 den Verdacht auf Kollinearität.[2558] Da es sich bei den genannten Werten erneut um Daumenregeln handelt, gibt es in der Literatur naturgemäß auch abweichende Meinungen.[2559] URBAN/MAYERL (2008) empfehlen einen strikteren Grenzwert von 5 VIF bzw. einen Toleranzwert von 0,20 bis 0,25.[2560] SCHNEIDER (2007) sieht sogar VIF-Werte von über 2 als tendenziell problematisch.[2561] Vor diesem Hintergrund muss festgestellt werden, dass nicht ausgeschlossen werden kann, dass die Ergebnisse der Regressionskoeffizienten aufgrund von Multikollinearität über- oder unterschätzt werden.[2562] Daher wird bei der Untersuchung auf weitere Hinweise auf Kollinearität explizit geachtet. Hierzu zählen beispielsweise große Standardfehler, deutliche Veränderungen der Koeffizienten, wenn eine Variable hinzukommt oder weggelassen wird sowie Veränderungen in den Vorzeichen.[2563]

2.2.2 Ergebnisse der Analyse

In den nachfolgend vorgestellten Modellen bildet die logarithmierte Gesamtvergütung des Vorstandsvorsitzenden die abhängige Variable. Um zu kontrollieren, ob sich die Koeffizienten aufgrund von Multikollinearität auffällig verändern, wurden zwei Modelle geschätzt. In Modell 1a wurde eine Regression durchgeführt, in der der Zusammenhang zwischen der Vergütung und den Kontrollvariablen – d.h. Variablen, deren Einfluss bereits in empirischen Studien festgestellt werden konnte – analysiert wurde.

In Modell 1a nimmt der Determinationskoeffizient R^2 einen Wert von 0,593 ein. Demnach können die Kontrollvariablen rund 59% der Streuung erklären. Dass der Größenproxy Bilanzsumme signifikant ist und auch den größten Einfluss hat, ist wenig überraschend. Zahlreiche empirische Studien belegen, dass die Unternehmensgröße eine Determinante der Vergütung von Top-Managern darstellt.

[2557] Vgl. BROSIUS (2006), S. 580; COHEN ET AL. (2003); GUJARATI/PORTER (2009), S. 340; SCHENDERA (2008), S. 123.

[2558] Vgl. BROSIUS (2006), S. 579; COHEN ET AL. (2003), S. 424; GUJARATI/PORTER (2009), S. 340.

[2559] Siehe auch die Anmerkungen von COHEN ET AL. (2003), S. 423 ff.

[2560] Vgl. URBAN/MAYERL (2008), S. 232.

[2561] Vgl. SCHNEIDER (2007), S. 187. Auch Toleranzwerte von unter 0,4 können auf eine mittlere Multikollinearität hinweisen [vgl. SCHNEIDER (2007), S. 187].

[2562] Siehe zu den Folgen SCHNEIDER (2007), S. 183; GUJARATI/PORTER (2009), S. 327.

[2563] Vgl. SCHENDERA (2008), S. 125.

Tab. 36:   Regressionsmodelle 1a-2a

Unabhängige Variablen		Modell 1a	Modell 2a
Bilanzsumme	B-Wert	0,216	0,159
	Standardfehler	0,030	0,040
	Beta-Wert	0,603	0,444
	t-Wert	7,165***	4,002***
EKR	B-Wert	0,612	0,559
	Standardfehler	0,367	0,363
	Beta-Wert	0,120	0,110
	t-Wert	1,667*	1,537
TSR	B-Wert	0,047	0,089
	Standardfehler	0,174	0,173
	Beta-Wert	0,019	0,037
	t-Wert	0,267	0,514
Alter	B-Wert	0,019	0,016
	Standardfehler	0,009	0,009
	Beta-Wert	0,177	0,152
	t-Wert	2,079**	1,787*
Amtsdauer	B-Wert	0,004	0,006
	Standardfehler	0,015	0,015
	Beta-Wert	0,020	0,034
	t-Wert	0,239	0,404
Branchenvergütung	B-Wert	9,840	8,568
	Standardfehler	0,000	0,000
	Beta-Wert	0,079	0,068
	t-Wert	1,101	0,955
Gründerstatus	B-Wert	-0,252	-0,297
	Standardfehler	0,164	0,164
	Beta-Wert	-0,125	-0,147
	t-Wert	-1,529	-1,813*
Externe Rekrutierung	B-Wert	-0,090	-0,074
	Standardfehler	0,144	0,144
	Beta-Wert	-0,046	-0,038
	t-Wert	-0,626	-0,515
Mediendarstellung	B-Wert		0,005
	Standardfehler		0,003
	Beta-Wert		0,191
	t-Wert		2,044**
Auszeichnungen	B-Wert		0,042
	Standardfehler		0,100
	Beta-Wert		0,031
	t-Wert		0,418
Mandate	B-Wert		2,466
	Standardfehler		0,000
	Beta-Wert		0,046
	t-Wert		0,510
Konstante	B-Wert	4,398	4,885
	Standardfehler	0,438	0,487
	t-Wert	10,032***	10,025***
R^2		0,593	0,618
korrigiertes R^2		0,556	0,569
F		15,999	12,500
Signifikanz (F-Statistik)		0,000	0,000

B-Wert (unstandardisierter Koeffizient), Beta-Wert (standardisierter Koeffizient)   N = 97
Abhängige Variable: Total Compensation   ***p < 0,01, **p < 0,05, *p < 0,10

Aus Modell 2a geht hervor, dass die Bilanzsumme auch dann den größten Einfluss auf die Gesamtvergütung hat, wenn die Variablen zur Messung der Starreputation hinzukommen. Ferner wird aus Modell 2a deutlich, dass auch die Mediendarstellung Erklärungskraft besitzt: Der Einfluss erweist sich als signifikant (p < 0,05) und das Bestimmtheitsmaß erhöht sich auf 0,618.[2564]

Die Performancemaße Eigenkapitalrentabilität (EKR) und Total Shareholder Return (TSR) haben keinen signifikanten Einfluss auf die abhängige Variable. Dieses Ergebnis ändert sich auch dann nicht grundlegend, wenn der Vorjahreserfolg, die branchenbereinigten Kennzahlen oder die Durchschnittswerte über zwei Jahre (2005-2006) als Regressoren in die Schätzung eingehen. Überraschend ist, dass weder die externe Rekrutierung noch die Amtsdauer eine Rolle zu spielen scheinen. Wie erwartet nimmt der Koeffizient Gründerstatus ein negatives Vorzeichen ein.

Im Gegensatz zum Regressor Mediendarstellung haben die Variablen Auszeichnungen und Mandate keinen Einfluss. Mit Blick auf die Auszeichnungen sei aber nochmals darauf hingewiesen, dass das Ergebnis mitunter aus der Elimination einer einflussreichen Einzelbeobachtung resultiert. Demnach wäre zu prüfen, ob weitere Untersuchungen, die eine größere Stichprobe und mehrere Untersuchungsjahre umfassen, den positiven Zusammenhang möglicherweise bestätigen können. Hinsichtlich des Regressors Mandate lässt sich eindeutig feststellen, dass dieser mit Blick auf die Gesamtvergütung keine Erklärungskraft besitzt. Ein Grund hierfür könnte sein, dass in Untersuchungen zum Einfluss von Mandaten auf die Vergütung auch zu berücksichtigen ist, dass Top-Manager nicht nur unfreiwillig,[2565] sondern auch freiwillig Aufsichtsratsmandate aufgeben. In der hier vorliegenden Untersuchung wurden lediglich Mandate erfasst, welche die Manager der Stichprobe im Jahr 2006 ausgeübt haben. Denkbar ist jedoch der Fall, dass eine Spitzenführungskraft nicht im Untersuchungsjahr, aber in den Vorjahren Aufsichtsratsmandate in großen und renommierten Unternehmen bekleidet hat, die in der hier vorliegenden Analyse aber nicht berücksichtigt wurden. Dieser dynamische Aspekt von Reputation kann mittels einer Querschnittstudie naturgemäß nicht festgestellt werden.

Darüber hinaus erscheint es sinnvoll, in zukünftigen Untersuchungen zu prüfen, ob sich die Variablen zur Messung von Starreputation nicht zu einem Index zusammenfassen lassen. Hierfür geeignet erscheint beispielsweise das Verfahren der konfirmatorischen Faktoranalyse.

[2564] Der Anstieg des Bestimmtheitsmaßes geht vor allem auf den Regressor Mediendarstellung zurück.

[2565] Die Managementforschung beschäftigt sich vor allem mit den Folgen des unfreiwilligen Ausscheidens aus Kontrollorganen. Siehe beispielsweise die Untersuchung von WIESENFELD (1993), die sich mit dem Prestigeverlust als Folge des unfreiwilligen Ausscheidens aus Kontrollorganen beschäftigt hat.

Diese Methode zählt zu den komplexen struktur-prüfenden Verfahren und eignet sich u.a. dann, wenn bereits theoretische Vorstellungen über das hypothetische Konstrukt bestehen.[2566]

2.3   Zusammenhang zwischen Starreputation und Vergütungsdifferenz

Hypothese 2 sagt voraus, dass zwischen der Starreputation und der Differenz der Vergütung des Vorstandsvorsitzenden und jenem Mitglied im Vorstand, das die zweithöchste Vergütung erhält, ein positiver Zusammenhang besteht. Die Vergütungsdifferenz lässt sich auf zweierlei Art und Weise berechnen: Einerseits kann die *absolute* Differenz *(pay gap)* aus der Total Compensation des Vorstandsvorsitzenden und des Vorstands mit der zweithöchsten Vergütung ermittelt werden.[2567] Andererseits lässt sich aber auch der *relative* Vergütungsunterschied berechnen. Die hierzu passende Frage lautet: Wie viel Prozent verdient der Vorstandsvorsitzende mehr (bzw. weniger) als der Vorstand mit der zweithöchsten Vergütung? Diese Variable wird in der Literatur auch als ‚relative pay' oder ‚pay disparity' bezeichnet.[2568] Während bei dem relativen Vergütungsunterschied berücksichtigt wird, dass auch andere Vorstandsmitglieder eine hohe Vergütung erhalten können, geht es bei der ersten Operationalisierung (d.h. beim Pay Gap) um die absolute Differenz in Tsd. Euro.[2569] Hinsichtlich des Zusammenhangs zwischen Starreputation und absoluter Vergütungsdifferenz ist zu erwarten,

---

[2566]   Siehe zur explorativen Faktoranalyse und konfirmatorischen Faktoranalyse BACKHAUS ET AL. (2008), S. 380 f.

[2567]   Vgl. die Studie von HENDERSON/FREDRICKSON (2001).

[2568]   In der vorliegenden Arbeit wurde der (prozentuale) Vergütungsunterschied aus Sicht des Vorstands mit der zweithöchsten Vergütung ermittelt. Hierbei wurde zunächst die absolute Differenz zwischen der Gesamtvergütung des Vorstandsvorsitzenden und jenem Mitglied im Vorstand, das die zweithöchste Vergütung erhält, berechnet. In einem nächsten Schritt wurde der ermittelte Wert durch die Gesamtvergütung des Vorstands mit der zweithöchsten Vergütung dividiert und sodann mit hundert multipliziert. Eine andere Operationalisierung, die allerdings ähnliche Resultate hervorbringt, schlagen SIEGEL/HAMBRICK (2005) vor. Sie untersuchen u.a. die Auswirkungen von Vergütungsunterschieden *(pay disparity)* innerhalb von Top-Management Teams. Bestehende Vergütungsunterschiede ermitteln SIEGEL/HAMBRICK, indem sie die Vergütung des CEOs durch die durchschnittliche Vergütung der Executives teilen. Je größer der Wert, desto größer der Vergütungsunterschied [vgl. SIEGEL/HAMBRICK (2005), S. 265]. In der vorliegenden Untersuchung wurde nicht die durchschnittliche Vergütung aller Vorstandsmitglieder, sondern nur von jenem Mitglied mit der zweithöchsten Vergütung [siehe auch HAYWARD/HAMBRICK (1997), S. 114]. Die Umsetzung des Operationalisierungsvorschlags von SIEGEL/HAMBRICK würde allerdings zu ähnlichen Resultaten führen. Ein Vergleich zeigt, dass mit beiden Operationalisierungen die Regressionsanalysen (mit Ausnahme des Intercepts) identische Ergebnisse liefern.

[2569]   Das folgende Beispiel veranschaulicht den Unterschied: In Vorstand A verdient der Vorstandsvorsitzende 2 Mio. Euro und der Vorstand mit der zweithöchsten Vergütung 1,7 Mio. Euro. Die Differenz beträgt demzufolge 300 Tsd. Euro. Der Vorstandsvorsitzende verdient 17,6% mehr als der Vorstand mit der zweithöchsten Vergütung [bzw. nach der Operationalisierung von HAMBRICK/SIEGEL (2005) 1,17-mal mehr als sein Vorstandskollege (siehe nochmals Fn. 2568)]. In Vorstand B verdient der Vorstandsvorsitzende 700 Tsd. Euro und der Vorstand mit der zweithöchsten Vergütung 400 Tsd. Euro. Die Differenz beträgt erneut 300 Tsd. Euro. In diesem Fall verdient der Vorstandsvorsitzende allerdings 75% mehr als der Vorstand mit der zweithöchsten Vergütung [bzw. nach der Operationalisierung von HAMBRICK/SIEGEL 1,75-mal mehr als sein Vorstandskollege].

dass die Unternehmensgröße (gemessen anhand der Bilanzsumme) ein wichtiger Prädiktor ist. Fraglich ist jedoch, ob die Unternehmensgröße auch eine Rolle spielt, wenn die relative Vergütung als abhängige Variable untersucht wird. So fällt es schwer, stichhaltige Argumente zu finden, warum der relative Vergütungsunterschied in großen Unternehmen größer sein sollte, als in kleinen Unternehmen. Stattdessen könnte die Größe des Leitungsorgans eine Rolle spielen. Da die Gesamtausgaben für die Vergütung des Vorstands mit der Größe des Leitungsorgans für das Unternehmen steigen, ist zu vermuten, dass der relative Vergütungsunterschied in großen Vorständen geringer ist. Demnach wird erwartet, dass der Koeffizient ,Größe des Vorstands' ein negatives Vorzeichen annimmt.

In der hier vorliegenden Untersuchung interessiert vorrangig der relative Vergütungsunterschied. Vermutet wird, dass Starmanager nicht nur in absoluter Hinsicht eine hohe Gesamtvergütung beziehen (Hypothese 1), sondern auch im Vergleich zu ihren Vorstandskollegen (Hypothese 2).

2.3.1 Überprüfung der Regressionsvoraussetzungen

Im Rahmen der Ausreißer-Diagnose wurden erneut zwei Fälle identifiziert, die von den übrigen Beobachtungen stark abweichen.[2570] Beide wurden aus dem Datensatz entfernt. Bei dem einen Fall handelt es sich um die gleiche einflussreiche Beobachtung, die bereits bei der Überprüfung der Regressionsvoraussetzungen für Hypothese 1 identifiziert wurde. Es konnte auch der gleiche Effekt festgestellt werden: Diese Beobachtung führt erneut dazu, dass der Koeffizient Auszeichnungen signifikant wird bzw. in Folge der Elimination dieser Beobachtung insignifikant wird.

Verstöße gegen die Linearitätsannahme, die Annahme der Normalverteilung der Residuen und die Annahme der Varianzhomogenität konnten nicht festgestellt werden.[2571] Als proble-

---

[2570] Bereits anhand der partiellen Regressionsdiagramme war erkennbar, dass zwei Datenpunkte von den übrigen Beobachtungen extrem abweichen. Auch die verschiedenen Maßzahlen zeigen, dass die Datenpunkte nicht nur abweichen, sondern auch großen Einfluss auf die gesamte Regressionsschätzung und auf einzelne Koeffizienten haben. Folgende Werte wurden für die beiden Beobachtungen ermittelt: 1) standardisierte Residuen: 3,54 und 3,60, 2) höchster Leverage: 0,49, 3) Externally Studentized Residuals: 5,93 und 4,27, 4) DFFITS (standardisiert): 5,97 und 1,74, 5) Höchster Wert von DFBETAS (standardisiert): 4,7 (,Auszeichnungen').

[2571] Die Linearitätsannahme wurde anhand von partiellen Residuenplots und dem RESET überprüft. Für die Überprüfung der Annahme der Normalverteilung erfolgte zunächst eine optische Inspektion des Histogramms und des P-P-Plots, wobei eine extreme Verletzung der Normalverteilungsannahme nicht festgestellt werden konnte. Auch die Ergebnisse aus dem Kolmogorov-Smirnov-Anpassungstest legen nahe, dass die Residuen annähernd normalverteilt sind (p = 0,380 (studentisierte Residuen) und p = 0,380 (standardisierte Residuen). Zur Aufdeckung von Heteroskedastizität wurden Residuen-Streudiagramme erstellt und analysiert. Auffällige Muster waren nicht erkennbar. Auch die Ergebnisse des White-Tests legen nicht nahe, dass Varianzheterogenität vorliegt.

matisch kann indes das identifizierte Ausmaß an Multikollinearität eingestuft werden. Zwar lag der höchste VIF-Wert bei rund 4 und somit unter der Daumenregel von 10 (bzw. 5),[2572] allerdings geht aus der Korrelationsmatrix (siehe Tabelle 38) hervor, dass Bilanzsumme und Vorstandsgröße stark miteinander korrelieren.

Auch die Hilfsregressionen und der Konditionsindex, der einen Wert von 33,49 einnimmt,[2573] legen nahe, dass ein nicht unerhebliches Ausmaß an Multikollinearität besteht.

Tab. 37:   Hilfsregressionen zur Feststellung von Multikollinearität (Modelle 1b-4b)

x_1	Mediendarstellung	$R^2 = 0{,}489$
x_2	Auszeichnungen	$R^2 = 0{,}213$
x_3	Mandate	$R^2 = 0{,}464$
x_4	Bilanzsumme	$R^2 = 0{,}750$
x_5	EKR	$R^2 = 0{,}115$
x_6	TSR	$R^2 = 0{,}128$
x_7	Alter	$R^2 = 0{,}419$
x_8	Amtsdauer	$R^2 = 0{,}375$
x_9	durchschn. Branchenvergütung	$R^2 = 0{,}198$
x_{10}	Gründerstatus	$R^2 = 0{,}354$
x_{11}	Externe Rekrutierung	$R^2 = 0{,}180$
x_{12}	Größe Vorstand	$R^2 = 0{,}553$

Dass die Bilanzsumme mit der Größe des Leitungsorgans korreliert, ist wenig überraschend, denn Vorstände großer Unternehmen bestehen in aller Regel aus mehr Mitgliedern als die Leitungsorgane von kleinen Unternehmen. Somit bildet die Anzahl der Mitglieder im Vorstand indirekt auch die Unternehmensgröße ab.

Nach URBAN/MAYERL (2008) ist Multikollinearität eines der heikelsten Probleme in der Regressionsanalyse.[2574] Hohe Kollinearität kann „zu weitreichenden Instabilitäten von Schätzwerten führen" (bezüglich Einflussstärke und Einflussrichtung) und auch die Durchführung von

---

[2572]   Die höchsten VIF lagen bei 4,004 (Bilanzsumme), 2,239 (Größe Vorstand), 1,956 (Mediendarstellung) und 1,867 (Mandate). Die übrigen Werte lagen unter 1,75. URBAN/MAYERL (2008) empfehlen einen Grenzwert von ca. 5,00 [vgl. URBAN/MAYERL (2006), S. 232].

[2573]   Zur Aufdeckung von Multikollinearität kann auch der Konditionsindex herangezogen werden. Einer Daumenregel zufolge kann von einer mittleren bis starken Kollinearität ausgegangen werden, wenn der Konditionsindex zwischen 10 und 30 liegt. Bei Werten über 30 besteht indes sehr starke Multikollinearität [vgl. GUJARATI/PORTER (2009), S. 340]. Kritisch zu dieser Daumenregel äußern sich COHEN ET AL. (2003): „However, no strong statistical rationale exists for this choice of 30 as a threshold value above which serious problems of multicollinearity are indicated [COHEN ET AL. (2003), S. 424].

[2574]   Vgl. URBAN/MAYERL (2006), S. 226.

Signifikanztests sinnlos machen."[2575] Zur Beseitigung von Multikollinearität werden in der Literatur verschiedene Maßnahmen vorgestellt. Hierzu zählen die Vergrößerung der Fallzahl, Strategie des Variablenausschlusses, Bereinigung gemeinsamer Varianzanteile oder der Einsatz alternativer Schätzverfahren.[2576]

[2575]   URBAN/MAYERL (2006), S. 241.

[2576]   Vgl. URBAN/MAYERL (2006), S. 236. Siehe auch die Handlungsempfehlungen von COHEN ET AL. (2003), S. 427 ff. und GUJARATI/PORTER (2009), S. 342.

Tab. 38: Korrelationsmatrix (Vergütungsunterschied als abhängige Variable)

Variablen	1	2	3	4	5	6	7	8	9	10	11	12	13	14	15
1 Relative Pay[a]	1.00														
2 Pay Gap	0.62**	1.00													
3 Mediendarstellung	0.27**	0.63**	1.00												
4 Auszeichnungen	0.09	0.18	0.24*	1.00											
5 Mandate	0.11	0.49**	0.54**	0.27**	1.00										
6 Bilanzsumme	0.14	0.52**	0.65**	0.30**	0.62**	1.00									
7 EKR	-0,26	0.05	0.02	0.00	-0.03	-0.03	1.00								
8 TSR	-0.08	-0.07	-0.10	-0.08	-0.08	-0.07	0.28**	1.00							
9 Alter	-0.41**	0.33**	0.25*	0.24*	0.27**	0.32**	0.04	0.04	1.00						
10 Amtszeit	0.03	-0,04	-0.17	0.05	-0.00	-0.21*	0.06	-0.00	0.33**	1.00					
11 Relative Pay Branche	0,19	0.12	0.19	0.25*	0.19	0.14	0.05	0.03	0.33**	-0.00	1.00				
12 Pay Gap Branche[a]	0.12	0.28**	0.13	0.17	0.20*	0.23*	0.19	0.07	0.16	0.08	0.42**	1.00			
13 Gründerstatus	-0,12	-0.24*	-0.28*	-0.17	-0.21*	-0.46**	0.10	-0.08	-0.22*	0.25*	-0.09	-0.16	1.00		
14 Externe Rekrutierung	0.01	0.02	0.05	-0.01	0.08	0.07	0.00	0.03	0.13	-0.22*	-0.03	0.19	-0.28**	1.00	
15 Größe Vorstand	-0,47	0.23*	0.49**	0.35**	0.43**	0.71**	-0.02	-0.10	0.21*	-0.09	0.02	0.11	-0.25*	0.06	1.00
Mean	51.12	741	17.03	0.19	62981	7.86	0.16	0.32	52.34	6.19	51.12	754	0.22	0.23	4.45
SD	50.20	1160	30.00	0.60	154310	2.28	0.16	0.33	7.60	4.53	7.90	324	0.41	0.42	2.02

[a] in Tsd. Euro

N = 97

** und * kennzeichnen die Signifikanzniveaus von 1% und 5%

Angegeben sind die Korrelationskoeffizienten nach Pearson

Relative Pay = relativer Vergütungsunterschied (auf Basis der Total Compensation), Pay Gap = Absoluter Vergütungsunterschied (auf Basis der Total Compensation)

2.3.2   Ergebnisse der Analyse

Da in der Regressionsdiagnose zwar festgestellt wurde, dass Multikollinearität besteht, sich anhand der Testergebnisse aber nicht exakt feststellen lässt, wie stark das Ausmaß der Kollinearität ist, werden nachfolgend vier unterschiedliche Modelle geschätzt. Bei dem ersten Modell wird zunächst der Zusammenhang zwischen der relativen Vergütung und den Kontrollvariablen mit Ausnahme der Kontrollvariable Größe des Leitungsorgans analysiert. Wie aus der Korrelationsmatrix (siehe nochmals Tabelle 38) hervorgeht, besteht vor allem zwischen Größe des Vorstands und Bilanzsumme eine starke Korrelation (0,710). Die hier gewählte Vorgehensweise der schrittweisen Regression weist den Vorteil auf, dass sich deutliche Veränderungen in den Koeffizienten und Standardfehlern gut beobachten lassen.[2577]

Aus dem Vergleich von Modell 1b und 2b geht das Ausmaß der Multikollinearität deutlich hervor. Die Koeffizienten der Bilanzsumme ändern sich erheblich, wenn die Variable Größe des Vorstands aufgenommen wird. So lässt sich sogar eine Veränderung des Vorzeichens beobachten. In der Literatur werden große Veränderungen in den Koeffizienten als eine typische Folge von Multikollinearität bezeichnet.[2578] Da Kollinearität zu einer Verminderung der Präzision der Schätzwerte führt,[2579] macht es wenig Sinn, beide Variablen gleichzeitig zu berücksichtigen. Daher wird in Modell 3b und in Modell 4b jeweils ein Regressor ausgelassen. Die Handlungsstrategie des Variablenausschlusses ist in der Literatur nicht unumstritten.[2580] Da aber bereits oben darauf hingewiesen wurde, dass mit Blick auf den relativen Vergütungsunterschied die Bilanzsumme als Größenproxy keinen starken theoretischen Rückhalt hat, erscheint diese Vorgehensweise unbedenklich. So wird aus dem Vergleich von Modell 3b und Modell 4b deutlich, dass die Größe des Vorstands, jedoch nicht die Bilanzsumme einen signifikanten Einfluss auf den relativen Vergütungsunterschied hat. Zur Überprüfung der Wirkung der Kollinearität wurden Alternativrechnungen mit verschiedenen Variablenkombinationen (inklusive dem vollständigen Modell)[2581] durchgeführt.[2582] Auch in diesen Regressionen – auf

---

[2577]   Siehe zur hierarchischen/sequentiellen Regressionsanalyse URBAN/MAYERL (2006), S. 310 ff.

[2578]   Vgl. BACKHAUS ET AL. (2008), S. 88; SCHENDERA (2008), S. 125; URBAN/MAYERL (2006), S. 229.

[2579]   Vgl. BACKHAUS ET AL. (2008), S. 91.

[2580]   Kritisch hierzu GUJARATI/PORTER (2009), S. 344; URBAN/MAYERL (2006), S. 237.

[2581]   Um zu überprüfen, ob ernsthafte Multikollinearität besteht, wurde auch das vollständige Modell berechnet. Signifikant wurden die Koeffizienten Alter [B-Wert: 2,948 (0,800), Beta-Wert: 0,446, t-Wert: 3,686, p-Wert: 0,000], Größe Vorstand [B-Wert: -7,604 (3,426), Beta-Wert: -0,306, t-Wert: -2,220, p-Wert: 0,029] und Mediendarstellung [B-Wert: 0,497 (0,216), Beta-Wert: 0,296, t-Wert: 2,298, p-Wert: 0,024]. Die Koeffizienten der Bilanzsumme haben sich erneut stark verändert [B-Wert: 0,274 (4,055), Beta-Wert: 0,012, t-Wert: 0,068, p-Wert: 0,024].

[2582]   Siehe die Empfehlung von BACKHAUS ET AL. (2008), S. 90.

die Ergebnisse soll nicht näher eingegangen werden – hatte die Bilanzsumme (im Unterschied zu den Variablen Größe des Leitungsorgans, Alter und Mediendarstellung) keinen signifikanten Einfluss.

Aus den in Tabelle 39 angeführten Modellen wird deutlich, dass das Alter Erklärungskraft besitzt. Einen signifikanten Einfluss hat aber auch der Regressor Mediendarstellung. Aus der Korrelationsmatrix (siehe Tabelle 38) geht bereits hervor, dass die Variable Mediendarstellung mit dem relativen und dem absoluten Vergütungsunterschied korreliert.[2583] Wie bei der Überprüfung von Hypothese 1 kann der Effekt des Regressors Mediendarstellung als stabil bezeichnet werden. Keinen Einfluss haben indes die Regressoren Mandate und Auszeichnungen.

Im Hinblick auf das Bestimmtheitsmaß und dem F-Wert sind die vorgestellten Modelle jedoch wenig zufriedenstellend. Insbesondere die Modelle 1b und 3b sind hinsichtlich ihrer globalen Güte nur wenig überzeugend. Aber auch mit Blick auf Modell 4b – dieses weist von allen Modellen die beste Anpassung an die empirischen Daten auf – lässt sich feststellen, dass das (korrigierte) R^2 einen auffällig niedrigen Wert aufweist. Da der relative Vergütungsunterschied in empirischen Studien bislang nur als unabhängige Variable untersucht wurde,[2584] liegen derzeit keine Untersuchungen vor, mit denen sich das Ergebnis vergleichen ließe. Vor dem Hintergrund, dass auch in Modell 4b mehr als 70% unerklärt bleiben, ist zu fragen, welche weiteren Größen Einfluss auf den relativen Vergütungsunterschied haben. Demnach kann mit Blick auf den relativen Vergütungsunterschied theoretischer und empirischer Forschungsbedarf festgestellt werden.

[2583]   Mit Blick auf die Modelle 3b und 4b erfolgte eine erneute Überprüfung der Multikollinearität. Der höchste VIF lag in Modell 3b bei 2,81 (Bilanzsumme). In Modell 4b war kein VIF-Wert höher als 1,8 bzw. kein Toleranzwert niedriger als 0,555.

[2584]   Siehe exemplarisch die Studien von HAYWARD/HAMBRICK (1997); SIEGEL/HAMBRICK (2005).

Tab. 39: Regressionsmodelle 1b bis 4b

Unabhängige Variablen		Modell 1b	Modell 2b	Modell 3b	Modell 4b
Bilanzsumme	B-Wert	-1,649	3,077	-4,638	
	Standardfehler	2,587	3,442	3,476	
	Beta-Wert	-0,075	0,140	-0,211	
	t-Wert	-0,637	0,894	-1,334	
EKR	B-Wert	-2,449	-2,524	-7,140	-8,133
	Standardfehler	30,718	30,183	30,604	29,735
	Beta-Wert	-0,008	-0,008	-0,023	-0,027
	t-Wert	-0,080	-0,084	-0,233	-0,274
TSR	B-Wert	-16,361	-17,786	-14,093	-14,855
	Standardfehler	15,078	14,831	15,064	14,635
	Beta-Wert	-0,110	-0,119	-0,094	-0,100
	t-Wert	-1,085	-1,199	-0,936	-1,015
Alter	B-Wert	3,181	3,140	3,029	2,959
	Standardfehler	0,819	0,805	0,817	0,777
	Beta-Wert	0,481	0,475	0,458	0,448
	t-Wert	3,886***	3,903***	3,707***	3,807***
Amtsdauer	B-Wert	-1,723	-1,501	-1,290	-1,069
	Standardfehler	1,295	1,277	1,319	1,250
	Beta-Wert	-0,155	-0,135	-0,116	-0,096
	t-Wert	-1,331	-1,175	-0,978	-0,855
Relative Pay Branche	B-Wert	0,284	0,154	0,221	0,011
	Standardfehler	0,650	0,642	0,663	0,651
	Beta-Wert	0,045	0,024	0,035	0,002
	t-Wert	0,436	0,240	0,334	0,017
Gründerstatus	B-Wert	-5,560	-2,577	-8,843	-5,473
	Standardfehler	14,081	13,913	14,155	12,897
	Beta-Wert	-0,046	-0,021	-0,073	-0,045
	t-Wert	-0,395	-0,185	-0,625	-0,424
Externe Rekrutierung	B-Wert	-10,975	-9,277	-9,035	-6,715
	Standardfehler	12,346	12,159	12,393	11,934
	Beta-Wert	-0,092	-0,078	-0,076	-0,056
	t-Wert	-0,889	-0,763	-0,729	-0,563
Größe Vorstand	B-Wert		-6,852		-7,478
	Standardfehler		3,364		2,854
	Beta-Wert		-0,276		-0,301
	t-Wert		-2,037**		-2,620**
Mediendarstellung	B-Wert			0,463	0,501
	Standardfehler			0,221	0,206
	Beta-Wert			0,276	0,299
	t-Wert			2,098**	2,436**
Auszeichnungen	B-Wert			-2,632	1,843
	Standardfehler			8,573	8,564
	Beta-Wert			-0,032	0,022
	t-Wert			-0,307	0,215
Mandate	B-Wert			-1,556	-1,965
	Standardfehler			0,000	0,000
	Beta-Wert			-0,048	-0,060
	t-Wert			-0,371	-0,520
Konstante	B-Wert	-96,741	-96,570	-70,861	-63,106
	Standardfehler	42,660	41,917	48,457	44,066
	t-Wert	-2,268**	-2,304**	-1,462	-1,432
R^2		0,204	0,240	0,244	0,286
korrigiertes R^2		0,132	0,162	0,146	0,193
F		2,823	3,060	2,494	3,093
Signifikanz (F-Statistik)		0,008	0,003	0,009	0,002

Abhängige Variable: Relative Pay (relativer Vergütungsunterschied)   ***p < 0,01, **p < 0,05, *p < 0,10 N = 97

2.4   Starreputation und anteilige Zusammensetzung der Vergütung

Während in den vorangegangenen Abschnitten geprüft wurde, ob ein Zusammenhang zwischen der Starreputation und der Höhe der Managervergütung besteht, soll nachfolgend analysiert werden, ob die Starreputation Einfluss auf die anteilige Zusammensetzung der Managergehälter hat. Hypothese 3 sagt voraus, dass ein positiver Zusammenhang zwischen Starreputation und dem Anteil langfristiger Vergütungskomponenten an der Gesamtvergütung (im Folgenden ,Anteil LTI') besteht. Argumentiert wurde, dass die Vergütungssysteme von Top-Managern mit einer Starreputation einen hohen Anteil an Long-Term-Incentives enthalten, da sich vor allem langfristige Komponenten (wie z.b. Aktienoptionen, Wertsteigerungsrechte usw.) dazu eignen, Führungskräfte an das Unternehmen zu binden. Bevor der Zusammenhang zwischen Starreputation und LTI-Anteil analysiert wurde, erfolgte zunächst eine Überprüfung der Modellprämissen.

2.4.1   Überprüfung der Regressionsvoraussetzungen

Die im Rahmen der Regressionsdiagnostik durchgeführte Analyse von Ausreißern ist zu dem Resultat gelangt, dass zwar erneut einzelne Beobachtungen von den übrigen Datenpunkten abweichen, diese Abweichungen allerdings zu keinen systematischen Verzerrungen führen.[2585] Während die Daten die Annahme der Normalverteilung der Störgrößen sowie die Annahme, dass keine perfekte Multikollinearität besteht,[2586] erfüllen, wurde im Rahmen der Diagnose ein Verstoß gegen die Annahme der Varianzhomogenität festgestellt. Die Residuen-Streudiagramme zeigen systematische Muster, die eindeutig auf Heteroskedastizität hinweisen. Auch die Ergebnisse aus verschiedenen formalen Tests legen nahe, dass die Störterme heteroskedastisch sind.[2587] Somit muss die Annahme der Varianzhomogenität abgelehnt werden.

Varianzheterogenität zieht einige unerfreuliche Konsequenzen nach sich. So führt sie zu einer Ineffizienz der OLS-Schätzung und verfälscht den Standardfehler der Regressionskoeffizien-

---

[2585] Als „grenzwertig" wurde vor allem eine Beobachtung eingestuft. Da die Entfernung von Ausreißern aber grundsätzlich problematisch ist, wurde diese Beobachtung aufgrund des eher geringen Einflusses auf die Regressionsergebnisse nicht entfernt und das volle Modell wurde beibehalten

[2586] Die Werte aus dem *Kolmogorov*-Smirnov-Normalverteilungstest lagen bei p = 0,404 (studentisierte Residuen) und p = 0,397 (standardisierte Residuen). Höchster VIF-Wert lag bei 2,749 und niedrigster Toleranzwert bei 0,364.

[2587] Angewandt wurde sowohl der allgemeine White-Test als auch der Glejser-Test. Nach GUJARATI/PORTER (2009) eignet sich der Glejser-Test eher für große Stichproben. Allerdings kann man ihn auch bei kleinen Stichproben einsetzen, um zum Beispiel mehr über Varianzheterogenität zu erfahren. [vgl. GUJARATI/ PORTER (2009), S. 380] Die Ergebnisse beider Tests legen nahe, dass die Annahme der Varianzhomogenität abgelehnt werden muss.

ten.[2588] Darüber hinaus können bei Vorliegen von Heteroskedastizität die Konfidenzintervalle nicht mehr korrekt berechnet werden und die Ergebnisse der Signifikanztests sind nicht mehr zuverlässig.[2589] Allerdings wird in der Literatur darauf hingewiesen, dass die geschätzten b-Werte auch bei Vorliegen von Heteroskedastizität unverzerrt (unbiased) sind.[2590]

Um heteroskedastizitive Effekte abzuschwächen (bzw. zu beheben) können verschiedene Maßnahmen ergriffen werden. Da ein Verstoß gegen die Annahme konstanter Varianz auf Mängel in der Modellspezifikation hinweist, wird beispielsweise die Neuspezifikation des Modells empfohlen.[2591] Weitere Möglichkeiten zur Behebung von Heteroskedastizität ist die Transformation der Modellvariablen oder der Rückgriff auf die so genannte WLS-Methode (*weighted least square*).[2592]

In der vorliegenden Arbeit wurden die in der Literatur empfohlenen Maßnahmen ergriffen. Geprüft wurde beispielsweise, ob Spezifikationsfehler (Nichtlinearität oder fehlerhafte Werte) vorliegen, oder ob durch Transformationen von Variablen Homoskedastizität hergestellt werden kann. Trotz intensiver Bemühungen konnte das Problem nicht behoben und auch die genauen Ursachen für das Vorliegen von Heteroskedastizität nicht festgestellt werden. So blieben die verschiedenen (möglichen) Transformationen der Modellvariablen ohne Erfolg.[2593] Auch durch den Einsatz von Branchendummies und/oder Index-Dummies konnten keine erkennbaren Verbesserungen erzielt werden. Letztendlich kann vermutet werden, dass in der Regressionsschätzung nicht alle relevanten Einflussgrößen berücksichtigt wurden. In den verschiedenen durchgeführten Regressionen war das Bestimmtheitsmaß auch oftmals auffällig niedrig. Dies deutet darauf hin, dass die einbezogenen Regressoren die abhängige Variable nur unvollständig erklären. Mit Blick auf die Gewährung langfristiger Vergütungskomponen-

---

[2588]   Vgl. BACKHAUS ET AL. (2008), S. 85.

[2589]   Vgl. URBAN/MAYERL (2006), S. 243.

[2590]   Vgl. URBAN/MAYERL (2006), S. 243.Siehe auch COHEN ET AL. (2003), S. 120.

[2591]   URBAN/MAYERL (2006), S. 249.

[2592]   Vgl. BACKHAUS ET AL. (2008), S. 86. Zur Methode der Kleinst-Quadrate siehe CHATTERJEE/PRICE (1991), S. 123 ff. Zu den Nachteilen der WLS-Regression gegenüber der OLS-Regression siehe COHEN ET AL. (2003), S. 147. Einige Autoren empfehlen auch die Verwendung robuster Standardfehler, wie z.B. der *White-Heteroskedastizität-konsistente Standardfehler* oder der Standardfehler nach *Newey-West*, der sowohl gegen Heteroskedastizität als auch Autokorrelation robust ist [vgl. GUJARATI/PORTER (2009), S. 447].

[2593]   Nicht alle Manager der Stichprobe haben im Untersuchungsjahr Aktienoptionen oder Wertsteigerungsrechte erhalten. Daher kann die abhängige Variable LTI-Anteil auch den Wert 0 annehmen. Insofern waren nicht alle Variablentransformationen (wie z.B. die Logarithmusbildung) möglich. Neben der abhängigen Variablen wurden auch die unabhängigen Variablen transformiert. Da die genaue Ursache für das Vorliegen von Heteroskedastizität nicht festgestellt werden konnte, wurde nach der Trial-and-Error-Methode verfahren [zu den verschiedenen Transformationsmöglichkeiten siehe BACKHAUS ET AL. (2008), S. 82; URBAN/MAYERL (2006), S. 211 ff.].

ten ist zu vermuten, dass Faktoren wie Risiko oder Wachstumschancen neben den in der Regressionsanalyse berücksichtigten Einflussgrößen ebenfalls eine Rolle spielen.

Da Heteroskedastizität zu einer Ineffizienz der Schätzung führt und Signifikanztests keine korrekten Resultate mehr liefern, können aus den Ergebnissen der Regression keine zuverlässigen Aussagen abgeleitet werden. Vor diesem Hintergrund erschien es sinnvoll, zu prüfen, ob sich zumindest ein Zusammenhang zwischen Starreputation und variabler Vergütung feststellen lässt. Wie an anderer Stelle der Arbeit dargelegt, setzen sich Vergütungssysteme aus den Elementen Festgehalt, Nebenleistungen und variablen Vergütungskomponenten zusammen. Die variable Vergütung besteht wiederum aus kurz-, mittel- und langfristigen Gehaltskomponenten. Um festzustellen, ob zwischen Starreputation und der Zusammensetzung der Bezüge ein Zusammenhang besteht, ließe sich als abhängige Variable der „variable Anteil an der Gesamtvergütung" untersuchen. Dieses Modell eignet sich zwar nicht zur Überprüfung von Hypothese 3, es kann allerdings aufschlussreiche Informationen über den generellen Zusammenhang zwischen Starreputation und der Zusammensetzung der Vergütung liefern. Zudem sind die langfristigen Komponenten Bestandteil der variablen Vergütung und mit Blick auf die mittelfristigen Vergütungskomponenten ließe sich sogar argumentieren, dass auch von diesen eine gewisse Bindungswirkung ausgeht.[2594]

Geprüft wurde, ob die Daten die Modellprämissen erfüllen, wenn als abhängige Variable der gesamte variable Anteil und nicht nur die langfristigen Vergütungskomponenten eingesetzt werden. Im Rahmen der Regressionsdiagnose wurde eine einzelne Beobachtung als gravierender Ausreißer identifiziert und aus dem Datensatz entfernt.[2595] Im Gegensatz zu den oben vorgestellten Diagnose-Ergebnissen konnte dieses Mal kein Verstoß gegen die Annahme der Varianzhomogenität festgestellt werden. Die Residuen zeigen keine erkennbaren Muster. Auch die Ergebnisse aus dem White-Test legen nicht nahe, dass Heteroskedastizität vorliegt. Erfüllt ist ebenfalls die Annahme der Normalverteilung der Residuen.[2596] Darüber hinaus

---

[2594]   Die Bindungswirkung lässt sich dadurch erklären, dass mehrere Jahre (in aller Regel zwei bis drei) zwischen Zusage und Auszahlung liegen. Allerdings sind mittelfristige Vergütungskomponenten nicht so weit verbreitet. Nur 11 Manager (rund 11%) der Stichprobe haben Mid-Term-Incentives erhalten.

[2595]   Diese einzelne Beobachtung wurde bereits bei der Überprüfung von Hypothese 1 als Ausreißer identifiziert. Nicht nur die Regressionsplots zeigen, dass diese Beobachtung stark von den übrigen Datenpunkten abweicht, sondern auch die verschiedenen Maßzahlen (Standardabweichungen der Residuen, Externally Studentized Residuals und DFFITS) legen nahe, dass es sich um einen Ausreißer handelt. Diese einzelne Beobachtung hat die in der Literatur angegebenen Schwellenwerte durchgängig und mitunter sehr deutlich übertroffen.

[2596]   Sowohl die optische Inspektion des Histogramms und des P-P-Plots als auch die Ergebnisse aus dem Kolmogorov-Smirnov-Test legen nahe, dass die Residuen normalverteilt sind. Die Werte lagen bei $p = 0,980$ (studentisierte Residuen) und $p = 0,975$ (standardisierte Residuen).

konnte weder ein Verstoß gegen die Linearitätsannahme noch ernsthafte Kollinearität festgestellt werden.[2597]

2.4.2   Ergebnisse der Analyse

Aus der nachfolgenden Tabelle geht hervor, wie sich die Vergütungssysteme von Vorstandsvorsitzenden anteilig zusammensetzen. Die angeführten Werte beziehen sich auf das Jahr 2006. Es handelt sich hierbei um ermittelte Durchschnittswerte.

Tab. 40:   **Anteilige Zusammensetzung der Vergütung nach Branchen (ohne Nebenleistungen)[2598]**

Branche	Anteil Festgehalt	Anteil variable Vergütung			N
		Anteil Bonus	Anteil LTI	Gesamt	
Basic Material	29,97%	53,95%	14,91%	68,86%	9
Consumer Goods	30,40%	54,10%	14,84%	68,95%	11
Consumer Services	56,17%	39,77%	1,74%	41,51%	9
FIRE*	40,11%	47,61%	10,46%	58,07%	24
Industrials	43,59%	42,69%	10,64%	53,33%	27
Information Technology	35,23%	31,41%	32,72%	64,13%	8
Pharma & Healthcare	32,75%	51,74%	12,52%	64,25%	8
Utilities	36,81%	38,96%	23,10%	62,06%	3
Gesamt	39,43%	45,62%	12,96%	58,57%	99

*FIRE (Finance, Insurance and Real Estate)

Aus der Tabelle geht deutlich hervor, dass mit Blick auf die Zusammensetzung der Vergütungspakete zwischen den Branchen (mitunter erhebliche) Unterschiede bestehen. Der Anteil langfristiger Vergütung (LTI) an der Gesamtvergütung ist im Sektor ,Information Technology' am höchsten, während Long-Term-Incentives (LTI) in Unternehmen aus den Bereichen Einzelhandel und Medien (,Consumer Services') nur eine untergeordnete Rolle spielen. Nachfolgend wird zu zeigen sein, ob die Branche einen Einfluss auf die Zusammensetzung der Vergütung hat.

Tabelle 41 enthält die Ergebnisse der Regressionen. Während in Modell 1c der ,Anteil langfristiger Vergütungskomponenten' die abhängige Variable bildet, wurde in den Modellen 1d und 2d der ,variable Anteil' als abhängige Variable untersucht.

[2597]   Die Linearitätsannahme wurde mittels einer visuellen Inspektion der partiellen Residuenplots überprüft. Der höchste VIF-Wert lag bei 2,728 und der niedrigste Toleranzwert bei 0,367.

[2598]   Für die Branchen- bzw. Sektoreneinteilung wurde die Zuordnung der Deutschen Börse übernommen. Aufgrund der kleinen Stichprobe wurde für die Ermittlung der Durchschnittswerte nicht auf Branchen, sondern auf Sektoren zurückgegriffen. Die Sektoren sind das Resultat einer Zusammenfassung von insgesamt 18 Branchen. Siehe nochmals S. 357.

Tab. 41: Regressionsmodelle 1c, 1d und 2d

Unabhängige Variablen		Modell 1c Anteil LTI	Modell 1d	Modell 2d
			Anteil variable Vergütung	
Bilanzsumme	B-Wert	0,007	0,034	0,036
	Standardfehler	0,011	0,008	0,011
	Beta-Wert	0,091	0,402	0,423
	t-Wert	0,618	4,231***	3,278***
EKR	B-Wert	0,010	0,363	0,365
	Standardfehler	0,096	0,098	0,099
	Beta-Wert	0,009	0,304	0,305
	t-Wert	0,101	3,726***	3,670***
TSR	B-Wert	0,066	0,078	0,075
	Standardfehler	0,047	0,047	0,048
	Beta-Wert	0,132	0,135	0,130
	t-Wert	1,393	1,669*	1,571
Alter	B-Wert	-0,003	0,000	0,000
	Standardfehler	0,002	0,002	0,002
	Beta-Wert	-0,153	-0,007	-0,010
	t-Wert	-1,389	-0,073	-0,100
Amtsdauer	B-Wert	0,006	0,007	0,008
	Standardfehler	0,004	0,004	0,004
	Beta-Wert	0,155	0,164	0,179
	t-Wert	1,399	1,764*	1,829*
Anteil LTI Branche (Durchschnitt)	B-Wert	1,033		
	Standardfehler	0,246		
	Beta-Wert	0,379		
	t-Wert	4,196		
Anteil variable Vergütung Branche (Durschnitt)	B-Wert		0,728	0,753
	Standardfehler		0,197	0,205
	Beta-Wert		0,298	0,308
	t-Wert		3,701***	3,668***
Gründerstatus	B-Wert	-0,080	-0,034	-0,036
	Standardfehler	0,044	0,045	0,046
	Beta-Wert	-0,195	-0,071	-0,076
	t-Wert	-1,794	-0,755	-0,785
Externe Rekrutierung	B-Wert	0,008		-0,054
	Standardfehler	0,039		0,039
	Beta-Wert	0,020		-0,118
	t-Wert	0,209		-1,375
Mediendarstellung	B-Wert	0,001		4,876
	Standardfehler	0,001		0,001
	Beta-Wert	0,241		0,008
	t-Wert	1,954		0,070
Auszeichnungen	B-Wert	0,006		-0,014
	Standardfehler	0,021		0,021
	Beta-Wert	0,028		-0,056
	t-Wert	0,291		-0,646
Mandate	B-Wert	-2,868		-2,624
	Standardfehler	0,000		0,000
	Beta-Wert	-0,026		-0,021
	t-Wert	-0,218		-0,198
Konstante	B-Wert	0,051	-0,202	-0,225
	Standardfehler	0,130	0,161	0,173
	t-Wert	0,391	-1,255	-1,307
R^2		0,315	0,471	0,474
korrigiertes R^2		0,228	0,424	0,407
F		3,631	9,922	7,054
Signifikanz (F-Statistik)			0,000	0,000

***p < 0,01, **p < 0,05, *p < 0,10   N = 99 (Modell 1c)   N = 98 (Modell 1d und 2d)

Wie oben bereits erwähnt, weist das ursprüngliche Modell 1c Heteroskedastizität auf. Ist die Annahme konstanter Varianz verletzt, liefern die Signifikanztests verfälschte Resultate.[2599] Da sich die Ergebnisse nicht zuverlässig interpretieren lassen, wird das Augenmerk auf die Modelle 1d und 2d gerichtet.

Aus den Modellen 1d und 2d geht deutlich hervor, dass die Variablen Mediendarstellung, Mandate und Auszeichnungen keinen Einfluss auf die Zusammensetzung der Vergütung ausüben. Tatsächlich verringert sich sogar das korrigierte Bestimmtheitsmaß nachdem die drei Regressoren hinzugefügt wurden.[2600] Signifikant sind die Ergebnisse indes mit Blick auf die Bilanzsumme, dem buchhalterischen Erfolgsmaß Eigenkapitalrentabilität und dem durchschnittlichen Branchenanteil. Die Analyse zeigt demzufolge, dass bei der Zusammenstellung der Vergütungspakete offensichtlich Branchennormen eine Rolle spielen. Während bei der Untersuchung zum Zusammenhang von Starreputation und absolutem Vergütungsniveau der Unternehmenserfolg nur eine geringfügige Rolle spielt, ist der Zusammenhang in den Modellen 1d und 2d signifikant. Vor allem kurzfristige Vergütungskomponenten (Tantieme oder Boni) orientieren sich oftmals an buchhalterische Größen.[2601] Der Anteil kurzfristiger Vergütungskomponenten steigt, wenn Manager aufgrund der positiven Entwicklung der Unternehmensperformance Bonuszahlungen erhalten. Zuletzt sei darauf hingewiesen, dass auch die Amtsdauer eine Rolle spielt. Je länger ein Manager im Amt ist, desto höher ist der variable Anteil an der Gesamtvergütung.

Zusammengefasst lässt sich feststellen, dass sich mit den Modellen 1d und 2d zwar nicht die in Kapitel D aufgestellte Hypothese 3 überprüfen lässt, diese dennoch aufschlussreiche Informationen darüber liefern, welche Regressoren Einfluss auf die Zusammensetzung der Vergütungssysteme haben.

3.   Zusammenfassung der Ergebnisse

Die Ergebnisse der Analysen können die aufgestellten Hypothesen nur partiell bestätigen. Entgegen der theoretischen Erwartung haben die Variablen Mandate und Auszeichnungen auf die Höhe bzw. Zusammensetzung der Vergütung von Top-Managern keinen Einfluss. Allerdings zeigen die Untersuchungsergebnisse, dass der Regressor Mediendarstellung eine gewis-

---

[2599]   Vgl. COHEN ET AL. (2003), S. 120; URBAN/MAYERL (2006), S. 259.

[2600]   Da das korrigierte Bestimmtheitsmaß das einfache Bestimmtheitsmaß um eine Korrekturgröße vermindert, kann es im Unterschied zum R^2 auch abnehmen, wenn neue Regressoren hinzukommen [vgl. BACKHAUS ET AL. (2008), S. 71].

[2601]   Vgl. MURPHY (1999), S. 2522; WINTER (2001), S. 511.

se Erklärungskraft besitzt. Es konnte ein signifikanter Effekt auf die absolute Höhe der Vergütung sowie auf den relativen Vergütungsunterschied festgestellt werden.

Hinsichtlich der Variable Auszeichnungen bestand vor allem das Problem, dass eine für die Untersuchung wertvolle Beobachtung aus der Stichprobe entfernt werden musste, um instabile Regressionsresultate zu vermeiden. Da Ausreißer vor allem bei Untersuchungen mit kleinen Fallzahlen zu instabilen Regressionsresultaten führen können,[2602] stellt eine Vergrößerung der Stichprobe (bzw. der Einbezug weiterer Untersuchungsjahre) eine potentielle Lösung für dieses Problem dar.[2603] Darüber hinaus ließe sich überlegen, in zukünftigen Untersuchungen weitere Ehrungen und Auszeichnungen zu berücksichtigen. In der vorliegenden Arbeit wurden ausschließlich Auszeichnungen einbezogen, die von deutschsprachigen Wirtschaftsmagazinen an Top-Manager verliehen wurden. Daneben gibt es eine Reihe von (internationalen) Auszeichnungen und Ehrungen, die zwar nicht die gleiche Öffentlichkeitswirksamkeit haben (wie z.B. John J. McCloy Award, Vernon A. Walters Award oder der European Business Leader Award), dafür aber als prestigeträchtig gelten.

Die Erweiterung der Stichprobe und der Einbezug weiterer Untersuchungsjahre erscheinen aber nicht nur hinsichtlich der Auszeichnungen, sondern auch mit Blick auf die Variable Mandate ratsam. Bereits oben wurde dargelegt, dass sich der dynamische Aspekt von Reputation mit Hilfe einer Querschnittsanalyse nicht erfassen lässt. Wie in Kapitel D dargelegt, wird in der Literatur darauf aufmerksam gemacht, dass Reputation einerseits das Produkt eines kommunikativen bzw. sozialen Prozesses ist,[2604] andererseits aber auch Veränderungen unterliegt,[2605] und demnach als Prozess verstanden werden kann.[2606] Der prozesshafte Charakter von Reputation ließe sich mittels einer Längsschnittanalyse untersuchen.

Des Weiteren wäre zu überlegen, ob die Berücksichtigung weiterer Einflussgrößen möglicherweise zu einer Erhöhung der Erklärungskraft der oben vorgestellten Regressionsmodelle führt. Wie in Kapitel D unter Abschnitt III dargelegt, kann keineswegs davon ausgegangen werden, dass bei der Beurteilung der Leistungsbeiträge von Mitgliedern des Top-Managements ideale Beurteilungsbedingungen bestehen. Ausdrücklich aufmerksam gemacht wurde auf Zeit- und Informationsrestriktionen. Argumentiert wurde in diesem Zusammen-

---

[2602]   Vgl. URBAN/MAYERL (2006), S. 191.

[2603]   Es sei darauf aufmerksam gemacht, dass sich ein solches Forschungsprojekt derzeit nur schwer realisieren lässt, da die hierfür notwendigen Daten nicht zugänglich sind. Wie andernorts dargelegt, wurde das Vorstandsvergütungsoffenlegungsgesetz erst 2005 verabschiedet. Nur wenige Unternehmen haben in den Jahren vor der Verabschiedung des Gesetzes die Vergütung ihrer Vorstände individualisiert offengelegt.

[2604]   Vgl. BROMLEY (1993), S. 23; EMLER (1990), S. 171. VOSWINKEL (2001), S. 120.

[2605]   Vgl. BROMLEY (1993), S. 217.

[2606]   Vgl. BROMLEY (1993), S. 29. Ebenso FERRIS ET AL. (2003), S. 215; GOTSI/WILSON (2001), S. 28.

hang, dass bestimmte Mitglieder des Vergütungsausschusses nicht nur besser informiert sind, sondern auch aufgrund ihrer Erfahrungen und Qualifikationen die Leistungen der Mitglieder des Top-Managements exakter bewerten können. Das trifft vor allem auf Aufsichtsratsmitglieder zu, die vormals im Geschäftsführungsorgan tätig waren und über unternehmens- und branchenspezifisches Wissen verfügen.[2607] Dass sich Informationsverarbeitungsprozesse von Experten gegenüber den Informationsverarbeitungsprozessen von „Laien" unterscheiden, wird in der Literatur gelegentlich herausgestellt.[2608] So zeigen Studien, dass die Informationsaufnahme und -verarbeitung von Experten weniger anfällig für Verzerrungen ist,[2609] und Experten inkonsistenten Informationen größere Beachtung schenken.[2610]

Vor diesem Hintergrund lässt sich argumentieren, dass möglicherweise bestimmte Reputationssignale an Bedeutung verlieren, wenn der Aufsichtsratsvorsitzende vormals Vorsitzender des Vorstands war. Zu vermuten ist, dass vor allem Kompetenzzuschreibungen seitens der Medien an Bedeutung verlieren.[2611] Analysieren ließe sich demnach, ob die Variable Mediendarstellung auch dann noch einen Einfluss auf die Höhe der Vergütung hat, wenn der Aufsichtsratsvorsitzende vormals Vorsitzender des Vorstands war. Voraussetzung für die Überprüfung dieser Hypothese ist allerdings eine hinreichend große Stichprobe. In Anlehnung an die Forschungsdesigns US-amerikanischer Studien zum Einfluss der Eigentümerstruktur auf die Managervergütung (managerkontrollierte Unternehmen vs. eigentümerkontrollierte Unternehmen) ließe sich untersuchen, ob zwischen zwei Gruppen von Unternehmen – Unternehmen, deren Aufsichtsratsvorsitzende von außen kommen und Unternehmen, deren Auf-

---

[2607] Vgl. BAYSINGER/HOSKISSON (1990), S. 79. Siehe hierzu auch die Ergebnisse der Untersuchung von FISS (2006) in dieser Arbeit auf S. 244.

[2608] Vgl. FLETCHER ET AL. (1992); JOHNSON (1988), S. 210; LORD/MAHER (1990), S. 14. Zu den verschiedenen (mithin auch widersprüchlichen) Forschungsergebnisse siehe SHERMAN/CORTY (1984), S. 248 ff.

[2609] Des Weiteren lässt sich argumentieren, dass bestimmte Mitglieder des Vergütungsausschusses (wie z.B. ein Aufsichtsratsvorsitzender, der sein Mandat hauptberuflich ausübt) auch über mehr Zeit verfügen und sich demnach intensiver mit einzelnen Aufgaben beschäftigen können. Zeitdruck führt mitunter dazu, dass weniger Informationen Eingang in Entscheidungs- und Beurteilungsprozesse finden [vgl. DENISI/CAFFERTY/MEGLINO (1984), S. 370; MAULE/EDLAND (1997), S. 201].

[2610] Vgl. FISKE/KINDER/LARTER (1983), S. 393 f.; LORD/MAHER (1990), S. 14. Zu den Kausalanalysen von Experten siehe auch LORD/MAHER (1990), S. 18 und MITCHELL/KALB (1982), S. 185 f. Wenig überraschend ist der Befund von MITCHELL/KALB (1982). Sie gelangen in ihrer Untersuchung zu dem Schluss, dass Vorgesetzte, die mit den Aufgaben und Tätigkeiten ihrer Mitarbeiter vertraut sind, ein besseres Gespür dafür entwickeln, welche Faktoren auf Erfolge Einfluss nehmen. Vorgenommene Attributionen sind daher weniger fehleranfällig [vgl. MITCHELL/KALB (1982), S. 188]. Siehe auch die Ergebnisse der Studie von FEDOR/ROWLAND (1989), S. 413 f.

[2611] So argumentieren auch HALEBLIAN/RAJAGOPALAN (2006), dass die Zusammensetzung des Kontrollorgans (bzw. Vergütungsausschusses) Einfluss auf Attributionen hat [vgl. HALEBLIAN/RAJAGOPALAN (2006), S. 1015].

sichtsratsvorsitzende vormals Vorsitzende des Vorstands waren – Unterschiede hinsichtlich des Einflusses der Variable ‚Mediendarstellung' bestehen.[2612]

[2612]   Siehe hierzu die Forschungsdesigns der Untersuchungen von GOMEZ-MEJIA/HINKIN/TOSI (1987) und HAMBRICK/FINKELSTEIN (1995).

F.   Schlussbetrachtung und Ausblick

Seit einigen Jahren beschäftigt sich die Managementforschung mit den Ursachen und Konsequenzen der Medienprominenz von Top-Managern. Festgestellt wurde, dass nicht nur Prominente aus der Musik- oder Filmbranche, sondern auch Führungskräfte von Unternehmen die Aufmerksamkeit der Medien auf sich ziehen und in Folge starker medialer Präsenz zu „Stars" werden. Mit Blick auf die Konsequenzen haben einige Forscher die Hypothese aufgestellt, dass sich der Star-Status eines Managers vorteilhaft auf die Höhe seiner Vergütung auswirkt. Mit der vorliegenden Arbeit wurde das Ziel verfolgt, den angenommenen Zusammenhang zwischen Starreputation und Vergütung einer eingehenden Analyse zu unterziehen. Nachfolgend werden die wichtigsten Ergebnisse aus den empirischen Untersuchungen – d.h. die Ergebnisse der Inhaltsanalyse der Presseberichterstattung über Top-Manager und die Resultate der Regressionsanalysen zum Zusammenhang von Starreputation und Vergütung – noch einmal zusammengefasst.

Wie in Kapitel B dargelegt, gehen vor allem Vertreter des Romance-of-Leadership-Ansatzes davon aus, dass eine allgemeine Tendenz besteht, die Erfolge und Misserfolge eines Unternehmens auf die Person zurückzuführen, die an der Unternehmensspitze steht. Eine solche allgemeine Tendenz konnte zumindest mit Blick auf *explizite* Attributionsaussagen nicht festgestellt werden.[2613] Die inhaltsanalytische Untersuchung gelangt vielmehr zu dem Resultat, dass in der Berichterstattung von Tageszeitungen Attributionen eher selten vorkommen. In nur 4% der insgesamt 3.251 codierten Zeitungsartikel wurden Aussagen identifiziert, in denen das Unternehmensergebnis als Resultat der Handlungen der obersten Führungskraft dargestellt wurde. Ferner gelangt die Analyse zu dem Schluss, dass sich die Attributionsaussagen nicht gleichmäßig über alle Manager der Stichprobe verteilen, sondern nur wenige Führungskräfte als Ursache für den Erfolg/Misserfolg benannt werden. Rund 50% aller Attributionsaussagen entfallen auf nur fünf Top-Manager. Da in der Inhaltsanalyse nur die Berichterstattung von Tageszeitungen untersucht wurde, stellt sich die Frage, ob andere Mediengattungen „attributionsintensiver" sind, und ob inhaltsanalytische Untersuchungen der Berichterstattung von Wirtschafts- oder Nachrichtenmagazinen (wie z.B. ‚Wirtschaftswoche', ‚Manager Magazin', ‚Der Spiegel', oder ‚Focus') die hier festgestellten Tendenzen bestätigen können.

[2613] Eine explizite Attribution liegt vor, wenn eine Führungskraft als Ursache für den Erfolg/Misserfolg benannt wird. Implizite Attributionen – es wird zwar nicht explizit ausgesprochen, aber nahe gelegt, dass eine Führungskraft für den Erfolg/Misserfolg ursächlich verantwortlich ist – wurden in der Inhaltsanalyse nicht untersucht.

Konzentrationstendenzen sind aber nicht nur mit Blick auf Attributionsaussagen, sondern auch hinsichtlich der medialen Präsenz (gemessen anhand namentlicher Nennungen) sowie hinsichtlich des Ausmaßes der Berichterstattung über einzelne Spitzenmanager feststellbar.[2614] Insbesondere fünf Top-Manager haben sich im Untersuchungsjahr 2006 durch eine exzeptionell hohe Präsenz in den Medien ausgezeichnet.

Zusammengefasst lässt sich feststellen, dass in Übereinstimmung mit Studien aus dem US-amerikanischen Raum auch die vorliegende Untersuchung zu dem Resultat gelangt, dass die Presse durch die Fokussierung auf einzelne Top-Manager und durch die überwiegend positiven Darstellungen dieser Spitzenführungskräfte ‚Starmanager' erzeugt. Auf die möglichen Gründe der medialen Fokussierung konnte in dieser Arbeit nur theoretisch eingegangen werden. Demnach bleibt zu untersuchen, welche Faktoren (wie z.B. Unternehmensgröße, Unternehmensreputation, Persönlichkeit des Managers, Grad der Produktinnovation, Unternehmensperformance usw.) dazu beitragen, dass einzelne Manager stärker im Visier der Medien stehen als andere.

Ein weiteres Kernanliegen der Arbeit bestand darin, in einer explorativen Untersuchung den Zusammenhang zwischen Starreputation und der Höhe sowie der Zusammensetzung der Vergütung von Top-Managern zu analysieren. Die Ergebnisse der durchgeführten multivariaten Regressionsanalysen zeigen, dass zwar kein Zusammenhang zwischen allen erklärenden Variablen (d.h. Mediendarstellung, Aufsichtsratsmandate und Auszeichnungen) und der abhängigen Variable festgestellt werden konnte, aber zumindest die Variable Mediendarstellung in einigen der geschätzten Modelle eine gewisse Erklärungskraft besitzt. Der Regressor Mediendarstellung hat sowohl Einfluss auf die Höhe der Gesamtvergütung als auch Einfluss auf den relativen Vergütungsunterschied. Kein Zusammenhang konnte indes zwischen Mediendarstellung und dem Anteil der variablen Vergütung an der Gesamtvergütung festgestellt werden. Wie andernorts dargelegt, bestand das primäre Ziel der Untersuchung darin, zu prüfen, ob ein prinzipieller Zusammenhang zwischen Starreputation und Vergütung besteht. Da sich die Resultate zumindest teilweise mit den theoretischen Erwartungen decken, erscheint es sinnvoll, die Bedeutung der Starreputation bei der Festlegung der Vergütung von Top-Managern in weiteren Studien zu untersuchen. Im vorangegangenen Abschnitt wurden bereits einige Anregungen hierzu gegeben. Neben der Aufnahme weiterer Regressoren (wie z.B. Herkunft des Aufsichtsratsvorsitzenden oder firmenspezifisches Risiko) wurde die Durchführung einer Längsschnittstudie vorgeschlagen. Paneluntersuchungen weisen gegenüber Querschnittstudien den Vorteil auf, dass sich Veränderungen (hinsichtlich der Reputation oder hinsichtlich der Gesamtvergütung) im Zeitablauf analysieren lassen. Bei einem solchen Forschungsvorha-

---

[2614]   Siehe nochmals die Auswertungen auf S. 373.

ben muss allerdings mit einer Reihe von forschungspraktischen Problemen gerechnet werden. Als schwierig könnte sich vor allem der Zugang zu den für die Untersuchung relevanten Daten herausstellen.[2615]

Mit Blick auf die zugrundeliegende Fragestellung und den in Kapitel D formulierten theoretischen Überlegungen erscheinen aber auch Untersuchungen äußerst vielversprechend, in denen Daten aus „erster Hand" erhoben werden. An verschiedenen Stellen der Arbeit wurde bereits darauf hingewiesen, dass die Vergütung von Top-Managern seit vielen Jahren ein äußerst beliebtes Thema in der Forschung darstellt, dass Forscher jedoch in aller Regel auf Sekundärdaten (‚archival data') zurückgreifen.[2616] Da nur selten Interviews mit Mitgliedern von Kontrollorganen geführt werden, ist nach wie vor wenig bekannt über die Entscheidungsprozesse innerhalb dieses Gremiums. Vor diesem Hintergrund sind Untersuchungen zu begrüßen, die durch den Einsatz von Primärerhebungen Einblicke in die ‚Black Box' ermöglichen.

[2615] Wie andernorts dargelegt, wurde das Vorstandsvergütungs-Offenlegungsgesetz (VorstOG) erst 2005 verabschiedet und nur wenige Unternehmen haben die Vorstandsbezüge vor Inkrafttreten des Gesetzes individualisiert offengelegt.

[2616] Siehe hierzu nochmals S. 263.

Literaturverzeichnis

ABRAHAMSON, E. (1996): Management Fashion, in: *Academy of Management Review*, Vol. 21, S. 254-287.

ABRAHAMSON, E./PARK, C. (1994): Concealment of Negative Organizational Outcomes: An Agency Theory Perspective, in: *Academy of Management Journal*, Vol. 37, S. 1302-1334.

ADAMS, M. (1994): Die Usurpation von Aktionärsbefugnissen mittels Ringverflechtung in der 'Deutschland AG', in: *Die Aktiengesellschaft*, 39. Jg., S. 148-158.

ADAMS, M. (2002): Aktienoptionspläne und Vorstandsvergütungen, in: *Zeitschrift für Wirtschaftsrecht*, 23. Jg., S. 1325-1344.

ADLER, M. (1985): Stardom and Talent, in: *American Economic Review*, Vol. 75, S. 208-212.

ADLER, M. (2006): Stardom and Talent, in: GINSBURGH, V. A./THROSBY, D. (Hrsg.): Handbook of the Economics of Art and Culture, Amsterdam, S. 896-906.

AGARWAL, N. (1981): Determinants of Executive Compensation, in: *Industrial Relations*, Vol. 20, S. 36-46.

AGGARWAL, R. K./SAMWICK, A. A. (1999): The Other Side of the Trade-Off: The Impact of Risk on Executive Compensation, in: *Journal of Political Economy*, Vol. 107, S. 65-105.

AGRAWAL, A./KNOEBER, C. R. (1998): Managerial Compensation and the Threat of Takeover, in: *Journal of Financial Economics*, Vol. 47, S. 219-239.

AGUILERA, R. V./CUERVO-CAZURRA, A. (2004): Codes of Good Governance Worldwide: What is the Trigger? in: *Organization Studies*, Vol. 25, S. 415-443.

ALBRECHT, T. (2003): Die Anforderungen von Buyside-Analysten, in: EBEL, B./HOFER, M. B. (Hrsg.): Investor Marketing, Wiesbaden, S. 95-113.

ALCHIAN, A. A./DEMSETZ, H. (1972): Production, Information Costs, and Economic Organization, in: *The American Economic Review*, Vol. 62, S. 777-795.

ALLEN, M. (1981): Power and Privilege in the Large Corporation: Corporate Control and Managerial Compensation, in: *American Journal of Sociology*, Vol. 86, S. 1112-1123.

ALLGOOD, S./FARRELL, K. A. (2000): The Effect of CEO Tenure on the Relation between Firm and Performance and Turnover, in: *The Journal of Financial Research*, Vol. 23, S. 373-390.

ALTMEPPEN, K./RÖTTGER, U./BENTELE, G. (2004): Public Relations und Journalismus: Eine lang andauernde und interessante "Beziehungskiste", in: ALTMEPPEN, K./RÖTTGER, U./BENTELE, G. (Hrsg.): Schwierige Verhältnisse. Interdependenzen zwischen Journalismus und PR, Wiesbaden, S. 7-17.

AMIHUD, N. C./LEV, B. (1981): Risk Reduction as a Management Motive for Conglomerate Mergers, in: *Bell Journal of Economics*, Vol. 12, S. 605-617.

ANDERSON, P. A. (1983): Decision Making by Objection and the Cuban Missile Crisis, in: *Administrative Science Quarterly*, Vol. 28, S. 201-222.

ANDERSON, R. C./BIZJAK, J. M. (2003): An Empirical Examination of the Role of the CEO and the Compensation Committee in Structuring Executive Pay, in: *Journal of Banking and Finance*, Vol. 27, S. 1323-1348.

ANTLE, R./SMITH, A. (1986): An Empirical Investigation of the Relative Performance Evaluation of Corporate Executives, in: *Journal of Accounting Research*, Vol. 24, S. 1-39.

ARNOLD, M. C./GILLENKIRCH, R. M. (2007): Leistungsanreize durch Aktien oder Optionen? Eine Diskussion des State of the Art, in: *Zeitschrift für Betriebswirtschaft*, 77. Jg., S. 75-98.

ARROW, K. J. (1986): Agency and the Market, in: ARROW, K. J./INTRILIGATOR, M. D. (Hrsg.): Handbook of Mathematical Economics, Vol. 3, Amsterdam u.a., S. 1183-1195.

ASTLEY, G. W./VAN DE VEN, A. H. (1983): Central Perspectives and Debates in Organization, in: *Administrative Science Quarterly*, Vol. 28, S. 245-273.

ATTESLANDER, P. (2006): Methoden der empirischen Sozialforschung, 11. Aufl., Berlin.

AVENARIUS, H. (1997): Das Starimage aus der Sicht der Wirtschaft, in: FAULSTICH, W./KORTE, H. (Hrsg.): Der Star: Geschichte - Rezeption - Bedeutung, München, S. 146-153.

AWAMLEH, R./GARDNER, W. L. (1999): Perceptions of Leader Charisma and Effectiveness: The Effects of Vision Content, Delivery, and Organizational Performance, in: *Leadership Quarterly*, Vol. 10, S. 345-373.

BACIDORE, J. M./BOQUIST, J. A./MILBOURN, T. T./THAKOR, A. V. (1997): The Search for the Best Financial Performance Measure, in: *Financial Analysts Journal*, May/June, S. 11-20.

BACKES-GELLNER, U./GEIL, L. (1997): Managervergütung und Unternehmenserfolg. Stand der theoretischen und empirischen Forschung, in: *Wirtschaftswissenschaftliches Studium*, 26. Jg., S. 468-475.

BACKHAUS, K./ERICHSON, B./PLINKE, W./WEIBER, R. (2008): Multivariate Analysemethoden. Eine anwendungsorientierte Einführung, 12. Aufl., Berlin und Heidelberg.

BAETGE, J./KIRSCH, H./THIELE, S. (2004): Bilanzanalyse, 2. Aufl., Düsseldorf.

BAKER, G. P./JENSEN, M. C./MURPHY, K. J. (1988): Compensation and Incentives: Practice vs. Theory, in: *Journal of Finance*, Vol. 18, S. 593-616.

BALLWIESER, W. (2000): Wertorientierte Unternehmensführung: Grundlagen, in: *Zeitschrift für betriebswirtschaftliche Forschung*, 52. Jg., S. 160-166.

BALLWIESER, W./SCHMIDT, R. H. (1981): Unternehmensverfassung, Unternehmensziele und Finanztheorie, in: BOHR, K./DRUKARCZYK, J./DRUMM, H./SCHERRER, G. (Hrsg.): Unternehmensverfassung als Problem der Betriebswirtschaftslehre, Berlin, S. 645-682.

BALSAM, S. (2002): An Introduction to Executive Compensation, San Diego u.a.

BANKER, R. D./POTTER, G./SRINIVASAN, D. (2000): An Empirical Investigation of an Incentive Plan that Includes Nonfinancial Performance Measures, in: *The Accounting Review*, Vol. 75, S. 65-92.

BARKEMA, H. G./GOMEZ-MEJIA, L. R. (1998): Managerial Compensation and Firm Performance: A General Research Framework, in: *Academy of Management Journal*, Vol. 41, S. 135-145.

BARKEMA, H. G./PENNINGS, J. M. (1998): Top Management Pay: Impact of Overt and Covert Power, in: *Organization Studies*, Vol. 19, S. 975-1003.

BASSEN, A. (2002a): Institutionelle Investoren und Corporate Governance - Analyse der Einflussnahme unter besonderer Berücksichtigung börsennotierter Wachstumsunternehmen, Wiesbaden.

BASSEN, A. (2002b): Einflussnahme institutioneller Anleger auf Corporate Governance und Unternehmensführung - Ergebnisse einer empirischen Untersuchung, in: *Zeitschrift für Bankrecht und Bankwirtschaft*, 14. Jg., S. 430-436.

BAUMOL, W. J. (1959): Business Behavior, Value and Growth, New York.

BAUMS, T. (1997): Aktienoptionen für Vorstandsmitglieder, in: MARTENS, K./WESTERMANN, H. P./ZÖLLNER, W. (Hrsg.): Festschrift für Carsten Peter Claussen: Zum 70. Geburtstag, Köln u.a., S. 3-48.

BAUMS, T./FRAUNE, C. (1995): Institutionelle Anleger und Publikumsgesellschaften: Eine empirische Untersuchung, in: *Die Aktiengesellschaft*, 40. Jg., S. 97-112.

BAYSINGER, B./HOSKISSON, R. E. (1990): The Composition of Boards of Directors and Strategic Control: Effects on Corporate Strategy, in: *Academy of Management Review*, Vol. 15, S. 72-87.

BEATTY, R. P./ZAJAC, E. J. (1994): Managerial Incentives, Monitoring, and Risk Bearing: A Study of Executive Compensation, Ownership, and Board Structure in Initial Public Offerings, in: *Administrative Science Quarterly*, Vol. 39, S. 313-335.

BEBCHUK, L. A./FRIED, J. M. (2003): Executive Compensation as an Agency Problem, in: *Journal of Economic Perspectives*, Vol. 17, S. 71-92.

BEBCHUK, L. A./FRIED, J. M. (2004): Pay without Performance: The Unfulfilled Promise of Executive Compensation, Cambridge, Mass.

BEBCHUK, L. A./FRIED, J. M. (2006): Pay without Performance: Overview of the Issues, in: *Academy of Management Perspectives*, Vol. 20, S. 5-24.

BEBCHUK, L. A./GRINSTEIN, Y. (2005): The Growth of Executive Pay, in: *Oxford Review of Economic Policy*, Vol. 21, S. 283-303.

BECHT, M./BÖHMER, E. (2001): Ownership and Voting Power in Germany, in: FABRIZIO, B./BECHT, M. (Hrsg.): The Control of Corporate Europe, Oxford u.a., S. 128-153.

BECHT, M./BÖHMER, E. (2003): Voting Control in German Corporations, in: *International Review of Law and Economics*, Vol. 23, S. 1-29.

BECHT, M./RÖELL, A. (1999): Blockholdings in Europe: An International Comparison, in: *European Economic Review*, Vol. 43, S. 1049-1056.

BECKER, F. G. (1990): Anreizsysteme für Führungskräfte, Stuttgart.

BECKER, F. G. (2003): Grundlagen betrieblicher Leistungsbeurteilungen, Stuttgart.

BECKER, F. G./KRAMARSCH, M. (2004): Vergütung außertariflicher Mitarbeiter, in: GAUGLER, E./OECHSLER, W. A./WEBER, W. (Hrsg.): Handwörterbuch des Personalwesens, Stuttgart, Sp. 1949-1957.

BECKER, F. G./KRAMARSCH, M. H. (2006): Leistungs- und erfolgsorientierte Vergütung für Führungskräfte, Göttingen u.a.

BECKMANN, K. (2006): Wie sehr soll's menscheln? Personalisierung in der Zeitung, in: RAGER, G./GRAF-SZCZUKA, K./HASSEMER, G./SÜPER, S. (Hrsg.): Zeitungsjournalismus. Empirische Leserschaftsforschung, Konstanz, S. 172-182.

BEINER, T. (2005): Der Vorstandsvertrag. Leitfaden für die Bestellung und den Anstellungsvertrag der Vorstandsmitglieder einer Aktiengesellschaft, Stuttgart u.a.

BELLIVEAU, M. A./O'REILLY, C. A./WADE, J. B. (1996): Social Capital at the Top: Effects of Social Similarity and Status on CEO Compensation, in: *Academy of Management Journal*, Vol. 39, S. 1568-1593.

BENDER, R. (2004): Why Do Companies Use Performance-Related Pay for Their Executive Directors? in: *Corporate Governance*, Vol. 12, S. 521-533.

BENDER, R./MOIR, L. (2006): Does 'Best Practice' in Setting Executive Pay in the UK Encourage 'Good' Behaviour? in: *Journal of Business Ethics*, Vol. 67, S. 75-91.

BENTELE, G. (1992): Images und Medien-Images, in: FAULSTICH, W. (Hrsg.): Image, Imageanalyse, Imagegestaltung. 2. Lüneburger Kolloquium zur Medienwissenschaft, Lüneburg, S. 152-176.

BENTELE, G. (2003): Kommunikationsforschung: Public Relations, in: BENTELE, G./BROSIUS, H./JARREN, O. Wiesbaden, S. 54-78.

BENTELE, G./LIEBERT, T./SEELING, S. (1997): Von der Determination zur Intereffikation. Ein integriertes Modell zum Verhältnis von Public Relations und Journalismus, in: BENTELE, G./HALLER, M. (Hrsg.): Aktuelle Entstehung von Öffentlichkeit: Akteure - Strukturen - Veränderungen, Konstanz, S. 225-250.

BENTELE, G./NOTHAFT, H. (2004): Das Intereffikationsmodell. Theoretische Weiterentwicklungen, empirische Konkretisierung und Desiderate, in: ALTMEPPEN, K./RÖTTGER, U./BENTELE, G. (Hrsg.): Schwierige Verhältnisse. Interdependenzen zwischen Journalismus und PR, Wiesbaden, S. 67-104.

BENZ, M./KUCHER, M./STUTZER, A. (2002): Aktienoptionen für Topmanager - Die Möglichkeiten und Grenzen eines Motivationsinstruments, in: FREY, B. S./OSTERLOH, M. (Hrsg.): Managing Motivation, Wiesbaden, S. 111-136.

BENZ, M./STUTZER, A. (2003): Was erklärt die gestiegenen Managerlöhne, in: *Die Unternehmung*, 57. Jg., S. 5-19.

BERGER, P. L./LUCKMANN, T. (1966): The Social Construction of Reality: A Treatise in the Sociology of Knowledge, Garden City.

BERLE, A. A./MEANS, G. C. (1982): The Modern Corporation and Private Property (Reprint der Ausgabe New York 1932), New York.

BERNHARDT, W. (1995): Aufsichtsrat - die schönste Nebensache der Welt? in: *Zeitschrift für das gesamte Handelsrecht und Wirtschaftsrecht*, 159. Jg., S. 310-321.

BERNHARDT, W. (2004): Corporate Governance statt Unternehmensführung? Eine Widerrede, in: *Recht der internationalen Wirtschaft*, 50. Jg., S. 401-408.

BERNHARDT, W./WITT, P. (1997): Stock Options und Shareholder Value, in: *Zeitschrift für betriebswirtschaftliche Forschung*, 67. Jg., S. 85-101.

BERNHARDT, W./WITT, P. (1999): Unternehmensleitung im Spannungsfeld zwischen Ressortverteilung und Gesamtverantwortung, in: *Zeitschrift für Betriebswirtschaft*, 69. Jg., S. 825-845.

BETTMAN, J./WEITZ, B. (1983): Attributions in the Board Room: Causal Reasoning in Corporate Annual Reports, in: *Administrative Science Quarterly*, Vol. 28, S. 165-183.

BEYER, J. (1998): Managerherrschaft in Deutschland? „Corporate Governance" unter Verflechtungsbedingungen, Wiesbaden.

BEYER, J. (2006a): Vom Netzwerk zum Markt? Zur Kontrolle der Managementelite in Deutschland, in: V. MÜNKLER, H./STRAßENBERGER, G./BOHLENDER, M. (Hrsg.): Deutschlands Eliten im Wandel, Frankfurt am Main und New York, S. 177-198.

BEYER, J. (2006b): Pfadabhängigkeit. Über institutionelle Kontinuität, anfällige Stabilität und fundamentalen Wandel, Frankfurt am Main und New York.

BEYER, J./WINDOLF, P. (1995): Kooperativer Kapitalismus. Unternehmensverflechtungen im internationalen Vergleich, in: *Kölner Zeitschrift für Soziologie und Sozialpsychologie*, 47. Jg., S. 1-36.

BEZZENBERGER, T. (1996): Der Vorstandsvorsitzende der Aktiengesellschaft, in: *Zeitschrift für Unternehmens- und Gesellschaftsrecht*, S. 661-673.

BIEHL, B. (2007): Business is Showbusiness. Wie Topmanager sich vor Publikum inszenieren, Frankfurt am Main u.a.

BINNING, J. F./ZABA, A. J./WHATTAM, J. C. (1986): Explaining the Biasing Effects of Performance Cues in Terms of Cognitive Categorization, in: *Academy of Management Journal*, Vol. 29, S. 521-535.

BINZ, M./SORG, M. (2002): Erfolgsabhängige Vergütung von Vorstandsmitgliedern einer Aktiengesellschaft auf dem Prüfstand, in: *Betriebs-Berater*, 57. Jg., S. 1273-1278.

BLAIR, M. M. (1995): Ownership and Control. Rethinking Corporate Governance for the Twenty-First Century, Washington.

BLEICHER, K./LEBERL, D./PAUL, H. (1988): Unternehmungsverfassung und Spitzenorganisation. Führung und Überwachung von Aktiengesellschaften im internationalen Vergleich, Wiesbaden.

BLEICHER, K./PAUL, H. (1986): Das amerikanische Board-Modell im Vergleich zur deutschen Vorstands-/Aufsichtsratsverfassung. Stand und Entwicklungstendenzen, in: *Die Betriebswirtschaft*, 46. Jg., S. 263-288.

BLEICHER, K./WAGNER, D. (1993): Unternehmensverfassung und Spitzenverfassung, in: HAUSCHILDT, J./GRÜN, O. (Hrsg.): Ergebnisse empirischer betriebswirtschaftlicher Forschung. Zu einer Realtheorie der Unternehmung. Festschrift für Eberhard Witte, Stuttgart, S. 3-24.

BLIGH, M. C./ KOHLES, J. C./MEINDL, J. R. (2004): Charisma under Crisis: Presidential Leadership, Rhetoric, and Media Responses before and after the September 11th Terrorist Attacks, in: *Leadership Quarterly*, Vol. 15, S. 211-239.

BLIGH, M. C./MEINDL, J. R. (2005): The Cultural Ecology of Leadership: An Analysis of Popular Leadership Books, in: MESSICK, M./KRAMER, P. (Hrsg.): The Psychology of Leadership: Some New Approaches, Mahwah, S. 11-51.

BLIGH, M. C./SCHYNS, B. (2007): Leading Questions: The Romance Lives On: Contemporary Issues Surrounding the Romance of Leadership, in: *Leadership*, Vol. 3, S. 343-360.

BLOOM, M. (1999): The Performance Effects of Pay Dispersion on Individuals and Organizations, in: *Academy of Management Journal*, Vol. 42, S. 25-40.

BLOOM, M./MILKOVICH, G. T. (1998): Relationships among Risk, Incentive Pay, and Organizational Performance, in: *Academy of Management Journal*, Vol. 41, S. 283-297.

BOEKER, W. (1992): Power and Managerial Dismissal: Scapegoating at the Top, in: *Administrative Science Quarterly*, Vol. 37, S. 591-605.

BOHNE, M./KNOLL, L. (1999): Vergütung deutscher Vorstände vor dem Aufkommen der Optionsentlohnung: Eine empirische Untersuchung, in: BACKES-GELLNER, U./KRÄKEL, M./GRUND, C. (Hrsg.): Entlohnung und Arbeitszeitgestaltung im Rahmen betrieblicher Personalpolitik: Beiträge zum 2. Köln-Bonner Kolloquium zur Personalökonomie, München u.a., S. 37-53.

BONFADELLI, H. (2002): Medieninhaltsforschung. Grundlagen, Methoden, Anwendungen, Konstanz.

BONFADELLI, H. (2004a): Medienwirkungsforschung I, 3. Aufl., Konstanz.

BONFADELLI, H. (2004b): Medienwirkungsforschung II - Anwendungen in Politik, Wirtschaft und Kultur, 2. Aufl., Konstanz.

BONNER, S. E./SPRINKLE, G. B. (2002): The Effects of Monetary Incentives on Effort and Task Performance: Theories, Evidence, and a Framework for Research, in: *Accounting, Organizations and Society*, Vol. 27, S. 303-345.

BOORSTIN, D. J. (1992): The Image. A Guide to Pseudo-Events in America (erstmals 1961 erschienen), New York.

BORLAND, J. (1992): Career Concerns: Incentives and Endogenous Learning in Labour Markets, in: *Journal of Economic Survey*, Vol. 6, S. 251-270.

BORTZ, J./DÖRING, N. (2003): Forschungsmethoden und Evaluation für Human- und Sozialwissenschaftler, 3. Aufl., Berlin u.a.

BOTT, C. (2002): Aktionärsstruktur, Kontrolle und Erfolg von Unternehmen, Wiesbaden.

BOWLES, M. (1997): The Myth of Management: Directions and Failure in Contemporary Organizations, in: *Human Relations*, Vol. 50, S. 779-803.

BOWMAN, E. H. (1976): Strategy and the Weather, in: *Sloan Management Review*, Vol. 17, S. 49-62.

BOYD, B. K. (1994): Board Control and CEO Compensation, in: *Strategic Management Journal*, Vol. 15, S. 335-344.

BRESSER, R. K. F./ VALLE THIELE, R. /BIEDERMANN, A./LÜDEKE, H. (2005): Entlassung des Vorstandsvorsitzenden und Unternehmenserfolg: Eine empirische Untersuchung der größten deutschen Aktiengesellschaften, in: *Zeitschrift für Betriebswirtschaft*, 75. Jg., S. 1165-1192.

BRESSER, R. K. F./VALLE THIELE, R. (2008): Ehemalige Vorstandsvorsitzende als Aufsichtsratschefs: Evidenz zu ihrer Effektivität im Falle des erzwungenen Führungswechsels, in: *Zeitschrift für Betriebswirtschaft*, 78. Jg., S. 175-202.

BRETTSCHNEIDER, F. (2002): Spitzenkandidaten und Wahlerfolg, Wiesbaden.

BRETTSCHNEIDER, F./VOLLBRACHT, M. (2010): Personalisierung der Unternehmensberichterstattung, in: EISENEGGER, M./WEHMEIER, S. (Hrsg.): Personalisierung der Organisationskommunikation. Theoretische Zugänge, Empirie und Praxis, Wiesbaden, S. 133-158.

BROCKMANN, E. N./HOFFMAN, J. J./DAWLEY, D. D./FORNACIARI, C. J. (2004): The Impact of CEO Duality and Prestige on a Bankrupt Organization, in: *Journal of Managerial Issues*, Vol. 16, S. 178-196.

BROMLEY, D. B. (1993): Reputation, Image and Impression Management, Chichester u.a.

BROSIUS, F. (2006): SPSS 14, Heidelberg.

BROSIUS, H. (2003): Medienwirkung, in: BENTELE, G./BROSIUS, H./JARREN, O. Wiesbaden, S. 128-148.

BROSIUS, H./KOSCHEL, F. (2007): Wirtschaftsberichterstattung. Inhalte, Rezeption und Wirkungen, in: VON ROSENSTIEL, L. (Hrsg.): Marktpsychologie, Göttingen, S. 533-557.

BRUCE, A. B./BUCK, T./MAIN, B. G. M. (2005): Top Executive Remuneration: A View From Europe, in: *Journal of Management Studies*, Vol. 42, S. 1493-506.

BRYMAN, A. (1996): Leadership in Organizations, in: CLEGG, S. R./HARDY, C./NORD, W. R. (Hrsg.): Handbook of Organization Studies, London u.a., S. 276-292.

BUCHTER, H. (2004): Putsch im Personalrat, in: *Die Zeit*, Nr. 51.

BUCK, T./SHAHRIM, A. (2005): The Translation of Corporate Governance Changes across National Cultures: The Case of Germany, in: *Journal of International Business Studies*, Vol. 36, S. 42-61.

BÜHNER, R. (1989): Möglichkeiten der unternehmerischen Gehaltsvereinbarung für das Top-Management. Mit Puts and Calls zu aktionärsfreundlichen Tantiemeregelungen, in: *Der Betrieb*, 42. Jg., S. 2181-2186.

BÜHNER, R. (1990): Das Management-Wert-Konzept, Stuttgart.

BÜHNER, R./STILLER, P./TUSCHKE, A. (2004): Legitimität und Innovation, in: *Zeitschrift für betriebswirtschaftliche Forschung*, 56. Jg., S. 715-736.

BÜLTEL, S. (2009): Effektivität von Top Management Teams. Die Förderung offener Diskussionen im Vorstand deutscher Aktiengesellschaften, Wiesbaden.

BURGER, H./LUGINBÜHL, M. (2005): Mediensprache. Eine Einführung in Sprache und Kommunikationsformen der Massenmedien, 3. Aufl., Berlin u.a.

BURKHARDT, S. (2006): Medienskandale. Zur moralischen Sprengkraft öffentlicher Diskurse, Köln.

BURNHAM, J. (1951): Das Regime der Manager (erstmals 1941 unter dem Titel *The Managerial Revolution* erschienen), Stuttgart.

BUSHMAN, R. M./INDJEJIKIAN, R. J./SMITH, A. (1996): CEO Compensation: The Role of Individual Performance Evaluation, in: *The Journal of Accounting and Economics*, Vol. 21, S. 161-193.

BUSSE, J. A./GREEN, T. C. (2002): Market Efficiency in Real Time, in: *Journal of Financial Economics*, Vol. 65, S. 415-437.

CALDER, B. J. (1977): An Attribution Theory of Leadership, in: STAW, B. M./SALANCIK, G. R. (Hrsg.): New Directions in Organizational Behavior, Chicago, S. 179-204.

CAMPBELL, C. R./SWIFT, C. O. (2006): Attributional Comparisons Across Biases and Leader-Member Exchange Status, in: *Journal of Managerial Issues*, Vol. 18, S. 393-408.

CANNELLA, A. A./FRASER, D. R./LEE, D. S. (1995): Firm Failure and Managerial Labor Markets: Evidence from Texas Banking, in: *Journal of Financial Economics*, Vol. 38, S. 185-210.

CANNELLA, A. A./MONROE, M. J. (1997): Contrasting Perspectives on Strategic Leadership: Toward a More Realistic View of Managers, in: *Journal of Management*, Vol. 23, S. 213-237.

CARPENTER, M. A./GOLDEN, B. R. (1997): Perceived Managerial Discretion: A Study of Cause and Effect, in: *Strategic Management Journal*, Vol. 18, S. 187-206.

CARPENTER, M. A./POLLOCK, T. G./LARY, M. (2003): Testing a Model of Reasoned Risk-Taking: Governance, the Experience of Principals and Agents, and Global Strategy in High-Technology IPO Firms, in: *Strategic Management Journal*, Vol. 24, S. 803-820.

CARPENTER, M. A./SANDERS, G. W. (2002): Top Management Team Compensation: The Missing Link between CEO Pay and Firm Performance? in: *Strategic Management Journal*, Vol. 23, S. 367-375.

CARROLL, C. E./MCCOMBS, M. (2003): Agenda-Setting Effects of Business News on the Public's Images and Opinions about Major Corporations, in: *Corporate Reputation Review*, Vol. 6, S. 36-46.

CARTER, S. M. (2006): The Interaction of Top Management Group, Stakeholder, and Situational Factors on Certain Corporate Reputation Management Activities, in: *Journal of Management Studies*, Vol. 43, S. 1145-1175.

CERTO, S. T. (2003): Influence Initial Public Offering Investors with Prestige: Signaling with Board Structures, in: *Academy of Management Review*, Vol. 28, S. 432-446.

CERTO, S. T./HODGE, F. (2007): Top Management Team Prestige and Organizational Legitimacy: An Examination of Investor Perceptions, in: *Journal of Managerial Issues*, Vol. 19, S. 461-477.

CHATTERJEE, A./HAMBRICK, D. C. (2007): It's All about Me: Narcissistic Chief Executive Officers and Their Effects on Company Strategy and Performance, in: *Administrative Science Quarterly*, Vol. 52, S. 351-386.

CHATTERJEE, S./PRICE, B. (1991): Regression Analysis by Example, 2. Aufl., New York u.a.

CHEFFINS, B. R. (2003): Will Executive Pay Globalise along American Lines? in: *Corporate Governance*, Vol. 11, S. 1-24.

CHEMMANUR, T. J./PAEGLIS, I. (2005): Management Quality, Certification, and Initial Public Offerings, in: *Journal of Financial Economics*, Vol. 76, S. 331-368.

CHEN, C. C./MEINDL, J. R. (1991): The Construction of Leadership Images in the Popular Press: The Case of Donald Burr and People Express, in: *Administrative Science Quarterly*, Vol. 36, S. 521-551.

CHIZEMA, A./BUCK, T. (2006): Neo-institutional Theory and Institutional Change: Towards Empirical Tests on the 'Americanization' of German Executive Pay, in: *International Business Review*, Vol. 15, S. 488-504.

CISCEL, D. H./CARROLL, T. M. (1980): The Determinants of Executive Salaries: An Economic Survey, in: *Review of Economics and Statistics*, Vol. 62, S. 7-13.

CLAPHAM, S. E./SCHWENK, C. R. (1991): Self-Serving Attributions, Managerial Cognition and Company Performance, in: *Strategic Management Journal*, Vol. 12, S. 219-320.

CLARK, T./GREATBACH, D. (2004): Management Fashion as Image-Spectacle, in: *Management Communication Quarterly*, Vol. 17, S. 396-424.

CLARK, T./SALAMAN, G. (1998): Telling Tales: Management Gurus' Narratives and the Construction of Managerial Identity, in: *Journal of Management Studies*, Vol. 35, S. 137-161.

COENENBERG, A. G. (2005): Jahresabschluss und Jahresabschlussanalyse, 20. Aufl., Stuttgart.

COENENBERG, A. G./JOEST, A. (2003): Die Bilanzierung von Aktienoptionen, in: V. WERDER, A./WIEDMANN, H. (Hrsg.): Internationalisierung der Rechnungslegung und Corporate Governance, Stuttgart, S. 3-31.

COHEN, B. C. (1963): The Press and Foreign Policy, Princeton, N.J.

COHEN, J./COHEN, P./WEST, S. G./AIKEN, L. S. (2003): Applied Multiple Regression/Correlation Analysis for the Behavioral Sciences, 3. Aufl., Mahwah und London.

COHEN, J./MUTZ, D./PRICE, V./GUNTHER, A. (1988): Perceived Impact of Defamation: An Experiment on Third-Person Effects, in: *Public Opinion Quarterly*, Vol. 52, S. 161-173.

COMBS, J. G./SKILL, M. S. (2003): Managerialist and Human Capital Explanations for Key Executive Pay Premiums: A Contingency Perspective, in: *Academy of Management Journal*, Vol. 46, S. 63-73.

CONGER, J. A./KANUNGO, R. N. (1987): Toward a Behavioral Theory of Charismatic Leadership in Organizational Settings, in: *Academy of Management Review*, Vol. 12, S. 637-647.

CONYON, M. J. (2001): Corporate Tournaments and Executive Compensation: Evidence from the U.K., in: *Strategic Management Journal*, Vol. 22, S. 805-815.

CONYON, M. J. (2006): Executive Compensation and Incentives, in: *Academy of Management Perspectives*, Vol. 20, S. 25-44.

CONYON, M. J./KUCHINSKAS, D. (2006): Compensation Committees in the United States, in: MALLIN, C. A. (Hrsg.): Handbook of International Corporate Governance, Cheltenham u.a., S. 151-169.

CONYON, M. J./PECK, S. I. (1998): Board Control, Remuneration Committees, and Top Management Compensation, in: *Academy of Management Journal*, Vol. 41, S. 146-157.

CONYON, M. J./PECK, S. I. (2004): Compensation Consultants and Executive Pay: UK Evidence. Unter: http://www.lsm.eco.unisi.ch/index/events_/eventi-consultant.pdf [Datum des Zugriffs: 22.07.2007].

CONYON, M. J./PECK, S. I./SADLER, G. V. (2009): Compensation Consultants and Executive Pay: Evidence from the United States and the United Kingdom, in: Academy of Management Perspectives, Vol. 23, S. 43-55.

CONYON, M. J./SCHWALBACH, J. (2000a): Executive Compensation: Evidence from the UK and Germany, in: Long Range Planning, Vol. 33, S. 504-526.

CONYON, M. J./SCHWALBACH, J. (2000b): European Difference in Executive Pay and Corporate Governance, in: Zeitschrift für betriebswirtschaftliche Forschung, 70. Jg., S. 97-114.

CORE, J. E./GUAY, W. R./LARCKER, D. F. (2003): Executive Equity Compensation and Incentives: A Survey, in: FRBNY Economic Policy Review, April 2003, S. 27-50.

CORE, J. E./GUAY, W. R./LARCKER, D. F. (2008): The Power of the Pen and Executive Compensation, in: Journal of Financial Economics, Vol. 88, S. 1-25.

CORE, J. E./HOLTHAUSEN, R. W./LARCKER, D. F. (1999): Corporate Governance, Chief Executive Officer Compensation, and Firm Performance, in: Journal of Financial Economics, Vol. 51, S. 371-406.

COUGHLAN, A. T./SCHMIDT, R. M. (1985): Executive Compensation, Management Turnover, and Firm Performance, in: Journal of Accounting and Economics, Vol. 7, S. 43-66.

CREMER, M. (2001): Pressemitteilung, in: BRAUNER, D. J./LEITOLF, J./RAIBLE-BESTEN, R./WEIGERT, M. W. (Hrsg.): Lexikon der Presse- und Öffentlichkeitsarbeit, München u.a., S. 314-317.

CROSSLAND, C./HAMBRICK, D. H. (2007): How National Systems Differ in Their Constraints on Corporate Executives: A Study of CEO Effect in Three Countries, in: Strategic Management Journal, Vol. 28, S. 767-789.

CYERT, R. M./KANG, S./KUMAR, P. (2002): Corporate Governance, Takeovers, and Top-Management Compensation: Theory and Evidence, in: Management Science, Vol. 48, S. 453-469.

D'AVENI, R. A. (1990): Top Managerial Prestige and Organizational Bankruptcy, in: Organization Science, Vol. 1, S. 123-142.

D'AVENI, R. A./KESNER, I. F. (1993): Top Managerial Prestige, Power and Tender Offer Response: A Study of the Elite Social Networks and Target Firm Cooperation during Takeovers, in: Organization Science, Vol. 4, S. 123-151.

DAHINDEN, U. (2006): Framing. Eine integrative Theorie der Massenkommunikation, Konstanz.

DAILY, C. M./DALTON, D. R./CANNELLA, A. A. (2003): Corporate Governance: Decades of Dialogue and Data, in: Academy of Management Review, Vol. 28, S. 371-382.

DAILY, C. M./DALTON, D. R./RAJAGOPALAN, N. (2003): Governance Through Ownership: Centuries of Practice, Decades of Research, in: Academy of Management Journal, Vol. 46, S. 151-158.

DAILY, C. M./JOHNSON, J. L. (1997): Sources of CEO Power and Firm Financial Performance: A Longitudinal Assessment, in: Journal of Management, Vol. 23, S. 97-117.

DAILY, C. M./JOHNSON, J. L./ELLSTRAND, A. E./DALTON, D. R. (1998): Compensation Committee Composition as a Determinant of CEO Compensation, in: Academy of Management Journal, Vol. 41, S. 209-220.

DALTON, D. R./DAILY, C. M./CERTO, S. T./ROENGPITYA, R. (2003): Meta-Analyses of Financial Performance and Equity: Fusion or Confusion? in: Academy of Management Journal, Vol. 46, S. 13-26.

DALTON, D. R./DAILY, C. M./ELLSTRAND, A. E./JOHNSON, J. L. (1998): Meta-Analytic Review of Board Composition, Leadership Structure, and Financial Performance, in: Strategic Management Journal, Vol. 19, S. 269-290.

DALTON, D. R./HITT, M. A./CERTO, S. T./DALTON, C. M. (2007): The Fundamental Agency Problem and Its Mitigation. Independence, Equity, and the Market for Corporate Control, in: *The Academy of Management Annals*, Vol. 1, S. 1-64.

DALTON, D. R./JOHNSON, J. L./ELLSTRAND, A. F. (1999): Number of Directors and Financial Performance: A Meta-Analysis, in: *Academy of Management Journal*, Vol. 42, S. 674-686.

DAVID, P./KOCHHAR, R./LEVITAS, E. (1998): The Effect of Institutional Investors on the Level and Mix of CEO Compensation, in: *Academy of Management Journal*, Vol. 41, S. 200-208.

DAVIS, G. F. (1993): Who Gets Ahead in the Market for Corporate Directors: The Political Economy of Multiple Board Memberships, in: *Academy of Management Best Papers Proceedings*, S. 202-206.

DAVIS, G. F./STOUT, S. K. (1992): Organization Theory and the Market for Corporate Control: A Dynamic Analysis of the Characteristics of Large Takeover Targets, 1980-1990, in: *Administrative Science Quarterly*, Vol. 37, S. 605-633.

DAVIS, G. F./THOMPSON, T. A. (1994): A Social Movement Perspective on Corporate Control, in: *Administrative Science Quarterly*, Vol. 39, S. 141-173.

DAVIS, J. H./SCHOORMAN, F. D./DONALDSON, L. (1997): Toward a Stewardship Theory of Management, in: *Academy of Management Review*, Vol. 22, S. 20-47.

DAVISON, W. P. (1983): The Third-Person Effect in Communication, in: *Public Opinion Quarterly*, Vol. 47, S. 1-15.

DECKERT, M. (1996): Effektive Überwachung der AG-Geschäftsführung durch Ausschüsse des Aufsichtsrates, in: *Zeitschrift für Wirtschaftsrecht*, 17. Jg., S. 985-993.

DECKOP, J. R. (1988): Determinants of Chief Executive Officer Compensation, in: *Industrial and Labor Relations Review*, Vol. 41, S. 215-226.

DEEPHOUSE, D. L. (1996): Does Isomorphism Legitimate? in: *Academy of Management Journal*, Vol. 39, S. 1024-1039.

DEEPHOUSE, D. L. (2000): Media Reputation as a Strategic Resource: An Integration of Mass Communication and Resource-Based Theories, in: *Journal of Management*, Vol. 26, S. 1091-1112.

DEEPHOUSE, D. L./CARTER, S. (2005): An Examination of Differences Between Organizational Legitimacy and Organizational Reputation, in: *Journal of Management Studies*, Vol. 42, S. 329-360.

DEMOUGIN, D./JOST, P. (2001): Theoretische Grundlagen der Prinzipal-Agenten-Theorie, in: JOST, P. (Hrsg.): Die Prinzipal-Agenten-Theorie in der Betriebswirtschaftslehre, Stuttgart, S. 45-81.

DENIS, D. J./HANOUNA, P./SARIN, A. (2006): Is There a Dark Side to Incentive Compensation? in: *Journal of Corporate Finance*, Vol. 12, S. 467-488.

DENISI, A. S./CAFFERTY, T. P./MEGLINO, B. M. (1984): A Cognitive View of the Performance Appraisal Process: A Model and Research Propositions, in: *Organizational Behavior and Human Performance*, Vol. 33, S. 360-396.

DEUTSCH, Y. (2005): The Impact of Board Composition on Firms' Critical Decisions: A Meta-Analytic Review, in: *Journal of Management*, Vol. 31, S. 424-444.

DEUTSCH, Y./ROSS, T. W. (2003): You Are Known by the Directors You Keep: Reputable Directors as a Signaling Mechanism for Young Firms, in: *Management Science*, Vol. 49, S. 1003-1017.

DEUTSCHE BÖRSE (2007): Leitfaden zu den Aktienindizes der Deutschen Börse, Version 6.4.

DEUTSCHE BÖRSE (2008): Leitfaden zu den Aktienindizes der Deutschen Börse, Version 6.7.

DEUTSCHE BUNDESBANK (1998): Monatsbericht April 1998, Frankfurt am Main.

DEUTSCHER CORPORATE GOVERNANCE KODEX (DCGK) (in der Fassung vom 18. Juni 2009).

DEUTSCHES AKTIENINSTITUT E.V. (Hrsg.) (2006): DAI-Factbook 2006 - Statistiken, Analysen und Graphiken zu Aktionären, Aktiengesellschaften und Börsen, Frankfurt am Main.

DEVERS, C. E./CANNELLA, A. A./REILLY, G. P./YODER, M. E. (2007): Executive Compensation: A Multidisciplinary Review of Recent Developments, in: *Journal of Management*, Vol. 33, S. 1016-1072.

DIMAGGIO, P. J./POWELL, W. W. (1991): The Iron Cage Revisited: Institutional Isomorphism and Collective Rationality in Organizational Fields, in: POWELL, W. W./DIMAGGIO, P. J. (Hrsg.): The New Institutionalism in Organizational Analysis, Chicago und London, S. 63-82.

DONALDSON, L. (1995): American Anti-Management Theories of Organization, Cambridge.

DONSBACH, W. (1991): Medienwirkung trotz Selektion. Einflussfaktoren auf die Zuwendung zu Zeitungsinhalten, Köln u.a.

DORFMAN, P. W./HANGES, P. J./BRODBECK, F. C. (2004): Leadership and Cultural Variation: The Identification of Culturally Endorsed Leadership Profiles, in: HOUSE, R. J./HANGES, P. J./JAVIDAN, M. (Hrsg.): Culture, Leadership, and Organizations: The GLOBE Study of 62 Societies, Thousand Oaks u.a., S. 669-719.

DOSSETT, D. L./GREENBERG, C. I. (1981): Goal Setting and Performance Evaluation: An Attributional Analysis, in: *Academy of Management Journal*, Vol. 24, S. 767-779.

EBERS, M./GOTSCH, W. (2006): Institutionenökonomische Theorien der Organisation, in: KIESER, A./EBERS, M. (Hrsg.): Organisationstheorien, Stuttgart, S. 247-308.

EBERT, H. M. (2007): Impression Management: Die Notwendigkeit der Selbstdarstellung, in: PIWINGER, M./ZERFAß, A. (Hrsg.): Handbuch Unternehmenskommunikation, Wiesbaden, S. 205-225.

V. ECKARDSTEIN, D. (2001): Variable Vergütung für Führungskräfte als Instrument der Unternehmensführung, in: V. ECKARDSTEIN, D. (Hrsg.): Handbuch Variable Vergütung für Führungskräfte, München, S. 1-26.

EDELING, T. (1999): Einführung: Der Neue Institutionalismus in Ökonomie und Soziologie, in: EDELING, T./JANN, W./WAGNER, D. (Hrsg.): Institutionenökonomie und Neuer Institutionalismus. Überlegungen zur Organisationstheorie, Opladen, S. 7-15.

EDELING, T. (2002): Organisationen als Institutionen, in: MAURER, A./SCHMID, M. (Hrsg.): Neuer Institutionalismus. Zur soziologischen Erklärung von Organisation, Moral und Vertrauen, Frankfurt am Main und New York, S. 219-235.

EHLERS, R. (1989): Themenstrukturierung durch Massenmedien, in: BURKART, R. (Hrsg.): Wirkungen der Massenkommunikation. Theoretische Ansätze und empirische Ergebnisse, Wien, S. 106-126.

EICHHORN, W. (1995): Agenda-Setting-Prozesse: Eine theoretische Analyse individueller und gesellschaftlicher Themenstrukturierung, München.

EILDERS, C. (1997): Nachrichtenfaktoren und Rezeption. Eine empirische Analyse zur Auswahl und Verarbeitung politischer Information, Opladen.

EISENEGGER, M. (2005): Reputation in der Mediengesellschaft. Konstitution - Issues Monitoring - Issues Management, Wiesbaden.

EISENEGGER, M./IMHOF, K. (2004): Reputationsrisiken moderner Organisationen, in: RÖTTGER, U. (Hrsg.): Theorien der Public Relations, Wiesbaden, S. 239-260.

EISENEGGER, M. (2010): Eine Phänomenologie der Personalisierung, in: EISENEGGER, M./WEHMEIER, S. (Hrsg.): Personalisierung der Organisationskommunikation. Theoretische Zugänge, Empirie und Praxis, Wiesbaden, S. 11-26.

EISENHARDT, K. M. (1988): Agency and Institutional Explanations: The Case of Retail Sales Compensation, in: *Academy of Management Journal*, Vol. 31, S. 488-511.

EISENHARDT, K. M. (1989): Agency Theory: An Assessment and Review, in: *Academy of Management Review*, Vol. 14, S. 57-74.

EISENHARDT, K. M./BOURGEOIS, L. J. (1988): Politics of Strategic Decision Making in High Velocity Environments: Toward a Midrange Theory, in: *Academy of Management Journal*, Vol. 31, S. 737-770.

ELHAGRASEY, G. M./HARRISON, J. R./BUCHHOLZ, R. A. (1999): Power and Pay: The Politics of CEO Compensation, in: *Journal of Management and Governance*, Vol. 2, S. 309-332.

ELSBACH, K. D. (1994): Managing Organizational Legitimacy in the California Cattle Industry: The Construction and Effectiveness of Verbal Accounts, in: *Administrative Science Quarterly*, Vol. 39, S. 57-88.

ELSBACH, K. D./KRAMER, R. M. (1996): Members' Responses to Organizational Identity: Encountering and Countering the Business Week Rankings, in: *Administrative Science Quarterly*, Vol. 41, S. 442-476.

ELSBACH, K. D./SUTTON, R. (1992): Acquiring Organizational Legitimacy through Illegitimate Actions: A Marriage of Institutional and Impression Management Theories, in: *Academy of Management Journal*, Vol. 35, S. 699-738.

ELSCHEN, R. (1991): Gegenstand und Anwendungsmöglichkeiten der Agency-Theorie, in: *Zeitschrift für betriebswirtschaftliche Forschung*, 43. Jg., S. 1002-1012.

ELSON, C. (2003): What's Wrong with Executive Compensation? in: *Harvard Business Review*, Vol. 81, S. 68-77.

ELSTON, J. A./GOLDBERG, L. G. (2003): Executive Compensation and Agency Costs in Germany, in: *Journal of Banking and Finance*, Vol. 27, S. 1391-1410.

EMERSON, R. M. (1962): Power-Dependence Relations, in: *American Sociological Review*, Vol. 27, S. 31-41.

EMLER, N. (1990): A Social Psychology of Reputation, in: *European Review of Social Psychology*, Vol. 1, S. 171-193.

EMRICH, C. G./BROWER, H. H./FELDMAN, J. M./GARLAND, H. (2001): Images in Words: Presidential Rhetoric, Charisma, and Greatness, in: *Administrative Science Quarterly*, Vol. 46, S. 527-557.

ENGESSER, E./REINEMANN, C. (2001): Können sich Aussagen und Beiträge widersprechen? Die Relevanz sozialpsychologischer Erkenntnisse zur Personenwahrnehmung für die inhaltsanalytische Tendenzmessung, in: WIRTH, W./LAUF, E. (Hrsg.): Inhaltsanalyse: Perspektiven, Probleme, Potentiale, Köln, S. 218-233.

ENTMAN, R. M. (1993): Framing: Toward Clarification of a Factured Paradigm, in: *Journal of Communication*, Vol. 43, S. 51-58.

EPSTEIN, M. J./ROY, M.-J. (2005): Evaluating and Monitoring CEO Performance: Evidence from US Compensation Committee Reports, in: *Corporate Governance*, Vol. 5, S. 75-87.

EVERS, H. (1999): Vergütungsberatung, in: SATTELBERGER, T. (Hrsg.): Handbuch der Personalberatung: Realität und Mythos einer Profession, München, S. 356-365.

EVERS, H. (2001a): Variable Vergütung von Geschäftsführern mittelständischer GmbHs, in: V. ECKARDSTEIN, D. (Hrsg.): Handbuch Variable Vergütung für Führungskräfte, München, S. 227-238.

EVERS, H. (2001b): Stand und Entwicklung variabler Vergütungssysteme für Führungskräfte in Deutschland, in: V. ECKARDSTEIN, D. (Hrsg.): Handbuch Variable Vergütung für Führungskräfte, München, S. 27-45.

EZZAMEL, M./WATSON, R. (1998): Market Comparison Earnings and the Bidding-up of Executive Cash Compensation: Evidence from the United Kingdom, in: *Academy of Management Journal*, Vol. 39, S. 221-231.

FACCIO, M./LANG, L. H. (2002): The Ultimate Ownership of Western European Corporations, in: *Journal of Financial Economics*, Vol. 65, S. 365-395.

FAHRMEIER, L./KNEIB, T./LANG, S. (2009): Regression. Modell, Methoden und Anwendungen, 2. Aufl., Heidelberg.

FALLGATTER, M. J. (2006): Zum Vorstandsvergütungs-Offenlegungsgesetz, in: *Zeitschrift Führung und Organisation*, Vol. 75, S. 207-210.

FAMA, E. F. (1980): Agency Problems and the Theory of the Firm, in: *Journal of Political Economy*, Vol. 88, S. 288-307.

FAMA, E. F. (1991): Time, Salary, and Incentive Payoffs in Labor Contracts, in: *Journal of Labor Economics*, Vol. 19, S. 25-44.

FAMA, E. F./JENSEN, M. C. (1983): Separation of Ownership and Control, in: *Journal of Law and Economics*, Vol. 26, S. 301-325.

FANELLI, A./GRASSELLI, I. (2006): Defeating the Minotaur: The Construction of CEO Charisma on the US Stock Market, in: *Organization Studies*, Vol. 27, S. 811-832.

FANELLI, A./MISANGYI, V. F. (2006): Bringing out CEO Charisma: CEO Charisma and External Stakeholders, in: *Academy of Management Review*, Vol. 31, S. 1049-1061.

FAULSTICH, W. (1992): Einleitung: 'Image' als Problemfeld - systematische Bedeutungsdimensionen, historische Entwicklung, in: FAULSTICH, W. (Hrsg.): Image, Imageanalyse, Imagegestaltung. 2. Lüneburger Kolloquium zur Medienwissenschaft, Lüneburg, S. 7-12.

FEATHER, N. T./SIMON, J. G. (1971): Causal Attributions for Success and Failure in Relation to Expectations of Success Based upon Selective or Manipulative Control, in: *Journal of Personality*, Vol. 39, S. 527-541.

FEDOR, D. B./ROWLAND, K. M. (1989): Investigating Supervisor Attributions of Subordinate Performance, in: *Journal of Management*, Vol. 15, S. 405-416.

FEE, C. E./HADLOCK, C. J. (2003): Raids, Rewards, and Reputations in the Market for Managerial Talent, in: *The Review of Financial Studies*, Vol. 16, S. 1315-1357.

FELDMAN, J. M. (1981): Beyond Attribution Theory: Cognitive Processes in Performance Appraisal, in: *Journal of Applied Psychology*, Vol. 66, S. 127-148.

FELFE, J. (2005): Personality and Romance of Leadership, in: SCHYNS, B./MEINDL, J. R. (Hrsg.): Implicit Leadership Theories: Essays and Explorations, Greenwich, S. 199-225.

FELFE, J./PETERSEN, L. (2007): Romance of Leadership and Management Decision Making, in: *European Journal of Work and Organizational Psychology*, Vol. 16, S. 1-24.

FERNANDEZ-ALLES, M./CUEVAS-RODRÍGUEZ, G./VALLE-CABRERA, R. (2006): How Symbolic Remuneration Contributes to the Legitimacy of the Company: An Institutional Explanation, in: *Human Relations*, Vol. 59, S. 961-992.

FERRARO, F./PFEFFER, J./SUTTON, R. I. (2005): Economics Language and Assumptions: How Theories Can Become Self-Fulfilling, in: *Academy of Management Review*, Vol. 30, S. 8-24.

FERRIS, G. R./BLASS, F. R./DOUGLAS, C./KOLODINSKY, R. W./TREADWAY, D. C. (2003): Personal Reputation in Organizations, in: GREENBERG, J. (Hrsg.): Organizational Behavior: The State of the Science, Mahwah u.a., S. 211-246.

FERRIS, G. R./YATES, V. L./GILMORE, D. C./ROWLAND, K. M. (1985): The Influence of Subordinate Age on Performance Ratings and Causal Attributions, in: *Personnel Psychology*, Vol. 38, S. 545-557.

FERRIS, S. P./JAGANNATHAN, M./PRITCHARD, A. C. (2003): Too Busy to Mind the Business? Monitoring by Directors with Multiple Board Appointments, in: *Journal of Finance*, Vol. 58, S. 1087-1111.

FESTINGER, L. (1957): A Theory of Cognitive Dissonance, Evanston.

FINCHAM, F./HEWSTONE, M. (2003): Attributionstheorie und -forschung, in: STROEBE, W./JONAS, K./HEWSTONE, M. (Hrsg.): Sozialpsychologie. Eine Einführung, Berlin u.a., S. 215-263.

FINKELSTEIN, B. (1992): Power in Top Management Teams: Dimensions, Measurement, and Validation, in: *Academy of Management Journal*, Vol. 41, S. 505-538.

FINKELSTEIN, S./BOYD, B. (1998): How Much Does the CEO Matter? The Role of Managerial Discretion in the Setting of CEO Compensation, in: *Academy of Management Journal*, Vol. 41, S. 179-199.

FINKELSTEIN, S./D'AVENI, R. A. (1994): CEO Duality as a Double-Edged Sword: How Boards of Directors Balance Entrenchment Avoidance and Unity of Command, in: *Academy of Management Journal*, Vol. 37, S. 1079-1108.

FINKELSTEIN, S./GOMEZ-MEJIA, L. R./HALL, B. J./HAMBRICK, D. C./MURPHY, K. J./WIERSEMA, M. (2003): What should be done about CEO pay? Academy of Management Issues Forum. Unter: http://www.aomonline.org/AOMIssuesForumOnCEOPay.pdf [Datum des Zugriffs: 21.07.2007].

FINKELSTEIN, S./HAMBRICK, D. C. (1988): Chief Executive Compensation: A Synthesis and Reconciliation, in: *Strategic Management Journal*, Vol. 9, S. 543-558.

FINKELSTEIN, S./HAMBRICK, D. C. (1989): Chief Executive Compensation: A Study of the Intersection of Markets and Political Processes, in: *Strategic Management Journal*, Vol. 10, S. 121-134.

FINKELSTEIN, S./HAMBRICK, D. C. (1996): Strategic Leadership: Top Executives and Their Effects on Organizations, St. Paul.

FINKELSTEIN, S./HAMBRICK, D. C./CANNELLA, A. A. JR. (2009): Strategic Leadership: Theory and Research on Executives, Top Management Teams, and Boards, Oxford u.a.

FISKE, S. T./KINDER, D. R./LARTER, W. M. (1983): The Novice and the Expert: Knowledge-Based Strategies in Political Cognition, in: *Journal of Experimental Social Psychology*, Vol. 19, S. 381-400.

FISKE, S. T./TAYLOR, S. E. (1991): Social Cognition, 2. Aufl., New York u.a.

FISS, P. C. (2006): Social Influence Effects and Managerial Compensation Evidence from Germany, in: *Strategic Management Journal*, Vol. 27, S. 1013-1031.

FISS, P. C./ZAJAC, E. J. (2005): The Diffusion of Ideas over Contested Terrain: The (Non)adoption of a Shareholder Value Orientation among German Firms, in: *Administrative Science Quarterly*, Vol. 49, S. 501-534.

FITZROY, F. R./SCHWALBACH, J. (1990): Managerial Compensation and Firm Performance: Some Evidence from West Germany, WZB, Discussion Paper FS IV 90-20.

FLEISCHER, H. (2003): Zum Grundsatz der Gesamtverantwortung im Aktienrecht, in: *Neue Zeitschrift für Gesellschaftsrecht*, 6. Jg., S. 449-496.

FLEITER, D. (2008): Arbeitsteilung zwischen Redaktionen und Public Relations im Wandel. Eine Analyse der Beziehungen zwischen Unternehmen und Wirtschaftsjournalismus, Frankfurt am Main.

FLETCHER, G. J. O./ROSANOWSKI, J./RHODES, G./LANGE, C. (1992): Accuracy and Speed of Causal Processing: Experts versus Novices in Social Judgment, in: *Journal of Experimental Social Psychology*, Vol. 28, S. 320-338.

FLYNN, F. J./STAW, B. M. (2004): Lend me your Wallets: The Effect of Charismatic Leadership on External Support for an Organization, in: *Strategic Management Journal*, Vol. 25, S. 309-330.

FOMBRUN, C./SHANLEY, M. (1990): What's in a Name? Reputation Building and Corporate Strategy, in: *Academy of Management Journal*, Vol. 33, S. 233-258.

FONK, H. (1993): Die betriebliche Altersversorgung für Vorstandsmitglieder von Aktiengesellschaften, in: BIERICH, M./HOMMELHOFF, P./KROPFF, B. (Hrsg.): Festschrift für Johannes Semler zum 70. Geburtstag am 28. April 1993. Unternehmen und Unternehmensführung im Recht, Berlin und New York, S. 139-163.

FONK, H. (2004): Personalentscheidungen des Aufsichtsrates, in: SEMLER, J./V. SCHENCK, K. (Hrsg.): Arbeitshandbuch für Aufsichtsratsmitglieder, München, S. 479-656.

FORBES, D. P./MILLIKEN, F. J. (1999): Cognition and Corporate Governance: Understanding Board of Directors as Strategic Decision-Making Group, in: *Academy of Management Review*, Vol. 24, S. 489-505.

FÖSTERLING, F. (2000): Wahlen aus der Perspektive der Attributionstheorie: Forschungsergebnisse, Versuchspläne und Analyseperspektiven, in: BOHRMANN, H./JARREN, O./MELISCHEK, G. S. J. (Hrsg.): Wahlen und Politikvermittlung durch Massenmedien, Wiesbaden, S. 91-104.

FOX, J. (1993): Regression Diagnostics, in: LEWIS-BECK, M. S. (Hrsg.): Regression Analysis, Vol. 2, London u.a., S. 245-334.

FRANCIS, J./HUANG, A. H./RAJGOPAL, S./ZANG, A. Y. (2008): CEO Reputation and Earnings Quality, in: Contemporary Accounting Research, Vol. 25, S. 109-147.

FRANCK, E. (2001): Das Starphänomen - Drei Erklärungsansätze und ihre Anwendung auf verschiedene Segmente des Unterhaltungsmarktes, in: GAITANIDES, M./KRUSE, J. (Hrsg.): Stars in Film und Sport. Ökonomische Analyse des Starphänomens, München, S. 41-57.

FRANCK, E. (2002): Zur Verantwortung des Verwaltungsrats aus ökonomischer Sicht, in: Die Unternehmung, 56. Jg., S. 213-225.

FRANCK, E./MÜLLER, J. C. (2000): Problemstruktur, Eskalationsvoraussetzungen und eskalationsfördernde Bedingungen sogenannter Rattenrennen, in: Zeitschrift für betriebswirtschaftliche Forschung, 52. Jg., S. 3-25.

FRANK, R. H./COOK, P. J. (1996): The Winner-Take-All Society: Why the Few at the Top Get So Much More Than the Rest of Us, New York.

FRANKS, J./MAYER, C. (2001): Ownership and Control of German Corporations, in: The Review of Financial Studies, Vol. 14, S. 943-977.

FRENCH, J. R. P./RAVEN, B. (1965): The Bases of Social Power, in: SINGER, J. D. (Hrsg.): Human Behavior and International Politics: Contributions from the Social-Psychological Sciences, Chicago, S. 136-145.

FREY, B. S. (2000): Leistung durch Leistungslohn? Grenzen marktlicher Anreizsysteme für das Managerverhalten, in: Zeitschrift für betriebswirtschaftliche Forschung, Sonderheft 44, S. 67-95.

FREY, B. S. (2002): Wie beeinflusst Lohn die Motivation? in: FREY, B. S./OSTERLOH, M. (Hrsg.): Managing Motivation, Wiesbaden, S. 77-106.

FREY, B. S./OSTERLOH, M. (2005): Yes, Managers Should Be Paid Like Bureaucrats, in: Journal of Management Inquiry, Vol. 96, S. 96-111.

FREY, D./DAUENHEIMER, D./PARGE, O./HAISCH, J. (1993): Die Theorie sozialer Vergleichsprozesse, in: FREY, D./IRLE, M. (Hrsg.): Theorien der Sozialpsychologie, Band I: Kognitive Theorien, Bern u.a., S. 81-122.

FRÖHLICH, R./SCHERER, H./SCHEUFELE, B. (2007): Kriegsberichterstattung in deutschen Qualitätszeitungen. Eine inhaltsanalytische Langzeitstudie zu Framingprozessen, in: Publizistik, 52. Jg., S. 11-32.

FRÜH, W. (2001): Inhaltsanalyse, 5. Aufl., Konstanz.

FRÜHAUF, M. (1998): Geschäftsleitung in der Unternehmenspraxis, in: Zeitschrift für Unternehmens- und Gesellschaftsrecht, 3. Jg., S. 407-418.

GAITANIDES, M. (2004): Is There No Business Like Show Business - Manager, die Stars der Moderne? in: MÜLLER-CHRIST, G. (Hrsg.): Modernisierung des Managements, Wiesbaden, S. 181-207.

GALTUNG, J./RUGE, M. H. (1965): The Structure of Foreign News: The Presentation of the Congo, Cuba and Cyprus Crisis in Four Norwegian Newspapers, in: Journal of Peace Research, Vol. 2, S. 64-90.

GARDNER, W. L. (1992): Lessons in Organizational Dramaturgy: The Art of Impression Management, in: Organizational Dynamics, Vol. 21, S. 33-46.

GARDNER, W. L./AVOLIO, B. J. (1998): The Charismatic Relationship: A Dramaturgical Perspective, in: Academy of Management Review, Vol. 23, S. 31-58.

GARDNER, W. L./MARTINKO, M. J. (1988a): Impression Management: An Observational Study Linking Audience Characteristics with Verbal Self-Presentations, in: Academy of Management Journal, Vol. 31, S. 42-65.

GARDNER, W. L./MARTINKO, M. J. (1988b): Impression Management in Organizations, in: Journal of Management, Vol. 14, S. 321-338.

GAREN, J. E. (1994): Executive Compensation and Principal-Agent Theory, in: *Journal of Political Economy*, Vol. 192, S. 1175-1199.

GEDENK, K. (1998): Agency-Theorie und die Steuerung von Geschäftsführern, in: *Die Betriebswirtschaft*, 58. Jg., S. 22-37.

GELETKANYCZ, M. A./BOYD, B./FINKELSTEIN, S. (2001): The Strategic Value of CEO External Directorate Networks: Implications for CEO Compensation, in: *Strategic Management Journal*, Vol. 22, S. 889-898.

GERGS, H./SCHMIDT, R. (2002): Generationswechsel im Management ost- und westdeutscher Unternehmen. Kommt es zu einer Amerikanisierung des deutschen Managementmodells? in: *Kölner Zeitschrift für Soziologie und Sozialpsychologie*, 54. Jg., S. 553-578.

GERHARDS, J./OFFERHAUS, A./ROOSE, J. (2007): Die öffentliche Zuschreibung von Verantwortung. Zur Entwicklung eines inhaltsanalytischen Instrumentariums, in: *Kölner Zeitschrift für Soziologie und Sozialpsychologie*, 59. Jg., S. 105-124.

GERKE, W./MAGER, F. (2003): Die Rolle der Banken und Finanzintermediären bei der Corporate Governance, in: HOMMELHOFF, P./HOPT, K. J./V. WERDER, A. (Hrsg.): Handbuch Corporate Governance - Leitung und Überwachung börsennotierter Unternehmen in der Rechts- und Wirtschaftspraxis, Stuttgart, S. 549-567.

GERUM, E. (2007): Das deutsche Corporate Governance-System. Eine empirische Untersuchung, Stuttgart.

GERUM, E./SCHÄFER, I. (2000a): Der Markt für Topmanager: Konzeptionelle Grundlagen, Phillips-Universität Marburg, Betriebswirtschaftliche Studien Nr. 11, Marburg.

GERUM, E./SCHÄFER, I. (2000b): Die Berufung in das Topmanagement: Eine organisationstheoretische Erklärung, Phillips-Universität Marburg, Betriebswirtschaftliche Studien Nr. 12, Marburg.

GERUM, E./STIEGLITZ, N./HAASE, C./JÜTTNER, C./PAUSCH, T. (2002): Wirtschaftszeitschriften in der Krise, in: *Zeitschrift Führung und Organisation*, 71. Jg., S. 376-383.

GIBBONS, R./MURPHY, K. (1990): Relative Performance Evaluation for Chief Executive Officers, in: *Industrial and Labor Relations Review*, Vol. 43, S. 30-50.

GIBBONS, R./MURPHY, K. J. (1992): Optimal Incentive Contracts in the Presence of Career Concerns: Theory and Evidence, in: *Journal of Political Economy*, Vol. 100, S. 468-505.

GILBERT, D. T./MALONE, P. S. (1995): The Correspondence Bias, in: *Psychological Bulletin*, Vol. 117, S. 21-38.

GILLENKIRCH, R. M. (2000): Principal-Agent-Theorie und empirische Ergebnisse zur Erfolgsabhängigkeit der Managerentlohnung, in: *Wirtschaftwissenschaftliches Studium*, Heft 6, S. 347-349.

GILLENKIRCH, R. M./VELTHUIS, L. (1997): Lineare Anreizverträge für Manager bei systematischen und unsystematischen Risiken, in: *Zeitschrift für betriebswirtschaftliche Forschung*, Vol. 49, S. 121-140.

GINZEL, L. E./KRAMER, R. M./SUTTON, R. I. (1992): Organizational Impression Management as a Reciprocal Influence Process: The Neglected Role of the Organizational Audience, in: CUMMINGS, L. L./STAW, B. M. (Hrsg.): Research in Organizational Behavior, Vol. 15, Greenwich, S. 227-266.

GIOIA, D. A./SIMS, H. P. (1983): Perceptions of Managerial Power as a Consequence of Managerial Behavior and Reputation, in: *Journal of Management*, Vol. 9, S. 7-26.

GIOIA, D. A./SIMS, H. P. (1986): Introduction: Social Cognition in Organizations, in: SIMS, H. P./GIOIA, D. A. (Hrsg.): The Thinking Organization, San Francisco u.a., S. 1-19.

GITLIN, T. (2003): The Whole World is Watching. Mass Media in the Making and Unmaking of the New Left (erstmals 1980 erschienen), Berkley und Los Angeles.

GOFFMAN, E. (1977): Rahmen-Analyse: Ein Versuch über die Organisation von Alltagserfahrungen, Frankfurt am Main.

GOFFMAN, E. (1994): Interaktionsrituale. Über Verhalten in direkter Kommunikation, 3. Aufl., Frankfurt am Main.

GOFFMAN, E. (1996): Stigma. Über Techniken der Bewältigung beschädigter Identität, 12. Aufl., Frankfurt am Main.

GOFFMAN, E. (2003): Wir alle spielen Theater. Die Selbstdarstellung im Alltag, 4. Aufl., München.

GOLLNICK, J. (1997): Die Beurteilung der Vorstandsleistung durch den Aufsichtsrat. Eine vergleichende Untersuchung zum deutschen und US-amerikanischen Recht, Frankfurt am Main u.a.

GOMEZ-MEJIA, L. R./LARRAZA-KINTANA, M./MAKRI, M. (2003): The Determinants of Executive Compensation in Family-Controlled Public Corporations, in: *Academy of Management Journal*, Vol. 46, S. 226-237.

GOMEZ-MEJIA, L. R./TOSI, H./HINKIN, T. (1987): Managerial Control, Performance, and Executive Compensation, in: *Academy of Management Journal*, Vol. 30, S. 51-70.

GOMEZ-MEJIA, L. R./WISEMAN, R. M. (1997): Reframing Executive Compensation: An Assessment and Outlook, in: *Journal of Management*, Vol. 23, S. 291-373.

GOMEZ-MEJIA, L. R./WISEMAN, R. M./DYKES, J. B. (2005): Agency Problems in Diverse Contexts: A Global Perspective, in: *Journal of Management Studies*, Vol. 42, S. 1507-1517.

GOODE, W. J. (1978): The Celebration of Heroes. Prestige as a Social Control System, Berkeley u.a.

GOSHAL, S. (2005): Bad Management Theories are Destroying Good Management Practices, in: *Academy of Management Learning & Education*, Vol. 4, S. 75-91.

GOSHAL, S./MORAN, P. (1996): Bad for Practice: A Critique of the Transaction Cost Theory, in: *Academy of Management Review*, Vol. 21, S. 13-47.

GOTSI, M./WILSON, A. M. (2001): Corporate Reputation: Seeking a Definition, in: *Corporate Communications: An International Journal*, Vol. 6, S. 24-30.

GÖX, R. F./HELLER, U. (2008): Risiken und Nebenwirkungen der Offenlegungspflicht von Vorstandsbezügen: Individual- vs. Kollektivausweis, in: *Zeitschrift für betriebswirtschaftliche Forschung*, 60. Jg., S. 98-123.

GRABKE-RUNDELL, A./GOMEZ-MEJIA, L. (2002): Power as a Determinant of Executive Compensation, in: *Human Resource Management Review*, Vol. 12, S. 3-23.

GRAFFIN, S. D./WADE, J. B./PORAC, J. F./MCNAMEE, R. C. (2008): The Impact of CEO Status Diffusion on the Economic Outcomes of Other Senior Managers, in: *Organization Science*, Vol. 19, S. 457-474.

GRAßHOFF, U./SCHWALBACH, J. (1999): Agency-Theorie, Informationskosten und Managementvergütung, in: *Zeitschrift für betriebswirtschaftliche Forschung*, 51. Jg., S. 437-453.

GRAY, S. R./CANNELLA, A. A. (1997): The Role of Risk in Executive Compensation, in: *Journal of Management*, Vol. 23, S. 517-540.

GREEN, S. G./MITCHELL, T. R. (1979): Attributional Processes of Leaders in Leader-Member Interactions, in: *Organizational Behavior and Human Performance*, Vol. 23, S. 429-458.

GREVE, H. R./MITSUHASHI, H. (2007): Power and Glory: Concentrated Power in Top Management Teams, in: *Organization Studies*, Vol. 28, S. 1197-1221.

GRUNIG, J. E. (1993): On the Effects of Marketing, Media Relations, and Public Relations: Images, Agendas, and Relationships, in: ARMBRECHT, W./AVENARIUS, H./ZABEL, U. (Hrsg.): Image und PR. Kann Image Gegenstand einer Public Relations-Wissenschaft sein? Opladen, S. 263-295.

GRUNIG, L. A. (1993): Image and Symbolic Leadership: Using Focus Group Research to Bridge the Gap, in: ARMBRECHT, W./AVENARIUS, H./ZABEL, U. (Hrsg.): Image und PR. Kann Image Gegenstand einer Public Relations-Wissenschaft sein? Opladen, S. 133-163.

GUJARATI, D. N./PORTER, D. C. (2009): Basic Econometrics, New York.

GUNTHER, A. (1991): What We Think Others Think. Causes and Consequences in the Third-Person-Effect, in: *Communication Research*, Vol. 18, S. 355-372.

GUTHEY, E. (1997): Ted Turner's Media Legend and the Transformation of Corporate Liberalism, in: *Business and Economic History*, Vol. 26, S. 184-199.

GUTHEY, E. (2001): Ted Turner's Corporate Cross-Dressing and the Shifting Images of American Business Leadership, in: *Enterprise & Society*, Vol. 2, S. 111-142.

GUTHEY, E./JACKSON, B. (2005): CEO Portraits and the Authenticity Paradox, in: *Journal of Management Studies*, Vol. 42, S. 1057-1082.

HACHMEISTER, D. (2001): Möglichkeiten und Grenzen wertorientierter Steuerungskennzahlen als Bemessungsgrundlage der Entlohnung für Führungskräfte, in: V. ECKARDSTEIN, D. (Hrsg.): Handbuch Variable Vergütung für Führungskräfte, München, S. 47-67.

HALEBLIAN, J./FINKELSTEIN, S. (1993): Top Management Team Size, CEO Dominance, and Firm Performance: The Moderating Roles of Environmental Turbulence and Discretion, in: *Academy of Management Journal*, Vol. 36, S. 844-863.

HALEBLIAN, J./RAJAGOPALAN, N. (2006): A Cognitive Model of CEO Dismissal: Understanding the Influence of Board Perceptions, Attributions and Efficacy Beliefs, in: *Journal of Management Studies*, Vol. 43, S. 1009-1026.

HALL, A. T./BLASS, F. R./FERRIS, G. R./MASSENGALE, R. (2004): Leader Reputation and Accountability: Implications for Dysfunctional Leader Behavior, in: *Leadership Quarterly*, Vol. 15, S. 515-536.

HALL, B. J. (2000): What you need to know about stock options, in: *Harvard Business Review*, March-April, S. 121-129.

HALL, B. J./LIEBMAN, J. B. (1998): Are CEOs Really Paid Like Bureaucrats? in: *The Quarterly Journal of Economics*, Vol. 111, S. 653-691.

HALL, B. J./MURPHY, K. J. (2003): The Trouble with Stock Options, in: *Journal of Economic Perspectives*, Vol. 17, S. 49-70.

HALLOCK, K. F. (1997): Reciprocally Interlocking Boards of Directors and Executive Compensation, in: *Journal of Financial and Quantitative Analysis*, Vol. 32, S. 331-344.

HAMBRICK, D. C./FINKELSTEIN, S. (1987): Managerial Discretion: A Bridge between Polar Views of Organizational Outcomes, in: CUMMINGS, L./STAW, B. (Hrsg.): Research in Organizational Behavior, Vol. 9, Greenwich, S. 369-406.

HAMBRICK, D. C./FINKELSTEIN, S. (1995): The Effects of Ownership Structure on Conditions at the Top: The Case of CEO Pay Raises, in: *Strategic Management Journal*, Vol. 16, S. 175-194.

HAMBRICK, D. C./FINKELSTEIN, S./MOONEY, A. C. (2005): Executive Job Demands: New Insights for Explaining Strategic Decisions and Leader Behaviors, in: *Academy of Management Review*, Vol. 30, S. 472-491.

HAMBRICK, D. C./FUKUTOMI, G. D. S. (1991): The Season of a CEO's Tenure, in: *Academy of Management Review*, Vol. 16, S. 719-742.

HAMILTON, J. T./ZECKHAUSER, R. (2004): Media Coverage of CEOs: Who? What? Where? When? Why? Working Paper, Duke University/Harvard University.

HAMORI, M. (2007): Career Success After Stigmatizing Organizational Events, in: *Human Resource Management*, Vol. 46, S. 493-511.

HANNAH, D. R./ZATZICK, C. D. (2008): An Examination of Leader Portrayals in the U.S. Business Press Following the Landmark Scandals of the Early 21st Century, in: *Journal of Business Ethics*, Vol. 79, S. 361-377.

HANNAN, M. T./FREEMAN, J. (1977): The Population Ecology of Organizations, in: *The American Journal of Sociology*, Vol. 82, S. 929-964.

HANSEN, K. P. (1992): Mentalität des Erwerbs: Erfolgsphilosophien amerikanischer Unternehmer, Frankfurt am Main u.a.

HARRIS, D. A. (1986): Executive Succession, Reputation, and Wage Revision, Evanston.

HARRIS, D./HELFAT, C. (1997): Specificity of CEO Human Capital and Compensation, in: *Strategic Management Journal*, Vol. 18, S. 895-920.

HARTMANN, M. (1996): Topmanager. Die Rekrutierung einer Elite, Frankfurt am Main u.a.

HARTMANN, M. (2002): Die Spitzenmanager der internationalen Großkonzerne als Kern einer neuen 'Weltklasse'? in: SCHMIDT, R./GERGS, H./POHLMANN, M. (Hrsg.): Managementsoziologie. Themen, Desiderate, Perspektiven, München und Mering, S. 184-208.

HARTZELL, J. C./STARKS, L. T. (2003): Institutional Investors and Executive Compensation, in: *The Journal of Finance*, Vol. 58, S. 2351-2374.

HAUKE, C./ESCHMANN, S. (2005): Entgeltvergleiche und Benchmarking-Studien, in: ZANDER, E./WAGNER, D. (Hrsg.): Handbuch des Entgeltmanagements, München, S. 71-94.

HAYWARD, M. L. A./RINDOVA, V. P./POLLOCK, T. G. (2004): Believing One's Own Press: The Causes and Consequences of CEO Celebrity, in: *Strategic Management Journal*, Vol. 25, S. 637-653.

HAYWARD, M. L. A./HAMBRICK, D. C. (1997): Explaining the Premiums Paid for Large Acquisitions: Evidence of CEO Hubris, in: *Administrative Science Quarterly*, Vol. 42, S. 103-127.

HEGELE, C./KIESER, A. (2001): Control the Construction of Your Legend Or Someone Else Will: An Analysis of Texts on Jack Welch, in: *Journal of Management Inquiry*, Vol. 10, S. 298-309.

VON HEIN, J. (2002): Vom Vorstandsvorsitzenden zum CEO? in: *Zeitschrift für das gesamte Handelsrecht und Wirtschaftsrecht*, 166. Jg., S. 464-502.

HEINRICH, J./MOSS, C. (2006): Wirtschaftsjournalistik. Grundlagen und Praxis, Wiesbaden.

HEINZE, T. (2001): Transformation des deutschen Unternehmenskontroll-Systems? in: *Kölner Zeitschrift für Soziologie und Sozialpsychologie*, 53. Jg., S. 641-674.

HEINZE, T. (2002): Die Struktur der Personalverflechtung großer deutscher Aktiengesellschaften zwischen 1989 und 2001, in: *Zeitschrift für Soziologie*, 31. Jg., S. 391-410.

HELM, S. (2007): Unternehmensreputation und Stakeholder-Loyalität, Wiesbaden.

HENDERSON, A. D./FREDRICKSON, J. W. (2001): Top Management Team Coordination Needs and the CEO Pay Gap: A Competitive Test of Economic and Behavioral Views, in: *Academy of Management Journal*, Vol. 44, S. 96-117.

HENDERSON, A./FREDRICKSON, J. W. (1996): Information-Processing Demands as a Determinant of CEO Compensation, in: *Academy of Management Journal*, Vol. 39, S. 575-606.

HENEMAN, R. L./GREENBERGER, D. B./ANONYUO, C. (1989): Attributions and Exchanges: The Effects of Interpersonal Factors on the Diagnosis of Employee Performance, in: *Academy of Management Journal*, Vol. 32, S. 466-476.

HERBIG, P./MILEWICZ, J./GOLDEN, J. (1994): A Model of Reputation Building and Destruction, in: *Journal of Business Research*, Vol. 31, S. 23-31.

HERMALIN, B. E./WEISBACH, M. S. (2003): Boards of Directors as an Endogenously Determined Institution: A Survey of the Economic Literature, in: *FRBNY Economic Policy Review*, Vol. 9, S. 7-26.

HILL, C. W./PHAN, P. (1991): CEO Tenure as a Determinant of CEO Pay, in: *Academy of Management Journal*, Vol. 34, S. 707-717.

HILLER, N. J./HAMBRICK, D. C. (2005): Conceptualizing Executive Hubris: The Role of (Hyper-)Core Self-Evaluations in Strategic Decision-Making, in: *Strategic Management Journal*, Vol. 26, S. 297-319.

HIRSCHMAN, A. O. (1970): Exit, Voice and Loyalty. Responses to Decline in Firms, Organizations, and States, Cambridge, Mass.

HIRSHLEIFER, D. (1993): Managerial Reputation and Corporate Investment Decisions, in: *Financial Management*, Summer, S. 145-160.

HOFFMANN, J./RAUPP, J. (2006): Politische Personalisierung. Disziplinäre Zugänge und theoretische Folgerungen, in: *Publizistik*, 51. Jg., S. 456-478.

HOFFMANN-BECKING, M. (1998a): Gestaltungsmöglichkeiten bei Anreizsystemen, in: BÜHLER, W./SIEGERT, T. (Hrsg.): Unternehmenssteuerung und Anreizsysteme, Stuttgart, S. 109-128.

HOFFMANN-BECKING, M. (1998b): Zur rechtlichen Organisation der Zusammenarbeit im Vorstand der AG, in: *Zeitschrift für Unternehmens- und Gesellschaftsrecht*, S. 497-519.

HOFFMANN-BECKING, M. (2005): Rechtliche Anmerkungen zur Vorstands- und Aufsichtsratsvergütung, in: *Zeitschrift für das gesamte Handelsrecht und Wirtschaftsrecht*, 169. Jg., S. 155-180.

HÖHNE, A./RUSS-MOHL, S. (2004): Zur Ökonomik von Wirtschaftsjournalismus und Corporate Communication: Finanzberichterstattung und Risiko-Kommunikation als Beispiele, in: *Medienwissenschaft Schweiz*, Sonderheft Probleme der Wirtschaftskommunikation, Heft 2, S. 90-101.

HOLICKI, S. (1992): Pressefoto und Pressetext im Wirkungsvergleich. Eine experimentelle Untersuchung am Beispiel von Politikdarstellungen, München.

HOLLANDER, E. P. (1958): Conformity, Status, and Idiosynkrasie Credit, in: *Psychological Review*, Vol. 65, S. 117-127.

HOLMBERG, I./ÅKERBLOM, S. (2001): The Production of Outstanding Leadership: An Analysis of Leadership Images Expressed in Swedish Media, in: *Scandinavian Journal of Management*, Vol. 17, S. 67-85.

HOLMSTROM, B. (1979): Moral Hazard and Observability, in: *Bell Journal of Economics*, Vol. 10, S. 74-91.

HOLMSTRÖM, B. (1999): Managerial Incentive Problems: A Dynamic Perspective, in: *Review of Economic Studies*, Vol. 66, S. 169-182.

HOLSTI, O. R. (1969): Content Analysis for the Social Sciences and Humanities, Reading u.a.

HOLTHAUSEN, R. W./LARCKER, D. F./SLOAN, R. G. (1995): Annual Bonus Schemes and the Manipulation of Earnings, in: *Journal of Accounting and Economics*, Vol. 19, S. 29-74.

HÖPNER, M. (2003): Wer beherrscht die Unternehmen? Shareholder Value, Managerherrschaft und Mitbestimmung in Deutschland, Frankfurt und New York.

HÖPNER, M./JACKSON, G. (2001): Entsteht ein Markt für Unternehmenskontrolle? in: *Leviathan*, 29. Jg., S. 544-563.

HUBBARD, R. G./PALIA, D. (1995): Executive Pay and Performance: Evidence from the U.S. Banking Industry, in: *Journal of Financial Economics*, Vol. 39, S. 105-130.

HUBER, V. L./PODSAKOFF, P. M./TODOR, W. D. (1986): An Investigation of Biasing Factors in the Attributions of Subordinates and Their Supervisors, in: *Journal of Business Research*, Vol. 14, S. 83-97.

HUCK, I./BROSIUS, H. (2007): Der Third-Person-Effekt - Über den vermuteten Einfluss der Massenmedien, in: *Publizistik*, 52. Jg., S. 355-374.

HUCZYNSKI, A. A. (1993): Management Gurus. What Makes Them and How to Become One, London.

IBER, B. (1985): Zur Entwicklung der Aktionärsstruktur in der Bundesrepublik Deutschland (1963-1983), in: *Zeitschrift für Betriebswirtschaft*, 55. Jg., S. 1101-1119.

ILGEN, D. R./FAVERO, J. L. (1985): Limits in Generalization from Psychological Research to Performance Appraisal Processes, in: *Academy of Management Review*, Vol. 10, S. 311-321.

ILGEN, D. R./FELDMAN, J. M. (1983): Performance Appraisal: A Process Model, in: *Research in Organizational Behavior*, Vol. 5, S. 141-197.

ISELE, S. (1992): Managerleistung: messen - beurteilen - honorieren, Zürich.

ITTNER, C. D./LARCKER, D. F./MEYER, M. W. (2003): Subjectivity and the Weighting of Performance Measures: Evidence from a Balanced Scorecard, in: *The Accounting Review*, Vol. 78, S. 725-758.

ITTNER, C. D./LARCKER, D. F./RAJAN, M. V. (1997): The Choice of Performance Measures in Annual Bonus Contracts, in: *The Accounting Review*, Vol. 72, S. 231-255.

IYENGAR, S. (1991): Is Anyone Responsible? How Television Frames Political Issues, Chicago und London.

IYENGAR, S./KINDER, D. R. (1987): News That Matters, Chicago und London.

JÄCKEL, M. (2008): Medienwirkungen. Ein Studienbuch zur Einführung, 4. Aufl., Wiesbaden.

JACKSON, B./GUTHEY, E. (2007): Putting the Visual into the Social Construction of Leadership, in: SHAMIR, B./PILLAI, R./BLIGH, M. C./UHL-BIEN, M. (Hrsg.): Follower-Centered Perspectives on Leadership. A Tribute to the Memory of James R. Meindl, Greenwich, Connecticut, S. 167-186.

JANN, B. (2009): Diagnostik von Regressionsschätzungen bei kleinen Stichproben (mit einem Exkurs zu logistischer Regression), in: KRIWY, P./GROSS, C. (Hrsg.): Klein aber fein! Quantitative empirische Sozialforschung mit kleinen Fallzahlen, Wiesbaden, S. 93-125.

JENSEN, M. C. (1983): Organization Theory and Methodology, in: *The Accounting Review*, Vol. 58, S. 319-339.

JENSEN, M. C. (1988): Takeovers: Their Causes and Consequences, in: *Journal of Economic Perspectives*, Vol. 2, S. 21-48.

JENSEN, M. C. (1989): The Eclipse of the Public Corporation, in: *Harvard Business Review*, Sept.-Oct., S. 61-74.

JENSEN, M. C./MECKLING, W. H. (1976): Theory of the Firm: Managerial Behavior, Agency Costs, and Ownership Structure, in: *Journal of Financial Economics*, Vol. 3, S. 305-350.

JENSEN, M. C./MURPHY, K. J. (1990a): CEO Incentives. It's Not How Much You Pay, But How, in: *Harvard Business Review*, May-June, S. 138-153.

JENSEN, M. C./MURPHY, K. J. (1990b): Performance Pay and Top-Management Incentives, in: *Journal of Political Economy*, Vol. 98, S. 225-264.

JENSEN, M. C./MURPHY, K. J./WRUCK, E. G. (2004): Remuneration: Where we've been, how we got to here, what are the problems, and how to fix them. Harvard NOM Working Paper No. 04-28; ECGI-Finance Working Paper No. 44/2004. Available at SSRN: http://ssrn.com.abstract=561305.

JENSEN, M. C./RUBACK, R. S. (1983): The Market for Corporate Control - The Scientific Evidence, in: *Journal of Financial Economics*, Vol. 11, S. 5-50.

JOHNSON, E. J. (1988): Expertise and Decision under Uncertainty: Performance and Process, in: CHI, M. T. H./GLASER, R./FARR, M. (Hrsg.): The Nature of Expertise, Hillsdale und London, S. 209-228.

JOHNSON, J. L./ELLSTRAND, A. E./DALTON, D. R./DALTON, C. M. (2005): The Influence of the Financial Press on Stockholders Wealth: The Case of Corporate Governance, in: *Strategic Management Journal*, Vol. 26, S. 461-471.

JOHNSON, R. A./HOSKISSON, R. E./HITT, M. A. (1993): Board of Director Involvement in Restructuring: The Effects of Board versus Managerial Controls and Characteristics, in: *Strategic Management Journal*, Vol. 14, S. 33-50.

JOHNSON, W. B./YOUNG, S. M./WELKER, M. (1993): Managerial Reputation and the Informativeness of Accounting and Market Measures of Performance, in: *Contemporary Accounting Research*, Vol. 10, S. 305-332.

JOST, P. (2001): Die Prinzipal-Agenten-Theorie im Unternehmenskontext, in: JOST, P. (Hrsg.): Die Prinzipal-Agenten-Theorie in der Betriebswirtschaftslehre, Stuttgart, S. 11-43.

JUDGE, T. A./FERRIS, G. R. (1993): Social Context of Performance Evaluation Decisions, in: *Academy of Management Journal*, Vol. 36, S. 80-105.

KAHNEMAN, D./TVERSKY, A. (1979): Prospect Theory: An Analysis of Decision under Risk, in: *Econometrica*, Vol. 47, S. 263-291.

KANNING, U. P. (1999): Die Psychologie der Personenbeurteilung, Göttingen u.a..

KANODIA, C./BUSHMAN, R./DICKHAUT, J. (1989): Escalation Errors and the Sunk Cost Effect: An Explanation Based on Reputation and Information Asymmetries, in: *Journal of Accounting Research*, Vol. 27, S. 59-77.

KAPLAN, S. N. (1995): Corporate Governance and Incentives in German Companies: Evidence from Top Executive Turnover and Firm Performance, in: *European Financial Management*, Vol. 1, S. 23-36.

KARAEVLI, A. (2007): Performance Consequences of New CEO 'Outsiderness': Moderating Effects of Pre- and Post Succession Contexts, in: *Strategic Management Journal*, Vol. 28, S. 681-706.

KATZ, R. L. (1974): Skills of an Effective Administrator, in: *Harvard Business Review*, Vol. 52, S. 90-102.

KELLEY, H. H. (1973): The Processes of Causal Attribution, in: *American Psychologist*, Vol. 28, S. 107-128.

KELLEY, H. H./MICHELA, J. L. (1980): Attribution Theory and Research, in: *Annual Review of Psychology*, Vol. 31, S. 457-501.

KEPPLINGER, H. M. (2007): Reciprocal Effects: Toward a Theory of Mass Media Effects on Decision Making, in: *Press/Politics*, Vol. 12, S. 3-23.

KEPPLINGER, H. M./EHMIG, S. C. (2002): Content Guide Wirtschaftsmagazine 2002. Institut für Publizistik der Universität Mainz im Auftrag der Zeitschriften Geldidee und Wertpapier und der Bauer Verlagsgruppe, Hamburg.

KEPPLINGER, H. M./EHMIG, S. C./HARTUNG, U. (2002): Alltägliche Skandale. Eine repräsentative Analyse regionaler Fälle, Konstanz.

KEPPLINGER, H. M./NOELLE-NEUMANN, E. (2004): Wirkung der Massenmedien, in: NOELLE-NEUMANN, E./SCHULZ, W./WILKE, J. (Hrsg.): Publizistik, Massenkommunikation, Frankfurt am Main, S. 597-647.

KEPPLINGER, H. M./RETTICH, M. (1996): Publizistische Schlagseiten. Kohl und Scharping in Presse und Fernsehen, in: HOLTZ-BACHA, C./ LYNDA, LEE KAID (Hrsg.): Wahlen und Wahlkampf in den Medien, Opladen, S. 80-100.

KEPPLINGER, H. M./ZERBACK, T. (2009): Der Einfluss der Medien auf Richter und Staatsanwälte. Art, Ausmaß und Entstehung reziproker Effekte, in: *Publizistik*, 54. Jg., S. 216-239.

KERR, J. L./BETTIS, R. A. (1987): Boards of Directors, Top Management Compensation, and Shareholder Returns, in: *Academy of Management Journal*, Vol. 30, S. 645-664.

KERR, J. L./KREN, L. (1992): Effect of Relative Decision Monitoring on Chief Executive Compensation, in: *Academy of Management Journal*, Vol. 35, S. 370-397.

KHAN, R./DHARWADKAR, R./BRANDES, P. (2005): Institutional Ownership and CEO Compensation: A Longitudinal Examination, in: *Journal of Business Research*, Vol. 52, S. 1078-1088.

KHANNA, N./POULSEN, A. B. (1995): Managers of Financially Distressed Firms: Villains or Scapegoats? in: *The Journal of Finance*, Vol. 50, S. 919-940.

KHURANA, R. (2002a): Searching for a Corporate Savior. The Irrational Quest for Charismatic CEOs, Princeton.

KHURANA, R. (2002b): The Curse of the Superstar CEO, in: *Harvard Business Review*, September, S. 60-66.

KHURANA, R. (2005): Leadership and the Social Construction of Charisma, in: DOH, J. P./STUMPF, S. A. (Hrsg.): Handbook of Responsible Leadership and Governance in Global Business, Cheltenham und Northampton, S. 112-136.

KIESER, A. (2007): Entwicklung von Organisationstheorien als Zeitgeistphänomen, in: *Zeitschrift für betriebswirtschaftliche Forschung*, 59. Jg., S. 678-705.

KILDUFF, M./KRACKHARDT, D. (1994): Bringing the Individual Back in: A Structural Analysis of the Internal Market for Reputation in Organization, in: *Academy of Management Journal*, Vol. 37, S. 87-108.

KIM, S./SCHEUFELE, D. A./SHANAHAN, J. (2002): Think About It this Way: Attribute Agenda-Setting Function of the Press and the Public's Evaluation of a Local Issue, in: *Journalism and Mass Communication Quarterly*, Vol. 79, S. 7-25.

KING, A. B./FINE, G. A. (2000): Ford on the Line: Business Leader Reputation and the Multiple-Audience Problem, in: *Journal of Management Inquiry*, Vol. 9, S. 71-86.

KIOUSIS, S. (2004): Explicating Media Salience: A Factor Analysis of New York Times Issue Coverage During the 2000 U.S. Presidential Election, in: *Journal of Communication*, Vol. 54, S. 71-87.

KIOUSIS, S. (2005): Compelling Arguments and Attitude Strength: Exploring the Impact of Second-Level Agenda Setting on Public Opinion of Presidential Candidate Images, in: *Harvard International Journal of Press/Politics*, Vol. 10, S. 3-27.

KIOUSIS, S./BANTIMADOUDIS, P./BAN, H. (1999): Candidate Image Attributes: Experiments on the Substantive Dimension of Second Level Agenda Setting, in: *Communication Research*, Vol. 26, S. 414-428.

KIOUSIS, S./MCCOMBS, M. (2004): Agenda-Setting Effects and Attitude Strength: Political Figures during the 1996 Presidential Election, in: *Communication Research*, Vol. 31, S. 36-57.

KIOUSIS, S./MITROOK, M./WU, X./SELTZER, T. (2006): First- and Second-Level Agenda-Building and Agenda-Setting Effects: Exploring the Linkages Among Candidate News Releases, Media Coverage, and Public Opinion During the 2002 Florida Gubernatorial Election, in: *Journal of Public Relations Research*, Vol. 18, S. 265-285.

KIOUSIS, S./POPESCU, C./MITROOK, M. (2007): Understanding Influence on Corporate Reputation: An Examination of Public Relations Efforts, Media Coverage, Public Opinion, and Financial Performance from an Agenda-Building and Agenda-Setting Perspective, in: *Journal of Public Relations Research*, Vol. 19, S. 147-165.

KLEIN, M./OHR, D./HEINRICH, S. (2002): Spitzenkandidaten im Wahlkampf. Die Veränderbarkeit von Kandidatenimages durch Wahlkampf und Medien, in: *Publizistik*, 47. Jg., S. 412-435.

KLEINSCHNITTGER, U. (1993): Beteiligungs-Controlling, München.

KLIMA, R. (1978): Image, in: FUCHS, W./KLIMA, R./LAUTMANN, R./RAMMSTEDT, O./WIENOLD, H. (Hrsg.): Lexikon zur Soziologie, Opladen, S. 330.

KNOLL, L. (2005): Stock Options in Deutschland: Gestaltungsperspektiven im Lichte historischer Fehlentwicklungen, in: ZANDER, E./WAGNER, D. (Hrsg.): Handbuch des Entgeltmanagements, München, S. 251-267.

KOSNIK, R. D. (1987): Greenmail: A Study of Board Performance in Corporate Governance, in: *Administrative Science Quarterly*, Vol. 32, S. 163-185.

KRAFT, K./NIEDERPRÜM, A. (1999): Ist die Vergütung von Managern im Zeitablauf flexibler geworden? in: *Zeitschrift für betriebswirtschaftliche Forschung*, 51. Jg., S. 787-804.

KRÄKEL, M. (2007): Organisation und Management, 3. Aufl., Tübingen.

KRÄKEL, M./SCHAUENBERG, B. (1998): Personalpolitik, Informationsökonomie und Karrieren, in: ALBERT, M./NIENHÜSER, W. (Hrsg.): Personalpolitik: Wissenschaftliche Erklärungen der Personalpraxis, München u.a., S. 82-110.

KRAMARSCH, M. H. (2004): Aktienbasierte Managementvergütung, 2. Aufl., Stuttgart.

KRAMARSCH, M. H. (2005): Organvergütung, in: *Zeitschrift für Unternehmens- und Gesellschaftsrecht*, 169. Jg., S. 112-123.

KROLL, M./SIMMONS, S. A./WRIGHT, P. (1990): Determinants of Chief Executive Officer Compensation Following Major Acquisitions, in: *Journal of Business Research*, Vol. 20, S. 349-366.

KROPFF, B. (1965): Aktiengesetz. Textausgabe des Aktiengesetzes vom 6.9.1965 (Bundesgesetzbl. I S. 1089) und des Einführungsgesetzes zum Aktiengesetz vom 6.9.1965 (Bundesgesetzbl. I S. 1185) mit Begründung des Regierungsentwurfs, Bericht des Rechtsausschusses des Deutschen Bundestags, Verweisungen und Sachverzeichnis, Düsseldorf.

KRUSE, J. (2001): Stars als Produkte der Medien, in: GAITANIDES, M./KRUSE, J. (Hrsg.): Stars in Film und Sport. Ökonomische Analyse des Starphänomens, München, S. 59-74.

KÜBLER, H. (1999): Qualitative versus quantitative Methoden der Medienanalyse, in: LEONHARD, J./LUDWIG, H./SCHWARZE, D./STRABNER, E. (Hrsg.): Medienwissenschaft. Ein Handbuch zur Entwicklung der Medien und Kommunikationsformen, 1. Teilband, Berlin und New York, S. 256-272.

KÜTING, K./WEBER, C. (2006): Die Bilanzanalyse. Beurteilung von Abschlüssen nach HGB und IFRS, 8. Aufl., Stuttgart.

LA PORTA, R./LOPEZ-DE SILANES, F./SHLEIFER, A. (1999): Corporate Ownership Around the World, in: Journal of Finance, Vol. 54, S. 471-517.

LAMBERT, R. A./LARCKER, D. F. (1987a): An Analysis of the Use of Accounting and Market Measures of Performance in Executive Compensation Contracts, in: Journal of Accounting Research, Vol. 25, S. 85-125.

LAMBERT, R. A./LARCKER, D. F. (1987b): Executive Compensation Effects of Large Corporate Acquisitions, in: Journal of Accounting and Public Policy, Vol. 6, S. 231-243.

LAMBERT, R. A./LARCKER, D. F./WEIGELT, K. (1993): The Structure of Organizational Incentives, in: Administrative Science Quarterly, Vol. 38, S. 438-461.

LAMNEK, S. (2002a): Prestige, in: ENDRUWEIT, G./TROMMSDORFF, G. (Hrsg.): Wörterbuch der Soziologie, Stuttgart, S. 413-415.

LAMNEK, S. (2002b): Status, in: ENDRUWEIT, G./TROMMSDORFF, G. (Hrsg.): Wörterbuch der Soziologie, Stuttgart, S. 575-576.

LANE, P. J./CANNELLA, A. A./LUBATKIN, M. H. (1998): Agency Problems as Antecedents to Unrelated Mergers and Diversification: Amihud and Lev Reconsidered, in: Strategic Management Journal, Vol. 19, S. 555-578.

LANG, K./LANG, G. (1966): The Mass Media and Voting, in: BERELSON, B./JANOWITZ, M. (Hrsg.): Reader in Public Opinion and Communication, New York, S. 455-472.

LANGER, E. J. (1975): The Illusion of Control, in: Journal of Personality and Social Psychology, Vol. 32, S. 311-328.

LAU, R. R./RUSSELL, D. (1980): Attributions in the Sports Pages, in: Journal of Personality and Social Psychology, Vol. 39, S. 29-38.

LAWLER, E. E. (1977): Motivierung in Organisationen, Bern u.a.

LAZEAR, E. P. (1989): Pay Equality and Industrial Politics, in: Journal of Political Economy, Vol. 97, S. 561-580.

LAZEAR, E./ROSEN, S. (1981): Rank-Order Tournaments as Optimum Labor Contracts, in: Journal of Political Economy, Vol. 89, S. 841-864.

LEVINTHAL, D. (1988): A Survey of Agency Model of Organizations, in: Journal of Economic Behavior and Organization, Vol. 9, S. 153-185.

LIEBERSON, S./O'CONNOR, J. F. (1972): Leadership and Organizational Performance: A Study of Large Corporations, in: American Sociological Review, Vol. 37, S. 117-130.

LIPPMANN, W. (1990): Die öffentliche Meinung (erstmals 1922 unter dem Titel Public Opinion erschienen), Bochum.

LÖFFELHOLZ, M. (2003): Die Öffnung der 'black box' - was Theorien zum Verständnis von Politik- und Wirtschaftsjournalismus und deren Beziehungen zur Öffentlichkeit beitragen, in: ROLKE, L./WOLFF, V. (Hrsg.): Die Meinungsmacher in der Mediengesellschaft. Deutschlands Kommunikationseliten aus der Innensicht, Wiesbaden, S. 35-51.

LORD, R. G./FOTI, R. J. (1986): Schema Theories, Information Processing, and Organizational Behavior, in: SIMS, H. P./GIOIA, D. A. (Hrsg.): The Thinking Organization, San Francisco u.a., S. 20-48.

LORD, R. G./FOTI, R. J./DE VADER, C. L. (1984): A Test of Leadership Categorization Theory: Internal Structure, Information Processing, and Leadership Perceptions, in: Organizational Behavior and Human Performance, Vol. 34, S. 343-378.

LORD, R. G./MAHER, K. J. (1990): Alternative Information-Processing Models and Their Implications for Theory, Research, and Practice, in: Academy of Management Review, Vol. 15, S. 9-28.

LORD, R. G./MAHER, K. J. (1991): Leadership and Information Processing: Linking Perceptions and Performance, London und New York.

LOWERY, S. A./DEFLEUR, M. L. (1995): Milestones in Mass Communication Research, 3. Aufl., New York.

LUBER, T. (2003): Betrachtung des Investor Marketing aus Sicht der Wirtschaftspresse, in: EBEL, B./HOFER, M. B. (Hrsg.): Investor Marketing, Wiesbaden, S. 131-139.

LUEGER, G. (1993): Die Bedeutung der Wahrnehmung bei der Personalbeurteilung. Zur psychischen Konstruktion von Urteilen über Mitarbeiter, 2. Aufl., München und Mering.

LUTTER, M. (1984): Information und Vertraulichkeit im Aufsichtsrat, Köln u.a.

LUTTER, M. (1995): Das dualistische System der Unternehmensverwaltung, in: SCHEFFLER, E. (Hrsg.): Corporate Governance, Wiesbaden, S. 5-26.

LUTTER, M. (1995): Defizite für eine effiziente Aufsichtsratstätigkeit und gesetzliche Möglichkeiten der Verbesserung, in: Zeitschrift für das gesamte Handelsrecht und Wirtschaftsrecht, 159. Jg. S. 287-309.

LUTTER, M./KRIEGER, G. (2002): Rechte und Pflichten des Aufsichtsrats, Freiburg.

MACHARZINA, K./WOLF, J. (2005): Unternehmensführung. Das internationale Managementwissen, Wiesbaden.

MACKEY, A. (2008): The Effect of CEOs on Firm Performance, in: Strategic Management Journal, Vol. 29, S. 1357-1367.

MAIN, B. G. M./O'REILLY, C. A./WADE, J. (1993): Top Executive Pay: Tournament or Teamwork? in: Journal of Labor Economics, Vol. 11, S. 606-628.

MAIN, B. G. M./O'REILLY, C. A./WADE, J. (1995): The CEO, the Board of Directors and Executive Compensation: Economic and Psychological Perspectives, in: Industrial and Corporate Change, Vol. 4, S. 293-332.

MALMENDIER, U./TATE, G. (2009): Superstar CEOs, in: The Quarterly Journal of Economics, Vol. 124, S. 1593-1638.

MANNE, H. G. (1965): Mergers and the Market for Corporate Control, in: Journal of Political Economy, Vol. 73, S. 110-120.

MARCH, J. G. (1984): Notes on Ambiguity and Executive Compensation, in: Scandinavian Journal of Management Studies, August, S. 53-64.

MARCH, J. G./SIMON, H. A. (1958): Organizations, New York u.a.

MARCH, J. G./SUTTON, R. I. (1997): Organizational Performance as a Dependent Variable, in: Organization Science, Vol. 8, S. 698-706.

MARRIS, R. (1964): The Economic Theory of 'Managerial' Capitalism, London.

MARTENS, K. (1988): Der Grundsatz gemeinsamer Vorstandsverantwortung, in: GOERDELER, R./HOMMELHOFF, P./LUTTER, M./WIEDEMANN, H. (Hrsg.): Festschrift für Hans-Joachim Fleck, Berlin, New York, S. 191-208.

MARTENS, K. (2005): Die Vorstandsvergütung auf dem Prüfstand, in: Zeitschrift für das gesamte Handelsrecht und Wirtschaftsrecht, 169. Jg., S. 124-154.

MARTINKO, M. J./GARDNER, W. L. (1987): The Leader/Member Attribution Process, in: Academy of Management Review, Vol. 12, S. 235-249.

MARTINKO, M. J./HARVEY, P./DOUGLAS, S. C. (2007): The Role, Function, and Contribution of Attribution Theory to Leadership: A Review, in: Leadership Quarterly, Vol. 18, S. 561-587.

MARTINS, L. L. (2005): A Model of the Effects of Reputational Rankings on Organizational Change, in: Organization Science, Vol. 16, S. 701-720.

MAST, C. (1999): Wirtschaft hautnah, in: Journalist, S. 34-36.

MAST, C. (2003): Wirtschaftsjournalismus – Grundlagen und neue Konzepte für die Presse, 2. Aufl., Opladen u.a.

MAST, C./SPACHMANN, K. (2005): Reformen in Deutschland. Wege einer besseren Verständigung zwischen Wirtschaft und Gesellschaft, Wiesbaden.

MAULE, A. J./EDLAND, A. C. (1997): The Effects of Time Pressure on Human Judgement and Decision Making, in: RANYARD, R./CROZIER, R. W./SVENSON, O. (Hrsg.): Decision Making: Cognitive Models and Explanations, London und New York, S. 187-204.

MAURER, M./REINEMANN, C. (2006): Medieninhalte. Eine Einführung, Wiesbaden.

MAYRING, P. (2003): Qualitative Inhaltsanalyse. Grundlagen und Techniken, 8. Aufl., Weinheim und Basel.

MCCOMBS, M. (2000): Agenda-Setting: Zusammenhänge zwischen Massenmedien und Weltbild, in: SCHORR, A. (Hrsg.): Publikums- und Wirkungsforschung. Ein Reader, Wiesbaden, S. 123-136.

MCCOMBS, M. (2004): Setting the Agenda. The Mass Media and Public Opinion, Cambridge u.a.

MCCOMBS, M. (2005): A Look at Agenda-Setting: Past, Present and Future, in: *Journalism Studies*, Vol. 6, S. 543-557.

MCCOMBS, M./ESTRADA, G. (1997): The News Media and the Pictures in Our Heads, in: IYENGAR, S./REEVES, R. (Hrsg.): Do the Media Govern? Politicians, Voters, and Reporters in America, Thousand Oaks u.a., S. 237-247.

MCCOMBS, M./LOPEZ-ESCOBAR, E./LLAMAS, J. P. (2000): Setting the Agenda of Attributes in the 1996 Spanish General Election, in: *Journal of Communication*, Vol. 50, S. 77-92.

MCCOMBS, M./SHAW, D. (1972): The Agenda-Setting Function of Mass Media, in: *The Public Opinion Quarterly*, Vol. 36, S. 176-187.

MCGUIRE, J. B. (1997): Legitimacy through Obfuscation: The Presentation of Executive Compensation, in: *International Journal of Organizational Analysis*, Vol. 5, S. 115-133.

MCGUIRE, J. B./SCHNEEWEIS, T./BRANCH, B. (1990): Perceptions of Firm Quality: A Cause or Result of Firm Performance, in: *Journal of Management*, Vol. 16, S. 167-180.

MCLEOD, D. M./DETENBER, B. H. (1999): Framing Effects of Television News Coverage of Social Protest, in: *Journal of Communication*, Vol. 49, S. 3-23.

MCMAHAN, I. D. (1973): Relationships between Causal Attributions and Expectancy of Success, in: *Journal of Personality and Social Psychology*, Vol. 28, S. 108-114.

MCNULTY, T./PETTIGREW, A. (1999): Strategists on the Board, in: *Organization Studies*, Vol. 20, S. 47-74.

MEIJER, M./KLEINNIJENHUIS, J. (2006): Issue News and Corporate Reputation: Applying the Theories of Agenda Setting and Issue Ownership in the Field of Business Communication, in: *Journal of Communication*, Vol. 56, S. 543-559.

MEINDL, J. R. (1990): On Leadership: An Alternative to the Conventional Wisdom, in: CUMMINGS, L. L./STAW, B. M. (Hrsg.): Research in Organizational Behavior, Vol. 12, Greenwich, S. 159-203.

MEINDL, J. R. (1995): The Romance of Leadership as a Follower-Centric Theory: A Social Constructionist Approach, in: *Leadership Quarterly*, Vol. 6, S. 329-341.

MEINDL, J. R./EHRLICH, S. B. (1987): The Romance of Leadership and the Evaluation of Organizational Performance, in: *Academy of Management Journal*, Vol. 30, S. 91-109.

MEINDL, J. R./EHRLICH, S. B./DUKERICH, J. (1985): The Romance of Leadership, in: *Administrative Science Quarterly*, Vol. 30, S. 78-102.

MEINDL, J. R./PASTOR, J. C./MAYO, M. (2004): Romance of Leadership, in: GOETHALS, G. R./SORENSON, G.J. (Hrsg.): Encyclopedia of Leadership, Thousand Oaks, S. 1347-1351.

MEINHÖVEL, H. (1999): Defizite der Principal-Agent-Theorie, Köln.

MERTEN, K. (1995): Inhaltsanalyse. Einführung in Theorie, Methode und Praxis, 2. Aufl., Opladen.

MERTEN, K. (1999): Einführung in die Kommunikationswissenschaft. Band 1: Grundlagen der Kommunikationswissenschaft, Münster u.a.

MEYER, J. W./ROWAN, B. (1991): Institutionalized Organizations: Formal Structure as Myth and Ceremony, in: POWELL, W. W./DIMAGGIO, P. J. (Hrsg.): The New Institutionalism in Organizational Analysis, Chicago und London, S. 41-62.

MEYER, W./FÖRSTERLING, F. (1993): Die Attributionstheorie, in: FREY, D./IRLE, M. (Hrsg.): Kognitive Theorien, Band I, Bern u.a., S. 175-214.

MILBOURN, T. T. (2003): CEO Reputation and Stock-Based Compensation, in: *Journal of Financial Economics*, Vol. 68, S. 233-262.

MILGROM, P./ROBERTS, J. (1992): Economics, Organization and Management, Englewood Cliffs.

MILLER, A. H./WATTENBERG, M. P./MALANCHUK, O. (1986): Schematic Assessments of Presidential Candidates, in: *American Political Science Review*, Vol. 80, S. 521-540.

MILLER, D. (1995): CEO Salary Increases May Be Rational after All: Referents and Contracts in CEO Pay, in: *Academy of Management Journal*, Vol. 38, S. 1361-1385.

MILLER, J. S./WISEMAN, R. M. (2001): Perceptions of Executive Pay: Does Pay Enhance a Leader's Aura? in: *Journal of Organizational Behavior*, Vol. 22, S. 703-711.

MILLER, J. S./WISEMAN, R. M./GOMEZ-MEJIA, L. R. (2002): The Fit between CEO Compensation Design and Firm Risk, in: *Academy of Management Journal*, Vol. 45, S. 745-756.

MINTZBERG, H. (1973): The Nature of Managerial Work, New York u.a.

MINTZBERG, H. (1983): Power In and Around Organizations, Englewood Cliffs, NJ.

MITCHELL, R./AGLE, B./WOOD, D. (1997): Toward a Theory of Stakeholder Identification and Salience: Defining the Principle of Who and What Really Counts, in: *Academy of Management Review*, Vol. 22, S. 853-886.

MITCHELL, T. R./GREEN, S. G./WOOD, R. E. (1981): An Attributional Model of Leadership and the Poor Performing Subordinate: Development and Validation, in: CUMMINGS, L. L./STAW, B. M. (Hrsg.): Research in Organizational Behavior, Vol. 3, Greenwich, S. 197-234.

MITCHELL, T. R./KALB, L. S. (1982): Effects of Job Experience on Supervisor Attributions for a Subordinate's Poor Performance, in: *Journal of Applied Psychology*, Vol. 67, S. 181-188.

MITCHELL, T. R./WOOD, R. E. (1980): Supervisor's Responses to Subordinate Poor Performance: A Test of an Attributional Model, in: *Organizational Behavior and Human Performance*, Vol. 25, S. 123-138.

MONOPOLKOMMISSION (2006): Mehr Wettbewerb auch im Dienstleistungssektor! Sechzehntes Hauptgutachten der Monopolkommission 2004/2005, Bundestag-Drucksache 16/2460.

MORCK, R./SHLEIFER, A./VISHNY, R. W. (1988): Management Ownership and Market Valuation, in: *Journal of Financial Economics*, Vol. 20, S. 293-315.

MÜLLER, C. (1995): Agency-Theorie und Informationsgehalt, in: *Die Betriebswirtschaft*, 55. Jg., S. 61-76.

MUMMENDEY, H. D. (1995): Psychologie der Selbstdarstellung, 2. Aufl., Göttingen u.a.

MUMMENDEY, H. D. (2004): Impression-Management und Unternehmensdramaturgie, in: SCHREYÖGG, G./V. WERDER, A. (Hrsg.): Handwörterbuch Unternehmensführung und Organisation, Stuttgart, Sp. 449-457.

MURPHY, K. J. (1985): Corporate Performance and Managerial Remuneration: An Empirical Analysis, in: *Journal of Accounting and Economics*, Vol. 7, S. 11-42.

MURPHY, K. J. (1999): Executive Compensation, in: ASHENFELTER, O./CARD, D. (Hrsg.): Handbook of Labor Economics, Vol. 3b, Amsterdam u.a., S. 2485-2563.

MURPHY, K. J./OYER, P. (2003): Discretion in Executive Incentive Contracts, Working Paper, University of Southern California and Stanford University.

MURPHY, K. J./ZÁBOJNÍK, J. (2004): CEO Pay and Appointments: A Market-Based Explanation for Recent Trends, in: *The American Economic Review*, Vol. 94, S. 192-196.

MURPHY, K. J./ZÁBOJNÍK, J. (2006): Managerial Capital and the Market for CEOs, Queen's Economics Department Working Paper No. 1110, Kingston.

MURPHY, K. R./CLEVELAND, J. N. (1990): Performance Appraisal. An Organizational Perspective, Boston u.a.

NESSMANN, K. (2007): Personality-Kommunikation: Die Führungskraft als Imageträger, in: PIWINGER, M./ZERFAß, A. (Hrsg.): Handbuch Unternehmenskommunikation, Wiesbaden, S. 833-846.

NEUBERGER, O. (1995): Moden und Mythen der Führung, in: KIESER, A./REBER, G./WUNDERER, R. (Hrsg.): Handwörterbuch der Führung, Stuttgart, Sp. 1578-1590.

NEUBERGER, O. (2002): Führen und führen lassen. Ansätze, Ergebnisse und Kritik der Führungsforschung, 6. Aufl., Stuttgart.

NEUS, W. (1989): Ökonomische Agency-Theorie und Kapitalmarktgleichgewicht, Wiesbaden.

NICOLAI, A. T./KIESER, A. (2002): Trotz eklatanter Erfolglosigkeit: Die Erfolgsfaktorenforschung weiter auf Erfolgskurs, in: *Die Betriebswirtschaft*, 62. Jg., S. 579-596.

NICOLAI, A. T./THOMAS, T. W. (2004): Investoren-Aktivismus. Ursachen und Auswirkungen, in: *Wirtschaftswissenschaftliches Studium*, 33. Jg., S. 20-24.

NILAKANT, V./RAO, H. (1994): Agency Theory and Uncertainty in Organizations: An Evaluation, in: *Organization Studies*, Vol. 15, S. 649-672.

NISBETT, R./ROSS, L. (1980): Human Inference: Strategies and Shortcomings of Social Judgment, Englewood Cliffs, NJ.

NYE, J. L. (2005): Cognition Matters: Leader Images and Their Implications for Organizational Life, in: SCHYNS, B./MEINDL, J. R. (Hrsg.): Implicit Leadership Theories: Essays and Explorations, Greenwich, S. 39-61.

O'CONNOR, J. P./PRIEM, R. L./COOMBS, J. E./GILLEY, K. M. (2006): Do CEO Stock Options Prevent or Promote Fraudulent Financial Reporting? in: *Academy of Management Journal*, Vol. 49, S. 483-500.

O'NEILL, G. (2007): A Priori Conceptions, Methodological Dogmatism and Theory versus Practice: Three Reasons Why CEO Pay Research Lacks Convergence, in: *Corporate Governance*, Vol. 15, S. 692-700.

O'REILLY, C. A./MAIN, B. G. M. (2005): Setting the CEO's Pay: Economic and Psychological Perspectives (September 2005). Stanford GSB Research Paper No. 1912. Available at SSRN: http://ssrn.com/abstract=804584.

O'REILLY, C. A./MAIN, B. G./CRYSTAL, G. S. (1988): CEO Compensation as Tournament and Social Comparison: A Tale of two Theories, in: *Administrative Science Quarterly*, Vol. 33, S. 257-274.

O'REILLY, C. A./MAIN, B. G. (2007): It's More than Simple Economics, in: *Organizational Dynamics*, Vol. 36, S. 1-12.

OESTERLE, M. (1999): Führungswechsel im Top-Management. Grundlagen - Wirkungen - Gestaltungsoptionen, Wiesbaden.

OESTERLE, M. (2003): Entscheidungsfindung im Vorstand großer deutscher Aktiengesellschaften, in: *Zeitschrift für Führung und Organisation*, 72. Jg., S. 199-208.

OESTERLE, M./KRAUSE, D. (2004): Leitungsorganisation des Vorstands in deutschen Aktiengesellschaften, in: *Wirtschaftswissenschaftliches Studium*, Heft 5, S. 272-277.

OHL, C. M./PINCUS, J. D./RIMMER, T./HARRISON, D. (1995): Agenda Building Role of News Releases in Corporate Takeovers, in: *Public Relations Review*, Vol. 21, S. 89-101.

OSTERLOH, M./FREY, B. S. (2005): Corporate Governance: Eine Prinzipal-Agenten Beziehung, Team-Produktion oder ein Soziales Dilemma? in: SCHAUENBERG, B./SCHREYÖGG, G./SYDOW, J. (Hrsg.): Managementforschung 15: Institutionenökonomik als Managementlehre? Wiesbaden, S. 333-364.

ÖSTGAARD, E. (1965): Factors Influencing the Flows of News, in: *Journal of Peace Research*, Vol. 2, S. 39-63.

OUCHI, W. G./MAGUIRE, M. A. (1975): Organizational Control: Two Functions, in: *Administrative Science Quarterly*, Vol. 20, S. 559-569.

OVIATT, B. M. (1988): Agency and Transaction Cost Perspectives on the Manager-Shareholder Relationships: Incentives for Congruent Interests, in: *Academy of Management Review*, Vol. 13, S. 214-225.

PARK, D./BERGER, B. K. (2004): The Presentation of CEOs in the Press, 1990-2000: Increasing Salience, Positive Valence, and a Focus on Competency and Personal Dimensions of Image, in: *Journal of Public Relations Research*, Vol. 16, S. 93-125.

PAVLIK, E./BELKAOUI, A. (1991): Determinants of Executive Compensation, New York u.a.

PEARCE II, J. A./ROBINSON, R. B. (1987): A Measure of CEO Social Power in Strategic Decision-Making, in: *Strategic Management Journal*, Vol. 8, S. 297-304.

PEARCE II, J. A./ZAHRA, S. A. (1991): The Relative Power of CEOs and Boards of Directors: Associations with Corporate Performance, in: *Strategic Management Journal*, Vol. 12, S. 135-153.

PELTZER, M. (1993): Haftungsgeneigte Personalentscheidungen des Aufsichtsrates, in: BIERICH, M./HOMMELHOFF, P./KROPFF, B. (Hrsg.): Festschrift für Johannes Semler zum 70. Geburtstag am 28. April 1993. Unternehmen und Unternehmensführung im Recht, Berlin und New York, S. 261-275.

PELTZER, M. (2003): Vorstand/Board: Aufgaben, Organisation, Entscheidungsfindung und Willensbildung - Rechtlicher Rahmen, in: HOMMELHOFF, P./HOPT, K. J./V. WERDER, A. (Hrsg.): Handbuch Corporate Governance: Leitung und Überwachung börsennotierter Unternehmen in der Rechts- und Wirtschaftspraxis, Stuttgart, S. 223-244.

PELTZER, M. (2005): Die Bestellung und die Anstellung von Vorstandsmitgliedern, in: SEMLER, J./PELTZER, M. (Hrsg.): Arbeitshandbuch für Vorstandsmitglieder, München, S. 105-183.

PENDRY, L. (2007): Soziale Kognition, in: JONAS, K./STROEBE, W./HEWSTONE, M. (Hrsg.): Sozialpsychologie. Eine Einführung, Heidelberg, S. 111-145.

PENNINGS, J. M. (1993): Executive Reward Systems: A Cross-National Comparison, in: *Journal of Management Studies*, Vol. 30, S. 261-280.

PERKINS, S. J./HENDRY, C. (2005): Ordering Top Pay: Interpreting the Signals, in: *Journal of Management Studies*, Vol. 7, S. 1443-1468.

PETER, J. (2002): Medien-Priming - Grundlagen, Befunde und Forschungstendenzen, in: *Publizistik*, 47. Jg., S. 21-44.

PETERS, B. (1996): Prominenz. Eine soziologische Analyse ihrer Entstehung und Wirkung, Opladen.

PETTIGREW, A. M. (1992): On Studying Managerial Elites, in: *Strategic Management Journal*, Vol. 13, S. 163-182.

PETTIGREW, A./MCNULTY, T. (1998): Sources and Uses of Power in the Boardroom, in: *European Journal of Work and Organizational Psychology*, Vol. 7, S. 197-214.

PFANNSCHMIDT, A. (1993): Personelle Verflechtungen über Aufsichtsräte. Mehrfachmandate in deutschen Unternehmen, Wiesbaden.

PFEFFER, J. (1977): The Ambiguity of Leadership, in: *Academy of Management Review*, Vol. 2, S. 104-112.

PFEFFER, J. (1981): Management as Symbolic Action: The Creation and Maintenance of Organizational Paradigms, in: CUMMINGS, L. L. /. B. M. (Hrsg.): Research in Organizational Behavior, Vol. 3, Greenwich, S. 1-52.

PFEFFER, J. (1981): Power in Organizations, Boston u.a.

PFEFFER, J. (1994): Managing with Power. Politics and Influence in Organizations, Boston.

PFEFFER, J./SALANCIK, G. R. (1978): The External Control of Organizations. A Resource Dependence Perspective, Stanford.

PFEFFER, J./SUTTON, R. I. (2006): Hard Facts, Dangerous Half-Truths, and Total Nonsense, Boston.

PHILLIPS, J. S./LORD, R. G. (1981): Causal Attributions and Perceptions of Leadership, in: *Organizational Behavior and Human Performance*, Vol. 28, S. 143-163.

PICOT, A./DIETL, H./FRANCK, E. (2008): Organisation: Eine ökonomische Perspektive, 5. Aufl., Stuttgart.

PICOT, A./MICHAELIS, E. (1984): Verteilung von Vergütungsrechten in Großunternehmungen und Unternehmensverfassung, in: *Zeitschrift für Betriebswirtschaft*, 54. Jg., S. 252-272.

PINCUS, D. J./RIMMER, T./RYFIELD, R. E./CROPP, F. (1993): Newspaper Editors' Perceptions of Public Relations: How Business, News, and Sports Editors Differ, in: *Journal of Public Relations Research*, Vol. 5, S. 27-45.

POENSGEN, O. H./LUKAS, A. (1982): Fluktuation, Amtszeit und weitere Karriere von Vorstandsmitgliedern, in: *Die Betriebswirtschaft*, 42. Jg., S. 177-195.

POINT, S./TYSON, S. (2006): Top Pay Transparency in Europe: Codes, Convergence and Clichés, in: *International Journal of Human Resource Management*, Vol. 17, S. 812-830.

POLLOCK, T. G./FISCHER, H. M./WADE, J. B. (2002): The Role of Power and Politics in the Repricing of Executive Options, in: *Academy of Management Journal*, Vol. 45, S. 1172-1182.

PORAC, J./WADE, J. B./POLLOCK, T. (1999): Industry Categories and the Politics of the Comparable Firm in CEO Compensation, in: *Administrative Science Quarterly*, Vol. 44, S. 112-144.

POTTHOFF, E./TRESCHER, K. (2003): Das Aufsichtsratsmitglied. Ein Handbuch der Aufgaben, Rechte und Pflichten, Stuttgart. 6. Aufl., Stuttgart.

POWELL, G. N./BUTTERFIELD, D. A./PARENT, J. D. (2002): Gender and Managerial Stereotypes: Have the Times Changed? in: *Journal of Management*, Vol. 28, S. 177-193.

POZNER, J. (2008): Stigma and Settling Up: An Integrated Approach to the Consequences of Organizational Misconduct for Organizational Elites, in: *Journal of Business Ethics*, Vol. 80, S. 141-150.

PRATT, J. W./ZECKHAUSER, R. J. (1985): Principals and Agents: An Overview, in: PRATT, J. W./ZECKHAUSER, R. J. (Hrsg.): Principals and Agents: The Structure of Business, Boston, S. 1-35.

PRENDERGAST, C. (1999): The Provision of Incentives in Firms, in: *Journal of Economic Literature*, Vol. 37, S. 7-63.

PRENDERGAST, C. (2000): What Trade-off of Risk and Incentives? in: *American Economic Review*, Vol. 90, S. 421-425.

PRENDERGAST, C. (2002): The Tenuous Trade-off between Risk and Incentives, in: *Journal of Political Economy*, Vol. 110, S. 1071–1102 .

PRENDERGAST, C./TOPEL, R. (1993): Discretion and Bias in Performance Evaluation, in: *European Economic Review*, Vol. 37, S. 355-365.

PRIGGE, S./STEENBOCK, A. (2002): Pensionsfondsaktivismus - Chancen und Risiken einer Reform der Alterssicherung für die Corporate Governance in Deutschland, in: *Zeitschrift für Betriebswirtschaft*, 72. Jg., S. 777-795.

PUFFER, S. M./WEINTROP, J. B. (1991): Corporate Performance and CEO Turnover: The Role of Performance Expectations, in: *Administrative Science Quarterly*, Vol. 3, S. 1-19.

PULZ, F. (2004): Personalbindung mit Aktienoptionen, in: *Betriebs-Berater*, 59. Jg., S. 1107-1114.

PYE, A./PETTIGREW, A. M. (2005): Studying Board Context, Process and Dynamics: Some Challenges for the Future, in: *British Journal of Management*, Vol. 16, S. S27-S38.

RAJAGOPALAN, N./PRESCOTT, J. E. (1990): Determinants of Top Executive Compensation: Explaining the Impact of Economic, Behavioral, and Strategic Constructs and the Moderating Effects of Industry, in: *Journal of Management,* Vol. 16, S. 515-538.

RAJGOPAL, S./SHEVLIN, T./ZAMORA, V. (2006): CEOs' Outside Employment Opportunities and the Lack of Relative Performance Evaluation in Compensation Contracts, in: *The Journal of Finance*, Vol. 61, S. 1813-1844.

RANFT, A. L./FERRIS, G. R./PERRYMAN, A. A. (2007): Dealing with Celebrity and Accountability in the Top Job, in: *Human Resource Management*, Vol. 46, S. 671-682.

RANFT, A. L./FERRIS, G. R./ZINKO, R./BUCKLEY, M. R. (2006): Marketing the Image of Management: The Costs and Benefits of CEO Reputation, in: *Organizational Dynamics*, Vol. 35, S. 279-290.

RAO, H. (1994): The Social Construction of Reputation: Certification Contests, Legitimation and the Survival of the Organizations in the American Automobile Industry, 1895-1912, in: *Strategic Management Journal*, Vol. 15, S. 29-44.

RAUB, W./WEESIE, J. (1990): Reputation and Efficiency in Social Interactions: An Example of Network Effects, in: *American Journal of Sociology*, Vol. 96, S. 626-654.

RAVEN, B. H. (1965): Social Influence and Power, in: STEINER, I. D./FISHBEIN, M. (Hrsg.): Current Studies in Social Psychology, New York, S. 371-382.

RAVEN, B. H. (1992): A Power/Interaction Model of Interpersonal Influence: French and Raven Thirty Years Later, in: *Journal of Social Behavior and Personality*, Vol. 7, S. 217-244.

REDIKER, K. J./SETH, A. (1995): Boards of Directors and Substitution Effects of Alternative Governance Mechanisms, in: *Strategic Management Journal*, Vol. 16, S. 85-99.

RICE, R. E./ATKIN, C. (1994): Principles of Successful Public Communication Campaigns, in: BRYANT, J./ZILLMANN, D. (Hrsg.): Media Effects: Advances in Theory and Research, Hillsdale, S. 365-387.

RICHTER, R./FURUBOTN, E. G. (2003): Neue Institutionenökonomik: Eine Einführung und kritische Würdigung, 3. Aufl., Tübingen.

RICHTER, W. (2005): Leitung, Geschäftsführung und Vertretung der Gesellschaft, in: SEMLER, J./PELTZER, M. (Hrsg.): Arbeitshandbuch für Vorstandsmitglieder, München, S. 303-416.

RINDOVA, V. P./POLLOCK, T. G./HAYWARD, M. L. (2006): Celebrity Firms: The Social Construction of Market Popularity, in: *Academy of Management Review*, Vol. 31, S. 50-71.

RINDOVA, V. P./WILLIAMSON, I. O./PETKOVA, A. P./SEVER, J. M. (2005): Being Good or Being Known: An Empirical Examination of the Dimensions, Antecedents, and Consequences of Organizational Reputation, in: *Academy of Management Journal*, Vol. 48, S. 1033-1048.

RINGLEB, H./KREMER, T./LUTTER, M./V. WERDER, A. (2008): Kommentar zum Deutschen Corporate Governance Kodex. Kodex-Kommentar, 3. Aufl., München.

RIORDAN, C. A. (1989): Images of Managerial Success, in: GIACALONE, R. A./ROSENFELD, P. (Hrsg.): Impression Management in the Organization, Hillsdale u.a., S. 87-103.

RIPPERGER, T. (1998): Ökonomik des Vertrauens. Analyse eines Organisationsprinzips, Tübingen.

ROBERTS, D. R. (1956): A General Theory of Executive Compensation Based on Statistically Tested Propositions, in: *The Quarterly Journal of Economics*, Vol. 70, S. 270-294.

ROBERTS, J./MCNULTY, T./STILES, P. (2005): Beyond Agency Conceptions of the Work of the Non-Executive Director: Creating Accountability in the Boardroom, in: *British Journal of Management*, Vol. 16, S. S5-S26.

ROBERTS, P. W./DOWLING, G. R. (2002): Corporate Reputation and Sustained Superior Financial Performance, in: *Strategic Management Journal*, Vol. 23, S. 1077-1093.

ROGERS, E. M./HART, W. B./DEARING, J. W. (1997): A Paradigmatic History of Agenda-Setting Research, in: IYENGAR, S./REEVES, R. (Hrsg.): Do the Media Govern? Politicians, Voters, and Reporters in America, Thousand Oaks u.a., S. 225-236.

ROLL, R. (1986): The Hubris Hypothesis of Corporate Takeovers, in: *Journal of Business*, Vol. 59, S. 197-216.

ROSEN, S. (1999): Contracts and the Markets for Executives, in: HALLOCK, K. F./MURPHY, K. J. (Hrsg.): The Economics of Executive Compensation. Volume I, Cheltenham und Northampton, S. 300-330.

ROSS, L. D. (1977): The Intuitive Psychologist and his Shortcomings: Distortions in the Attribution Process, in: BERKOWITZ, L. (Hrsg.): *Advances in Experimental Psychology*, Vol. 10, New York, S. 173-220.

RÖSSLER, P. (1997): Agenda-Setting: Theoretische Annahmen und empirische Evidenzen einer Medienwirkungshypothese, Wiesbaden.

RÖSSLER, P. (2005): Inhaltsanalyse, Konstanz.

RÖSSLER, P./KROTZ, F. (2005): Mythen der Mediengesellschaft, Konstanz.

ROTH, G./WÖRLE, U. (2004): Die Unabhängigkeit des Aufsichtsrats - Recht und Wirklichkeit, in: *Zeitschrift für Unternehmens- und Gesellschaftsrecht*, 33. Jg., S. 565-630.

RÖTTGER, U. (2005): Strategisches Issue Management, in: *Zeitschrift für Organisation*, 74. Jg., S. 139-146.

ROWE, W./HARRIS, I./CANNELLA, A./FRANCOLINI, T. (2003): In Search of Meaning: Does the Fortune Reputation Survey Alter Performance Expectations? in: *Canadian Journal of Administrative Sciences*, Vol. 20, S. 187-195.

RUCINSKI, D. (1992): Personalized Bias in News: The Potency of the Particular, in: *Communication Research*, Vol. 19, S. 91-108.

RÜHL, M. (1993): Images - Ein symbolischer Mechanismus der öffentlichen Kommunikation zur Vereinfachung unbeständiger Public Relations, in: ARMBRECHT, W./AVENARIUS, H./ZABEL, U. (Hrsg.): Image und PR. Kann Image Gegenstand einer Public Relations-Wissenschaft sein? Opladen, S. 55-71.

RUHWEDEL, F. (2003): Eigentümerstruktur und Unternehmenserfolg. Eine theoretische und empirische Analyse deutscher börsennotierter Unternehmen, Frankfurt am Main.

SALANCIK, G./MEINDL, J. (1984): Corporate Attributions as Strategic Illusions of Management Control, in: *Administrative Science Quarterly*, Vol. 29, S. 238-254.

SALZBERGER, W. (2004): Board of Directors, in: SCHREYÖGG, G./V. WERDER, A. (Hrsg.): Handwörterbuch Unternehmensführung und Organisation, Stuttgart, Sp. 99-105.

SANDERS, G. W. (2001): Behavioral Responses of CEOs to Stock Ownership and Stock Option Pay, in: *Academy of Management Journal*, Vol. 44, S. 477-492.

SANDERS, W. G./TUSCHKE, A. (2007): The Adoption of Institutionally Contested Organizational Practices: The Emergence of Stock Option Pay in Germany, in: *Academy of Management Journal*, Vol. 50, S. 33-56.

SANDHU, S./ZIELMANN, S. (2010): CEO-Kommunikation. Die Kommunikation des Top-Managements aus Sicht der Kommunikationsverantwortlichen in deutschen Unternehmen, in: EISENEGGER, M./WEHMEIER, S. (Hrsg.): Personalisierung der Organisationskommunikation. Theoretische Zugänge, Empirie und Praxis, Wiesbaden, S. 189-210.

SANDNER, K./MEYER, R. (2004): Macht in Organisationen, in: SCHREYÖGG, G./V. WERDER, A. (Hrsg.): Handwörterbuch Unternehmensführung und Organisation, Stuttgart, Sp. 757-765.

SARRAZIN, J. (1995): Die besonderen Aufgaben des Aufsichtsratsvorsitzenden, in: SCHEFFLLER, E. (Hrsg.): Corporate Governance. Schriften zur Unternehmensführung, Wiesbaden, S. 126-146.

SCHÄFER, D. (2004): Unternehmensberichterstattung. Von der Chronistenöde zum Storytelling, in: *Fachjournalist*, Heft 13, S. 6-9.

SCHAFFER, B. S. (2001): Board Assessment of Managerial Performance: An Analysis of Attribution Processes, in: *Journal of Managerial Psychology*, Vol. 17, S. 95-115.

SCHANTEL, A. (2000): Determination oder Intereffikation? in: *Publizistik*, 45. Jg., S. 70-88.

SCHARFSTEIN, D. S./STEIN, J. C. (1990): Herd Behavior and Investment, in: *American Economic Review*, Vol. 80, S. 465-479.

SCHEIN, V. E. (1973): The Relationship between Sex Role Stereotypes and Requisite Management Characteristics, in: *Journal of Applied Psychology*, Vol. 57, S. 95-100.

SCHENDERA, C. F. (2008): Regressionsanalyse mit SPSS, München.

SCHENK, M. (2000): Schlüsselkonzepte der Medienwirkungsforschung, in: SCHORR, A. (Hrsg.): Publikums- und Wirkungsforschung. Ein Reader, Wiesbaden, S. 71-84.

SCHENK, M. (2005): Interpersonale Kommunikation, in: NOELLE-NEUMANN, E./SCHULZ, W./WILKE, J. (Hrsg.): Publizistik, Massenkommunikation, Frankfurt am Main, S. 64-77.

SCHENK, M. (2007): Medienwirkungsforschung, 3. Aufl., Tübingen.

SCHENK, M./RÖSSLER, P. (1996): Wirtschaftsberichterstattung in Zeitschriften. Literaturbericht und Inhaltsanalyse, München.

SCHEUFELE, B. (2003): Frames - Framing - Framing-Effekte. Theoretische und methodische Grundlegung des Framing-Ansatzes sowie empirische Befunde zur Nachrichtenproduktion, Wiesbaden.

SCHEUFELE, B. (2004): Framing-Effekte auf dem Prüfstand, in: *Medien & Kommunikation*, 52. Jg., S. 30-55.

SCHEUFELE, B./HAAS, A. (2008): Medien und Aktien. Theoretische und empirische Modellierung der Rolle der Berichterstattung für das Börsengeschehen, Wiesbaden.

SCHEUFELE, D. A. (1999): Framing as a Theory of Media Effects, in: *Journal of Communication*, Vol. 49, S. 103-122.

SCHEUFELE, D. A. (2000): Agenda-Setting, Priming, and Framing Revisited: Another Look at Cognitive Effects of Political Communication, in: *Mass Communication and Society*, Vol. 3, S. 297-316.

SCHEUFELE, D. A./TEWKSBURY, D. (2007): Framing, Agenda Setting, and Priming: The Evolution of Three Media Effects Models, in: *Journal of Communication*, Vol. 57, S. 9-20.

SCHIERL, T. (2007a): Prominenz in den Medien. Eine empirische Studie zu Veränderungen in der Prominenzberichterstattung im Zeitraum 1973 bis 2003, in: SCHIERL, T. (Hrsg.): Prominenz in den Medien. Zur Genese und Verwertung von Prominenten in Sport, Wirtschaft und Kultur, Köln, S. 11-41.

SCHIERL, T. (2007b): Ökonomie der Prominenz: Celebrity sells. Zur medialen Produktion und Reproduktion von Prominenz, in: SCHIERL, T. (Hrsg.): Prominenz in den Medien. Zur Genese und Verwertung von Prominenten in Sport, Wirtschaft und Kultur, Köln, S. 98-121.

SCHLENKER, B. R. (1980): Impression Management. The Self-Concept, Social Identity, and Interpersonal Relations, Monterey.

SCHMID, F. A. (1997): Vorstandsbezüge, Aufsichtsratsvergütung und Aktionärsstruktur, in: *Zeitschrift für Betriebswirtschaft*, 67. Jg., S. 67-83.

SCHMIDT, R. D./FOWLER, K. L. (1990): Post Acquisition Financial Performance and Executive Compensation, in: *Strategic Management Journal*, Vol. 11, S. 559-569.

SCHMIDT, R./SCHWALBACH, J. (2007): Zur Höhe und Dynamik der Vorstandsvergütung in Deutschland, in: *Zeitschrift für Betriebswirtschaft*, ZfB-Special Issue 1/2007, S. 111-121.

SCHNABEL, H. (1998): Wertorientierte Vergütung von Führungskräften, Wiesbaden.

SCHNEIDER, H. (2007): Nachweis und Behandlung von Multikollinearität, in: ALBERS, S./KLAPPER, D./KONRADT, U./WALTER, A./WOLF, J. (Hrsg.): Methodik der empirischen Forschung, Wiesbaden, S. 183-198.

SCHNETTLER, K. (2006): Gesteigerte Nachfrage. Wirtschaft an den Leser gebracht, in: RAGER, G./GRAF-SZCZUKA, K./HASSEMER, G./SÜPER, S. (Hrsg.): Zeitungsjournalismus. Empirische Leserschaftsforschung, Konstanz, S. 194-203.

SCHRADER, S. (1995): Spitzenführungskräfte, Unternehmensstrategie und Unternehmenserfolg, Tübingen.

SCHRADER, S./LÜTHJE, C. (1995): Das Ausscheiden der Spitzenführungskraft aus der Unternehmung, in: *Zeitschrift für Betriebswirtschaft*, 65. Jg., S. 476-492.

SCHREYÖGG, G./STEINMANN, H. (1981): Zur Trennung von Eigentum und Verfügungsgewalt. Eine empirische Analyse der Beteiligungsverhältnisse in deutschen Großunternehmen, in: *Zeitschrift für Betriebswirtschaft*, 51. Jg., S. 533-558.

SCHRÖER, H. (1999): Bedingte Kapitalerhöhung, in: SEMLER, J./VOLHARD, R. (Hrsg.): Arbeitshandbuch für die Hauptversammlung, München, S. 553-578.

SCHRÖTER, D. (1991): Plädoyer der Qualitätssicherung. Ein Werkstattbericht über zwei Studien zur Qualität der Wirtschaftsberichterstattung, in: KLAUE, S. (Hrsg.): Marktwirtschaft in der Medienberichterstattung. Wirtschaftsjournalismus und Journalistenausbildung, Düsseldorf u.a., S. 73-110.

SCHÜLLER, A. M. (2002): Vorstandsvergütung. Gesellschaftsrechtliche Fragen der Vergütung des Vorstands in der börsennotierten Aktiengesellschaft, Baden-Baden.

SCHULZ, W. (1990): Die Konstruktion von Realität in den Nachrichtenmedien. Analyse der aktuellen Berichterstattung, 2. Aufl., Freiburg und München.

SCHULZ, W. (1993): Medienwirklichkeit und Medienwirkung. Aktuelle Entwicklungen der Massenkommunikation und ihre Folgen, in: *Aus Politik und Zeitgeschichte*, B 40, S. 16-26.

SCHULZ, W. (2004): Public Relations/Öffentlichkeitsarbeit, in: NOELLE-NEUMANN, E./SCHULZ, W./WILKE, J. (Hrsg.): Publizistik, Massenkommunikation, Frankfurt am Main, S. 517-545.

SCHULZ, W./ZEH, R. (2003): Kanzler und Kandidat in den Fernsehnachrichten, in: HOLTZ-BACHA, C. (Hrsg.): Der Kampf um Stimmen. Studien zur Bundestagswahl 2002, Wiesbaden, S. 57-81.

SCHUSTER, T. (2004): Nach dem Crash ist vor dem Boom? in: *Fachjournalist*, Heft 14, S. 3-6.

SCHWALBACH, J. (1999a): Entwicklung der Managervergütung, in: *Betriebswirtschaftliche Forschung und Praxis*, 51. Jg., S. 592-602.

SCHWALBACH, J. (1999b): Der Zusammenhang von Kompensation und Performance im internationalen Vergleich, in: *Personal*, Heft 3, S. 114-118.

SCHWALBACH, J. (2004): Reputation, in: SCHREYÖGG, G./V. WERDER, A. (Hrsg.): Handwörterbuch Unternehmensführung und Organisation, Stuttgart, Sp. 1262-1269.

SCHWALBACH, J./BRENNER, S. (2001): Managerqualität und Unternehmensgröße, in: SADOWSKI, D. (Hrsg.): Entrepreneurial Spirits, Wiesbaden, S. 165-181.

SCHWALBACH, J./GRAßHOFF, U. (1997): Managervergütung und Unternehmenserfolg, in: *Zeitschrift für Betriebswirtschaft*, 67. Jg., S. 203-217.

SCHYNS, B./MEINDL, J. R. (2005): An Overview of Implicit Leadership Theories and their Application in Organization Practice, in: SCHYNS, B./MEINDL, J. R. (Hrsg.): Implicit Leadership Theories: Essays and Explorations, Greenwich, S. 15-36.

SCOTT, S. G./LANE, V. R. (2000): A Stakeholder Approach to Organizational Identity, in: *Academy of Management Review*, Vol. 25, S. 43-62.

SCZESNY, S. (2005): Gender Stereotypes and Implicit Leadership Theories, in: SCHYNS, B./MEINDL, J. R. (Hrsg.): Implicit Leadership Theories: Essays and Explorations, Greenwich, S. 159-172.

SEIBERT, U. (1998): Stock Options für Führungskräfte - zur Regelung im Kontrolle- und Transparenzgesetz (KonTraG), in: PELLENS, B. (Hrsg.): Unternehmenswertorientierte Entlohnungssysteme, Stuttgart, S. 29-52.

SEMADENI, M./CANNELLA, A. A./FRASER, D. R./LEE, D. S. (2008): Fight or Flight: Managing Stigma in Executive Careers, in: *Strategic Management Journal*, Vol. 29, S. 557-567.

SEMLER, J. (1995): Leistungs- und erfolgsbezogene Vorstandsvergütung, in: FÖRSCHLE, G. (Hrsg.): Rechenschaftslegung im Wandel: Festschrift Budde, München, S. 595-614.

SEMLER, J. (1996): Leitung und Überwachung der Aktiengesellschaft. Die Leitungsaufgabe des Vorstands und die Überwachungsaufgabe des Aufsichtsrats, Köln u.a.

SEMLER, J. (2000): Rechtsvorgabe und Realität der Organzusammenarbeit in der Aktiengesellschaft, in: SCHNEIDER, U. H./HOMMELHOFF, P./SCHMIDT, K./TIMM, W./GRUNEWALD, B. (Hrsg.): Festschrift für Marcus Lutter zum 70. Geburtstag - deutsches und europäisches Gesellschafts-, Konzern- und Kapitalmarktrecht, Köln, S. 721-734.

SEMLER, J. (2001): Grundsätze ordnungsmäßiger Überwachung? in: LUTTER, M./PELTZER, M./SIGLE, W. (Hrsg.): Festschrift für Martin Peltzer zum 70. Geburtstag, Köln, S. 489-517.

SEMLER, J. (2004a): Die Kompetenzen des Aufsichtsrats, in: SEMLER, J./V. SCHENCK, K. (Hrsg.): Arbeitshandbuch für Aufsichtsratsmitglieder, München, S. 1-74.

SEMLER, J. (2004b): Die Arbeit des Aufsichtsratsvorsitzenden, in: SEMLER, J./V. SCHENCK, K. (Hrsg.): Arbeitshandbuch für Aufsichtsratsmitglieder, München, S. 135-175.

SENBONGI, S./HARRINGTON, J. (1995): Managerial Reputation and the Competitiveness of an Industry, in: International Journal of Industrial Organization, Vol. 13, S. 95-110.

SHAMIR, B. (1992): Attribution of Influence and Charisma to the Leader: The Romance of Leadership Revisited, in: Journal of Applied Social Psychology, Vol. 22, S. 386-407.

SHAPIRO, C. (1983): Premiums for High Quality Products as Returns to Reputations, in: The Quarterly Journal of Economics, Vol. 98, S. 659-680.

SHAVELL, S. (1979): Risk Sharing and Incentives in the Principal and Agent Relationship, in: Bell Journal of Economics, Spring, S. 55-73.

SHEAFER, T. (2007): How to Evaluate It: The Role of Story-Evaluative Tone in Agenda Setting and Priming, in: Journal of Communication, Vol. 57, S. 21-39.

SHEN, W./CANNELLA, A. A. (2002): Revisiting the Performance Consequences of CEO Succession: The Impacts of Successor Type, Postsuccession Senior Executive Turnover, and Departing CEO Tenure, in: Academy of Management Journal, Vol. 45, S. 717-733.

SHENKAR, O./YUCHTMAN-YAAR, E. (1997): Reputation, Image, Prestige, and Goodwill: An Interdisciplinary Approach to Organizational Standing, in: Human Relations, Vol. 50, S. 1361-1381.

SHERMAN, S. J./CORTY, E. (1984): Cognitive Heuristics, in: WYER, R./SRULL, T. K. (Hrsg.): Handbook of Social Cognition, Vol. 1, Hillsdale und London, S. 189-286.

SHIVDASANI, A./YERMACK, D. (1999): CEO Involvement in the Selection of New Board Members: An Empirical Analysis, in: Journal of Finance, Vol. 54, S. 1829-1853.

SHLEIFER, A./VISHNY, R. W. (1986): Large Shareholders and Corporate Control, in: Journal of Political Economy, Vol. 94, S. 461-488.

SHLEIFER, A./VISHNY, R. W. (1997): A Survey of Corporate Governance, in: Journal of Finance, Vol. 52, S. 737-783.

SIEBEL, U. (2004): Arbeit von Ausschüssen, in: SEMLER, J./V. SCHENCK, K. (Hrsg.): Arbeitshandbuch für Aufsichtsratsmitglieder, München, S. 239-302.

SIEBEN, G./BRETZKE, W./RAULWING, H. (1976): Zur Problematik einer Prüfung von Managementleistungen, in: Betriebswirtschaftliche Forschung und Praxis, Vol. 28, S. 181-201.

SIEGEL, P. A./HAMBRICK, D. C. (2005): Pay Disparities within Top Management Groups: Evidence of Harmful Effects on Performance of High-Technology Firms, in: Organization Science, Vol. 16, S. 259-274.

SIGLE, A. (2000): Für Familiengesellschaften auf dem Prüfstand: Die börsennotierte Aktiengesellschaft, in: HOMMELHOFF, P./SCHMIDT-DIEMETZ, R./SIGLE, A. (Hrsg.): Familiengesellschaften. Festschrift für Walter Sigle zum 70. Geburtstag, Köln, S. 301-323.

SILVA, P. (2005): Do Motivation and Equity Ownership Matter in Board of Directors' Evaluation of CEO Performance, in: Journal of Managerial Issues, Vol. 17, S. 346-362.

SILVA, P./TOSI, H. L. (2004): Determinants of the Anonymity of the CEO Evaluation Process, in: Journal of Managerial Issues, Vol. 16, S. 87-102.

SIMON, H. (2003): Die Rolle des CEO im Investor Marketing, in: EBEL, B./HOFER, M. B. (Hrsg.): Investor Marketing, Wiesbaden, S. 241-250.

SIMON, H. A. (1957): Compensation of Executives, in: Sociometry, Vol. 20, S. 32-35.

SIMON, H. A. (1959): Theories of Decision-Making in Economics and Behavioral Science, in: The American Economic Review, Vol. 49, S. 253-283.

SIMON, H. A. (1987): Models of Bounded Rationality, in: EATWELL, J./MILGATE, M./NEWMAN, P. (Hrsg.): The New Palgrave. A Dictionary of Economics, Vol. 1, London u.a., S. 266-267.

SIMON, H. A. (1997): Administrative Behavior. A Study of Decision-Making Processes in Administrative Organizations, 4. Aufl., New York.

SMITH, M. P. (1994): Shareholder Activism by Institutional Investors: Evidence from CalPERS, in: *Journal of Finance*, Vol. 51, S. 227-252.

SNYDER, M./SWANN, W. B. (1978): Hypothesis-Testing Processes in Social Interaction, in: *Journal of Personality and Social Psychology*, Vol. 36, S. 1202-1212.

SPACHMANN, K. (2005): Wirtschaftsjournalismus in der Presse, Konstanz.

SPREMANN, K. (1987a): Principal and Agent, in: BAMBERG, G./SPREMANN, K. (Hrsg.): Agency Theory, Information, and Incentives, Berlin, S. 3-38.

SPREMANN, K. (1987b): Reputation, Garantie, Information, in: *Zeitschrift für Betriebswirtschaft*, 58. Jg., S. 613-629.

SPREMANN, K. (1990): Asymmetrische Information, in: *Zeitschrift für Betriebswirtschaft*, 60. Jg., S. 561-586.

STAEHLE, W. H. (1999): Management. Eine verhaltenswissenschaftliche Perspektive, 8. Aufl, München.

STAW, B. M. (1975): Attribution of the Causes of Performance: A New Alternative Interpretation of Cross-Sectional Research on Organizations, in: *Organizational Behavior and Human Performance*, Vol. 13, S. 414-432.

STAW, B. M./EPSTEIN, L. D. (2000): What Bandwagons Bring: Effects of Popular Management Techniques on Corporate Performance, Reputation, and CEO Pay, in: *Administrative Science Quarterly*, Vol. 45, S. 523-556.

STAW, B. M./MCKECHNIE, P./PUFFER, S. M. (1983): The Justification of Organizational Performance, in: *Administrative Science Quarterly*, Vol. 28, S. 582-600.

STEINMANN, H./FEES, W./GERUM, E. (1985): Managerkontrolle und Mitbestimmung, in: *Zeitschrift für Betriebswirtschaft*, 55. Jg., S. 992-1011.

STEINMANN, H./SCHREYÖGG, G. (1984): Zur Bedeutung des Arguments der 'Trennung von Eigentum und Verfügungsgewalt' - Eine Erwiderung, in: *Zeitschrift für Betriebswirtschaft*, 54. Jg., S. 273-282.

STEINMANN, H./SCHREYÖGG, G. (2000): Management: Grundlagen der Unternehmensführung. Konzepte - Funktionen - Fallstudien, 5. Aufl., Wiesbaden.

STEINMANN, H./SCHREYÖGG, G./DÜTTHORN, C. (1983): Managerkontrolle in deutschen Großunternehmen - 1972 und 1979 im Vergleich, in: *Zeitschrift für Betriebswirtschaft*, 53. Jg., S. 4-25.

STEYRER, J. (1995): Charisma in Organisationen: Sozial-kognitive und psychodynamisch-interaktive Aspekte von Führung, Frankfurt am Main.

STEYRER, J. (1999): Charisma in Organisationen - zum Stand der Theorienbildung und empirischen Forschung, in: SCHREYÖGG, G./SYDOW, J. (Hrsg.): Managementforschung 9: Führung neu gesehen, Berlin, New York, S. 143-197.

ST-ONGE, S./MAGNAN, M./THORNE, L./RAYMOND, S. (2001): The Effectiveness of Stock Option Plans - A Field Investigation of Senior Executives, in: *Journal of Management Inquiry*, Vol. 10, S. 250-266.

SUCHMAN, M. C. (1995): Managing Legitimacy: Strategies and Institutional Practices, in: *Academy of Management Review*, Vol. 20, S. 571-610.

SUTTON, R. I./CALLAHAN, A. (1987): The Stigma of Bankruptcy: Spoiled Organizational Image and Its Management, in: *Academy of Management Journal*, Vol. 30, S. 405-436.

TEDESCHI, J./MELBURG, V. (1984): Impression Management and Influence in the Organization, in: BACHARACH, S. B./LAWLER, E. J. (Hrsg.): Research in the Sociology of Organization, Vol. 3, Greenwich, S. 31-58.

TEGTMEIER, S. (1998): Die Vergütung von Vorstandsmitgliedern in Publikumsaktiengesellschaften, Frankfurt am Main u.a.

THEISEN, M. R. (2003): Herausforderung Corporate Governance, in: *Die Betriebswirtschaft*, 63. Jg., S. 441-464.

THONET, P. J. (1977): Managerialismus und Unternehmenserfolg. Ein empirischer Beitrag, Saarbrücken.

THÜSING, G. (2005): Das Gesetz über die Offenlegung von Vorstandsvergütungen, in: *Zeitschrift für Wirtschaftsrecht*, 26. Jg., S. 1389-1397.

TIELE, A./SCHERER, H. (2004): Die Agenda - ein Konstrukt des Rezipienten? in: *Publizistik*, 49. Jg., S. 439-453.

TINSLEY, C. H./O'CONNOR, K. M./SULLIVAN, B. A. (2002): Tough Guys Finish Last: The Perils of a Distributive Reputation, in: *Organizational Behavior and Human Decision Processes*, Vol. 88, S. 621-642.

TOSI, H. L. (2008): Quo Vadis? Suggestions for Future Corporate Governance Research, in: *Journal of Management and Governance*, Vol. 12, S. 153-169.

TOSI, H. L./GOMEZ-MEJIA, L. R. (1989): The Decoupling of CEO Pay and Performance: An Agency Theory Perspective, in: *Administrative Science Quarterly*, Vol. 34, S. 169-189.

TOSI, H. L./GOMEZ-MEJIA, L. R. (1994): Executive Compensation, in: FERRIS, G. (Hrsg.): Research in Personnel and Human Resource Management, Greenwich, S. 175-213.

TOSI, H. L./KATZ, J. P./GOMEZ-MEJIA, L. R. (2000): How Much Does Performance Matter? A Meta-Analysis of CEO Pay Studies, in: *Journal of Management*, Vol. 26, S. 301-339.

TRAUTWEIN, F. (1990): Merger Motives and Merger Prescriptions, in: *Strategic Management Journal*, Vol. 11, S. 281-295.

TRENKLE, T. (1983): Organisation der Vorstandsentscheidung: Eine empirische Analyse, Frankfurt am Main u.a.

TSUI, A. S. (1984): A Role Set Analysis of Managerial Reputation, in: *Organizational Behavior and Human Performance*, Vol. 34, S. 64-96.

TURNER, S. (2007): Charisma - neu bedacht, in: GOSTMANN, P./MERZ-BENZ, P. (Hrsg.): Macht und Herrschaft. Zur Revision zweier soziologischer Grundbegriffe, Wiesbaden, S. 81-105.

TUSCHKE, A./SANDERS, G. (2003): Antecedents and Consequences of Corporate Governance Reform: The Case of Germany, in: *Strategic Management Journal*, Vol. 24, S. 631-649.

TVERSKY, A./KAHNEMAN, D. (1974): Judgment and Uncertainty: Heuristics and Biases, in: *Science*, Vol. 185, S. 1124-1131.

UNGSON, G./STEERS, R. M. (1984): Motivation and Politics in Executive Compensation, in: *Academy of Management Review*, Vol. 9, S. 313-323.

URBAN, D./MAYERL, J. (2006): Regressionsanalyse, 2. Aufl., Wiesbaden.

USEEM, M. (1979): The Social Organization of the American Business Elite and Participation of Corporate Directors in the Governance of American Institutes, in: *American Sociological Review*, Vol. 51, S. 553-572.

USEEM, M. (1996): Investor Capitalism: How Money Managers Are Changing the Face of Corporate America, New York.

USEEM, M./KARABEL, J. (1986): Pathways to Top Corporate Management, in: *American Sociological Review*, Vol. 51, S. 184-200.

VALLE THIELE, R. (2007): Top-Manager-Nachfolge und Unternehmenserfolg: Eine strategische Analyse, Hamburg.

VOGEL, C. W. (1980): Aktienrecht und Aktienwirklichkeit. Organisation und Aufgabenteilung von Vorstand und Aufsichtsrat. Eine empirische Untersuchung deutscher Aktiengesellschaften, Baden-Baden.

VOSWINKEL, S. (2001): Anerkennung und Reputation. Die Dramaturgie industrieller Beziehungen, Konstanz.

WACLAWIK, E. (2002): Modulare Erfolgsvergütung von Vorstandsmitgliedern börsennotierter Aktiengesellschaften, in: *Der Betrieb*, 55. Jg., S. 1461-1466.

WADE, J. B./O'REILLY, C. A./CHANDRATAT, I. (1990): Golden Parachutes: CEO's and the Exercise of Social Influence, in: *Administrative Science Quarterly*, Vol. 35, S. 587-603.

WADE, J. B./PORAC, J. F./POLLOCK, T. G. (1997): Worth, Words, and the Justification of Executive Pay, in: *Journal of Organizational Behavior*, Vol. 18, S. 641-664.

WADE, J. B./PORAC, J. F./POLLOCK, T. G./GRAFFIN, S. D. (2006): The Burden of Celebrity: The Impact of CEO Certification Contests on CEO Pay and Performance, in: *Academy of Management Journal*, Vol. 49, S. 643-660.

WADE, J. B./PORAC, J. F./POLLOCK, T. G./MEINDL, J. (1997): Hitch Your Wagon to a CEO Star? Testing Two Views about the Pay, Reputation and Performance of Top Executives, in: *Corporate Reputation Review*, Vol. 1, S. 103-107.

WAGNER, D. (1991): Organisation, Führung und Personalmanagement. Neue Perspektiven durch Flexibilisierung und Individualisierung, Freiburg.

WAGNER, D. (1994): Personalfunktion in der Unternehmensleitung: Grundlagen, empirische Analyse, Perspektiven, Wiesbaden.

WAGNER, D. (2001): Ansätze einer systematischen und integrierten Vergütungspolitik, in: *Personalführung*, 34. Jg., S. 22-28.

WAGNER, D./GRAWERT, A./DOYÉ, T./LANGEMEYER, H./LEGEL, A. (2005): Flexibilisierung und Individualisierung von Entgeltbestandteilen, in: ZANDER, E./WAGNER, D. (Hrsg.): Handbuch des Entgeltmanagements, München, S. 154-180.

WALDMAN, D. A./RAMÍREZ, G. G./HOUSE, R. J./PURANAM, P. (2001): Does Leadership Matter? CEO Leadership Attributes and Profitability under Conditions of Perceived Environmental Uncertainty, in: *Academy of Management Journal*, Vol. 44, S. 134-143.

WALGENBACH, P. (2006): Institutionalistische Ansätze in der Organisationstheorie, in: KIESER, A./EBERS, M. (Hrsg.): Organisationstheorien, Stuttgart, S. 353-401.

WALGENBACH, P./MEYER, R. E. (2008): Neoinstitutionalistische Organisationstheorie, Stuttgart.

WALSH, G. F./SEWARD, J. K. (1990): On the Efficiency of Internal and External Corporate Control Mechanisms, in: *Academy of Management Review*, Vol. 15, S. 421-458.

WALSH, J. P./KOSNIK, R. D. (1993): Corporate Raiders and their Disciplinary Role in the Market for Corporate Control, in: *Academy of Management Journal*, Vol. 36, S. 671-700.

WARTICK, S. (1992): The Relationship between Intense Media Exposure and Change in Corporate Reputation, in: *Business and Society*, Vol. 31, S. 33-49.

WEAVER, D. H. (2007): Thoughts on Agenda Setting, Framing, and Priming, in: *Journal of Communication*, Vol. 57, S. 142-147.

WEAVER, D. H./GRABER, D. A./MCCOMBS, M. E./EYAL, C. H. (1981): Media Agenda-Setting in a Presidential Election. Issues, Images, and Interest, New York.

WEAVER, D./MCCOMBS, M./SHAW, D. L. (1998): International Trends in Agenda-Setting Research, in: HOLTZ-BACHA, C. (Hrsg.): Wie die Medien die Welt erschaffen und wie die Menschen darin leben, Wiesbaden, S. 198-203.

WEAVER, D./MCCOMBS, M./SHAW, D. L. (2004): Agenda-Setting Research: Issues, Attributes, and Influences, in: KAID, L. L. (Hrsg.): Handbook of Political Communication, Mahwah und London, S. 257-282.

WEBER, M. (1972): Wirtschaft und Gesellschaft: Grundriß der verstehenden Soziologie, 5. Aufl., Tübingen.

WEBER, R./CAMERER, C./ROTTENSTRICH, Y./KNEZ, M. (2001): The Illusion of Leadership: Misattribution of Cause in Coordination Games, in: *Organization Science*, Vol. 12, S. 582-598.

WEGENER, B. (1985): Gibt es Sozialprestige? in: *Zeitschrift für Soziologie*, 14. Jg., S. 209-235.

WEGENER, B. (1992): Concepts and Measurement of Prestige, in: *Annual Review of Sociology*, Vol. 18, S. 253-280.

WEIBEL, A./BERNARD, U. (2006): Verdienen Topmanager zu viel? Turnier- und Gerechtigkeitstheorie im Widerspruch, in: *Zeitschrift Führung und Organisation*, 75. Jg., S. 75-80.

WEIMER, J./PAPE, J. (1999): A Taxonomy of Systems of Corporate Governance, in: *Corporate Governance*, Vol. 7, S. 152-165.

WEINER, B. (1994): Motivationspsychologie, 3. Aufl., Weinheim.

WEINER, B./FRIEZE, I./KUKLA, A./REED, L./REST, S. R. R. M. (1972): Perceiving the Causes of Success and Failure, in: JONES, E. E./KANOUSE, D. E./KELLEY, H. H./NISBETT, R. E./VALINS, S./WEINER, B. (Hrsg.): Attribution: Perceiving the Causes of Behavior, Morristown, S. 95-120.

WEINER, N./MAHONEY, T. A. (1981): A Model of Corporate Performance as a Function of Environmental, Organizational, and Leadership Influences, in: *Academy of Management Journal*, Vol. 24, S. 453-470.

WEISCHENBERG, S. (1993): Die Medien und die Köpfe. Perspektiven und Probleme konstruktivistischer Journalismusforschung, in: BENTELE, G./RÜHL, M. (Hrsg.): Theorien öffentlicher Kommunikation. Problemfelder, Positionen, Perspektiven, München, S. 126-136.

WENGER, E./KNOLL, L. (1999): Aktienkursgebundene Management-Anreizsysteme: Erkenntnisse der Theorie und Defizite der Praxis, in: *Betriebswirtschaftliche Forschung und Praxis*, 51. Jg., S. 565-591.

WENZEL, H. (2000): Obertanen. Zur soziologischen Bedeutung von Prominenz, in: *Leviathan*, 28. Jg., S. 452-476.

V. WERDER, A. (2005): Führungsorganisation. Grundlagen der Spitzen- und Leitungsorganisation von Unternehmen, Wiesbaden.

WESTPHAL, J. D. (1998): Board Games: How CEOs Adapt to Increases in Structural Board Independence from Management, in: *Administrative Science Quarterly*, Vol. 43, S. 511-537.

WESTPHAL, J. D. (1999): Collaboration in the Boardroom: Behavioral and Performance Consequences of CEO-Board Social Ties, in: *Academy of Management Journal*, Vol. 42, S. 7-24.

WESTPHAL, J. D./STERN, I. (2007): Flattery Will Get You Everywhere (Especially If You Are a Male Caucasian): How Integration, Boardroom Behavior, and Demographic Minority Status Affect Additional Board Appointments at U.S. Companies, in: *Academy of Management Journal*, Vol. 50, S. 267-288.

WESTPHAL, J. D./ZAJAC, E. J. (1994): Substance and Symbolism in CEOs' Long-Term Incentive Plans, in: *Administrative Science Quarterly*, Vol. 39, S. 367-390.

WESTPHAL, J. D./ZAJAC, E. J. (1995): Who Shall Govern? CEO/Board Power, Demographic Similarity, and New Director Selection, in: *Administrative Science Quarterly*, Vol. 40, S. 60-83.

WESTPHAL, J. D./ZAJAC, E. J. (1998): The Symbolic Management of Stockholders: Corporate Governance Reforms and Shareholder Reactions, in: *Administrative Science Quarterly*, Vol. 43, S. 127-153.

WIEDMANN, K. (2002): Analyzing the German Corporate Reputation, in: *Corporate Reputation Review*, Vol. 4, S. 337-353.

WIESENFELD, B. M. (1993): Bankruptcy and Executives' Loss of Prestige: The Role of Attributions, in: *Academy of Management Best Papers Proceedings*, S. 227-236.

WIESENFELD, B. M./WURTHMANN, K. A./HAMBRICK, D. C. (2008): The Stigmatization and Devaluation of Elites Associated with Corporate Failures: A Process Model, in: *Academy of Management Review*, Vol. 33, S. 231-251.

WILLIAMSON, O. E. (1964): The Economics of Discretionary Behavior: Managerial Objectives in a Theory of the Firm, Englewood Cliffs.

WILLIAMSON, O. E. (1986): Economic Organization. Firms, Markets and Policy Control, Brighton.

Williamson, O. E. (1988): Corporate Finance and Corporate Governance, in: *The Journal of Finance*, Vol. 43, S. 567-591.

WILSON, R. (1982): Reputations in Games and Markets, in: ROTH, A. (Hrsg.): Game Theoretic Models of Bargaining, Cambridge, S. 27-62.

WINTER, S. (1996): Relative Leistungsbewertung - Ein Überblick zum Stand von Theorie und Empirie, in: *Zeitschrift für betriebswirtschaftliche Forschung*, 48. Jg., S. 897-926.

WINTER, S. (1998): Zur Eignung von Aktienoptionsplänen als Motivationsinstrument für Manager, in: *Zeitschrift für betriebswirtschaftliche Forschung*, 50. Jg., S. 1120-1142.

WINTER, S. (2000): Optionspläne als Instrument wertorientierter Managementvergütung, Frankfurt am Main.

WINTER, S. (2001): Empirische Untersuchungen zur Managemententlohnung, in: JOST, P. (Hrsg.): Die Prinzipal-Agenten-Theorie in der Betriebswirtschaftslehre, Stuttgart, S. 491-539.

WINTER, S. (2003a): Management- und Aufsichtsratsvergütung unter besonderer Berücksichtigung von Stock Options - Lösung eines Problems oder zu lösendes Problem? in: HOMMELHOFF, P./HOPT, K. J./V. WERDER, A. (Hrsg.): Handbuch Corporate Governance: Leitung und Überwachung börsennotierter Unternehmen in der Rechts- und Wirtschaftspraxis, Stuttgart, S. 335-358.

WINTER, S. (2003b): Erfolgsziele deutscher Aktienoptionsprogramme, in: *Zeitschrift für betriebswirtschaftliche Forschung*, Sonderheft 50, S. 121-143.

WIPPERSBERG, J. (2007): Prominenz. Entstehung, Erklärungen, Erwartungen, Konstanz.

WIRTH, W./VOIGT, R. (1999): Der Aufschwung ist meiner! Personalisierung von Spitzenkandidaten im Fernsehen zur Bundestagswahl 1998, in: HOLTZ-BACH, C. (Hrsg.): Wahlkampf in den Medien - Wahlkampf mit den Medien, Wiesbaden, S. 136-161.

WISEMAN, R. M./GOMEZ-MEJIA, L. R. (1998): A Behavioral Agency Model of Managerial Risk Taking, in: *Academy of Management Review*, Vol. 23, S. 133-153.

WITT, P. (2003a): Vergütung von Führungskräften, in: SCHREYÖGG, G./V. WERDER, A. (Hrsg.): Handwörterbuch Unternehmensführung und Organisation, Stuttgart, Sp. 1573-1581.

WITT, P. (2003b): Vorstand/Board: Aufgaben, Organisation, Entscheidungsfindung und Willensbildung - Betriebswirtschaftliche Ausfüllung, in: HOMMELHOFF, P./HOPT, K. J./V. WERDER, A. (Hrsg.): Handbuch Corporate Governance: Leitung und Überwachung börsennotierter Unternehmen in der Rechts- und Wirtschaftspraxis, Stuttgart, S. 245-260.

WITT, P. (2003c): Corporate Governance-Systeme im Wettbewerb, Wiesbaden.

WOOD, R./MITCHELL, T. (1981): Manager Behavior in a Social Context: The Impact of Impression Management on Attributions and Disciplinary Actions, in: *Organizational Behavior and Human Performance*, Vol. 28, S. 356-378.

WRIGHT, P./KROLL, M./LADO, A./ELENKOV, D. (2005): Influences of Relative Rewards of Top Managers on Firm Performance, in: *Strategic Organization*, Vol. 3, S. 311-335.

XU, Y./TUTTLE, B. M. (2005): The Role of Social Influences in Using Accounting Performance Information to Evaluate Subordinates: A Causal Attribution Approach, in: *Behavioral Research in Accounting*, Vol. 17, S. 191-210.

YERMACK, D. (2004): Remuneration, Retention, and Reputation Incentives for Outside Directors, in: *The Journal of Finance*, Vol. 59, S. 2281-2308.

YOUNG, G. J./STEDHAM, Y./BEEKUN, R. I. (2000): Board of Directors and the Adoption of a CEO Performance Evaluation Process: Agency and Institutional Theory Perspectives, in: *Journal of Management Studies*, Vol. 37, S. 277-295.

YUKL, G. A. (2006): Leadership in Organizations, 6. Aufl., Upper Saddle River.

ZAJAC, E. J. (1990): CEO Selection, Succession, Compensation and Firm Performance: A Theoretical Integration and Empirical Analysis, in: *Strategic Management Journal*, Vol. 11, S. 217-230.

ZAJAC, E. J./WESTPHAL, D. J. (1995): Accounting for the Explanations of CEO Compensation: Substance and Symbolism, in: *Administrative Science Quarterly*, Vol. 40, S. 283-308.

ZAJAC, E. J./WESTPHAL, J. D. (1996): Director Reputation, CEO-Board Power, and the Dynamics of Board Interlocks, in: *Administrative Science Quarterly*, Vol. 41, S. 507-529.

ZAJAC, E. J./WESTPHAL, J. D. (2004): The Social Construction of Market Value: Institutionalization and Learning Perspectives on Stock Market Reactions, in: *American Sociological Review*, Vol. 69, S. 433-457.

ZATTONI, A./CUOMO, F. (2008): Why Adopt Codes of Good Governance? A Comparison of Institutional and Efficiency Perspectives, in: *Corporate Governance*, Vol. 16, S. 1-15.

ZERFAß, A./SANDHU, S. (2006): CEO-Blogs: Personalisierung der Online-Kommunikation als Herausforderung für die Unternehmensführung? in: PICOT, A./FISCHER, T. (Hrsg.): Weblogs professionell, Heidelberg, S. 51-75.

ZHANG, Y./WIERSEMA, M. F. (2009): Stock Market Reaction to CEO Certification: The Signaling Role of CEO Background, in: *Strategic Management Journal*, Vol. 30, S. 693-710.

ZINKO, R./FERRIS, G. R./BLASS, F. R./LAIRD, M. D. (2007): Toward a Theory of Reputation in Organizations, in: *Research in Personnel and Human Resource Management*, Vol. 26, S. 163-204.

ZUCKERMAN, E. W. (1999): The Categorical Imperatives: Securities Analysts and the Illegitimacy Discount, in: *American Journal of Sociology*, Vol. 104, S. 1398-1428.

3589393R00299

Printed in Germany
by Amazon Distribution
GmbH, Leipzig